Brödermann · Rosengarten | Internationales Privat- und Zivilverfahrensrecht

Internationales Privat- und Zivilverfahrensrecht

Anleitung zur systematischen Fallbearbeitung (einschließlich schiedsrechtlicher Fälle)

Von

Professor Dr. Eckart Brödermann

LL.M. (Harvard), Licence und Maîtrise en Droit (Paris V), FCIArb. (London), Universität Hamburg, Rechtsanwalt, Fachanwalt für Internationales Wirtschaftsrecht (Hamburg), Attorney-at-law (New York)

und

Dr. Joachim Rosengarten

LL.M. (Berkeley), Rechtsanwalt (Frankfurt a.M.)

unter Mitarbeit von

Dr. Katharina Klingel

Licence und Maîtrise en droit (Paris X), Rechtsanwältin (Hamburg)

9. umfassend überarbeitete Auflage 2024

Verlag Franz Vahlen

Zitiervorschlag: Brödermann/Rosengarten IPR/IZVR/Bearbeiter Rn.

vahlen.de

ISBN Print 978 3 8006 7271 4
ISBN E-Book 978 3 8006 7272 1

Wilhelmstraße 9, 80801 München
Druck und Bindung: Beltz Grafische Betriebe GmbH
Am Fliegerhorst 8, 99947 Bad Langensalza

Satz: R. John + W. John GbR, Köln
Umschlag: Martina Busch, Grafikdesign, Homburg Saar

myclimate
shape our future

vahlen.de/nachhaltig

Gedruckt auf säurefreiem, alterungsbeständigem Papier
(hergestellt aus chlorfrei gebleichtem Zellstoff)

Bearbeiter

1. Teil	Brödermann (IPR AT: Rn. 1–333)
2. Teil	Brödermann (IPR BT außer Familien- und Erbrecht: Rn. 334–475; Rn. 545–593)
	Klingel (Familien- und Erbrecht: Rn. 476–544)
3. Teil	Rosengarten (IZVR: Rn. 594–737)
	Brödermann/Rosengarten (Schiedsrecht: Rn. 738–829)
Anhang	Brödermann/Rosengarten (Aufbauschema und praktische Tipps: Rn. 830–840)

Die Autoren stehen hinter dem Gesamtwerk, das ursprünglich die Autoren Brödermann und Rosengarten gemeinsam verfasst hatten. Die Herausgeber haben alle Teile durchgearbeitet.

Prof. Dr. Eckart Brödermann hat in Paris (V), Harvard und Hamburg studiert und 1994 über *Das Europäische Gemeinschaftsrecht als Quelle und Schranke des Internationalen Privatrechts* promoviert (veröffentlich in Band 57 der Beiträge zum ausländischen und internationalen Privatrecht des Max-Planck-Instituts für ausländisches und internationales Privatrecht). Er unterrichtet seit 1997 unter anderem an der Universität Hamburg, seit 2011 dort als „Professor" zu Fragen des internationalen Privat- und Prozessrechts, insbesondere aus dem internationalen Wirtschaftsrecht (internationale Vertragsgestaltung, internationales Schiedsverfahrensrecht). Professor Brödermann ist Gründungspartner der überwiegend international tätigen Hamburger Sozietät BRÖDERMANN JAHN RA GmbH (www.german-law.com), in der das IPR und das IZVR täglich in der Praxis gebraucht werden. Er ist Autor oder Co-Autor zahlreicher Bücher und Aufsätze, unter anderem eines – in mehrere Sprachen übersetzten – Kommentars zu den *UNIDROIT Principles of International Commercial Contracts* (2. Aufl. 2023) und Co-Autor des internationalen Schuldrechts sowie des Internationalen Gesellschaftsrechts im BGB-Kommentar Prütting/Wegen/Weinreich (Hrsg.), IPR-Anhang I und IV (1. Aufl. 2006 bis 19. Aufl. 2024).

Dr. Joachim Rosengarten hat in Hamburg, Lausanne und Berkeley (LL.M.) studiert und über *Punitive damages und ihre Anerkennung und Vollstreckung in der Bundesrepublik Deutschland* promoviert. Während seiner Tätigkeit als Wissenschaftlicher Mitarbeiter an der Universität Hamburg entstand 1989 die 1. Auflage dieses Buches. Dr. Rosengarten ist seit 1992 international tätiger Rechtsanwalt (seit 1997 als Partner) bei der Sozietät HENGELER MUELLER (www.hengeler.com), die weltweit Unternehmen betreut. Während seiner Anwaltstätigkeit hat Dr. Rosengarten immer wieder an verschiedenen Universitäten Lehrveranstaltungen zu internationalen Themen durchgeführt.

Dr. Katharina Klingel hat in Potsdam und Paris (X) studiert und zum Thema *Die Principles of European Law on Personal Security als neutrales Recht für internationale Bürgschaftsverträge* promoviert. Seit 2007, im Anschluss an ihre Tätigkeit als Wissenschaftliche Mitarbeiterin an der Universität Potsdam, ist sie als Rechtsanwältin bei der Hamburger Sozietät BRÖDERMANN JAHN RA GmbH tätig. Sie ist unter anderem aktiv in der *Union Internationale des Avocats*.

Vorwort

Diese „Anleitung zur systematischen Fallbearbeitung“ führt ein in

- das **Internationale Privatrecht („IPR“)**, das aus mehreren in Betracht kommenden nationalen Rechtsordnungen das anwendbare materielle Recht bestimmt, und
- das **Internationale Zivilverfahrensrecht („IZVR“)**, das – unabhängig von der Entscheidung des IPR – bestimmt, wer, wo und wie seine Rechte aus privaten Rechtsverhältnissen einklagen oder vollstrecken kann.

Unterstützt von der Rechtsvergleichung, der Rechtsvereinheitlichung, dem Europarecht und Teilen des Völkerrechts bieten das IPR und das IZVR den **Schlüssel zur Lösung grenzübergreifender, privatrechtlicher Fälle**. Wegen der Anforderungen, die das internationale gesellschaftliche Leben an diesen Schlüssel stellt, ist dieser nicht mehr mit einem klassischen Türschlüssel, sondern eher mit einem raffinierten digital codierten Schlüssel zu vergleichen. **Aber man kann den Code knacken!**

Dabei will dieses Buch helfen. In einer Zeit, in der die Wirtschaft trotz nationaler politischer Gegenströmung – und sogar Krieg in Europa – global agiert und in der ca. 14 Millionen Menschen aus zahlreichen Nationen in Deutschland leben (per 31.12.2023), ist es wichtig, sich diesen Schlüssel „zu erobern“. Denn **IPR ist unabdingbar** – und wurde entgegen ersten Plänen auch von der Konferenz der Justizminister im deutschlandweit geltenden Katalog von zu lernendem Recht belassen.

Seit der Vorauflage (2019) sind fünf Jahre vergangen. In dieser Zeit gab es Entwicklungen in allen Bereichen des IPR und des IZVR. Beispielhaft seien genannt: **(i)** im **IPR** die Folgen des BREXIT (2021), die Änderungen im IPR der Geschäftsfähigkeit (2023), die Feststellung der Verfassungswidrigkeit des Art. 13 III EGBGB (zur Eheschließung) durch das Bundesverfassungsgericht (2023), oder das Inkrafttreten der EuGüVO sowie der EuPartVO (jeweils 2019); **(ii)** im **IZVR** das Inkrafttreten des Haager Übereinkommens über die Anerkennung und Vollstreckung ausländischer Entscheidungen in Zivil- und Handelssachen vom 2.7.2019 (2023), oder der sog. Brüssel IIb-VO (2022).

Alle Teile wurden eingehend bearbeitet; dabei haben wir unter Einbindung von Top-Studentinnen mit Erfahrung aus der *Willem C. Vis-Moot Court Competition* (Sophia Döcke und Lara Schmidt als Teilnehmer im Team der Universität Hamburg (in 2022 2. Platz weltweit) und als Coach (in 2023 3. Platz)), die die Schwerpunktprüfungen frisch absolviert hatten, auch radikal gestrichen und verprobt, was bleiben darf. Dadurch haben wir das Buch in seiner 9. Auflage nach 35 Jahren seit Erscheinen der 1. Auflage bewusst „verjüngt“. Neben den klassischen IPR-Themen werden auch die schwierigen (und wichtigen) Schnittstellen zum Einheitsrecht, insbesondere zum CISG im internationalen Kaufrecht, oder zu den UNIDROIT Principles of International commercial Contracts, („soft law“) dargestellt. Die Gesamtheit der Rechtsnormen, die das Internationale Privat- und Verfahrensrecht beeinflussen, ist im ständigen Wandel begriffen. Dies gilt erst recht, wenn man dabei auch andere Rechtsordnungen berücksichtigt.

Im Besonderen Teil (2. Teil) wurde die in der Ausbildung gestiegene Bedeutung der Rom I- und der Rom II-VO berücksichtigt.

Für Studierende, die sich ins **Internationale Schiedsrecht** einarbeiten wollen (etwa zur Vorbereitung einer Teilnahme am Willem C. Vis Moot Court Wettbewerb), bietet der 3. Teil (B.) einen ersten Überblick. Wir haben den Aufbau mit Blick auf die zahlreichenden Entwicklungen in diesem boomenden Rechtsgebiet verprobt und es – fast überraschend – bei der bestehenden Struktur belassen.

Am Ende geht es bei der Bearbeitung grenzüberschreitender Fälle, die mithilfe der vom IPR und IZVR vermittelten Strukturen zu lösen sind, um Toleranz und Offenheit gegenüber anderen Rechtssystemen bei Erhalt von Grundwerten unserer zunehmend internationalen Gesellschaft sind.

Mit den Vorauflagen – über Jahre von Studierenden als **„Geheimtipp"** gehandelt – haben viele unserer heutigen Kolleginnen und Kollegen ihr Examen vorbereitet und bestanden. Wir hoffen, dass dies auch mit dieser Auflage gelingt! Vielen **Praktikerinnen** und **Praktikern**, die im Studium keine Zeit für das IPR/IZVR hatten, hat das Buch in der Vergangenheit ebenfalls geholfen, sich zügig einen Überblick zu verschaffen. Das ausgebaute **Stichwortverzeichnis** sollte auch bei dieser Auflage helfen, zu allen wichtigen Themen des IPR/IZVR zügig den Zugang zu finden.

Für die zuverlässige Unterstützung bei den Recherchen und der Überarbeitung danken wir für das IPR stud. iur. Sophia Döcke, Verena Ernst, Lara Schmidt und Jakob Schüssler (alle Universität Hamburg) sowie für das IZVR ref. iur. Lea Kuhlmann. Unseren Partnern in unseren Rechtsanwaltskanzleien Brödermann Jahn (Hamburg) und HENGELER MUELLER (Frankfurt) danken wir für die Unterstützung der Recherchen.

Dem Leser sei nun viel Freude (und gegebenenfalls Erfolg im Examen oder bei der praktischen Falllösung) gewünscht! Sollten Sie bei der Lektüre Fehler entdecken mit Blick auf die umfangreiche Gesetzgebungstätigkeit allein in der EU ist kein Jurist vor Fehlern gefeit), bitten wir um Nachsicht und Nachricht. Das Buch ist auf dem Stand 31.1.2024.

Kontaktadressen: eckart.broedermann@uni-hamburg.de;
Joachim.Rosengarten@hengeler.com

Hamburg/Frankfurt a.M., im Juli 2024

Eckart Brödermann
Joachim Rosengarten

Aus dem Vorwort zur 6. Auflage (in aktualisierter Fassung)

Der eigentliche **Quantensprung** im IPR geschah bereits im Jahr 2009: Mit Beginn der Geltung der so genannten *Rom I- und Rom II-VO* der (seit dem 1.12.2009 in der EU aufgegangenen) Europäischen Gemeinschaft ist das Internationale Privatrecht in den wichtigen Bereichen des Vertragsrechts und des Rechts der außervertraglichen Schuldverhältnisse in den heute 28 Mitgliedstaaten der EU vereinheitlicht worden. Soweit nicht völkerrechtliches Einheitsrecht oder IPR Vorrang verlangt, gilt im gesamten Binnenmarkt **für alle Unionsbürger** und die ihnen nach dem Vertrag über die Arbeitsweise der Europäischen Union (AEUV, im Einzelnen der frühere EG-Vertrag) gleichgestellten Gesellschaften **einheitliches IPR**. Das zum **17.12.2009** (dem Tag des Inkrafttretens von *Rom I*) **ebenfalls abgeänderte nationale deutsche IPR** gilt nur ergänzend. IPR-Studenten und -Studentinnen studieren damit im Jahre 2018 in Deutschland weitgehend dieselben IPR-Normen wie IPR-Studenten und -Studentinnen in allen anderen Mitgliedstaaten.

Dieser – sich seit über einem Jahrzehnt anbahnende – Umsturz hat uns in extremem Maße an die **Anfänge dieses Buches als Scriptum** im Jahr 1988/89 erinnert: Damals gab es nur wenige IPR-Bücher, die (aus Studentensicht) meist überlang waren. Die letzte große IPR-Reform des Jahres 1986 hatte vieles wesentlich verändert. Wir ließen damals radikal alles Alte draußen, und konnten unbefangen frisch neu aufsetzen. In diesem radikalen Sinne haben wir auch nach der Europäisierung des IPR 2009 gehandelt und uns in diesem **Kurzlehrbuch** konsequent auf das neue Recht konzentriert (für die Lösung von Altfällen verweisen wir auf die 4. Aufl.). Da kein Mensch (und damit auch kein/e Student/in) alles wissen kann, haben wir im Team versucht, alles für die Lösung von grenzübergreifenden Fällen Wesentliche in klarer Sprache zusammenzufassen. Dabei haben wir das IPR und das IZVR auf seine **Grundstrukturen** zurückgeführt, mit dessen Hilfe die Lösung internationaler Fälle in der Regel gut möglich ist und Freude macht. Soweit andere „Fächer" gebraucht werden (zB das Europa- oder Völkerrecht), haben wir das Notwendige mit angesprochen, sodass sich das IPR/IZVR dem Leser möglichst einfach in dieser „Anleitung" erschließt.

Arbeitshinweise

Die vorliegende „Anleitung“ vermittelt in didaktisch eingängiger und erprobter Weise einen **schnellen Einstieg** in die **systematische Bearbeitung** von **Fällen** mit Auslandsbezug. Zugleich soll sie durch gezielte Hinweise auf Literatur und Rechtsprechung eine **Wiederholung** bzw. **Vertiefung** (insbesondere vor dem Examen) ermöglichen.

Der gesamte Stoff wird auf **drei Ebenen** dargestellt: **(i)** Im Text werden die **Grundstrukturen**, in den **Arbeitsblöcken (ii)** Hinweise zur **Ergänzung** und **(iii)** Hinweise zur **Vertiefung** dargestellt. Diese Arbeitsblöcke umfassen auch die erforderlichen Hinweise auf das Europarecht, das Völkerrecht und die Rechtsvergleichung, sodass das Buch auch für die Studierenden lesbar wird, die sich mit diesen Nachbarfächern (noch) nicht auseinandergesetzt haben.

Im ersten Teil der Darstellung haben wir die **Grundlagen des Internationalen Privatrechts** anhand von Beispielsfällen aus dem völkerrechtlichen, unionsrechtlichen und autonomen IPR erörtert. Wegen des häufigen Nebeneinanders des Völkerrechts, des europäischen Unionsrechts und des nationalen Rechts haben wir – soweit dies sinnvoll war – **Beispiele für alle drei Rechtsquellen in der Reihenfolge ihrer Anwendbarkeit** vorgestellt. Ferner haben wir den **Stoff** der eigentlichen IPR-Prüfung dabei soweit wie möglich **nach seinem Schwierigkeitsgrad geordnet:** Zunächst wird das Grundprinzip der Anknüpfung vorgestellt. Es folgen die Korrekturen (zB Qualifikation und *renvoi*). Anschließend werden einige allgemeine Anwendungsfragen und Sonderprobleme dargestellt, wie zB Verweisungen auf das Recht von Mehrrechtsstaaten wie den USA oder die in der Praxis wie im Studium (und im Examen) wichtige Frage der Beachtung **zwingenden Rechts**. Ferner wird die Fallrelevanz von **einheitlichem Sachrecht** (einschließlich des unionsrechtlichen Sachrechts und von transnationalem „soft law“) aufgezeigt, das dem Anfänger häufig besondere Schwierigkeiten bereitet. Es folgt ein **zusammenfassendes Aufbauschema** zum IPR, in dem die Probleme in der Reihenfolge zusammengefasst werden, wie sie in einer IPR-Prüfung zu beantworten sind (→ Rn. 338).

In einem zweiten Teil werden die **Grundzüge des Besonderen Teils** vorgestellt. Dabei haben wir einen Schwerpunkt auf die europäischen sog. Rom I- und Rom II-VO gelegt, die in besonderem Maße examens- und praxisrelevant sind.

Der dritte Teil ist den **Grundlagen des Internationalen Zivilverfahrensrechts** gewidmet. Hierzu zählen Fragen der **Gerichtsbarkeit**, der **Zuständigkeit** und der **Anerkennung und Vollstreckung** staatlicher Urteile, aber auch Fragen des internationalen **Schiedsverfahrensrechts**, das vor allem im Internationalen Wirtschaftsrecht von großer Bedeutung ist.

Die gesamte Darstellung enthält eine Reihe von **Prüfungsschemata**, die den Einstieg erleichtern sollen (vgl. zB das Schema zur internationalen Zuständigkeit nach der Brüssel Ia-VO/LugÜ Übereinkommen (→ Rn. 640)). Das Auffinden dieser Schemata wird durch das Stichwortverzeichnis erleichtert.

Wer den **Schnelleinstieg** sucht, um sich zunächst einen Überblick zu verschaffen, kann sich beim ersten Lesen auf die Lektüre des in normalem Schriftbild abgefassten Textes beschränken. Wer zur vertieften Einarbeitung oder Wiederholung antritt, muss auch die **Arbeitsblöcke** zur Ergänzung und/oder zur Vertiefung durcharbeiten. Sie enthalten zusätzliche Erläuterungen und geeignete Hinweise auf Rechtsprechung und Literatur.

Wir empfehlen dringend, **Normen** auch tatsächlich **nachzulesen**. Im Übrigen wird für die Fallbearbeitung auf die praktischen Tipps im Anhang verwiesen. Bei der Lektüre dieses Kurzlehrbuchs sollte der Leser die in Taschenbuchausgabe erschienene Quellensammlung von Jayme/Hausmann (die Angaben in diesem Buch beziehen sich auf die 22. Aufl. 2024) benutzen, in der die wichtigsten Rechtsquellen des Internationalen Privat- und Verfahrensrechts abgedruckt sind.

Hinweise zum 1. Staatsexamen

Ein Teil der Leserinnen und Leser hat das Glück, Internationales Privat- und Prozessrecht (IPR/IZVR) als **Schwerpunktfach** zu studieren. Sie dürfen (sollten) das ganze Buch lesen! Das umfasst insbesondere den ersten Teil (Grundlagen des IPR) mit seinem Teil F (IPR und einheitliches Sachrecht), der zB zeigt, warum das deutsche Kaufrecht bei Auslandsbezügen von Verträgen oft nicht im BGB zu finden ist, sondern im UN-Kaufrecht (CISG).

Aus gutem Grund hat die Justizministerkonferenz die Grundzüge des Internationalen Privat- und Prozessrechts (IPR/IZVR) den **Pflichtfächern** für das Erste Juristische Staatsexamen zugeordnet: Mit Blick auf die weltweiten Verflechtungen der deutschen Wirtschaft, Urlaubsreisen ins Ausland und Begegnungen mit Menschen aus anderen Staaten im Inland müssen **alle** Juristinnen und Juristen darauf vorbereitet sein, Fälle mit Auslandsbezug zu lösen. Und die nächste juristische Generation kann damit besser werden als ihre Vorgängergeneration, die teilweise, oder gar überwiegend, nicht das Glück hatte, IPR/IZVR als Pflichtfach lernen zu müssen. Denn die Zahl an in der Praxis zu beobachtenden Fehlern im Umgang mit Fällen mit Auslandsbezug ist groß. Und ohne Integration in den Pflichtstoff nehmen sich sicher nicht alle Studierenden die Zeit, sich den **juristischen Schlüssel zum Umgang mit Auslandsbezügen** zu erobern (s. Vorwort).

Wer für das IPR und IZVR als Pflichtfach im Staatsexamen antritt, sollte folgende Abschnitte dieses Buches in der angegebenen Reihenfolge lesen:

1. Teil: Grundlagen des Internationalen Privatrechts (Allgemeiner Teil)

Rn. 1–338, ohne die Ausführungen zur Vertiefung in den Arbeitsblöcken

2. Teil: Übersicht über den Besonderen Teil des IPR (in Auszügen)

a) **B. Vertragliche Schuldverhältnisse („Rom I-VO“)**
Rn. 375–429, ohne die Ausführungen zur Vertiefung in den Arbeitsblöcken

b) **C. Außervertragliche Schuldverhältnisse („Rom II-VO“)**
Rn. 430–475, ohne die Ausführungen zur Vertiefung in Arbeitsblöcken

3. Teil: Anwendung des Internationalen Privatrechts in der Praxis:

A. Internationales Zivilverfahrensrecht I (Prozessvoraussetzungen), dort

2. **Internationale Zuständigkeit („Brüssel Ia-VO“)**
Rn. 635–701, ohne die Ausführungen zur Vertiefung in den Arbeitsblöcken

Auf einen Blick

Nachfolgend werden die **für die studentische Ausbildung wichtigsten** Normen des IPR/IZVR mit ihren (zum Teil nicht einheitlich verwendeten) Abkürzungen für den **schnellen Zugriff** zusammengefasst.

Abkürzung	Langtitel	Inhalt
Brüssel Ia-VO (EUGVVO)	VO (EU) Nr. 1215/2012 des Rates über die gerichtliche Zuständigkeit und die Anerkennung und Vollstreckung von Entscheidungen in Zivil- und Handelssachen vom 12.12.2012 (ABl. 2012 L 351, 1); zT auch kurz als „Europäische Gerichtsstands- und Vollstreckungsverordnung" (**EUGVVO**) bezeichnet.	Regelt für die EU-Mitgliedsstaaten die **internationale Zuständigkeit** von Gerichten und die **Anerkennung von Vollstreckung** von Entscheidungen.
CISG	Wiener Übereinkommen der Vereinten Nationen über Verträge über den internationalen Warenkauf vom 11.4.1980 (BGBl. 1989 II 588), das vielfach als **UN-Kaufrecht** bezeichnet wird; mittlerweile gebräuchlicher (und in diesem Buch verwendet) ist die Abkürzung **CISG** als Abkürzung für die englische Bezeichnung des Übereinkommens (United Nations Convention on Contracts for the International Sale of Goods).	Regelt völkervertraglich **vereinheitlichtes Sachrecht** (Einheitsprivatrecht) für den Bereich des internationalen Warenkaufs.
EGBGB	Einführungsgesetz zum Bürgerlichen Gesetzbuch.	Regelt das **autonome (nationale) IPR**.
HGÜ	Haager Übereinkommen über Gerichtsstandsvereinbarungen vom 30.6.2005 (ABl. 2009 L 133/3).	Regelt Fragen der internationalen Zuständigkeit und der Anerkennung und Vollstreckung im Zusammenhang mit **ausschließlichen Gerichtsstandsvereinbarungen zwischen Unternehmen** und wurde zwischen der **EU und verschiedenen Drittstaaten** unterzeichnet.
Rom I-VO	VO (EG) Nr. 593/2008 des Europäischen Parlaments und des Rates über das auf vertragliche Schuldverhältnisse anzuwendende Recht vom 17.6.2008.	Die Rom I-VO vereinheitlicht innerhalb der EU das **IPR für vertragliche Schuldverhältnisse**.
Rom II-VO	VO (EG) Nr. 864/2007 des Europäischen Parlaments und des Rates über das auf außervertragliche Schuldverhältnisse anzuwendende Recht vom 11.7.2007.	Die Rom II-VO vereinheitlicht innerhalb der EU das **IPR für außervertragliche Schuldverhältnisse**.

Inhaltsübersicht

Bearbeiter V

Vorwort VII

Aus dem Vorwort zur 6. Auflage (in aktualisierter Fassung) IX

Arbeitshinweise XI

Hinweise zum 1. Staatsexamen XIII

Inhaltsverzeichnis XVII

Abkürzungsverzeichnis XXIII

Literaturverzeichnis XXXIII

1. Teil. Grundlagen des Internationalen Privatrechts 1
A. Das Grundprinzip der Anknüpfung 1
I. Drei Ausgangsfälle 1
II. Auswertung: Anknüpfung und Statut 7
III. Zusammenfassung der Rechtsquellen im IPR 12
B. Erste Korrekturen des Prinzips 27
I. Auswahl der Kollisionsnorm: Qualifikation 27
II. Sachnorm- oder Gesamtverweisung (Renvoi-Prüfung)? 33
C. Weitere Korrekturen des Prinzips 40
I. Vorfragen und Erstfragen 41
II. Ordre public (Vorbehaltsklauseln) 47
III. Angleichung 51
D. Allgemeine Anwendungsfragen sowie Sonderprobleme 58
I. Anwendungsbereich der IPR-Norm 58
II. Interlokales Recht (Mehrrechtsstaaten) 61
III. Mehrstaater und Staatenlose 65
IV. Gesetzesumgehung 68
E. Beachtung zwingenden Rechts 70
I. Völkerrechtliche Verträge 71
II. Unionsrechtliches IPR 73
III. Nationales Recht 83
F. IPR und einheitliches Sachrecht 87
I. Verdrängung des nationalen IPR durch staatsvertraglich vereinheitlichtes Sachrecht mit eigenen Rechtsanwendungsnormen 88
II. Verdrängung des nationalen IPR durch unionsrechtliches Sachrecht („EU-Sachrecht") 93
III. Anwendung von einheitlichem Sachrecht nach Anwendung von IPR 96
G. Zusammenfassung und Aufbauschema 106

2. Teil. Übersicht über den Besonderen Teil des IPR 113
A. Allgemeine Lehren des Privatrechts 113
I. Rechtsfähigkeit und Geschäftsfähigkeit natürlicher Personen 113
II. Vollmacht (Stellvertretung) 115
III. Form 117
IV. Namensrecht 120
B. Vertragliche Schuldverhältnisse 123
I. Rechtsquellen 123

II. Anknüpfungsregeln der Rom I-VO . . . 126
C. Außervertragliche Schuldverhältnisse . . . 143
I. Recht der unerlaubten Handlungen . . . 144
II. Ungerechtfertigte Bereicherung . . . 154
III. Geschäftsführung ohne Auftrag . . . 155
IV. Verschulden bei Vertragsverhandlungen (c. i. c.) . . . 157
D. Sachenrecht . . . 158
I. Rechtsquellen . . . 158
II. Anknüpfungsregeln . . . 159
E. Familienrecht . . . 163
I. Eherecht . . . 164
II. Unterhaltsrecht . . . 172
III. Eingetragene Lebenspartnerschaft und gleichgeschlechtliche Ehe . . . 175
IV. Kindschaftsrecht . . . 177
V. Vormundschaft, Pflegschaft und Betreuung . . . 182
F. Erbrecht . . . 184
I. Rechtsquellen . . . 184
II. Anknüpfungsregeln nach der EuErbVO . . . 184
G. Gesellschaftsrecht . . . 188
I. Rechtsquellen . . . 188
II. Anknüpfungsregeln . . . 190
H. Insolvenzrecht . . . 199
I. Rechtsquellen . . . 199
II. Anknüpfungsregeln . . . 200

3. Teil. Die Anwendung des Internationalen Privatrechts in der Praxis . . . 203
A. Kollisionsfälle vor staatlichen Gerichten . . . 203
I. Internationales Zivilverfahrensrecht I (Prozessvoraussetzungen) . . . 203
II. Internationales Zivilverfahrensrecht II (Anerkennung und Vollstreckung) . . . 245
B. Kollisionsfälle vor Schiedsgerichten . . . 260
I. Grundzüge . . . 260
II. Rechtsquellen . . . 263
III. Einzelheiten . . . 270

Anhang: Aufbauschema und praktische Tipps . . . 299
A. Prüfungsschritte bei der Bearbeitung eines Falles mit Auslandsbezug vor deutschen Gerichten . . . 299
B. Praktische Tipps . . . 299
I. Völkerrechtliche Verträge . . . 300
II. Unionsrecht . . . 301
III. Autonomes Recht . . . 301
IV. Soft Law . . . 302

Stichwortverzeichnis . . . 303

Inhaltsverzeichnis

Bearbeiter V

Vorwort VII

Aus dem Vorwort zur 6. Auflage (in aktualisierter Fassung) IX

Arbeitshinweise XI

Hinweise zum 1. Staatsexamen XIII

Inhaltsübersicht XV

Abkürzungsverzeichnis XXIII

Literaturverzeichnis XXXIII

1. Teil. Grundlagen des Internationalen Privatrechts 1
A. Das Grundprinzip der Anknüpfung 1
I. Drei Ausgangsfälle 1
1. Anwendung von völkervertraglichem IPR 1
2. Anwendung von unionsrechtlichem IPR 4
3. Anwendung des nationalen Kollisionsrechts 6
II. Auswertung: Anknüpfung und Statut 7
1. Anknüpfung/Anknüpfungspunkt/Anknüpfungsgegenstand 7
2. Statut 7
3. Durch Anknüpfung zum Statut 8
III. Zusammenfassung der Rechtsquellen im IPR 12
1. Völkervertragliches IPR 13
a) Nationales Recht 13
b) Auslegung 13
c) Vorrang als Grundsatz 13
d) Identität 14
2. Unionsrechtliches IPR 16
a) Europäischer Gesetzgeber 16
b) Auslegung 16
c) Vorrang mit wichtigen Ausnahmen 17
d) Identität mit Ausnahmen 18
3. Nationales deutsches IPR 23
a) Vorsicht beim Begriff „national“: zwei Arten von nationalem Recht 23
b) Ergänzende Anwendung des nationalen neben unionsrechtlichem IPR 24
4. Auswertung 25
B. Erste Korrekturen des Prinzips 27
I. Auswahl der Kollisionsnorm: Qualifikation 27
1. Abgrenzung zwischen völkerrechtlichem, unionsrechtlichem und nationalem IPR 28
2. Qualifikation bei Anwendung von völkerrechtlichem IPR 29
3. Qualifikation bei Anwendung von unionsrechtlichem IPR 30
4. Anwendung nationalen Kollisionsrechts 31
II. Sachnorm- oder Gesamtverweisung (Renvoi-Prüfung)? 33
1. Grundlagen 33
2. Sachnormverweisungen im völkerrechtlichen IPR 33
3. Prinzip von Sachnormverweisungen im unionsrechtlichen IPR (mit Ausnahmen) 34
4. Gesamt- und Sachnormverweisungen im nationalen IPR 34

a) Gesamtnormverweisung nach Art. 4 I EGBGB ... 34
b) Sachnormverweisung bei Rechtswahl ... 36
c) Sachnormverweisungen im auf EU-Recht oder Völkerrecht basierenden nationalen IPR 36
5. Renvoi kraft anderer Qualifikation ... 40
C. Weitere Korrekturen des Prinzips ... 40
I. Vorfragen und Erstfragen ... 41
1. Bei Anwendung von völkerrechtlichem IPR ... 41
2. Bei Anwendung von unionsrechtlichem IPR ... 43
3. Bei Anwendung von nationalem IPR ... 44
II. Ordre public (Vorbehaltsklauseln) ... 47
1. Völkerrechtliches IPR ... 47
2. Unionsrechtliches IPR ... 48
3. Nationales IPR ... 49
III. Angleichung ... 51
1. Angleichung bei Anwendung von nationalem IPR ... 51
2. Angleichung bei Anwendung von völkerrechtlichem IPR ... 54
3. Angleichung bei Anwendung von unionsrechtlichem IPR ... 55
D. Allgemeine Anwendungsfragen sowie Sonderprobleme ... 58
I. Anwendungsbereich der IPR-Norm ... 58
1. Sachlicher Anwendungsbereich ... 58
2. Räumlich-personeller Anwendungsbereich ... 58
3. Intertemporales Recht ... 58
a) Völkerrechtliches IPR ... 58
b) Unionsrechtliches IPR ... 59
c) Nationales IPR ... 60
II. Interlokales Recht (Mehrrechtsstaaten) ... 61
1. Völkerrechtliches IPR ... 61
2. Unionsrechtliches IPR ... 62
3. Nationales IPR ... 62
III. Mehrstaater und Staatenlose ... 65
IV. Gesetzesumgehung ... 68
E. Beachtung zwingenden Rechts ... 70
I. Völkerrechtliche Verträge ... 71
II. Unionsrechtliches IPR ... 73
1. Allgemeine Regeln zur Anwendung international zwingender Eingriffsnormen (Art. 9 Rom I-VO, Art. 16 Rom II-VO) ... 73
2. Besondere Regeln für bestimmte Rechtsgebiete oder Sachverhalte ... 79
a) Anwendungsgebot für international zwingendes Recht bei Formfragen ... 79
b) International zwingendes EU-Embargo-, Zoll- und Außenwirtschaftsrecht ... 79
c) Anwendungsgebot von einfach zwingendem Unionsrecht nach der Binnenmarktklausel bei „Abwahl von EU-Recht" ... 82
d) Anwendungsgebote einfach zwingenden nationalen Rechts ... 82
III. Nationales Recht ... 83
1. Kollisionsrechtliche Anwendungsgebote ... 83
2. Berücksichtigung von ausländischem zwingenden Recht nach deutschem Sachrecht ... 85
F. IPR und einheitliches Sachrecht ... 87
I. Verdrängung des nationalen IPR durch staatsvertraglich vereinheitlichtes Sachrecht mit eigenen Rechtsanwendungsnormen ... 88
II. Verdrängung des nationalen IPR durch unionsrechtliches Sachrecht („EU-Sachrecht") ... 93
III. Anwendung von einheitlichem Sachrecht nach Anwendung von IPR ... 96
1. Anwendung von völkerrechtlichem oder unionsrechtlichem Einheitsrecht im Anschluss an die IPR-Prüfung ... 96
2. Wahl der UNIDROIT Principles: Anwendung von einheitlichen Rechtsregeln (soft law) im Anschluss an die IPR-Prüfung ... 100
G. Zusammenfassung und Aufbauschema ... 106

2. Teil. Übersicht über den Besonderen Teil des IPR 113
A. Allgemeine Lehren des Privatrechts 113
I. Rechtsfähigkeit und Geschäftsfähigkeit natürlicher Personen 113
1. Rechtsquellen 113
2. Anknüpfungsregeln 113
II. Vollmacht (Stellvertretung) 115
1. Rechtsquellen 115
2. Anknüpfungsregeln 116
III. Form 117
1. Rechtsquellen 117
2. Anknüpfungsregeln 118
IV. Namensrecht 120
1. Rechtsquellen 120
2. Anknüpfungsregeln 120
B. Vertragliche Schuldverhältnisse 123
I. Rechtsquellen 123
II. Anknüpfungsregeln der Rom I-VO 126
1. Anwendungsbereich 126
2. Rechtswahl (subjektive Anknüpfung) 127
3. Mangels Rechtswahl anzuwendendes Recht (objektive Anknüpfung) 129
4. Besonderheiten 133
5. Grundschema für Prüfung der Rom I-VO 139
C. Außervertragliche Schuldverhältnisse 143
I. Recht der unerlaubten Handlungen 144
1. Rechtsquellen 144
2. Anknüpfungsregeln der Rom II-VO 145
a) Anwendungsbereich 145
b) Rechtswahl 146
c) Objektive Anknüpfung 147
3. Anknüpfungsregeln des nationalen IPR 152
II. Ungerechtfertigte Bereicherung 154
1. Rechtsquellen 154
2. Anknüpfungsregeln der Rom II-VO 154
3. Anknüpfungsregeln des nationalen Kollisionsrechts 155
III. Geschäftsführung ohne Auftrag 155
1. Rechtsquellen 155
2. Anknüpfungsregeln der Rom II-VO 156
3. Anknüpfungsregeln des nationalen Kollisionsrechts 156
IV. Verschulden bei Vertragsverhandlungen (c. i. c.) 157
1. Rechtsquellen 157
2. Anknüpfungsregeln der Rom II-VO 157
D. Sachenrecht 158
I. Rechtsquellen 158
II. Anknüpfungsregeln 159
E. Familienrecht 163
I. Eherecht 164
1. Eheschließung 164
a) Rechtsquellen 164
b) Anknüpfungsregeln 164
2. Ehewirkungen 166
a) Rechtsquellen 166
b) Anknüpfungsregeln 166
3. Ehelicher Güterstand 167
a) Rechtsquellen 167
b) Anknüpfungsregeln 168
4. Ehescheidung 169
a) Rechtsquellen 169

b) Anknüpfungsregeln ... 170
aa) Rom III-VO ... 170
bb) Art. 17 EGBGB ... 171
II. Unterhaltsrecht ... 172
1. Rechtsquellen ... 172
2. Anknüpfungsregeln ... 173
a) HUP 2007 ... 173
b) HUntÜ 1973 ... 174
III. Eingetragene Lebenspartnerschaft und gleichgeschlechtliche Ehe ... 175
1. Rechtsquellen ... 175
2. Anknüpfungsregeln, Auflösung und allgemeine Wirkungen ... 176
IV. Kindschaftsrecht ... 177
1. Statusbegründende Rechtsvorgänge ... 177
a) Rechtsquellen ... 177
b) Anknüpfungsregeln ... 178
c) Besonderheiten ... 179
2. Statusverändernde Rechtsvorgänge ... 181
a) Legitimation ... 181
b) Adoption ... 181
aa) Rechtsquellen ... 181
bb) Anknüpfungsregeln ... 181
V. Vormundschaft, Pflegschaft und Betreuung ... 182
1. Rechtsquellen ... 182
2. Anknüpfungsregeln ... 183
F. Erbrecht ... 184
I. Rechtsquellen ... 184
II. Anknüpfungsregeln nach der EuErbVO ... 184
1. Sachlicher Anwendungsbereich ... 184
2. Anknüpfungsregeln ... 185
G. Gesellschaftsrecht ... 188
I. Rechtsquellen ... 188
1. Innerhalb der EU und des EWR ... 188
2. Außerhalb der EU und des EWR (Drittstaatenbezug) ... 189
a) Im Anwendungsbereich eines bilateralen Staatsvertrages ... 189
b) Nationale Rechtsprechung ... 189
II. Anknüpfungsregeln ... 190
1. Innerhalb der EU und des EWR ... 190
2. Außerhalb der EU und des EWR (Drittstaatenbezug) ... 195
a) Im Anwendungsbereich eines bilateralen Staatsvertrages ... 195
b) Nationale Rechtsprechung ... 196
H. Insolvenzrecht ... 199
I. Rechtsquellen ... 199
II. Anknüpfungsregeln ... 200

3. Teil. Die Anwendung des Internationalen Privatrechts in der Praxis ... 203
A. Kollisionsfälle vor staatlichen Gerichten ... 203
I. Internationales Zivilverfahrensrecht I (Prozessvoraussetzungen) ... 203
1. Deutsche Gerichtsbarkeit ... 204
a) Immunität staatlicher Repräsentanten ... 204
b) Staatenimmunität ... 205
2. Internationale Zuständigkeit ... 208
a) EU-Recht und völkerrechtliche Verträge ... 208
aa) Das Grundregime der Brüssel Ia-VO ... 208
bb) Völkerrechtliche Regelungen für Fälle mit Bezug zu EFTA-Staaten ... 224
cc) Haager Übereinkommen über Gerichtsstandsvereinbarungen (HGÜ) v. 30.6.2005 ... 224
dd) Besondere Regelungen für familienrechtliche Fälle ... 225
b) Nationales Recht ... 226

3. Sonstige Prozessvoraussetzungen und Verfahrensfragen 232
4. Exkurs: Freiwillige Gerichtsbarkeit 241
a) Minderjährigenschutz 242
b) Nachlassverfahren 243
II. Internationales Zivilverfahrensrecht II (Anerkennung und Vollstreckung) 245
1. Brüssel Ia-VO und Völkerrechtliche Verträge 245
2. Autonomes Recht 255
3. Exkurs: Freiwillige Gerichtsbarkeit 259
B. Kollisionsfälle vor Schiedsgerichten 260
I. Grundzüge 260
II. Rechtsquellen 263
III. Einzelheiten 270
1. Schiedsgerichtsarten 270
2. Wirksamkeit der Schiedsvereinbarung 278
3. Besetzung des Schiedsgerichts 283
4. Anwendbares Verfahrensrecht 286
5. Hauptvertragsstatut („hard law" oder „soft law") 290
6. Anerkennung und Vollstreckung 295

Anhang: Aufbauschema und praktische Tipps 299
A. Prüfungsschritte bei der Bearbeitung eines Falles mit Auslandsbezug vor deutschen Gerichten 299
B. Praktische Tipps 299
I. Völkerrechtliche Verträge 300
1. Allgemeine Hinweise 300
2. Völkervertragliches Sachrecht 301
3. Völkervertragliches Kollisionsrecht 301
II. Unionsrecht 301
III. Autonomes Recht 301
1. Deutsches IPR 301
2. Fremdes Recht 301
a) Allgemeine Hinweise (zum Kollisions- und Sachrecht) 301
b) Nachweise speziell zum fremden Kollisionsrecht 302
c) Nachweise speziell zum fremden Sachrecht 302
IV. Soft Law 302

Stichwortverzeichnis 303

Abkürzungsverzeichnis

aA	andere Ansicht
ABl.	Amtsblatt (der Europäischen Gemeinschaft bzw. Europäischen Union)
Abs.	Absatz
Abschn.	Abschnitt
aE	am Ende
AentG	Gesetz über zwingende Arbeitsbedingungen für grenzüberschreitend entsandte und für regelmäßig im Inland beschäftigte Arbeitnehmer und Arbeitnehmerinnen (Arbeitnehmerentsendegesetz)
AEUV	Vertrag über die Arbeitsweise der Europäischen Union
aF	alte Fassung
AG	Amtsgericht
AGB	Allgemeine Geschäftsbedingungen
AktG	Aktiengesetz
Alt.	Alternative
Anh.	Anhang
Anm.	Anmerkung
AnpG	Anpassungsgesetz
Anti-Boykott-VO	Verordnung (EG) Nr. 2271/96 des Rates vom 22. November 1996 zum Schutz vor den Auswirkungen der extraterritorialen Anwendung von einem Drittland erlassener Rechtsakte sowie von darauf beruhenden oder sich daraus ergebenden Maßnahmen
Arbeitnehmerentsende-RL	Richtlinie 96/71/EG des Europäischen Parlaments und des Rates vom 16. Dezember 1996 über die Entsendung von Arbeitnehmern im Rahmen der Erbringung von Dienstleistungen
ArbG	Arbeitsgericht
ArbGG	Arbeitsgerichtsgesetz
arg.	argumentum
Art.	Artikel
ASEAC	Asian European Arbitration Centre (ehemals CEAC)
AT	Allgemeiner Teil
Aufl.	Auflage
AUG	Gesetz zur Geltendmachung von Unterhaltsansprüchen im Verkehr mit ausländischen Staaten (Auslandsunterhaltsgesetz)
AVAG	Gesetz zur Ausführung zwischenstaatlicher Verträge und zur Durchführung von Verordnungen und Abkommen der Europäischen Gemeinschaft auf dem Gebiet der Anerkennung und Vollstreckung in Zivil- und Handelssachen (Anerkennungs- und Vollstreckungsausführungsgesetz); Jayme/Hausmann Nr. 152a, 191a
BAG	Bundesarbeitsgericht
BayObLGZ	Sammlung der Entscheidungen des Bayrischen Obersten Landesgerichts für Zivilsachen
BB	Betriebsberater (Zeitschrift)
Bd.	Band
BeckRS	Beck-Rechtsprechung
Begr. Reg-E	Begründung zum Regierungsentwurf
Ber.DGVR	Berichte der Deutschen Gesellschaft für Völkerrecht
BGB	Bürgerliches Gesetzbuch
BGBl.	Bundesgesetzblatt
BGH	Bundesgerichtshof
BGHZ	Sammlung der Entscheidungen des BGH in Zivilsachen
BIT	Bilateral Investment Treaty

Blocking-VO ..... Verordnung (EG) Nr. 2271/96 des Rates vom 22. November 1996 zum Schutz vor den Auswirkungen der extraterritorialen Anwendung von einem Drittland erlassener Rechtsakte sowie von darauf beruhenden oder sich daraus ergebenden Maßnahmen
BR-Drs. .... Bundesrats-Drucksache
BRAO .... Bundesrechtsanwaltsordnung
Brüssel I-VO ...... Verordnung (EG) Nr. 44/2001 des Rates vom 22. Dezember 2000 über die gerichtliche Zuständigkeit und die Anerkennung und Vollstreckung von Entscheidungen in Zivil- und Handelssachen
Brüssel Ia-VO ..... Verordnung (EU) Nr. 1215/2012 des Europäischen Parlaments und des Rates vom 12. Dezember 2012 über die gerichtliche Zuständigkeit und die Anerkennung und Vollstreckung von Entscheidungen in Zivil- und Handelssachen; Jayme/Hausmann Nr. 160
Brüssel II-VO ..... Verordnung (EG) Nr. 1347/2000 des Rates vom 29. Mai 2000 über die Zuständigkeit und die Anerkennung und Vollstreckung von Entscheidungen in Ehesachen und in Verfahren betreffend die elterliche Verantwortung für die gemeinsamen Kinder der Ehegatten
Brüssel IIa-VO .... Verordnung (EG) Nr. 2201/2003 des Rates vom 25. Juni 2019 über die Zuständigkeit und die Anerkennung und Vollstreckung von Entscheidungen in Ehesachen und in Verfahren betreffend die elterliche Verantwortung; Jayme/Hausmann Nr. 162
BT .... Besonderer Teil
BT-Drs. .... Bundestags-Drucksache
BVerfGE .... Sammlung der Entscheidungen des Bundesverfassungsgerichts
bzw. .... beziehungsweise

ca. .... circa
CESL .... Common European Sales Law
CFR .... Common Frame of Reference
c. i. c. .... culpa in contrahendo
CIArb .... Chartered Institute of Arbitrators
CIEC .... Commission Internationale de l'État Civil/Internationale Kommission für das Zivilstandswesen
CISG .... Convention on the International Sale of Goods/Übereinkommen der Vereinten Nationen über Verträge über den internationalen Warenkauf; Jayme/Hausmann Nr. 77
CMI .... Comité Maritime International
CMR .... Übereinkommen über den Beförderungsvertrag im internationalen Straßengüterverkehr; Jayme/Hausmann Nr. 153
COD .... Co-Decision
COMI .... Centre of Main Interest
COTIF .... Übereinkommen über den internationalen Eisenbahnverkehr

DCFR .... Draft Common Frame of References
DepotG .... Gesetz über die Verwahrung und Anschaffung von Wertpapieren (Depotgesetz)
dh .... das heißt
DIS .... Deutsche Institution für Schiedsgerichtsbarkeit
DnotZ .... Deutsche Notar-Zeitschrift
DS-GVO .... Verordnung (EU) 2016/679 des Europäischen Parlaments und des Rates vom 27. April 2016 zum Schutz natürlicher Personen bei der Verarbeitung personenbezogener Daten, zum freien Datenverkehr und zur Aufhebung der Richtlinie 95/46/EG
DS .... Der Sachverständige (Zeitschrift)

ECE .... Economic Commission for Europe (der EU)
ECOSOC .... Economic and Social Council/Europäischer Wirtschafts- und Sozialausschuss

EFTA .... European Free Trade Association/Europäische Freihandelsassoziation
EG .... Europäische Gemeinschaft
EGBGB .... Einführungsgesetz zum Bürgerlichen Gesetzbuch; Jayme/Hausmann Nr. 1
EGV .... Römischer Vertrag zur Gründung der Europäischen Gemeinschaft v. 25. 3. 1957 idF des Vertrages von Nizza
EGZPO .... Gesetz betreffend die Einführung der Zivilprozeßordnung
Einl. .... Einleitung
EL .... Ergänzungslieferung
endg. .... endgültig
engl. .... englisch
ENZ .... Europäisches Nachlasszeugnis
Erwgr. .... Erwägungsgrund
ESÜ .... Haager Übereinkommen vom 13. Januar 2000 über den internationalen Schutz von Erwachsenen; Jayme/Hausmann Nr. 20
etc .... et cetera
EU .... Europäische Union
EuBVO .... Verordnung (EG) Nr. 1206/2001 des Rates vom 25. November 2020 über die Zusammenarbeit zwischen den Gerichten der Mitgliedstaaten auf dem Gebiet der Beweisaufnahme in Zivil- oder Handelssachen; Jayme/Hausmann Nr. 225
EuErbVO .... Verordnung (EU) Nr. 650/2012 des Europäischen Parlaments und des Rates vom 4. Juli 2012 über die Zuständigkeit, das anzuwendende Recht, die Anerkennung und die Vollstreckung von Entscheidungen und die Einnahme und Vollstreckung öffentlicher Urkunden in Erbsachen sowie zur Einführung eines Europäischen Nachlasszeugnisses; Jayme/Hausman Nr. 61
EuGFVO .... Verordnung (EG) Nr. 861/2007 des Europäischen Parlaments und des Rates vom 11. Juli 2007 zur Einführung eines europäischen Verfahrens für geringfügige Forderungen; Jayme/Hausmann Nr. 187
EuGH .... Gerichtshof der Europäischen Union
EuGüVO .... Verordnung (EU) 2016/1103 des Rates vom 24. Juni 2016 zur Durchführung einer Verstärkten Zusammenarbeit im Bereich der Zuständigkeit, des anzuwendenden Rechts und der Anerkennung und Vollstreckung von Entscheidungen in Fragen des ehelichen Güterstands; Jayme/Hausmann Nr. 33
EuGVVO .... Europäische Gerichtsstands- und Vollstreckungsverordnung (s. jeweils Brüssel I-VO oder Brüssel Ia-VO)
EuGVÜ .... Brüsseler EWG-Übereinkommen vom 27. September 1968 über die gerichtliche Zuständigkeit und die Vollstreckung gerichtlicher Entscheidungen in Zivil- und Handelssachen idF des 4. Beitrittsübereinkommens vom 29. November 1996; Jayme/Hausmann Nr. 150
EuInsVO .... Verordnung (EG) Nr. 2015/848 des Europäischen Parlaments und des Rates vom 20. Mai 2015 über Insolvenzverfahren; Jayme/Hausmann Nr. 260
EuMVVO .... Verordnung (EG) Nr. 1896/2006 des Europäischen Parlaments und des Rates vom 12. Dezember 2006 zur Einführung eines Europäischen Mahnverfahrens; Jayme/Hausmann Nr. 186
EuPartVO .... Verordnung (EU) 2016/1104 des Rates vom 24. Juni 2016 zur Durchführung der Verstärkten Zusammenarbeit im Bereich der Zuständigkeit, des anzuwendenden Rechts und der Anerkennung und Vollstreckung von Entscheidungen in Fragen güterrechtlicher Wirkungen eingetragener Partnerschaften, Jayme/Hausmann Nr. 39
EUR .... Euro
EuÜ .... Genfer Europäisches Übereinkommen vom 21. April 1961 über die internationale Handelsschiedsgerichtsbarkeit; Jayme/Hausmann Nr. 241
EuUnthVO .... Verordnung (EG) Nr. 4/2009 des Rates vom 18. Dezember 2008 über die Zuständigkeit und das anwendbare Recht in Unterhaltssachen, die Aner-

kennung und Vollstreckung von Unterhaltsentscheidungen und die Zusammenarbeit im Bereich der Unterhaltspflichten; Jayme/Hausmann Nr. 161

EUV .... Vertrag über die Europäische Union vom 7. Februar 1992 idF des Vertrags von Lissabon vom 13. Dezember 2007, Jayme/Hausmann Nr. 0-1

EuVTVO .... Verordnung (EG) Nr. 805/2004 des Europäischen Parlaments und des Rates vom 21. April 2004 zur Einführung eines europäischen Vollstreckungstitels für unbestrittene Forderungen; Jayme/Hausmann Nr. 185

EÜZ .... Pariser Vereinbarung vom 17. Dezember 1962 über die Anwendung des Europäischen Übereinkommens über die internationale Handelsschiedsgerichtsbarkeit; Jayme/Hausmann Nr. 242

EuZVO .... Verordnung (EG) Nr. 2020/1784 des Europäischen Parlaments und des Rates über die Zustellung gerichtlicher und außergerichtlicher Schriftstücke in Zivil- oder Handelssachen in den Mitgliedstaaten (Zustellung von Schriftstücken); Jayme/Hausmann Nr. 224

EuZW .... Europäische Zeitschrift für Wirtschaftsrecht

evtl. .... eventuell

EVÜ .... Römisches EWG-Übereinkommen vom 19. Juni 1980 über das auf vertragliche Schuldverhältnisse anzuwendende Recht idF des 4. Beitrittsübereinkommens; Jayme/Hausmann Nr. 70–74 (Volltext in der 14. Aufl.)

EWCA .... England and Wales Court of Appeal (Civil Division) Decisions

EWG .... Europäische Wirtschaftsgemeinschaft

EWG-Sprachen-VO.............. Verordnung Nr. 1 zur Regelung der Sprachenfrage für die Europäische Wirtschaftsgemeinschaft

EWHC .... Her Majesty's High Court of Justice in England (wörtlich: England & Wales High Court)

EWIV .... Europäische Wirtschaftliche Interessenvereinigung

EWIV-VO........ Verordnung (EWG) Nr. 2137/85 des Rates vom 25. Juli 1985 über die Schaffung einer Europäischen wirtschaftlichen Interessenvereinigung

EWR .... Europäischer Wirtschaftsraum

EWS .... Europäisches Wirtschafts- und Steuerrecht (Zeitschrift)

f. .... folgende(-r)

FamFG .... Gesetz über das Verfahren in Familiensachen und in den Angelegenheiten der freiwilligen Gerichtsbarkeit; Jayme/Hausmann Nr. 64, 171, 193

FamRZ .... Zeitschrift für das gesamte Familienrecht

FE .... Fundatio Europaea (Europäische Stiftung)

FernUSG .... Gesetz zum Schutz der Teilnehmer am Fernunterricht (Fernunterrichtsschutzgesetz)

ff................ fortfolgende

FGPrax .... Praxis der freiwilligen Gerichtsbarkeit (Zeitschrift)

Finalitäts-RL ...... Richtlinie 98/26/EG des Europäischen Parlaments und des Rates vom 19. Mai 1998 über die Wirksamkeit von Abrechnungen in Zahlungs- sowie Wertpapierliefer- und -abrechungssystemen

Fn. .... Fußnote

FÜR .... Familie, Partnerschaft und Recht (Zeitschrift)

frz. .... französisch

FS .... Festschrift

FuR .... Familie und Recht (Zeitschrift)

GA .... Genfer Abkommen vom 26. September 1927 zur Vollstreckung ausländischer Schiedssprüche

GEKR .... Gemeinsames Europäisches Kaufrecht

gem. .... gemäß

GenG .... Gesetz betreffend die Erwerbs- und Wirtschaftsgenossenschaften (Genossenschaftsgesetz)

GG .... Grundgesetz für die Bundesrepublik Deutschland
GmbH .... Gesellschaft mit beschränkter Haftung
GmbHG .... Gesetz betreffend die Gesellschaften mit beschränkter Haftung
GP .... Genfer Protokoll vom 24. September 1923 über die Schiedsklauseln
GPR .... Zeitschrift für das Privatrecht der Europäischen Union
GRR .... Gemeinsamer Referenzrahmen
GRUR .... Gewerblicher Rechtsschutz und Urheberrecht (Zeitschrift)
GRURInt .... GRUR International: Journal of European and International IP law (Zeitschrift)
GVG .... Gerichtsverfassungsgesetz
GWB .... Gesetz gegen Wettbewerbsbeschränkungen

HadoptÜ .... Haager Übereinkommen vom 29. Mai 1993 über den Schutz von Kindern und die Zusammenarbeit auf dem Gebiet der internationalen Adoption; Jayme/Hausmann Nr. 223
Handelsvertreter-RL Richtlinie 86/653/EWG des Rates vom 18. Dezember 1986 zur Koordinierung der Rechtsvorschriften der Mitgliedstaaten betreffend die selbständigen Handelsvertreter
HAVÜ .... Haager Übereinkommen vom 2. Juli 2019 über die Anerkennung und Vollstreckung ausländischer Entscheidungen in Zivil- und Handelssachen; Jayme/Hausmann Nr. 180
HBÜ .... Haager Übereinkommen vom 18. März 1970 über die Beweisaufnahme im Ausland in Zivil- oder Handelssachen; Jayme/Hausmann Nr. 212
HGB .... Handelsgesetzbuch
HGÜ .... Haager Übereinkommen vom 30. Juni 2005 über Gerichtsstandvereinbarungen; Jayme/Hausmann Nr. 151
HKIAC .... Hong Kong International Arbitration Centre
HKÜ .... Haager Übereinkommen vom 25. Oktober 1980 über die zivilrechtlichen Aspekte internationaler Kindesentführung; Jayme/Hausmann Nr. 222
hM .... herrschende Meinung
Hrsg. .... Herausgeber
hrsg. .... herausgegeben
Hs. .... Halbsatz
HtestformÜ ...... Haager Übereinkommen vom 5. Oktober 1961 über das auf die Form letztwilliger Verfügungen anzuwendende Recht; Jayme/Hausmann Nr. 60
HUntÜ 1956 ..... Haager Übereinkommen vom 24. Oktober 1956 über das auf Unterhaltsverpflichtungen gegenüber Kindern anzuwendende Recht; Jayme/Hausmann Nr. 40
HUntÜ 1973 ..... Haager Übereinkommen vom 2. Oktober 1973 über das auf Unterhaltspflichten anzuwendende Recht; Jayme/Hausmann Nr. 41
HUntVÜ 1958 .... Haager Übereinkommen vom 15. April 1958 über die Anerkennung und Vollstreckung von Entscheidungen auf dem Gebiet der Unterhaltspflicht gegenüber Kindern; Jayme/Hausmann Nr. 181
HUntVÜ 1973 .... Haager Übereinkommen vom 2. Oktober 1973 über die Anerkennung und Vollstreckung von Unterhaltsentscheidungen; Jayme/Hausmann Nr. 182
HUP 2007 .... Haager Protokoll über das auf Unterhaltspflichten anzuwendende Recht; Jayme/Hausmann Nr. 42
HZPÜ .... Haager Übereinkommen vom 1. März 1954 über den Zivilprozess; Jayme/Hausmann Nr. 210
HZÜ .... Haager Übereinkommen vom 15. November 1965 über die Zustellung gerichtlicher und außergerichtlicher Schriftstücke im Ausland in Zivil- oder Handelssachen; Jayme/Hausmann Nr. 211

IATA .... International Air Transport Association
IBA .... International Bar Association
ICAC .... International Arbitration Court at the Chamber of Commerce and Industry of the Russian Federation

ICC . . . . International Chamber of Commerce
ICCA . . . . International Council for Commercial Arbitration
I.C.J. Reports . . . . . Annual Reports of International Court of Justice
ICSID . . . . International Centre for Settlement of Investment Disputes
idF . . . . in der Fassung
IGH . . . . Internationaler Gerichtshof
IHR . . . . Internationales Handelsrecht (Zeitschrift)
ILM . . . . International Legal Materials
INCOTERMS . . . . International Commercial Terms
InsO . . . . Insolvenzordnung
Int. A.L.R. . . . . International American Law Review (Zeitschrift USA)
IntFamRVG . . . . . . Gesetz zur Aus- und Durchführung bestimmter Rechtsinstrumente auf dem Gebiet des internationalen Familienrechts (Internationales Familienrechtsverfahrensgesetz); Jayme/Hausmann Nr. 162a
IntGesR . . . . Internationales Gesellschaftsrecht
IntSachenR . . . . Internationales Sachenrecht
IntZivilProzR . . . . . Internationales Zivilprozessrecht
IPR . . . . Internationales Privatrecht
IPRax . . . . Praxis des internationalen Privat- und Verfahrensrechts (Zeitschrift)
IPRG . . . . Gesetz über das Internationale Privatrecht (des jeweiligen Landes)
IPRspr . . . . Die deutsche Rechtsprechung auf dem Gebiete des Internationalen Privatrechts (Entscheidungssammlung)
iSd . . . . im Sinne der/des
iSv . . . . im Sinne von
iVm . . . . in Verbindung mit
IZVR . . . . Internationales Zivilverfahrensrecht
IWF . . . . Übereinkommen über den Internationalen Währungsfonds v. 30.4.1976
IWRZ . . . . Zeitschrift für Internationales Wirtschaftsrecht

JA . . . . Juristische Arbeitsblätter (Zeitschrift)
Jahrbuch . . . . Jahrbuch für die Praxis der Schiedsgerichtsbarkeit
JDI . . . . Journal du droit international
J.Int.Arb. . . . . Journal of International Arbitration
JuS . . . . Juristische Schulung (Zeitschrift)
JZ . . . . Juristen-Zeitung

Kap. . . . . Kapitel
KG . . . . Kommanditgesellschaft/Kammergericht (Berlin)
KGSG . . . . Kulturgüterschutzgesetz
Klausel-RL . . . . Richtlinie 93/13/EWG des Rates vom 5. April 1993 über mißbräuchliche Klauseln in Verbraucherverträgen
KOM . . . . Kommissionsdokumente
krit. . . . . kritisch
Kulturgüter-Rückgabe-RL. . . . . . Richtlinie 2014/60/EU des Europäischen Parlaments und des Rates vom 15. Mai 2014 über die Rückgabe von unrechtmäßig aus dem Hoheitsgebiet eines Mitgliedstaats verbrachten Kulturgütern und zur Änderung der Verordnung (EU) Nr. 1024/2012
KSchG . . . . Kündigungsschutzgesetz
KSÜ . . . . Haager Übereinkommen vom 19. Oktober 1996 über die Zuständigkeit, das anzuwendende Recht, die Anerkennung, Vollstreckung und Zusammenarbeit auf dem Gebiet der elterlichen Verantwortung und der Maßnahmen zum Schutz von Kindern; Jayme/Hausmann Nr. 53
KV . . . . Kostenverzeichnis

lat. . . . . lateinisch
LCIA . . . . London Court of International Arbitration
LG . . . . Landgericht

li.	linke(r)
lit.	littera (= Buchstabe)
LkSG	Lieferkettensorgfaltspflichtengesetz
LpartG	Gesetz über die Eingetragene Lebenspartnerschaft (Lebenspartnerschaftsgesetz)
LuftRG	Gesetz über Rechte an Luftfahrzeugen
LuftVG	Luftverkehrsgesetz
LugÜ	Luganer Übereinkommen vom 30. Oktober 2007 über die gerichtliche Zuständigkeit und die Anerkennung und Vollstreckung von Entscheidungen in Zivil- und Handelssachen; Jayme/Hausmann Nr. 152
mAnm	mit Anmerkung
MAH	Münchener Anwalts Handbuch
MDR	Monatsschrift für Deutsches Recht (Zeitschrift)
Mediations-RL	Richtlinie 2008/52/EG des Europäischen Parlaments und des Rates vom 21. Mai 2008 über bestimmte Aspekte der Mediation in Zivil- und Handelssachen
MoMiG	Gesetz zur Modernisierung des GmbH-Rechts und zur Bekämpfung von Missbräuchen
MoPeG	Personengesellschaftsrechtsmodernisierungsgesetz
MSA	Haager Übereinkommen vom 5. Oktober 1961 über die Zuständigkeit der Behörden und das anzuwendende Recht auf dem Gebiet des Schutzes von Minderjährigen; Jayme/Hausmann Nr. 52
MüKo	Münchener Kommentar
mwN	mit weiteren Nachweisen
nF	neue Fassung
NJW	Neue Juristische Wochenschrift (Zeitschrift)
NJW-RR	NJW-Rechtsprechungsreport (Zeitschrift)
Nr.	Nummer
OHG	offene Handelsgesellschaft
OLG	Oberlandesgericht
PACS	Pacte de solidarité civil
PECL	Principles of European Contract Law
Prozesskostenhilfe-RL	Richtlinie 2003/8/EG des Rates vom 27. Januar 2003 zur Verbesserung des Zugangs zum Recht bei Streitsachen mit grenzüberschreitendem Bezug durch Festlegung gemeinsamer Mindestvorschriften für die Prozesskostenhilfe in derartigen Streitsachen
PStG	Personenstandsgesetz
RabelsZ	Rabels Zeitschrift für ausländisches und internationales Privatrecht (Zeitschrift)
re.	rechte(r)
Rec. des Cours	Recueil des Cours (Zeitschrift)
RGBl.	Reichsgesetzblatt
RGZ	Sammlung der Entscheidungen des Reichsgerichts in Zivilsachen
RIW	Recht der internationalen Wirtschaft (Zeitschrift)
RL	Richtlinie
Rn.	Randnummer
Rom I-VO	Verordnung (EG) Nr. 593/2008 des Europäischen Parlaments und des Rates vom 17. Juni 2008 über das auf vertragliche Schuldverhältnisse anzuwendende Recht (Rom I); Jayme/Hausmann Nr. 80
Rom II-VO	Verordnung (EG) Nr. 864/2007 des Europäischen Parlaments und des Rates vom 11. Juli 2007 über das auf außervertragliche Schuldverhältnisse anzuwendende Recht (Rom II); Jayme/Hausmann Nr. 101

Rom III-VO . . . . . . Verordnung (EU) Nr. 1259/2010 des Rates vom 20. Dezember 2010 zur Durchführung einer Verstärkten Zusammenarbeit im Bereich des auf die Ehescheidung und Trennung ohne Auflösung des Ehebandes anzuwendenden Rechts; Jayme/Hausmann Nr. 34
Rspr. . . . . Rechtsprechung

s. . . . . siehe
S. . . . . Seite/Siehe
SCE . . . . Societas Cooperativa Europaea/Europäische Genossenschaft
ScheckG . . . . Scheckgesetz
SchiedsVZ . . . . Zeitschrift für Schiedsverfahren
SE . . . . Societas Europaea/Europäische Gesellschaft
sec. . . . . section
SCE-Ergänzungs-
RL . . . . Richtlinie 2003/72/EG des Rates vom 22. Juli 2003 zur Ergänzung des Statuts der Europäischen Genossenschaft hinsichtlich der Beteiligung der Arbeitnehmer
SGB VIII . . . . Sozialgesetzbuch – Kinder- und Jugendhilfe
SGECC . . . . Study Group on a European Civil Code
SGHCR . . . . Singapore High Court Registrar
Slg. . . . . Sammlung der Rechtsprechung des EuGH und des Gerichtes Erster Instanz
sog. . . . . sogenannte
Sp. . . . . Spalte
StAZ . . . . Das Standesamt, Zeitschrift für Standesamtswesen
str. . . . . streitig

Timesharing-RL 1994 Richtlinie 94/47/EG des Europäischen Parlaments und des Rates vom 26. Oktober 1994 zum Schutz der Erwerber im Hinblick auf bestimmte Aspekte von Verträgen über den Erwerb von Teilzeitnutzungsrechten an Immobilien
TRIPS . . . . Agreement on Trade-Related Aspects of Intellectual Property Rights

UAbs. . . . . Unterabsatz
UMV . . . . Verordnung (EU) 2017/1001 des Europäischen Parlaments und des Rates vom 14. Juni 2017 über die Unionsmarke
UNCITRAL . . . . . . United Nations Commission on International Trade Law
UNESCO . . . . United Nations Educational, Scientific and Cultural Organization
UNIDROIT . . . . Internationales Institut für die Vereinheitlichung des Privatrechts (Rom)
UNIDROIT Principles UNIDROIT Principles of International Commercial Contracts/UNIDROIT Grundregeln für Internationale Handelsverträge
Unif. L. Rev. . . . . . . Uniform Law Review (Official Journal of UNIDROIT)
UNO . . . . United Nations Organization
UNÜ . . . . New Yorker UN-Übereinkommen vom 10. Juni 1958 über die Anerkennung und Vollstreckung ausländischer Schiedssprüche; in Auszügen Jayme/Hausmann Nr. 240
Urt. . . . . Urteil
US . . . . United States
USA . . . . United States of America
uU . . . . unter Umständen
UWG . . . . Gesetz gegen den unlauteren Wettbewerb

v. . . . . von/vom
Verbraucherrechte-
RL . . . . Richtlinie 2011/83/EU des Europäischen Parlaments und des Rates vom 25. Oktober 2011 über die Rechte der Verbraucher
VersR . . . . Zeitschrift für Versicherungsrecht

Verbraucherkredit-RL	Richtlinie (EU) 2023/2225 des Europäischen Parlaments und des Rates vom 18. Oktober 2023 über Verbraucherkreditverträge und zur Aufhebung der Richtlinie 2008/48/EG
vgl.	vergleiche
VO	Verordnung
VO-V zur Drittwirkung von Forderungsübertragungen	Vorschlag für eine Verordnung des Europäischen Parlamentes und des Rates über das auf die Drittwirkung von Forderungsübertragungen anzuwendende Recht, KOM(2018) 96 endgültig v. 12.3.2018, 2018/0044 (COD)
VölkerR	Völkerrecht
Vorb.	Vorbemerkung
WDÜ	Wiener UN-Übereinkommen vom 18. April 1961 über diplomatische Beziehungen, Jayme/Hausmann Nr. 140
WG	Wechselgesetz v. 21.6.1933, RGBl. 1933 I 399
WiB	Zeitschrift für Wirtschaftsanwälte und Unternehmensjuristen
WKÜ	Wiener UN-Übereinkommen vom 24. April 1963 über konsularische Beziehungen; Jayme/Hausmann Nr. 141
WM	Wertpapier-Mitteilungen (Zeitschrift)
WTO	World Trade Organisation
WVK	Wiener Übereinkommen über das Recht der Verträge
YB. Com. Arbitr.	Yearbook of Commercial Arbitration
zB	zum Beispiel
ZeuP	Zeitschrift für Europäisches Privatrecht
ZEV	Zeitschrift für Erbrecht und Vermögensnachfolge
ZfPW	Zeitschrift für die gesamte Privatrechtswissenschaft
ZfRV	(österreichische) Zeitschrift für Rechtsvergleichung
Ziff.	Ziffer
ZIP	Zeitschrift für Wirtschaftsrecht
ZPO	Zivilprozessordnung
ZRHO	Rechtshilfeordnung für Zivilsachen vom 19. Oktober 1956, in der Neufassung des Allgemeinen Teils der Rechtshilfeordnung für Zivilsachen vom 28. Oktober 2011, Bundesanzeiger 64 Nr. 38a
ZRP	Zeitschrift für Rechtspolitik
ZustG	Gesetz zu dem Übereinkommen vom 19. Juni 1989 über das auf vertragliche Schuldverhältnisse anzuwendende Recht
ZZPInt	Zeitschrift für Zivilprozess International
zT	zum Teil
ZvglRWiss	Zeitschrift für vergleichende Rechtswissenschaft

Literaturverzeichnis

Aden, M., Internationale Handelsschiedsgerichtsbarkeit, 2. Aufl. 2003 (zit.: Aden)

Andrae, M., Internationales Familienrecht, 5. Aufl. 2024 (zit.: Andrae IntFamR)

v. Bar, C./Mankowski, P., Internationales Privatrecht, Bd. I: Allgemeine Lehren, 2. Aufl. 2003 (zit.: v. Bar/Mankowski IPR I)

v. Bar, C./Mankowski, P., Internationales Privatrecht, Bd. II: Besonderer Teil, 2. 2019 (zit.: v. Bar/Mankowski IPR II)

v. Bar, C., Europäisches Gemeinschaftsrecht und Internationales Privatrecht, 1991 (zit.: v. Bar GemeinschaftsR und IPR/Bearbeiter)

Anders, M./Gehle, B., Zivilprozessordnung: mit GVG und anderen Nebengesetzen, 82. Aufl. 2024 (zit.: Anders/Gehle/Bearbeiter)

van den Berg, A. J., The New York Arbitration Convention of 1958, 1981 (zit.: van den Berg New York Convention)

Henrich, D./Dutta, A./Ebert, H.-G., Internationales Ehe- und Kindschaftsrecht, Loseblattsammlung, (Stand: 7. Aufl. 2023, 253. Lieferung) (zit.: Henrich/Dutta/Ebert/Bearbeiter)

Bonell, M.J., The Law Governing International Commercial Contracts: Hard Law vs. Soft Law, Hague Academy Collected Courses, 2018, Vol. 388, pp. 9–48 (zit.: Bonell Hague Lecture 2017)

Born, G., International Commercial Arbitration, Bd. I–III, 3. Aufl. 2021 (zit.: Born Int. Commercial Arbitration Bd.)

Brödermann, E./Iversen, H., Europäisches Gemeinschaftsrecht und Internationales Privatrecht, 1994 (zit.: Brödermann/Iversen/Bearbeiter Europ. GemeinschaftsR und IPR)

Brödermann, E., UNIDROIT Principles of International Commercial Contracts, An Article-by-Article Commentary, 2. Aufl. 2023 (zit.: Brödermann UNIDROIT Principles Commentary)

Brödermann, E./Etgen, B., CIETAC Arbitration Rules, An Article-by-Article Commentary, 2024 (zit.: Brödermann/Etgen, CIETAC Arbitration Rules)

Doehring, K., Völkerrecht, 2. Aufl. 2004 (zit.: Doehring VölkerR)

Dutta, A./Weber, J., Internationales Erbrecht, 2. Aufl. 2021 (zit.: Dutta/Weber/Bearbeiter)

Ferid, M., Internationales Privatrecht, 3. Aufl. 1986 (zit.: Ferid IPR)

Ferrari, F./Kieninger, E./Mankowski, P./Otte, K./Saenger, I./Schulze, G./Staudinger. A., Internationales Vertragsrecht, 3. Aufl. 2018 (zit.: Ferrari IntVertragsR/Bearbeiter)

Geimer, R./Schütze, R. A., Europäisches Zivilverfahrensrecht: Kommentar zur EuGVVO, Eu-EheVO, EuZustellungsVO, EuInsVO, EuVTVO, zum Lugano-Übereinkommen und zum nationalen Kompetenz- und Anerkennungsrecht, 4. Aufl. 2020 (zit.: Geimer/Schütze EurZivilVerfR/Bearbeiter)

Geimer, R./Schütze, R. A. (vormals Bülow/Böckstiegel), Internationaler Rechtsverkehr in Zivil- und Handelssachen, Bd. I–V, Stand: 66. EL Januar 2023 (zit.: Geimer/Schütze IntRechtsverkehr/Bearbeiter)

Grabitz, E./Hilf, M./Nettesheim, M., Das Recht der Europäischen Union, Loseblattsammlung, Stand: 80. EL August 2023 (zit.: Grabitz/Hilf/Nettesheim/Bearbeiter)

v. d. Groeben, H./Schwarze, J./Hatje, A., Europäisches Unionsrecht, Vertrag über die Europäische Union – Vertrag über die Arbeitsweise der Europäischen Union – Charta der Grundrechte der Europäischen Union, 7. Aufl. 2015 (zit.: Groeben/Schwarze/Hatje/Bearbeiter)

Habersack, M./Casper, M./Löbbe, M., GmbHG Großkommentar, Bd. 1, 3. Aufl. 2019 (zit.: Habersack/Casper/Löbbe/Bearbeiter)

Hausmann, R., Internationales Erbrecht (Quellensammlung), Bd. I–VII, Loseblattsammlung, 126. Aufl. (Stand: März 2024) (ehemals Ferid/Firsching) (zit.: Hausmann/Bearbeiter)

Hausmann, R./Odersky, F., Internationales Privatrecht in der Notar- und Gestaltungspraxis, 4. Aufl. 2021 (zit.: Hausmann/Odersky IPR/Bearbeiter)

v. Hoffmann, B./Thorn, K., Internationales Privatrecht, 9. Aufl. 2007 (zit.: v. Hoffmann/Thorn IPR)

Ipsen, K., Völkerrecht, 7. Aufl. 2018 (zit.: Ipsen VölkerR/Bearbeiter)

Jayme, E./Hausmann, R., Internationales Privat- und Verfahrensrecht (Textausgabe), 22. Aufl. 2024 (zit.: Jayme/Hausmann)

Junker, A., Internationales Privatrecht, 5. Aufl. 2022 (zit.: Junker IPR)

Kegel, G./Schurig, K., Internationales Privatrecht, 9. Aufl. 2004 (zit.: Kegel/Schurig IPR)

Keller, M./Siehr, K., Allgemeine Lehren des internationalen Privatrechts, 1986 (zit.: Keller/Siehr IPR)

Kronke, H./Melis, W./Kuhn, H., Handbuch Internationales Wirtschaftsrecht, 2. Aufl. 2017 (zit.: Kronke/Melis/Kuhn IntWirtschaftsR-HdB/Bearbeiter)

Kropholler, J., Internationales Einheitsrecht, 1975 (zit.: Kropholler IntEinheitsR)

Kropholler, J., Internationales Privatrecht, 6. Aufl. 2006 (zit.: Kropholler IPR)

Kropholler, J./v. Hein, J., Europäisches Zivilprozessrecht, Kommentar zu EuGVO, Lugano-Übereinkommen, EuVTVO, EuMVVO, EuGFVO, 10. Aufl. 2020) (zit.: Kropholler/v. Hein EurZivilProzR)

Kunz, K.-H., Internationales Privatrecht, 4. Aufl. 1998 (zit.: Kunz IPR)

Lachmann, J.-P., Handbuch für die Schiedsgerichtspraxis, 3. Aufl. 2008 (zit.: Lachmann Schiedsgerichtspraxis-HdB)

Lüderitz, A., Internationales Privatrecht, 2. Aufl. 1992 (zit.: Lüderitz IPR)

Max-Planck-Institut, Handbuch des Internationalen Zivilverfahrensrechts, Bd. I, 1982, Bd. III/1, 1984, Bd. III/2, 1984 (zit.: IZVR-HdB/Bearbeiter)

Müller-Lukoschek, J., Die neue EU-Erbrechtsverordnung, Einführung in die neue Rechtslage, 2. Aufl. 2015 (zit.: Müller-Lukoschek EuErbVO)

Musielak, H.-J./Borth, H./Frank, M., Familiengerichtliches Verfahren: FamFG, 7. Aufl. 2022 (zit.: Musielak/Borth/Frank/Bearbeiter)

Nagel, H./Gottwald, P., Internationales Zivilprozessrecht, 8. Aufl. 2020 (zit.: Nagel/Gottwald IntZivilProzR)

Nicolaysen, G., Europarecht I, Die Europäische Integrationsverfassung, 2. Aufl. 2002 (zit.: Nicolaysen EuropaR I)

Grüneberg, C., Bürgerliches Gesetzbuch, 82. Aufl. 2023 (zit.: Grüneberg/Bearbeiter)

Piltz, B., Münchener Anwaltshandbuch Internationales Wirtschaftsrecht, 2016 (zit.: MAH IntWirtschaftsR/Bearbeiter)

Prütting, H./Wegen, G./Weinreich, G., BGB Kommentar, 19. Aufl. 2024 (zit.: PWW/Bearbeiter)

Raape, L./Sturm, F., Internationales Privatrecht, Bd. I: Allgemeine Lehren, 6. Aufl. 1977 (zit.: Raape/Sturm IPR I)

Rauscher, T., Europäisches Zivilprozess- und Kollisionsrecht (EuZPR/EuIPR), Bd. I–V, 4./5. Aufl. ab 2015 (zit.: Rauscher/Bearbeiter)

Rauscher, T., Internationales Privatrecht, 5. Aufl. 2017 (zit.: Rauscher IPR)

Rauscher, T./Krüger W., Münchener Kommentar zur Zivilprozessordnung mit Gerichtsverfassungsgesetz und Nebengesetzen, 6. Aufl. 2020/2022 (zit.: MüKoZPO/Bearbeiter)

Rebmann, K./Säcker, F.-J., Münchener Kommentar zum BGB, 8./9. Aufl. 2019/2024 (zit.: MüKoBGB/Bearbeiter)

Reithmann, C./Martiny, D., Internationales Vertragsrecht, 9. Aufl. 2021 (zit.: Reithmann/Martiny IntVertragsR/Bearbeiter)

Sandrock, O., Handbuch der internationalen Vertragsgestaltung, Bd. 1, 1980 (zit.: Sandrock IntVertragsgestaltung-HdB/Bearbeiter)

Schack, H., Höchstrichterliche Rechtsprechung zum Internationalen Privat- und Verfahrensrecht, 2. Aufl. 2000 (zit.: Schack Rspr. IPR)

Schack, H., Internationales Zivilverfahrensrecht, 8. Aufl. 2020 (zit.: Schack IntZivilVerfR)

Schlechtriem, P./Schwenzer, I./Schroeter, Kommentar zum Einheitlichen UN-Kaufrecht, 7. Aufl. 2019 (zit.: Schlechtriem/Schwenzer/Schroeter/Bearbeiter)

Schlosshauer-Selbach, S., Internationales Privatrecht, 1989 (zit.: Schlosshauer-Selbach IPR)

Schütze, R., Deutsches Internationales Zivilprozessrecht unter Einschluss des Europäischen Zivilprozessrechts, 2. Aufl. 2005 (zit.: Schütze IntZivilProzR/EuropZivilProzR)

Schütze, R./Tscherning, D./Wais, W., Handbuch des Schiedsverfahrens, 2. Aufl. 1990 (zit.: Schütze/Tscherning/Wais Schiedsverfahren-HdB/Bearbeiter)

Schwab, K. H./Walter, G., Schiedsgerichtsbarkeit, 7. Aufl. 2005 (zit.: Schwab/Walter)

Soergel, H. T./Siebert, W., Bürgerliches Gesetzbuch, Bd. 10, Einführungsgesetz, 12. Aufl. 1996 (zit.: Soergel/Bearbeiter)

Spahlinger, A./Wegen, G., Internationales Gesellschaftsrecht in der Praxis, 2005 (zit.: Spahlinger/Wegen/Bearbeiter)

v. Staudinger, J., Kommentar zum Bürgerlichen Gesetzbuch mit Einführungsgesetz und Nebengesetzen, 13. Bearbeitung und deren Neubearbeitung, ab 1994 (zit.: Staudinger/Bearbeiter)

Stein, T./v. Buttlar, C./Kotzur, M., Völkerrecht, 15. Aufl. 2023 (zit.: Stein/v. Buttlar/Kotzur VölkerR)

Stein, F./Jonas, M., Kommentar zur Zivilprozessordnung, 23. Aufl. ab 2014 (zit.: Stein/Jonas/Bearbeiter)

Süß, R., Erbrecht in Europa, 4. Aufl. 2020 (zit.: Süß ErbR Europa/Bearbeiter)

Verdross, A./Simma, B., Universelles Völkerrecht Theorie und Praxis, unveränderter Nachdruck der 3. Aufl. 2010 (zit.: Verdross/Simma Universelles VölkerR)

Vogenauer, S., Commentary on the UNIDROIT Principles of International Commercial Contracts (PICC), 2. Aufl. 2015 (zit.: Vogenauer/Bearbeiter)

Wolff, R., New York Convention on the Recognition and Enforcement of foreign Arbitral Awards – Commentary, 2. Aufl. 2019 (zit.: Wolff/Bearbeiter)

Zöller, R., Zivilprozessordnung, 35. Aufl. 2024 (zit.: Zöller/Bearbeiter)

1. Teil. Grundlagen des Internationalen Privatrechts

1 Die Bearbeitung von Fällen, deren Sachverhalt einen Bezug zum Ausland aufweist, verlangt – insbesondere aufgrund der fortschreitenden europäischen Integration – zunehmend mehr Detailkenntnisse. Umso wichtiger ist es, sich die strukturellen Grundlagen zu erarbeiten, deren Kenntnis der Schlüssel zu den Details ist, die für die Lösung des einzelnen Falles benötigt werden.

2 Im Folgenden sollen diese **Grundlagen** des Internationalen Privatrechts anhand von Fällen dargestellt werden. Zu den Grundlagen des Internationalen Privatrechts zählen

- das Grundprinzip der Anknüpfung **(A)**;
- mögliche Korrekturen des Grundprinzips der Anknüpfung **(B; C)**;
- die Beherrschung einiger allgemeiner Anwendungsfragen und Sonderprobleme **(D)**;
- die Frage nach der Bedeutung zwingenden Rechts, das oft neben das im Übrigen anwendbare Recht tritt und dieses teilweise verdrängt **(E)**;
- das Verhältnis des IPR zum immer wichtiger werdenden Einheitsrecht **(F)**;
- der **Zusammenhang** zwischen diesen Fragen (Zusammenfassung und Aufbauschema, **(G)**).
- Ergänzend werden im 2. Teil die **wichtigsten Anknüpfungsregelungen** aus dem Besonderen Teil des IPR vorgestellt.

3 Mit dem Beherrschen dieser **„IPR-Technik“** lassen sich internationalprivatrechtliche Fragestellungen unabhängig davon bearbeiten, welcher Rechtsquelle die heranzuziehenden „IPR-Normen“ entstammen. Zugleich ist die IPR-Technik Voraussetzung für den Umgang mit den praktischen Fragen des **Internationalen Zivilverfahrensrechts,** die im 3. Teil behandelt werden.

A. Das Grundprinzip der Anknüpfung

I. Drei Ausgangsfälle

Im Folgenden werden drei Ausgangsfälle dargestellt und gelöst. Diese sollen den Einstieg in die Thematik des Internationalen Privatrechts erleichtern. Dabei muss zwangsläufig auf Detailwissen, das erst im späteren Teil behandelt wird, zurückgegriffen werden. Davon sollte der Leser oder die Leserin sich allerdings nicht entmutigen lassen. Durch die weitere Lektüre wird die Falllösung schrittweise nachvollziehbar werden.

1. Anwendung von völkervertraglichem IPR

4 **Fall 1:** Eine liechtensteinische Familie lebt jahrelang in Köln. Nach der Scheidung der Eltern bleibt der 13-jährige Sohn Franz bei seiner Mutter. Der Vater zieht nach Stuttgart. Im Juni 2023 verklagt Franz seinen Vater in Köln auf Zahlung von Unterhalt. Welches Recht ist anwendbar?

5 Eine deutsche Familienrichterin sieht sich bei der Bearbeitung eines derartigen Falles vor ein Problem gestellt. Abweichend von ihrer Alltagspraxis hat der Fall **Auslandsbezug:** Zwar haben sowohl Franz als auch sein Vater ihren gewöhnlichen Aufenthalt in Deutschland, doch sind beide liechtensteinische Staatsangehörige. Soll die Richterin aufgrund der vorhandenen Bezüge zu Liechtenstein das liechtensteinische (Unterhalts-)Recht anwenden oder reichen die gleichfalls vorhandenen Bezüge zur Bundesrepublik aus, um deutsches Recht zur Anwendung zu bringen?

Die Richterin steht hier vor der **Kollision** (dem Konflikt) zweier Rechtsordnungen: Das fremde (liechtensteinische) und das deutsche Recht kollidieren; nur eines und nicht beide zugleich können in der Regel Maßstab für die Beurteilung der Rechtsfrage (Unterhaltsleistung) sein.

6 Um derartige Konflikte zu lösen, enthält jede Rechtsordnung **Kollisionsnormen** (engl. *conflict of law rules, frz. règles de conflit*). Dies sind Normen, die bei einem Fall mit Auslandsbezug diejenige Rechtsordnung **berufen**, die auf den konkreten Sachverhalt anzuwenden ist. Man sagt auch: „Die Kollisionsnormen **verweisen** auf das anwendbare Recht" und spricht daher auch von **Verweisungsnormen.** Ihnen gegenüber stehen Normen des **materiellen Rechts (Sachrecht).** Die Gesamtheit der Kollisionsnormen bildet das **Internationale Privatrecht (IPR)** einer Rechtsordnung. Eine Legaldefinition enthält Art. 3 EGBGB[1].

Jede Rechtsordnung besitzt grundsätzlich selbst gesetztes bzw. **autonomes** Kollisionsrecht. In Deutschland ist es weitgehend in Art. 3–46e EGBGB[2] kodifiziert. Man spricht vom **autonomen deutschen IPR** oder vom **nationalen deutschen IPR.**

Hinweis: Zur Falllösung eines solchen grenzüberschreitenden Sachverhalts wendet jedes Gericht sein eigenes IPR an.

7 Häufig werden die Regeln des nationalen deutschen IPR jedoch durch international **vereinheitlichte** Kollisionsnormen verdrängt. Diese Vereinheitlichung kann vor allem in Form völkerrechtlicher Verträge und in Form von Verordnungen der EU erfolgen:

Oft haben die Staaten in völkerrechtlichen Verträgen (Staatsverträgen) einheitliche, für alle Vertragsstaaten **gemeinsame Kollisionsnormen** geschaffen (**völkervertragliches** oder **staatsvertragliches Kollisionsrecht**). Durch die Anwendung dieser einheitlichen Normen wird das anwendbare **Sachrecht** durch dieselben gemeinsamen Regeln bestimmt, unabhängig davon, in welchem Staat eine Rechtsfrage zu entscheiden ist (im **Fall 1:** in der Bundesrepublik Deutschland oder im Herzogtum Liechtenstein). Für alle Vertragsstaaten führt dies zu einheitlichen Falllösungen bzw. **internationalem Entscheidungseinklang.**

Völkervertragliches Kollisionsrecht geht – im deutschen Recht nach Art. 3 Nr. 2 EGBGB – dem **nationalen Kollisionsrecht vor.** Ein Gericht hat daher stets zu prüfen, ob auf den zu entscheidenden Sachverhalt ein völkerrechtlicher Vertrag anwend-

1 Jayme/Hausmann Nr. 1; Habersack Nr. 21.
2 Zuletzt geändert durch Art. 2 Gesetz zur Anpassung des Allgemeinen Eisenbahngesetzes an die Verordnung (EU) 2021/782 des Europäischen Parlaments und des Rates vom 29. April 2021 über die Rechte und Pflichten der Fahrgäste im Eisenbahnverkehr sowie zur Änderung des Einführungsgesetzes zum Bürgerlichen Gesetzbuche (BGBl. 2023 I 205).

bar ist. In Betracht kommt häufig die Anwendung von **Übereinkommen** (Konventionen), die zwischen **mehreren** Staaten vereinbart wurden (sie sind mehrseitig bzw. multilateral). Daneben können auch **Abkommen** anzuwenden sein, die zwischen **zwei** Staaten vereinbart wurden (sie sind zweiseitig bzw. bilateral).

Hinweis: Diese begriffliche Unterscheidung zwischen Übereinkommen und Abkommen ist gängig, wird aber nicht überall durchgehalten. Insbesondere tragen einige Übereinkommen irreführenderweise den Titel „Abkommen".

Der **Europäische Gesetzgeber** hat in mehreren Bereichen **Verordnungen** geschaffen, die **kraft eigenen Geltungswillens des EU-Rechts unmittelbar in allen Mitgliedstaaten der EU** zur Anwendung kommen (Art. 288 II AEUV[3]) und in vielen Fällen auch Kollisionsnormen enthalten. Diese **verdrängen** ebenfalls **nationales IPR**; daran erinnert Art. 3 Nr. 1 EGBGB, der insoweit deklaratorischer Natur ist. 8

Hinweis: Am 1.12.2009 ist in den damals 27 Mitgliedstaaten (derzeit: wieder 27 Mitgliedstaaten[4]) der EU der am 13.12.2007 unterzeichnete Vertrag von Lissabon (EUV)[5] in Kraft getreten. Durch diesen Vertrag sind der EU-Vertrag und der frühere EG-Vertrag abgeändert worden. Die EU ist seitdem Rechtsnachfolgerin der Europäischen Gemeinschaft (EG), Art. 1 III EUV. Deshalb trägt der frühere EG-Vertrag seitdem den Namen „Vertrag über die Arbeitsweise der Europäischen Union" **(AEUV)**. Zusammen werden der EUV und der AEUV als „die Verträge" bezeichnet (Art. 1 III 1 EUV; Art. 1 II 2 AEUV); sie sind rechtlich gleichrangig (Art. 1 III 2 EUV, Art. 1 II 2 AEUV).

Im **Fall 1** geht es um Unterhaltsrecht. Ein völkerrechtliches Regelungswerk, das Kollisionsnormen im Bereich des Unterhaltsrechts enthält, ist das Haager Protokoll über das auf Unterhaltspflichten anzuwendende Recht v. 23.11.2007 (HUP 2007)[6]. Nach der Grundanknüpfung von Art. 3 I HUP 2007 ist für Unterhaltsansprüche grundsätzlich das am gewöhnlichen Aufenthalt des Kindes (Art. 4 I lit. a HUP 2007) geltende Recht maßgebend. Da Franz seinen gewöhnlichen Aufenthalt in der Bundesrepublik hat, ist deutsches Unterhaltsrecht anzuwenden. Die Frage nach dem anwendbaren Recht ist damit entschieden. Art. 3 I HUP 2007 hat deutsches Recht berufen (= auf deutsches Recht verwiesen). Eine liechtensteinische Richterin hätte die Frage nach dem anwendbaren Recht nicht anders beantwortet, da auch sie das HUP 2007 zu befolgen gehabt hätte. Das völkerrechtliche IPR führt damit zu **internationalem Entscheidungseinklang**. 9

Auch das europäische Kollisionsrecht kennt eine Verordnung für Unterhaltsfragen, die EuUnthVO[7]. Diese ist vorliegend nicht einschlägig, da sie selbst in Art. 15 EuUnthVO bestimmt, dass sich das anwendbare Recht nach dem HUP 2007 richtet (näheres zur EuUnthVO → Rn. 523, 681). Zur Anwendung des nationalen Kolli-

3 Vertrag über die Arbeitsweise der Europäischen Union, ABl. 2008 C 115, 47.

4 Beitritt der Republik Kroatien (Vertrag v. 9.12.2011 der Mitgliedstaaten der Europäischen Union über den Beitritt der Republik Kroatien zur Europäischen Union, in Kraft getreten am 20.6.2013 (BGBl. 2011 II 586)); Austritt des Vereinigten Königreichs Großbritannien und Nordirland (Abkommen über den Austritt des Vereinigten Königreichs Großbritannien und Nordirland aus der Europäischen Union und der Europäischen Atomgemeinschaft, in Kraft getreten am 1.2.2020 (BGBl. 2020 I 316)).

5 ABl. 2007 C 306, 1.

6 ABl. 2009 L 331, 19; Jayme/Hausmann Nr. 42.

7 Jayme/Hausmann Nr. 161.

sionsrechts (Art. 3 ff. EGBGB) kommt es in diesen Fällen wegen Art. 3 Nr. 2 EGBGB nicht.

Hinweis: Zu der Frage, wie man im Einzelfall selbst prüft, ob völkervertragliche Kollisionsnormen anwendbar sind → Rn. 901 ff. (Praktische Tipps).

2. Anwendung von unionsrechtlichem IPR

10 **Fall 2:** Eine südkoreanische Reederei beauftragt im Dezember 2023 eine deutsche Werft, die ihren Hauptverwaltungssitz in Hamburg hat, mit einer Reparatur der Steuerungsanlage eines südkoreanischen Schiffes. In diesem Zusammenhang sind auch der Erwerb einer neuen Steuerungssoftware und ein Training für die Anwendung der Software erforderlich. Die Reparatur wird in Hamburg an Bord des südkoreanischen Schiffes durchgeführt; die Kommunikation erfolgt auf Englisch. Eine Rechtswahl wird nicht vereinbart. Kurz nach dem Verlassen deutscher Gewässer tritt der Defekt trotz erfolgter Reparatur erneut auf; das Schiff ist nur beschränkt manövrierfähig. Das südkoreanische Unternehmen möchte Ansprüche wegen Schlechtleistung geltend machen und beauftragt eine Hamburger Rechtsanwaltskanzlei mit der Durchsetzung seiner Rechte vor einem Gericht in Hamburg. Nach welchem Recht hat der Hamburger Richter den Fall zu beurteilen?

11 Wie die Kölner Richterin im **Fall 1** steht nun der Hamburger Richter vor der **Kollision** zweier Rechtsordnungen. Soll er aufgrund der vorhandenen Bezüge zu Südkorea das südkoreanische Werkvertragsrecht anwenden oder reichen die gleichfalls vorhandenen Bezüge zu Deutschland aus, um deutsches Recht zur Anwendung zu bringen? Ist es von Bedeutung, dass der Fall einerseits einen Mitgliedstaat der EU (Deutschland) und andererseits einen Staat außerhalb der EU (Südkorea) betrifft? Wieder beginnt die Prüfung mit der Suche nach möglicherweise anwendbarem völkervertraglichen oder unionsrechtlichen IPR, das dem nationalen deutschen IPR vorgehen würde (Art. 3 EGBGB).

12 Im Verhältnis zu Südkorea gibt es keinen **völkerrechtlichen Vertrag**, der eine Kollisionsnorm für den Bereich des Schuldvertragsrechts enthält. Dagegen hat die EU mehrere Verordnungen mit **unionsrechtlichem IPR** geschaffen und dadurch das internationale Privatrecht der 27 Mitgliedstaaten der EU bereits für mehrere Bereiche des Zivilrechts vereinheitlicht:

- Seit 11.1.2009 gilt die VO (EG) Nr. 864/2007 des Europäischen Parlaments und des Rates vom 11. Juli 2007 **über das auf außervertragliche Schuldverhältnisse anzuwendende Recht (Rom II-VO).**[8]
- Seit 17.12.2009 gilt die VO (EG) Nr. 593/2008 des Europäischen Parlaments und des Rates vom 17. Juni 2008 **über das auf vertragliche Schuldverhältnisse anzuwendende Recht (Rom I-VO).**[9]
- Weitere EU-Verordnungen zum IPR gelten im Familien- und Erbrecht (dazu → Rn. 493 ff., Rn. 555 ff.)

Solche europäischen Verordnungen gelten **kraft eigenen Geltungswillens des EU-Rechts** unmittelbar in allen Mitgliedstaaten der EU (Art. 288 II AEUV). Sie verdrängen nationales IPR (Art. 3 Nr. 1 EGBGB).

8 ABl. 2007 L 199, 40; Jayme/Hausmann Nr. 101; zur zeitlichen Anwendbarkeit s. Art. 32 Rom II-VO.

9 ABl. 2008 L 177, 6; Jayme/Hausmann Nr. 80; zur zeitlichen Anwendbarkeit s. Art. 28 Rom I-VO.

13 Da es im **Fall 2** (aus deutscher Sicht) um werkvertragliche Ansprüche und damit Schuldrecht geht, prüft der Richter die **Rom I-VO** und stellt zunächst fest, dass der **räumliche Anwendungsbereich** der Verordnung **auch Sachverhalte mit Bezug zu „Drittstaaten"** (also Nicht-EU-Mitgliedstaaten) wie Südkorea erfasst. Die Kollisionsnormen in der Rom I-VO gelten ohne Unterscheidung, ob das Recht eines Mitgliedstaats der EU oder das Recht eines Drittstaats zur Anwendung gelangen würde (Art. 2 Rom I-VO). Auf dieser Grundlage sind alle Kollisionsnormen der Rom I-VO sog. **„allseitige Kollisionsnormen"**. Gleiches gilt ebenso für die anderen EU-Verordnungen zum IPR.[10] Die Verordnungen sind damit **universell anwendbar** (franz. *Loi uniforme*). **Dies gilt nur dann nicht**, wenn im Verhältnis zu dem Drittstaat (zB Südkorea) ein völkerrechtlicher Vertrag bestünde, der ebenfalls einschlägige Kollisionsnormen (hier für das Schuldrecht) enthielte; denn bestehende völkerrechtliche Verträge mit Drittstaaten können nicht durch späteres Unionsrecht verdrängt werden.

14 Zur restlichen Falllösung: Auch der **sachliche Anwendungsbereich** der Rom I-VO ist eröffnet, da der Fall ein **vertragliches Schuldverhältnis** in einer **Zivil- und Handelssache** betrifft, die eine Verbindung zum **Recht verschiedener Staaten** (Südkorea, Deutschland) aufweist (Art. 1 I Rom I-VO, vgl. auch für außervertragliche Schuldverhältnisse Art. 1 I Rom II-VO). Ein denkbarer Ausschluss vom Anwendungsbereich nach Art. 1 II Rom I-VO (zB für Personenstandsfragen, Familienrecht, Gesellschaftsrecht – vgl. die Auflistungen im Verordnungstext selbst) ist nicht einschlägig. Eine Rechtswahl haben die Parteien im **Fall 2** nicht getroffen; andernfalls würde diese vorgehen (Art. 3 Rom I-VO). Für bestimmte Vertragsarten (zB Kaufvertrag, Dienstleistungsvertrag, Vertrag über dingliche Rechte) enthält **Art. 4 I Rom I-VO** besondere Kollisionsnormen. Der Vertrag beinhaltet kauf-, werk- und dienstleistungsvertragliche Elemente (wobei der **Werkvertrag unionsrechtlich als Dienstleistungsvertrag** iSv Art. 4 I lit. b Rom I-VO einzuordnen ist → Rn. 390). Da der Vertrag damit durch mehr als einen Buchstaben von Art. 4 I Rom I-VO abgedeckt ist (lit. a: Kaufvertrag, und lit. b: Dienstleistungsvertrag), ist die **Generalklausel (Auffangklausel)** in **Art. 4 II Rom I-VO** anzuwenden. Nach Art. 4 II Rom I-VO ist auf vertragliche Ansprüche das Recht des Staats anzuwenden, in dem die Partei, welche die für den Vertrag **charakteristische Leistung** zu erbringen hat, ihren **gewöhnlichen Aufenthalt** hat. Bei einem Werkvertrag liegt die charakteristische Leistung in der Werkerbringung (Reparatur) und nicht in der Zahlung (die Bezahlung ist die den meisten Vertragsarten gemeine – und deshalb nicht charakteristische – Gegenleistung). Entscheidend für die Bestimmung des anwendbaren Sachrechts ist damit der **gewöhnliche Aufenthalt** der deutschen Werft als Erbringer der charakteristischen Leistung. Was der Begriff des gewöhnlichen Aufenthalts bedeutet, ist (soweit möglich) autonom **mithilfe des Unionsrechts zu klären**. Die Rom I-VO enthält dafür in **Art. 19 I Rom I-VO** eine ausdrückliche Regelung bereit, die bestimmt, dass für die Zwecke der Verordnung im Falle von Gesellschaften der Ort ihrer Hauptverwaltung als der Ort des gewöhnlichen Aufenthalts anzusehen ist. Im **Fall 2** liegt der Ort der Hauptverwaltung in Hamburg und damit in Deutschland. Da Art. 4 III Rom I-VO keine Ausnahme von der Anwendung von Abs. 2 wegen einer **„offensichtlich engeren Verbindung"** zu einem anderen Staat gebietet (auch das ist sicherheitshalber stets zu prüfen!), ist deutsches (Werkvertrags-)Recht anzuwenden. Für nähere Ausführungen

10 S. dazu auch Art. 3 Rom II-VO, Art. 4 Rom III-VO, Art. 20 EuErbVO, Art. 20 EuGüVO.

zur Rom I-VO → Rn. 384 ff. inklusive Detailprüfungsschema für die Falllösung → Rn. 417 ff.

Hinweis: Bei der Falllösung darf man sich nie von Hinweisen im Sachverhalt (hier: Zur Sprache und zum Ort der Reparatur an Bord des südkoreanischen Schiffes) missleiten lassen. Welche Sachverhaltselemente für die Lösung der IPR-Frage gebraucht werden, ergibt sich allein aus der einschlägigen IPR-Norm, unter die zu subsumieren ist. So stellt im **Fall 2** Art. 4 Rom I-VO iVm Art. 19 Rom I-VO auf den gewöhnlichen Aufenthalt des deutschen Werkunternehmers ab.

3. Anwendung des nationalen Kollisionsrechts

15 **Fall 3:** Der sechsjährige Lasse aus Kiel kauft sich im Sommerurlaub 2023 auf Mallorca im Kiosk des Jorge eine Luftmatratze. Als er damit zurück an den Strand kommt, ist seine Mutter – eine deutsche Rechtsreferendarin – empört. Sie schleppt Lasse zurück zum Kiosk und verlangt von Jorge die Rückabwicklung des Geschäfts, da Lasse doch gar nicht geschäftsfähig sei. Jorge weigert sich.
Wieder zu Hause in Deutschland, befragt die Referendarin ihren Ausbilder, einen Rechtsanwalt in Lübeck, nach welchem Recht sich die Geschäftsfähigkeit von Lasse richtet.

16 Wie im **Fall 1 und 2** stehen sich im **Fall 3** zwei Rechtsordnungen gegenüber. Soll deutsches Recht maßgebend sein – etwa weil Lasse in Deutschland wohnt – oder kommt spanisches Recht zur Anwendung, weil Lasse den vermeintlichen Kaufvertrag in Spanien geschlossen hat? Im vorliegenden Fall zeigt sich die (häufig) große praktische Relevanz des Kollisionsrechts. Nach deutschem Recht ist jede Willenserklärung von Lasse als geschäftsunfähige Person nichtig (vgl. § 105 BGB). Das spanische Recht geht anders vor: Das Rechtsgeschäft ist nicht an sich nichtig, aber möglicherweise anfechtbar.[11] In jedem Fall ist zu klären, nach welchem Recht die mangelnde Geschäftsfähigkeit von Lasse zu beurteilen ist.

17 Zunächst sei angemerkt, dass das anwendbare Recht für die Geschäftsfähigkeit eine selbstständige Teilfrage darstellt, die sich unabhängig von der Frage nach dem anwendbaren Recht für den Vertrag stellt (dazu später → Rn. 141). Das auf die Geschäftsfähigkeit anwendbare Recht ist also gesondert zu ermitteln.

Wieder beginnt die Prüfung mit der Suche nach möglicherweise einschlägigem unionsrechtlichen oder völkerrechtlichen IPR, das dem autonomen nationalen IPR vorgehen würde (Art. 3 EGBGB).

Zwischen der Bundesrepublik und Spanien gilt kein völkervertragliches Kollisionsrecht, welches das anwendbare Recht für die Geschäftsfähigkeit bestimmt. Auch ist kein unionsrechtliches IPR anwendbar. Die Rom I-VO schließt die Frage der Geschäftsfähigkeit in Art. 1 II lit. a Rom I-VO ausdrücklich aus (unbeschadet des Art. 13 Rom I-VO, dazu ebenfalls später → Rn. 402).

Damit richtet sich die Frage nach dem anwendbaren Recht für die Geschäftsfähigkeit in Deutschland nach dem autonomen nationalen IPR. In Art. 7 II EGBGB findet sich eine ausdrückliche Kollisionsnorm für die Geschäftsfähigkeit. Danach unterliegt die Geschäftsfähigkeit einer Person dem Recht des Staates, in dem die Person ihren gewöhnlichen Aufenthalt hat (zur Regelung vor dem 1.1.2023 → Rn. 341). Somit ist aus Perspektive eines deutschen Gerichts das deutsche Recht maßgeblich für Lasses Geschäftsfähigkeit. Der „Kauf" hätte aus deutscher Sicht rückabgewickelt werden müssen.

11 Vgl. Art. 1.301 und Art. 200 Código civil.

Ergebnis: Die Fälle 1, 2 und 3 haben gezeigt, dass zur Lösung von Fällen mit Auslandsbezug Kollisionsnormen heranzuziehen sind, die sich entweder (vorrangig) in völkerrechtlichen Verträgen oder unionsrechtlichen Verordnungen oder (subsidiär) im nationalen deutschen IPR (dh in der Regel im EGBGB) finden. 18

II. Auswertung: Anknüpfung und Statut

Auch im IPR kommt man nicht ohne Fachausdrücke aus. Deshalb sollen anhand der drei Einstiegsfälle bereits einige Grundbegriffe des Kollisionsrechts geklärt werden. 19

1. Anknüpfung/Anknüpfungspunkt/Anknüpfungsgegenstand

Der **Anknüpfungspunkt (= Anknüpfungsmoment)** ist jener Teil der Kollisionsnorm, der die Verbindung zur anwendbaren Rechtsordnung herstellt. So richtet sich zB in **Fall 1** das anwendbare Unterhaltsrecht gem. Art. 3 I HUP 2007 nach dem gewöhnlichen Aufenthalt des Kindes. Anknüpfungspunkt ist hier also der gewöhnliche Aufenthalt (so auch Art. 4 II Rom I-VO im **Fall 2** und Art. 7 II EGBGB in **Fall 3**). Etwas anderes sieht zB Art. 13 I EGBGB für die Bestimmung des anwendbaren Rechts zur Eheschließung. Hier wird an die Staatsangehörigkeit der Verlobten **angeknüpft**. Ein weiterer möglicher Anknüpfungspunkt ist zB der Wohnsitz, an den Art. 12 Genfer UN-Abkommen über die Rechtsstellung der Flüchtlinge v. 28.7.1951[12] anknüpft. 20

Vom Anknüpfungspunkt zu unterscheiden ist der **Anknüpfungsgegenstand** einer Kollisionsnorm. Hierbei handelt es sich um die Frage, **was** (sachlich) **angeknüpft** wird. So ist der Anknüpfungsgegenstand in Art. 3 I HUP 2007 die *Unterhaltspflicht*, in Art. 4 Rom I-VO der *schuldrechtliche Vertrag*, in Art. 7 II EGBGB die *Geschäftsfähigkeit* und in Art. 13 I EGBGB die *Eheschließung*. 21

Die Verbindung von Anknüpfungsgegenstand und Anknüpfungspunkt bezeichnet man als **Anknüpfung**.

2. Statut

Der Begriff **Statut** bezeichnet die **Rechtsordnung, nach der ein IPR-Fall zu lösen ist.** Statut ist also das anwendbare (berufene) Recht. Der Begriff wird in verschiedenartigen Wortzusammensetzungen gebraucht (zB Erbstatut, Personalstatut). 22

Eine Anwendung des Begriffs orientiert sich am Anknüpfungsgegenstand (zB Erbrecht). So bezeichnet der Begriff **Erbstatut** jene Rechtsordnung, die auf einen konkreten Erbfall anzuwenden ist. 23

Beispiel: In **Fall 1** ist deutsches Recht **Unterhaltsstatut**. Im **Fall 2** wurde das **Vertragsstatut** ermittelt. In einem Scheidungsfall spricht man vom **Scheidungsstatut** und im Erbfall vom **Erbstatut**.

Eine andere Anwendung des Begriffs **Statut** ist technischer Natur und beschreibt das Mittel, mit dessen Hilfe das anwendbare Recht auszusuchen ist. Darunter fällt im Deliktsrecht zB der Ort der Handlung (man spricht dann vom **Handlungsstatut**, 24

12 BGBl. 1953 II 560; Jayme/Hausmann Nr. 10.

auch: Handlungsrecht) oder im Sachenrecht der Ort der Belegenheit der Sache (man spricht dann vom **Realstatut**, lat. *Lex rei sitae*).

3. Durch Anknüpfung zum Statut

25 Mithilfe der soeben geklärten Begriffe sollen die Schritte zur Lösung der Einstiegsfälle noch einmal nachvollzogen werden:

- **Erster Schritt** ist die **Subsumtion des Lebenssachverhalts unter den Anknüpfungsgegenstand** (die Unterhaltspflicht im **Fall 1**, der Vertrag im **Fall 2** und die Geschäftsfähigkeit im **Fall 3**) der richtigen Kollisionsnorm. Dabei gehen die Kollisionsnormen aus internationalen Konventionen und in unionsrechtlichen Verordnungen den Kollisionsnormen des (nationalen/autonomen) Rechts vor.
- Den **zweiten Schritt** hat der Gesetzgeber (bei Übereinkommen: die unterzeichnenden Vertragsstaaten; bei europäischen Verordnungen: der Europäische Gesetzgeber) vorbestimmt: In der Kollisionsnorm hat er den **Anknüpfungsgegenstand an einen Anknüpfungspunkt angeknüpft:**
  Im **Fall 1** ist die Unterhaltspflicht als Anknüpfungsgegenstand mit dem gewöhnlichen Aufenthalt des Kindes als Anknüpfungspunkt verbunden. Im **Fall 2** wird der Vertrag als Anknüpfungsgegenstand durch die Rom I-VO mit dem „gewöhnlichen Aufenthalt" der Werft als Anknüpfungspunkt verbunden (und Art. 19 Rom I-VO definiert näher, dass unter diesem Begriff bei einer Gesellschaft der Sitz der Hauptverwaltung zu verstehen ist). Im **Fall 3** knüpft die IPR-Regelung im EGBGB die Geschäftsfähigkeit an den gewöhnlichen Aufenthalt der natürlichen Person an.
- In einem **dritten Schritt** ist der in der Kollisionsnorm abstrakt beschriebene Anknüpfungspunkt (zB der gewöhnliche Aufenthalt des Kindes im **Fall 1**) mithilfe der Sachverhaltsangaben für den zu lösenden Fall konkret festzustellen. Diese **„Ausfüllung" des Anknüpfungspunktes führt zum Statut:**
  Im **Fall 1** führt der gewöhnliche Aufenthalt des Kindes in Deutschland zum deutschen Unterhaltsstatut. Im **Fall 2** führt bei der Anwendung der Rom I-VO der „gewöhnliche Aufenthalt" der Werft (im Sinne seines Hamburger Hauptverwaltungssitzes) zum deutschen Vertragsstatut. Im **Fall 3** führt der gewöhnliche Aufenthalt in Deutschland ebenfalls zum deutschen Recht für die Beurteilung der Geschäftsfähigkeit.

26 Diese Schritte beschreiben das **Grundprinzip der Anknüpfung,** nach dem ein IPR-Fall vom Rechtsanwender zu lösen ist: vom Sachverhalt zum Anknüpfungsgegenstand der Kollisionsnorm; vom Anknüpfungsgegenstand zum Anknüpfungspunkt der Kollisionsnorm; vom Anknüpfungspunkt der Kollisionsnorm zum Statut.

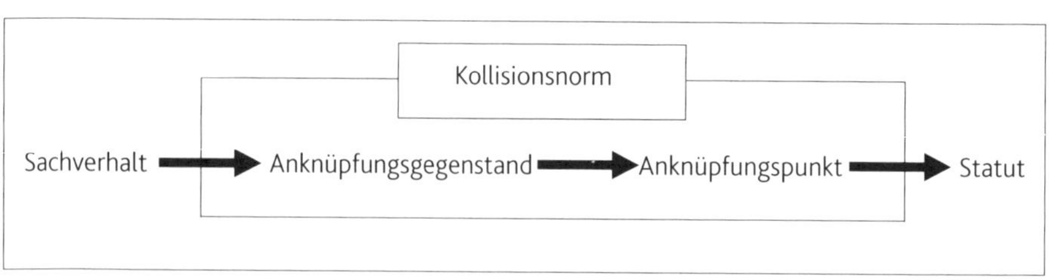

In der Praxis lässt sich das Prinzip „durch Anknüpfung zum Statut" nur selten so unkompliziert anwenden, wie in den Fällen 1–3. Meistens bedarf es gewisser Korrekturen oder ergänzender Überlegungen, denen im Folgenden Schritt für Schritt nachgegangen wird (→ Rn. 79 ff.); erst nach Erarbeitung dieser Wege zur „Feinjustierung" der IPR-Prüfung erschließt sich das Gesamtbild. 27

Arbeitsblock

I. Zur Ergänzung

1. **Funktion des IPR:** Das internationale Privatrecht (**„IPR"**) dient der **horizontalen Abgrenzung** zwischen verschiedenen **nationalen** Rechten. IPR selbst ist oft **nationales** Recht, es sei denn es gilt (wie im Fall 2) als Unionsrecht unmittelbar. Für die meisten Sachverhaltskonstellationen und Rechtsfragen sind sich die Juristen in aller Welt einig, dass *eine Rechtsfrage* für einen gegebenen Sachverhalt grundsätzlich nach *einer* Rechtsordnung geklärt werden soll. Mithilfe der Regeln des **IPR** wird die zur Lösung einer Rechtsfrage heranzuziehende **Rechtsordnung ausgewählt**. 28
2. **Begriff:** Der Begriff „Internationales Privatrecht" ist unter anderem darauf zurückzuführen, dass bei Sachverhalten mit internationalem Bezug zwischen (lat. *Inter*) mehreren nationalen Privatrechtsordnungen zu wählen und gegebenenfalls fremdes Recht zur Anwendung zu bringen ist. Der Begriff wurde von dem Amerikaner *Joseph Story* geprägt, vgl. Raape/Sturm IPR I 6 f. Der Begriff ist in zweierlei Hinsicht irreführend: Zum einen handelt es sich bei IPR wie gezeigt oft nicht um internationales, sondern um nationales Recht. Zum anderen besteht das IPR gerade nicht wie das Privatrecht aus Sachvorschriften, sondern aus Kollisionsnormen. Gleichwohl ist es Privatrecht. Zur näheren Klärung und Kritik des Begriffes vgl. – aber erst später – v. Bar/Mankowski IPR I § 1 Rn. 2 f. und Kropholler IPR § 1 V S. 7 ff. 29
3. **Zur Anknüpfung:** Junker IPR § 6 Rn. 21 ff.; Kropholler IPR § 19 S. 136 ff. und (erst zu späterem Zeitpunkt) v. Hoffmann/Thorn IPR § 4 Rn. 3 ff. 30
4. **Statutenwechsel:** Durch Anknüpfung an einen bestimmten Anknüpfungspunkt kann es dazu kommen, dass das durch die Kollisionsnorm berufene Statut wechselt, wenn sich der Anknüpfungspunkt verändern kann. Wird etwa an den Aufenthalt einer Person angeknüpft und diese zieht in einen anderen Staat, so verändert sich auch das berufene Recht. Man spricht auch von der **Wandelbarkeit** des Anknüpfungspunktes (s. zB PWW/Mörsdorf EGBGB Art. 3 Rn. 39 f.). Je leichter der Anknüpfungspunkt durch Sachverhaltsgestaltung zu verändern ist, desto einfacher ist ein Statutenwechsel. Dabei achtet die Rechtsordnung aber zum Teil darauf, dass wohl erworbene Rechte dabei nicht verloren gehen (s. insbesondere die Bedeutung im internationalen Sachenrecht → Rn. 480; ein Gegenbeispiel bietet das Erbrecht: → Rn. 557). 31
5. **Statut:** Der Begriff „Statut" ist eine „Nachwirkung" (Ferid IPR Rn. 1 ff.) der Statutenlehre. Kurz und prägnant v. Hoffmann/Thorn IPR § 2 Rn. 33; anschaulich v. Bar/Mankowski IPR I § 7 Rn. 1 ff. 31a
6. **Rechtsgrundlage der EU-Verordnungen zum IPR:** Die EU hat die IPR-Verordnungen im Rahmen der Umsetzung des Haager Programms zur 31b

Stärkung von Freiheit, Sicherheit und Recht in der EU[13] auf der Grundlage von Rechtssetzungskompetenzen im damaligen EG-Vertrag geschaffen, die mittlerweile in **Art. 81 II lit. c AEUV** enthalten sind.

32 **II. Zur Vertiefung**

1. **Aufgabe der Anknüpfungspunkte:** Leitidee bei der Auswahl des Anknüpfungspunktes ist der Grundsatz der **Gerechtigkeit** im IPR. Das richtige Recht am richtigen Platz. Hierhin zu führen ist Aufgabe der Anknüpfungspunkte. Werden diese am **Prinzip der engsten Verbindung** ausgerichtet (**Näheprinzip**, frz. *„principe de proximité"*), ist der Weg in die fallnächste Rechtsordnung eröffnet. Diese Herangehensweise führt zur **Einzelfallgerechtigkeit**, geht aber zulasten der **Rechtssicherheit**. Je mehr Raum der Gesetzgeber den Rechtsanwendern (Gerichten) im Einzelfall lässt, desto geringer ist die Rechtssicherheit. In diesem Sinne hat das **alte internationale Vertragsrecht** (das für alle bis einschließlich am 16.12.2009 abgeschlossenen Verträge gilt, → Rn. 376) in Art. 28 I 2 EGBGB aF **Vermutungen** aufgestellt, die allerdings durch eine sehr weit gefasste **„Ausweichklausel"** in Art. 28 V EGBGB widerlegt werden konnten (vgl. Kropholler IPR § 4 II S. 25 ff.). Ausreichend war eine „engere Verbindung". Der **europäische Gesetzgeber** hat in Art. 4 I Rom I-VO anstelle von Vermutungen starre **Regeln** gesetzt und damit zulasten der Einzelfallgerechtigkeit für mehr Rechtssicherheit gesorgt (was aus der Perspektive eines multinationalen Rechtsraums, für den ein einheitlicher Binnenmarkt geschaffen werden soll, nachvollziehbar ist). Diese Regeln gelten indes nicht ausnahmslos: In einer nunmehr **enger gefassten Ausweichklausel** lässt der europäische Gesetzgeber Ausnahmen zu, wenn eine **„offensichtlich** engere Verbindung zu einem anderen als dem nach Abs. 1 oder 2 bestimmten Staat" besteht, so Art. 4 III Rom I-VO. Entsprechende eingeschränkte Ausweichklauseln enthalten Art. 5 III, 7 II UAbs. 2 und 8 IV Rom I-VO, Art. 4 III, 5 II, 10 IV, 11 IV und 12 IIc Rom II-VO und Art. 21 II EuErbVO → Rn. 557. Diese eingeschränkten Ausweichklauseln zeigen, dass das Näheprinzip auch den europäischen Gesetzgeber geleitet hat.

33 2. **Arten der Anknüpfungspunkte:** Bei der Schaffung einer IPR-Norm entscheidet der (europäische oder deutsche) **Gesetzgeber** (bzw. entscheiden die eine Konvention ausarbeitenden Staaten) **über den Anknüpfungspunkt** einer Kollisionsnorm. Dabei wählt er zwischen verschiedenen Anknüpfungsmöglichkeiten aus (vgl. v. Bar/Mankowski IPR I § 7 Rn. 12 ff.):
   - **rechtssubjektbezogenen**
     Beispiel: Anknüpfung an den „gewöhnlichen Aufenthalt" in Art. 4 Rom I-VO oder an die Staatsangehörigkeit in Art. 13 I EGBGB
   - **rechtsobjektbezogenen**
     Beispiel: Anknüpfung an den Belegenheitsort der Sache im Sachenrecht in Art. 43 I EGBGB, → Rn. 479
   - **handlungsbezogenen**
     Beispiel: Anknüpfung an den Schadenseintrittsort in Art. 4 I Rom II-VO; Anknüpfung an den Ort der letztwilligen Verfügung in Art. 1 I lit. a Haager Testamentsformübereinkommen (Jayme/Hausmann Nr. 60)

---

13 ABl. 2005 C 53, 1.

- **subjektiven (Parteiautonomie)**
  Beispiel: Anknüpfung an den Willen der Parteien in Art. 3 Rom I-VO, Art. 14 Rom II-VO, Art. 22 EuErbVO oder Art. 8 I EGBGB (Rechtswahl).

3. **Mehrfachanknüpfung:** In der Regel werden die Anknüpfungsgegenstände mit einem einzigen Anknüpfungspunkt verbunden. Gelegentlich wählt der Gesetzgeber jedoch mehrere Anknüpfungspunkte (sog. **Mehrfachanknüpfung**). 34
   - Ein Beispiel bietet die **alternative** Anknüpfung in Art. 1 I Haager Testamentsformübereinkommen (→ Rn. 555): Das Testament ist gültig, wenn es der Form **nur einer** der Rechtsordnungen entspricht, die alternativ durch verschiedene Anknüpfungspunkte (Ort der letztwilligen Verfügung, Staatsangehörigkeit des Erblassers, etc) berufen werden. Mit dieser Mehrfachanknüpfung wird rechtspolitisch die Wirksamkeit des Testaments begünstigt (*favor testamenti*). 35
   - Umgekehrt erschwert die **kumulative** Anknüpfung die Wirksamkeit eines Rechtsgeschäfts. So in Art. 13 I EGBGB: Die Voraussetzungen der Eheschließung unterliegen grundsätzlich kumulativ dem Heimatrecht beider Verlobten (so eine Formulierung führt ausnahmsweise zur gleichzeitigen Anwendung zweier Rechtsordnungen!). 36
   - Mithilfe der **subsidiären** Anknüpfung stellt der Gesetzgeber eine funktionierende Anknüpfung sicher. So kombiniert Art. 14 EGBGB mehrere, jeweils subsidiäre Anknüpfungen. Dadurch entsteht eine **Anknüpfungsleiter**, bei der es „Sprosse für Sprosse" auf die jeweils subsidiäre Anknüpfung nur dann ankommt, wenn die vorrangig vorgesehene Anknüpfung tatbestandlich nicht verwirklicht ist (v. Bar/Mankowski IPR I § 7 Rn. 95). 37

   Zu weiteren Formen der Mehrfachanknüpfung vgl. Lüderitz IPR Rn. 65 ff.; v. Bar/Mankowski IPR I § 7 Rn. 94 ff.

4. **Anknüpfung an den gewöhnlichen Aufenthalt im Unionsrecht:** Bei der Schaffung der **EuErbVO** hat sich der europäische Gesetzgeber gegen die jahrzehntelang in einigen Mitgliedstaaten (wie Deutschland, Art. 25 I EGBGB aF) geltende Anknüpfung an die **Staatsangehörigkeit** (die schwer zu ändern ist) und für die Anknüpfung an den letzten gewöhnlichen Aufenthalt des Erblassers entschieden, weil Staatsangehörigkeit innerhalb der EU kein Unterscheidungskriterium sein kann (Diskriminierungsverbot, Art. 18 I AEUV). Auch die neuen EU-Verordnungen im Bereich des Internationalen Familienrechts stellen auf den gewöhnlichen Aufenthalt ab. 38

Hinweis: Das nationale Kollisionsrecht wird vermehrt durch das unionsrechtliche IPR verdrängt. Somit ist die Anknüpfung an die Staatsangehörigkeit nur noch in wenigen Fällen von Bedeutung (zB Eheschließung, Art. 13 EGBGB, Zustimmung des Kindes zu einer Abstammungserklärung nach Art. 23 S. 1 EGBGB, die zusätzlich an das Heimatrecht des Kindes geknüpft wird).

5. **Grenzen bei Wahl der Anknüpfungspunkte** 39
   Grenzen bei der Auswahl des Anknüpfungspunktes können sich vor allem aus dem Verfassungsrecht oder aus dem Unionsrecht ergeben.
   a) **Grundgesetz:** So war der Verstoß zahlreicher Bestimmungen des

EGBGB aF gegen den Grundsatz der Gleichberechtigung von Mann und Frau (Art. 3 II GG) Anlass für die IPR-Reform im Jahr 1986 (besonders lesenswert ist an dieser Stelle der Spanier-Beschluss des BVerfG (= NJW 1971, 1509)). Der Gesetzgeber muss die **Werteordnung der Verfassung** berücksichtigen (s. Kropholler IPR § 5 III S. 34 f.) – selbstverständlich auch dann, wenn es um die Ausarbeitung oder Zustimmung zu einem internationalprivatrechtlichen Staatsvertrag geht.

40 b) **Unionsrecht:** Gleiches gilt für die Berücksichtigung des Unionsrechts. Aus dem Vorrang des Unionsrechts gegenüber nationalem Recht jeder Art und Form folgt, dass auch nationales IPR nicht gegen vorrangiges Unionsrecht verstoßen darf (Gebot der Unionsrechtskonformität, kurz: **Konformitätsgebot**, vgl. Brödermann MDR 1992, 89 (90 f.), Brödermann/Iversen/Brödermann Europ. GemeinschaftsR und IPR Rn. 418 ff.; zum Vorrang Grabitz/Hilf/Nettesheim/Nettesheim AEUV Art. 1 Rn. 71 ff.). Dies hat im Hinblick auf den **Grundsatz der Unionstreue** (Art. 4 III EUV) zur Folge, dass neue Anknüpfungspunkte nur in Übereinstimmung mit dem Unionsrecht geschaffen werden dürfen. Soweit bestehende Anknüpfungen gegen das Unionsrecht verstoßen, sind sie nicht anwendbar. Dies ist der Fall, wenn entweder eine Anknüpfung einen Unionsbürger oder eine ihm nach Art. 54, 62 AEUV gleichgestellte Gesellschaft in seinen bzw. ihren im AEUV verankerten Grundfreiheiten beeinträchtigt (für ein Beispiel → Rn. 212) oder wenn die Anknüpfung gegen das allgemeine Diskriminierungsverbot in Art. 18 AEUV verstößt. So hat der Einfluss des Unionsrechts im Jahr 2003 zu einer Änderung des Internationalen Privatrechts zum Gesellschaftsrecht für den Bereich der EU geführt, die noch heute gilt (→ Rn. 575).

40a 6. **Literatur:** Näheres zur Anknüpfung an die **Staatsangehörigkeit,** den **Wohnsitz** und den (gewöhnlichen) **Aufenthalt** bei Kegel/Schurig IPR § 13 II S. 437 ff. mit rechtspolitischer Bewertung, oder Dutta IPRax 2017, 139 (142 ff.) mit Betonung der Bedeutung für die europäische Integration. Für die **Bestimmung** dieser Anknüpfungspunkte vgl. Kegel/Schurig IPR § 13 III S. 466, auch mit Hinweis auf Art. 5 III EGBGB, nach dessen Regelung die Änderung des Aufenthalts durch einen nicht voll Geschäftsfähigen ohne den Willen des gesetzlichen Vertreters nicht kollisionsrechtlich anerkannt wird; zur Feststellung des gewöhnlichen Aufenthalts bei an Demenz erkrankten Personen Croos-Gestefeld IPRax 2024, 184 (190).

III. Zusammenfassung der Rechtsquellen im IPR

41 Wegen der im IPR besonders großen praktischen Bedeutung der in den Einstiegsfällen bereits erlebten unterschiedlichen Rechtsquellen ist es wichtig, sich mit diesen etwas näher vertraut zu machen. Die in Deutschland geltenden Regeln des IPR entstammen (ebenso wie die Regeln anderer Bereiche des Zivilrechts) **unterschiedlichen Rechtsquellen**. Für die **rangkollisionsrechtliche Abgrenzung** zwischen diesen Rechtsquellen gelten einige allgemeine Regeln. Für jede Rechtsquelle gelten ähnliche, aber im Detail **unterschiedliche Grundsätze zur Auslegung** und es sind **unter-**

schiedliche Gerichte zur bindenden Auslegung berufen. Deshalb sind einige Grundkenntnisse der Rechtsquellenlehre für die Lösung internationalprivatrechtlicher Fragestellungen unabdingbar.

1. Völkervertragliches IPR[14]

a) Nationales Recht

Staatvertragliches IPR (auch „völkervertragliches" oder „völkerrechtliches" IPR genannt) entstammt zwar einem Staatsvertrag (bzw. völkerrechtlichem Vertrag), ist aber in Deutschland **nationales Recht**, denn der deutsche Gesetzgeber hat den Staatsvertrag gelegentlich des Beitritts der Bundesrepublik Deutschland **in deutsches Recht transformiert** (Näheres im Arbeitsblock → Rn. 49 ff.). 42

b) Auslegung

Für völkervertragliches IPR gelten die **Auslegungsregeln des Völkerrechts**. Diese sind in Art. 31 Wiener Übereinkommen über das Recht der Verträge v. 23.9.1969 **(Wiener Vertragsrechtsübereinkommen – WVK)**[15] zusammengefasst. Danach sind völkerrechtliche Verträge **nach Treu und Glauben** in Übereinstimmung mit der gewöhnlichen, den Bestimmungen in ihrem Zusammenhang zukommenden Bedeutung und **im Lichte der Ziele und Zwecke des Übereinkommens** auszulegen (Art. 31 WVK). Nachrangig ist die **Entstehungsgeschichte** der Konvention zu beachten (Art. 32 WVK). Ferner muss die **Rechtspraxis in den Vertragsstaaten** berücksichtigt werden.[16] Insgesamt ist das in nationales Recht umgesetzte Völkerrecht nach einer ungeschriebenen Zweifelsregel **im Zweifel völkerrechtsfreundlich auszulegen.**[17] 43

c) Vorrang als Grundsatz

Soweit IPR in völkerrechtlichen Verträgen geregelt ist (s. **Fall 1** → Rn. 4), ist dieses **völkervertragliche IPR vorrangig** anzuwenden. Der Vorrang gilt grundsätzlich **im Verhältnis zwischen den Parteien** des völkerrechtlichen Vertrages: Die völkervertraglich vereinbarte Regelung entscheidet über die Abgrenzung zwischen den nationalen Rechten der Vertragsstaaten. Dies folgt aus dem völkerrechtlichen **Prinzip der Gegenseitigkeit.**[18] Der völkerrechtliche Vertragsabschluss **verpflichtet** dazu, vorrangig die völkervertraglich vereinbarten Regelungen zum IPR anzuwenden. In Art. 3 Nr. 2 EGBGB hat der deutsche Gesetzgeber den Vorrang von völkervertraglichem IPR ausdrücklich zumindest für das EGBGB klargestellt. Der europäische Gesetzgeber trägt dem Vorrang in Abgrenzungsregeln Rechnung, die meist in den Schlussbestimmungen der IPR-Verordnungen enthalten sind. So etwa in **Art. 25 I Rom I-VO** für *alle im Zeitpunkt der Annahme dieser Verordnung* geltenden völkervertraglichen IPR-Übereinkommen.[19] Künftig entscheidendes völkervertragliches IPR gestaltet der 44

14 In der IPRax erscheinen regelmäßig nützliche Übersichten zu neuen Entwicklungen im Bereich internationaler Übereinkommen zum IPR und IZVR, s. zuletzt IPRax 2024, 259.

15 BGBl. 1985 II 926.

16 Vgl. Grüneberg/Thorn EGBGB Einl. v. Art. 3 Rn. 7; PWW/Mörsdorf EGBGB Art. 3 Rn. 21.

17 Vgl. Mansel in Leible/Ruffert, Völkerrecht und IPR, 2006, S. 110 f.; PWW/Mörsdorf EGBGB Art. 3 Rn. 24.

18 Vgl. Verdross/Simma VölkerR § 64 mwN.

19 S. dazu die im Amtsblatt nach Art. 26 I Rom I-VO veröffentlichte Liste v. 17.12.2010 (ABl. 2010 C 343, 3); s. auch PWW/Brödermann/Wegen IPR-Anh. 1/Rom I-VO Art. 26 Rn. 2, 3.

Europäische Gesetzgeber zT selbst mit: Die **VO (EG) Nr. 662/2009** des Europäischen Parlaments und des Rates vom 13. Juli 2009 zur Einführung eines Verfahrens **für die Aushandlung und den Abschluss von Abkommen** zwischen Mitgliedstaaten und Drittstaaten über spezifische Fragen des auf vertragliche und außervertragliche Schuldverhältnisse anzuwendenden Rechts[20] räumt der Kommission **Prüfungsrechte und das Recht zur Beobachtung** von Verhandlungen eines EU-Mitgliedstaats mit einem Drittstaat über völkervertragliche Verträge zu Bereichen ein, die von Rom I- und Rom II-VO abgedeckt sind.[21] Entsprechendes sieht die VO (EG) 664/2009[22] für den Bereich der Unterhaltssachen vor.

45 Von dem Grundsatz des Vorrangs gibt es **zwei wichtige Ausnahmen:**

(1) Die eine Ausnahme ist **einschränkend:** Wurde der völkerrechtliche Vertrag **ausschließlich (!) zwischen EU-Mitgliedstaaten** geschlossen, gehen die Rom I-VO und die weiteren unionsrechtlichen IPR-Verordnungen vor (Art. 25 II Rom I-VO, Art. 28 II Rom II-VO, Art. 19 Rom III-VO, Art. 69 EuUnthVO, Art. 75 II EuErbVO). Alle Vertragsparteien des völkerrechtlichen Vertrages weichen hier – über ihre Mitgliedschaft in der EU – *gemeinsam* von ihrer völkervertraglich vereinbarten Pflicht ab. Dies begründet seit 17.12.2009 zB die Nichtanwendung des Römischen EWG-Übereinkommens über das auf vertragliche Schuldverhältnisse anzuwendende Recht v. 19.6.1980 **(EVÜ)**[23] (außer im Verhältnis zu einigen mit einzelnen EU-Mitgliedstaaten verbundenen Gebieten wie der Isle of Man[24] oder streitig in Fällen mit Bezug zu Dänemark → Rn. 66). Ist nur **ein** Drittstaat an einem völkerrechtlichen Vertrag beteiligt, geht das dort enthaltene völkervertragliche IPR dem nationalen **und** dem unionsrechtlichen IPR vor.

46 **(2)** Die andere Ausnahme ist **erweiternd und häufig:** In internationalen Übereinkommen enthaltene Kollisionsnormen können – ähnlich wie die IPR-Regelungen in der Rom I-VO (s. → Rn. 10 (Fall 2)) – auch gegenüber **Nicht-Vertragsstaaten** zur Anwendung kommen. Dies ist der Fall, wenn sich aus dem Text des Übereinkommens ergibt, dass die Vertragsstaaten auf das Prinzip der Gegenseitigkeit verzichtet haben und die Kollisionsregeln allgemein (und nicht nur gegenüber Vertragsstaaten) anwendbar sein sollen (**universelle Anwendung,** *„loi uniforme“*).

47 **Beispiel:** Art. 2 HUP 2007: „Dieses Protokoll ist auch dann anzuwenden, wenn das darin bezeichnete Recht dasjenige eines Nichtvertragsstaats ist.“

d) Identität

48 Das in einem Mitgliedstaat geltende **völkerrechtliche IPR ist mit dem IPR in anderen Vertragsstaaten** des Staatsvertrages, der die IPR-Regelung enthält, **grundsätzlich identisch.**

---

20 ABl. 2009 L 200, 25.

21 Vgl. insbesondere Art. 1, 4 und 7 VO (EG) 662/2009.

22 VO (EG) Nr. 664/2009 des Rates vom 7. Juli 2009 zur Einführung eines Verfahrens für die Aushandlung und den Abschluss von Abkommen zwischen Mitgliedstaaten und Drittstaaten, die die Zuständigkeit und die Anerkennung und Vollstreckung von Urteilen und Entscheidungen in Ehesachen, in Fragen der elterlichen Verantwortung und in Unterhaltssachen sowie das anwendbare Recht in Unterhaltssachen betreffen (ABl. 2009 L 200, 46).

23 ABl. 1980 L 266, 1.

24 PWW/Brödermann/Wegen IPR-Anh. 1/Rom I-VO Art. 24 Rn. 3.

Ausnahme: Der Staatsvertrag selbst kann den Vertragsstaaten die Möglichkeit zu bestimmten, im Staatsvertrag genau bezeichneten **völkerrechtlichen Vorbehalten** eröffnen und damit einzelne Bestimmungen des Staatsvertrages nicht zur Anwendung bringen. Eröffnet ein Staatsvertrag solche Möglichkeiten, ist im Einzelfall zu prüfen (!), ob ein Vorbehalt erklärt wurde. Solch ein (versteckter, manchmal mühsam zu recherchierender) Vorbehalt führt gelegentlich zu einer anderen Falllösung. Diese Prüfungstechnik ist bei der Prüfung von völkerrechtlichem IPR ebenso wie bei der Prüfung von völkerrechtlich vereinbartem einheitlichem Sachrecht zu beachten (→ Rn. 276 ff.).

Bekanntes Beispiel: Vorbehalt nach Art. 96 CISG[25] zum Ausschluss der Formfreiheit nach Art. 11, 12 CISG und der Vorbehalt nach Art. 95 CISG zum Ausschluss der Anwendung des CISG infolge einer IPR-Prüfung nach Art. 1 I lit. b CISG (→ Rn. 304).

Arbeitsblock

I. Zur Ergänzung 49

1. **Entstehung:** Das **deutsche Verständnis** vom Völkerrecht führt zu einer **„zweistufigen" (dualistischen)** Herangehensweise. Die Bundesrepublik Deutschland, handelnd durch die Bundesregierung (Exekutive), verhandelt und unterzeichnet ein **internationales Übereinkommen oder Abkommen** in Abstimmung mit anderen Staaten über einheitliche Kollisionsnormen. Sobald der deutsche Gesetzgeber (Legislative) diesem völkerrechtlichen Vertrag in einem Gesetz zugestimmt hat (**Zustimmungsgesetz**), kann er ratifiziert werden (dh bei „Abkommen" (zwischen zwei Staaten): durch Austausch der Ratifikationsurkunden; bei „Übereinkommen" (zwischen vielen Staaten): in der Regel durch Hinterlegung bei einer im Übereinkommen vereinbarten Hinterlegungsstelle). **Völkerrechtlich** wird der Vertrag meist mit der Ratifikation bindend (Ausnahmen können sich aus dem Vertrag ergeben: zB Bindungswirkung erst ab einer bestimmten Zahl von Ratifikationen). **Innerstaatlich** kann der Vertrag nach deutschem Verfassungsrecht jedoch nur dann wirken, wenn er durch ein Transformationsgesetz (zwecks inländischer Anwendbarkeit) in innerstaatliches Recht transformiert worden ist). Häufig kommt der Gesetzgeber den völkerrechtlichen und den staatsrechtlichen Anforderungen in einem einzigen **Zustimmungs- und Transformationsgesetz** nach (Ausnahme: Gelegentlich hat der deutsche Gesetzgeber – zB im Scheckrecht (→ Rn. 307) – völkerrechtliche IPR-Normen direkt in ein nationales Gesetz integriert, das zugleich die Sachfragen regelt). Deshalb ist „völkervertragliches" oder „staatsvertragliches" IPR damit in Deutschland **nationales IPR völkervertraglichen Ursprungs.** Solch staatsvertragliches IPR unterscheidet sich von anderem nationalen IPR dadurch, dass der deutsche Gesetzgeber nur zustimmen oder nicht zustimmen kann. Er kann nur im Staatsvertrag selbst ausdrücklich angelegte Freiräume nutzen und dort zugelassene **Vorbehalte** erklären. Näheres bei Stein/v. Buttlar/Kotzur VölkerR § 6 Rn. 4 ff.; Herdegen, Völkerrecht, 21. Aufl. 2022, § 15 Rn. 20 ff.
2. **Rechtsvergleichung:** In anderen Staaten, zB **Frankreich,** ist dies anders. 50
Dort herrscht ein **monistisches** Verständnis. Staatsverträge bedürfen keiner Transformation in nationales Recht. In Frankreich geht völkerrechtliches

25 Übereinkommen der Vereinten Nationen vom 11. April 1980 über Verträge über den internationalen Warenkauf, BGBl. 1989 II 586; Jayme/Haussmann Nr. 77.

IPR nationalem IPR kraft verfassungsrechtlicher Anordnung vor (Art. 55 frz. Verfassung).

51 3. **Literatur:** Kurz und prägnant Stein/v. Buttlar/Kotzur VölkerR §§ 4–10.

52 **II. Zur Vertiefung:**

1. **IPR und Völkerrecht:** Die Existenz von völkervertraglichem IPR zeigt nur einen Ausschnitt aus der vielfältigen, teils schwer eingrenzbaren Beziehung zwischen IPR und Völkerrecht (vgl. v. Hoffmann/Thorn IPR § 1 Rn. 103 f. sowie zu späterem Zeitpunkt (nicht beim ersten Lesen!) v. Bar/Mankowski IPR I § 3 Rn. 1 ff.).
2. **Vergleichendes IPR:** Trotz der großen Bedeutung des völkerrechtlichen IPR und des – aus Sicht der WTO (engl. *World Trade Organization*) – „regionalen" unionsrechtlichen IPR bleibt das IPR ein vom jeweiligen Staat geprägtes Recht. Staaten sind Vertragspartner unterschiedlicher Portfolios von Völkerrechtsverträgen (bei unterschiedlicher Nutzung von Möglichkeiten völkerrechtlicher Vorbehalte → Rn. 48). Ergänzend gilt das nationale IPR. Einige Staaten verlangen umgekehrt die Anwendung des nationalen IPR, auch wenn völkerrechtliches IPR existiert, sofern und solange dadurch eine gleichlautende Regel zur Anwendung kommt (s. China, Art. 142 II Allgemeine Grundsätze des Zivilrechts der Volksrepublik China v. 12.4.1986, mehrfach geändert).

53 **III. Literatur**

1. **Zum staatsvertraglich vereinheitlichten IPR:** Meyer-Sparenberg, Staatsvertragliche Kollisionsnormen, 1990, S. 1 ff. (lesenswerte Einführung), S. 59 ff. (zu staatsvertraglichen Kollisionsnormen und Grundrechten).
2. **Zu lois uniformes:** v. Bar/Mankowski IPR I § 1 Rn. 28, § 3 Rn. 72 und § 3 Rn. 103 sowie klassisch Kegel/Schurig IPR § 1 IV 1a S. 11.

2. Unionsrechtliches IPR

a) Europäischer Gesetzgeber

54 Unionsrechtliches IPR wird vom **europäischen Gesetzgeber** geschaffen. Dabei handelt es sich um das Europäische Parlament und den Rat der EU, die in der Regel auf Vorschlag der EU-Kommission – dem „Motor" der europäischen Integration[26] – und nach Stellungnahme des Europäischen Wirtschafts- und Sozialausschusses (engl. ECOSOC für *Economic and Social Council*) handeln.

b) Auslegung

55 Ist unmittelbar geltendes **unionsrechtliches IPR** anzuwenden, gelten die vom **Europäischen Gerichtshof** entwickelten **Auslegungsregeln des Europarechts**. Das unionsrechtliche IPR ist danach **autonom auszulegen** (→ Rn. 14 (Fall 2), die Einordnung eines Werkvertrags als „Dienstleistungsvertrag" iSv Art. 4 I lit. b Rom I-VO). Ausgangspunkt für die Rechtsanwendung sind die 24 (!) unterschiedlichen, im gesamten Hoheitsgebiet der EU **gleichberechtigten sprachlichen Fassungen**, die unter Berücksichtigung der Ziele der Gemeinschaft und insbesondere der Norm für die

26 So Walter Hallstein, 1958–1967 erster Präsident der Kommission der EWG.

Entwicklung des Binnenmarkts auszulegen sind (sog. **Effet-utile-Auslegung**, → Rn. 97 (Arbeitsblock)). Im Zweifel müssen bzw. können die Gerichte der Mitgliedstaaten der EU-Auslegungsfragen zum unionsrechtlichen IPR **dem Gerichtshof der EU** nach Art. 267 AEUV **vorlegen** (→ Rn. 70). Der Gerichtshof besteht nach **Art. 19 EUV** aus dem Gerichtshof, dem „Gericht" (gemeint ist das Gericht Erster Instanz) und den Fachgerichten. Soweit im Folgenden im Zusammenhang mit Normen des EUV oder AEUV vom **EuGH** gesprochen wird, ist das jeweils zuständige Gericht des Gerichtshofs iSv **Art. 267 AEUV** gemeint.

Hinweis: Der „EuGH"-Begriff hat sich mit Inkrafttreten des EUV und des AEUV am 1.12.2009 verändert. Verweise auf Urteile aus der Zeit vor dem 1.12.2009 betreffen hingegen stets den Gerichtshof der Europäischen Gemeinschaften als seinerzeit einzige Instanz.

c) Vorrang mit wichtigen Ausnahmen

Soweit **europäisches Recht (Unionsrecht)** als eigene Rechtsordnung unmittelbar geltende IPR-Regelungen bereithält (das ist mit der **Rom I-** und **Rom II**-VO seit 2009 in Kernbereichen des Zivilrechts der Fall), **gehen** diese innerhalb der EU (dh vor einem staatlichen Gericht in einem Mitgliedstaat) dem vom **nationalen** Gesetzgeber geschaffenen **IPR vor.** Denn Unionsrecht geht nationalem Recht der Mitgliedstaaten grundsätzlich als eigene Rechtsordnung vor (→ Rn. 59 f. (Arbeitsblock)), soweit – wie bei der Rom I- und II-VO – der räumlich-personelle Anwendungsbereich der jeweiligen Verordnung eröffnet ist. Für IPR in unionsrechtlichen Verordnungen **(„unionsrechtliches IPR")** ergibt sich dies aus **Art. 288 II AEUV**. **56**

Weiteres unionrechtliches IPR enthalten zB die VO (EG) Nr. 4/2009 des Rates vom 18. Dezember 2008 über die Zuständigkeit und das anwendbare Recht, die Anerkennung und Vollstreckung von Entscheidungen und die Zusammenarbeit in Unterhaltssachen (EuUnthVO)[27] (seit dem 18.6.2011 → Rn. 521 ff.), die **Rom III-VO** (Ehescheidung seit dem 21.6.2012 → Rn. 510 ff.), die **EuErbVO** (für Erbfälle ab dem 17.8.2015 gilt → Rn. 555 ff.) und die **EuGüVO**[28] (für 18 EU-Mitgliedstaaten seit dem 29.1.2019 → Rn. 503 ff.). Bei diesen IPR-Verordnungen ist der jeweilige räumlich-personelle Anwendungsbereich eingeschränkt. Gleiches wird für den VO-Vorschlag zur (dinglichen) Drittwirkung von Forderungsübertragungen gelten, mit dem weiteres unionsrechtliches IPR in Entstehung begriffen ist (→ Rn. 406).

Ausnahmen: Der Vorrang des unionsrechtlichen IPR **gegenüber nationalem IPR** gilt nur dann nicht, **soweit die IPR-Verordnung selbst** ergänzend nationales IPR zum Zuge kommen lässt (→ Rn. 72). **Im Verhältnis zum völkervertraglichem IPR** setzt sich das unionsrechtliche IPR ebenfalls durch, wenn keine Drittstaaten an den sonst anzuwendenden Staatsverträgen beteiligt sind (→ Rn. 45). Auch EU-Recht soll nicht zulasten Dritter gelten.[29] Unionsrechtliches IPR tritt hingegen in Mitgliedstaaten zurück, die vor Inkrafttreten einer EU-Verordnung zum IPR bereits einem völkerrechtlichen Vertrag beigetreten waren, dem auch Drittstaaten angehören (→ Rn. 45). 57

27 ABl. 2009 L 7, 1; Jayme/Hausmann Nr. 161.
28 VO (EU) 2016/1103 des Rates v. 24. Juni 2016 zur Durchführung einer Verstärkten Zusammenarbeit im Bereich der Zuständigkeit, des anzuwendenden Rechts und der Anerkennung und Vollstreckung von Entscheidungen in Fragen des ehelichen Güterstands; Jayme/Hausmann Nr. 33.
29 S. zum Ganzen auch Brödermann NJW 2010, 807 ff.

d) Identität mit Ausnahmen

58 Das in Deutschland geltende unionsrechtliche IPR ist mit dem IPR in anderen Mitgliedstaaten der EU identisch (einzige Ausnahme: **Dänemark,** → Rn. 66 (Arbeitsblock)). Zum besonderen Verhältnis des internationalen Schuldrechts im Verhältnis zum Vereinigten Königreich – s. nur zur Vertiefung – im Arbeitsblock → Rn. 67 (Arbeitsblock).

Arbeitsblock

59 **I. Zur Ergänzung**

1. **Vorrang:** Der Vorrang des Europäischen Unionsrechts gegenüber nationalem Recht jeder Art und Form entspricht ständiger Rechtsprechung des Europäischen Gerichtshofs seit EuGH ECLI:EU:C:1964:66 = BeckRS 1964, 105086 – **Costa/ENEL**; vgl. zB EuGH ECLI:EU:C:1991:428 = BeckRS 2004, 77605 – **Francovich** (dazu v.d. Groeben/Schwarze/Hatje/Gaitanides EUV Art. 19 Rn. 18 ff.; klassisch Nicolaysen EuropaR I § 3 III S. 89 ff. mit rechtsvergleichenden Hinweisen zu Unterschieden bei der Akzeptanz des Vorrangs in den Mitgliedstaaten, noch immer zur Lektüre empfohlen!). Zu völkerrechtlichen Grenzen des Vorrangs: → Rn. 44. Der Vorrang des EU-Rechts ist europarechtlich systemimmanent bzw. „selbstverständlich". In kollisionsrechtlicher Begriffsbildung verdrängt das EU-Recht kraft seines rangkollisionsrechtlichen Geltungswillens das nationale IPR (dazu Brödermann/Iversen/Iversen Europ. GemeinschaftsR und IPR Rn. 556).

59a 2. **Ausnahme:** Unionsrechtliches IPR tritt in Mitgliedstaaten zurück, die vor Inkrafttreten einer EU-Verordnung zum IPR bereits einem **völkerrechtlichen Vertrag** beigetreten waren, **dem auch Drittstaaten angehören**. Hintergrund ist die Erfüllung der eingegangen völkerrechtlichen Verpflichtungen gegenüber den Drittstaaten, die nicht durch das Unionsrecht entfällt oder unberücksichtigt bleiben kann (vgl. Junker IPR § 2 Rn. 31). Die europäischen Verordnungen regeln den Vorrang dieser völkerrechtlichen Übereinkommen ausdrücklich (s. Art. 25 Rom I-VO und Art. 28 Rom II-VO). Das unionsrechtliche IPR würde allerdings wieder Vorrang erlangen, wenn einem völkerrechtlichen Vertrag nur noch EU-Mitgliedstaaten angehören (vgl. Art. 25 II Rom I-VO) (vgl. Junker IPR § 2 Rn. 31).

60 3. **Beispiel Kaufrecht:** Die Frage des Vorrangs eines völkerrechtlichen Übereinkommens stellt sich insbesondere in Hinblick auf die Rom I-VO. Dabei führt Art. 25 I Rom I-VO im Ergebnis zB zum Vorrang des **Haager Übereinkommen betreffend das auf internationale Kaufverträge über bewegliche Sachen anzuwendende Recht** v. 15.6.1955 in dessen Vertragsstaaten. Dazu zählen zB **Frankreich, Italien und Finnland** (zur Anknüpfung → Rn. 380). Aus Perspektive der deutschen Gerichte stellt sich die Frage des Vorrangs des Übereinkommens nicht, da die Bundesrepublik kein Vertragsstaat ist. Die Bestimmung des anwendbaren Rechts für einen deutsch-französischen Kaufvertrag richtet sich also abhängig vom angerufenen Gericht und damit dem Forumsstaat (→ Rn. 380) entweder nach der europäischen Rom I-VO oder nach dem Haager Übereinkommen. Folglich besteht trotz harmonisiertem IPR in Form der Rom I-VO **kein Entscheidungseinklang für Kaufrechtsfälle innerhalb der EU**.

4. **Zur Auslegung von unionsrechtlichem IPR** (an den Stil dieses Buchs angepasste und fortentwickelte Fassung von PWW/Brödermann/Wegen IPR-Anh. 1/Rom I-VO Vor Rn. 12 f.): Die Rom I-VO ist als Unionsrecht unionsrechtlich auszulegen. Dies erfordert eine autonome Auslegung, weil das Unionsrecht eine Rechtsordnung *sui generis* ist. Zur Anwendung dieser Methodik sind die mitgliedstaatlichen Gerichte nach dem Grundsatz der Unionstreue in Art. 4 III EUV verpflichtet. Bei der Auslegung kann zwar auf klassische, dem deutschen Juristen bekannte Auslegungsmethoden zurückgegriffen werden, doch haben sie eine spezifisch europäische Prägung. Durch die Vielfalt der EU potenzieren sich dabei die Anforderungen. Unionsrechtliche Auslegung erfordert die Berücksichtigung: 61

a) **des Wortlauts:** Da alle sprachlichen Fassungen nach Art. 55 EUV und nach Art. 4 VO Nr. 1 des Rates vom 15. April 1958 zur Regelung der Sprachenfrage für die Europäische Wirtschaftsgemeinschaft **(EWG-Sprachen-VO)** (ABl. 1958 L 17, 385) gleichberechtigt im gesamten Hoheitsgebiet der EU gelten (vgl. auch für den EUV idF von Lissabon dessen Art. 7), sind bei der Auslegung eines Begriffs der Rom I-VO stets auch die anderen sprachlichen Fassungen heranzuziehen. Die Praxis zeigt, dass die deutsche Fassung häufiger von anderen Fassungen abweicht. Kann die deutsche Fassung in verschiedener Weise verstanden werden, weist der Vergleich mit anderen Fassungen oft den Weg. Alle amtlichen Fassungen der Rom I-VO sind im Internet über **EUR-Lex** verfügbar (http://eur-lex.europa.eu/de/index.htm). 61a

b) **der Entstehungsgeschichte:** Hierzu kann auf die Materialien (s. zB für die Rom I-VO PWW/Brödermann/Wegen IPR-Anh. 1/Rom I-VO Vor Rn. 13) zurückgegriffen werden, vieles wird bereits in den Erwägungsgründen konkretisiert (**Materialien zu Rechtsakten** der Kommission finden sich unter: https://eur-lex.europa.eu/collection/legislative-procedures.html?locale=de); aufgrund der Tatsache, dass die Rom I-VO auf das EVÜ aufsetzt, kann für die Rom I-VO zusätzlich zT auf die Materialien für das EVÜ zurückgegriffen werden (vor allem den Bericht Giuliano/Lagarde, Bericht über das Übereinkommen über das auf vertragliche Schuldverhältnisse anzuwendende Recht (ABl. 1980 C 282, 1)). 61b

c) **der Systematik:** Die Begriffe der Rom I-VO und der Rom II-VO sind Bestandteil des streng miteinander verknüpften Systems des Unionsrechts auf der Grundlage des am 5.4.2004 vom Europäischen Rat beschlossenen **Haager Programms** (→ Rn. 316; s. jeweils Erwgr. 3–5 Rom I-VO und Rom II-VO). Die Rom I-VO und Rom II-VO sind deshalb **komplementäre Rechtsinstrumente** der EU. Sie beruhen auf der rechtspolitischen Überzeugung, dass die gegenseitige **Anerkennung gerichtlicher Entscheidungen innerhalb der EU** durch die Harmonisierung der Kollisionsnormen vereinfacht wird (s. Erwgr. 4 Rom I-VO und Erwgr. 4 Rom II-VO). Vor diesem Hintergrund sind diese beiden Rom-VO – ebenso wie die weiteren, unionsrechtlichen IPR-Verordnungen (→ Rn. 56) – als eine **Einheit** mit der im 2. Teil dieses Buches erörterten Verordnung über die Anerkennung und Vollstreckung gerichtlicher Entscheidungen (**Brüssel Ia-VO** oder 61c

EuGVVO)[30]) zu sehen. Dieselben Begriffe werden in verschiedenen Rechtsinstrumenten verwendet und sollen nach der Systematik des Unionsrechts einheitlich verstanden werden.

Beispiel: So orientiert sich die Auslegung des in Art. 4 I lit. b Rom I-VO verwendete Begriff des **Dienstleistungsvertrags** an der gleichlautenden Formulierung in Art. 7 Nr. 1 lit. b UAbs. 2 Brüssel Ia-VO s. PWW/Brödermann/Wegen IPR-Anh. 1/Rom I-VO Art. 44 Rn. 11; zur Auslegung EuGH ECLI:EU:C:2007:262 = BeckRS 2007, 70281 – Color Drack.

62 **Hinweis:** Die Brüssel Ia-VO geht ursprünglich auf einen in Brüssel abgeschlossenen Staatsvertrag (*Brussels Convention*) zurück; daher stammt der international übliche Hinweis auf „Brüssel" in der Abkürzung. Die erste dem Staatsvertrag folgende Verordnung wurde „Brüssel I-VO" genannt. Sie ist seit 2012 durch die Brüssel Ia-VO ersetzt worden.

Zur vergleichenden Auslegung von Begriffen aus europäischem IPR und IZVR s. Lüttringhaus RabelsZ 77 (2013), 31; zur Diskussion über die Erforderlichkeit der Vereinheitlichung der allgemeinen Fragen des Kollisionsrechts durch eine Rom 0-VO s. Leible FS Martiny, 2014, 429 ff., Mansel/Thorn/Wagner IPRax 2013, 1 (2); Jayme/Zimmer IPRax 2013, 99.

63 d) **des Ziels** der Norm **(teleologische Auslegung)**, insbesondere die Suche nach dem *effet utile*: Die Rom I-VO ist so auszulegen, dass ihre Ziele – insbesondere die Schaffung eines einheitlichen internationalen Schuldrechts für die Europäische Union und die Stärkung des europäischen Rechtsraums (Erwgr. 6 Rom I-VO, Erwgr. 1 Rom II-VO) – so gut wie möglich erreicht werden und die Bestimmungen der Rom I-VO ihre volle Geltung entfalten können (vgl. zB EuGH ECLI:EU:C:1990:257 = BeckRS 2004, 75128 – Factortame; Nicolaysen EuropaR I § 3 IV, insbesondere S. 103; Kropholler IPR § 10 III 2e S. 81); auch die Rom I-VO dient dem **Ziel**, ein *reibungsloses Funktionieren des Binnenmarktes* zu gewährleisten.

Hinweis: Vorreiter der WTO war das GATT, das *General Agreement on Tariffs and Trade*. Die Gründungsväter der EG, dem Rechtsvorgänger der EU (→ Rn. 8), waren in ihrem wirtschaftlichen Denken vom GATT geprägt. Bei der teleologischen Auslegung wirkt die wirtschaftsrechtliche Denkweise der Mütter und Väter der EG noch nach.

63a e) **der allgemeinen Rechtsgrundsätze sowie der Rechtsvergleichung:** Bei der Bestimmung des autonomen Inhalts von unionsrechtlichen Begriffen sind nach der Praxis des EuGH allgemeine Rechtsgrundsätze zu beachten, die sich aus der rechtsvergleichenden Betrachtung der Rechtsordnungen der Mitgliedstaaten erschließen. Zu diesem Zweck kann auch auf den – bisher rein akademischen – Entwurf eines Gemeinsamen Referenzrahmens (engl. „*Draft Common Frame of Reference*", kurz **DCFR**, deutsch: GRR für Gemeinsamer Referenzrahmen) zurückgegriffen werden, der wie die Rom I-VO Teil des **Haager Programms** ist. Er beruht auf rechtsvergleichender Betrachtung aller Rechtsordnungen der Mitgliedstaaten (SGECC/Acquis Group, DCFR, Introduction Nr. 21);

30 ABl. 2012 L 351, 1.

f) **der Rechtsprechung** des EuGH und der nationalen Gerichte in den verschiedenen Mitgliedstaaten; 63b

g) **des internationalen Schrifttums** zur Rom I-VO von Juristen aus unterschiedlichen Rechtsordnungen in den verschiedenen Mitgliedstaaten in ihren jeweiligen Sprachen. 63c

II. Zur Vertiefung 64

1. **Weiteres unionsrechtliches IPR:** Unionsrechtliches IPR gibt es in selten verwendeten Rechtsquellen seit vielen Jahren (s. zB Art. 19 I UAbs. 2 VO (EWG) Nr. 2137/85 des Rates über die Schaffung einer **Europäischen wirtschaftlichen Interessenvereinigung** (EWIV) (EWIV-VO) geschaffene EWIVs. Die EWIV ist eine Rechtsform, die zB von Rechtsanwaltskanzleien zur internationalen Vernetzung genutzt wird.).

2. **Terminologie:** Die Begriffsbildung „Rom-VO" hat historische Gründe: Die Rom I-VO ersetzt ein bereits 1980 **in Rom** abgeschlossenes europäisches Übereinkommen zum internationalen Vertragsrecht (→ Rn. 383). 65

3. **Dänemark:** Dänemark hat sich weder an der Rom I-VO, noch an der Rom II-VO beteiligt. Aufgrund völkerrechtlich gezogener Grenzen (s. Art. 1, 2 Protokoll über die Position Dänemarks im Anh. zum EVÜ und EGV) sind Verordnungen für Dänemark nicht *„bindend oder anwendbar"* (Erwgr. 46 Rom I-VO; Erwgr. 40 Rom II-VO). Im Ausgangspunkt ist damit klar, dass dänische Gerichte für die IPR-Prüfung die Rom I-VO und Rom II-VO nicht anwenden. Strittig ist jedoch die Frage, ob mitgliedstaatliche Gerichte für Fälle mit Bezug zu Dänemark die Rom I-VO anwenden müssen bzw. dürfen (für einen Überblick über den Streitstand s. Rauscher/v. Hein Rom I-VO Art. 1 Rn. 72 ff.). Grundsätzlich gelten beide Verordnungen als *loi uniforme* auch im Verhältnis zu Drittstaaten. Nach der hier vertretenen Ansicht sind die Bundesrepublik Deutschland und Dänemark jedoch mit Blick auf vertragliche Schuldverhältnisse völkerrechtlich noch durch das EVÜ gebunden. Daher ist dieses grundsätzlich anstelle der Rom I-VO anzuwenden (hierzu eingehend PWW/Brödermann/Wegen Rom I-VO Art. 25 Rn. 2 f.): Die Nichtanwendung des EVÜ setzt dessen ordnungsgemäße Kündigung voraus und nach Art. 25 GG sind die allgemeinen Regeln des Völkerrechts (so auch *pacta sunt servanda*, s. auch Art. 26 WVK, → Rn. 43) Bestandteil des Bundesrechts. Sie gehen den nationalen Gesetzen vor und erzeugen unmittelbar Rechte und Pflichten für die Bewohner des Bundesgebietes. Die Anwendung der Rom I-VO in Dänemark-Fällen setzte daher – wie seinerzeit bei der Brüssel I-VO (dazu später im IZVR in → Rn. 638) – den Abschluss einer Sonderkonvention voraus. Es muss insoweit bei dem in Art. 25 I Rom I-VO verankerten Grundsatz „kein Vertrag und keine Verordnung zulasten Dritter" bleiben. Ferner belegt die Gesetzgebungsgeschichte der Rom I-VO, dass allen Beteiligten stets die Möglichkeit des Nebeneinanders von Rom I-VO und EVÜ gewärtig war, falls sich ein Mitgliedstaat bei Nutzung bestehender völkerrechtlicher Vorbehalte nicht entschließt, der Rom I-VO „beizutreten" (s. Stellungnahme ECOSOC zum Rom I-VO-V, ABl. 2006 C 31, 58). Schließlich basiert auch das EU-Recht auf dem Respekt des Völkerrechts (arg. Art. 351 AEUV). 66

Die **Gegenmeinung** beruft sich auf den Grundsatz der universellen Anwendung der Verordnung. Der europäische Gesetzgeber setzt in Art. 1 IV 2 Rom I-VO selbst die Möglichkeit voraus, dass die Vorschriften der Rom I-

VO auch im Verhältnis zu Mitgliedstaaten gelten, die sich nicht an der Anwendung der Verordnung beteiligen (mithin Dänemark). Mit Blick auf die praktische Umsetzung sei außerdem zu definieren, wann ein Bezug zu Dänemark vorliegt und damit eine Anwendung des EVÜ gefordert ist (Martiny RIW 2009, 737 (739); Leible/Lehmann RIW 2008, 528 (532); Rauscher/v. Hein Rom I-VO Art. 1 Rn. 70 ff.). In der Praxis kann man diese Streitfrage **offenlassen**, soweit das EVÜ und die Rom I-VO gleichlaufen. Ansonsten könnte (und sollte) die Auslegung von Art. 25 Rom I-VO (etwa bei der Anwendung von Art. 3 IV Rom I-VO oder Art. 9 III Rom I-VO, die in ex-Art. 27ff. EGBGB keine Parallelnorm hatten und deshalb zu anderem Recht führen können) auch von Instanzgerichten **nach Art. 267 AEUV dem EuGH zur Entscheidung vorgelegt** werden. Unterschiede zwischen dem EVÜ und Rom I bestehen im IPR der Versicherungsverträge, teilweise in der Anknüpfung von Verbraucher-, Transport- und Arbeitsverträgen sowie bei der Anknüpfung oder Beachtung ausländischer Eingriffsnormen.[31]

67 4. **BREXIT:**[32] Das Verhältnis zum Vereinigten Königreich ist differenziert zu betrachten (Da das Vereinigte Königreich kein Vertragsstaat des CISG (→ Rn. 279 ff. (**Fall 31**)) ist, ist die international-privatrechtliche Prüfung auch bei einfachen Kaufverträgen wichtig). Anders als im Verhältnis zu Dänemark besteht im Vereinigten Königreich der allgemeine (gesetzgeberische) Wille, dass die Rom I-VO auch nach dem Stichtag für den BREXIT grundsätzlich weitergelten soll; das führt zu einer anderen Ausgangslage als bei der Betrachtung des Verhältnisses zu Dänemark (→ Rn. 66). Es ist zu unterscheiden:

a) Für **bis zum Stichtag 31.1.2020** (aber nach dem 17.12.2009, Art. 29 Rom I-VO) abgeschlossene Verträge mit Bezug zum Vereinigten Königreich gilt die Rom I-VO, weil das Vereinigte Königreich seinerzeit eine Opt-In-Erklärung[33] abgegeben hat (Erwgr. 45 Rom I-VO).

b) Für **zwischen dem 1.2.2020 und 31.12.2020** abgeschlossene Verträge mit Bezug zum Vereinigten Königreich gilt die Rom I-VO, weil sich die EU und das Vereinigte Königreich im *Abkommen über den Austritt des Vereinigten Königreichs Großbritannien und Nordirland aus der Europäischen Union und der Europäischen Atomgemeinschaft*[34] auf die Fortgeltung der Rom I-VO bis zum Ende des Übergangszeitraums geeinigt hatten (Art. 66, 126 Austrittsabkommen). Der Übergangszeitraum endete am 31.12.2020.

c) Für die Zeit **seit 1.1.2021** wurde kein neues IPR-Abkommen abgeschlossen. Das niemals formal gekündigte EVÜ[35] könnte daher wieder aufleben und hätte in der EU gegenüber der Rom I-VO Vorrang; denn die Voraussetzungen der Ausnahmeregelung in Art. 25 II Rom I-VO zur Nichtanwendung des EVÜ als älterem kollisionsrechtlichen Vertrag („Mitgliedstaaten") sind entfallen. Seit dem **1.1.2021** wird die

31 Lehmann/Zetzsche JZ 2017, 62 (65).
32 In Anlehnung an PWW/Brödermann/Wegen IPR-Anh. 1/Rom I-VO Art. 1 Rn. 3.
33 KOM(2008) 730 endg.
34 ABl. 2019 C 384, 1.
35 S. Lehmann/Zetzsche JZ 2017, 62 (65).

Rom I-VO im Vereinigten Königreich jedoch aufgrund englischer Gesetzgebung auf der Stufe **einfachen englischen Gesetzesrechts** (sec. 3 European Union (Withdrawal) Act 2018) angewendet und folgt nunmehr den Auslegungsregeln englischen Rechts.[36] Bereits im Kontext der BREXIT-Verhandlungen hatte der britische Gesetzgeber kommuniziert, er werde das EVÜ lediglich für Altfälle aus der Zeit vor Inkrafttreten der Rom I-VO anwenden (Ziff. 2.4293 des *Explanatory Memorandum to the The Law Applicable to Contractual Obligations and Non-Contractual Obligations (Amendment etc) (EU Exit) Regulations 2018).* Auf europäischer Seite besteht mit der Gestaltung der Rom I-VO als loi uniforme (Art. 2 Rom I-VO) der Wille, die Rom I-VO soweit wie möglich anzuwenden. Vor diesem Hintergrund lässt sich argumentieren, dass die Vertragsstaaten des EVÜ, die EU-Mitgliedstaaten sind, und das Vereinigte Königreich das EVÜ im Verhältnis zueinander implizit als *„in desuetudo"* betrachten oder gar implizit gekündigt haben (wo bloß wäre der Akt der Kündigung?), oder dass durch den BREXIT grundlegend veränderte Umstände iSv Art. 62 WVK vorliegen. Damit wäre der Weg für die Anwendung der Rom I-VO durch deutsche Gerichte frei. Wie auch für Fälle mit Bezug für Dänemark wird es aufgrund der weitestgehenden Übereinstimmung von Rom I-VO und EVÜ (→ Rn. 66 aE) selten auf eine Entscheidung ankommen.

3. Nationales deutsches IPR

Soweit kein staatsvertragliches IPR (genauer: nationales IPR völkerrechtlichen Ursprungs; zum Sonderfall des Scheckrechts → Rn. 49) oder unionsrechtliches IPR einschlägig ist, ist auf **nationales (deutsches) IPR** nicht völkerrechtlichen Ursprungs zurückzugreifen (a). Gelegentlich kommt es neben unionsrechtlichem IPR zur Anwendung (b). 68

a) Vorsicht beim Begriff „national": zwei Arten von nationalem Recht

Beim nationalen IPR ist genauer zu unterscheiden: 69

- Das nationale IPR kann **wahrhaft autonom** sein. Es wurde dann ohne externe Vorgaben und ohne Abstimmung mit fremden Staaten vom deutschen Gesetzgeber geschaffen oder es beruht auf deutschem Richterrecht (man spricht dann von **„autonomem IPR"**). Autonomes nationales IPR gilt nur subsidiär im Verhältnis zu unionsrechtlichem und staatsvertraglichem IPR. Für die Anwendung solcher autonomer nationaler IPR-Bestimmungen gelten ausschließlich die **nationalen (deutschen) Auslegungsregeln,** die eine **Auslegung nach dem Wortlaut, der Grammatik, der Systematik, der Rechtsgeschichte und unter Beachtung des Ziels der gesetzlichen Regelung** erfordern. Oberste Auslegungsinstanz ist der **BGH.** Jüngstes Beispiel ist die am 1.1.2023 in Kraft getretene Änderung der Regelung zur Geschäftsfähigkeit in Art. 7 EGBGB; siehe ebenso den in 2017 neu eingefügten Art. 8 EGBGB zur Stellvertretung. Es entspricht moderner **Gesetzgebungstechnik,**

36 PWW/Brödermann/Wegen IPR-Anh. 1/Rom I-VO Art. 1 Rn. 3.

auch bei der Schaffung autonomen Rechts rechtsvergleichend fremdes IPR zu recherchieren und in die Entscheidungsfindung mit einzubeziehen.[37] Deswegen kann autonomes IPR fremdem IPR ähnlich sein, ist dies aber nicht notwendigerweise.

70 • Eine nationale (deutsche) Regelung zum Internationalen Privatrecht kann **auf einer europäischen Richtlinie beruhen** (Beispiel: Art. 46b EGBGB). Anders als das unionsrechtliche IPR in einer Verordnung gilt die IPR-Regelung in einer Richtlinie nicht unmittelbar. Sie bedarf nach Art. 288 III AEUV zunächst der Umsetzung in nationales Recht und ist daher auch oft zusammen mit autonomem IPR im selben deutschen Gesetz zu finden. Aus Richtlinien (EU-weit) umgesetztes IPR bezeichnet man als **„harmonisiertes nationales IPR"** (auch: **„angeglichenes" IPR**). (Begrifflich wird auch hier nicht immer sauber unterschieden: Gelegentlich wird in Abgrenzung zum unionsrechtlichen und staatsvertraglichen IPR vom „autonomen IPR" unpräzise in einer Weise gesprochen, die harmonisiertes IPR einbezieht). Für die **Auslegung** von harmonisiertem IPR gelten die allgemeinen, dem Europarecht entstammenden Auslegungsgrundsätze für EU-Recht. Solche IPR-Regelungen sind **richtlinienkonform**[38] auszulegen. Oberste Auslegungsinstanz für die Auslegung der dem deutschen IPR zugrunde liegenden Richtlinien ist der **Gerichtshof der Europäischen Union** (vgl. Art. 19 EUV). Der Instanzenrichter kann, der letztinstanzliche Richter muss eine Auslegungsfrage zu einer harmonisierten IPR-Regelung dem **EuGH vorlegen (Art. 267 AEUV)**.[39] Auch auf dieser nationalen Ebene ist also wieder Europarecht wichtig! Bei jedem nationalen Gesetz mit IPR-Regelung ist vor der Anwendung festzustellen, ob es einen Richtlinienhintergrund hat oder autonom entstanden ist.

Hinweis: In der Praxis erschließt sich dies oft schon aus der Formulierung des Gesetzes, zumindest aber durch einen Blick in einen einschlägigen Kommentar. Die insoweit für die IPR-Fallbearbeitung erforderliche Vorgehensweise unterscheidet sich hier nicht von der Methode und Gründlichkeit, die etwa auch für die Anwendung des BGB verlangt wird, das mittlerweile auch zahlreiche auf Richtlinienrecht beruhende (und entsprechend anders auszulegende) Regelungen enthält.

Die **Unterscheidung** zwischen (wahrhaft) autonomem deutschen IPR und auf Richtlinien basierendem deutschen IPR (harmonisiertem IPR) ist damit für die Auslegung und den Instanzenzug zur obersten Auslegungsinstanz **erheblich!**

71 **Harmonisiertes IPR** ist mit dem IPR in anderen Mitgliedstaaten, die die zugrunde liegende Richtlinie ebenfalls umgesetzt haben, **ähnlich – aber nicht identisch**. Die Umsetzungsfreiheit des Mitgliedstaats ist anders gelagert als bei einem Staatsvertrag, in dem lediglich zwischen unter Umständen vorgegebenen völkerrechtlichen Vorbehalten ausgewählt werden kann.

b) Ergänzende Anwendung des nationalen neben unionsrechtlichem IPR

72 Wie bereits erwähnt (→ Rn. 56), kann das grundsätzlich vorrangige europäische Verordnungs-IPR die ergänzende Anwendung von nationalem Recht gebieten. Die **Rom I-VO** verweist zur **ergänzenden Anwendung** auf das auf der Grundlage von Richtlinien **harmonisierte IPR:** So bestimmt zB **Art. 23 Rom I-VO,** dass die Rom I-

37 So zB Begr. Reg-E, BT-Drs. 10/504, 30.
38 S. nur PWW/Prütting Einl. Rn. 35; EuGH ECLI:EU:C:1988:62 = BeckRS 2004, 71815 Rn. 11 – Murphy; Tonikidis JA 2013, 598.
39 Vgl. MüKoBGB/Martiny Rom I-VO Vor Art. 1 Rn. 23.

VO nicht die Anwendung von Vorschriften des Unionsrechts *berührt* (engl. *Shall not prejudice*, frz. *N'affecte pas l'application*), die in besonderen Bereichen Kollisionsnormen für vertragliche Schuldverhältnisse enthalten (vgl. die fast wortgleiche Regelung in **Art. 27 Rom II-VO**). Auf diese Weise wollte der europäische Gesetzgeber (→ **Rn. 54**) die Möglichkeit offenhalten, im Interesse des reibungslosen Funktionierens des Binnenmarktes **für besondere Bereiche des internationalen Schuldrechts** besondere Kollisionsnormen zu schaffen (Erwgr. 40 Rom I-VO). Als Beispiel nennt die Rom I-VO die auch in Deutschland umgesetzte **E-Commerce-RL** (→ Rn. 412). Damit kommt die auf der Timesharing-RL 1994 [40] beruhende, verbraucherschützende Norm in Art. 46b EGBGB **neben** der verbraucherschützenden Regelung in Art. 6 Rom I-VO und Art. 3 IV Rom I-VO, der ebenfalls dem Verbraucherschutz dienen kann, zum Zuge (→ Rn. 411). Im Einzelnen sind die praktischen Auswirkungen des Nebeneinanders von verordnungsrechtlichem und richtlinienbasiertem IPR noch nicht geklärt. Kommt es (je) zum Konflikt, hat das Verordnungsrecht zwar **grundsätzlich Vorrang** (so wohl der später geschaffene Art. 6 I Rom I-VO im Verhältnis zu Art. 46b EGBGB), eine auf einer Richtlinie basierende IPR-Norm kann aber auch – insbesondere, wenn sie später geschaffen wurde – vorrangiges *lex specialis* sein.[41]

4. Auswertung

Die Bestandsaufnahme der Rechtsquellen hat gezeigt, dass das von deutschen Gerichten anzuwendende IPR verschiedener Natur und Provenienz sein kann. Es kann sich nämlich handeln um: 73

- nationales IPR völkerrechtlichen Ursprungs (kurz „völkervertragliches IPR", „völkerrechtliches" oder „staatsvertragliches IPR");
- unionsrechtliches IPR (in Verordnungen);
- nationales IPR europäischen Ursprungs („harmonisiertes" oder „angeglichenes" IPR, dh in nationales Recht umgesetzte IPR-Regelungen aus EU-Richtlinien);
- autonomes nationales IPR.

In der nachfolgenden Darstellung des IPR wird diese „Vierteilung" zur Vereinfachung zu einer **„Dreiteilung"** verkürzt: Völkerrecht, Unionsrecht, nationales Recht. Im Einzelnen: 74

a) Unter **„staatsvertraglichem IPR"** wird IPR in Staatsverträgen verstanden. Es wird vernachlässigt, dass auch staatsvertragliches IPR in Deutschland durch ein nationales Gesetz umgesetzt wurde. Anders als bei nationalem IPR im hier verstandenen Sinne ist bei der Anwendung von staatsvertraglichem (oder völkerrechtlichem) IPR direkt die Norm aus dem Staatsvertrag zu zitieren.

b) Unter **„unionsrechtlichem IPR"** wird nur unmittelbar für Unionsbürger und ihnen gleich gestellte Gesellschaften geltendes IPR (zB Verordnungsrecht) verstanden.

c) Unter dem Begriff **„nationales IPR"** wird **harmonisiertes** (dh erst durch Umsetzung einer europäischen Richtlinie durch den nationalen Gesetzgeber geltendes) **und**

40 ABl. 1994 L 280, 83; aufgehoben durch RL 2008/122/EG des Europäischen Parlaments und des Rates vom 14. Januar 2009 über den Schutz der Verbraucher im Hinblick auf bestimmte Aspekte von Teilzeitnutzungsverträgen, Verträgen über langfristige Urlaubsprodukte sowie Wiederverkaufs- und Tauschverträgen (ABl. 2009 L 33, 10).

41 PWW/Brödermann/Wegen IPR-Anh. 1/Rom I-VO Art. 23 Rn. 1.

autonomes IPR zusammengefasst: Beide Arten von IPR sind nebeneinander im gleichen nationalen Gesetz, dem EGBGB, zu finden, das harmonisierte IPR zT auch außerhalb des EGBGB. Denn nach der in Deutschland üblichen Umsetzungspraxis werden europäische Richtlinien in der Regel nicht in Gänze übernommen, sondern in deutsche Gesetze integriert. Wer die unterschiedlichen Quellen nicht kennt, übersieht unter Umständen den Unterschied. Bei der Darstellung und Anwendung von nationalem IPR ist allerdings zu beachten, dass bei der Anwendung ein Unterschied zwischen harmonisiertem und autonomem IPR besteht. Als oberste Auslegungsinstanz ist im ersten Fall der EuGH, im zweiten Fall der BGH zuständig.

75 Die **Auslegungsmethoden**, die für staatsvertragliches IPR, unionsrechtliches IPR und nationales IPR (harmonisiertes IPR und autonomes nationales IPR) anzuwenden sind, ähneln sich: **Stets** sind der **Wortlaut**, die **Entstehungsgeschichte**, die **Systematik** und der **Sinnzusammenhang** sowie vor allem der **Zweck** der Regelung zu beachten. Dabei macht es aber einen **Unterschied, (i)** ob nur eine oder mehrere sprachliche Fassungen zu berücksichtigen sind, **(ii)** in welchem Kontext der Zweck einer Regelung zu verstehen ist und **(iii)** welchen generellen Zielen eine IPR-Regelung dient (die Schaffung einer zur Weiterentwicklung des europäischen Binnenmarktes entwickelte IPR-Regelung hat neben der Abgrenzung zwischen nationalen Rechten eine weitergehende Funktion, die sich im Einzelfall auf die Auslegung auswirken kann). Deshalb ist es **wichtig, stets zu wissen, wo man sich bewegt**.

76 Der Internationalprivatrechtler prüft daher zunächst, mithilfe welcher (völkerrechtlichen, EU-rechtlichen oder nationalen) IPR-Norm er das anwendbare Recht bestimmt.

77 Jeder Richter wendet die Regeln des Internationalen Privatrechts an, **die am Gerichtsort** gelten (sog. **lex fori**). Wer einen Vertrag schreibt und dafür das anwendbare Recht bestimmt, muss deshalb stets im Auge haben, dass der Vertrag im Streitfall – je nach Gerichtsort – nach unterschiedlichem IPR beurteilt wird (beachte dazu auch die Unterschiede innerhalb der EU (→ Rn. 60, 380). Entsprechendes gilt bei einer Kombination der materiellen Rechtswahl mit einer Schiedsklausel (→ Rn. 867 ff.). Deshalb erfordert die Beherrschung des Internationalen Privatrechts auch Grundkenntnisse des Internationalen Verfahrensrechts, die im Dritten Teil dieses Buchs vermittelt werden.

Hinweis: Bei der Gestaltung internationaler Verträge prägt die Gerichtsstands- oder Schiedsklausel (→ Rn. 654, 828) den Blickwinkel für die Bestimmung des anwendbaren Rechts. Das klassischerweise an deutschen Universitäten – und auch hier – dargestellte IPR setzt die Zuständigkeit eines deutschen Gerichts voraus.

Ergänzend sind Grundverständnisse des **rechtsvergleichenden IPR** hilfreich. Diese lassen sich indes oft verhältnismäßig leicht erschließen, da die Systematik des IPR und oft auch die Rechtsquellen (Staatsverträge, europäische IPR-Verordnungen und -Richtlinien) in vielen Staaten der Welt gleich sind; dies wiederum erschließt sich aus der in dieser Einführung zum IPR nicht näher behandelten **Geschichte des IPR**.

Arbeitsblock zur Vertiefung

78 **Geschichte des IPR:** Eine ausführliche Beschäftigung mit der Geschichte des IPR trägt erheblich zum tieferen Verständnis des Kollisionsrechts bei. Sie sei dem Anfänger jedoch erst nach dem Studium der Grundlagen des IPR empfohlen (Teil I

dieser Einführung). Dazu: v. Bar/Mankowski IPR I § 6 Rn. 1 ff. oder Kegel/Schurig IPR § 3 S. 161 ff. sowie Juenger, General Course on Private International Law (1983), in Académie de Droit International, Rec. Des Cours 1985 IV, 119 ff. (sehr spannend); grundlegend: Gutzwiller, Geschichte des Internationalprivatrechts: von den Anfängen bis zu den großen Privatrechtskodifikationen, 1977; klassisch: v. Savigny, System des heutigen Römischen Rechts, Bd. VIII, Neudruck, 1961 – insbesondere §§ 348, 23 ff. und 108 sowie §§ 349, 32 ff. (auch heute noch lesenswert). Das **deutsche IPR** wurde aus historischen Gründen ins Einführungsgesetz des Bürgerlichen Gesetzbuchs (EGBGB) aufgenommen. Es wurde **1986** grundlegend und 1999 ergänzend reformiert (s. v. Hoffmann/Thorn IPR § 1 Rn. 134 ff.). Der Beginn der Geltung der Rom I- und Rom II-VO (→ Rn. 12) stellt – zusammen mit den Verordnungen im Bereich des internationalen Familien- und Erbrechts – den bislang tiefgreifendsten Eingriff des IPR dar. Das Jahr **2009**, in dem auch das EGBGB im Hinblick auf die Einführung der Rom I- und Rom II-VO erneut abgeändert wurde, war damit für das IPR ebenfalls historisch (s. Brödermann NJW 2010, 807). Die Rechtsgeschichte und die allgemeine zugrundeliegende Geschichte erklären auch welche Rechte als „Rechtsfamilien" miteinander „verwandt" sind (zB das griechische und deutsche Zivilrecht oder das chinesische und das deutsche Zivilrecht und IPR). In 2017 bekam das autonome IPR mit Einführung von geschriebenem IPR zum Stellvertreterrecht (Art. 8 EGBGB) eine wichtige Änderung. Es handelt sich dabei um eine für die Entwicklung des europäischen Binnenmarkts wichtige Materie, zu der sich die Mitgliedstaaten der EU bei Schaffung der Rom I-VO beschämenderweise nicht verständigen konnten. Die Änderung zur Regelung der Geschäftsfähigkeit in Art. 7 EGBGB in 2023 (→ Rn. 189) stellt die jüngste Änderung dar.

B. Erste Korrekturen des Prinzips

Die IPR-Prüfung erfordert die Auswahl der richtigen Kollisionsnorm (**I.**) Bei Anwendung nationalen Internationalen Privatrechts kann sodann eine Prüfung erforderlich werden, ob das ausgewählte fremde Recht die Verweisung annimmt (**II.**). Gelegentlich greifen diese beiden Schritte der IPR-Prüfung ineinander (**II. 4.**). Deswegen werden diese klassischen Schritte der IPR-Prüfung hier zusammen dargestellt. 79

I. Auswahl der Kollisionsnorm: Qualifikation

Qualifikation bedeutet die Subsumtion unter die richtige Kollisionsnorm: Oft bereitet schon der Falleinstieg Schwierigkeiten. Kommen verschiedene Kollisionsnormen in Betracht, so sind ihre Anknüpfungsgegenstände durch Auslegung gegeneinander abzugrenzen und der Lebenssachverhalt unter die „richtige" (passende) Kollisionsnorm zu subsumieren. Da alle weiteren Schritte einer IPR-Prüfung von der Anwendung der richtigen Kollisionsnorm abhängen, ist die Qualifikation von fundamentaler Bedeutung. Dabei ist oft zwischen Kollisionsnormen aus verschiedenen Rechtsquellen abzugrenzen. Entsprechend der **rangkollisionsrechtlichen Hierarchie** (Völkerrecht, Unionsrecht und nationales Recht) ist stets mit der Prüfung der ranghöchsten der in Betracht kommenden IPR-Normen zu beginnen. 80

Hinweis: Die Qualifikation führt zur Auswahl der passenden Kollisionsnorm zur Bestimmung des für die Lösung einer Rechtsfrage gebrauchten Rechts (→ Rn. 28). Im praktischen Leben sind Sachverhalte oft komplex. Dann muss für jede herausgearbeitete Rechtsfrage einzeln qualifiziert werden, welche IPR-Norm für ihre Lösung anzuwenden ist.

1. Abgrenzung zwischen völkerrechtlichem, unionsrechtlichem und nationalem IPR

81 **Fall 4:**[42] Eine Iranerin heiratet 2022 einen Deutschen. Beide leben in Frankfurt a.M. und gehören der islamischen Glaubensrichtung an. Anlässlich ihrer Heirat vereinbaren sie die Zahlung einer Morgengabe (Brautgeld) in Höhe von 50.000 EUR. Nach wirksamer Scheidung im Mai 2024 begehrt die Frau die Zahlung der Morgengabe. Welche Kollisionsnorm ist anwendbar?

82 Im **Fall 4** bereitet schon der Falleinstieg Schwierigkeiten. Zunächst ist zu klären, auf Grundlage welcher Rechtsquellen der Anspruch auf Zahlung der Morgengabe zu bestimmen ist. So können völkerrechtliche Abkommen, unionsrechtliches oder nationales IPR zur Lösung in Betracht gezogen werden. Grundsätzlich liegt es nahe, dass Gerichte IPR-Normen möglichst anhand der Systembegriffe des einheimischen Sachrechts auslegen und lösen („Lex-fori-Qualifikation"). Dabei muss jedoch die Systematik des fremden Rechts berücksichtigt werden, wenn in unserem Recht fremde Rechtsinstitute zu qualifizieren sind. Daher erfolgt heute in der herrschenden Lehre und Praxis dies anhand einer solchen **funktional-teleologischen Qualifikation** (auch **aufgeklärte lex-fori-Qualifikation**).[43]

Ist die Morgengabe güterrechtlich zu qualifizieren, so ist die **EuGüVO** einschlägig. Geht es um Scheidungsrecht, so kommt die **Rom III-VO** zur Anwendung. Bei unterhaltsrechtlicher Qualifikation ist das Haager Unterhaltsprotokoll (**HUP 2007**) maßgeblich. Auch kommt eine Qualifikation als allgemeine Ehewirkung in Betracht, sodass **Art. 14 EGBGB** anzuwenden sein könnte.

83 Die Qualifikation des fremden, unserem heutigen Recht unbekannten Rechtsinstitutes kann nur unter Beachtung seiner **Funktion** im fremden Recht erfolgen (soweit autonome Kollisionsnormen betroffen sind, wird also der Grundsatz der Qualifikation nach der *lex fori* eingeschränkt: **„Eingeschränkte Lex-fori-Qualifikation"**). Nach islamischem Recht hat die Morgengabe unterschiedliche Funktionen, teils als Ehevoraussetzung, teils bei der Scheidung, vor allem aber bei der Unterhaltssicherung.[44] Da sich die Morgengabe schwerpunktmäßig keiner der spezielleren Kollisionsnormen unterstellen lässt, hat der BGH die Morgengabe unter Art. 14 EGBGB als „Auffangnorm", also als allgemeine Ehewirkung qualifiziert.[45] Etwas anderes ergibt sich jedoch für Ehen, die nach dem 29.1.2019 geschlossen wurden: Mit Inkrafttreten der EuGüVO[46] fällt die Morgengabe nun in den weiten Anwendungsbereich

42 Angelehnt an BGH NJW 2010, 1528 = IPRax 2011, 85.
43 MüKoBGB/v. Hein IPR Einl. Rn. 121 mwN.
44 Rohe StaZ 2006, 99; Wurmnest RabelsZ 71 (2007), 527; OLG Zweibrücken NJW-RR 2007, 1232.
45 BGH NJW 2010, 1528 = IPRax 2011, 85 mAnm Yassari IPRax 2011, 63; jüngst auch BGH IPRax 2022, 68 für eine vor 2019 geschlossene Ehe.
46 VO (EU) Nr. 1103/2016 des Rates vom 24. Juni 2016 zur Durchführung einer Verstärkten Zusammenarbeit im Bereich der Zuständigkeit, des anzuwendenden Rechts und der Anerkennung und Vollstreckung von Entscheidungen in Fragen des ehelichen Güterstands (ABl. 2016 L 183, 1).

der Verordnung nach Art. 1, 3 EuGüVO, sodass sie in Zukunft güterrechtlich zu qualifizieren ist (zur EuGüVO → Rn. 502, 504).[47]

Eine Anwendung des Art. 14 EGBGB scheidet damit im vorliegenden Fall aus. So findet nach Art. 26 I lit. a EuGüVO mangels einer Rechtswahl der Eheleute das Recht ihres ersten gemeinsamen gewöhnlichen Aufenthalts, mithin deutsches Recht, Anwendung (unwandelbare Anknüpfung). 84

2. Qualifikation bei Anwendung von völkerrechtlichem IPR

Fall 5: Ein deutsches Unternehmen möchte gegen seinen Vertragspartner, ein in Singapur eingetragenes Unternehmen, Klage auf Zahlung von 100.000 EUR in Deutschland erheben, wo der Vertragspartner umfangreiches Vermögen hat. Der Hauptverwaltungssitz des Vertragspartners befindet sich in Hongkong. Der Syndikusrechtsanwalt des deutschen Unternehmens überlegt, ob der Vertragspartner in Deutschland überhaupt prozessfähig ist. Dafür müsste er nach § 50 I ZPO rechtsfähig sein. Um die Rechtsfähigkeit zu bestimmen, prüft der Syndikusrechtsanwalt, nach welchen IPR-Regelungen das Gesellschaftsstatut zu bestimmen ist. 85

Da die Rechtsfähigkeit einer singapurischen Gesellschaft keinen Bezug zur EU hat und es auch kein unionsrechtliches IPR mit allseitigem Anwendungswillen im internationalen Gesellschaftsrecht gibt, kommt kein unionsrechtliches IPR zum Zug. Aus Art. 3 II 1 EGBGB ergibt sich die vorrangige Beachtung von Staatsverträgen. Nur soweit kein Staatsvertrag anwendbar ist, ist deutsches nationales IPR einschlägig. Für die Anerkennung ausländischer Gesellschaften haben völkerrechtliche Übereinkommen in der Regel zwar nur klärende (deklaratorische) Bedeutung, können allerdings zum Teil kollisionsrechtlich konstitutive Bedeutung haben, soweit Ansprüche betroffen sind, die in den Geltungsbereich des jeweiligen Abkommens fallen (→ Rn. 571, 589). 86

Zwischen Deutschland und Singapur besteht ein entsprechender völkerrechtlicher Vertrag über die Förderung und den gegenseitigen Schutz von Kapitalanlagen v. 3.10.1973[48] (ein sog. **Investitionsschutzabkommen**, engl.: *Bilateral Investment Treaty,* kurz: **BIT**). Der Anwendungsbereich ist in Art. 1 Nr. 1 BIT Singapur weit definiert: Danach sind Kapitalanlagen unter anderem Eigentum an Sachen, sonstige Rechte wie Hypotheken und Pfandrechte sowie alle Ansprüche auf Geld oder Leistungen, die einen wirtschaftlichen Wert haben. Sofern die Klage des deutschen Unternehmens in diesen weitreichenden Anwendungsbereich subsumiert werden kann, kann dieses Abkommen als *lex specialis* das autonome IPR Deutschlands verdrängen. 87

Das Abkommen enthält spezielle Vorschriften zu der Existenz (und damit Rechtsfähigkeit) von Gesellschaften. Es definiert eine „Gesellschaft" in Art. 1 Nr. 4 BIT Singapur und differenziert dabei zwischen Gesellschaften aus Deutschland und solchen aus Singapur. Deutsche Unternehmen sind juristische Personen, die ihren Sitz in Deutschland haben (Sitztheorie). Singapurische Gesellschaften sind indes juristische Personen, die in Singapur eingetragen oder dort gegründet worden sind (Gründungstheorie). So würde die Rechtsfähigkeit des in Singapur eingetragenen Vertragspartners sich nach dem singapurischen Recht bestimmen. Sofern die etwaigen Vorausset- 88

47 Eingehend Budzikiewicz IPRax 2022, 40; Finger FuR 2019, 386 mwN.
48 In Kraft getreten am 17.1.1975 (BGBl. 1975 II 49).

zungen nach dem singapurischen Recht gegeben sind, ist die singapurische Gesellschaft rechts- und damit prozessfähig.

89 Sofern der Anwendungsbereich des Abkommens allerdings nicht eröffnet ist, führt dies zur Anwendung des autonomen deutschen IPR. In Deutschland wird die Sitztheorie verfolgt (→ Rn. 592), nach der die Rechtsfähigkeit des Vertragspartners nach dem Recht seines Hauptverwaltungssitzes in Hongkong beurteilt wird. Somit verweist das autonome deutsche IPR auf das Recht von Hongkong und nicht, wie das BIT, auf das Recht von Singapur.

90 Da das deutsche Unternehmen einen „Anspruch auf Geld" iSv Art. 1 Nr. 1 BIT Singapur geltend macht, fällt die Forderung in dessen Anwendungsbereich. Damit sind die deutschen Gerichte gehalten, das verklagte singapurische Unternehmen als rechtsfähig zu behandeln, da die Voraussetzungen für die Rechtsfähigkeit einer solchen Gesellschaft nach der in Art. 1 Nr. 4 lit. b BIT verankerten Gründungstheorie vorliegen. Das (bei der Auslegung des BIT nach Art. 17 WVK zu beachtenden) Ziel des Übereinkommens würde frustriert, wenn die singapurische Gesellschaft bei der Durchsetzung der geldwerten Forderung nicht als rechtsfähig behandelt werden würde. Ebenso widerspräche es dem Zweck des BIT Singapur, wenn die singapurische Gesellschaft bei einer Durchsetzung des Anspruches in Singapur als rechtsfähig und bei einer Durchsetzung in Deutschland als nicht rechtsfähig behandelt werden würde. Für detaillierte Ausführungen zum Internationalen Gesellschaftsrecht → Rn. 587 ff.

3. Qualifikation bei Anwendung von unionsrechtlichem IPR

91 **Fall 6:**[49] Ein französisches Unternehmen (in kanadischem Eigentum) verhandelt ab September 2023 mit einem deutschen Unternehmen exklusiv über Wochen und im Detail über den Erwerb einer deutschen Tochtergesellschaft. Die Vertragsentwürfe enthalten eine Rechtswahlklausel zugunsten deutschen Rechts („*Dieser Vertrag unterliegt deutschem Recht.*"). Zwei Tage vor der beabsichtigten Vertragsunterzeichnung am 15.1.2024 teilt der Verkäufer mit, er habe sich Anfang 2024 kurzfristig mit einem deutschen Käufer geeinigt. Das französische Unternehmen begehrt den Ersatz der entstandenen Aufwendungen für die Tätigkeit der von ihr beauftragten deutschen Rechtsanwaltssozietät wegen Verschuldens bei Vertragsschluss.

92 Im **Fall 6** kommen Ansprüche aus „Verschulden bei Vertragsschluss" (*culpa in contrahendo, c. i. c.*) in Betracht. Anfang 2024 besteht für einen deutsch-französischen Sachverhalt kein für eine Anwendung in Betracht kommendes staatsvertragliches IPR für diese Rechtsfrage. Da Deutschland Teil der EU ist, erfordert die Fallbearbeitung – wie stets – auch die Sichtung des in Betracht kommenden unionsrechtlichen IPR. Der deutsche Rechtsanwalt, der diese Fallkonstellation nicht kennt, wird zunächst wie gewohnt und in deutschen Systembegriffen des BGB denkend im internationalen Vertragsrecht der Rom I-VO suchen, weil er aus deutscher Sicht einen vertragsähnlichen Anspruch durchsetzen möchte. **Art. 1 I lit. i Rom I-VO** sowie – noch klarer – **Erwgr. 10 Rom I-VO** stellen jedoch klar, dass „Schuldverhältnisse, die aus Verhandlungen vor Abschluss eines Vertrags entstehen" unter **Art. 12 Rom II-VO** fallen. Denn das Verschulden bei Vertragsschluss wird unionsrechtlich autonom als deliktisch qualifiziert. Diese **unionsrechtliche Qualifikation** ist bei Anwendung des unionsrechtlichen IPR maßgeblich.

49 Angelehnt an mehrfach erlebte und jeweils außergerichtlich gelöste Fallgestaltungen.

Bei der Anwendung des Unionsrechts kommt es damit nicht auf nationale Vorstellungen und Systembegriffe an. Der Inhalt der unionsrechtlich genutzten Begriffe ist stattdessen **europäisch autonom** zu ermitteln bzw. auszulegen, wobei etwa die rechtsvergleichend zu beobachtende Rechtspraxis in den Mitgliedstaaten als eines unter zahlreichen Kriterien dienen kann (→ Rn. 63 ff.). So ist ausschließlich aus Sicht der unionsrechtlichen IPR-Norm zu qualifizieren. Im Zweifel liegt die Entscheidung beim **EuGH**. Bei der Fassung von Art. 12 Rom II-VO und Art. 1 I lit. i Rom I-VO hat sich der europäische Gesetzgeber von der Rechtsprechung des EuGH im Fall *Tacconi* zum Deliktsgerichtsstand[50] inspirieren lassen und das unionsrechtliche IPR so klar formuliert, dass keine Auslegungsfragen verbleiben. 93

Damit kommt im **Fall 6** aus unionsrechtlicher Sicht die Anwendung von Art. 12 I Rom II-VO in Betracht. Nach Art. 12 I Rom II-VO ist das Recht anzuwenden, *„das auf den Vertrag anzuwenden ist oder anzuwenden gewesen wäre, wenn er geschlossen worden wäre.“* Dies ist nach Art. 3 I Rom I-VO das gewählte Recht, mithin deutsches Recht.

Rechtsfolge: Bei der Anwendung des durch Art. 12 Rom II-VO iVm Art. 3 I Rom I-VO berufenen nationalen deutschen Rechts muss der Rechtsanwalt (nunmehr zu Recht) in deutschen nationalen Systembegriffen denken und fragen, wo das deutsche Recht funktional das „Verschulden bei Vertragsschluss“ (c. i. c.) geregelt hat. Der deutsche Gesetzgeber hat vertragsähnlich qualifiziert. Damit kommt § 280 I BGB iVm §§ 241 II, 311 II BGB zur Anwendung. 94

4. Qualifikation bei Anwendung nationalen Kollisionsrechts

Bei Anwendung nationalen Kollisionsrechts ist nach der *lex fori*, mithin dem am Gerichtsort geltenden Recht, zu qualifizieren (→ Rn. 99). 95

Basiert die deutsche IPR-Norm auf einer **EU-Richtlinie**, ist **richtlinienkonform** auszulegen (→ Rn. 70): Dann ist unter Berücksichtigung des Zwecks der Richtlinie, auf der die deutsche IPR-Norm fußt, zu qualifizieren. Ergibt sich bereits aus dem Unionsrecht eine Lösung der Frage nach der Qualifikation eines Sachverhalts, muss diese unionsrechtliche Qualifikation Vorrang vor einer Qualifikation nach autonomen deutschen Begriffen (zB des BGB) haben. 96

Arbeitsblock

I. Zur Ergänzung: Prüfungsschritte bei der Qualifikation 97

Die **Fälle 4–6** haben die **Einzelfallabhängigkeit** des Qualifikationsproblems gezeigt. Gleichwohl ist aufgrund der dargestellten Regeln grundsätzlich folgende Vorgehensweise zu empfehlen:

1. **Schritt:** Zusammenstellung der in Betracht kommenden völkervertraglichen, unionsrechtlichen und nationalen Kollisionsnormen
2. **Schritt:** Auswahl der „richtigen“ Kollisionsnorm
   - bei **staatsvertraglichen Kollisionsnormen** Auslegung nach der WVK nach Treu und Glauben unter Berücksichtigung der Ziele und Zwecke des Übereinkommens sowie der Entstehungsgeschichte und der Rechtspraxis der Vertragsstaaten (→ Rn. 43);

50 EuGH ECLI:EU:C:2002:499 = BeckRS 2004, 76509 Rn. 21 ff. – Tacconi.

- bei **unionsrechtlichen IPR-Normen** europäisch autonome Auslegung bei besonderer Bedeutung der Effet-utile-Auslegung: Welche Auslegung dient der Entwicklung des gemeinsamen Marktes am meisten? (→ Rn. 55, 61 ff.);
- bei Kollisionsnormen aus dem **autonomen deutschen IPR**-Qualifikation nach der *lex fori*;

Beachte stets: **Berücksichtigung des fremden Rechtssystems**, wenn Rechtsinstitute zu qualifizieren sind, die dem deutschen Recht unbekannt sind. Ist harmonisiertes IPR anzuwenden, ist nach unionsrechtlichen Kriterien zu qualifizieren (→ Rn. 96).

3. **Schritt:** In einigen Konstellationen ist die Prüfung des *renvoi* erforderlich (näheres → Rn. 123 ff.)

II. Zur Vertiefung

98 **1. Teilkodifikation**

Bei der IPR-Reform im Jahre 1986 wurde die Qualifikation im nationalen IPR nicht abstrakt gesetzlich geregelt, weil sie sich für eine allgemeine Regel nicht eignete (vgl. Pirrung, Internationales Privat- und Verfahrensrecht, 1987, S. 114 li. Sp.). Im **unionsrechtlichen IPR** enthalten Art. 1 II lit. i Rom I-VO und Art. 12 Rom II-VO für die *c. i. c* eine einzelfallbezogene Regelung zur Qualifikation. Ebenso enthalten die unionsrechtlichen IPR-Verordnungen regelmäßig einen Artikel zum „Geltungsbereich" (oder zur „Reichweite") des anzuwendenden Rechts, der Qualifikationsfragen regelt. So sind zB die Folgen der Nichtigkeit des Vertrages (mithin die **Leistungskondiktion**) nach Art. 12 I lit. e Rom I-VO vertraglich zu qualifizieren und daher vom Vertragsstatut der Rom I-VO umfasst. Sie unterliegen damit gerade nicht dem Bereicherungsstatut nach Art. 10 Rom II-VO. Weitere Beispiele bilden Art. 15 Rom II-VO, Art. 27 EuGüVO, Art. 23 EuErbVO oder Art. 11 HUP 2007 (für das völkerrechtliche IPR).

99 **2. Theorien zur Qualifikation im nationalen autonomen Kollisionsrecht**

In der Literatur werden neben der **eingeschränkten lex-fori-Theorie** zur Qualifikation autonomen Kollisionsrechts zT weitere Theorien vorgeschlagen, die sich in der Praxis allerdings nicht durchsetzen konnten:

- Eine Ansicht qualifiziert nach der **lex causae,** dh nach dem Recht, das von der (in Betracht kommenden) Kollisionsnorm berufen würde, wenn diese zur Anwendung käme (sog. Lex-causae-Theorie). Dadurch sollen Widersprüche mit dem (möglicherweise) berufenen Recht vermieden werden (Wolff, Internationales Privatrecht, 1933, S. 34 ff.; vgl. die kritische Darstellung dieser Theorie bei Kegel/Schurig IPR § 7 III 1b S. 340 ff.).
- Bei der Qualifikation nach der **rechtsvergleichenden** bzw. **autonomen** Methode wird mithilfe der Rechtsvergleichung versucht, autonome Begriffe des Kollisionsrechts zu bilden, um damit eine größere internationalprivatrechtliche Gerechtigkeit zu erreichen (vgl. die Darstellung bei v. Bar/Mankowski IPR I § 7 Rn. 161 ff.; die rechtsvergleichende Methode geht zurück auf Rabel RabelsZ 5 (1931), 241).

100 **3. Rechtsgeschichte**

Entdecker des Qualifikationsproblems waren der Deutsche Franz Kahn (1891) und der Franzose Etienne Bartin (1897). Zu ihrem Wirken und zur Entwicklung des Problems der Qualifikation ausführlich die Monographie von Weber, Die Theorie der Qualifikation, 1986; zum Einstieg: Kegel/Schurig IPR § 7 III 2a S. 337 ff.

4. **Literatur** 101

- **Allgemein:** Raape/Sturm IPR I S. 275 ff., mit Darstellung der seit Bartin erörterten Entscheidung der Cour d'Alger von 1889 im Fall Bartholo, Clunet 18 (1891), 1171; Kegel/Schurig IPR § 7 S. 325 ff.; sehr ausführlich die Darstellung bei v. Bar/Mankowski IPR I § 7 Rn. 138 ff.
- Jede dieser Darstellungen erörtert die viel kritisierte Entscheidung des Reichsgerichts von 1882 im Fall **„Tennessee-Wechsel"**, RGZ 7, 21 (lesenswerter Klassiker); vgl. auch Schack IPRax 2013, 315 (316 f.).
- Zur Qualifikation bei Anwendung **völkervertraglichen Kollisionsrechts:** Kropholler IntEinheitsR S. 328 ff.; Mallmann NJW 2008, 2954.

II. Sachnorm- oder Gesamtverweisung (Renvoi-Prüfung)?

1. Grundlagen

102 Verweist das einschlägige Kollisionsrecht für einen Sachverhalt auf eine Rechtsordnung, so ist zwischen zwei verschiedenen Arten der Verweisung zu unterscheiden: (1) Zum einen kann der Verweis als Sachnormverweisung ausgestaltet sein. Damit verweist das Kollisionsrecht auf die materiellen Sachvorschriften der berufenen Rechtsordnung (eine entsprechende Legaldefinition befand sich bis 2019 in Art. 3a I EGBGB). Die kollisionsrechtliche Prüfung ist damit abgeschlossen. (2) Liegt hingegen eine Gesamtverweisung vor, erfasst die Verweisung das fremde Recht einschließlich des Kollisionsrechts des fremden Staats. Damit ist eine Prüfung des ausländischen Kollisionsrechts erforderlich.

2. Sachnormverweisungen im völkerrechtlichen IPR

103 **Internationale Übereinkommen** verweisen in der Regel (meist stillschweigend) auf das Sachrecht des Staates, deren Rechtsordnung sie als anwendbar bestimmen (**Sachnormverweisung**). Dies ergibt sich aus der Auslegung des jeweiligen Übereinkommens **im Lichte der Ziele und Zwecke des Übereinkommens** (→ Rn. 43). Das in Übereinkommen abgestimmte IPR soll im Interesse des internationalen Entscheidungseinklangs gerade sicherstellen, dass das von den Vertragsstaaten für den Anknüpfungsgegenstand (zB Unterhaltspflicht) vereinbarte Recht (zB Recht des gewöhnlichen Aufenthalts des Unterhaltsberechtigten, Art. 3 I HUP 2007[51]) zum Zuge kommt.

104 Im Fall 5 stellt Art. 1 Nr. 4 des deutsch-singapurischen Investitionsschutzabkommens für singapurische Gesellschaften auf das Gründungsrecht ab. Damit wird direkt auf das Sachrecht von Singapur verwiesen. Die Frage nach dem anwendbaren Recht ist damit abschließend entschieden.

51 Jayme/Hausmann Nr. 42.

3. Prinzip von Sachnormverweisungen im unionsrechtlichen IPR (mit Ausnahmen)

105 Das **unionsrechtliche IPR** spricht – jedenfalls grundsätzlich – ebenfalls nur **Sachnormverweisungen** aus (so ausdrücklich zB **Art. 20 Rom I-VO**[52] und **Art. 24 Rom II-VO**[53]). Dadurch wird EU-weit Rechtsklarheit und Rechtssicherheit geschaffen: Es ist im gesamten Binnenmarkt vorhersehbar, zu welchem Recht eine Sachverhaltskonstellation führt.[54] Eine Ausnahme besteht etwa im **Erbrecht** (→ Rn. 555 ff.).

106 Die am „*effet utile*" (größtmögliche Wirkung) orientierte Auslegung aller unionsrechtlichen IPR-Normen als Sachnormverweisungen dient dem unionsrechtlichen Ziel, ein reibungsloses Funktionieren des Binnenmarktes zu fördern am besten. Sie verhilft der IPR-Norm zur größtmöglichen Wirkung bei ihrer Funktion, zur Entwicklung des Binnenmarktes beizutragen (→ Rn.63 ff.).

4. Gesamt- und Sachnormverweisungen im nationalen IPR

a) Gesamtnormverweisung nach Art. 4 I EGBGB

107 **Fall 7:**[55] Ein Münchener Gründer und einziger Geschäftsführer seines Start-Up-Software-Unternehmens verliebt sich Hals über Kopf in eine vermögende philippinische Influencerin und zieht 2024 zu ihr nach Manila, von wo aus er sein Unternehmen aus der Ferne weiter betreibt. Im selben Jahr wird seine in Deutschland gegründete und im Handelsregister eingetragene GmbH in München wegen einer angeblichen IP-Verletzung verklagt. Der deutsche Richter hat über die Rechtsfähigkeit der Gesellschaft zu entscheiden. Mangels anwendbarer Staatsverträge oder unionsrechtlichem IPR kommt deutsches Kollisionsrecht zur Anwendung. Nach der Sitztheorie, die an den tatsächlichen Hauptverwaltungssitz des Unternehmens anknüpft (→ Rn. 592), verweist das deutsche IPR auf philippinisches Recht. Das philippinische Recht würde seinerseits an das Gründungsrecht anknüpfen und damit auf das deutsche Recht verweisen. Muss der deutsche Richter philippinisches IPR berücksichtigen oder direkt philippinisches Sachrecht anwenden?

108 Im vorliegenden Fall stellt sich die Frage, ob das IPR der Philippinen vom deutschen Richter zu beachten ist. Das ist nur der Fall, wenn das deutsche Recht eine Gesamtverweisung vorsieht. Die Frage, ob Gesamt- oder Sachnormverweisungen vorliegen, hat der deutsche Gesetzgeber für das nationale deutsche IPR zugunsten einer **Gesamtverweisung** entschieden: Nach **Art. 4 I 1 EGBGB** ist bei einer Verweisung auf fremdes Recht grundsätzlich auch dessen IPR miteinbezogen. Hiernach ist im **Fall 7** das philippinische IPR anzuwenden. Bei der Gesamtverweisung ist zwischen drei Szenarien zu unterscheiden: der Annahme der Verweisung, der Rückverweisung und der Weiterverweisung.

109 Die Berücksichtigung des fremden IPR ist unproblematisch, wenn dieses die gleiche – nämlich die eigene – Rechtsordnung beruft wie das deutsche IPR. Das fremde Recht **nimmt** dann **die Verweisung** an.

110 Beruft das fremde IPR dagegen nicht das eigene Sachrecht – in der Regel aufgrund anderer Anknüpfungen –, dann kann es vorkommen, dass es durch Berufung deutschen Rechts zu einer **Rückverweisung** kommt.

52 Jayme/Hausmann Nr. 80.
53 Jayme/Hausmann Nr. 101.
54 Vgl. zum Ganzen auch Brödermann NJW 2010, 807.
55 Fall abgewandelt von BGH IPRax 2005, 342.

In diesem Fall ist zweifelsfrei deutsches Recht anzuwenden, wenn es sich bei der Rückverweisung nur um eine bloße Sachnormverweisung handelt. Dann kommt deutsches Sachrecht zur Anwendung.

Beruft dagegen das fremde IPR deutsches Recht durch eine Gesamtverweisung, so könnte es – etwa im **Fall 7** – zu einem endlosen Hin und Her kommen: Zirkelartig würden das deutsche und das fremde (hier: philippinische) Recht aufeinander verweisen.[56] Das Gesetz löst das Problem in Art. 4 I 2 EGBGB: Nach einer Rückverweisung auf deutsches Recht hat der Richter die deutschen Sachnormen anzuwenden und damit die Verweisungskette **abzubrechen.**

Im **Fall 7** ist das Problem der Rückverweisung daher wie folgt zu lösen: Die Berufung des philippinischen Rechts nach der Sitztheorie ist wegen Art. 4 I 1 EGBGB als Gesamtverweisung aufzufassen, sodass auch die Verweisung des philippinischen IPR auf deutsches Recht zu beachten ist. Nach Art. 4 I 2 EGBGB bricht der Richter die Verweisungskette nach der Rückverweisung durch philippinischen IPR auf deutsches Recht ab und wendet deutsches Gesellschaftsrecht an. Deutsches Recht ist damit Gesellschaftsstatut. Nach deutschem Gesellschaftsrecht war die Gesellschaft im Übrigen wirksam gegründet. Seit 2008 ist es deutschen Gesellschaften gestattet, überall hin umzuziehen, ohne dass dies als impliziter Auflösungsbeschluss angesehen würde (→ Rn. 577). Die Gesellschaft ist daher weiterhin rechtsfähig. 111

Hinweis: Bei der Anwendung von ausländischem internationalem Privatrecht ist erneut sorgfältig zu prüfen, ob im ausländischen IPR ggf. ein völkerrechtlicher Vertrag gilt, der bei der Prüfung des in Deutschland geltenden IPR nicht zum Zuge kam. Ausländische Staaten sind oft völkerrechtlichen Verträgen beigetreten, die in der Bundesrepublik Deutschland nicht gelten. 112

Fall 8:[57] Eine in Anguilla (Westindien) gegründete Gesellschaft zieht im Jahr 2024 mit dem Verwaltungssitz auf die Philippinen. Ein deutscher Richter hat über die Rechtsfähigkeit der Gesellschaft zu entscheiden. Ein internationales Übereinkommen oder Abkommen oder unionsrechtliches IPR ist nicht anwendbar, sodass deutsches IPR zur Anwendung kommt. Die Sitztheorie in Deutschland führt ins IPR der Philippinen. Dieses verweist weiter auf das Gründungsstatut und somit auf das Recht von Anguilla. Welches Recht ist anwendbar? 113

Im **Fall 8** geht es um die sog. **Weiterverweisung:** Das vom deutschen IPR berufene fremde (philippinische) Recht erklärt in seinem IPR das Recht eines dritten Staats (Anguilla) für anwendbar. Da die Verweisung der deutschen Kollisionsnorm nach Art. 4 I 1 EGBGB als Gesamtverweisung aufzufassen ist, ist auch die Weiterverweisung des philippinischen IPR auf das anguillanische Recht zu beachten. Das anguillanische Recht nimmt die Verweisung an, weil es seinerseits – wie im Common-law-Rechtsraum üblich – ebenfalls an das Gründungsrecht anknüpft. 114

Die Fälle 7 und 8 zeigen: Abweichend von dem dargestellten Grundprinzip der Anknüpfung (→ Rn. 4 ff.) beruft die Kollisionsnorm nicht immer schon das Statut. Rück- und Weiterverweisungen (*renvoi*) können zu einer anderen Rechtsordnung führen. 115

56 Kegel/Schurig IPR, 6. Aufl. 1987, § 10 III 1 S. 242 oben: „Von diesem hin und her rasenden Zug muss man abspringen; es fragt sich nur, wo."

57 Fall abgewandelt von OLG Hamburg Urt. v. 7.8.2003 – 10 U 13/0 – 418 O 81/00.

b) Sachnormverweisung bei Rechtswahl

116 **Fall 9:** Eine aus Deutschland heraus in Frankreich tätige deutsche Rechtsanwältin soll in Paris für eine deutsche Mandantin einen Vertrag mit einem französischen Unternehmen verhandeln. Sie lässt sich eine Vollmacht geben, in der sie eine Rechtswahlklausel zur Wahl deutschen Rechts ergänzt. Muss sie – für den Fall einer späteren Inanspruchnahme vor einem deutschen Gericht – prüfen, ob das französische IPR der Stellvertretung die Verweisung annimmt?

Das deutsche IPR der Stellvertretung sieht in Art. 8 I EGBGB ausdrücklich die Möglichkeit der Rechtswahl vor. **Art. 4 II EGBGB** macht für den Fall der **Rechtswahl** eine Ausnahme vom Grundsatz der Gesamtverweisung: Danach ist die Rechtswahl stets als **Sachnormverweisung** zu verstehen. Im Falle eines Streits vor einem deutschen Gericht wird sich dieses daher nicht mit dem französischen IPR befassen.

c) Sachnormverweisungen im auf EU-Recht oder Völkerrecht basierenden nationalen IPR

117 Ist harmonisiertes nationales IPR, das auf EU-Richtlinien basiert, anzuwenden (zB Art. 46a EGBGB) kann man hingegen auch bei objektiver Anknüpfung nicht wie bei autonomem IPR schlicht von einer Gesamtverweisung ausgehen:[58] Es ist unter Berücksichtigung der Rechtsquelle, ihres Ziels und der für sie geltenden Auslegungsregeln (→ Rn. 43, 55, 61 ff.) im Wege der autonomen **Auslegung** der zusammenliegenden Richtlinie zu ermitteln,[59] ob die Verweisung als Sachnormverweisung zu verstehen ist. Im Hinblick auf die unionsrechtlichen oder internationalen Ziele der Rechtsquelle wird eine solche Auslegung in der Regel den **internationalen Entscheidungseinklang** fördern. Im Zweifel ist von einer Sachnormverweisung auszugehen, weil die Behandlung als Gesamtverweisung dem Sinn der Verweisung widerspricht (Art. 4 I 1 EGBGB). Ein Beispiel bietet § 17a DepotG, eine auf Art. 9 II Finalitäts-RL,[60] beruhende IPR-Norm. Sie bestimmt:

> „Verfügungen über Wertpapiere oder Sammelbestandanteile, die mit rechtsbegründender Wirkung in ein Register eingetragen oder auf einem Konto verbucht werden, **unterliegen dem Recht des Staats**, unter dessen Aufsicht das Register geführt wird, in dem unmittelbar zugunsten des Verfügungsempfängers die rechtsbegründende Eintragung vorgenommen wird oder in dem sich die kontoführende Haupt- oder Zweigstelle des Verwahrers befindet, die dem Verfügungsempfänger die rechtsbegründende Gutschrift erteilt."

Die von der EU-Richtlinie beabsichtigte Funktion einer EU-weiten Regelung des IPR solcher Verfügungen über Wertpapiere lässt sich nur erreichen, wenn diese IPR-Norm als Sachnormverweisung verstanden wird.[61]

Arbeitsblock

I. Zur Ergänzung

1. Ausnahmen von der Gesamtverweisung im nationalen IPR

118 Es ist wichtig, bei einer IPR-Prüfung stets die **Möglichkeit der Gesamtverweisung** zu bedenken und zu prüfen, um nicht zu falschen Ergebnissen zu gelangen. Der in Art. 4 I 1 EGBGB angelegte Grundsatz (besser: Aus-

58 Gleiches gilt für auf Völkerrecht basierendem nationalen deutschen IPR, das ausnahmsweise in ein Gesetz zum materiellen Recht integriert wurde wie zB Art. 91 ff. WG, → Rn. 307.
59 Vgl. PWW/Mörsdorf EGBGB Art. 4 Rn. 12.
60 ABl. 1998 L 166, 45.
61 So auch MüKoBGB/Wendehorst EGBGB Art. 43 Rn. 265 mit weiteren Argumenten.

gangspunkt) der Gesamtverweisung ist auf das nationale IPR beschränkt und gilt auch dort nur begrenzt:

a) **Sinnvorbehalt:** Die erste Ausnahme enthält bereits Art. 4 I 1 EGBGB, nach dessen Regelung eine Gesamtverweisung nur vorliegt, „sofern dies nicht dem Sinn der Verweisung widerspricht".
Beispiel: Art. 17 IV 1 Hs. 2 EGBGB, wonach ein Versorgungsausgleich nur durchzuführen ist, wenn ihn das Heimatrecht eines der Ehegatten kennt. Hier kann nur das Sachrecht gemeint sein, denn nach Internationalem Privatrecht lässt sich ein Versorgungsausgleich nicht durchführen (vgl. v. Bar/Mankowski IPR I § 7 IV 5b Rn. 227 f.; vertiefend PWW/Mörsdorf EGBGB Art. 4 Rn. 12 ff.).
b) **Rechtswahl:** Die zweite Ausnahme ergibt sich aus Art. 4 II EGBGB, wonach bei einer Rechtswahl nur das Sachrecht berufen werden kann.
Beispiel: Art. 8 I EGBGB (→ Rn. 116 (**Fall 9**)); Art. 42 EGBGB.
c) **Norm basiert auf Völkerrecht oder EU-Richtlinie:** Die dritte Ausnahme betrifft die Fälle, in denen das nationale deutsche IPR nicht selbst, sondern fremd bestimmt ist. Beruht die Regelung auf Völkerrecht (wie Art. 11 I EGBGB, Art. 61 ff. WG) oder auf einer EU-Richtlinie (wie Art. 17a DepotG). Dann ergibt sich der Ausschluss des *renvoi* durch Auslegung der Norm aus dem von dem einschlägigen Staatsvertrag oder der EU-Richtlinie angestrebten Ziel, etwa dem internationalen Entscheidungseinklang. Zum Teil kann man die dieser Gruppe zuzuordnenden Fälle auch bereits über den Sinnvorbehalt lösen (so bei Art. 11 EGBGB).
Besondere Bedeutung erlangt das Prinzip der Gesamtverweisung im autonomen deutschen IPR heute noch bei der Anwendung der Sitztheorie im **internationalen Gesellschaftsrecht** (→ Rn. 107 (**Fall 7**); → Rn. 113 (**Fall 8**).

Hinweis: Auch hier zeigt sich wieder, wie sehr die IPR-Arbeit an der Schnittstelle zwischen Unionsrecht, Völkerrecht und IPR noch im Fluss ist. Die früher vom EGBGB geprägte Aussage, dass die Sachnormverweisung die Ausnahme ist, hat sich für deutsches IPR aus europäischen und internationalen Quellen endgültig überholt. Mittlerweile ist die Sachnormverweisung zur Regel geworden.[62]

2. **Systemvergleich:** Der Grundsatz der Gesamtverweisung im autonomen **119**
deutschen Recht ist gegenüber dem Ausland toleranter als die Sachnormverweisung. Er lässt Raum für die Berücksichtigung der Wertungen des ausländischen Rechts. Bei **völkerrechtlichen Verträgen** haben die Staaten, auf deren Rechtsordnung verwiesen wird, oft selbst an dem Vertrag mitgewirkt; die Sachnormverweisung des Staatsvertrages entspricht auch ihrem Willen. Dies ist bei Anwendung von **unionsrechtlichem IPR** als *loi uniforme* (→ Rn. 46) gegenüber Drittstaaten anders: Im interkontinentalen Rechtsverkehr setzt sich hier Europa als Region kraft **einseitiger Entscheidung** gegenüber dem Rest der Welt durch (wenn die Entscheidung durch ein Gericht eines Mitgliedstaats der EU zu treffen ist). Ebenso setzt sich bei der Gestaltung von völkerrechtlichem IPR als *loi uniforme* die

62 Vgl. auch ergänzend Corneloup IPRax 2017, 147 ff. zum Bedeutungsverlust des *renvoi* im deutschen autonomen IPR.

Staatengemeinschaft des völkerrechtlichen Vertrages gegenüber Nicht-Vertragsstaaten einseitig durch.

3. **Prüfungsschritte beim *renvoi***

120 Bei der Fallbearbeitung empfiehlt es sich, in folgenden Prüfungsschritten vorzugehen:

1. Schritt: Lässt die Rechtsquelle eine Gesamtverweisung zu?

- Kommt völkerrechtliches IPR zur Anwendung? Dann erübrigt sich aufgrund der stillschweigenden Sachnormverweisung eine *Renvoi*-Prüfung
- Kommt unionsrechtliches IPR zur Anwendung? Dann erübrigt sich meistens aufgrund der expliziten Sachnormverweisung die *Renvoi*-Prüfung; beachte jedoch Sondervorschriften, die einen *renvoi* nicht ausschließen (Art. 7 Rom I-VO, Art. 34 EuErbVO).
- Kommt nationales deutsches IPR zur Anwendung? Dann wird aufgrund des Grundsatzes der Gesamtverweisung die *Renvoi*-Prüfung in Art. 4 I 1 EGBGB erforderlich.

Nur dann:

2. Schritt: Welches Recht beruft die nationale Kollisionsnorm? (IPR-Prüfung nach deutschem Recht)

- Beruft sie deutsches Recht? Dann stellt sich das *Renvoi*-Problem nicht.
- Beruft sie fremdes Sachrecht (Sachnormverweisung, Art. 4 II EGBGB)? Dann stellt sich das *Renvoi*-Problem ebenfalls nicht.
- Beruft sie fremdes Kollisionsrecht (des Staats X)? Dann ist eine IPR-Prüfung des fremden Rechts (des Staates X) erforderlich.

Nur dann:

3. Schritt: Welches Recht beruft die fremde Kollisionsnorm des Staats X? (IPR-Prüfung nach fremdem Recht):

- Beruft sie das eigene Recht (des Landes X)? Dann nimmt die Rechtsordnung die Verweisung an und das *Renvoi*-Problem stellt sich nicht.
- Beruft sie fremdes Sachrecht (des Staats Y oder der Bundesrepublik Deutschland)? Dann stellt sich das *renvoi*-Problem nicht.
- Spricht sie eine Gesamtverweisung auf deutsches Recht aus? Dann ist die Prüfung nach Art. 4 I 2 EGBGB abzubrechen und deutsches Sachrecht anzuwenden.

Spricht sie eine Gesamtverweisung auf ein weiteres fremdes Recht (des Staats Y) aus? Dann ist eine IPR-Prüfung des fremden Rechts (des Staates Y) erforderlich.

Nur dann:

4. Schritt: Welches Recht beruft die Kollisionsnorm dieses weiteren fremden Rechts? (IPR-Prüfung nach dem Recht des Staats Y):

Diese Fälle sind selten und bei weiterer Gesamtverweisung zT kompliziert (vgl. dazu Kegel/Schurig IPR § 10 IV 1 S. 400 ff.).

II. Zur Vertiefung

121 1. **Ziel einer Gesamtverweisung:** Die Regelung in Art. 4 I EGBGB dient dem **äußeren (internationalen) Entscheidungseinklang** („*der deutsche Richter soll so entscheiden wie der ausländische Richter*"). Der **Abbruch** der Verweisungskette nach einer Rückverweisung führt außerdem zur vermehrten Anwendung deutschen, also gerichtsbekannten Rechts und sichert damit die **Praktikabilität** (vgl. Begr. Reg-E, BT-Drs. 10/504, 38 li. Sp.).

2. Literatur: 122

- **Allgemein:** PWW/Mörsdorf EGBGB Art. 4 Rn. 2 ff.; Rauscher IPR Rn. 343 ff.; v. Hoffmann/Thorn IPR § 6 Rn. 87 ff.; Kropholler IPR § 24 S. 163 ff.; v. Bar/Mankowski IPR I § 3 Rn. 73; Rn. 115 f. (zur Auslegung von IPR-Verweisungen in Staatsverträgen als Sachnormverweisungen); Schack IPRax 2013, 315.
- **Zum Problem der mehrfachen Weiterverweisung,** zT kombiniert mit einem *renvoi*: Kegel/Schurig IPR § 10 IV S. 400 ff. (Fallgruppen).
- **Zur versteckten und zur hypothetischen Rückverweisung:** Kropholler IPR § 25 S. 179 ff.; Kegel/Schurig IPR § 10 VI S. 410 ff.
- **Zu den Ursprüngen des Renvoi-Problems:** Kahn, Abhandlungen zum internationalen Privatrecht, Bd. I, 1928, S. 18 ff. (kurz, klar, kritisch) und die lesenswerten Darstellungen zu den Entscheidungen der französischen *Cour de Cassation* im Fall *„Forgo"* bei Kegel/Schurig IPR § 10 I S. 389 f.
- **Zum Inhalt ausländischer Rechte** (soweit dort kein völkerrechtliches oder unionsrechtliches IPR gilt oder zum Zuge kommt): vgl. die allgemeinen Hinweise in → Rn. 507 ff.

  Frankreich: Audit/L. d'Avout, Droit International Privé, 9. Aufl. 2022, Rn. 289 ff., Erklärung der Begriffe *renvoi au 1er degré* in Rn. 301 (= deutsche Rückverweisung, → Rn. 107) und *renvoi au 2ème degré* in Rn. 303 (= deutsche Weiterverweisung, → Rn. 111).

  Großbritannien: Dicey/Morris/Collins, The Conflict of Laws, Vol. 1, 16. Aufl. 2022 (Chapter 2.4) mit Darstellung der aus England stammenden *foreign court theory (theory of double or total renvoi; English doctrine of renvoi*), die wegen ihrer Eigenheiten ein Klassiker der IPR-Rechtsvergleichung ist: Der englische Richter entscheidet demnach den Fall so, als ob ihn das ausländische Gericht (engl. *Foreign court*) entscheiden müsste. Würde dieses die Verweisungskette abbrechen (zB nach Art. 4 I 2 EGBGB), dann bricht auch der englische Richter die Verweisung ab (und wendet zB wegen Art. 4 I 2 EGBGB in Verbindung mit der *foreign court theory* wie der deutsche Richter deutsches Recht an). Vgl. zur *foreign court theory* die kurze Darstellung bei Kegel/Schurig IPR § 10 III 3 S. 289; Schack Rspr. IPR Nr. 3; äußerst kritisch auch aus britischer Sicht Cheshire/North/Fawcett, Private International Law, 15. Aufl. 2017 S. 57 ff. (Chapter V).

  Italien: Christandl/Eccher/Gallmetzer/Laimer/Schurr, Handbuch Italienisches Internationales Privatrecht, 2019, Rn. 1/107 ff.

  Schweiz: Truninger, Internationales Privatrecht, 2011, Rn. 159 ff.; Knoepfler/Schweizer/Othenin-Girard, Droit international privé, Suisse, 3. Aufl. 2005, Rn. 398 ff. (Chapitre VIII).

  USA: Hay/Borchers/Symeonides/Whytock's, Conflict of Laws, 6. Aufl. 2018 (Chapter 3. II. B), mit Erläuterung der besonderen Funktion des *renvoi* im US-amerikanischen Recht.

5. Renvoi kraft anderer Qualifikation

123 **Qualifikation bei Anwendung fremden Kollisionsrechts:** Autonomes nationales (deutsches) IPR – und in wenigen Ausnahmefällen auch das unionsrechtliche IPR – kann als Gesamtverweisung auf **fremdes** nationales IPR verweisen (→ Rn. 102). Nur um diese Fallgestaltung geht es in diesem Abschnitt.

124 In diesen Fällen ist bei der Renvoi-Prüfung die Qualifikation nach den Systembegriffen des **fremden** Rechts vorzunehmen.[63] Es kann deshalb vorkommen, dass das zu qualifizierende Rechtsinstitut im fremden Recht aufgrund anderer Systematik anders qualifiziert und deshalb anders angeknüpft wird. Die andere Qualifikation kann zu einem *renvoi* führen (sog. **Qualifikationsverweisung** bzw. **Qualifikationsrückverweisung**).[64] In diesen Fällen unterscheidet man zT zwischen der **„Qualifikation ersten Grades"** (im deutschen Kollisionsrecht) und der **„Qualifikation zweiten Grades"** (im fremden Kollisionsrecht).[65]

Arbeitsblock zur Ergänzung

125 **Ergänzung der Prüfungsschritte bei der Qualifikation** (→ Rn. 97)
1. Schritt: Subsumtion unter die in Deutschland geltende Kollisionsnorm (Qualifikation ersten Grades):
- Zusammenstellung der in Betracht kommenden unionsrechtlichen, völkervertraglichen und nationalen Kollisionsnormen;
- Auswahl der „richtigen" Kollisionsnorm (→ Rn. 80 ff.).

Nur bei einer Gesamtverweisung ins fremde Recht (durch autonomes nationales IPR):
2. Schritt: Subsumtion unter die fremde Kollisionsnorm (Qualifikation zweiten Grades):
- Zusammenstellung der in Betracht kommenden fremden und völkervertraglichen Kollisionsnormen;
- Qualifikation der fremden Kollisionsnormen nach den Systembegriffen des fremden Rechts
- Mögliche Folge: *renvoi* aufgrund anderer Qualifikation

C. Weitere Korrekturen des Prinzips

126 Bereits bei der Anwendung der Kollisionsnorm und später bei der Anwendung des fremden Rechts können sich besondere Vor- oder Erstfragen stellen, die vorab geprüft werden müssen (**I.**). Ferner kann das bestimmte Recht zu Ergebnissen führen, die der weiteren Korrektur oder Anpassung bedürfen. Das Internationale Privatrecht liefert die erforderlichen Mittel (**II., III.**).

63 BGH NJW 1980, 2016 = FamRZ 1980, 673 (674 li. Sp.).
64 Dazu vgl. Lüderitz IPR Rn. 133; vertiefend Jayme ZfRV 1976, 93 ff.
65 Ferid IPR Rn. 4–19.

I. Vorfragen und Erstfragen

1. Bei Anwendung von völkerrechtlichem IPR

Fall 10:[66] Die beiden italienischen Staatsangehörigen M und F haben das sonnige Wetter Süditaliens satt und beschließen daher, sich im regnerischen Hamburg niederzulassen. Dort schließen sie einige Zeit später vor einem Geistlichen in einer katholischen Kirche die Ehe. Nach einigen Jahren glücklichen Ehelebens möchten sich M und F im Jahr 2023 scheiden lassen. Daraufhin hält den M nichts mehr in Deutschland, sodass er sich zurück nach Italien begibt. Das Scheidungsverfahren wird vor dem zuständigen Familiengericht in Hamburg eröffnet, in dem M nachehelichen Unterhalt gegen F geltend macht. 127
Die Rom III-VO regelt das auf die Scheidung anwendbare Recht, nicht aber Scheidungsfolgen, wie Fragen des nachehelichen Unterhalts (Art. 1 II lit. g Rom III-VO). Für die Bundesrepublik bestimmt das Haager Unterhaltsprotokoll (HUP 2007)[67] das anwendbare Recht auf Unterhaltsfragen. Zwar ist kurze Zeit später auf europäischer Ebene mit der EuUntVO[68] eine Verordnung geschaffen worden, die ebenfalls eine Bestimmung zur Ermittlung des anwendbaren Rechts in Unterhaltsfragen enthält. Art. 15 EuUntVO räumt dem HUP 2007 jedoch ausdrücklich Anwendungsvorrang ein (→ Rn. 521 ff.).

Nach Art. 3 I HUP 2007 richtet sich das anwendbare Recht nach dem gewöhnlichen Aufenthalt der berechtigten Person. Die Einschlägigkeit der Vorschriften setzt nach Art. 1 HUP 2007 allerdings voraus, dass sich die Unterhaltspflicht aus Beziehungen der Familie, Verwandtschaft, Ehe oder Schwägerschaft ergibt. Vor der Frage nach einem nachehelichen Unterhaltsanspruch des M ist daher zunächst zu klären, ob zwischen M und F eine Ehe bestand (sog. statusrechtliche Vorfrage).

Im **Fall 10** setzt bereits die **Kollisionsnorm** im Tatbestand ein Rechtsverhältnis (Ehe) voraus. Die Beantwortung der **Hauptfrage** nach dem auf die Unterhaltspflicht anwendbaren Recht hängt von der **Vorfrage** (im Sinne einer **„Erstfrage“**) ab, ob M und F die Ehe geschlossen haben. 128

Hinweis: Die wohl noch hM spricht stets von einer Vorfrage, wenn eine Norm – also eine Kollisionsnorm *oder* eine Sachnorm – eine juristische Sachlage (hier: Ehe) voraussetzt;[69] andere differenzieren und sprechen bei in Kollisionsnormen vorausgesetzten Rechtsverhältnissen (wie im **Fall 9**) von „Erstfragen“[70] und bei in Sachnormen vorausgesetzten Rechtsverhältnissen „Vorfragen im engeren Sinne“.[71] Praktische Auswirkungen hat diese begriffliche Differenzierung nicht.

Für die Beantwortung der Vorfrage muss wiederum das sachnächste („richtige“) Recht herangezogen werden. Dafür ist zu entscheiden, **welches Internationale Privatrecht** das auf die Vorfrage anzuwendende Recht bestimmt. Für den zuständigen Hamburger Richter kommen zwei Herangehensweisen in Betracht: 129

(1) Zum einen könnte der Richter das an seinem Gerichtsort geltende deutsche IPR (*lex fori*) anwenden, ohne dabei Rücksicht auf das auf die Hauptfrage anzuwendende Recht zu nehmen. Man spricht von **selbstständiger Anknüpfung**. Das

66 Angelehnt an KG NJW 1985, 70.
67 ABl. 2009 L 331, 19; Jayme/Hausmann Nr. 42.
68 ABl. 2009 L 7, 1; Jayme/Hausmann Nr. 161.
69 Kegel/Schurig IPR § 9 I 2 S. 374 f.; § 9 II 1 S. 381; inzident BGHZ 43, 213 (218 f.) = BeckRS 1965, 106671.
70 Kropholler IPR § 18 II S. 134; v. Hoffmann/Thorn IPR § 6 Rn. 47 ff.; Schlosshauer-Selbach IPR Rn. 111.
71 Junker IPR § 10 Rn. 2.

würde dazu führen, dass alle deutschen Gerichte die gleiche Rechtsfrage (hier nach der Wirksamkeit der Ehe) stets gleich beantworten würden, unabhängig davon, ob die Frage sich als Vorfrage oder Hauptfrage stellt. Damit würde **nationaler Entscheidungsklang** gewährleistet werden.

(2) Zum anderen könnte der Richter auch das IPR der Rechtsordnung anwenden, die auf die Hauptfrage, hier also die Unterhaltsfrage, anwendbar ist (*lex causae*). Man spricht von **unselbstständiger Anknüpfung**. Damit wäre das anwendbare Recht auf die Vorfrage stets davon abhängig, welches Recht für die Hauptfrage berufen ist. Die Konsequenz wäre allerdings, dass die gleiche Vorfrage (hier: Wirksamkeit der Ehe) je nach Kontext (Scheidungsfrage, Unterhaltsfrage etc) nach dem IPR unterschiedlicher Rechtsordnungen beurteilt wird. Andererseits wird durch die unselbstständige Anknüpfung internationaler Entscheidungseinklang gefördert: Unabhängig von dem auf die Hauptfrage angewendeten IPR wird das auf die Vor- oder Erstfrage angewendete Recht nach dem IPR bestimmt, dessen Sachrecht auch über die Hauptfrage entscheidet.

Hinweis: Unabhängig davon, ob selbstständig oder unselbstständig angeknüpft wird, ist es entscheidend, dass für die Vorfrage stets eine neue und eigenständige IPR-Prüfung vorgenommen wird. In keinem Fall darf der Bearbeiter pauschal auf das Sachrecht des Gerichtsortes oder auf das Sachrecht der für die Hauptfrage berufenen Rechtsordnung zurückgreifen.

130 Im **Fall 10** ist mit dem HUP 2007 **völkervertragliches IPR** anzuwenden. Der Richter steht nun vor der Frage, welches Recht er auf die Frage der wirksamen Ehe von M und F anwenden soll. Wählt er eine selbstständige Anknüpfung, so ist deutsches IPR anzuwenden. Nach Art. 13 IV EGBGB kann die Ehe im Inland nur in der hier vorgeschriebenen Form – also vor einem Standesbeamten nach § 1310 BGB – geschlossen werden. Entscheidet er sich hingegen für eine unselbstständige Anknüpfung verweist Art. 3 I HUP 2007 auf den gewöhnlichen Aufenthalt des M, mithin auf italienisches Recht. Nach Art. 28 italienisches IPRG reicht es für die Formwirksamkeit einer Ehe aus, dass die Ehe nach dem Heimatrecht der Verlobten wirksam ist. Nach italienischem Heimatrecht von M und F ist die Ehe vor einem Geistlichen grundsätzlich möglich (vgl. Art. 81 Codice Civile). Die Entscheidung über die Art der Vorfragenanknüpfung kann damit erhebliche Auswirkungen auf die Entscheidung haben. In der Praxis könnte sich F auf die kollisionsrechtliche Einrede der engeren Verbindung der Ehe zu Deutschland nach Art. 5 HUP 2007 berufen.

131 Bei Anwendung völkervertraglichen Kollisionsrechts herrscht Uneinigkeit mit Blick auf die Anknüpfung der Vorfrage.

Mithilfe des Zwecks internationaler Übereinkommen lässt sich für eine **unselbstständige** Anknüpfung argumentieren.[72] Danach wendet der Richter die **Kollisionsnormen des auf die Hauptfrage anwendbaren Rechts** (= Kollisionsnormen der *lex causae*) auf die Lösung der Vorfrage an. Die für die Hauptfrage getroffene IPR-Entscheidung des Übereinkommens prägt damit auch die Lösung der Vorfrage. Da das Übereinkommen ein in sich geschlossenes System darstellt, fördert dies den internationalen Entscheidungseinklang: Wenn die Gerichte aller Vertragsstaaten eines

72 LG Karlsruhe FamRZ 2003, 956; PWW/Mörsdorf EGBGB Art. 3 Rn. 47.

Übereinkommens so handeln, wird auf die Vorfrage stets das gleiche IPR angewendet, sodass das gleiche nationale Recht zur Anwendung kommt.[73]

Andere wollen in jüngster Zeit Vorfragen im staatsvertraglichen IPR **selbstständig**, also mithilfe der **Kollisionsnormen des Forums** (*lex fori*) anknüpfen.[74] Diese Ansicht beruft sich auf die Überlegung, dass das jeweilige staatsvertragliche IPR seinen sachlichen Anwendungsbereich selbst klar definiert und beschränkt. Das staatsvertragliche Übereinkommen erklärt sich dadurch für bestimmte andere Rechtsfragen als nicht anwendbar (meistens sind der sachliche Anwendungsbereich eines Übereinkommens und seine Ausnahmen in Art. 1 geregelt). Knüpft man nun unselbstständig an und wendet das IPR der berufenen *lex causae* auf Fragen an, die vom Übereinkommen selbst ausgenommen sind, würde dies eine Nichtbeachtung der Beschränkung des Übereinkommens darstellen.[75] Besonders deutlich wird dies etwa an Art. 8 HUP 2007: Danach können die Parteien das auf den Unterhalt anwendbare Recht wählen. Es kann allerdings nicht davon ausgegangen werden, dass die teilnehmenden Staaten mit Einführung des Art. 8 HUP 2007 die Rechtswahl für die Hauptfrage auch auf alle (insbesondere statusrechtlichen) Vorfragen ausweiten wollten.[76]

Für die Frage nach der Anknüpfung von Vorfragen in staatsvertraglichen Kollisionsnormen gibt es jedoch keine Zauberformel. Für sachgerechte Ergebnisse muss im Einzelfall eine Abwägung zwischen nationalem und internationalem Entscheidungseinklang unter Berücksichtigung des Zwecks des Übereinkommens und der Auslegungsregeln des Art. 31 WVK vorgenommen werden.[77]

2. Bei Anwendung von unionsrechtlichem IPR

Fall 11:[78] Ein irisches Unternehmen wird von einem deutschen Unternehmen auf Zahlung von Entgelt für Dienstleistungen (automatisch in Irland generierte Verwahrung von Daten in Deutschland) in Anspruch genommen. Es möchte sich durch Aufrechnung mit einer vertraglichen Schadensersatzforderung wehren. 132

Das Aufrechnungsstatut ist nach Art. 17 Rom I-VO zu ermitteln: „Ist das Recht zur Aufrechnung nicht vertraglich vereinbart, so gilt für die **Aufrechnung** das Recht, dem die Forderung unterliegt, gegen die aufgerechnet wird". Es gilt damit das Vertragsstatut der Hauptforderung (Passivforderung), die durch die Aufrechnung mit der Gegenforderung (Aufrechnungsforderung des irischen Unternehmens) erfüllt werden soll.[79] Welches Recht entscheidet über den Bestand und die Aufrechenbarkeit der für die Aufrechnung in Betracht kommenden Gegenforderung?

Über das auf die Prüfung von Bestand und die Aufrechenbarkeit der Gegenforderung 133
anwendbare Recht schweigt Art. 17 Rom I-VO. Im **Fall 11** setzt wiederum bereits die **Kollisionsnorm** im Tatbestand ein Rechtsverhältnis (aufrechenbare Gegenforderung) voraus. Die Anwendung der unionsrechtlichen IPR-Bestimmung über die

73 Vgl. Lüderitz IPR Rn. 141.
74 MüKoBGB/v. Hein IPR Einl. Rn. 186 mwN.
75 MüKoBGB/v. Hein IPR Einl. Rn. 186; v. Bar/Mankowski IPR I § 7 Rn. 208.
76 Hausmann/Odersky IPR/Hausmann § 3 Rn. 48.
77 BeckOGK/Yassari, 1.11.2023, HUP 2007 Art. 1 Rn. 70–72.
78 Der Fall ist angelehnt an einen Sachverhalt aus der Praxis.
79 Vgl. PWW/Brödermann/Wegen IPR-Anh. 1/Rom I-VO Art. 17 Rn. 2.

Aufrechnung **(Hauptfrage)** hängt von der **Vorfrage** (im Sinne einer **„Erstfrage"** → Rn. 128) ab, ob eine aufrechenbare Gegenforderung besteht.

134 Nach den für die Auslegung von Unionsrecht geltenden Grundsätzen (→ Rn. 55, 61 ff.) ist beim **Wortlaut** der Rom I-VO anzusetzen und zu fragen, wie der **Zweck** der Rom I-VO, die Weiterentwicklung des europäischen Binnenmarktes und die Stärkung des europäischen Rechtsraums durch ein einheitliches internationales Schuldrecht für die EU (Erwgr. 6 Rom I-VO), am besten verwirklicht werden kann. Sofern sich die Anknüpfung der Vorfrage nicht bereits aus dem bestehenden System des unionsrechtlichen IPR (Rom I- und Rom II-VO) ergibt, bietet es sich im Lichte dieser Ziele an, zur Förderung des europäischen Entscheidungseinklangs innerhalb der EU **unselbstständig anzuknüpfen.**[80] Andere stellen den internen Entscheidungseinklang und das Interesse an der Glaubwürdigkeit der eigenen Rechtsordnung in den Vordergrund und plädieren für eine selbstständige Anknüpfung von Vorfragen im unionsrechtlichen IPR.[81] Eine Entscheidung des EuGH in dieser Sache bleibt abzuwarten.

Im **Fall 11** enthält die Rom I-VO eigene IPR-Regeln für die Prüfung des vertraglichen Gegenanspruchs bereit (insbesondere Art. 3 und 4 Rom I-VO), sodass diese anzuwenden sind.

3. Bei Anwendung von nationalem IPR

135 **Fall 12:**[82] Ein jordanisches Paar (die Mutter M und der Vater V) hat im Mai 2022 in Deutschland nach islamischem Brauch vor dem Imam, ohne standesamtliche Trauung, geheiratet. Das Kind K ist im Dezember 2023 geboren. Die Mutter M und das Kind K leben in Jordanien; der Vater wohnt in Deutschland. In einem Verfahren vor einem deutschen Gericht über Unterhaltsfragen stellt sich die Frage, ob V der Vater des Kindes ist. Da eine internationale Konvention oder eine unionsrechtliche Kollisionsnorm nicht zur Anwendung kommt, ist wegen Art. 19 I EGBGB jordanisches Recht zur Abstammung anzuwenden (das jordanische IPR spricht keine Rückverweisung aus).[83] Nach Art. 158 lit. a jordanisches Personalstatutsgesetz (jordan. PSG)[84] ist der Ehemann der Vater des Kindes, wenn das Kind nach dem Abschluss des gültigen Ehevertrags und nach der Verstreichung der Mindestdauer der Schwangerschaft (sechs Monate, Art. 156 jordan. PSG) zur Welt kommt. Es muss also eine wirksame Ehe zwischen V und M zum Zeitpunkt der Geburt bestanden haben. Die Wirksamkeit der Ehe ist die Vorfrage für die Abstammung. Welches Recht bestimmt, ob die Ehe wirksam ist?

136 Im **Fall 12** setzt die jordanische **Sachnorm** (Art. 158 lit. a jordan. PSG; und nicht wie in Fällen 10 und 11 die berufene Kollisionsnorm) im Tatbestand das Bestehen eines Rechtsverhältnisses (Ehe) voraus. Die Beantwortung der **Hauptfrage** nach der Abstammung des Kindes hängt von der **Vorfrage** ab, ob eine formwirksame Ehe zwischen den Ehepartnern vorlag. Sie ist nicht automatisch nach dem für die Beantwortung der Hauptfrage ermittelten (jordanischen) Statut zu lösen. Vielmehr ist die Vorfrage einer eigenen kollisionsrechtlichen Betrachtung zu unterziehen.

80 PWW/Wegen/Brödermann IPR-Anh. 1/Rom I-VO Art. 17 Rn. 7.
81 BGH NJW-RR 2015, 302 Rn. 12 (zu Art. 4 I EuInsVO aF); MüKoBGB/v. Hein IPR Einl. Rn. 188.
82 Angelehnt an BGHZ 43, 213 = BeckRS 1965, 106671.
83 Henrich/Dutta/Ebert/Salama Jordanien III.A.3, S. 12.
84 Abgedruckt bei Henrich/Dutta/Ebert/Salama Jordanien III.B.2, S. 30 ff.

Im **autonomen Kollisionsrecht** löst die hM die Vorfrage grundsätzlich mithilfe von Kollisionsnormen der **lex fori („selbstständige Anknüpfung").**[85] Dies fördert den **internen Entscheidungseinklang.** Im **Fall 12** käme damit deutsches IPR als IPR des Forums zum Zuge. Nach Art. 13 IV 1 EGBGB ist eine im Inland geschlossene Ehe grundsätzlich nur formwirksam, wenn sie der „Ortsform" genügt. Da die Ehe in Deutschland geschlossen wurde, ist insoweit deutsches Recht anzuwenden. Die Formerfordernisse des deutschen Rechts (§ 1310 BGB) sind jedoch nicht eingehalten, da lediglich eine Trauung nach islamischem Ritus stattgefunden hat. Auch Art. 13 IV 2 EGBGB hilft nicht weiter, da der Imam nicht von der jordanischen Regierung zur Vornahme von Trauungen ermächtigt war. Demnach wäre die Ehe nicht wirksam. Bei selbstständiger Anknüpfung der Vorfrage wäre damit V nicht als Vater von K anzusehen. 137

Die **Gegenansicht** knüpft auch bei Anwendung des nationalen IPR **unselbstständig** an.[86] Danach käme im vorliegenden Fall das jordanische IPR zur Anwendung. Nach Art. 13 I 2 des jordanischen Zivilgesetzes[87] richtet sich die Formwirksamkeit der Ehe nach dem Heimatrecht einer der Personen, die heiraten wollen. Zwar haben die Ehegatten die (deutsche) Ortsform nicht eingehalten, doch wurde die Ehe nach dem jordanischen Heimatrecht beider Ehegatten (Art. 6 ff. jordan. PSG) formwirksam geschlossen. Bei unselbstständiger Anknüpfung der Vorfrage wäre deshalb V als Vater des Kindes anzusehen. 138

Im **Fall 12** führen selbstständige und unselbstständige Anknüpfung der Vorfrage zu entgegengesetzten Ergebnissen. Für die selbstständige Anknüpfung spricht vor allem das Interesse an einem **internen (inneren) Entscheidungseinklang:** In jedem Rechtsstreit vor einem deutschen Gericht über ganz unterschiedliche Hauptfragen (zB Abstammung, Scheidung, Unterhalt, Erbrecht) würde der Richter die Vorfrage nach der Formwirksamkeit der Ehe selbstständig und damit nach Art. 13 EGBGB anknüpfen, sodass die Ehe in Deutschland einheitlich als unwirksam angesehen würde. Für die unselbstständige Anknüpfung spricht hingegen das Interesse an einem **internationalen (äußeren) Entscheidungseinklang:** Der deutsche Richter würde die Vorfrage nach der Formwirksamkeit der Ehe ebenso entscheiden wie der jordanische und die Ehe daher als formwirksam ansehen. 139

Von den Vertretern beider Ansichten wird zugestanden, dass keiner der Lösungswege strikt eingehalten werden sollte. Letztlich geht es um die **Auslegung der Norm der Hauptfrage.**[88] 140

Faustregel: Hat der Fall eine starke Inlandsbeziehung, so sollte dem Interesse an einem internen Entscheidungseinklang der Vorzug gegeben und daher nach der *lex fori* (= selbstständig) angeknüpft werden; bei starkem Auslandsbezug ist dagegen nach der *lex causae* (= unselbstständig) anzuknüpfen.[89] Im **Fall 12** kann man guten Grundes von einem so starken Auslandsbezug ausgehen, dass nach der *lex causae* angeknüpft werden sollte.[90]

85 Vgl. PWW/Mörsdorf EGBGB Art. 3 Rn. 47; Grüneberg/Thorn EGBGB Einl. V. Art. 3 Rn. 28 mwN.
86 MüKoBGB/v. Hein IPR Einl. Rn. 182 mwN.
87 Abgedruckt bei Henrich/Dutta/Ebert/Salama Jordanien III.B.1, S. 25.
88 So PWW/Mörsdorf EGBGB Art. 3 Rn. 47.
89 Vgl. zB Ferid IPR Rn. 4–62 ff.
90 Vgl. dagegen den BGH in dem etwas anders gelagerten Fall in BGHZ 43, 213 (218 ff.) = BeckRS 1965, 106671.

Arbeitsblock

I. Zur Ergänzung

141 **1. Abgrenzung zur Teilfrage**

Von der Vorfrage/Erstfrage ist die sog. **Teilfrage** zu unterscheiden. Sie betrifft **Bestandteile des Anknüpfungsgegenstandes**. So ist zB die Frage nach der Deliktsfähigkeit Teilfrage der Hauptfrage nach einem deliktischen Schadensersatzanspruch.

Soweit Teilfragen nicht gesetzlich geregelt sind, werden sie **unselbstständig angeknüpft** (Beispiel: Deliktsfähigkeit); vgl. dazu Schlosshauer-Selbach IPR Rn. 131; zum Verhältnis Teilfrage/Vorfrage/Qualifikation: MüKoBGB/v. Hein IPR Einl. Rn. 171 ff.

Werden Teilfragen durch eine eigene Kollisionsnorm gesetzlich geregelt (zB die Rechts- und Geschäftsfähigkeit in Art. 7 EGBGB oder die Form in Art. 11 EGBGB), so spricht man zT auch von **Sonderanknüpfung** (PWW/Mörsdorf EGBGB Art. 3 Rn. 33; Schlosshauer-Selbach IPR Rn. 131 ff.) oder von **dépeçage** (v. Bar/Mankowski IPR I § 1 II 5 Rn. 28; PWW/Mörsdorf EGBGB Art. 3 Rn. 33).

142 **2. Abgrenzung zur Substitution**

Von der Vorfrage zu unterscheiden ist ferner die Substitution. Sie betrifft die Frage, ob sich ein im inländischen Sachrecht **vorausgesetzter Vorgang** (Beispiel: **Notarielle Beurkundung** einer Satzungsänderung in § 53 II 1 GmbHG) **durch eine Handlung ersetzen** (substituieren) **lässt,** die im Ausland (Beispiel: Schweiz) nach ausländischem Recht vorgenommen worden ist. Entscheidend ist, ob der im Ausland vorgenommene Rechtsvorgang dem deutschen gleichwertig ist (so BGHZ 80, 76 (78) = BeckRS 1981, 71 zur Beurkundung einer Satzungsänderung durch einen Züricher Notar; vgl. auch KG NJW 2018, 1828 zur Beurkundung durch einen Notar in Basel). Die **Frage der Zulässigkeit der Substitution kann jedoch oft offen bleiben,** da wegen Art. 11 I EGBGB auch die Einhaltung der ausländischen Ortsform genügt; dies dürfte häufig der Fall sein. Vgl. in der Literatur Kropholler IPR § 33 S. 231 ff.; Mansel FS W. Lorenz, 1991, 689 ff.; Brödermann/Iversen/Brödermann Europ. GemeinschaftsR und IPR Rn. 130 (Anerkennung ausländischer Gesellschaften als Substitutionsproblem); vgl. KG NJW 2018, 1828 für die Nichtanwendbarkeit des Art. 11 EGBGB auf gesellschaftsrechtliche Verträge. Das Notariatsgesetz des Kantons Basel gestattet ausdrücklich für „Beurkundungen zur Vorlage im Ausland", dass auch die strengere ausländische Form gewählt werden kann (ergänzend PWW/Mörsdorf EGBGB Art. 3 Rn. 51; Rauscher IPR Rn. 494 ff.).

II. Literatur zur Vertiefung

143
- Für eine **unselbstständige Anknüpfung** der Vorfrage im autonomen IPR: v. Hoffmann/Thorn IPR § 6 Rn. 42 ff.
- Zu Vorfragen bei Anwendung **völkervertraglichen Kollisionsrechts:** Kropholler IPR § 32 VI S. 229 f.; Kropholler IntEinheitsR S. 337 ff.; Wienke, Zur Anknüpfung der Vorfrage bei international-privatrechtlichen Staatsverträgen, 1977, S. 195 ff.; Wengler IPRax 1991, 105.

- Zu Vorfragen bei Anwendung von autonomem IPR: Kropholler IPR § 32 I–V S. 22; Schurig FS Kegel, 1987, 549; Winkler v. Mohrenfels RabelsZ 51 (1987), 20 ff.

II. Ordre public (Vorbehaltsklauseln)

Die Verweisung einer deutschen Kollisionsnorm auf eine fremde Rechtsordnung ist immer ein **„Sprung ins Dunkle"**:[91] Ein fremder Gesetzgeber hat vor dem Hintergrund seiner Verfassung uU andere, zB religiöse Wert- und Gerechtigkeitsvorstellungen zu berücksichtigen (zB die nach dem Koran zulässige Polygamie). Daher kommt es nicht selten vor, dass der ausländische Gesetzgeber Normen schafft, deren Anwendung mit den Grundsätzen unseres Rechts schlichtweg unvereinbar ist. 144

Um die Anwendung derartiger Normen zu vermeiden, stellt das Kollisionsrecht oft Verweisungen unter den **Vorbehalt** der Vereinbarkeit des fremden Rechts mit der öffentlichen Ordnung (frz.: *ordre public*, engl.: *public policy*). Man spricht deshalb von **Vorbehaltsklauseln** oder **Ordre-public-Klauseln**. Die vom IPR bestimmte ausländische Rechtsordnung ist grundsätzlich nicht anzuwenden, wenn ihre Anwendung zu einem **Ergebnis** führt, das mit wesentlichen Grundsätzen des deutschen Rechts (insbesondere den Grundrechten, vgl. Art. 6 S. 2 EGBGB) offensichtlich unvereinbar ist. Dies ist von Fall zu Fall auf der Grundlage der anwendbaren Vorbehaltsklausel zu entscheiden. Die Anwendung einer Vorbehaltsklausel kommt in der Regel nur in Betracht, wenn der Sachverhalt einen hinreichenden Inlandsbezug hat, da andernfalls die inländischen Interessen nicht ausreichend berührt sind **(Relativität des Ordre-public-Vorbehalts)**.

1. Völkerrechtliches IPR

Fall 13:[92] Ein polygamer Marokkaner zieht mit seiner ersten Frau nach Berlin. Seine zweite Frau lässt er in Marokko allein zurück. Eine Scheidung findet nicht statt. Die zweite Frau erhebt gegen ihren Ehemann im März 2024 in Dresden Klage auf Zahlung von Unterhalt ab 1.4.2024. Das anwendbare Recht bestimmt sich für Unterhaltsansprüche nach dem HUP 2007[93]. Das marokkanische Recht, das unter bestimmten Voraussetzungen die Vielehe zulässt, gibt der Frau einen Unterhaltsanspruch.[94] Art. 3 I HUP 2007 verweist auf das marokkanische Recht. Das deutsche Recht lässt die Polygamie nicht zu (§ 1306 BGB). Muss der deutsche Richter den Unterhaltsanspruch deshalb versagen? 145

Bei Anwendung **völkervertraglichen Kollisionsrechts** ist stets zu prüfen, ob das Übereinkommen bzw. Abkommen eine eigene Ordre-public-Klausel enthält. Ist dies nicht der Fall, kommt erst dann die Anwendung der allgemeinen deutschen Vorbehaltsklausel in Art. 6 EGBGB (→ Rn. 144) in Betracht. Im **Fall 13** hat die Ordre-public-Prüfung daher nach Art. 13 HUP 2007 und nicht nach Art. 6 EGBGB zu erfolgen. Art. 13 HUP 2007 bestimmt: 146

91 So Raape, Internationales Privatrecht, 5. Aufl. 1961, S. 90.

92 In Abwandlung von Cour de Cassation Urt. v. 19.2.1963 = Revue Critique de Droit International Privé 1963, 559 mAnm Holleaux, 562 ff.

93 Jayme/Hausmann Nr. 42.

94 Vgl. Art. 194 ff. marokkanisches Familiengesetzbuch, abgedruckt bei Henrich/Dutta/Ebert/Nelle Marokko.

„Von der Anwendung des nach diesem Protokoll bestimmten Rechts darf nur abgesehen werden, soweit seine Wirkungen der öffentlichen Ordnung (ordre public) des Staats des angerufenen Gerichts offensichtlich widersprechen."

Die Prüfung, ob ein Verstoß gegen eine derartige Vorbehaltsklausel vorliegt, hat unter **Berücksichtigung des Konventionszwecks** zu erfolgen. Die Auslegung von Art. 13 HUP 2007 ergibt, dass mit der „öffentlichen Ordnung"[95] die öffentliche Ordnung des jeweiligen Gerichtsstaats gemeint ist. Deshalb hat der deutsche Richter zu prüfen, ob der Unterhaltsanspruch der Zweitfrau nach marokkanischem Recht mit der deutschen öffentlichen Ordnung offensichtlich unvereinbar ist. Dabei hat er nicht darüber zu entscheiden, ob das marokkanische Recht, welches die Mehrehe[96] zulässt, gegen den ordre public verstößt.[97] Zu fragen ist vielmehr ausschließlich, ob die Gewährung von Unterhalt gegenüber der Zweitfrau als **Ergebnis** der Anwendung marokkanischen Unterhaltsrechts **offensichtlich** anstößig ist. Im Hinblick auf die soziale Funktion des Unterhaltsrechts ist es aus deutscher Sicht hinzunehmen, dass die Zweitfrau, die ihre Ehe in Marokko wirksam einging und auf diese Wirksamkeit vertraute, einen existenzsichernden Unterhaltsanspruch hat.[98] Diese Beurteilung entspricht auch dem Hauptzweck des HUP 2007.

Deshalb hat der deutsche Richter der Klage stattzugeben. Dagegen wäre es nicht zulässig, wenn ein Marokkaner eine zweite marokkanische Ehefrau erst in Deutschland heiraten wollte. Zwar wären die Voraussetzungen der Eheschließung nach Art. 13 I EGBGB dem marokkanischen Recht zu entnehmen, doch verstieße in diesem Fall das Ergebnis der Anwendung fremden Rechts – Zulassung der Bigamie in Deutschland – gegen die Vorbehaltsklausel des Art. 6 EGBGB.

2. Unionsrechtliches IPR

147 **Fall 14:** Ein deutscher Internetfan hackt den Computer einer Londoner Bank und überweist hohe Beträge an befreundete Menschen und Interessenbewegungen. Er wird von der Polizei gefasst. Die Londoner Bank erhebt Klage gegen den Hacker in Deutschland. Dabei verlässt sie sich darauf, dass nach Art. 4 I Rom II-VO auch in Deutschland englisches Recht angewendet wird. Das englische Recht kennt den Strafschadensersatz (sog. *punitive damages*), der neben einer Entschädigungsfunktion auch einem Strafcharakter dient und so überaus hoch bemessen sein kann. Kann die Londoner Bank die nach englischem Recht möglichen *punitive damages* gegen den Hacker durchsetzen?

148 Im **Fall 14** wird unionsrechtliches IPR angewendet. **Art. 26 Rom II-VO** enthält für das internationale Deliktsrecht – ebenso wie **Art. 21 Rom I-VO** gleichlautend für das internationale Vertragsrecht – eine unionsrechtliche Vorbehaltsklausel. Danach „kann"[99] die Anwendung einer nach der Verordnung berufenen Rechtsnorm versagt werden, „wenn ihre Anwendung mit der öffentlichen Ordnung (ordre public) des Staats des angerufenen Gerichts **offensichtlich unvereinbar** ist". Diese unionsrechtlichen Vorbehaltsklauseln führen damit in Grenzen zu einer **nationalen Prägung** bei der Anwendung des unionsrechtlichen IPR. Nach deutschem Rechtsverständnis geht die nach englischem Recht mögliche Gewährung von *punitive damages* über das nach

95 *Conférence de La Haye de droit international privé*, Actes et documents de la douzième session, Tome IV Obligations alimentaires, 1975, S. 125–126, Anm. 81–83.
96 Seit 2004 nur noch unter bestimmten engen Voraussetzungen, Nelle StAZ 2004, 253 (260).
97 Ferid IPR Rn. 3–13 warnt: „Keine Sittenrichterei über ausländisches Recht!".
98 Vgl. BVerwGE 21, 228 (230) = BeckRS 1965, 31322139.
99 Von Amts wegen und damit iSv *„ist"*; Leible RIW 2008, 263.

deutschem ordre public zumutbare Maß an Strafschadensersatz hinaus.[100] Denn dem deutschen Zivilrecht ist der Strafcharakter der *punitive damages* fremd (s. auch **Fall 45**, → Rn. 765 ff.).

Folge eines Verstoßes gegen den ordre public ist die Nichtanwendung der anstößigen ausländischen Norm, sodass im **Fall 14** *punitive damages* nach englischem Recht nicht gewährt werden können. Im Übrigen ist die ausländische Rechtsordnung weiter berufen und die entstandene Lücke grundsätzlich mithilfe der ausländischen (hier: der englischen) Rechtsordnung zu schließen. Die englische Bank wird daher mithilfe deutscher Gerichte Schadensersatzansprüche nach englischem Recht durchsetzen können, soweit es sich nicht um Strafschadensersatz handelt. 149

Auch die anderen unionsrechtlichen IPR-Verordnungen enthalten Ordre-public-Klauseln: Art. 12 Rom III-VO, Art. 31 EuGüVO, Art. 35 EuErbVO, Art. 31 EuPartVO.

3. Nationales IPR

Auch das nationale deutsche IPR im EGBGB enthält Vorbehaltsklauseln. Für einige Rechtsgebiete, zB das Familien- oder Deliktsrecht, gibt es **spezielle** und damit vorrangige Vorbehaltsklauseln (*lex specialis derogat legi generali*), → Rn. 158 (Arbeitsblock)). Das Prinzip der Funktionsweise verdeutlicht ein Fall zur **allgemeinen Vorbehaltsklausel** in **Art. 6 EGBGB.** 150

Fall 15:[101] Der Erblasser E war iranischer Staatsangehöriger und mit einer deutschen Staatsangehörigen verheiratet. Er hatte zwei Söhne und eine Tochter, die in Deutschland leben. Der Erblasser verfügte über erhebliches Vermögen in Deutschland. Im Jahr 2023 wird ein Erbschein ausgestellt, nach dem der Erblasser unter anderem von den Söhnen unter Anwendung iranischen Rechts mit einer Erbquote von je 2/5 und von der Tochter mit einer Erbquote von 1/5 beerbt wird. Maßgeblich für die Erbfolge ist das iranische Recht, da der Erblasser ausschließlich iranischer Staatsangehöriger war (Art. 8 III des Deutsch-Iranischen Niederlassungsabkommens v. 17.2.1929[102]). Danach erhalten männliche Kinder einen doppelt so hohen Anteil am Nachlass wie weibliche Kinder. Trotz anwendbarem völkerrechtlichem IPR wird hier die Vorbehaltsklausel des nationalen IPR relevant. Art. 8 III 2 des Abkommens enthält eine Öffnungsklausel für den deutschen ordre public.[103] Daher ist die Anwendbarkeit des Art. 6 EGBGB durch das Deutsch-Iranische Niederlassungsabkommen vom 17.2.1929 nicht ausgeschlossen. Das Nachlassgericht zieht den Erbschein in 2024 als unrichtig ein (§ 2361 BGB). Zu Recht? 151

Im **Fall 15** führt die Anwendung des iranischen Erbrechts für den Erbschein aus 2023 zu dem Ergebnis, dass die Tochter nach den maßgeblichen iranischen Rechtsvorschriften eine geringere Erbquote von 1/5 erhält, während die Söhne bei ansonsten gleichem Sachverhalt eine Erbquote von 2/5 beanspruchen können. Dieses **Ergebnis** steht in krassem Widerspruch zum verfassungsrechtlich verankerten Grundsatz, dass niemand wegen seines Geschlechts benachteiligt werden darf (Art. 3 II 1 GG). 152

Zu diesem Widerspruch kommt hinzu, dass der Sachverhalt einen **engen Bezug zum Inland** aufweist, da das Vermögen in Deutschland liegt und die Familie dort wohnt. Deshalb liegt ein Verstoß gegen den ordre public vor. Daraus folgt, dass der Erbschein materiell unrichtig ist und zu Recht eingezogen wurde. 153

---

100 Vgl. PWW/Mörsdorf Rom II-VO Art. 26 Rn. 2 mwN.

101 Angelehnt an OLG München NJW-RR 2021, 138.

102 Niederlassungsabkommen zwischen dem Deutschen Reich und dem Kaiserreich Persien v. 17.2.1929 (RGBl. 1930 II 1006, BGBl. 1956 II 829; Jayme/Hausmann Nr. 22.

103 BGH NJW 1993, 848; BeckOGK/Stürner, 1.11.2023, EGBGB Art. 6 Rn. 116.

154 **Folge eines Verstoßes** gegen den ordre public ist im **Fall 15** die Nichtanwendung der anstößigen ausländischen Norm bei der Beantragung eines neuen Erbscheins. Die ausländische (hier: iranische) Rechtsordnung bleibt im Übrigen weiter berufen und die entstandene Lücke ist grundsätzlich mithilfe der ausländischen Rechtsordnung (*lex causae*) zu schließen.

155 Nur in Fällen, in denen die Anwendung der an sich berufenen Rechtsordnung unmöglich erscheint (wegen erneuter Anstößigkeit oder mangels anwendungsfähiger Rechtssätze), soll auf deutsches Recht zurückgegriffen werden.[104]

156 Im **Fall 15** führt der Verstoß gegen Art. 6 EGBGB dazu, dass die iranische Vorschrift, die die gegen den ordre public verstoßenden Regelungen vorsieht, nicht angewendet wird. Die Lücke wird primär durch die übrigen Regelungen des iranischen Rechts gefüllt **(Ersatzrecht)**. Vorliegend kommt mangels solch eines Ersatzrechts allerdings insbesondere in Betracht, die Erbquote der iranischen Vorschrift nach den deutschen Grundsätzen so anzugleichen, dass die Kinder zu gleichen Teilen erben.

157 Die Frage, ob ein Verstoß gegen die wesentlichen Grundsätze des deutschen Rechts vorliegt, unterliegt einer Prüfung des Ergebnisses der Anwendung der ausländischen Rechtsnorm im konkreten Fall. Eine abstrakte Betrachtung darf nicht erfolgen.

Arbeitsblock

I. **Zur Ergänzung**

158 1. **Spezielle Vorbehaltsklauseln im EGBGB:** Zum Teil wird die Generalklausel des Art. 6 EGBGB durch **spezielle Vorbehaltsklauseln** verdrängt, die in den Verweisungsnormen selbst enthalten sind. Sie typisieren die Ordre-public-Verstöße durch Beispiele und/oder konkretisieren die erforderliche Inlandsbeziehung (PWW/Mörsdorf EGBGB Art. 6 Rn. 2); zT ordnen sie die Anwendung deutschen Rechts an. Beispiele bieten das IPR des Familienrechts durch Art. 13 II EGBGB (Eheschließung) und Art. 17 IV 2 EGBGB (Scheidung) sowie das IPR des Deliktsrechts durch Art. 40 III EGBGB (dazu v. Hoffmann/Thorn IPR § 6 Rn. 144 ff.).

159 2. **Inlandsbeziehung:**

a) Bei der Prüfung der **Inlandsbeziehung** bei der **Anwendung von Art. 6 EGBGB** gilt folgende **Faustregel:** „Je stärker die Inlandsbeziehung des Falles, desto weniger werden fremdartige Ergebnisse hingenommen, und je geringer diese Beziehung (…), desto befremdlicher muss das Ergebnis der Anwendung eines ausländischen Rechtssatzes sein, damit die Vorbehaltsklausel eingreift" (so klassisch Neuhaus, Die Grundbegriffe des internationalen Privatrechts, 2. Aufl. 1976, S. 367); vgl. OLG Oldenburg IPRax 1981, 136 (138); krit. Raape/Sturm IPR I S. 218: Mangelnde Inlandsbeziehung rechtfertige niemals einen Eingriff in Grundrechte.

b) Bei der Abwehr gegenüber „drittstaatlichen" Rechten (von Staaten außerhalb der EU) genügt für den „Inlandsbezug" bei der Anwendung von **Art. 21 Rom I-VO und Art. 26 Rom II-VO** der Bezug zu *einem* Mitgliedstaat der EU (s. PWW/Brödermann/Wegen IPR-Anh. 1/ Rom I-VO Art. 21 Rn. 4). An die Stelle des „Inlandsbezugs" tritt ein **„Unionsbezug"**.

104 HM, vgl. PWW/Mörsdorf EGBGB Art. 6 Rn. 18.

3. **Rechtsprechung:** BGH FamRZ 2023, 1477 (Ordre-public-Verstoß durch kasachische Formvorschrift bei der Vaterschaftsanerkennung); BGHZ 234, 166 = BeckRS 2022, 17575 (Ordre-public-Verstoß durch englisches Erbrecht ohne Pflichtteilsanspruch); BGHZ 50, 370 (375 ff.) = BeckRS 1968, 105924, dazu Jayme, Methoden der Konkretisierung des ordre public im Internationalen Privatrecht, 1989, S. 41 ff., der aufgrund dieser Entscheidung des BGH eine Ordre-public-Prüfung in fünf Schritten vorschlägt. 160

II. Zur Vertiefung

1. **Grundrechte:** Der ordre public kann Grundrechten zur Durchsetzung verhelfen. So hat der sog. **„Spanier-Beschluss" des BVerfG** in BVerfGE 31, 58 = BeckRS 1971, 105949 den Gesetzgeber bei der IPR-Reform des Jahres 1986 entscheidend beeinflusst, vgl. Begr. Reg-E, BT-Drs. 10/504, li. Sp.; dazu auch Schack Rspr. IPR Nr. 1, S. 9; v. Bar/Mankowski IPR I § 7 Rn. 260; Kegel/Schurig IPR § 16 IV 1 S. 530 ff.; vgl. auch AG Frankfurt a.M. NJW 1989, 1434; 161
2. **Grundfreiheiten:** Der ordre public dient auch der Durchsetzung von **Grundfreiheiten des Europäischen Unionsrechts.** Die Anwendung der Vorbehaltsklauseln des autonomen Rechts darf nicht zu einer Verletzung von Unionsbürgern in ihren Grundfreiheiten führen. Prägnant und plastisch: v. Bar GemeinschaftsR und IPR/Martiny S. 211; Heß IPRax 2001, 301.
3. **Talàq-Scheidung: Die einverständliche Talàq-Scheidung** nach islamischem Recht stellt **keinen Verstoß gegen Art. 6 EGBGB** dar; s. BGH NJW-RR 2005, 81 (84) und Rauscher IPRax 2000, 391 ff.
4. **Literatur:**
   - **Eingehenden Überblick über die verschiedenen Lösungsmöglichkeiten** bei einem Verstoß gegen den ordre public (zB Anwendung deutschen materiellen Rechts als *lex fori*, Schaffung von speziellem **Ersatzrecht**, Ersatzanknüpfung an einen anderen Anknüpfungspunkt): Schwung RabelsZ 49 (1985), 407.

Zum Verhältnis der Vorbehaltsklauseln des autonomen Rechts zu den Vorbehaltsklauseln in völkerrechtlichen Verträgen: MüKoBGB/v. Hein EGBGB Art. 6 Rn. 37 ff.; vgl. auch Kropholler IntEinheitsR S. 340 ff. zum völkervertraglichen Kollisionsrecht.

5. **Umfangreiche Rechtsprechungsnachweise** zum ordre public: Grüneberg/Thorn EGBGB Art. 6 Rn. 14 ff.; PWW/Mörsdorf EGBGB Art. 6 Rn. 19 f.

III. Angleichung

1. Angleichung bei Anwendung von nationalem IPR

Häufig sind zur Falllösung **mehrere Kollisionsnormen** heranzuziehen, zB aufgrund unterschiedlicher Qualifikation einzelner Sachverhaltsausschnitte. Knüpfen diese anzuwendenden Kollisionsnormen an **verschiedene Anknüpfungspunkte** an, so können **mehrere Rechtsordnungen** zur Falllösung berufen sein. 162

In diesen Fällen kommt es immer wieder vor, dass sich die berufenen Rechtsordnungen widersprechen. Verhindert solch ein **Normenwiderspruch** eine sinnvolle und gerechte Lösung, dann ist er durch **Angleichung (Anpassung)** aufzulösen.

163 Das Problem der Angleichung ist gesetzlich nicht geregelt. Es stellt sich **unabhängig von der Rechtsquelle** der angewendeten IPR-Normen. Die Lösung ist oft schwierig und in besonderem Maße einzelfallbezogen.

Hinweis: Da das Problem der Angleichung erst am Ende von meist komplizierten Falllösungen auftritt, wird nachfolgend zunächst auf einen eingängigen „IPR-Klassiker" zurückgegriffen, der sich mittlerweile durch eine Änderung des schwedischen Ehe- und Erbrechts erledigt hat. Dennoch ist er als Lehr- und Lernbeispiel unübertroffen.

164 **Fall 16 (Variation eines IPR-Klassikers):** Ein deutsch-schwedisches Ehepaar war bereits lange vor seiner Hochzeit nach Hamburg gezogen. Dort lebte das Paar mit zwei Kindern im gemeinsamen Haus. Güterstand war die Zugewinngemeinschaft. Die schwedische Ehefrau verstarb im Dezember 1986. Ein Testament existierte nicht. In welcher Höhe steht dem Ehemann ein Erbteil zu?

Völkerrechtliche Verträge kamen nicht zur Anwendung, unionsrechtliches IPR damals erst recht nicht. Nach dem damaligen autonomem deutschen IPR (Art. 25 I EGBGB aF) wurde das schwedische Heimatrecht der Erblasserin als Erbstatut berufen. Das schwedische Kollisionsrecht nahm die Verweisung an.[105] Nach schwedischem materiellen Erbrecht[106] stand dem überlebenden Ehegatten kein Erbrecht zu, wenn Kinder vorhanden sind. In Schweden wurde der überlebende Ehegatte nämlich nicht durch erbrechtliche, sondern allein durch güterrechtliche Ansprüche abgefunden: Bei Beendigung des gesetzlichen Güterstandes der Zugewinngemeinschaft (durch den Tod des anderen Ehegatten) stand ihm die **Hälfte** des Vermögens des verstorbenen Ehegatten zu.[107] Schwedisches Güterrecht war jedoch nicht anwendbar. Güterrechtsstatut war nämlich nach Art. 15 I, 14 I Nr. 2 EGBGB aF deutsches Recht. § 1371 I BGB (der mit der hM seinerzeit güterrechtlich zu qualifizieren war)[108] gab dem Witwer nur einen Anspruch auf **ein Viertel** des Vermögens des verstorbenen Ehegatten. Anders als das schwedische Ehegüterrecht ging das deutsche Recht nämlich davon aus, dass der überlebende Ehegatte außer dem güterrechtlichen Ausgleichsanspruch noch einen erbrechtlichen Ausgleich erhält (Erbrecht in Höhe von einem Viertel nach § 1931 I, III BGB, sodass der Witwer insgesamt die **Hälfte** bekäme). Deutsches Erbrecht kam aber – wie dargestellt – nicht zur Anwendung. Im Ergebnis blieb dem Witwer daher allein ein Anspruch auf ein Viertel nach deutschem Güterrecht.

Dieses Ergebnis überrascht: Wäre einheitlich nur schwedisches Erb- und Güterrecht oder nur deutsches Erb- und Güterrecht anwendbar, würde er nach beiden Rechtsordnungen die Hälfte des Vermögens seiner verstorbenen Ehefrau erhalten. Allein die Kombination beider Rechtsordnungen führt zu einer Schlechterstellung (um 50%).

---

105 Kap. 1 § 1 I 1 des damaligen „Gesetzes betreffend die internationalen Rechtsverhältnisse in Nachlasssachen" v. 5.3.1937, Nr. 1937:81.

106 Kap. 2 § 1 iVm Kap. 3 § 1 1 des Erbgesetzes v. 12.12.1958, Nr. 1958:637.

107 Vgl. Kap. 6, §§ 1, 2 II schwedisches Ehegesetz v. 11.6.1920.

108 Vgl. Grüneberg/Thorn EGBGB Art. 15 Rn. 26; MüKoBGB/Looschelders EGBGB Art. 15 Rn. 63.

Im **Fall 16** führt die Kombination des (damaligen) schwedischen Erbrechts und des deutschen Güterrechts zu einem sog. **Normenwiderspruch durch Normenmangel:** Bei Anwendung der Kollisionsnormen und der berufenen Rechtsordnungen bekäme der Witwer nur 50% dessen, was ihm beide Rechtsordnungen zukommen lassen wollen. 165

Eine andere Art des Normenwiderspruchs wirft der umgekehrte Fall zum gleichen Zeitpunkt auf: Das deutsch-schwedische Ehepaar lebt seit seiner Hochzeit in Göteborg. Die Ehefrau ist Deutsche. Der Witwer würde in diesem Fall zu diesem Zeitpunkt bei kombinierter Anwendung von deutschem Erbrecht (nach Art. 25 I EGBGB aF; insgesamt ein Viertel) und schwedischem Güterrecht (nach Art. 15 I, 14 I Nr. 2 EGBGB aF; insgesamt die Hälfte) drei Viertel und damit deutlich mehr als die Hälfte erhalten **(Normenwiderspruch durch Normenhäufung)**.

Diese Widersprüche waren so eklatant, dass sie einer **Angleichung** bedurften, um eine zu weitgehende Entfernung vom Zweck der Sachnormen beider Rechtsordnungen (angemessene Versorgung des überlebenden Ehegatten) zu vermeiden. Grundsätzlich kommen dafür **mehrere Wege** für die Durchführung der gesetzlich nicht geregelten Angleichung in Betracht: 166

Da die Schwierigkeiten in der Regel durch das Kollisionsrecht verursacht werden (nämlich durch die unterschiedliche Anknüpfung der betroffenen Kollisionsnormen), bietet sich eine Lösung des Problems auf **kollisionsrechtlicher Ebene** an: Der Lebenssachverhalt wird **entgegen dem ursprünglichen Ergebnis der Qualifikation einheitlich** angeknüpft.

Im **Fall 16** sind danach die **güterrechtlichen** Regelungen, die einen Ausgleich des Witwers nach dem Tod der Ehefrau vorsehen, **für die Lösung dieses Falles als Teil des Erbrechts** anzusehen. Allein die damals geltende erbrechtliche Kollisionsnorm (Art. 25 I EGBGB aF) bestimmt dann das anwendbare Recht, sodass nur schwedisches Erbrecht zur Anwendung kommt. Dazu gehören für die Lösung dieses Falles auch die schwedischen (eigentlich güterrechtlichen) Ausgleichsansprüche des überlebenden Ehegatten. Das deutsche Güterstatut (§ 1371 I BGB) wird nicht berufen.[109] Ebenso ist es möglich, das **Erbrecht als Teil des Güterrechts** zu begreifen und auf diese Weise nur das deutsche Güterstatut – einschließlich der eigentlich erbrechtlichen Regelung in § 1931 BGB – zu berufen.[110] Beide kollisionsrechtlichen Lösungswege verändern also für die Zwecke der Falllösung die Qualifikation bzw. die Abgrenzung der Kollisionsnormen untereinander.

Die Einzelfallgerechtigkeit lässt sich auch auf **materiell-rechtlicher Ebene**, dh mithilfe des anwendbaren **Sachrechts**, schaffen: Im **Fall 16** würde dem Witwer dann trotz Anwendung zweier Rechtsordnungen so viel zugesprochen, wie er nach beiden Rechtsordnungen (jeweils allein angewandt) mindestens erhielte, nämlich die Hälfte des Vermögens der verstorbenen Ehefrau. 167

Die **Auswahl** des richtigen, kollisions- oder sachrechtlichen Lösungswegs erfolgt einzelfallbezogen. Dabei sind alle widerstreitenden Interessen gegeneinander abzuwägen und die am wenigsten dringend erscheinenden zurückzustellen. Kegel/Schurig 168

109 Vgl. Kegel/Schurig IPR § 8 III 1 S. 361.
110 Vgl. Lüderitz IPR Rn. 198.

spricht vom „Gesetz des geringsten Widerstandes".[111] Stets ist mit Vorsicht vorzugehen, weil die von der Kollisionsnorm gebotene Rechtsanwendung korrigiert (verfälscht) wird. Im **Fall 16** führen jedoch alle Angleichungsmöglichkeiten zum selben Ergebnis, sodass es keiner Entscheidung bedarf.

An einigen (sehr wenigen) Stellen enthält das Gesetz positiv-rechtliche Anpassungsnormen, die dem Rechtsanwender die Entscheidung im Einzelfall abnehmen können. **Art. 32 EuErbVO** verlangt bei gegenläufigen Kommorientenvermutungen, dass keiner der Verstorbenen einen Anspruch auf den Nachlass des anderen hat. Art. 47 EGBGB enthält eine Sachnorm zur Anpassung des Namens an deutsche Namensgebräuche. Art. 54 I Brüssel Ia-VO erlaubt wiederum die Anpassung von Vollstreckungstiteln.

In der Praxis stellen sich Angleichungsthemen gelegentlich, meist jedoch in sehr komplexen Fallkonstellationen. Dann hilft es bei der Falllösung, das Grundschema des IPR-Klassikers aus **Fall 16** im Kopf zu haben.

2. Angleichung bei Anwendung von völkerrechtlichem IPR

169 Das Angleichungsproblem kann sich auch **bei der Anwendung von unionsrechtlichem oder völkervertraglichem Kollisionsrecht stellen**; nachfolgend ein Beispiel aus der Anwendung von völkervertraglichem IPR:

170 **Fall 17 (Abwandlung von Fall 13):** Ein polygamer Marokkaner ist mit seinen beiden marokkanischen Ehefrauen nach Berlin gezogen. Im Januar 2024 kommt es zum Streit. Die zweite Ehefrau zieht aus, nimmt sich in Berlin eine eigene Wohnung und verklagt ihren Mann im März 2024 auf Zahlung von Unterhalt. Die zuständige Berliner Richterin versucht, den Unterhalt ab 1.4.2024 zu berechnen. Nach Art. 3 I HUP 2007 iVm Art. 1 I HUP 2007 ist deutsches Unterhaltsrecht anwendbar, wenn eine wirksame Ehe vorliegt. Die Vorfrage nach dem Vorliegen der Ehevoraussetzungen ist – mangels Regelung in dem Übereinkommen selbst – unselbstständig anzuknüpfen (→ Rn. 131). Da deutsches Recht nach Art. 3 HUP 2007 Unterhaltsstatut (*lex causae*) wäre, ist für die Frage nach den Voraussetzungen der Eheschließung wegen der unselbstständigen Anknüpfung der Vorfrage Art. 13 I EGBGB anzuwenden. Danach wird marokkanisches Recht berufen (kein *renvoi*). Nach marokkanischem Recht wurde die Zweitehe wirksam geschlossen, ein Verstoß gegen den deutschen ordre public liegt nicht vor (→ Rn. 145 ff. (Lösung von **Fall 13**)). Die von Art. 3 I HUP 2007 iVm Art. 1 I HUP 2007 vorausgesetzte „Ehe" liegt damit vor, sodass deutsches Recht (§ 1361 I 1 BGB) Unterhaltsstatut ist. Dieses ist auf die Einehe ausgerichtet. Soll die Zweitfrau nach deutschem Recht genauso viel Unterhalt bekommen, als wenn sie die einzige Ehefrau des Marokkaners wäre?

171 Im **Fall 17 widersprechen sich** die Zulässigkeit der Zweitehe nach marokkanischem Recht und die Ausrichtung des deutschen Unterhaltsstatuts auf die Einehe: Ein polygamer Ehemann kann nicht jeder Ehefrau genauso viel zahlen wie ein monogamer Ehemann seiner einzigen Frau, weil der dem Ehemann zur Zahlung von Unterhalt zur Verfügung stehende Betrag nur einmal vorhanden ist.[112] Eine Angleichung ist daher erforderlich.

Kollisionsrechtlich ließe sich die Angleichung dadurch durchführen, dass man auf die Frage der Höhe des (Mehr-)Ehegattenunterhalts das Recht anwendet, das – nach Art. 13 I EGBGB – über die Zulässigkeit der Mehrehe entschieden hat (hier: das ma-

111 Kegel/Schurig IPR, 6. Aufl. 1987, § 8 III 1 S. 219.
112 Kegel/Schurig IPR § 8 III 2 S. 363 spricht auch hier von einer „Normenhäufung".

rokkanische Recht). Dieses kennt die Probleme, die eine Mehrehe mit sich bringt. Auf **sachrechtlicher Ebene** wäre eine Angleichung dadurch möglich, dass man zwar deutsches Unterhaltsrecht anwendet, aber aus Gerechtigkeitserwägungen den für Unterhaltszahlungen zur Verfügung stehenden Betrag[113] auf beide Ehefrauen des Marokkaners rechnerisch aufteilt. Der klagenden Zweitfrau wäre dann die Hälfte dessen zuzusprechen, was eine einzige Ehefrau zu bekommen hätte.[114]

Für die **Auswahl** zwischen sach- und kollisionsrechtlicher Lösung bei der Anwen- 172
dung **völkerrechtlicher Vereinbarungen** ist – soweit möglich – Rücksicht auf Zweck und Entstehungsgeschichte des HUP 2007 zu nehmen.[115] Der Hauptzweck des Protokolls liegt im Schutz des Unterhaltsgläubigers, wobei jedoch die Leistungsfähigkeit des Schuldners zu berücksichtigen ist.[116] Die auf sachrechtlicher Ebene gefundene Lösung (Aufteilung des für Unterhaltsleistungen zur Verfügung stehenden Einkommens auf beide Ehefrauen) wird diesen Zwecken gerecht. Insbesondere dürfte es dem Geist des Protokolls am ehesten entsprechen, das Angleichungsproblem mithilfe des von dem Protokoll grundsätzlich berufenen Aufenthaltsrechts des Unterhaltsgläubigers zu lösen (also auf sachrechtlicher Ebene), da die Vertragsstaaten das Aufenthaltsrecht als das für die Regelung von Unterhaltsfragen angemessene Recht angesehen haben.

3. Angleichung bei Anwendung von unionsrechtlichem IPR

Fall 18: Max und Emil heiraten im Jahr 2023; zu diesem Zeitpunkt ist Max bereits Vater eines Kindes. 173
Ihren ersten Wohnsitz haben sie in Berlin. Über den Jahreswechsel 2023/2024 wird Max unerwartet beruflich eine Position bei den Salzburger Festspielen angeboten. Das Paar beschließt, die Chance zu ergreifen und zieht im Februar 2024 nach Salzburg um. Im März verunglückt Max tödlich bei einem Lawinenunglück. Wie hoch ist der Erbteil von Emil?
Wäre nur deutsches Recht anwendbar, würde Emil als überlebender Ehegatte im gesetzlichen Güterstand – wie dargestellt – **die Hälfte** des Vermögens von Max erhalten. Wäre nur österreichisches Recht anwendbar, stünde Emil **ein Drittel** des Nachlasses zu. Durch den Wechsel des gewöhnlichen Aufenthaltes kommt hier jedoch österreichisches Erbrecht (Art. 21 I EuErbVO) und deutsches Güterrecht (Art. 26 I lit. a EuGüVO) zur Anwendung. Durch die Kombination beider Rechte würde Emil insgesamt **7/12** des Nachlasses erben: Das österreichische Erbrecht gewährt ihm **ein Drittel** des Nachlasses. Qualifiziert man § 1371 I BGB wie bislang der BGH güterrechtlich, erhöht sich die Erbquote aufgrund des deutschen Güterstatuts um **ein Viertel**.

Die Praxis neigt in dieser Konstellation zunächst pragmatisch zu einer sachrechtlichen Lösung, bei der die Erbquote des überlebenden Ehepartners auf die Quote der für ihn günstigeren Rechtsordnung herabgesenkt wird, hier also auf **die Hälfte**. Im Gegensatz dazu hat der EuGH im Urteil **Mahnkopf** unter der Anwendung der EuErbVO entschieden, dass der **güterrechtliche Ausgleichsanspruch aus § 1371 I BGB** im europäischen Internationalen Privatrecht **erbrechtlich** zu qualifizieren ist (EuGH ECLI:EU:C:2018:138 = BeckRS 2018, 2032 – Mahnkopf). § 1371 I BGB ist damit immer dann anzuwenden, wenn deutsches Recht Erbrechtsstatut ist. In der Sache läuft dies auf eine kollisionsrechtliche Anpassung hinaus. Hier gilt die Vor-

113 Vgl. PWW/Kleffmann BGB § 1361 Rn. 5.
114 Ähnlich Batiffol, Réflexions sur la coordination des systèmes nationaux, in Académie de Droit International, Rec. des Cours 1967 I, 1968, S. 186.
115 Jayme/Hausmann Nr. 42.
116 Vgl. auch Art. 14 HUÜ 2007.

schrift wegen des österreichischen Erbstatuts daher nicht; es bleibt bei der Erbquote von **einem Drittel**.

Der europäische Gesetzgeber hat dieses mögliche Problem gesehen und reagiert: Auf unionrechtlicher Ebene gibt es seit dem Inkrafttreten der **EuErbVO** eine konkrete Norm zur Anpassung. **Art. 31 EuErbVO** regelt die Anpassung insbesondere für die Fälle, in denen ein Angleichungsproblem zwischen dem Erbrechtsstatut und dem allgemeinen Vermögensrechtstatut vorliegt.[117]

Arbeitsblock

I. Zur Ergänzung

174 **1. Notwendigkeit der Angleichung**

Eine Angleichung ist nicht bei jedem auftretenden Normenwiderspruch vorzunehmen, sondern nur, wenn ohne Angleichung kein sinnvolles und gerechtes Ergebnis möglich wäre. **Geringe Abweichungen** gegenüber der ausschließlichen Anwendung einer einzigen Rechtsordnung **sind hinzunehmen** (Lüderitz IPR Rn. 196). Ob die Angleichung notwendig ist, kann sich aus wertender Betrachtung (Kegel/Schurig IPR § 8 III 1 S. 362: **„So soll es nicht sein."**) oder aus logischen Gründen (Kegel/Schurig IPR § 8 III 1 S. 362: **„So kann es nicht sein."**) ergeben. Ein Fall für „So soll es nicht sein." ist **Fall 17**. Logisch zwingend ist die Angleichung etwa im **Fall 18** (vgl. zu einem ähnlichen Fall Kegel/Schurig IPR § 8 III S. 1363 f. und Kunz IPR Fall 22 Rn. 199 ff. sowie das Beispiel Nr. 1 bei v. Bar/Mankowski IPR I § 7 Rn. 252 zum Fall unterschiedlicher Todesvermutungen). Weitere Fälle logisch zwingender Angleichung sind selten. Häufig ist der Wertungswiderspruch nur mithilfe von weitreichendem rechtsvergleichendem Augenmaß zu erkennen (in diesem Sinne treffend PWW/Mörsdorf EGBGB Art. 3 Rn. 60).

175 **2. Prüfungsschritte bei der Angleichung**

1. Schritt: Liegt ein **Normenwiderspruch** vor?

2. Schritt: Ist der Normenwiderspruch so **eklatant**, dass es einer Angleichung bedarf?

3. Schritt: Welche **Angleichungsmöglichkeiten** bestehen auf sachrechtlicher und auf kollisionsrechtlicher Ebene?

4. Schritt: Einzelfallbezogene **Auswahl** des Lösungswegs.

176 **3. Ursachen für Angleichungsprobleme**

Angleichungsprobleme gibt es nicht nur in Fällen, in denen mehrere Kollisionsnormen unterschiedlich anknüpfen. Sie können auch als Folge einer **Ordre-public-Prüfung** entstehen (**Normenmangel** durch Nichtanwendung ausländischen Rechts, vgl. Kegel/Schurig IPR § 16 VI S. 538) oder als Folge der **Fremdartigkeit** der berufenen Sachnorm (**Normenwiderspruch** durch Normendiskrepanz, vgl. MüKoBGB/v. Hein IPR Einl. Rn. 270; Kropholler FS Ferid, 1978, 279 (285)).

177 **Normendiskrepanz** entsteht zB dann, wenn schwedisches Recht Erbstatut ist und für ein in Deutschland belegenes Grundstück ein **Erbschein** auszustellen ist (nach § 2369 BGB). Der Erbschein soll Nachweis der Verfü-

117 MüKoBGB/Dutta EuErbVO Art. 31 Rn. 1.

gungsberechtigung des Erben sein (Grüneberg/Weidlich BGB § 2353 Rn. 2, PWW/Deppenkemper BGB § 2353 Rn. 4). Nach schwedischem Recht sind Erben jedoch nicht vom Tode des Erblassers an verfügungsberechtigt (vgl. dagegen § 1922 I BGB), weil das Erbe zunächst allein auf eine selbstständige juristische Person (schwedisch *dödsbo*, Malmström, Civilrätt, 1983, S. 357) übergeht, die ausschließlich verfügungsberechtigt ist. In diesem Fall zwingt die Fremdartigkeit der juristischen Person *dödsbo* dazu, abweichend vom normalen Erbscheinverfahren die Erben **und** die bis zu ihrer Liquidation (nach Zahlung aller Schulden des Erblassers) bestehende juristische Person *dödsbo* unter Hinweis auf ihre Alleinverfügungsbefugnis einzutragen (die Angleichung auf sachrechtlicher Ebene ist mit der Eintragung von Vor- und Nacherbschaft im Erbschein nach § 2353 BGB vergleichbar). Die Angleichung infolge von Normendiskrepanz wird zT auch als **Anpassung** bezeichnet (Kropholler IPR § 34 I S. 234 f.; PWW/Mörsdorf EGBGB Art. 3 Rn. 60).

4. Literatur 178

Junker IPR § 11 Rn. 26 ff.; Rauscher IPR § 6 B II Rn. 562 ff.; Kropholler IPR § 34 234 ff.; Kunz IPR Rn. 189 ff.

II. Zur Vertiefung

1. Abgrenzung zum ordre public 179

Angleichung und ordre public führen beide unter Berücksichtigung von Billigkeits- und Gerechtigkeitserwägungen zur Ergebniskorrektur im Einzelfall. Ein wesentlicher Unterschied ist folgender: Der ordre public **wehrt fremdes Recht ab,** das wesentlichen Grundsätzen deutschen Rechts widerspricht. Die **Angleichung löst Widersprüche** der gleichzeitigen Anwendung **mehrerer Rechtsordnungen auf,** und zwar unabhängig davon, ob auch die deutsche Rechtsordnung beteiligt ist (zur weiteren Abgrenzung Kropholler FS Ferid, 1978, 286 f.; v. Bar/Mankowski IPR I § 7 VII 1 Rn. 250). **Eine mögliche Angleichung geht der Ordre-public-Prüfung vor** (Kropholler FS Ferid, 1978, 286 f.).

2. Abgrenzung zur Qualifikation 180

Die Qualifikation geht der Angleichung stets voraus. Die Angleichung lässt sich zwar häufig durch „Umqualifikation" lösen (Lösung auf kollisionsrechtlicher Ebene). Dennoch sollte bei der Qualifikation ohne Rücksicht auf die Gefahr von Normwidersprüchen vorgegangen werden. Andernfalls werden die Ziele der Institute vermengt (vgl. MüKoBGB/v. Hein IPR Einl. Rn. 264).

3. Abgrenzung zum Handeln unter falschem Recht 181

Beim Handeln unter falschem Recht (→ Rn. 222) sind Widersprüche zwischen dem tatsächlich berufenen und dem nur in der Vorstellung der Parteien anwendbaren Recht zu lösen, nicht aber Widersprüche zwischen zwei nebeneinander berufenen Rechtsordnungen.

4. Literatur 182

Kropholler FS Ferid, 1978, 271; MüKoBGB/v. Hein IPR Einl. Rn. 262 ff.; Keller/Siehr IPR 450 ff.; Kegel/Schurig IPR § 8 S. 357 ff.; Rauscher IPR Rn. 561 ff.

D. Allgemeine Anwendungsfragen sowie Sonderprobleme

183 Viele IPR-Fälle lassen sich bereits mithilfe des Grundprinzips der Anknüpfung (→ Rn. 4 ff.) und seiner Korrekturen (→ Rn. 79 ff.) lösen. Es ist jedoch auf einige wichtige Sonderprobleme hinzuweisen, die bei der Falllösung auftauchen können. Ebenso ist auch bei IPR-Normen die generelle Frage ihrer Anwendbarkeit zu prüfen.

I. Anwendungsbereich der IPR-Norm

183a Wie jede andere Norm ist auch für jede IPR-Norm zu prüfen, ob ihr Anwendungsbereich eröffnet ist. Dabei ist immer ein Dreiklang abzuprüfen:

- der **sachliche** Anwendungsbereich
- der **räumlich-personelle** Anwendungsbereich
- der **zeitliche** Anwendungsbereich

1. Sachlicher Anwendungsbereich

183b Ob die sachliche Anwendungsvoraussetzungen einer IPR-Norm vorliegen, klärt die bereits in → Rn. 80 ff. erörterte Qualifikation.

2. Räumlich-personeller Anwendungsbereich

183c Der räumlich-personelle Anwendungsbereich ergibt sich für **völkerrechtliches IPR** oft aus den Vertragsstaaten eines IPR-Übereinkommens (zB gilt das Haager Stellvertretungsabkommen zwar in Frankreich, nicht aber in Deutschland; später → Rn. 351).

Hinweis: Die Vertragsstaaten werden regelmäßig in der Textsammlung von Jayme/Hausmann in Fn. 1 genannt. Der klassische Prüfungsweg, um die Vertragsstaaten eines Staatsvertrags zu ermitteln ist in → Rn. 901 ff. erörtert.

184 Bei **unionsrechtlichem IPR** ist zu beachten, dass nicht alle IPR-Verordnungen in allen Mitgliedstaaten gelten. Der räumlich-generelle Anwendungsbereich ergibt sich oft aus den letzten Erwägungsgründen und/oder dem Abs. 4 von Art. 1 der jeweiligen Verordnung.

Merke: Wenn die Prüfung des räumlich-personellen Anwendungsbereichs zur Anwendung eines völkerrechtlichen Vertrags oder einer unionsrechtlichen Verordnung durch ein deutsches Gericht führt **(Schritt 1)**, ist sodann gegebenenfalls zu prüfen, ob die IPR-Norm universell auch dann anwendbar ist, wenn der Fall einen Bezug zu einem Nicht-Vertragsstaat hat (**Schritt 2**; dazu bereits Fall 1).

3. Intertemporales Recht

a) Völkerrechtliches IPR

185 Wie beim Sachrecht ist auch beim Kollisionsrecht stets der **zeitliche Anwendungsbereich** von Normen zu prüfen: Ist die in Betracht kommende Kollisionsnorm schon oder noch anwendbar? In der Regel hält das die IPR-Regelung enthaltende völkervertragliche, unionsrechtliche oder autonome Regelwerk selbst eine einschlägige intertemporale Regelung über ihren zeitlichen Anwendungsbereich und/oder über den Zeitpunkt ihres Inkrafttretens.

So ergibt sich bei der **Lösung von Fall 1** (→ Rn. 4, 9) aus Art. 22, 25 HUP 2007 die zeitliche Anwendbarkeit des völkerrechtlichen Übereinkommens – wie meist in solchen Fällen – aus den **Schlussbestimmungen des Übereinkommens**. Das HUP 2007 enthält in Art. 18 HUP 2007 eine Regelung zum Verhältnis zu den früheren Haager Übereinkommen über Unterhaltspflichten. Danach hat das **HUP 2007** im Verhältnis seiner Vertragsstaaten zueinander **Vorrang** gegenüber dem Haager Übereinkommen über das auf Unterhaltspflichten anzuwendende Recht v. 2.10.**1973** (HUntÜ 1973)[118] und dem Haager Übereinkommen über das auf Unterhaltspflichten gegenüber Kindern anzuwendende Recht v. 24.10.**1956** (HUntÜ 1956)[119]. In Fall 1 kam eine Anwendung dieses HUntÜ 1956 in Betracht, weil ihm sowohl die Bundesrepublik als auch Liechtenstein angehören (beachte Art. 6 HUntÜ 1956). Da jedoch durch den Beitritt der EU das HUP 2007 für alle EU-Mitgliedstaaten (außer Dänemark) anwendbar ist (→ Rn. 521 ff.), tritt das HUntÜ 1956 nach Art. 18 HUP 2007 gegenüber dem HUP 2007 zurück.

Hinweis: Fragen des intertemporalen Rechts sind in der Klausur ebenso wie beim Gutachten für die Praxis stets zu bedenken (das Recht ändert sich oft überraschend), aber nur anzusprechen, wenn eine gewisse zeitliche Nähe zur Rechtsveränderung besteht.

b) Unionsrechtliches IPR

Fall 19: Der 30-jährige Schwede Ole Olsen, wohnhaft in Rostock, ist mit seiner deutschen Lebensgefährtin Susanne Meier verlobt. Er kämpft mit einer langjährigen Krankheit, an der er bereits Ostern 2015 fast verstarb. Nachdem er diesen Schlag noch überwinden konnte, stirbt er acht Jahre später im Jahr 2023 in Rostock. Testamentarische Alleinerbin ist Susanne. Der 60-jährige schwedische Vater von Ole reist nach Rostock, um seinen Pflichtteil vor dem LG Rostock einzuklagen. 186

Art. 83 I EuErbVO eröffnet die **zeitliche Anwendbarkeit** der EuErbVO auf die 187
Rechtsnachfolge von Personen, die am 17.8.2015 oder danach verstorben sind. Damit findet die EuErbVO zeitlich Anwendung auf die Rechtsnachfolge von Ole.

Wäre Ole an seiner Krankheit bereits im Frühjahr 2015 gestorben, ergäbe sich ein anderes Ergebnis. Im Frühjahr 2015 war unionsrechtliches IPR zum Erbrecht (noch) nicht anwendbar. Deshalb wäre seinerzeit autonomes nationales IPR zur Anwendung gekommen.

Nach Art. 25 I EGBGB aF richtet sich die Rechtsnachfolge von Todes wegen nach dem Recht jenes **Staats**, dem der Erblasser zum Zeitpunkt seines Todes **angehörte**. Da Ole Schwede war, wäre für die deutschen Richterinnen und Richter grundsätzlich schwedisches Recht maßgebend gewesen. Die zeitliche Anwendbarkeit entscheidet hier den Fall. Nach Art. 21 I EuErbVO – und im Gegensatz zur Anknüpfung des EGBGB – unterliegt die gesamte Rechtsnachfolge von Todes wegen seit Inkrafttreten der EuErbVO grundsätzlich dem Recht des Staats, in dem der Erblasser im Zeitpunkt seines Todes seinen **gewöhnlichen Aufenthalt** hatte. Da Ole im Zeitpunkt seines Todes in Rostock lebte, also dort seinen gewöhnlichen Aufenthalt hatte, kommt deutsches Recht zur Anwendung. Danach stünde Oles Vater ein Pflichtteils-

118 BGBl. 1986 II 873; Jayme/Hausmann Nr. 41.
119 BGBl. 1961 II 1013; Jayme/Hausmann Nr. 40.

anspruch zu (§ 2303 II 1 BGB), während das schwedische Recht keinen Pflichtteil für Eltern kennt.[120]

Hinweis: Wenn die zeitliche Abgrenzung so eindeutig ist, bedarf das Thema keiner eingehenden Erörterung in einer Prüfungsarbeit.

188 Ähnlich enthält zB **Art. 28 Rom I-VO** eine Regelung nach der die Verordnung auf Verträge, die *„ab dem 17. Dezember 2009"* geschlossen wurden anwendbar ist.[121] In der Praxis werden langjährige Geschäftsbeziehungen erstaunlich häufig noch heute auf der Grundlage alter Verträge abgewickelt.

c) Nationales IPR

189 **Fall 20:**[122] Im Januar 2018 soll ein bereits im Frühsommer 2017 vorverhandelter Vertrag zwischen Parteien aus Deutschland und USA (Washington State) in Leipzig notariell beurkundet werden; im Fall von Streitigkeiten sollen die Gerichte in Leipzig zuständig sein. Die Parteien hatten es zunächst nicht geschafft, den Vertrag vor den Sommerferien (2017) abzuschließen. Auch das Weihnachtsfest kam unerwartet pünktlich. Im Beurkundungstermin legt ein deutscher Rechtsanwalt der handelnden Leipziger Notarassessorin eine Vollmacht des amerikanischen Vollmachtgebers vor, die auf den 1.6.2017 datiert ist. Sie enthält eine Rechtswahl zugunsten des Rechts des Staates Washington (USA). Die Notarin hält einen Moment inne und überlegt, nach welchem IPR sie das auf die gewillkürte Stellvertretung anwendbare Recht zu prüfen hat. Ist es richtig, die einschlägigen Kommentierungen zu der Regelung in Art. 8 EGBGB (→ Rn. 348) aufzuschlagen?

Auch das autonome IPR enthält intertemporale Regelungen. Bei Einführung von Art. 8 EGBGB durch das Gesetz zur Änderung von Vorschriften im Bereich des Internationalen Privat- und Zivilverfahrensrechts v. 11.6.2017[123] hat der Gesetzgeber zugleich in Art. 5 Nr. 2 desselben Gesetzes in Art. 229 EGBGB einen neuen § 41 ergänzt. Er ist aus sich heraus verständlich: „Ist vor Inkrafttreten von Artikel 8 am 17. Juni 2017 eine Vollmacht erteilt oder eine Erklärung im Namen einer anderen Person gegenüber einem Dritten abgegeben oder für einen anderen entgegengenommen worden, bleibt das bisherige Internationale Privatrecht anwendbar." Damit ist die Frage beantwortet; es kommt auf das alte IPR an.

Ähnliches findet sich im Rahmen des neuen Art. 7 EGBGB. Mit Gesetz zur Änderung des Vormundschafts- und Betreuungsrechts v. 4.5.2021[124] wurde dieser neugefasst und knüpft mit Wirkung v. 1.1.2023 in Art. 7 II EGBGB die Geschäftsfähigkeit nun an den gewöhnlichen Aufenthalt an. Nach Art. 229 § 54 I EGBGB bleibt eine am 31.12.2022 bestehende Geschäftsfähigkeit auch danach bestehen.

---

120 Schwedisches Erbgesetz v. 12.12.1958, 7. Kap. § 1 iVm 2. Kap. § 1 I, abgedruckt bei Hausmann/Carsten Bd. VII Schweden Texte Nr. 1. Ein anderes Ergebnis könnte sich beim Pflichtteilsanspruch eines Kindes ergeben: So verstößt beispielsweise die Anwendung ausländischen Erbrechts jedenfalls dann gegen den ordre public, wenn kein bedarfsunabhängiger Pflichtteilsanspruch eines Kindes besteht, vgl. BGH IPRax 2023, 316–321 mAnm Scholz IPRax 2023, 273.

121 Durch die Änderung v. 24.11.2009 war das Wort *„ab"* in Art. 28 Rom I-VO anstelle des Wortes *„nach"* gesetzt worden.

122 Ein Beispiel aus der letzten großen Veränderung im nationalen Kollisionsrecht.

123 BGBl. 2017 I 1607; s. dort Art. 5 Nr. 1.

124 BGBl. 2021 I 882.

Arbeitsblock zur Vertiefung

1. **Deutsches intertemporales Recht:** Intertemporale Fragen von internationalprivatrechtlicher Bedeutung stellen sich aus dem **Beitritt der DDR zur Bundesrepublik Deutschland** heute nur noch selten, zB im Zusammenhang mit alten Testamenten oder **Hypotheken** aus der Zeit vor dem 3.10.1990 (dazu Staudinger/Rauscher, Art. 235 § 1 EGBGB Rn. 31 ff.). 190
2. **Testamente:** Ein Vorgang der **Rechtsnachfolge von Todes wegen** ist erst mit dem Zeitpunkt des Erbfalls als **kollisionsrechtlich abgeschlossen** anzusehen (BayObLGZ 1986, 466 (470)). Die IPR-Prüfung ist daher grundsätzlich mit dem im Zeitpunkt des Todes geltenden IPR des Erbrechts zu beginnen: s. Art. 83 EuErbVO (→ Rn. 555) und Art. 220 EGBGB (für Testamente aus der Zeit vor dem 1.9.1986).

II. Interlokales Recht (Mehrrechtsstaaten)

1. Völkerrechtliches IPR

Fall 21: Ein dreijähriger Junge ist das eheliche Kind einer deutschen Staatsangehörigen und eines mexikanischen Staatsangehörigen. Die Eltern des Kindes lebten gemeinsam mit dem Kind in Puebla/Mexiko. In Mexiko wurde der Junge getauft, war in regelmäßiger kinderärztlicher Behandlung und besuchte den Kindergarten. Im Dezember 2022 fuhr die Mutter des Kindes mit ihrem Sohn, mit Einverständnis des Vaters, nach Deutschland, um dort ihre Eltern über Weihnachten zu besuchen. Ende Januar 2023 erklärte die Mutter des Kindes auf Nachfrage des Vaters, dass sie mit dem Kind nicht mehr nach Mexiko zurückkehren werde. Der Vater des Kindes hat im Februar 2023 die Herausgabe des Kindes und die sofortige Rückführung nach Mexiko beantragt. Nach welchem Recht bestimmt sich, wo das Kind seinen gewöhnlichen Aufenthalt hat? 191

Zur Lösung des Falles ist auf das Haager Übereinkommen über die zivilrechtlichen Aspekte internationaler Kindesentführung v. 25.10.1980 (HKÜ)[125] zurückzugreifen. Deutschland und Mexiko sind Vertragsstaaten dieses Übereinkommens. Nach Art. 3 HKÜ ist das Recht des Staats anwendbar, in dem das Kind unmittelbar vor der Entführung seinen gewöhnlichen Aufenthalt hatte. Vor dem Verbringen des Kindes nach Deutschland hatte der Junge seinen gewöhnlichen Aufenthalt in Mexiko. Mexiko ist jedoch ein **„Mehrrechtsstaat"** mit verschiedenen Teilrechtsordnungen. Wie ist die richtige Teilrechtsordnung auszuwählen?

Es geht im **Fall 21** um ein typisches Problem des interlokalen Privatrechts: In einem Staat, auf dessen Recht eine in Deutschland geltende völkerrechtliche IPR-Regelung verweist, bestehen mehrere Teilrechtsordnungen „lokal" nebeneinander. Beispiele bieten **Australien, Kanada, Mexiko, Spanien, USA, das Vereinigte Königreich**. Mithilfe interlokalrechtlicher Regeln muss die für den Fall maßgebende Teilrechtsordnung des Mehrrechtsstaats gefunden werden. Dafür gibt es verschiedene Ansätze und damit Unterschiede. In einigen Haager Übereinkommen findet sich eine Regelung, die es dem **berufenen (nationalen) IPR überlässt** zu entscheiden, welche Teilrechtsordnung anzuwenden ist **(Haager interlokalrechtliche Formel)**. In anderen 192

125 BGBl. 1990 II 207; Jayme/Hausmann Nr. 222.

Haager Übereinkommen finden sich Regelungen, die direkt auf das Recht der Gebietseinheit (Teilrechtsordnung) innerhalb des Bundesstaates verweisen.

193 So auch das HKÜ: Unter dem gewöhnlichen Aufenthalt iSv Art. 3 HKÜ versteht man „den Ort des tatsächlichen Daseinsmittelpunkts des Minderjährigen und der Schwerpunkt seiner sozialen und hier insbesondere seiner familiären Bindung".[126] Der Aufenthalt in Deutschland im Dezember 2022 kann nur als Besuch angesehen werden. In Mexiko, der ein Bundesstaat ist, gelten mehrere Teilrechtsordnungen. Nach Art. 31 HKÜ iVm Art. 3 I lit. a HKÜ wird auf das materielle Recht der Gebietseinheit Puebla innerhalb des Bundesstaats Mexiko verwiesen, in dem das Kind seinen gewöhnlichen Aufenthalt vor dem Besuch in Deutschland hatte. Nach dem Recht des Bundesstaats Puebla ist der Vater Mitinhaber der elterlichen Sorge.

2. Unionsrechtliches IPR

194 **Fall 22:** Ein Londoner Anwaltsbüro berät im Januar 2023 ein Unternehmen in Essen. Der Mandatsvertrag enthält keine Rechtswahlklausel. Auf welches Recht verweist Art. 4 I lit. b Rom I-VO?

Im unionsrechtlichen IPR hat sich eine von der Haager interlokalrechtlichen Formel abweichende Lösung der „Mehrrechtsstaaten-Frage" durchgesetzt. So gilt nach **Art. 22 I Rom I-VO und Art. 25 I Rom II-VO jeder Einzelstaat als Staat.** Im **Fall 23** verweist Art. 4 I lit. b Rom I-VO auf das Recht des Vereinigten Königreichs, das aus mehreren Einzelstaaten (**England, Nordirland, Schottland, Wales**) besteht. Nach Art. 22 I Rom I-VO gilt die Gebietseinheit England, in der London liegt, „für die Bestimmung des nach dieser Verordnung anzuwendenden Rechts" als Staat, sodass englisches Recht anzuwenden ist (Sachnormverweisung nach Art. 20 Rom I-VO, → Rn. 105). Damit wird die interlokale Abgrenzung zwischen den Teilrechtsordnungen des Mehrrechtsstaats bereits durch die Verweisungsnorm gelöst.

Hinweis: Soweit interlokales Recht in dem betroffenen Staat besteht, setzt sich das Unionsrecht darüber hinweg. Diese Lösung der Mehrrechtsstaatenproblematik ist damit intoleranter als die Haager interlokalrechtliche Formel, aber einfacher zu handhaben (ein Prüfungsschritt wird gespart).

3. Nationales IPR

195 **Fall 23:** Der bereits verheiratete Jordanier J und die bis dato ledige US-Amerikanerin A heiraten in Jordanien. A lebte zuvor in Kalifornien, doch nach der Hochzeit zieht das Ehepaar nach Stuttgart. Nach langjähriger Ehe beantragt A beim zuständigen Amtsgericht in Stuttgart die Scheidung. Die Scheidung setzt als Vorfrage eine wirksam eingegangene und noch bestehende Ehe voraus. Mangels völkerrechtlicher und unionsrechtlicher Regelungen kommt Art. 13 I EGBGB zur Anwendung. Danach ist für jeden Verlobten an die **Staatsangehörigkeit im Zeitpunkt der Eheschließung** anzuknüpfen. Für den Mann verweist Art. 13 I EGBGB auf jordanisches IPR. Da dieses dem Staatsangehörigkeitsprinzip folgt, nimmt es die Verweisung an (Art. 13 I jordanisches Zivilgesetz[127]). Jordanisches Sachrecht lässt die Mehrehe zu (vgl. Art. 25 jordanisches Personalstatutsgesetz[128]). Insofern lagen für J die Eheschließungsvoraussetzungen vor. Auf der anderen Seite verweist Art. 13 I EGBGB für A auf US-amerikanisches Recht. In den USA ist das Eherecht jedoch nicht bundesrechtlich, sondern nur innerhalb des Rechts eines jeden Bundesstaats geregelt.[129] Wie ist die Verweisung in Art. 13 I EGBGB zu verstehen?

---

126 Vgl. OLG Karlsruhe BeckRS 2004, 10454 = FamRZ 2003, 956.
127 Abgedruckt bei Henrich/Dutta/Ebert/Salama Jordanien III.B.1., S. 24.
128 Abgedruckt bei Henrich/Dutta/Ebert/Salama Jordanien III.B.2., S. 30.
129 Henrich/Dutta/Ebert/Seibl USA III.A.1, S. 28.

Fall 24: Eine Frau mit US-Staatsangehörigkeit und ein deutscher Mann heiraten im Januar 2020 in Deutschland. Im März 2021 trennt sich das Ehepaar und die Scheidung wird im Januar 2023 von einem deutschen Gericht ausgesprochen. Zu diesem Zeitpunkt war die Frau schwanger. Sie zieht nach der Scheidung nach Los Angeles, Kalifornien. Das Kind kommt im Januar 2024 in Los Angeles zur Welt. Das deutsche Gericht hat zu entscheiden, ob der damalige deutsche Ehemann der Vater des Kindes ist. Art. 19 I EGBGB knüpft an den gewöhnlichen Aufenthalt des Kindes für die Bestimmung des Abstammungsstatus an. Somit verweist Art. 19 I EGBGB auf das Recht der USA. In den USA ist das Kindschaftsrecht jedoch nicht bundesrechtlich, sondern nur innerhalb des Rechts eines jeden Bundesstaats geregelt.[130] Wie ist die Verweisung in Art. 19 I EGBGB zu verstehen?

In dem **Fall 23** verweist die anwendbare Kollisionsnorm auf das Recht eines Mehrrechtsstaats. Die der Haager interlokalrechtlichen Formel nachgebildete Regelung in **Art. 4 III 1 EGBGB** bestimmt, dass bei einer Verweisung auf das Recht eines Staats X mit mehreren Teilrechtsordnungen grundsätzlich **durch das Recht dieses Staats X selbst zu bestimmen ist**, welche Teilrechtsordnung angewendet werden soll (Eine Ausnahme gilt nur, wenn bereits die deutsche Kollisionsnorm durch die Wahl des Anknüpfungspunktes selbst die Teilrechtsordnung bezeichnet). Art. 4 III 1 EGBGB setzt damit voraus, dass der fremde Staat X in einem eigenen **interlokalen Privatrecht** Regelungen über die Bestimmung der maßgeblichen Teilrechtsordnung getroffen hat. 196

Beispiel: Spanien.[131]

In den USA gibt es jedoch kein zentrales interlokales Privatrecht, sodass dem Richter mit der Regelung des Art. 4 III 1 EGBGB nicht geholfen ist. **Für diese Fälle des Fehlens eines zentralen interlokalen Privatrechts** bestimmt **Art. 4 III 2 EGBGB**, dass die Teilrechtsordnung anzuwenden ist, mit welcher der Sachverhalt am **engsten verbunden** ist. Das deutsche Recht nimmt die interlokalrechtliche Bestimmung hier also selbst vor. Wie die engste Verbindung zu ermitteln ist, richtet sich nach den Besonderheiten des Einzelfalls. So im **Fall 23**:

Ein amerikanischer Bundesbürger hat nicht nur die Bundes-Staatsangehörigkeit (sog. „*federal citizenship*"), sondern auch eine Einzel-Staatsangehörigkeit (sog. „*state citizenship*").[132] Die *state citizenship* besteht für den Bundesstaat, in dem der Bürger sein *domicile* (eine von besonders intensivem Willen getragene Form des Wohnsitzes, nach Ferid)[133] hat. Die A im **Fall 23** hatte ihr letztes *domicile* vor Umzug nach Deutschland in Kalifornien und man wird annehmen können, dass die *state citizenship* bzw. das entsprechende *domicile* in diesem Fall die engste Verbindung zu einer Rechtsordnung darstellen. Danach wäre kalifornisches Recht berufen. Ebenso wird in **Fall 24** kalifornisches Recht als erster gewöhnlicher Aufenthaltsort des neu geborenen Kindes in Los Angelos zum Zuge kommen. 197

130 Henrich/Dutta/Ebert/Seibl USA III.A.1, S. 62j.
131 Vgl. Jayme RabelsZ 55 (1991), 303 (319 ff.), und Henrich/Dutta/Ebert/Daum Spanien Art. 25 ff.
132 Vgl. sec. 1, 14th Amendment der amerikanischen Verfassung, abgedruckt bei Currie, Die Verfassung der Vereinigten Staaten von Amerika, 1988, S. 115.
133 Ferid IPR Rn. 1–41.

Arbeitsblock

I. Zur Ergänzung

198 1. **Zum völkerrechtlichen interlokalen Recht:** Soweit die interlokalrechtliche Frage durch die Anwendung eines völkervertraglichen Übereinkommens nicht gelöst werden kann, ist in Deutschland auf Art. 4 III EGBGB (**Grundsatz der engsten Verbindung**) zurückzugreifen.

199 2. **Zum unionsrechtlichen interlokalen Recht:** Bei nicht näher präzisierter Wahl des Rechts eines Mehrrechtsstaats („zB amerikanisches Recht") nach Art. 3 I Rom I-VO, muss durch Auslegung bestimmt werden, ob die Parteien das Recht einer Gebietseinheit mitgewählt haben (PWW/Brödermann/Wegen IPR-Anh. 1/Rom I-VO Art. 22 Rn. 2).

200 3. **Zum nationalen interlokalen Recht:** Art. 4 III EGBGB weist die Besonderheit auf, dass Satz 1 nur dann das fremde interlokale Privatrecht entscheiden lässt, wenn nicht bereits durch unser Kollisionsrecht die maßgebende Teilrechtsordnung bezeichnet worden ist. Der Gesetzgeber ging bei der Schaffung dieser Norm davon aus, dass etwa bei einer Anknüpfung an den gewöhnlichen Aufenthalt der Person, wie im **Fall 24** bereits die maßgebende Teilrechtsordnung (hier: kalifornisches Recht) mitbestimmt wird. Der Anwendung des fremden interlokalen Privatrechts (soweit vorhanden) bedürfe es dann nicht (vgl. Begr. Reg-E, BT-Drs. 10/504, 40 li. Sp.). Diese Regelung wird zT kritisiert, da es anmaßend erscheine, sich über die interlokalrechtlichen Regelungen des fremden Staats hinwegzusetzen. Dazu Junker IPR § 9 Rn. 41; Rauscher IPR § 3 Rn. 407; v. Bar/Mankowski IPR I § 7 IV 1 Rn. 154.

201 4. **Prüfungsreihenfolge aus deutscher Sicht:** Insgesamt stellt sich die Prüfungsreihenfolge damit wie folgt dar:
   a) Regelung in internationalem Übereinkommen oder im unionsrechtlichen IPR? Sonst:
   b) Bestimmung der anwendbaren Teilrechtsordnung bereits durch die deutsche Verweisungsnorm des autonomen IPR (Beispiel: Der Ort der Belegenheit der Sache führt direkt zur *lex rei sitae* des Einzelstaats)? Sonst:
   c) Bestimmung der anwendbaren Teilrechtsordnung durch interlokalrechtliche Regelungen des betroffenen fremden Rechts (Art. 4 III 1 EGBGB)? Sonst:
   d) Bestimmung der anwendbaren Teilrechtsordnung nach dem Grundsatz der engsten Verbindung (Art. 4 III 2 EGBGB).

202 5. **Hinweis auf interpersonales Recht**
Bei der Anknüpfung an die Staatsangehörigkeit ist bei Staaten mit mehreren Teilrechtsordnungen, die durch verschiedene Glaubens-, Stammes-, Standes- oder Rassenzugehörigkeiten verursacht werden, mithilfe des interpersonalen Rechts die anwendbare Teilrechtsordnung zu bestimmen (vgl. v. Bar/Mankowski IPR I § 4 Rn. 163, 170; Kropholler IPR § 30 S. 208 ff.). Bei der Anwendung völkervertraglichen Kollisionsrechts sehen die Übereinkommen den Rückgriff auf das interpersonale Recht des Mehrrechtsstaats häufig selbst vor, so zB Art. 16 HUP 2007 (Jayme/Hausmann Nr. 42).

II. Zur Vertiefung

1. Deutsches interlokales Recht (historisch) 203

Nach dem Beitritt der ehemaligen DDR zur Bundesrepublik Deutschland zum 3.10.1990 entstanden in Deutschland zwei Teilrechtsordnungen: Die Teilrechtsordnung Ost und die Teilrechtsordnung West (BGHZ 124, 270 (272) = BeckRS 1994, 474). Zwar gilt grundsätzlich einheitliches Bundesrecht, so wirkt die Rechtsspaltung doch in einigen alten Fällen nach (zB alte DDR-Hypotheken, alte Testamente). Nach über 30 Jahren ist dies für Studierende nur noch von historischer Bedeutung.

2. Zum unionsrechtlichen interlokalen Recht: 204

a) Die in Rom I- und II-VO enthaltene Regelung zur Lösung der interlokalen Frage hat **europäische Tradition**. Eine nahezu wörtlich ähnliche Vorschrift zu Art. 22 I Rom I-VO und Art. 25 I Rom II-VO enthaltenen Bestimmungen des **unionsrechtlichen Gesellschaftsrechts**, so Art. 2 II 2 EWIV-VO (vgl. Brödermann/Iversen/Brödermann Europ. GemeinschaftsR und IPR Rn. 323 (343, 373)) und die schuldrechtliche Vorgängernorm in Art. 19 I EVÜ.

b) Nach Art. 22 II 2 Rom I-VO und Art. 25 II Rom II-VO sind die Mitgliedstaaten frei zu entscheiden, ob sie die internationalprivatrechtlichen Regelungen in der Rom I- und II-VO auch als interlokalrechtliche Regelungen zur interlokalrechtlichen Abgrenzung zwischen einzelnen Gebietseinheiten verwenden. Dies betrifft insbesondere Spanien.

3. Literatur: 205

Rauscher IPR § 3 Rn. 391 ff.; v. Hoffmann/Thorn IPR § 6 Rn. 117 ff. (mit spanischem Beispiel in Rn. 119); Kropholler IPR § 29 I, II S. 199 ff.; Ferid IPR Rn. 2 ff. mit einer Übersicht über die wichtigsten Mehrrechtsstaaten; Kegel/Schurig IPR § 11 S. 414 ff.

III. Mehrstaater und Staatenlose

Fall 25: Eine Richterin hat im Mai 2024 im Rahmen eines Scheidungsverfahrens über die Wirksamkeit der Eheschließung eines Mannes mit brasilianischer Staatsangehörigkeit und einer Frau, die sowohl die französische als auch die polnische Staatsangehörigkeit besitzt, zu entscheiden. Die Frau lebt seit einigen Jahren wieder in Frankreich, da es schon lange kriselt. Ihr Mann hingegen ist am zuvor gemeinsamen Wohnort in Köln verblieben, weshalb die deutschen Gerichte zuständig sind. 206
Art. 13 I EGBGB knüpft für die Frage der Eheschließung an die jeweilige Staatsangehörigkeit an. Welche Staatsangehörigkeit der Frau meint Art. 13 I EGBGB?

Fall 25 betrifft die Problematik von **Doppel- und Mehrstaatern**. Schwierigkeiten bereiten diese Fälle nur, wenn eine Kollisionsnorm wie Art. 13 I EGBGB an die Staatsangehörigkeit anknüpft. Die Lösung ergibt sich aus Art. 5 I 1 EGBGB: Bei Mehrstaatern ist an die sog. **effektive Staatsangehörigkeit** anzuknüpfen, dh es wird auf das Recht des Staats verwiesen, mit welchem die Person am engsten verbunden ist. Die engste Verbindung kann sich insbesondere aus dem gewöhnlichen Aufenthalt der Person oder dem Verlauf ihres Lebens ergeben (Art. 5 I 1 EGBGB). Da die Doppelstaaterin im **Fall 25** schon länger wieder in Frankreich lebt, ist die französische Staatsangehörigkeit als die effektive anzusehen, an die Art. 13 I EGBGB daher allein anknüpft. Lässt sich die effektive Staatsangehörigkeit im Einzelfall nicht feststellen, 207 so gilt analog Art. 5 II EGBGB das Recht des gewöhnlichen Aufenthaltsorts des Betroffenen als Personalstatut.[134]

208 Ist ein **Mehrstaater auch Deutscher**, so bestimmt Art. 5 I 2 EGBGB, dass die deutsche Staatsangehörigkeit vorgeht, und zwar selbst dann, wenn zu einem fremden Staat eine engere Beziehung besteht;[135] in unionsrechtlichen Fällen ist dieser Vorrang zweifelhaft (→ Rn. 212). Das Staatsangehörigkeitsgesetz (StAG) sieht nach seiner Reform von 2024 vor, dass eine in Deutschland geborene Person ausländischer Eltern automatisch auch die deutsche Staatsangehörigkeit erlangt, sofern wenigstens ein Elternteil seit fünf Jahren seinen gewöhnlichen rechtmäßigen Aufenthalt in Deutschland hat und eine unbefristete Aufenthaltserlaubnis besitzt.[136] Seit 2014 müssen sich Personen mit doppelter Staatsangehörigkeit, die in Deutschland aufgewachsen sind, bei Erreichen der Volljährigkeit nicht mehr für eine der Staatsangehörigkeiten entscheiden. Mit der Reform des StAG 2024 entfällt diese Optionspflicht auch für Personen, die nicht in Deutschland aufgewachsen sind.[137] Art. 5 I 2 EGBGB dürfte für Mehrstaater mit deutscher Staatsangehörigkeit damit erhöhte Relevanz erlangen.

Arbeitsblock

I. Zur Ergänzung

209 1. **Ehename:** Eine **Ausnahme** von Art. 5 I EGBGB enthält die **Rechtswahlmöglichkeit** in Art. 10 II EGBGB für den Ehenamen. Zu weiteren Ausnahmen vgl. PWW/Mörsdorf EGBGB Art. 5 Rn. 21 ff.; Grüneberg/Thorn EGBGB Art. 5 Rn. 4 f.

210 2. **Völkerrechtliches IPR:** Da Kollisionsnormen in internationalen Übereinkommen heute meist an den gewöhnlichen Aufenthalt (im Sinne des Wohnsitzes) anknüpfen (PWW/Mörsdorf EGBGB Art. 5 Rn. 13), stellt sich das Problem der Mehrstaater bei der Anwendung völkervertraglichen Kollisionsrechts verhältnismäßig selten. Grundsätzlich ist die Lösung des Problems mithilfe des Übereinkommens selbst zu suchen. Für eine ausdrückliche Regelung vgl. Art. 5 **Istanbuler CIEC-Übereinkommen über die Änderung von Namen und Vornamen** v. 4.9.1958 (BGBl. 1961 II 1076; Jayme/Hausmann Nr. 21), das jedoch nur im Verfahrensrecht Bedeutung hat.

211 Lässt sich dem Übereinkommen auch durch Auslegung keine Regelung entnehmen, so ist grundsätzlich auf Art. 5 I EGBGB zurückzugreifen und nach S. 1 auf die effektive Staatsangehörigkeit abzustellen. Streitig ist, ob auch Art. 5 I 2 EGBGB anzuwenden ist oder ob diese Vorgehensweise dem Vereinheitlichungszweck des jeweiligen Übereinkommens widerspricht (vgl. Mansel IPRax 1985, 209; PWW/Mörsdorf EGBGB Art. 5 Rn. 27; vgl. aber auch Staudinger/Bausback, 2013, EGBGB Art. 5 Rn. 28 ff.).

---

134 BGH NJW-RR 2015, 1089 = IPRax 2016, 575.

135 Begr. Reg-E, BT-Drs. 10/504, 40 f.; Grüneberg/Thorn EGBGB Art. 5 Rn. 3; PWW/Mörsdorf EGBGB Art. 5 Rn. 20 (unter Hinweis auf die Geltung des Vorrangs der deutschen Staatsangehörigkeit auch bei Statusdeutschen: eine gesetzlich definierte Gruppe von Flüchtlingen und Vertriebenen deutscher Volkszugehörigkeit, s. PWW/Mörsdorf-Schulte EGBGB Art. 5 Rn. 6).

136 Das Gesetz zur Modernisierung des Staatsangehörigkeitsrechts (StARModG) wurde am 19.1.2024 vom Bundestag verabschiedet (BT Drs. 20/24) und ist am 27.6.2024 in Kraft getreten (BGBl. 2024 I 104).

137 § 29 StAG wurde durch das StARModG ersatzlos gestrichen.

3. Unionsrechtliche Anwendungsgrenze 212

Im Hinblick auf das unionsrechtliche Konformitätsgebot (→ Rn. 40) erscheint der von Art. 5 I 2 EGBGB vorgesehene Vorrang der deutschen Staatsangehörigkeit jedenfalls dann zweifelhaft, wenn dadurch ein Unionsbürger und Staatsangehöriger von zwei Mitgliedstaaten der EU in einer Grundfreiheit diskriminiert wird (MüKoBGB/v. Hein EGBGB Art. 5 Rn. 94; Junker IPR § 6 Rn. 29; offengelassen von BGH NJW-RR 2022, 361 (362)).

Beispiel: Eine 17-jährige, in Madrid verheiratete deutsch-spanische Doppelstaaterin will in Deutschland (unter Aufdeckung ihres Alters, vgl. die anderenfalls geltende Gutglaubensregelung in Art. 12 EGBGB) einen Vertrag über die Erbringung von grenzüberschreitenden Dienstleistungen abschließen. Im Falle ihrer Behandlung als Deutsche gem. Art. 5 I 2 EGBGB wäre sie nur beschränkt geschäftsfähig (§§ 2, 106 ff. BGB); nach spanischem Recht („Heirat macht mündig“, Art. 314 Nr. 2 *Código Civil*, abgedruckt bei Henrich/Dutta/Ebert/Daum Spanien III. B. 1.) wäre sie hingegen geschäftsfähig. Die Anwendung von Art. 5 I 2 EGBGB würde die Deutsch-Spanierin in ihrer Dienstleistungsfreiheit (Art. 56 AEUV) beeinträchtigen und ist daher nicht anwendbar (das Europarecht wirkt hier als Rechtsschranke gegenüber dem IPR). Als Ersatzrecht ist auf die allgemeine Regelung in Art. 5 I 1 EGBGB zurückzugreifen.

4. Literatur 213

Kegel/Schurig IPR § 13 II 5 S. 452 ff.; Kropholler IPR § 37 II S. 264 ff.

II. Zur Vertiefung

1. Hinweis zum Völkerrecht 214

Das Gebot der Anknüpfung an die effektive Staatsangehörigkeit entspricht der Rechtsprechung des Internationalen Gerichtshofs im Fall *Nottebohm* v. 6.4.1955 *(Liechtenstein v. Guatemala)*, I.C.J. Reports 1955, 4 (23); insoweit abgedruckt Bei Verdross/Simma Universelles VölkerR § 1194; vgl. auch Doehring VölkerR § 2 Rn. 84.

2. Literatur 215

Staudinger/Bausback, 2013, EGBGB Art. 5 Rn. 4 ff.; Mansel, Personalstatut, Staatsangehörigkeit und Effektivität, 1988, S. 85 ff. (mit einer Rechtfertigung zur Feststellung der effektiven Staatsangehörigkeit durch einen Gesamtabwägungsprozess, S. 178 ff.); Rauscher IPR Rn. 218 ff.; Fuchs FS Martiny, 2014, 303 ff.

Fall 26: Ein deutscher Richter hat über die Eheschließung einer staatenlosen Frau mit Wohnsitz und gewöhnlichem Aufenthalt in Deutschland zu entscheiden. Welches ist das nach Art. 13 I EGBGB berufene Heimatrecht der Frau? 216

Das Personalstatut von **Staatenlosen** ist in Deutschland grundsätzlich nach dem **New Yorker UN-Übereinkommen** über die Rechtsstellung der Staatenlosen v. 28.9.1954[138] zu bestimmen. Das New Yorker UN-Übereinkommen ist als *loi uniforme*

138 BGBl. 1976 II 474; zT abgedruckt bei Jayme/Hausmann Nr. 12 und Staudinger/Bausback, 2013, EGBGB Art. 5 Rn. 58 ff.

zu verstehen (→ Rn. 46 zum Begriff).[139] Nach Art. 12 I New Yorker UN-Übereinkommen ist bei Staatenlosen an den Wohnsitz oder, wenn die Person keinen Wohnsitz hat, an den **gewöhnlichen Aufenthalt** anzuknüpfen. Die Anknüpfung an den gewöhnlichen Aufenthalt soll sich jedoch bereits aus dem Merkmal „Wohnsitz" in Art. 12 I Alt. 1 des Übereinkommens ergeben, da der Begriff Wohnsitz im Sinne des „gewöhnlichen Aufenthalts" zu verstehen sei.[140] Im **Fall 26** richten sich die Eheschließungsvoraussetzungen der Frau gem. Art. 12 I Alt. 1 des Übereinkommens nach deutschem Recht.

217 Auch das **autonome deutsche IPR** enthält in Art. 5 II EGBGB eine Bestimmung über Staatenlose und Personen, deren Staatsangehörigkeit nicht feststellbar ist. Danach ist ebenfalls an den gewöhnlichen Aufenthalt anzuknüpfen. Diese Norm wird jedoch durch das New Yorker UN-Übereinkommen verdrängt, soweit es um Staatenlose geht.[141]

Arbeitsblock

I. **Zur Ergänzung**

218 1. **Grundsatz der wohlerworbenen Rechte:** Eine **Ausnahme** zur Anwendung von Art. 12 I New Yorker UN-Übereinkommen ergibt sich aus dem in Art. 12 II New Yorker UN-Übereinkommen festgehaltenen Grundsatz der wohlerworbenen Rechte.

2. **Ursachen von Staatenlosigkeit:** Staatenlosigkeit kann zB durch Geburt, Auswanderung oder Ausbürgerung entstehen (vgl. v. Bar/Mankowski IPR I § 7 Rn. 97).

3. **Flüchtlingen, Vertriebenen, Verschleppten und Personen, denen Asyl gewährt wurde:** Für die Rechtsstellung von Flüchtlingen, Vertriebenen, Verschleppten und Personen, denen Asyl gewährt wurde, gelten im IPR völkervertragliche und bundesgesetzliche Sonderregelungen, die gegebenenfalls dem New Yorker UN-Übereinkommen über die Rechtsstellung der Staatenlosen bzw. Art. 5 II EGBGB vorgehen (vgl. die ausführlichen Darstellungen bei Grüneberg/Thorn EGBGB Anh. zu Art. 5 und MüKoBGB/v. Hein EGBGB Art. 5 Anh. I und II).

II. **Literatur zur Vertiefung**

219 Staudinger/Bausback, 2013, EGBGB Art. 5 Rn. 32 ff., zum Internationalen Flüchtlingsrecht Anh. zu Art. 5 EGBGB.

IV. Gesetzesumgehung

220 Das Problem der **Gesetzesumgehung (fraus legis)** ist gesetzlich nicht geregelt. Es hat relativ wenig praktische Relevanz. Im Wesentlichen geht es um Fälle, in denen den Beteiligten die Sachnormen einer bestimmten Rechtsordnung nicht genehm sind und sie in unzulässigerweise durch **Beeinflussung des Anknüpfungspunktes** einer Kollisionsnorm die Anwendung einer günstigeren Sachnorm einer anderen Rechtsord-

139 Kegel/Schurig IPR § 13 II 6 S. 459.
140 Begr. Reg-E, BT-Drs. 10/504, 41 re. Sp.; Grüneberg/Thorn EGBGB Anh. I zu Art. 5 Rn. 1 f.
141 Grüneberg/Thorn EGBGB Art. 5 Rn. 7.

nung erreichen wollen.[142] Grundsätzlich wird ein solcher **Statutenwechsel** von der Rechtsordnung gebilligt und der neue Anknüpfungspunkt beachtet. Eine missbilligte Gesetzesumgehung liegt erst dann vor, wenn eine andere Anknüpfung **ausschließlich** zur Ausschaltung unerwünschter Normen des an sich berufenen Rechts und in **ungewöhnlich arglistiger Weise** hergestellt wird, um die Anwendung eines günstigeren Rechts zu **„erschleichen"**. In diesen Fällen wird die „erschlichene" Rechtsnorm nicht beachtet und das vor dem Statutenwechsel berufene Recht angewendet.[143] Die Voraussetzungen der Gesetzesumgehung (insbesondere Arglist) sind in der Praxis nur selten nachzuweisen. Ferid[144] argumentiert überzeugend: War die Änderung der Anknüpfung für den Interessenten nur schwer möglich (zB die Änderung der Staatsangehörigkeit), so wird man ihm kaum nachweisen können, dass er **nur** zur Umgehung der unerwünschten Sachnorm handelte. War die Änderung dagegen leicht möglich (zB ein Wechsel des gewöhnlichen Aufenthalts), so ist zu berücksichtigen, dass der Gesetzgeber bei der Wahl des Anknüpfungspunktes diesen einfachen Weg gesehen und in Kauf genommen hat, sodass eine ungewöhnliche Arglist selten vorliegen wird.

Hinweis: Komplexe Sachverhalte erfordern es in der Praxis, die Vorgaben für den Sachverhalt risikomindernd gerade so zu strukturieren, dass die angestrebte Transaktion unter Berücksichtigung mehrerer für eine Anwendung in Betracht kommenden Kollisionsregeln möglich wird, ohne gegen Gesetze zu verstoßen.

Arbeitsblock zur Vertiefung

I. **Dogmatik:** Die dogmatische Einordnung der Gesetzesumgehung ist nicht endgültig geklärt. Teilweise werden die Fälle der Gesetzesumgehung mithilfe des ordre public gelöst (MüKoBGB/v. Hein IPR Einl. Rn. 303; weitere Nachweise bei Soergel/Kegel EGBGB Vor Art. 3 Rn. 144). 221
Andere begreifen die Feststellung der Gesetzesumgehung als Fall der Auslegung und prüfen, ob die Manipulation des Anknüpfungspunktes gegen den Schutzzweck der Kollisionsnorm (Soergel/Kegel EGBGB Vor Art. 3 Rn. 143) und der umgangenen Sachnorm (vgl. Grüneberg/Thorn EGBGB Einl. v. Art. 3 Rn. 25) verstößt. Für diese Abgrenzung zum ordre public spricht insbesondere folgendes Argument: Die Gesetzesumgehung betrifft die Beeinflussung des Anknüpfungspunktes als Voraussetzung der Anwendung fremden Rechts, während der ordre public das Ergebnis der Anwendung fremden Rechts betrifft. Darüber hinaus könnte Art. 6 EGBGB nur jene Fälle unproblematisch lösen, in denen deutsches Sachrecht umgangen wird (vgl. v. Overbeck, Cours général de droit international privé, Rec. Des Cours 1982 III, 9–145, 1983).

II. **Abgrenzung zum Handeln unter falschem Recht** 222
Beim sog. Handeln unter falschem Recht gehen die Betroffenen **irrtümlich** davon aus, dass eine Rechtsordnung Anwendung findet, die von der Kollisionsnorm nicht berufen wird. Es ist also von Anfang an nur ein Recht tatsächlich anwendbar.

142 MüKoBGB/v. Hein IPR Einl. Rn. 303 ff.
143 Raape/Sturm IPR I S. 331; Soergel/Kegel EGBGB Vor Art. 3 Rn. 142.
144 Ferid IPR Rn. 3–176.

Beispiel: Ein deutscher Insolvenzverwalter plant, in Polen belegene Container an einen Frankfurter Fonds zu verkaufen. Da beide Parteien Deutsche sind und von Juristen beraten werden, die kein IPR studiert haben, schließen sie einen Kauf- und Übertragungsvertrag unter Wahl deutschen Rechts und setzen diesen bei Anwendung des deutschen Rechts auch um. Etwas später wird das Vertragswerk der Syndikusrechtsanwältin einer Bank vorgelegt, die dem Frankfurter Fonds ein Darlehen gegen Sicherungsübertragung der Container gewähren soll. Die Syndikusrechtsanwältin (die IPR gehört hat) weiß zu differenzieren und zu qualifizieren. Soweit deutsches Recht für den Kaufvertrag (Verpflichtungsgeschäft) gewählt wurde, ist diese Rechtswahl nach Art. 3 I Rom I-VO wirksam. Für die Übereignung (Verfügungsgeschäft) fragt sie sich, ob die nach deutschem Recht durchgeführte Eigentumsübertragung auf den Frankfurter Fonds überhaupt wirksam war.
Im internationalen Sachenrecht (weltweit und so auch nach der ständigen Rechtsprechung des BGH), gilt für alle Übereignungstatbestände der Grundsatz *lex rei sitae*, nach welchem das Recht des Belegenheitsorts der Sache maßgebend ist (→ Rn. 479). Eine Abweichung von der Situs-Regel durch Rechtswahl ist im internationalen Sachenrecht mit Rücksicht auf das Verkehrsinteresse unzulässig. Im Sachenrecht geht es nicht allein um den Schutz der Vertragsparteien, sondern auch um die Interessen der (durch Typenzwang und etwaige Publizitätserfordernisse des Rechts des Belegenheitsorts in ihrem Vertrauen auf das Bestehen von Rechten an einer Sache geschützten) Gläubiger, der Beteiligten (so ausdrücklich BGH NJW 1997, 461 (462)). Ob die Eigentumsübertragung auf den Frankfurter Fonds wirksam erfolgt war, richtet sich daher nach polnischem Recht als dem Recht des Belegenheitsortes. Die Parteien haben daher für die Übereignung nach falschem Recht gehandelt.

III. In der **Praxis** handeln Parteien häufig nach falschem Recht, wenn sie die Anwendbarkeit des internationalen Kaufrechts (CISG) ignorieren (später → Rn. 280).

223 **IV. Literatur**
PWW/Mörsdorf EGBGB Art. 3 Rn. 43; Kropholler IPR § 23 S. 156 ff.; v. Bar/Mankowski IPR I § 7 Rn. 128 ff. (auch zur Unterscheidung zwischen der echten und der unechten Gesetzesumgehung) sowie ausführlich Keller/Siehr IPR 525 ff.; rechtsvergleichend Sturm FS Ferid, 1988, 519.

E. Beachtung zwingenden Rechts

224 Im Internationalen Schuldvertragsrecht und im Recht der außervertraglichen Schuldverhältnisse stellt sich stets die Frage, ob **neben dem mithilfe des durch IPR ermittelten Statuts statutsfremdes zwingendes Recht** anzuwenden ist. Dieser Frage ist grundsätzlich erst **nach** der Ermittlung des Vertragsstatuts nachzugehen. Dies gebietet die Logik: Soweit zwingende Normen, etwa zum Verbraucherschutz, dem Vertragsstatut bereits entstammen, stellt sich die Frage der Anwendung dieser Vorschriften als zwingendes Recht neben dem Vertragsstatut nicht.

Hinweis: In der Praxis recherchiert man das möglicherweise anwendbare zwingende Recht oft **parallel** zur Vertragsvorbereitung, weil dieses den Rahmen und den Grad der Verhandlungsfreiheit mitbestimmt: Zwingendes Recht ist nicht dispositiv. Es lässt sich nicht abbedingen. Deshalb tritt die Prüfung, ob zwingendes Recht zu beachten ist, quasi **gleichberechtigt neben die IPR-Prüfung** zur Bestimmung des anwendbaren (Vertrags-)Statuts. Die Bestimmung des rechtlich erheblichen Rahmens für einen grenzübergreifenden Vertrag steht damit stets auf zwei Beinen: dem Vertragsstatut und zwingendem Recht (das Übersehen des zwingenden Rechts ist ein in der Praxis häufig zu beobachtender Fehler). In einer Zeit zunehmenden nationalen Denkens und von Handelsbeschränkungen nimmt die Bedeutung von zwingendem Recht zu.

Zwingende Normen sollen **nach dem Willen ihres Normgebers** auch dann in das vom Vertragsstatut beherrschte Rechtsverhältnis eingreifen, wenn sie nicht dem berufenen Statut angehören (**Eingriffsnormen** oder **international zwingendes Recht**). Ob und inwieweit ein solcher Eingriff zulässig ist, kann sich aus **gleichartigen oder den gleichen Rechtsquellen** ergeben, die auch das zur Bestimmung des jeweiligen Statuts herangezogene Kollisionsrecht bestimmen: Aus völkerrechtlichen Verträgen, aus unionsrechtlichem IPR und aus nationalem Recht. 225

Hinweis: Darüber hinaus führt auch die direkte Anwendung von unmittelbar geltendem europäischem Privatrecht zur „Beachtung zwingenden Rechts". Hierauf wird erst im Abschnitt IPR und einheitliches Sachrecht (→ Rn. 274 ff.) eingegangen.

I. Völkerrechtliche Verträge

Fall 27:[145] Ein in Kenia lebender indischer Kaufmann vereinbart mit einem deutschen Geschäftspartner, der oft nach Hause fährt, er solle für ihn Geld nach Deutschland bringen und treuhänderisch verwahren. Der Vertrag aus dem Jahr 2021 enthält die Klausel, dass deutsches Recht anwendbar sei. Zwei Jahre später verlangt der Inder vereinbarungsgemäß Rückzahlung von 100.000 EUR in Deutschland. Der deutsche Geschäftspartner verweigert die Rückzahlung, da der Vertrag gegen ein Devisenausfuhrverbot Kenias verstoße. Der Inder wendet sich an eine Rechtsanwältin in Düsseldorf mit der Bitte um Prüfung, ob eine Zahlungsklage, gestützt auf vertragliche Ansprüche, Aussicht auf Erfolg hätte. Die Rechtsanwältin prüft: Mangels anwendbaren internationalen Übereinkommens ist das Vertragsstatut nach autonomem IPR zu bestimmen. Nach Art. 3 I Rom I-VO ist aufgrund der Rechtswahl deutsches Recht anwendbar. Wird sich der deutsche Geschäftspartner im Prozess gleichwohl mit Aussicht auf Erfolg auf das kenianische Devisenausfuhrverbot berufen können? 226

Der Vorrang des Völkerrechts (→ Rn. 44) ist nicht nur bei der Bestimmung des Vertragsstatuts zu beachten, sondern auch bei der anschließenden Prüfung, ob zusätzlich oder vorrangig zwingendes statutsfremdes Recht anzuwenden ist. 227

So im **Fall 27:** Obwohl das Vertragsstatut nach unionsrechtlichem IPR zu bestimmen war, prüft die Rechtsanwältin, ob statutsfremdes zwingendes Recht aufgrund eines **völkervertraglichen Anwendungsgebotes** zu beachten ist. Im **Internationalen Devisenrecht** bindet das im Juli 1944 in Bretton Woods (New Hampshire, USA) geschlossene Übereinkommen über den Internationalen Währungsfonds (**Bretton Woods-Übereinkommen, IWF-Übereinkommen**) die Bundesrepublik und Kenia.[146] Art. VIII Abschn. 2 (b) 1 IWF bestimmt in seiner deutschen Übersetzung: 228

145 In Abwandlung von LG Hamburg IPRspr 1978, Nr. 126.
146 In der Neufassung v. 30.4.1976 (BGBl. 1978 II 13), zuletzt geändert durch Art. 298 der Zehnten Zuständigkeitsanpassungsverordnung v. 31.8.2015 (BGBl. 2015 I 1517).

„Aus Devisenkontrakten, welche die Währung eines Mitglieds berühren und den von diesem Mitglied in Übereinstimmung mit diesem Übereinkommen aufrechterhaltenen und eingeführten Devisenkontrollbestimmungen zuwiderlaufen, kann in den Hoheitsgebieten der Mitglieder **nicht geklagt werden.**“ (In der engl. Originalfassung: „*... shall be unenforceable in the territories of any member*“.)

229 Der Inder und der Deutsche haben einen Devisenkontrakt geschlossen (Ausfuhr kenianischer Devisen unter Vereinbarung eines Treuhandverhältnisses), der die Währung des Mitgliedstaats Kenia berührt und kenianischen Devisenkontrollbestimmungen widerspricht (der Ausfuhr von Devisen aus Kenia steht volkswirtschaftlich keine Gegenleistung gegenüber). Obwohl deutsches Recht Vertragsstatut ist, wird sich der deutsche Geschäftspartner also nach Art. VIII Abschn. 2 (b) 1 IWF-Übereinkommen auf das kenianische Devisenrecht berufen können. Man sagt: Soweit kenianisches Devisenrecht eingreift, wird der Vertrag gesondert angeknüpft **(Sonderanknüpfung)**. Voraussetzung hierfür ist, dass das kenianische Devisenrecht seinerseits den Anforderungen des IWF-Übereinkommens entspricht und „in Übereinstimmung mit diesem Übereinkommen aufrechterhalten“ und eingeführt wurde.[147] Alle weiteren Fragen in Zusammenhang mit dem Vertrag richten sich allerdings weiterhin nach dem kollisionsrechtlich ermittelten Vertragsstatut, mithin nach deutschem Recht.

Hinweis: Die Rom I-VO, durch deren Anwendung das deutsche Vertragsstatut berufen wurde, steht der Anwendung des IWF-Übereinkommens nicht entgegen (jedenfalls über Art. 25 I Rom I-VO).[148]

Arbeitsblock

I. Zur Ergänzung

230 **Weitere Beispiele** von Völkerrecht mit zwingendem Inhalt sind zB Art. 15, 16, 17, 23 und 25 des **Übereinkommens der Vereinten Nationen gegen Korruption** (United Nations Convention against Corruption (UNCAC)) v. 31.10.2003, Teile des **UNESCO-Kulturgutübereinkommens** v. 14.11.1970 (BGBl. 2007 II 626) sowie die **Übereinkommen Nr. 138 über das Mindestalter für die Zulassung zur Beschäftigung** v. 19.6.1976 und **Nr. 182 Übereinkommen über das Verbot und unverzügliche Maßnahmen zur Beseitigung der schlimmsten Formen der Kinderarbeit** v. 19.11.2000 von der Internationalen Arbeitsorganisation.

II. Zur Vertiefung

231 1. **Rechtsfolge eines Verstoßes:** Nach der deutschen Rechtsprechung führt der Verstoß gegen Art. VIII Abschn. 2 (b) S. 1 IWF-Übereinkommen nicht zur Nichtigkeit des Vertrags, sondern **zum Fehlen einer Prozessvoraussetzung,** sodass eine Klage des indischen Kaufmanns im **Fall 27** bereits als unzulässig abzuweisen wäre (ständige Rechtsprechung seit BGH NJW 1970, 1507). Die Literatur kritisierte dieses Vorgehen und will die Regelung zT **materiellrechtlich** einordnen und die Pflichten aus solchen Verträgen als „unvollkommene Verbindlichkeiten“ behandeln (s. Ebke, Internationales Devisenrecht, 1990, S. 280 ff.). In Hinblick auf diese Kritik erwägte der BGH als „mittleren Weg“ aus Art. VIII Abschn. 2 (b) 1 IWF-Übereinkommen eine **prozesshindernde Einrede** herzuleiten (BGH EuZW 1992, 123 (126)).

147 Vgl. BGH IPRax 1995, 110.
148 Vgl. PWW/Remien IPR-Anh. 1/Rom I-VO Art. 9 Rn. 48.

2. **Literatur zum IWF-Übereinkommen** 232
- PWW/Remien IPR-Anh. 1/Rom I-VO Art. 9 Rn. 48 (Übersicht).
- Reithmann/Martiny IntVertragsR/Thode Rn. 5.158 ff., Reithmann/Martiny IntVertragsR/Martiny Rn. 16.45 f.; Fuchs IPRax 1995, 82 ff.; MüKoBGB/Martiny Rom I-VO Nach Art. 9 Anh. II Rn. 9 ff.

II. Unionsrechtliches IPR

Im unionsrechtlichen IPR ist zwischen den allgemeinen Regeln in der Rom I- und II-VO zum Geltungsbereich von international zwingenden Eingriffsnormen (**1.**) und einigen besonderen Vorschriften zu unterscheiden, die zur Anwendung von „einfachem" (in der Regel nur national) zwingendem Recht führen (**2.**). 233

1. Allgemeine Regeln zur Anwendung international zwingender Eingriffsnormen (Art. 9 Rom I-VO, Art. 16 Rom II-VO)

Fall 28: Ein türkisches Ehepaar mietet Ende Dezember 2022 von einem türkischen Landsmann eine Zwei-Zimmerwohnung in Hamburg. Der in türkischer Sprache verfasste Vertrag enthält eine ausdrückliche Rechtswahlklausel zugunsten türkischen Rechts. Zum 1.4.2023 kündigt der Vermieter das Mietverhältnis wieder. Die Mieter widersprechen und verlangen vor dem AG Hamburg-Altona die Fortsetzung des Mietverhältnisses nach §§ 574 f. BGB. Die Familie habe Zwillinge und die Ehefrau sei inzwischen erneut hochschwanger. Sind §§ 574, 574a BGB anzuwenden, obwohl türkisches Recht Vertragsstatut ist? 234

Im **Fall 28** haben die Parteien für einen **internationalen Sachverhalt** (Mietvertrag türkischer Staatsangehöriger über eine Wohnung in Deutschland) wirksam nach Art. 3 I Rom I-VO die Geltung einer ausländischen Rechtsordnung vereinbart. Durch die Belegenheit des Mietobjektes und den Aufenthalt der türkischen Staatsangehörigen in Hamburg steht der Sachverhalt allerdings auch in Verbindung zu dem deutschen Recht des angerufenen Hamburger Richters. Nach §§ 574, 574a BGB könnte das Mieterehepaar der Kündigung widersprechen, weil ein Umzug „während der Schwangerschaft und einige Zeit nach der Entbindung … für die Mutter eine erhebliche Gesundheitsgefährdung"[149] darstellt. Das türkische Recht kennt – zumindest möglicherweise – keinen dem deutschen Mietrecht entsprechenden Mieterschutz. Vor diesem Hintergrund stellt sich dem Hamburger Richter die Frage, ob und wie sich das am Gerichtsort geltende deutsche Recht (*lex fori*) international gegenüber dem türkischen Vertragsrecht durchsetzen kann. Können §§ 574, 574a BGB **als Eingriffsnormen in das Vertragsstatut eingreifen?** 235

Hinweis: Wenn und soweit dies der Fall ist, kann der Richter sogar die Mühe der Recherche des türkischen Mietrechts sparen, da er dann §§ 574 f. BGB ohne Rücksicht auf das Vertragsstatut anwenden kann.

Der Begriff der Eingriffsnorm wird seit Jahrzehnten diskutiert. Mit Art. 9 I Rom I-VO gilt in Deutschland seit dem 17.12.2009 eine (europarechtlich autonom auszulegende → Rn. 55) **Legaldefinition** des Begriffs **Eingriffsnorm:** 236

149 PWW/Riecke BGB § 574 Rn. 10.

„Eine Eingriffsnorm ist eine zwingende Vorschrift, deren Einhaltung von einem Staat als so entscheidend für die Wahrung seines öffentlichen Interesses, insbesondere seiner politischen, sozialen oder wirtschaftlichen Organisation, angesehen wird, dass sie ungeachtet des nach Maßgabe dieser Verordnung auf den Vertrag anzuwendenden Rechts auf alle Sachverhalte anzuwenden ist, die in ihren Anwendungsbereich fallen."

Eingriffsnormen iSv Art. 9 I Rom I-VO sind Normen, die der sie schaffende Staat für so wichtig hält, dass sie *„ungeachtet"* (deutlicher die ähnliche Vorschrift in Art. 16 Rom II-VO: *„ohne Rücksicht"*) des sonst geltenden Statuts gelten wollen. Man spricht von **international zwingendem** Recht. Ob eine nationale Norm solch eine **international zwingende** Eingriffsnorm darstellt, bestimmt sich aus Sicht des Staats, aus dessen Recht diese Norm stammt und ist entweder ausdrücklich geregelt oder ergibt sich durch Auslegung der Regelungsziele. Dabei handelt es sich um Normen, die vorrangig öffentlichen Interessen dienen. Dagegen sind Normen, die primär den Interessen der am Vertragsverhältnis Beteiligten (Individualinteressen) dienen, grundsätzlich keine Eingriffsnormen. Bei Normen europäischer Herkunft kann der international zwingende Charakter außerdem aus den Auswirkungen der Nichtbeachtung der Norm auf den europäischen Markt abgeleitet werden.[150] Bei der Zulassung der Wirkung von Eingriffsnormen unterscheidet der europäische Gesetzgeber zwischen Eingriffsnormen aus dem Recht des angerufenen Gerichts (*lex fori*) und ausländischen Eingriffsnormen.

237 • **Art. 9 II Rom I-VO** gestattet ausdrücklich **„die Anwendung der Eingriffsnormen des Rechts des angerufenen Gerichts".** Die Subsumtion ist Aufgabe des Richters: Der Staat bestimmt, ob er eine Norm als international zwingende Eingriffsnorm ausgestaltet oder nicht.[151] Der Richter muss im **Fall 30** ermitteln, ob die für einen Eingriff in das Vertragsstatut in Betracht kommende Norm internationalen Geltungswillen hat. Dies ist bei §§ 574, 574a BGB der Fall: Der Mieter eines in Deutschland belegenen Mietobjektes ist unabhängig vom Vertragsstatut zu schützen.[152] §§ 574, 574a BGB haben als Mieterschutzvorschriften **internationalen Geltungswillen.** Da §§ 574, 574a BGB auch dem **Schutz der Gesundheit** und damit dem **öffentlichen Interesse iSv Art. 9 I Rom I-VO** dienen, kann der Richter diese Bestimmungen ohne Rücksicht auf das Vertragsstatut anwenden.[153] Im Übrigen bleibt türkisches Recht Vertragsstatut. Im Gegensatz hierzu können Normen, die ausschließlich privaten Interessen dienen, nicht über Art. 9 II Rom I-VO angewendet werden.
• **Art. 16 Rom II-VO** enthält für das IPR der außervertraglichen Schuldverhältnisse eine parallele Ermächtigung zur Anwendung von international zwingenden **Eingriffsnormen des Rechts des angerufenen Gerichts.**[154] Dies kann haftungsbegründende, haftungsausschließende und haftungsbegrenzende Eingriffsnormen betreffen.[155]

150 Vgl. EuGH ECLI:EU:C:2000:605 = BeckRS 2004, 76900 – Ingmar.
151 Vgl. PWW/Remien IPR-Anh. 1/Rom I-VO Art. 9 Rn. 2.
152 Vgl. Reithmann/Martiny IntVertragsR/Freitag Rn. 5.92.
153 Vgl. PWW/Remien IPR-Anh. 1/Rom I-VO Art. 9 Rn. 20; aA Mankowski IHR 2008, 143.
154 Zur Übertragung des Begriffs aus Art. 9 Rom I-VO EuGH ECLI:EU:C:2019:84 = BeckRS 2019, 634 – da Silva Martins.
155 Vgl. PWW/Remien IPR-Anh. 2/Rom II-VO Art. 16 Rn. 3 ff. mit Hinweis auf die in Frankreich beobachtete Behandlung einer Verjährungsvorschrift für Persönlichkeitsverletzungen als Eingriffsnorm.

Fall 29:[156] Ein deutsches und ein amerikanisches Unternehmen stehen seit 2018 in laufendem Geschäftskontakt. Das deutsche Unternehmen produziert im Hamburger Hafen ein Produkt, bei dem mit Blei versetzte Schlacke als Abfall entsteht. Die 2019 entstandene Schlacke hat das deutsche Unternehmen erfolgreich über das amerikanische Unternehmen nach China verkaufen können. Damals haben chinesische Behörden bestimmte chinesische Importbestimmungen „großzügig" ausgelegt, um den Import der verbleiten Schlacke zu ermöglichen; seinerzeit boomte die chinesische Wirtschaft und konnte solche Schlacke für die Industrie gebrauchen. 238
Ein gleicher Kaufvertrag wird 2023 unter Ausschluss des CISG abgeschlossen und mithilfe einer Gerichtsstandsklausel die Zuständigkeit Hamburger Gerichte vereinbart. Auch wird erneut China als Bestimmungs- und Erfüllungsort vorgesehen. Dieses Mal legen die chinesischen Behörden die Importbestimmungen jedoch streng aus, sodass der Import der Schlacke nicht möglich ist. Dies erfahren die Parteien erst unmittelbar vor Verschiffung der Ware.
Da das amerikanische Unternehmen die Schlacke anderweitig nur mit hohen Verlusten weiterveräußern kann, tritt dieses an Sie mit der Frage heran, ob es zur Erfüllung des Kaufvertrages mit dem deutschen Unternehmen verpflichtet ist.

Art. 9 III Rom I-VO gestattet neben der Anwendung des Vertragsstatuts und der Anwendung von international zwingendem Recht des angerufenen Gerichts nach Abs. 2 die **Anwendung ausländischer Eingriffsnormen des Erfüllungsortes**. Das deutsche Gericht **kann** (Ermessen!) solche Normen anwenden („*Wirkung verleihen*", „*effect may be given*", „*Il pourra également être donné effet …*"), **wenn sie die Erfüllung des Vertrages unrechtmäßig werden lassen.**[157] Normen, die den Vertrag lediglich ausgestalten, fallen nicht hierunter. Das angerufene Gericht **kann** (nicht: „muss") die ausländische Eingriffsnorm anwenden. Dabei ist in Deutschland streitig, ob „Wirkung verleihen" Gesetzesanwendung bedeutet (diese Auslegung legt etwa die zitierte französische Fassung nahe) oder ob es für die Anwendung von Art. 9 III Rom I-VO auch ausreicht, das Gesetz lediglich im Rahmen der Subsumtion unter eine Generalklausel wie §§ 134 oder 138 BGB zu berücksichtigen (s. auch → Rn. 266).[158] Das Wort „kann" („*may*", „*pourra*") lässt den Gerichten der Mitgliedstaaten der EU einen Freiheitsgrad, den sie unter Berücksichtigung der Gebote einer am *effet utile* der Rom I-VO für die Errichtung eines einheitlichen internationalen Schuldrechts in der EU und für die Stärkung des europäischen Rechtsraums nutzen müssen (→ Rn. 63 ff. zur Auslegung der Rom I-VO). Es mag etwa bei einem Verstoß gegen die *sharīʿah* einen Unterschied machen, ob überwiegend ausländische Unternehmen oder am Geltungsort der *sharīʿah* ansässige Unternehmen betroffen sind (Möglichkeit der **Unterscheidung nach dem Grad des Auslands- bzw. Inlandsbezugs**). Die Aufzählung der anwendbaren Eingriffsnormen in Art. 9 Rom I-VO ist abschließend. Eingriffsnormen aus anderen Drittstaaten als den in Art. 9 Rom I-VO ausdrücklich genannten dürfen daher durch das Gericht nicht als Eingriffsnormen berücksichtigt werden.[159] 238a

Im IPR der außervertraglichen Schuldverhältnisse ist die Anwendung ausländischer Eingriffsnormen nicht geregelt, da sich die Mitgliedstaaten dazu nicht verständigen konnten. Die **Rom II-VO** enthält insoweit eine **Regelungslücke.**[160]

156 Das Beispiel ist angelehnt an einen Fall aus der Praxis.
157 Freitag IPRax 2009, 109 (112 f.).
158 PWW/Remien IPR-Anh. 1/Rom I-VO Art. 9 Rn. 38.
159 EuGH ECLI:EU:C:2016:774 = BeckRS 2016, 82514 – Nikiforidis.
160 S. PWW/Remien IPR-Anh. 2/Rom II-VO Art. 16 Rn. 5.

238b In **Fall 29** käme mangels Rechtswahl nach Art. 4 I lit. a Rom I-VO deutsches Recht zur Anwendung. Da die Parteien als Erfüllungsort im Vertrag China vereinbart haben, kann der Hamburger Richter im Falle eines Prozesses jedoch die chinesischen Importbestimmungen berücksichtigen, sofern diese den Vertrag unrechtmäßig werden lassen (Art. 9 III Rom I-VO). Ein Importverbot, das dem Schutz von Personen und Natur dient (verbleiter Abfall), lässt die Erfüllung des Vertrages unrechtmäßig werden. Solch einen Schutzzweck wird auch ein deutsches Gericht anerkennen. Daher besteht die Wahrscheinlichkeit, dass es den chinesischen Normen Wirkung verleihen wird.

Praktischer Hinweis: Sie werden daher als Anwalt oder Anwältin zunächst versuchen müssen, bei chinesischen Kollegen die Details und die Begründung des chinesischen Importverbots zu ermitteln. Im Hinblick auf die verbleibende Unsicherheit – alles hängt von einer Ermessensentscheidung des Gerichts ab – bietet es sich an, einen Vergleich zu suchen, der den Verlust auf beide Parteien verteilt (so wurde der Fall in der Praxis gelöst).

Arbeitsblock

I. Zur Ergänzung

239 1. **Zur Bestimmung des Erfüllungsorts:** Die Bestimmung in **Art. 9 III 1 Rom I-VO** zur **Berücksichtigung fremden Rechts** ist Ergebnis eines politischen Kompromisses (Grüneberg/Thorn Rom I-VO Art. 9 Rn. 11 f.; Schacherreiter ZeuP 2015, 497 (507 ff.)), der noch viele Fragen offenlässt: (i) Wann lässt eine Norm die Erfüllung des Vertrages unrechtmäßig werden?, (ii) Wie weit ist der Ermessensspielraum zur Anwendung der Norm? Und (iii) Was heißt „Wirkung verleihen" auf der Rechtsfolgenseite?

240 a) **Wortlaut:** Der Wortlaut stellt einerseits auf die Erfüllung der „durch den Vertrag begründeten Verpflichtungen" ab („*the obligations arising out of the contract*", „*les obligations découlant du contrat*"); dies streitet dafür, auf den jeweiligen Erfüllungsort der betroffenen Verpflichtung abzustellen. Andererseits spricht die Bestimmung von der „Erfüllung des Vertrags" („*performance of the contract*", „*l'exécution du contrat*"); dies spricht für eine Gesamtbetrachtung und damit ein Abstellen allein auf zB den Erfüllungsort der charakteristischen Leistung.

240a b) **Ziel der Norm** ist es, dass das öffentliche Interesse der betroffenen Staaten unter außergewöhnlichen Umständen Beachtung findet (Erwgr. 37 Rom I-VO). Da die zwingenden Anforderungen an eine Zahlung (zB „keine Geldwäsche", „keine Bestechung") andere sind als die an eine charakteristische Leistung (zB Bau einer Industrieanlage), kann das Ziel der Norm nur erreicht werden, wenn den für eine Verpflichtung **relevanten Eingriffsnormen Geltung verliehen** wird. Dazu ist nicht pauschal an den Erfüllungsort der vertragscharakteristischen Leistung, sondern an den Erfüllungsort der jeweils betroffenen Leistung anzuknüpfen. Diese Herangehensweise entspricht einer **faktischen Betrachtungsweise** (vgl. dazu den Hinweis auf die **Machttheorie** bei Grüneberg/Thorn Rom I-VO Art. 9 Rn. 12) und berücksichtigt jeweils die Rechtsordnungen, die tatsächlich Einfluss nehmen können. Das bedeutet auch, dass der **tatsächliche Erfüllungsort** dem vertraglich vereinbarten Erfüllungsort vorgeht, wenn es dort zur Erfüllung gekommen ist. Denn nur der faktisch betroffene Staat hat ein schützenswertes Interesse an der Anwendung und Durchsetzung seiner Eingriffsnormen. Auch hier verbleiben allerdings offene Fragen (wie ist etwa bei gestreckten Erfüllungshandlungen zu verfahren?).

c) **Systematische Auslegung:** Eine systematische Auslegung erfordert einen Exkurs zum **Erfüllungsort nach der Brüssel Ia-VO,** da die Rom I-VO Teil eines auf der Grundlage des Haager Programms von 2004 entwickelten Systems ist (→ Rn. 61 ff.), das durch einheitliches Kollisionsrecht die bessere Anerkennung von Entscheidungen in der EU fördern will. Dies wiederum gebietet die **Berücksichtigung** komplementärer Rechtsinstrumente der Rom I-VO: **240b**

- Der Erfüllungsortbegriff in Art. 7 Nr. 1 lit. a und b **Brüssel Ia-VO** ist seit langem Gegenstand von Rechtsprechung und Lehre (→ Rn. 665 f.). Art. 7 Nr. 1 **lit. a** Brüssel Ia-VO stellt den **Grundsatz** auf, dass es auf den **Erfüllungsort der (jeweiligen) Verpflichtung** ankommt (vgl. mit zahlreichen Rechtsprechungsnachweisen Magnus/Mankowski/Mankowski Art. 7 Rn. 198 ff.). Damit bleibt es grundsätzlich bei der zur Vorgängernorm (Art. 5 Nr. 1 EuGVÜ) entwickelten *Tessili-* und *De Bloos*-Rechtsprechung, die auf **die jeweilige „vertragliche Verpflichtung** abstellt, die den Gegenstand der Klage bildet" (EuGH ECLI:EU:C:1976:133 = BeckRS 2004, 71363 – Tessili; EuGH ECLI:EU:C:1976:134 = BeckRS 2004, 71612 – de Bloos).
- Zu dieser Norm enthält Art. 7 Nr. 1 **lit. b** Brüssel Ia-VO eine **Konkretisierung** für **Kauf- und Dienstleistungsverträge**. Nach der Rechtsprechung des Gerichtshofs gilt für Kauf- und Dienstleistungsverträge ein **einheitlicher Erfüllungsort für alle Leistungen aus dem Vertrag,** der an dem Erfüllungsort der charakteristischen Leistung, also dem Ort der engsten Verbindung – meist dem Ort der Hauptlieferung – liegt (EuGH ECLI:EU:C:2007:262 = BeckRS 2007, 70281 – Color Drack; Magnus/Mankowski/Mankowski Art. 7 Rn. 130). Damit ist im System der Brüssel Ia-VO der **Erfüllungsort** für die Hauptleistung und für die Zahlung **im Allgemeinen separat, bei Kauf- und Dienstleistungsverträgen aber einheitlich** nach dem Ort zu bestimmen, an dem die Sachen zB bei einem Kaufvertrag geliefert worden sind oder hätten geliefert werden müssen (oder bei einem Dienstvertrag die Leistung erbracht worden ist oder hätte erbracht werden müssen), also nach dem Erfüllungsort; mit anderen Worten nach dem Ort mit dem der Vertrag bei wirtschaftlicher Betrachtung **am engsten verbunden** ist (→ Rn. 665 f.).
- **Einheitlicher Erfüllungsbegriff:** Eine Auslegung des Begriffs Erfüllungsort in Art. 9 III Rom I-VO **in Anlehnung an die Begriffsbildung in der Brüssel Ia-VO** dient der Entwicklung eines einheitlichen Erfüllungsortbegriffes und dem in Art. 67 IV, 81 AEUV verankerten Ziel der Schaffung eines einheitlichen Rechtsraums größtmögliche Geltung. Das Auslegungsergebnis dient damit auch der Verwirklichung des am Normzweck von Art. 9 III Rom I-VO orientierten **effet utile (teleologische Auslegung** im Sinne der *Factortame*-Rechtsprechung, → Rn. 63 ff.). In einer Schwerpunkt-

arbeit zum IPR müsste man sich damit auseinandersetzen, ob die Rechtsprechung zur Brüssel Ia-VO mit ihrer Unterscheidung zwischen Verträgen im Allgemeinen und den Sonderregelungen für Kauf- und Dienstleistungsverträge übertragbar ist.

241 2. **Ermittlung des zwingenden Charakters:** Ob eine nationale Vorschrift einen so **weit reichenden Geltungswillen** hat, dass sie **international zwingend** ist, ist nur in seltenen Fällen ausdrücklich geregelt. Ein bekanntes Beispiel für eine ausdrückliche Regelung enthält **§ 130 II GWB**, wonach die Sachnormen des Gesetzes gegen Wettbewerbsbeschränkungen auf alle Wettbewerbsbeschränkungen anzuwenden sind, die sich im Geltungsbereich des Gesetzes auswirken, auch wenn sie außerhalb des Geltungsbereiches des Gesetzes veranlasst werden (vgl. v. Dietze/Janssen, Kartellrecht in der anwaltlichen Praxis, 6. Aufl. 2023, Rn. 91 f.; Reithmann/Martiny IntVertragsR/Zwickel Rn. 5.121 ff.). In den meisten Fällen ist der international zwingende Charakter der (deutschen) Norm **durch Auslegung** zu ermitteln. Die Auslegung führt dabei nicht immer zu klaren Ergebnissen: So ist etwa umstritten, ob das am 1.1.2023 in Kraft getretene Lieferkettensorgfaltspflichtgesetz (LkSG) (BGBl. 2021 I 2959) Eingriffsnormen enthält (so etwa Rühl BerDGIR 50 (2020), 89 (122); dagegen Mankowski in Fleischer/Mankowski, Kommentar zum LkSG, 2023, Einl. Rn. 513 ff.).

242 3. **Zwingender Charakter von umgesetzten Richtlinienrecht:** Der EuGH hat sich in der Vergangenheit bereits mehrmals mit der Frage des zwingenden Charakters von national umgesetzten europäischen Richtlinienrecht beschäftigt (EuGH ECLI:EU:C:2000:605 = BeckRS 2004, 76900 – Ingmar; EuGH ECLI:EU:C:2013:663 = BeckRS 2013, 81982 – Unamar; EuGH ECLI:EU:C:2019:84 = BeckRS 2019, 634 – da Silva Martins). Das ist durchaus nicht selbstverständlich. Immerhin geht es bei der Frage, ob eine europäische Norm oder nationale Norm europäischen Ursprungs eine Eingriffsnorm darstellt, strenggenommen nicht um die Auslegung europäischen Rechts (vgl. Art. 267 lit. b AEUV), sondern vielmehr um die Bewertung ihres Gewichts (PWW/Remien IPR-Anh. 1/Rom I-VO Art. 9 Rn. 44). Dennoch stellt der EuGH in seinen Grundsatzentscheidungen **Ingmar und Unamar** drei wichtige **Grundsätze** zum zwingenden Charakter umgesetzten Richtlinienrechts auf:
   a) Auch **individualschützende Normen** (wie zB Art. 17 und 18 Handelsvertreter-RL) können zwingenden Charakter haben.
   b) Umgesetztes Richtlinienrecht, das über den Inhalt der zugrundeliegenden Richtlinie hinausgeht (**überschießendes Umsetzungsrecht**), kann international zwingend sein.
   c) Die **europäischen Mitgliedstaaten** müssen trotz des gemeinschaftsrechtlichen Charakters von Art. 9 Rom I-VO festlegen, inwieweit das umgesetzte Richtlinienrecht jeweils national zwingend ist. In Deutschland hatte der BGH bereits 2005 entschieden, dass das deutsche überschießende Umsetzungsrecht zur Verbraucherkredit-RL nicht international zwingend ist (BGH IPRax 2006, 272, dazu Jayme/Kohler IPRax 2006, 537 (540)).

243 4. **Regeln zur Art und Weise der Erfüllung, mangelhafte Erfüllung: Verhältnis zu weiteren Vorschriften:** Art. 12 II Rom I-VO regelt den sich an die Frage der Wirksamkeit anschließenden Themenkreis der Art und Weise

der Erfüllung eines Vertrages und die im Falle mangelhafter Erfüllung zu treffenden Maßnahmen. Im Vergleich zu Art. 9 III Rom I-VO, der die Anwendung ausländischen zwingenden Rechts am Erfüllungsort bei der Prüfung der Wirksamkeit eines Vertrages regelt, sieht Art. 12 II Rom I-VO die **„Berücksichtigung" des Rechtes am Erfüllungsort** vor. Unerheblich ist hier, ob das Recht zwingend ist.

5. **Ausländischer Sicherheits- und Verhaltensregeln:** Die Anwendung **(zwingender) ausländischer Sicherheits- und Verhaltensregeln** kann sich im internationalen IPR der außervertraglichen Schuldverhältnisse (dh insbesondere **im Deliktsrecht**) auch aus dem Gebot in **Art. 17 Rom II-VO** ergeben, solche Regeln am Ort und im Zeitpunkt des haftungsbegründenden Ereignisses zu beachten. 243a

II. Literatur

- Für eine **gute Übersicht** zur Behandlung von Eingriffsnormen nach der Rom I-VO Harris, in Ferrari/Leible Rome I Regulation 269 ff.; PWW/Remien IPR-Anh/Rom I-VO Art. 9 Rn. 2 ff., 30 ff. 244
- Zur Frage, ob ausländischem Recht nach Art. 9 III Rom I-VO **Wirkung verliehen** wird: Pfeiffer EuZW 2008, 622 (628); Freitag IPRax 2009, 109 ff. (für eine bloße „Berücksichtigung").

2. Besondere Regeln für bestimmte Rechtsgebiete oder Sachverhalte

Neben den allgemeinen Regeln über die Anwendung von international zwingenden Eingriffsnormen in Art. 9 Rom I-VO enthält die Rom I-VO für das internationale Vertragsrecht eine Reihe von besonderen Anwendungsgeboten für zwingendes Recht. Dabei ist strukturell **zwischen Geboten international zwingenden** und (unionsrechtlich oder national) **einfach zwingenden Rechts zu unterscheiden:** 245

a) Anwendungsgebot für international zwingendes Recht bei Formfragen

Nach **Art. 11 V Rom I-VO**, der das IPR zur **Form** von Verträgen betrifft, kommt bei **Verträgen über dingliche Rechte** das Recht am Belegenheitsort der Immobilie (*lex rei sitae*) zur Anwendung, wenn die Regelungen **international zwingend** sind. Die Einordnung, dass diese Kollisionsnorm wie Art. 9 I Rom I-VO nur international zwingendes Recht zulassen will, ergibt sich aus dem Wortlaut: „unabhängig davon gelten, in welchem Staat der Vertrag geschlossen wird oder welchem Recht dieser Vertrag unterliegt". 246

Hinweis: Zwingendes Recht zu Formfragen enthält auch Art. 46e I EGBGB zum Ehescheidungsrecht (→ Rn. 514).

b) International zwingendes EU-Embargo-, Zoll- und Außenwirtschaftsrecht

Nicht in der Rom I-VO geregelt, aber neben ihr unmittelbar anwendbar ist seit vielen Jahren zwingendes EU-Verordnungsrecht im Bereich des Embargo-, Zoll- und Außenwirtschaftsrecht.[161] Es ist nach Art. 9 I Rom I-VO von jedem Gericht 247

161 S. zB die zuletzt 2023 aktualisierte VO (EU) Nr. 267/2012 des Rates vom 23.3.2012 über restriktive Maßnahmen gegen Iran und zur Aufhebung der VO (EU) Nr. 961/2010 (Iran-Embargo-VO) (ABl. 2012 L 88, 1).

eines EU-Mitgliedstaates als Eingriffsnorm der *lex fori* unabhängig vom Vertragsstatut zu beachten (Art. 9 II Rom I) und **greift damit unmittelbar** in das Vertragsgefüge **ein.**[162]

Zu unterscheiden sind **personenbezogene** (zB Verbot von Handel mit oder Zahlungen an bestimmte Personen oder Organisationen) und **güterbezogene** Handelsembargos (zB Beschränkungen der Ausfuhr bzw. Einfuhr aus bzw. in sanktionierte Länder). Dabei muss (tag-)genau geprüft werden, ob das konkrete Geschäft dem Handelsverbot unterliegt (Beispiele: Verbot der Tätigung einer Überweisung, aber Möglichkeit des Abschlusses eines Mandatsvertrages zur Beratung der Bank zu ihrer Listung in der personenbezogenen Embargoliste; Verbot der Einfuhr diverser Produkte aus Russland, wobei übergangsweise die Einfuhr aufgrund von Altverträgen noch für einen bestimmten Zeitraum von einem Einfuhrverbot ausgenommen sein kann[163]).

Gelegentlich kommt es auch zu **Konflikten mit ausländischen Eingriffsnormen:**

Arbeitsblock zur Ergänzung

248 1. **Russland-Sanktionen:** Die Anwendung der Sanktionen der EU gegen Russland infolge des Angriffskrieges gegen die Ukraine ist komplex, weil die EU mit immer neuen Schichten von Sanktionen auf ihre ersten in diesem Kontext erlassene Sanktionen von 2014 aufsetzt (und damit das Wort Krieg vermeidet). Die EU setzt dabei in der Regel Resolutionen des UN-Sicherheitsrats um. Sie arbeitet dabei mit **zwei** erstmals im Jahr 2014 erlassenen **Sanktions-Grundverordnungen**, die sie durch jeweils neue Sanktionspakete fortschreibt.
   - Eine Grundverordnung ist **personenbezogen:** VO (EU) **Nr. 269/2014** des Rates vom 17. März 2014 über restriktive Maßnahmen angesichts der Handlungen Russlands, die die Lage in der Ukraine destabilisieren;
   - die andere Grundverordnung ist **güterbezogen:** VO (EU) **Nr. 833/2014** über restriktive Maßnahmen angesichts der Handlungen Russlands, die die Lage in der Ukraine destabilisieren.

   Ein Beispiel für eine solche Fortschreibung ist die VO (EU) 2023/2878 des Rates vom 18. Dezember 2023 zur Änderung der Verordnung (EU) **Nr. 833/2014** über restriktive Maßnahmen angesichts der Handlungen Russlands, die die Lage in der Ukraine destabilisieren. Die VO (EU) Nr. 833/2014 wirkt damit als Sanktionsgrund-VO und ist in ihrer jeweils neuesten Fassung anzuwenden. Nach Art. 3a I lit. a VO (EG) 833/2014[164] ist es zB verboten, „eine neue Beteiligung an einer juristischen Person, Organisation oder Einrichtung, die nach dem russischen Recht oder dem Recht eines anderen Drittlands gegründet oder eingetragen wurde und die im Energiesektor in Russland tätig ist, zu erwerben oder eine bestehende solche Beteiligung auszuweiten."

162 Reithmann/Martiny IntVertragsR/Zwickel Rn. 5.62, 5.65.

163 Art. 3m I und III lit. a VO (EG) 833/2014 über restriktive Maßnahmen angesichts der Handlungen Russlands, die die Lage in der Ukraine destabilisieren. Art. 3m I VO (EG) 833/2014 enthält ein Verbot für den Import von Rohöl oder Rohölerzeugnissen. Art. 3m III VO (EG) 833/2014 enthält genaue Stichtage, ab wann und bis wann die Sanktionen gelten.

164 Eingefügt durch VO (EU) des Rates vom 16. Dezember 2022 zur Änderung der Verordnung (EU) Nr. 833/2014 über restriktive Maßnahmen angesichts der Handlungen Russlands, die die Lage in der Ukraine destabilisieren.

Seit dem 20.3.2024 müssen nach Art. 12g VO (EU) 833/2014 Lieferverträge über bestimmte Rohstoffe mit Kunden aus bestimmten Drittländern (außerhalb der EU) Klauseln zum Verbot des Re-Exports nach Russland enthalten (VO (EU) 2023/2878 vom 18.12.2023).

2. **Praktischer Anwendungshinweis:** Bei der Arbeit mit europäischen Embargovorschriften sollte nach Möglichkeit mit der aktuellsten konsolidierten Fassung gearbeitet werden. Diese ist bei EU-Lex jeweils links neben der einschlägigen Verordnung zu finden. **249**

3. **Terrorismusbekämpfung:** Die VO (EG) Nr. 881/2002 des Rates vom 27. Mai 2002 über die Anwendung bestimmter spezifischer restriktiver Maßnahmen gegen bestimmte Personen und Organisationen, die mit dem **Al-Qaida-**Netzwerk in Verbindung stehen (ABl. 2002 L 139, 9) setzt die Resolution 1390 (2002) des Sicherheitsrates der Vereinten Nationen über das Einfrieren von Geldern und wirtschaftlichen Ressourcen zur Erleichterung der **Bekämpfung des Terrorismus** um. Die restriktiven Maßnahmen wurden am 23.10.2023 für ein weiteres Jahr bis 31.10.2024 verlängert (weitere Verlängerungen sind dann gegebenenfalls zu prüfen). Der EuGH hat in seinem Urteil v. 11.10.2007 einen Vertrag über einen Grundstückskauf wegen Verstößen gegen die Vorschriften der Verordnung als nicht ausführbar erklärt. Dies hat zur Ablehnung einer beantragten Umschreibung im Grundbuch geführt, vgl. EuGH ECLI: EU:C:2007:596 = BeckRS 2007, 70793 – Möllendorf. **250**

4. **Datenschutz:** International zwingendes EU-Recht gibt es auch **außerhalb** von Embargo-, Zoll- und Außenwirtschaftsrecht. So sind die Regelungen in der am 25.5.2018 (Art. 99 II DS-GVO) in Kraft getretenen **EU-Datenschutz-Grundverordnung** (DS-GVO) zum Teil international zwingenden Charakters, s. Lüttringhaus ZVglRWiss 117 (2018), 50 ff. (zum Internationalen Datenprivatrecht als Baustein des Wirtschaftskollisionsrechts des 21. Jahrhunderts); vgl. Art. 3 DS-GVO. **251**

5. **Embargokonflikte:** Im Kontext internationaler Sanktionen durch Drittländer (zB durch die USA auf der Grundlage der 2018 zuletzt geänderten sec. 301 des US Trade Acts von 1974) ist die zuletzt 2018 geänderte VO (EG) Nr. 2271/96 des Rates vom 22. November 1996 zum Schutz vor den Auswirkungen der extraterritorialen Anwendung von einem Drittland erlassener Rechtsakte sowie von darauf beruhenden oder sich daraus ergebenden Maßnahmen (**Blocking-VO**, auch **Anti-Boykott-VO**)[165] zu berücksichtigen. Die Blocking-VO erzielt Schutz für alle Wirtschaftsteilnehmer in der EU vor nachteiliger Beeinflussung durch extraterritoriale Wirkungen von im Anhang der Blocking-VO aufgeführten Rechtsakten von Drittländern (zB durch die USA nach Wiederaufleben des Iran-Embargos und sog. „*secondary sanctions*“, welche auch nichtamerikanischen Unternehmen verbieten, mit gelisteten Personen bzw. Organisationen und in bestimmten Branchen iranbezogene Geschäfte zu machen). Gewährleistet wird dies unter anderem, indem jede in einem Drittland von Gerichten oder Verwaltungsbehörden auf Grundlage der gelisteten extraterritorialen Rechtsakte gefällte Entscheidung (einschließlich Gerichtsurteilen und Schiedssprüchen) **in der EU für unwirksam erklärt** wird (vgl. Art. 4 Blocking-VO). In der EU ansässige natürliche und juristische Per- **252**

165 ABl. 1996 L 309, 1; zuletzt geändert durch Delegierte VO (EU) 2018/1100 der Kommission v. 6.6.2018.

sonen dürfen den im Anhang der Blocking-VO aufgeführten Rechtsakten von Drittländern nicht nachkommen oder anders zur Wirkung verhelfen (Art. 5 Blocking-VO) (Beispiel: Nichtigkeit der Kündigung von Telefonverträgen durch einen deutschen Telefondienstleister gegenüber einer von den USA gelisteten Bank mit Sitz in Deutschland im Hinblick auf die *secondary sanctions*, OLG Hamburg BeckRS 2022, 29655; EuGH ECLI:EU:C:2021:1035 = BeckRS 2021, 39477 – Bank Melli Iran). Außerdem wird EU-Wirtschaftsteilnehmern, denen aus der Anwendung der gelisteten extraterritorialen Rechtsakte Schäden entstanden sind, eine Rechtsgrundlage für deren Ersatz geboten (vgl. Art. 6 Blocking-VO).

Blocking statutes gegen ausländische Embargos (wie die Blocking-VO der EU) gibt es auch in anderen Staaten (zB im Vereinigten Königreich zu US-amerikanischen Kuba-Sanktionen). Da es unmöglich ist, gegensätzliches zwingendes Recht gleichzeitig zu beachten, kann dies für die handelnden Personen zu einem **Dilemma** führen (das möglicherweise gar nicht oder nur schwierig zu lösen ist, etwa durch einen Antrag auf eine Ausnahmegenehmigung bei der zuständigen US-amerikanischen Behörde). Bereits bei der Vertragsgestaltung für in mehreren Staaten tätige Konzerne sind diese Fragen zu bedenken.

252a 6. **Literatur:** Lieberknecht IPRax 2018, 573; Siadat BKR 2022, 353.

c) Anwendungsgebot von einfach zwingendem Unionsrecht nach der Binnenmarktklausel bei „Abwahl von EU-Recht"

253 Nach **Art. 3 IV Rom I-VO** (→ Rn. 236) führt die **Wahl des Rechts eines Drittstaats** (zB Schweizer Recht) in einem Fall, in dem alle Sachverhaltselemente in der EU liegen, nicht dazu, dass die (einfach) **zwingenden Normen des Unionsrechts** ausgeschlossen werden. Die Regelung wird deshalb als **Binnenmarktklausel** bezeichnet. Sie beruft Bestimmungen des Gemeinschaftsrechts – gegebenenfalls in der von dem Mitgliedstaat des angerufenen Gerichts umgesetzten Form (dh umgesetztes Richtlinienrecht) –, von denen nicht durch Vereinbarung abgewichen werden kann. Anders als bei Art. 9 I Rom I-VO ist ein weiterer Grad von internationalem Geltungswillen der Norm nicht erforderlich. Für die Anwendung einer **Sachnorm des Unionsrechts oder des harmonisierten nationalen Rechts** über Art. 3 IV Rom I-VO ist es daher ausreichend, dass die Sachnorm im normalen rechtlichen Umfeld der EU als zwingend zu werten ist *(„… von denen nicht durch Vereinbarung abgewichen werden kann“)*.

d) Anwendungsgebote einfach zwingenden nationalen Rechts

254 Weitere Rechtsanwendungsgebote der Rom I-VO berufen **national** (einfach) **zwingendes** Recht, sodass sich – anders als bei Art. 9 I Rom I-VO oder Art. 11 V Rom I-VO – die Frage nach dem internationalen Geltungswillen der zwingenden Norm nicht stellt.

- Nach **Art. 3 III Rom I-VO** kann die Wahl eines anderen Rechts bei einem **reinen Inlandssachverhalt** nicht die Anwendung der national zwingenden Normen dieses Staats ausschließen. Das bedeutet zB, dass bei einem rein deutschen Fall, der keine Auslandsbezüge aufweist, die Parteien eines Vertrages nicht durch Wahl zB des Schweizer Rechts die Anwendung der (einfach) zwingenden AGB-Vorschriften oder anderer **deutscher zwingender Vorschriften** ausschließen können. Auf diese Weise will die Rom I-VO eine „Umgehung" von national zwingendem Recht durch die Wahl eines anderen Rechts verhindern (→ Rn. 236).

- Nach **Art. 6 II Rom I-VO** kommt auf **Verbraucherverträge** (Beispiel: **Internetkauf** über eine auf den Fernabsatz ausgerichtete Website) unter bestimmten Voraussetzungen zwingendes Recht des Staats, in dem der Verbraucher seinen gewöhnlichen Aufenthalt hat, zur Anwendung, wenn die Parteien ein anderes Recht als Vertragsstatut gewählt haben (→ Rn. 393 f.).[166] Der Verbraucher soll sich darauf verlassen können, dass er jedenfalls den Schutz des zwingenden Teils seines rechtlichen Umfelds erhält. 255
- **Art. 8 I 2 Rom I-VO** gebietet die Anwendung von zwingenden **Arbeitnehmerschutzbestimmungen** (zB Kündigungsschutzregelungen)[167] des am Arbeitsort (hilfsweise: des am Sitz der einstellenden Niederlassung) geltenden Rechts. Hier kann sich der Arbeitnehmer darauf verlassen, dass er jedenfalls den Schutz des zwingenden Teils seines gewohnten rechtlichen Umfelds erhält.[168]

III. Nationales Recht

Im autonomen deutschen Recht können zum einen **kollisionsrechtliche** Regelungen die **Anwendung** statutsfremden zwingenden Rechts gebieten (dazu **1.**); zum anderen können **sachrechtliche** Normen zur **Berücksichtigung** fremden zwingenden Rechts führen (dazu **2.**). 256

1. Kollisionsrechtliche Anwendungsgebote

Auch das nationale IPR kennt Bestimmungen, die neben dem sonst anwendbaren Statut zwingendes Recht im Wege der Sonderanknüpfung berufen. So schreibt **Art. 17a EGBGB** unter bestimmten Voraussetzungen die Anwendung einiger **deutscher Regelungen** auch bei ausländischem Statut vor. Danach richten sich – unabhängig vom Statut – Betretungs-, Näherungs- und Kontaktverbote, die mit einer im Inland belegenen Ehewohnung zusammenhängen, nach deutschem materiellem Recht. 257

- Im Bereich **des internationalen Schuldrechts** kann es nach Art. 23 Rom I-VO neben den IPR-Verweisungen der Rom I-VO zu beachtendes harmonisiertes IPR geben: Wenn der Vertrag zB einen **engen Zusammenhang** mit einem Mitgliedstaat der EU aufweist, ist nach **Art. 46b EGBGB** aufgrund seiner offenen Formulierung auch **fremdes nationales Recht eines anderen Mitgliedstaats** der EU oder des EWR anwendbar, welches der Umsetzung bestimmter **EU-Verbraucherschutzrichtlinien** dient (Umsetzungsbestimmungen). Ähnliches gebieten aufgrund umgesetzten Richtlinienrechts (i) **Art. 46c EGBGB** im Bereich des Rechts der **Pauschalreisen** und der verbundenen Reiseleistungen (durch Regelungen zur Insolvenzsicherung und Information[169]) und (ii) **Art. 46d EGBGB** im Bereich der **Pflichtversicherungsverträge** die Geltung nationalen zwingenden Rechts. 258

166 PWW/Remien IPR-Anh. 1/Rom I-VO Art. 6 Rn. 15, 18 f. mit Einzelheiten und weiteren Beispielen.
167 PWW/Lingemann IPR-Anh. 1/Rom I-VO Art. 8 Rn. 7.
168 PWW/Lingemann IPR-Anh. 1/Rom I-VO Art. 8 Rn. 7.
169 PWW/Remien EGBGB Art. 46c Rn. 1.

259 **Fall 30:** Ein spanisches Reiseunternehmen bietet im Januar 2024 eine Pauschalreise nach Thailand gezielt für deutsche Touristen an. Ein in Freiburg wohnendes Ehepaar schließt dort einen Reisevertrag mit dem Unternehmen ab. Der Vertrag wird thailändischem Recht unterstellt. Ein Teil des Reisepreises wird vor der Reise gezahlt, der Rest ist erst nach Rückkehr fällig. Als das Reiseunternehmen den restlichen Betrag fordert, will das Ehepaar mit unbestrittenen Schadensersatzforderungen wegen mangelhafter Reiseleistungen aufrechnen und wendet sich an einen Freiburger Rechtsanwalt. Das Unternehmen beruft sich auf einen Aufrechnungsausschluss in seinen Allgemeinen Reisebedingungen. Nach deutschem Recht verstößt eine solche Klausel gegen § 309 Nr. 3 BGB und ist unwirksam. Ist § 309 Nr. 3 BGB anwendbar, auch wenn thailändisches Recht Vertragsstatut ist (dem nach Art. 17 Rom I-VO auch die Aufrechnung unterliegt)?

260 Der Vertrag im **Fall 30** unterfällt **Art. 46b EGBGB:** Der Vertrag wurde aufgrund einer Rechtswahl dem Recht eines Staats unterstellt, der nicht EU-Mitgliedstaat oder Mitgliedstaat des EWR ist. Da Werbung in Deutschland vorausging, die speziell deutsche Touristen ansprechen sollte, liegt ein „Ausrichten" der beruflichen Tätigkeit des Reisebüros nach Deutschland vor (Art. 46b II Nr. 2 EGBGB). Da das Ehepaar seinen gewöhnlichen Aufenthalt in Deutschland hat und damit in dem EU-Mitgliedstaat, auf den die Tätigkeit ausgerichtet war, kann ihm der Schutz von § 309 Nr. 3 BGB als **zwingende Verbraucherschutznorm** nicht entzogen werden: Selbst, wenn das thailändische Recht den Aufrechnungsausschluss zuließe, käme § 309 Nr. 3 BGB aufgrund der gesonderten Anknüpfung in Art. 46b I, IV Nr. 1 EGBGB zur Anwendung. Im Übrigen gilt weiter thailändisches Recht als Vertragsstatut. Der Aufrechnungsausschluss ist nach deutschem Recht unzulässig und setzt sich gegenüber dem thailändischen Recht durch. § 309 Nr. 3 BGB kommt aber auch bereits über Art. 6 Rom I-VO zur Anwendung, sodass die Anwendung von Art. 46b EGBGB in der Praxis nicht weiterführt (→ Rn. 72).

261 **Hinweis:** Da die in Art. 46b IV EGBGB genannten Richtlinien in den anderen EU-Mitgliedstaaten umgesetzt wurden, geht der deutsche Gesetzgeber davon aus, dass in den anderen Mitgliedstaaten ein hinreichender Mindestschutz des Verbrauchers erreicht ist, sodass bei einer Wahl des Rechts eines anderen EU-Mitgliedstaats für den Vertrag keine Anwendung der deutschen Normen vonnöten ist.

Arbeitsblock zur Vertiefung

262 1. **Art. 46b EGBGB:** Die Anwendung von Art. 46b EGBGB ist voller Tücken. Sie betrifft in besonderem Maße die Schnittstelle zwischen Europarecht und IPR. So ist Art. 46b EGBGB im Lichte der jeweils betroffenen Richtlinie **richtlinienkonform auszulegen** (PWW/Remien EGBGB Art. 46b Rn. 2. Nur wer zur Vertiefung antritt, sollte sich mit dieser Vorschrift näher beschäftigen. Folgende Themenkomplexe sind zB noch nicht abschließend geklärt:
   a) die Auslegung des Begriffs **„enger Zusammenhang"** (dazu PWW/Remien EGBGB Art. 46b Rn. 5);
   b) die **Rechtsfolgen** der Anwendung der Umsetzungsbestimmungen mit einhergehenden Fragen bei unzureichender oder über die Richtlinie hinausschießender Umsetzung (dazu PWW/Remien EGBGB Art. 46b Rn. 7);
   c) die Rechtslage bei **„engem Zusammenhang" zu mehr als einem Mitgliedstaat** (s. PWW/Remien EGBGB Art. 46b Rn. 5);
   d) aufgrund richtlinienkonformer Auslegung die Gestattung eines **„Günstigkeitsvergleichs"** für den Fall, dass das Vertragsstatut dem Verbraucher

günstiger ist als Umsetzungsrecht in dem Mitgliedstaat, zu dem ein enger Zusammenhang besteht (so PWW/Remien EGBGB Art. 46b Rn. 8);

e) Einzelheiten zur Anwendung des ausschließlich ins deutsche Recht führenden Abs. 3 (der **Teilzeit-Wohnrechteverträge** betrifft);

f) die unionsrechtlich begründbare analoge Anwendung auf andere, nicht in Abs. 4 genannte Richtlinien (dazu kurz PWW/Remien EGBGB Art. 46b Rn. 12).

In einem Urteil v. 15.3.2023 hat das LG Frankfurt festgestellt, dass aufgrund von Art. 46b EGBGB eine **Rechtswahlklausel** in **AGB zugunsten englischen Rechts** dem durch EuGH-Rechtsprechung entwickelten **Transparenzgebot** unterliegt, welches auf die Klausel-RL zurückgeht. Art. 46b EGBGB gebiete demnach kollisionsrechtlich, dass die **Rechtsprechungsgrundsätze** des **EuGH** zu der Verbraucherschutzrichtlinie trotz drittstaatlichem berufenem Recht zum Tragen kommen (LG Frankfurt a.M. WRP 2023, 759), s. auch → Rn. 393a. 263

2. Literatur 264

v. Bar/Mankowski IPR I § 4 III Rn. 101 f.; Reithmann/Martiny IntVertragsR/Martiny Rn. 35.96 ff. zur Verbraucherrechte-RL → Rn. 394 lit. c.

2. Berücksichtigung von ausländischem zwingenden Recht nach deutschem Sachrecht

Ist ausländisches zwingendes Recht nicht bereits kraft eines völkerrechtlichen, unionsrechtlichen oder nationalen kollisionsrechtlichen Anwendungsgebotes anzuwenden, kann ihm **im Einzelfall** auch materiell-rechtlich Geltung verschafft werden (sog. **materiell-rechtlicher Lösungsweg**).[170] 265

- Im **deutschen Schuldvertragsrecht** hat dies Tradition aus der Zeit, als es Art. 9 III Rom I-VO noch nicht gab.[171] So kann das fremde Recht im Vertragsrecht zB zur Ausfüllung des Begriffs der **Sittenwidrigkeit in § 138 BGB** verwendet werden. Zum Teil wird vertreten, dass – soweit der Anwendungsbereich der Rom I-VO betroffen ist[172] – Art. 9 III Rom I-VO **nunmehr eine Sperrwirkung** entfaltet: Es bleibt dann kein Raum für die materiell-rechtliche Berücksichtigung von ausländischem Recht, wenn es nicht bereits über Art. 9 III Rom I-VO zum Zuge kam.[173] Zum Teil wird zu Recht betont, dass die Rom I-VO nicht staatliches materielles Recht verändere und der materiell-rechtliche Lösungsweg damit uneingeschränkt neben der kollisionsrechtlichen Lösung über Art. 9 III Rom I-VO steht.[174] In der Praxis wird sich die Streitfrage, ob **nach Anwendung von Art. 9 III Rom I-VO** noch ausländisches zwingendes Recht materiell-rechtlich zu berücksichtigen ist, selten stellen. Aufgrund des dem Richter von Art. 9 III Rom I-VO eingeräumten Ermessens („*kann Wirkung verliehen werden*") ist es aber denkbar, dass der materiell-rechtliche Lösungsweg ausnahmsweise **als Anwendung** von Art. 9 III Rom I-VO gewählt wird. In den nicht von Art. 9 III 266

170 Vgl. Drobnig FS Neumayer, 1985, 161.
171 PWW/Remien IPR-Anh. 1/Rom I-VO Art. 9 Rn. 45.
172 Vgl. die Einschränkungen in Art. 1 Rom I-VO.
173 Freitag IPRax 2009, 115.
174 PWW/Remien IPR-Anh. 1/Rom I-VO Art. 9 Rn. 38, 45.

Rom I-VO erfassten Rechtsgebieten (vgl. Art. 1 Rom I-VO) stellt sich diese Abgrenzungsfrage nicht.

267 • Im **deutschen Deliktsrecht** kann im Einzelfall ausländisches zwingendes Recht bei der Anwendung von **§ 826 BGB** berücksichtigt werden.[175]

Arbeitsblock zur Ergänzung

268 1. **Lesenswerte Fälle** zur Prüfung fremder Eingriffsnormen im Kontext von **§ 138 BGB** sind zB BGHZ 34, 169 = BeckRS 1960, 103927 („Borax"; Vertrag sittenwidrig, weil die Parteien ein US-amerikanisches Exportverbot umgehen wollten); BGHZ 59, 82 = NJW 1972, 1575 („nigerianische Masken"; Vertrag sittenwidrig aufgrund eines nigerianischen Exportverbots für afrikanische Masken und Figuren) und BGHZ 69, 295 = NJW 1977, 2356 (der Verstoß eines Fluchthelfervertrags gegen das Recht der DDR führte nicht zur Sittenwidrigkeit nach § 138 BGB), die in ihrer Gesamtschau den Einfluss des jeweiligen Zeitgeists auf die Subsumtion unter § 138 BGB zeigen. Ausländische Eingriffsnormen wurden von der Rechtsprechung auch bei der Anwendung anderer deutscher Vorschriften berücksichtigt:

269 • RGZ 107, 173 (174): Besatzungsrechtliches Spirituosenverkaufsverbot führt zur Unzumutbarkeit der Erfüllung wegen der beachtlichen Sanktionsdrohung und damit zur Unmöglichkeit nach **§ 275 BGB** (aF sowie nF).
• OLG Frankfurt a.M. NJW 2018, 3591: Beförderungsverbot israelischer Staatsangehöriger nach kuwaitischem Recht führt zur Unmöglichkeit nach **§ 275 BGB** der Vertragserfüllung durch die Fluggesellschaft.
• BGH NJW 1963, 1971 (1972): Beschlagnahme einer veräußerten Forderung als Feindvermögen bedeutet einen Rechtsmangel iSv §§ 437 I, 440 I, 325 BGB aF (mittlerweile: **§§ 435 S. 1, 437 BGB**).

270 • BGH NJW 1984, 1746: Alkoholimportverbot Irans nach der Revolution führt zum **Wegfall der Geschäftsgrundlage** (§ 313 BGB). In Anlehnung an diese Entscheidung versucht man die Berücksichtigung fremden Eingriffsrechts zT auf die sog. **Datumslehre** zu stützen, da fremdes Recht als Datum (feststehende Tatsache) hinzunehmen sei (vgl. Mülbert IPRax 1986, 140 f.).
• OLG Hamburg BeckRS 2019, 19088: Ausschluss des Irans vom SWIFT-System stellt keinen wichtigen Grund iSd § 314 BGB dar und führt auch nicht zum Wegfall der Geschäftsgrundlage (dazu Bälz NJW 2020, 878).

271 2. **Öffentlich-rechtliches Kollisionsrecht:** Der BGH hat in mehreren Entscheidungen zum sog. öffentlich-rechtlichen Kollisionsrecht ausgeführt, dass eine Anwendung fremder Eingriffsnormen (also im Wege kollisionsrechtlicher Sonderanknüpfung) jedenfalls nicht in Betracht kommt, soweit diese (wie häufig) öffentlich-rechtlichen Charakter haben. **Ausländisches öffentliches Recht** könne – von wenigen, bisher vom BGH nie bejahten Ausnahmen abgesehen – aufgrund des **Territorialitätsgrundsatzes** nicht über die Grenzen des rechtsetzenden Staats hinauswirken (BGHZ 31, 367 (372 f.) = NJW 1960, 1101; BGHZ 64, 183 (189) = NJW 1975, 1220, vgl. dazu Drobnig FS Neumayer, 1985, 160 f.). Dieser Ausgangspunkt ist heute umstritten (vgl. Grüneberg/Thorn Rom I-VO Art. 9 Rn. 15 f. mwN). Vertiefend zum Verhältnis von internationalem öffentlichem Recht zum IPR v. Bar/Mankowski IPR I § 4 Rn. 52 ff.

175 BGH NJW 1993, 194 f.

3. **Lehre von der Sonderanknüpfung:** Die sog. Lehre von der Sonderanknüpfung will auch außerhalb gesetzlicher kollisionsrechtlicher Anwendungsgebote (→ Rn. 256 ff.) ausländisches zwingendes Recht nicht nur auf materiellrechtlichem Wege berücksichtigen, sondern generell durch kollisionsrechtliche Sonderanknüpfung zur Anwendung bringen, soweit nicht völkerrechtliche Gründe bzw. der ordre public entgegenstehen (vgl. Wengler ZVglRWiss 54 (1941), 168 (181 ff.); Kreuzer, Ausländisches Wirtschaftsrecht vor deutschen Gerichten – Zum Einfluß fremdstaatlicher Eingriffsnormen auf private Rechtsgeschäfte, 1986, S. 90 ff.). Für Verfahren vor staatlichen Gerichten in Mitgliedstaaten der EU hat der **EuGH** durch seine Entscheidung in Sachen **Nikiforidis**[176] dieser Lehre für das Internationale Schuldvertragsrecht eine Absage erteilt. Im IPR der außervertraglichen Schuldverhältnisse ist die Rechtslage anders (→ Rn. 238 aE). 272
4. **Literatur** 273
   - Überblick bei Mankowski IPRax 2016, 485 ff.;
   - Zur Praxis deutscher Gerichte Martiney NJW 2018, 430.

F. IPR und einheitliches Sachrecht

Das bisher erörterte „klassische" IPR wird als „Verweisungsrecht" häufig, aber nicht immer zur Bestimmung des anwendbaren materiellen Rechts, dem „Entscheidungsrecht" benötigt.[177] **Vor jeder IPR-Prüfung** ist stets festzustellen, ob einheitliches Sachrecht kraft eigener Rechtsanwendungsnormen anzuwenden ist. Solches **einheitliches Sachrecht** regelt privatrechtliche Sachverhalte mit Auslandsbezug unmittelbar, ist also **„Entscheidungsrecht"**. Folglich ist in diesen Fällen, in denen einheitliches Sachrecht kraft eigener Rechtsanwendungsnormen Platz greift, **insoweit kein Raum** mehr für eine **IPR-Prüfung**. Ihr Ziel ist ja gerade, das anzuwendende Entscheidungsrecht zu bestimmen. Bei Einschluss der Prüfung eigener Rechtsanwendungsnormen im einheitlichen Sachrecht spricht man auch von **„IPR im weiteren Sinne"** (in Abgrenzung zum eigentlichen IPR im engeren Sinne). 274

Als Quellen kommen internationale Übereinkommen zum Einheitsprivatrecht (**I.**) und Unionsrecht (**II.**) in Betracht. Weiterhin kann auch **nach** einer IPR-Prüfung Einheitsrecht von Bedeutung sein kann, wenn das vom Kollisionsrecht berufene nationale Statut seinerseits international vereinheitlichtes Sachrecht umfasst (**III.**). 275

Hinweis: In der Praxis arbeitet man **parallel:** *Erstens* ist zu prüfen, ob und für welche Rechtsfragen Einheitsrecht anzuwenden ist. Oft klärt das Einheitsrecht nur einige, aber nicht alle anstehenden Fragen. Für die offenen Rechtsfragen ist eine IPR-Prüfung durchzuführen. *Zweitens* ist der Sachverhalt nach den zu klärenden (weiteren) Rechtsfragen zu durchforsten (→ Rn. 80 ff. Qualifikation). *Drittens* ist die Recherche nach einschlägigem zwingenden Recht aufzusetzen, das neben dem Vertragsstatut Geltung verlangen kann (→ Rn. 224 ff.).

176 EuGH ECLI:EU:C:2016:774 = BeckRS 2016, 82514 – Nikiforidis.
177 Kropholler IPR § 12 S. 96.

I. Verdrängung des nationalen IPR durch staatsvertraglich vereinheitlichtes Sachrecht mit eigenen Rechtsanwendungsnormen

276 Ebenso wie Staaten in völkerrechtlichen Übereinkommen **vereinheitlichtes Kollisionsrecht** vereinbart haben, haben sie in (anderen) völkerrechtlichen Übereinkommen **vereinheitlichtes Sachrecht (Einheitsprivatrecht)** geschaffen. Die Vertragsstaaten der Übereinkommen haben dann insoweit **übereinstimmendes** Sachrecht. Auch dabei handelt es sich in Deutschland – ebenso wie beim einheitlichen Kollisionsrecht (→ Rn. 49) – nach Transformation und Ratifikation des Übereinkommens um **nationales Recht.**[178]

277 Häufig bestimmen diese Übereinkommen (meist in ihren Eingangsartikeln) durch eigene **Rechtsanwendungsnormen** selbst, wann sie anwendbar sein sollen. So zB Art. 1 I Übereinkommen über den Beförderungsvertrag im internationalen **Straßengüterverkehr** v. 19.5.1956 **(CMR)**[179]:

„Dieses Übereinkommen gilt für jeden Vertrag über die entgeltliche Beförderung von Gütern auf der Straße mittels Fahrzeugen, wenn der Ort der Übernahme des Gutes und der für die Ablieferung vorgesehene Ort, wie sie im Vertrage angegeben sind, in zwei verschiedenen Staaten liegen, von denen mindestens einer ein Vertragsstaat ist. Dies gilt ohne Rücksicht auf den Wohnsitz und die Staatsangehörigkeit der Parteien."

Liegen diese Voraussetzungen vor, so beruft Art. 1 I CMR das Übereinkommen als vereinheitlichtes Sachrecht. **Für** die Anwendung von (völkervertraglichem, unionsrechtlichem oder autonomem) **IPR** bleibt grundsätzlich **kein Raum**, da die Berufung einer nationalen Rechtsordnung nicht mehr nötig ist, soweit das Übereinkommen die zu prüfenden Rechtsfragen regelt.

278 Rechtstechnisch ist der **Vorrang von völkerrechtlich vereinheitlichtem Sachrecht auf drei Abgrenzungen** zurückzuführen:

(1) Dem **völkerrechtlichen IPR** gehen die Staatsverträge zur Vereinheitlichung von Sachrecht, die eigene Rechtsanwendungsregeln enthalten, nach den Grundsätzen *lex specialis derogat legi generali* oder *lex posterior derogat legi priori* bzw. nach Regelungen in den betroffenen Übereinkommen selbst vor.[180]

(2) Im **Verhältnis zum unionsrechtlichen IPR** (das sich nach Art. 25 II Rom I-VO innerhalb der EU auch gegenüber älterem staatsvertraglichen IPR durchsetzt) ergibt sich der Vorrang des staatsvertraglichen Einheitsrechts, wie zB dem Übereinkommen über den internationalen **Eisenbahnverkehr** v. 9.5.1980 (COTIF)[181], aus einer **einschränkenden Auslegung von Art. 1 I Rom I-VO:** Die dort angesprochenen Zivil- und Handelssachen mit einer *„Verbindung zum Recht verschiedener Staaten"* betreffen nur Fälle, in denen Konflikte zwischen den Rechtsordnungen bestehen. Dies lässt sich insbesondere aus dem englischen und französischen Wortlaut: *„conflict of laws"*, *„conflit de lois„* herleiten. Auch entspricht dies dem Sinn der Rom I-VO, die zur weiteren Festigung des Binnenmarktes nur solche Konflikte überwinden will (Erwgr. 6 Rom I-VO). Soweit völ-

178 v. Bar/Mankowski IPR I § 2 Rn. 35.

179 BGBl. 1967 II 1120.

180 Sehr vereinfachte Darstellung, vgl. vertiefend v. Bar/Mankowski IPR I § 2 Rn. 64; Kropholler IntEinheitsR S. 181 f. jeweils mwN.

181 BGBl. 2002 II 2149.

kervertragliches Einheitsrecht besteht, gibt es keine Konflikte zwischen den betroffenen Rechtsordnungen, die mithilfe des IPR zu lösen wären.[182]

(3) Dem **autonomen IPR** geht staatsvertragliches Einheitsprivatrecht, das aufgrund von eigenen Rechtsanwendungsregeln auch kollisionsrechtlichen Charakter hat, nach Art. 3 Nr. 2 EGBGB vor.[183]

Fall 31:[184] Ein italienisches Großhandelsunternehmen verkauft am 20.12.2023 1.000 italienische Herrenanzüge (Zweireiher) an einen deutschen Importeur in Düsseldorf. Für etwaige Streitigkeiten wird als Gerichtsstand Düsseldorf vereinbart. Die Vereinbarung enthält auch eine Rechtswahlklausel zugunsten deutschen Rechts („*Auf sämtliche Streitigkeiten aus diesem Vertrag findet das deutsche Recht Anwendung.*"). Der deutsche Importeur bemerkt Mängel an der bereits im Januar 2024 erfolgenden Lieferung der Zweireiher. In einigen Fällen sind überhaupt keine Knopfreihen angenäht, in anderen Fällen sind nicht zusammenpassende Knöpfe an ein und demselben Anzug angenäht. Der deutsche Importeur teilt seinem italienischen Vertragspartner telefonisch mit, die Verarbeitung sei „unterschiedlich" und die Anzüge würden „Fehler" aufweisen. In einem Gewährleistungsprozess vor dem LG Düsseldorf wendet der italienische Verkäufer ein, Gewährleistungsansprüche stünden dem deutschen Importeur schon deshalb nicht zu, weil er angebliche Mängel nicht ordnungsgemäß gerügt habe. Welches Recht ist anwendbar? 279

Das LG Düsseldorf ist aufgrund der Gerichtsstandsvereinbarung (Art. 25 I Brüssel Ia-VO) zuständig (→ Rn. 635 ff.). Bei der Frage nach dem anwendbaren Recht prüft das Gericht vor dem Rückgriff auf das IPR, ob international vereinheitlichtes Sachrecht kraft eigener Rechtsanwendungsnormen zur Anwendung kommt. 280

Im **Internationalen Kaufrecht** kommt das Wiener Übereinkommen der Vereinten Nationen über Verträge über den internationalen Warenkauf v. 11.4.1980 (**CISG**)[185] in Betracht. Das CISG wurde in den 1970er Jahren auf UN-Ebene in der **UNCITRAL** (United Nations Commission on International Trade Law) beraten. Es wird daher auch vielfach als Wiener Kaufrechtsübereinkommen oder UN-Kaufrechtsübereinkommen bezeichnet. Das CISG ist heute in bisher 97 Vertragsstaaten in Kraft getreten.[186] Dazu gehören zB **Brasilien, China, Frankreich, Israel, Japan, Russland, die USA** und auch **Deutschland**. Nicht unterzeichnet wurde das Übereinkommen unter anderem vom Vereinigten Königreich und Indien.[187]

Art. 1 I CISG lautet wie folgt:

> „Dieses Übereinkommen ist auf Kaufverträge über Waren zwischen Parteien anzuwenden, die ihre Niederlassung in verschiedenen Staaten haben,
> a) wenn diese Staaten Vertragsstaaten sind oder
> b) wenn die Regeln des internationalen Privatrechts zur Anwendung des Rechts eines Vertragsstaats führen."

Deutschland und Italien sind Vertragsstaaten des UN-Kaufrechts. Es handelt sich im **Fall 31** um einen Warenkauf, sodass die Anwendungsvoraussetzungen von **Art. 1 I** 281

182 S. dazu im Einzelnen PWW/Brödermann/Wegen IPR-Anh. 1/Rom I-VO Art. 1 Rn. 8 ff.
183 Vgl. v. Bar/Mankowski IPR I § 2 Rn. 62 f. zur Vorgängernorm Art. 3 II EGBGB aF.
184 Angelehnt an OLG Frankfurt a.M. NJW 1994, 1013.
185 BGBl. 1989 II 588; Jayme/Hausmann Nr. 77.
186 Eine aktuelle Übersicht findet unter https://uncitral.un.org/en/texts/salegoods/conventions/sale_of_goods/cisg/status. Zum 1.9.2024 wird es in Saudi-Arabien als erstem arabischen Staat in Kraft treten. Wegen der Erwähnung von Zinsen (Art. 78 CISG) wurde die Ratifikation von Teil 3 ausgenommen, sodass das CISG dort dann nur für das Zustandekommen von Verträgen gilt.
187 Jayme/Hausmann Nr. 77 Fn. 1; alternativ Fundquellenverzeichnis B (→ Rn. 832).

lit. a CISG erfüllt sind. Es geht auch nicht um den Kauf von Waren iSv Art. 2 CISG, der die Anwendung des Übereinkommens ausschließt (**Negativkatalog**). Weitere Anwendungsvoraussetzung ist jedoch, dass die Parteien des Kaufvertrages die Anwendung des Übereinkommens **nicht ausgeschlossen** haben. Art. 6 CISG sieht diese Möglichkeit der „Abwahl" ausdrücklich vor. Im vorliegenden Fall kommt eine solche Abwahl in Betracht, da die Parteien in dem Kaufvertrag die Geltung des „deutschen Rechts" vereinbart haben. Nach ganz überwiegender Auffassung erfüllt eine Bezugnahme auf „deutsches Recht" (oder das Recht eines anderen Vertragsstaats) jedoch nicht die Anforderungen an eine Abwahl iSd Art. 6 CISG, da das UN-Kaufrecht in deutsches Recht transformiert worden und damit **ebenfalls** als **„deutsches Recht"** anzusehen ist.[188] Um das UN-Kaufrecht abzuwählen, hätten die Parteien in diesem Fall ausdrücklich die Geltung deutschen Rechts unter Ausschluss des UN-Kaufrechts vereinbaren müssen. Somit hat das LG Düsseldorf im **Fall 31** die Regeln des UN-Kaufrechts anzuwenden.

282 Nach Art. 39 I CISG verliert der Käufer das Recht, sich auf eine Vertragswidrigkeit der Ware zu berufen, wenn er sie dem Verkäufer nicht innerhalb einer angemessenen Frist nach dem Zeitpunkt, in dem er sie festgestellt hat oder hätte feststellen müssen, anzeigt und dabei die Art der Vertragswidrigkeit „genau bezeichnet". Die pauschale, noch dazu telefonische Berufung auf „Fehler" oder „unterschiedliche Verarbeitung" ist keine genaue Bezeichnung der Vertragswidrigkeit iSv Art. 39 CISG.[189] Der Einwand des italienischen Verkäufers ist daher berechtigt.

Arbeitsblock

I. Zur Ergänzung

283 **1. Auslegung**

a) **Einheitliche Rechtsanwendung (Art. 7 CISG):** Bei der Auslegung des CISG ist nach Art. 7 I stets seinem **internationalem Charakter** Rechnung zu tragen. Es muss dabei gegebenenfalls auf den authentischen Vertragstext zurückgegriffen und ein Vergleich mit der Rechtsprechung anderer Vertragsstaaten vorgenommen werden, um eine **einheitliche Rechtsanwendung** zu gewährleisten (vgl. dazu v. Bar/Mankowski IPR I § 2 Rn. 70; Schlechtriem/Schwenzer/Schroeter/Ferrari CISG Art. 7 Rn. 33 ff.; Literaturüberblick bei Basedow RabelsZ 81 (2017), 1 (20, Fn. 103). Deshalb sind bei der Anwendung des CISG auch internationale Rechtsquellen beachtlich, insbesondere die Empfehlungen des **CISG Advisory Council:** https://cisgac.com/opinions/ (zuletzt besucht am 4.2.2024).

284 b) **Lückenfüllung:** Sofern das CISG eine Rechtsfrage nicht ausdrücklich regelt, ist eine sog. Lückenfüllung vorzunehmen. Dabei muss zwischen internen und externen Lücken unterschieden werden. Nach Art. 7 II CISG sind Gegenstände, die im CISG zwar (mit)geregelt, in diesem aber nicht ausdrücklich entschieden sind (sog. **interne Lücken**) **nach den allgemeinen Grundsätzen des CISG** zu entscheiden oder – wenn diese nicht festzustellen sind – nach dem durch das IPR des Forumstaates

188 Vgl. Ferrari IntVertragsR/Saenger CISG Art. 6 Rn. 4; Schlechtriem/Schwenzer/Schroeter/Ferrari CISG Art. 6 Rn. 22.
189 BGH NJW 2004, 3181 (3182).

berufenen nationalen Recht. Ist ein Gegenstand vom Anwendungsbereich des CISG (Art. 1 ff. CISG) ausgeschlossen und nicht geregelt (sog. **externe Lücke**), so findet nach Art. 7 II aE CISG das durch IPR des Forumstaates berufene nationale Recht Anwendung.

c) **Ergänzende Heranziehung allgemeiner Rechtsgrundsätze:** Sowohl zur Ausfüllung des *„guten Glauben im internationalen Handel"* nach Art. 7 I CISG (externe Lückenfüllung) als auch zur internen Lückenfüllung nach Art. 7 II CISG können die sog. **UNIDROIT Principles**, die das Gebot von Treu und Glauben in internationalen Handelsverträgen für zahlreiche Vertragsfragen konkretisieren (später → Rn. 313, 317), zur Auslegung herangezogen werden (streitig, aA zB Schlechtriem/Schwenzer/Schroeter/Ferrari, Kommentar zum Einheitlichen UN-Kaufrecht – CISG, 7. Aufl. 2019, CISG Art. 7 Rn. 26, 62 f.; zögernd juris-PK/Münch CISG Art. 7 Rn. 62 ff., 86). Dogmatische Einzelheiten sind umstritten (s. zB Kronke 25 Journal of Law and Commerce 2005, 451 (457 f.) mit Hinweis auf Art. 31 III WVK). Wer über Art. 7 II CISG die UNIDROIT Principles als Ausdruck allgemeiner Grundsätze von Treu und Glauben, die dem CISG zugrunde liegen (*argumentum* Art. 7 I CISG) heranzieht, fördert damit zugleich den guten Glauben im internationalen Handel iSv Art. 7 I CISG. Ausdruck dieser allgemeinen Grundsätze sind beispielsweise das Gebot der **Kooperation** in Art. 5.1.3 UNIDROIT Principles oder das Gebot der **Schadensminderung** in Art. 7.4.8 UNIDROIT Principles (mwN aus der Rechtsprechung von Schiedsgerichten Brödermann, UNIDROIT Principles Commentary, Annex Präambel Rn. 21–23 sowie die in Rn. 32–34 gelisteten Urteile). Art. 7 I CISG kann man sich daher als **„Tor zu den UNIDROIT Principles"** vorstellen. 285

2. **Vorbehalte:** Durch Vorbehalte nach Art. 95 und 96 CISG kann der durch das CISG einheitlich geregelte Bereich eingeschränkt sein (→ Rn. 48). Ob dies der Fall ist, muss jeweils geprüft werden. 286
3. **Vergleich zum autonomen Kaufrecht:** Das CISG war eine wichtige **Quelle für die deutsche Schuldrechtsreform** in 2002. Das deutsche autonome Schuldrecht entspricht damit dem CISG in wesentlichen Punkten. Da die Regelungen im CISG weitgehend dispositiv sind, ist es verkäufergünstiger als das autonome deutsche Recht. So ist beispielsweise der Regress nach § 478 BGB bei Geltung des CISG ausgeschlossen (s. Piltz ZVertriebsR 2023, 17 (20 ff.)). Insgesamt bietet das CISG mehr Freiheiten in der Vertragsgestaltung als das BGB. Für eine sehr hilfreiche Übersicht über Vorteile für den Käufer und für den Verkäufer s. Piltz ZVertriebsR 2017, 138. 287
4. **Abwahl des CISG:** Soll eine Abwahl des CISG vorgenommen werden, muss diese den Anforderungen des Art. 6 CISG entsprechen. Danach muss sich aus der Einigung über die Abwahl eindeutig ergeben, dass das CISG nicht zur Anwendung kommen soll. Da das CISG sowohl aus Verkäufer- als auch aus Käufersicht Vorteile bietet (Piltz ZVertriebsR 2017, 138), muss die Entscheidung über eine Abwahl (und damit zwischen autonomen, gegebenenfalls deutschem Verkäuferrecht und dem CISG) **bewusst** erfolgen. Eine **unbewusste Abwahl** durch einen Rechtsanwalt kann berufsrechtlich fahrlässig sein oder – bei Abwahl durch ein Unternehmen – nicht den Anforderungen an eine sorgfältige kaufmännische Geschäftsführung (s. zB 288

§ 43 I GmbHG) entsprechen. Die Abwahl erfolgt in der Praxis oft aufgrund einer bestehenden Übung in der Rechtsabteilung, die auf alte Entscheidungen in den 1990er Jahren zurückgeht. Seinerzeit war das deutsche autonome BGB verkäuferfreundlicher als das CISG (Beispiel: verschuldensabhängige Haftung nach §§ 440 I, 325 BGB aF). Seit der Schuldrechtsreform von 2002 (mithin seit über 20 Jahren) ist die Rechtslage jedoch anders, sodass die ursprünglichen Entscheidungen überholt sind (s. zu Motiven der Abwahl MüKoHGB/Mankowski CISG Art. 6 Rn. 24 ff.)

288a 5. **Einbeziehung von AGB:** Gerade mit Blick auf die Wirksamkeit einer Rechtswahl oder einer Gerichtsstandsvereinbarung (→ Rn. 669) stellt sich unter dem CISG in der Praxis häufig die Frage nach der Einbeziehung von AGB, die eine solche Rechtswahl enthalten. Das CISG enthält dazu zwar keine ausdrücklichen Vorschriften, dennoch ist es heute unstreitig, dass sich die Einbeziehung von AGB nach den Regelungen über den Vertragsschluss nach Art. 14 ff. CISG und den allgemeinen Grundsätzen zur Auslegung von Willenserklärungen nach Art. 8 CISG richtet (so etwa CISG Advisory Council Opinion Nr. 13). Für eine Einbeziehung bedarf es im Angebot des AGB-Verwenders jedenfalls eines ausdrücklichen Hinweises auf die AGB. Umstritten ist allerdings, ob den AGB-Verwender auch eine Kenntnisverschaffungsobliegenheit trifft oder ob der Vertragspartner vielmehr zur Nachfrage verpflichtet ist (Schlechtriem/Schwenzer/Schroeter/Schmidt-Kessel CISG Art. 8 Rn. 53 ff. mwN). Dabei geht der BGH richtigerweise von einer **Kenntnisverschaffungsobliegenheit** des AGB-Verwenders aus, wonach der Verwender die AGB **zusätzlich übersenden oder anders zugänglich machen** muss (BGH NJW 2002, 370); dabei dürfte mit Blick auf die neuere EuGH-Rechtsprechung zu Gerichtsstandsklauseln (die später im IZVR erörtert werden → Rn. 654) jedenfalls ein **Hyperlink** auf in einer Website enthaltene AGB ausreichen (EuGH ECLI:EU:C:2022:923 = BeckRS 2022, 32700; IHR 2023, 120 mAnm Piltz). Schließlich muss das Angebot samt AGB von dem Geschäftspartner angenommen werden. S. vertiefend zum Ganzen Schroeter, Internationales UN-Kaufrecht, 7. Aufl. 2022, Rn. 250 mwN.

289 6. **Ergänzendes Vertragsstatut:** Auf Fragen, die das staatsvertraglich vereinheitlichte Sachrecht nicht regelt (Beispiel aus dem CISG: Höhe der Zinsen, Verjährung; Gegenspiel: Art. 32 CMR mit Verjährungsregelung), ist ergänzend das mithilfe des IPR zu ermittelnde Vertragsstatut anzuwenden. Im **Fall 31** wäre so auf das von den Parteien gewählte deutsche materielle Recht abzustellen (Art. 3 I Rom I-VO). Denn: Soweit international vereinheitlichtes Sachrecht Lücken enthält (die nicht nach den allgemeinen Grundsätzen des USG geschlossen werden können, → Rn. 284 f.) oder bestimmte Bereiche bewusst nicht regelt (zB die Wirksamkeit des Vertrages nach Art. 4 S. 2 CISG), ist (nur) für diese Bereiche eine IPR-Prüfung vorzunehmen (vgl. ausdrücklich aber auch einschränkend Art. 7 II CISG; zum Vorrang des Einheitsrechts vor dem Internationalen Schuldvertragsrecht → Rn. 278). Im Übrigen bleibt das Einheitsrecht anwendbar (v. Bar/Mankowski IPR I § 2 Rn. 69).

290 **II. Literatur zur Vertiefung**

1. **Zu Art. 3 Nr. 2 EGBGB:** PWW/Mörsdorf EGBGB Art. 3 Rn. 29.
2. **Zum UN-Kaufrecht:**

(i) **Deutsche Literatur:** Schroeter, Internationales UN-Kaufrecht, 7. Aufl. 2022; für aktuelle Entwicklungen Piltz NJW 2023, 2542, sowie der bereits erwähnte Aufsatz von Piltz ZVertriebsR 2017, 138 (sehr gute Übersicht über Vorteile für den Käufer und für den Verkäufer!) und Internationales Kaufrecht, Das UN-Kaufrecht in praxisorientierter Darstellung, 2. Aufl. 2008; Honsell, Kommentar zum UN-Kaufrecht. Übereinkommen der Vereinten Nationen über Verträge über den internationalen Warenkauf, 2. Aufl. 2010; Schlechtriem/Schwenzer/Schroeter, Kommentar zum Einheitlichen UN-Kaufrecht (CISG), 7. Aufl. 2019; Staudinger/Magnus, 2017, Wiener UN-Kaufrecht (CISG).

(ii) **Internationale Rechtsquellen:** Mit Blick auf die Auslegungsgrundsätze in Art. 7 CISG www.uncitral.org; Rechtsprechungsdatenbank unter www.cisg-online.org und www.unilex.info.

II. Verdrängung des nationalen IPR durch unionsrechtliches Sachrecht („EU-Sachrecht")

Unionsrechtliches Sachrecht (**„EU-Sachrecht"**) geht nationalem Recht jeder Art und Form und damit auch nationalem IPR vor, wenn die allein aus dem europäischen Unionsrecht folgenden (rangkollisionsrechtlichen) Voraussetzungen erfüllt sind (→ Rn. 59 f.). Dies gilt insbesondere für die Regelungen zu den **Grundfreiheiten** im EU-Vertrag sowie für das nach Art. 288 II AEUV unmittelbar wirkende **Verordnungsrecht** (→ Rn. 8). Deshalb ist bei Fragen mit Bezug zu der Rechtsordnung eines Mitgliedstaats der EU stets vorab zu prüfen, ob und in welchem Maße sachrechtliche Regelungen des Unionsrechts anzuwenden sind. 291

Fall 32: Ein südkoreanisches Unternehmen (Jahresumsatz 100 Mio. EUR) und ein deutsches Unternehmen (Jahresumsatz 75 Mio. EUR) vertreiben europaweit das gleiche Produkt. Ihr Marktanteil beträgt zusammen 20%. Sie arbeiten seit Jahren gut zusammen und wollen sich nicht gegenseitig Konkurrenz machen. Im Januar 2024 treffen sich Vertreter in Seoul, wo sie in einem Vertrag die gegenseitige Zusammenarbeit vereinbaren wollen. Der Vertrag enthält unter anderem eine Klausel, nach der das deutsche Unternehmen ausschließlich Deutschland, Österreich, Schweiz, Estland, Lettland, Litauen, Polen, und das Vereinigte Königreich beliefert, während dem koreanischen Unternehmen ein ausschließliches Lieferungsrecht in den anderen EU-Staaten eingeräumt wird. In einer Rechtswahlklausel wird die Anwendung koreanischen Rechts vorgesehen. Vor Unterzeichnung wird der „unterschriftsreife" Vertrag einer Syndikusanwältin (vgl. § 46 II BRAO) des deutschen Unternehmens zur Prüfung vorgelegt. 292

Der Vertrag zwischen dem deutschen und dem koreanischen Unternehmen enthält eine Aufteilung des europäischen Marktes, einschließlich des Marktes in der EU. Daher kommt die Anwendung des EU-Kartellrechts in Betracht. Art. 101 AEUV bestimmt unter anderem: 293

(1) Mit dem Gemeinsamen Markt unvereinbar und verboten sind alle Vereinbarungen zwischen Unternehmen, Beschlüsse von Unternehmensvereinigungen und aufeinander abgestimmte Verhaltensweisen, welche den Handel zwischen Mitgliedstaaten zu beeinträchtigen geeignet sind und eine Verhinderung, Einschränkung oder Verfälschung des Wettbewerbs innerhalb des Gemeinsamen Marktes bezwecken oder bewirken, insbesondere (…)

c) die Aufteilung der Märkte (…)

(2) Die nach diesem Artikel verbotenen Vereinbarungen oder Beschlüsse sind nichtig.

(3) Die Bestimmungen des Absatzes 1 können für nicht anwendbar erklärt werden auf (...)

294 Neben dem **sachrechtlichen Kartellverbot** enthält Art. 101 AEUV in Abs. 1 **zwei Anknüpfungspunkte** für die unionsrechtliche und zugleich auch die **(rang-) kollisionsrechtliche Prüfung** der Frage, ob Art. 101 AEUV anzuwenden ist: Bezwecken oder Bewirken einer Wettbewerbsbeschränkung im Gemeinsamen Markt und Eignung zur Beeinträchtigung des Handels zwischen den Mitgliedstaaten (**Auswirkungsprinzip**). Hinzu kommt die ungeschriebene Voraussetzung der Spürbarkeit der Beeinträchtigung.[190]

295 Die Aufteilung des europäischen Marktes zwischen dem koreanischen und dem deutschen Unternehmen stellt eine in Art. 101 I lit. c AEUV als Regelbeispiel genannte Vereinbarung dar, die zur Beschränkung des zwischenstaatlichen Wettbewerbs geeignet ist und diese bezweckt. Da die Unternehmen einen jährlichen Gesamtumsatz von mehr als 40 Mio. EUR und einen Marktanteil von mehr als 10% haben, ist die Wettbewerbsbeschränkung auch spürbar (vgl. die sog. *Bagatellbekanntmachung* der europäischen Kommission).[191] Die getroffene Vereinbarung erfüllt damit die kollisionsrechtlichen Anwendungsvoraussetzungen von Art. 101 I AEUV. Daher findet **Art. 101 AEUV** trotz des von den Parteien gewählten koreanischen Vertragsstatuts **Anwendung**.

296 Das Besondere an der Norm des Art. 101 AEUV liegt darin, dass kollisionsrechtliche und sachrechtliche Voraussetzungen ineinander verschränkt sind. Daher sind mit den kollisionsrechtlichen Voraussetzungen auch die sachrechtlichen Tatbestandsvoraussetzungen dieser zwingenden Norm weitgehend erfüllt. Da auch die Voraussetzungen für eine Freistellung gem. Art. 101 III AEUV nicht vorliegen, ist die Marktaufteilungsvereinbarung **nach Art. 101 II AEUV nichtig**.

297 Die Justitiarin wird die Unterzeichnung des Vertrages in der vorgesehenen Form aus vier Gründen verhindern müssen: **(i)** Es besteht die Gefahr der **Gesamtnichtigkeit** des Vertrages (die Nichtigkeit der Marktaufteilungsklausel könnte auch nach dem gewählten koreanischen Recht auf alles ausstrahlen); **(ii)** eine Marktaufteilung wird von den Kartellbehörden als ein schwerer **Kartellverstoß** (*hard core* Kartell) mit hohen Bußgeldern geahndet; und **(iii)** schließlich besteht das Risiko von **Schadensersatzklagen** der jeweiligen Marktgegenseite (vgl. § 33 III GWB). **(iv)** Ferner würde die Justiziarin den Vertragsabschluss auch als Wächterin über die Grundsätze ordnungsgemäßer Unternehmensführung (*Corporate Governance*) verhindern müssen. Da der Vertragsabschluss gegen zwingendes Recht verstieße, wäre er nicht „*compliant*" mit dem Recht. Er würde somit zu einem **Compliance-Verstoß** führen und gegen die Grundsätze für die **ordnungsgemäße Unternehmensführung** verstoßen, die Unternehmer oft intern als *Corporate-Governance-Principles* mit Bindung für das Management (und damit auch die Justiziarin) festschreiben. Bei Abschluss des Vertrages verstieße die Geschäftsführung bzw. der Vorstand des deutschen Unternehmens gegen die Grundsätze der ordentlichen Unternehmensführung (vgl. § 43 GmbHG und § 93 AktG) und damit in der Regel auch gegen ihre Arbeitsverträge.

190 EuGH ECLI:EU:C:1969:35 = BeckRS 2004, 73207 – Völk/Verwaecke; vgl. Immenga/Mestmäcker, EU-Wettbewerbsrecht/Zimmer, 6. Aufl. 2019, Bd. I, AEUV Art. 101 Rn. 2138 ff.

191 ABl. 2001 C 368, 13.

Arbeitsblock

I. Zur Ergänzung

1. **Vorrang des Unionrechts:** Der Vorrang von unmittelbar geltendem Europäischen Unionsrecht vor nationalem Recht ergibt sich aus dem Unionsrecht selbst. Deshalb lässt sich das Unionsrecht, soweit es seine zwingende eigene Geltung verlangt, auch als **Eingriffsnorm** iSv Art. 9 II Rom I-VO, Art. 16 Rom II-VO begreifen (str., so auch PWW/Remien IPR-Anh. 1/Rom I-VO Art. 9 Rn. 7 f. mwN). Wer im **Fall 32** – falls es dort (etwa wegen Zuständigkeit eines deutschen Gerichts) zur Anwendung der Rom I-VO kommt – Art. 9 II Rom I-VO als „Scharnier" zwischen dem nach Art. 3 I Rom I-VO anwendbaren Vertragsstatut anspricht, macht nichts falsch. Zwingend ist dies aus unionsrechtlicher Sicht bereits deshalb nicht, weil **rangkollisionsrechtlich** der EU-Vertrag gegenüber dem Verordnungsrecht in der Rom I-VO Vorrang hat. 298

   Hinweis: Die im **Fall 32** geprüfte Frage nach der Wirksamkeit eines Vertrages ist zu trennen von der Frage, ob einem Dritten gegen Kartellanten Ansprüche zustehen. Zu dieser anderen Frage enthält Art. 6 III Rom II-VO die einschlägige Kollisionsnorm (→ Rn. 449).

2. **Grenzen:** Der Vorrang des Unionsrechts vor nationalem Recht wird durch die **Anwendungsvoraussetzungen des Unionsrechts** begrenzt. Das Vorrangprinzip gilt nur, wenn der Anwendungsbereich des EUV und des AEUV betroffen ist (der Bezug zum Binnenmarkt wird jedoch zunehmend weit verstanden, insbesondere seit dem EGV-Nizza). Weiter gilt das Vorrangprinzip nur, soweit das Unionsrecht unmittelbar anwendbar ist. Nach Art. 288 III AEUV sind **Richtlinien,** die zunächst in nationales Recht umzusetzen sind, grundsätzlich **nicht unmittelbar** im Privatrechtsverkehr zwischen Unionsbürgern (und ihnen nach Art. 54 und 62 AEUV gleichgestellten Gesellschaften) anwendbar. Dies entspricht der feststehenden Rechtsprechung des EuGH (→ Rn. 59). Entgegen dieser Rechtsprechung haben einige nationale Gerichte in den sog. **Gran Canaria-Fällen** die seinerzeit in Spanien noch nicht umgesetzte RL 85/577/EWG des Rates vom 20. Dezember 1985 betreffend den Verbraucherschutz im Falle von außerhalb von Geschäftsräumen geschlossenen Verträgen (ABl. 1985 L 372, 3, umgesetzt in Deutschland zunächst durch das Haustürwiderrufsgesetz v. 16.1.1986, aktuell eingegliedert in §§ 312, 312a, 312f BGB) unmittelbar im Privatrechtsverkehr angewendet, um deutsche Touristen vor der Folge der Anwendung des vereinbarten spanischen Rechts auf Bettdecken-Kaufverträge zu schützen (so zB AG Bremerhaven NJW-RR 1990, 1083 (Grundsatzentscheidung); OLG Celle IPRax 1991, 334; s. zu diesem Lösungsweg kritisch v. Bar GemeinschaftsR und IPR/Ebke S. 77, 97 ff., und Brödermann/Iversen/Iversen Europ. GemeinschaftsR und IPR Rn. 547 ff., 825 ff.; ausführlich Rühl, Rechtswahlfreiheit und Rechtswahlklauseln in allgemeinen Geschäftsbedingungen, 1999). 299

3. **Verweisungen auf nationales IPR:** Zum Teil verweisen Verordnungen, die einheitliches unionsrechtliches Sachrecht schaffen, **ergänzend** auf das **Internationale Privatrecht** bestimmter Mitgliedstaaten, die mit dem Sachverhalt durch einen in der Verordnung bestimmten Anknüpfungspunkt 300

verbunden sind. Dann ist mit dessen Hilfe das anwendbare Recht für die Rechtsfragen zu bestimmen, die nicht einheitlich durch die Verordnung geregelt werden.

Beispiel: Art. 129 II UMV.

II. Literatur zur Vertiefung

301 - Zur Abgrenzung zwischen **Unionsrecht und ausländischem nationalen Recht** von Drittstaaten (wichtig insbesondere im Kartellrecht): v. Bar GemeinschaftsR und IPR/Schnyder S. 3 ff.; Mozet EuZW 1992, 201 (Abgrenzung EU-/US-Kartellrecht).
- Zur Anwendung des europäischen **Kartellrechts** auch **in Schiedsverfahren** (und zwar selbst dann, wenn die Parteien eine Entscheidung ohne Rücksicht auf das Kartellrecht wünschen sollten) → Rn. 876.
- **Andere regionale Wirtschaftsordnungen:** Aus der globalen Sicht der World Trade Organisation (WTO) ist das EU-Recht regionales Recht. Entsprechendes regionales Wirtschaftsrecht gilt zB in Nordamerika (USMCA – United States-Mexico-Canada Agreement v. 1.6.2020 („NAFTA 2.0"), in Südamerika (MERCOSUR – Mercado Común del Sur (Gemeinsamer Markt des Südens)), in Asien (AFTA – ASEAN Free Trade Area) und in Teilen Afrikas (OHADA – Organisation pour l'harmonisation en Afrique du droit des affaires (Organisation zur Harmonisierung des Wirtschaftsrechts in Afrika)). Es ist im Einzelfall zu prüfen, ob Normen aus diesen Verträgen einheitlich wie das EU-Recht unmittelbare Wirkungen entfalten und berücksichtigt werden müssen.

III. Anwendung von einheitlichem Sachrecht nach Anwendung von IPR

302 Die Anwendung von IPR kann zur Anwendung von einheitlichem völkerstaatlichem oder unionsrechtlichem Sachrecht führen **(1.)** oder zur Anwendung staatlichen Rechts unter Einbindung einheitlicher Rechtsregeln, die nicht von staatlichen Gesetzgebern entwickelt wurden („*soft law*") **(2.)**.

1. Anwendung von völkerrechtlichem oder unionsrechtlichem Einheitsrecht im Anschluss an die IPR-Prüfung

303 **Fall 33:** Ein Hersteller von Präzisionsgeräten aus Jena liefert Ferngläser an einen indischen Käufer. Der Vertrag vom 3.1.2024 sieht vor, dass das LG Gera für sämtliche Streitigkeiten aus dem Kaufvertrag zuständig sein soll und dass das Recht der Bundesrepublik Deutschland gilt. In einem Gewährleistungsprozess vor dem LG Gera stellt sich die Frage, ob ordnungsgemäß gerügt wurde.

Das LG Gera ist aufgrund der Gerichtsstandsvereinbarung international zuständig (Art. 25 I Brüssel Ia-VO; → Rn. 688). Bei der Frage nach dem anwendbaren Recht prüft das Gericht vor dem Rückgriff auf das IPR, ob international vereinheitlichtes Sachrecht kraft eigener Rechtsanwendungsnormen zur Anwendung kommt.

304 Da es um einen internationalen Warenkauf geht, kommt auch hier eine Anwendung des UN-Kaufrechts in Betracht. Die Anwendungsvoraussetzungen von Art. 1 I lit. a CISG sind nicht erfüllt, da Indien nicht Vertragsstaat ist. **Art. 1 I lit. b CISG** bestimmt, dass das Übereinkommen auch Anwendung finden soll, wenn das Recht

eines Vertragsstaats durch IPR berufen wird. Daher ist an dieser Stelle eine inzidente IPR-Prüfung vorzunehmen. Im vorliegenden Fall führt diese zur Anwendung deutschen Rechts als nach Art. 3 I Rom I-VO gewähltes Recht. Deutschland ist Vertragsstaat iSd Art. 1 I lit. b CISG. An dieser Stelle ist zu beachten, dass die Vertragsstaaten die Anwendung von Art. 1 I lit. b CISG durch einen **Vorbehalt nach Art. 95 CISG** (→ Rn. 48) ausschließen können. Einen solchen Vorbehalt haben etwa China und die USA eingelegt. Die Bundesrepublik Deutschland hat von dieser Möglichkeit jedoch keinen Gebrauch gemacht. Deshalb hat das Landgericht in **Fall 33** das CISG als deutsches Recht über Art. 1 I lit. b CISG iVm Art. 3 I Rom I-VO anzuwenden.

Anmerkung: Die Bundesrepublik Deutschland hat zwar selbst keinen Vorbehalt nach Art. 95 CISG abgegeben, wohl aber eine Erklärung über die Auslegung von Art. 1 I lit. b CISG.[192] Danach ist das CISG in Deutschland über Art. 1 I lit. b CISG nicht anzuwenden, wenn die Regeln des Internationalen Privatrechts zur Anwendung des Rechts eines Vertragsstaates führen, der eine Erklärung nach Art. 95 CISG abgegeben hat. Wenn in Abwandlung von **Fall 33** der Verkäufer aus New York (USA) kommt und der Käufer aus Indien, wird ein deutsches Gericht, das über Art. 4 I lit. a zur New Yorker Recht als Vertragsstatut bestimmt, autonomes New Yorker Recht und nicht das CISG anwenden. 305

Im **Fall 33** ist damit das UN-Kaufrecht nach Art. 1 I lit. b CISG iVm Art. 3 I Rom I-VO anzuwenden, da die Parteien ihre Niederlassung in verschiedenen Staaten haben und das deutsche Recht als das Recht eines Vertragsstaats des UN-Kaufrechts durch IPR berufen wird. Die Anwendung wird auch nicht durch die oben beschriebene deutsche Erklärung ausgeschlossen. Folglich richtet sich die Frage einer ordnungsgemäßen Mängelrüge nach Art. 39 CISG.

Arbeitsblock

I. Zur Ergänzung

1. Prüfungsschema 306

Vor der Anwendung von nationalem (staatsvertraglich vereinheitlichten, unionrechtlichen oder autonomen) IPR ist stets dessen **Anwendbarkeit** zu prüfen: Hinsichtlich welcher Fragen ist das in Deutschland geltende „klassische" IPR berufen, um das anwendbare Sachrecht zu ermitteln?

Schritt 1: Ist IPR anwendbar?

(a) Verdrängung des klassischen IPR durch unionsrechtliches Sachrecht?
Beispiel: Sachrechtliche Regelungen in EU-Verordnungen?

(b) Verdrängung des klassischen IPR durch staatsvertraglich vereinheitlichtes Sachrecht mit eigenen Rechtsanwendungsnormen?
Beispiel: Art. 1 lit. a CISG; beachte: möglicherweise setzt international vereinheitlichtes Sachrecht für seine Anwendung eine inzidente IPR-Prüfung voraus (vgl. → Rn. 303 (**Fall 33**)).

Schritt 2: Anwendung des IPR

Anwendung von nationalem (staatsvertraglich vereinheitlichten, unionsrechtlichen oder autonomem) IPR und Ermittlung des Statuts.

Schritt 3: Anwendung des Statuts

192 Art. 2 Gesetz zu dem Übereinkommen der Vereinten Nationen v. 11.4.1980 über Verträge über den internationalen Warenkauf (BGBl. 1989 II 586); Jayme/Hausmann Nr. 77a; s. auch Jayme/Hausmann Nr. 77 Fn. 17.

307 **2. Völkerrechtliches Sachrecht:** Neben Sachrechtsübereinkommen **mit** eigenen **Rechtsanwendungsregeln** existieren auch solche **ohne eigene Anwendungsregeln.**
Genfer Übereinkommen zur Vereinheitlichung des Wechselrechts v. 7.6.1930 (RGBl. 1933 II 377) und **zur Vereinheitlichung des Scheckrechts** v. 19.3.1931 (RGBl. 1933 II 537), die in Art. 1–78 WG bzw. Art. 1–57 ScheckG eingearbeitet wurden (vgl. v. Bar/Mankowski IPR I § 2 Rn. 45). Sie sind nicht mit den **Genfer Übereinkommen zum internationalen Wechsel- bzw. Scheckprivatrecht** (vgl. Kegel/Schurig IPR § 1 IX 2a aa S. 76) gleichen Datums (7.6.1930 bzw. 19.3.1931) zu verwechseln, die einheitliches Kollisionsrecht enthalten und ebenfalls in das Wechsel- bzw. Scheckgesetz eingearbeitet wurden (Art. 91–98 WG, Art. 60–66 ScheckG).

Hinweis: Wer sich im einheitlichen Sachrecht auskennt, kann damit im Grundsatz auch Fragen zum Recht in anderen Vertragsstaaten des Sachrechtsübereinkommens beantworten (zB zum dänischen Scheckrecht). Schecks spielen noch immer eine große praktische Rolle, zB in den USA.

308 **3. Europäisches EU-Sachrecht (Richtlinienrecht):** Zwingendes EU-Recht, das nur über Richtlinien harmonisiert wurde (→ Rn. 70), kommt ebenfalls oft auch erst **nach einer IPR-Prüfung** zum Zuge. Wenn etwa deutsches Recht Vertragsstatut ist, besteht für ein deutsches Gericht kein Grund, den zwingenden Charakter des harmonisierten deutschen nationalen Rechts (und die Frage der Anwendung über Art. 9 Rom I-VO) zu prüfen. Beispiel: Das **Produkthaftungsgesetz** v. 15.12.1989 (Habersack Nr. 27) hat die RL 85/374/EWG des Rates vom 25. Juli 1986 zur Angleichung der Rechts- und Verwaltungsvorschriften der Mitgliedstaaten über die Haftung fehlerhafter Produkte (ABl. 1985 L 210, 29) in nationales (harmonisiertes) Recht umgesetzt (vgl. Schaub ZeuP 2011, 41; Riehm EuZW 2010, 567; Rest VersR 1988, 439 (440 f.). Die Rechtsprechung kann die Frage nach dem anwendbaren Recht offen lassen, wenn die infrage kommenden Rechtsordnungen dasselbe Sachrecht haben (was bei angeglichenem Recht aber oft im Detail nicht der Fall ist).

309 **4. Einheitliches EWR-Recht:** Vorrangig anwendbar sind auch die **sachrechtlichen Regelungen** des Abkommens über den Europäischen Wirtschaftsraum v. 2.5.1992 (**EWR-Vertrag**) (ABl. 1992 L 1, 3; BGBl. 1993 II 266, 1294, in Kraft seit 1.1.1994), der im Wesentlichen die vier Grundfreiheiten (freier Warenverkehr, freier Personenverkehr, freier Dienstleistungsverkehr und freier Kapitalverkehr) und das Wettbewerbsrecht betrifft. Der EWR-Vertrag ist von Bedeutung in Fällen mit Bezug zu **Norwegen, Island** und **Liechtenstein.** Da die Vertragsstaaten des EWR-Vertrags den bisherigen Entwicklungsstand des Unionsrechts – den *acquis communautaire* – zu den vom EWR erfassten Themen übernommen haben und regelmäßig weiter übernehmen (vgl. nur Rack EuZW 1992, 373 (374 ff. unter II.); Hess/Raaflaub EuZW 1992, 379 (380 unter III); sowie http://www.efta.int/publications/fact-sheets), **entspricht** das Recht des Europäischen Wirtschaftsraums im Bereich der Grundfreiheiten und im Wettbewerbsrecht im Wesentlichen **dem Recht der EU** und kann durch sein Sachrecht ebenfalls das nationale IPR verdrängen.

Im Verhältnis zur **Schweiz**, die dem EWR-Vertrag nicht beigetreten ist, ergibt sich vorrangig zu beachtendes Sachrecht aus bilateralen Abkommen mit der EU (Breitenmoser/Weyeneth EuZW 2012, 854 (detaillierte Übersicht); EU-Kommission EuZW 2013, 484 (Abkommen zwischen der EU und der Schweiz über die Zusammenarbeit bei der Anwendung ihres Wettbewerbsrechts).

5. **Entwicklung von einheitlichem Sachrecht:** Um die Erarbeitung von einheitlichem Sachrecht bemühen sich (bei teilweise sich überschneidenden Arbeitsfeldern und zusätzlich zur Internationalen Handelskammer (International Chamber of Commerce/**ICC**) und zu **UNIDROIT**) weitere nichtstaatliche Organisationen zB International Law Association (ILA), Institut de Droit International (IDI), Comité Maritime International (CMI), International Air Transport Association (IATA), und verschiedene öffentlich-rechtliche Organisationen (zB EU, Economic Commission for Europe (ECE), UNO/UNCITRAL; Commission Internationale de l'État Civil (CIEC, Internationale Kommission für das Zivilstandswesen)); ausführlich v. Bar/Mankowski IPR I § 2 Rn. 23 ff. 310

6. **Abgrenzender Hinweis:** Zum Teil sind es dieselben Organisationen (zB EU, Europarat, CIEC), die neben der Sachrechtsvereinheitlichung auch die **Kollisionsrechtsvereinheitlichung** vorantreiben. In dieses Geflecht der Quellen der Einflussnahme auf die internationale Privatrechtsentwicklung muss man sich langsam einarbeiten, um einen Überblick zu gewinnen und in der Diskussion befindliche Vorschläge einordnen zu können. 311

Beispielsweise ist in Art. 9 II **Inter-American Convention on the Law Applicable to International Contracts** v. 17.3.1994 eine kollisionsrechtliche Rechtswahl nichtstaatlichen Rechts getroffen worden (33 International Legal Materials (1994), 732 (735)). Diese Regelung verweist auf *general principles of international commercial law* und bietet damit eine Grundlage für die direkte Anwendung der **sachrechtlichen Regelungen in den UNIDROIT Principles** (Juenger Uniform Law Review 2000, 171; Michaels RabelsZ 62 (1998), 580 (594, 604) mit Hinweis auf den Vorschlag der amerikanischen Delegation, die Principles sogar zum objektiven Vertragsstatut zu machen).

Wichtig sind darüber hinaus vor allem die **Haager Konferenz für internationales Privatrecht (**Hague Conference on Private International Law/ **HCCH),** die seit 1893 in Den Haag eine Vielzahl von Übereinkommen zum IPR verabschiedet hat (ausführlich v. Bar/Mankowski IPR I § 3 Rn. 47 ff.; Kegel/Schurig IPR § 4 III S. 231 ff.). Eine Übersicht über die Haager Übereinkommen mit aktuellem Zeichnungs- und Ratifikationsstand gibt die Haager Konferenz unter www.hcch.net heraus. Die **Europäische Gemeinschaft** ist der Haager Konferenz mit Beschluss des Rates 2006/719/EG v. 5.10.2006 beigetreten (ABl. 2006 L 297). Im Jahr 2015 hat die Haager Konferenz die **Hague Principles on the Choice of Law in International Contracts** verabschiedet. Sie werden über die Jahre den einen oder anderen Gesetzgeber beeinflussen. Im Gegensatz zu dem in der EU geltenden IPR (→ Rn. 313b) sehen sie zB in Art. 3 ausdrücklich die Möglichkeit vor, die UNIDROIT Principles zu wählen. Sie enthalten international erarbeitete **unverbindliche Grundsätze** zum internationalen Schuldvertragsrecht und sind als Anregung **für Gesetzgeber** gedacht, die etwa das

Prinzip der Parteiautonomie bei der Rechtswahl noch nicht umgesetzt haben. In rechtsvergleichenden Arbeiten und internationalen Schiedsverfahren können die Hague Principles eine gute Arbeitsgrundlage sein. Anders als Rom I-VO erlaubt Art. 3 Hague Principles auch die Wahl anerkannter Prinzipien („*rules of law*“). Für eine ausführliche Darstellung der Hague Principles s. Martiny RabelsZ 79 (2015), 624, für die UNIDROIT Principles (→ Rn. 313 ff.).

311a 7. **Tripartite Legal Guide:** 2021 haben UNCITRAL, die HCCH und UNIDROIT einen „Legal Guide to Uniform Instruments in the Area of International and Commercial Contracts, with a Focus on Sales“ vorgelegt, der hilfreiche Abgrenzungen und internationale Ausführungen enthält.

2. Wahl der UNIDROIT Principles: Anwendung von einheitlichen Rechtsregeln (soft law) im Anschluss an die IPR-Prüfung

312 Zur Überbrückung zwischen nationalen rechtlichen und kulturellen Differenzen arbeiten zahlreiche staatliche und nicht-staatliche Institutionen an der Entwicklung von einheitlichen Rechtsregeln und Rechtsprinzipien, die nicht aufgrund staatlicher Anordnung zur Anwendung kommen, sondern aufgrund von Vereinbarung oder zur Ergänzung staatlicher Normen („*soft law*“).

313 **Fall 34:** Ein deutscher Verkäufer und ein chinesischer Käufer schließen einen Werkvertrag ab. Sie vereinbaren unter der Überschrift „Applicable Law“: „*This contract is governed by the UNIDROIT Principles of International Commercial Contracts*“. Für den Fall von Streitigkeiten sieht der Vertrag die Zuständigkeit der Gerichte in Köln vor, die für die Prüfung des anwendbaren Rechts die Rom-I-VO anzuwenden haben. Eine Syndikusanwältin des deutschen Unternehmens, der der Vertrag zur Prüfung vorgelegt wird, überlegt, ob die Rechtswahlklausel wirksam ist (Abwandlung eines Falles aus der Praxis).[193]

313a Das Internationale Institut für die Vereinheitlichung des Privatrechts in Rom („UNIDROIT“, 65 Mitgliedstaaten),[194] hat in den letzten ca. 50 Jahren (seit 1970) für den **internationalen Handelsverkehr** sog. Grundregeln der Internationalen Handelsverträge (engl.: **Principles of International Commercial Contracts (UNIDROIT Principles)**), unter Einbindung von über 150 Expertinnen und Experten aus allen geopolitischen Regionen der Welt entwickelt. Nach ersten Studien wurde 1980 eine **„Working Group“** eingesetzt, die 1994 (vor 30 Jahren) zur Veröffentlichung der 1. Fassung der UNIDROIT Principles führte (mit seinerzeit 119 Rechtsregeln). Der Rat von UNIDROIT hat im Mai 2016 eine um Regelungen zu Langzeitverträgen ergänzte 4. Fassung verabschiedet, die 2017 veröffentlicht wurde.

Seitdem werden in 211 Rechtsregeln alle wesentlichen vertragsrechtlichen Fragen behandelt: Abschluss von Verträgen, Stellvertretung, Wirksamkeitsvoraussetzungen von Verträgen, Auslegung, Inhalt von Verträgen, Rechte Dritter, Bedingungen, Leistungen, veränderte Umstände (*Hardship*), Nichtleistung im Allgemeinen, Erfüllungsansprüche, Kündigung, vertragliche Schadensersatzansprüche, Aufrechnung, Abtretung von Rechten und Verträgen sowie die Übernahme von Pflichten, Verjährung, von Gläubiger- und Schuldnermehrheit. Dabei sind die Regeln einerseits hinreichend

193 Vgl. Brödermann Uniform Law Review 2011, 589 ff.
194 S. https://www.unidroit.org/about-unidroit/members-states-2/ (zuletzt aufgerufen am 10.3.2024).

genau, um dem Bedürfnis des englischen Rechts – das keinen allgemeinen Grundsatz von Treu und Glauben kennt (→ Rn. 319) – nach **„certainty"** gerecht zu werden, während alle Regeln auch dem aus der kontinental-europäischen (oder zB US-amerikanischen) Sicht zentralen **Grundsatz von Treu und Glauben** im internationalen Handel entsprechen.[195]

Auch wenn die UNIDROIT Principles nichtstaatliches Recht sind, so sind sie doch von gewählten Regierungen im Rat verabschiedet worden und damit besonders zur Nutzung für internationale Verträge legitimiert. So hat der Rat von UNIDROIT einzeln über die Vorschläge der Expertengruppe beraten und abgestimmt und dabei – wie ein Filter wirkend – nicht alle Vorschläge übernommen. UNCITRAL hat die UNIDROIT Principles mehrfach zur Verwendung empfohlen (zuletzt 2021)[196], ebenso wie die Union Internationale des Avocats (UIA). Sie sind seit 1995 von Hunderten von nationalen Gerichten und Schiedsgerichten zur Auslegung von nationalem Recht, internationalem Recht (wie dem CISG) und der als *„lex mercatoria"* bekannten allgemeinen Rechtsprinzipien im Bereich des Vertragsrechts verwendet worden (entsprechend Brödermann, UNIDROIT Principles Commentary, Annex Präamble Rn. 10 ff.).

Die UNIDROIT Principles sind kein „staatliches Recht" iSv Art. 3 I Rom I-VO, sondern **313b** (materielles) *„soft law"*. Deshalb führt die als *„Applicable Law"* überschriebene Rechtswahlklausel im **Fall 34** nicht zu staatlichem Recht. Damit ist die „Rechtswahl" der Vertragsparteien **keine Rechtswahl iSv Art. 3 Rom I-VO**. Das Vertragsstatut ist mangels Rechtswahl somit nach Art. 4 I lit. b Rom I-VO zu bestimmen, deren Regelung zum deutschen Recht als Recht am Ort des gewöhnlichen Aufenthalts des Werkunternehmers (und damit Dienstleistungserbringers iSd Rom I-VO; → Rn. 14 (Fall 2)) führt. Nach dem berufenen deutschen Recht (§§ 133, 157 BGB), das auch für die Auslegung des Vertrages gilt (Art. 12 I lit. a Rom I-VO), ist die Wahl der UNIDROIT Principles wirksam, auch wenn es sich formal bei der Wahl der UNIDROIT Principles nicht um eine echte Rechtswahl iSv Art. 3 I Rom I-VO handelt (*falsa demonstratio non nocet*). Die „Rechtswahl" ist nämlich als **Inkorporation** der UNIDROIT Principles iSv **Erwgr. 13 Rom I-VO** (die ausdrücklich die Wahl eines „nichtstaatlichen Regelwerks" zulässt) auszulegen. Für alle von den UNIDROIT Principles geregelten Themen verdrängen die UNIDROIT Principles die dispositiven Regelungen des deutschen Rechts. Lediglich soweit das nach Art. 4 I lit. b Rom I-VO als Vertragsstatut bestimmte deutsche Recht zwingend ist (zB § 89b HGB), kommt das zwingende deutsche Recht zur Anwendung (in diesem Sinne auch Art. 1.4 UNIDROIT Principles).[197]

195 Brödermann UNIDROIT Principles Commentary, Annex Preamble Rn. 4 mwN. Im Gegensatz zum englischen Recht ist der Grundsatz von Treu und Glauben im US-Recht seit Errichtung des Uniform Commercial Code (UCC) von zentraler Bedeutung. Der Rapporteur des UCC (Karl Llewellyn) hatte in Deutschland studiert und unterrichtet (s. Jansen/Zimmermann, Commentaries on European Central Law, S. 118 Fn. 173).

196 Abgedruckt bei Brödermann UNIDROIT Principles Commentary, Annex Preamble Rn. 36.

197 Brödermann UNIDROIT Principles Commentary, Preamble Rn. 15.

Arbeitsblock

I. Zur Ergänzung

314 1. **INCOTERMS:** Die **Internationale Handelskammer** (International Chamber of Commerce/**ICC**) fasst seit über 80 Jahren (seit 1936) international gebräuchliche Handelsklauseln zusammen (sog. International Commercial Terms/**INCOTERMS).** Sie wurden ca. alle zehn Jahre aktualisiert – zuletzt 2020 – und sind abgedruckt bei Baumbach/Hopt, HGB, 43. Aufl. 2023, Nebengesetze. Die INCOTERMS regeln unter anderem den Gefahrübergang und insgesamt weit mehr als die Abkürzungen mit jeweils drei Buchstaben (zB FCA (Free Carrier) vermuten lassen (s. auch Reithmann/Martiny IntVertragsR/Martiny Rn. 25.27f. (mit einer Übersicht der Klauseln) und Mankowski/Oertel, Commercial Law, A Commentary, 2018, S. 827 ff.).

315 2. **Zu den UNIDROIT Principles:**

a) **Möglichkeit der Rechtswahl nach der ZPO:** Die Wahl der UNIDROIT Principles ist in Verbindung mit einer Schiedsklausel anders zu würdigen. Sie stellt dann eine **echte Wahl** von „Rechtsvorschriften" iSv § 1051 I 1 ZPO (→ Rn. 874) dar.

316 b) **Allgemeine Rechtsprinzipien und Rechtsregeln:** Die UNIDROIT Principles enthalten teils die gemeinsame **Essenz** verschiedener Rechtsordnungen (*restatement* des internationalen Handelsrechts) und teils **Kompromisse** zur Überwindung von Differenzen (insbesondere zwischen dem Denken von civil und common law), sodass sie insgesamt ein ausgewogenes neutrales Regelungswerk bilden. Zahlreiche **nationale Gerichte und Schiedsgerichte** haben die UNIDROIT Principles seit 1995 als allgemeine Rechtsprinzipien (*general principles and rules of law*) im Bereich des Schuldvertragsrechts qualifiziert (zB *Ad hoc, Nurhima Kiram Fornan et al. v. Malaysia*, Preliminary Award on Jurisdiction and Applicable Substantive Law, 24.5.2020, Rn. 154, A. 4, abrufbar über: https://jusmundi.com, zuletzt aufgerufen am 6.3.2024, s. auch → Rn. 311). Sie werden oft – wie eine gewichtige Literaturquelle – zur Auslegung von nationalem Recht herangezogen; aus jedenfalls 15 Staaten gibt es dazu **höchstrichterliche Rechtsprechung,** in Europa insbesondere aus Spanien (Übersicht bei Brödermann UNIDROIT Principles Commentary, Annex to Preamble, Rn. 1–34 mwN, noch ohne Venezuela (2023), s. *Sabja del Valle Asmad Rivero./.Dona Ramona C.A.*, Nr. 2370 bei Unilex.info, und Chile (2021) *Corte Suprema ROL 154663-2020*). Durch ihren Fokus auf den internationalen Handel konkretisieren die UNIDROIT Principles oft Grundgedanken, die im nationalen Recht angelegt, aber nicht so deutlich ausgedrückt sind. Sie können daher als Ganzes als Ausdruck des guten Glaubens und als allgemeine Rechtsgrundsätze im Bereich internationaler Handelsverträge („*embodiment of general principles of law*"; so der oben genannte Schiedsspruch *Nurhima Kiram Fornan et al. v. Malaysia*) herangezogen werden (→ Rn. 285 zu Art. 7 CISG).

317 c) **Ausprägung des Prinzips von Treu und Glauben im internationalen Handel:** Die UNIDROIT Principles beruhen wesentlich auf dem Grundsatz von **Treu und Glauben** (Art. 1.7 UNIDROIT Principles), der in den UNIDROIT Principles für alle Fragen des allgemeinen Schuldvertrags-

rechts in konkreten Regeln ausgestaltet ist (zB Vogenauer ZeuP 2010, 7 sowie Bonell, An International Restatement of Contract Law, 3. Aufl. 2005, Rn. 87 ff. zu den **fünf Grundgedanken** „*freedom of contract, openness to usages, favor contractus, observance of good faith and fair dealing in international trade, policing against unfairness*"; Brödermann UNIDROIT Principles Commentary, 2. Aufl. 2023, Introduction Rn. 5–8).

d) **Literatur für den Einstieg:** Brödermann UNIDROIT Principles Commentary, 2. Aufl. 2023, Introduction Rn. 1–26 (auf Englisch); Anwaltsblatt 2020, S. 456–469. 317a

II. Zur Vertiefung 318

1. Zu den UNIDROIT Principles:

a) **Hinweise zum materiellen Inhalt:** Nach den UNIDROIT Principles ist jede (kaufmännische) Partei **verschuldensunabhängig** für die vertraglich übernommenen Aufgaben verantwortlich, es sei denn (1.) es liegt ein Fall von höherer Gewalt vor (Art. 6.1.7 UNIDROIT Principles) oder (2.) die Parteien haben ein Thema vertraglich anders gelöst, so in einer Freizeichnungs- oder Haftungsbegrenzungsklausel (*exemption clause*, Art. 7.1.6 UNIDROIT Principles), zB zur Begrenzung der Haftung auf einen bestimmten Verschuldensmaßstab wie grobe Fahrlässigkeit. Solche *exemption clauses* sind nach Art. 7.1.6 UNIDROIT Principles nur dann unwirksam, wenn sie gegen den Grundsatz von Treu und Glauben and *fair dealing* (redlicher Geschäftsverkehr; Art. 1.7 UNIDROIT Principles) verstoßen. Das ist im kaufmännischen Rechtsverkehr nur in Extremfällen denkbar, etwa durch eine Regelung, die auch einen Grund für *avoidance* (Anfechtung) iSv Art. 3.2 UNIDROIT Principles darstellen würde, Bröderman UNIDROIT Principles Commentary, Art. 7.1.6 Rn. 4). Bei zahlreichen Regelungen in den UNIDROIT Principles stand das CISG Pate, einiges ist von den Müttern und Vätern der UNIDROIT Principles aber anders entschieden worden.

b) **Hinweis zum common law:** Englischem Recht ist ein allgemeiner Grundsatz von Treu und Glauben fremd (Brödermann UNIDROIT Principles Commentary, Annex Preamble Rn. 4 mwN). Gleichwohl kommen englische Gerichte in zahlreichen Fragen zu Ergebnissen, die auch aus Sicht des allgemeinen Grundsatzes von Treu und Glauben überzeugen. Deswegen war es bei der Entwicklung der UNIDROIT Principles möglich, die englische Rechtsprechung zu berücksichtigen und sich auf Regeln zu verständigen, die sowohl aus englischer als auch aus Sicht von Rechtsordnungen mit einem allgemeinen Grundverständnis von Treu und Glauben kompatibel sind (s für ein Beispiel zum Schadensersatzrecht Brödermann UNIDROIT Principles Commentary, Chapter 7, Section 4, Introductory Remarks (vor Art. 7.4.1) Rn. 2 mwN). 319

c) **Werkzeug für die Vertragsgestaltung:** 30 Jahre nach der Veröffentlichung ihrer ersten Fassung bieten die UNIDROIT Principles ein wichtiges und erprobtes Mittel der internationalen Vertragsgestaltung: als Antwort auf eine globale Welt mit ca. 200 Rechtsordnungen (s. Brödermann UNIDROIT Principles Commentary, Introduction Rn. 19 mit Hinweisen auf praktische Erfahrungen seit 2001). Sie lassen sich als ein *disruptive tool* der internationalen Vertragsgestaltung begreifen. Das „Werkzeug" ist zwar kein staatliches Recht, aber es funktioniert, ist mit 320 jeder Rechtsordnung kombinierbar und spart dabei Recherchekosten für fremde „neutrale" Rechtsordnungen wie englisches oder schweizerisches Recht. Die Wahl der UNIDROIT Principles als neutrales Vertragsregime bietet sich insbesondere immer dann an, wenn eine Vertragspartei ihr eigenes Recht nicht durchsetzen kann oder will (für eine Musterklausel s. Brödermann, Beck'sche Online-Formulare Internationales Handels- und Vertriebsrecht, 1.1.2.1 und UNIDROIT Principles Commentary, 2. Aufl. 2023, Introduction Rn. 9d–9f). In **Kombination mit einer Schiedsklausel** können sie als „Vertragsstatut" gewählt werden (→ Rn. 872 f.), in **Kombination mit einer Gerichtsstandsklausel** werden sie „inkorporiert" (quasi wie AGB), → Rn. 313. Bei einer Vertragsgestaltung nach nationalem Recht können einzelne Rechtsregeln (wie das Kap. 4 zur Auslegung von Verträgen) als Muster oder ausschnittweise – gegebenenfalls auf den Einzelfall angepasst – in den Vertrag übernommen werden (Musterfunktion).

321 d) **Zwingendes Recht:** Bei der Inkorporation der UNIDROIT Principles in einem Vertrag wie in **Fall 34** ist nach Art. 1.4 UNIDROIT Principles alles zwingende Recht des Vertragsstatuts zu beachten. Dies schließt einfaches zwingendes Recht wie zB deutsches AGB-Recht ein. Gestattet das anwendbare IPR indes – wie § 1051 ZPO (→ Rn. 874) und wie mittlerweile in Art. 3 Hague Principles of Private International Law (2015) vorgeschlagen – ausdrücklich die Wahl von Rechtsregeln, ist nach der offiziellen Kommentierung der UNIDROIT Principles nur **international zwingendes** Recht zu beachten (Brödermann UNIDROIT Principles Commentary, Art. 1.4 Rn. 3). Die AGB-Kontrolle erfolgt allein auf der Basis der UNIDROIT Principles – mithin nach einem allgemeinen Standard von Treu und Glauben (Art. 1.7 UNIDROIT Principles) und nicht nach deutschem AGB-Recht, das nicht international zwingend ist (s. nur Pfeiffer NJW 2012, 1169; BeckOGK/Maultzsch, 1.3.2024, Rom I-VO Art. 9 Rn. 43.3, 281; Reithmann/Martiny/Zwickel IntVertragsR Rn. 5.6).

322 e) **Einfluss auf den Gesetzgeber:** Als internationales **Restatement** üben die UNIDROIT Principles zusätzlich Einfluss auf Gesetzgeber aus und wirken damit **mittelbar rechtsvereinheitlichend** (vgl. Entwurf eines Gesetzes zur Modernisierung des Schuldrechts, BT-Drs. 14/6040, 129 zu § 275, dort Abschnitt „Vergleich mit den Europäischen Vertragsrechtsprinzipien", in dem entgegen der Überschrift auch die UNIDROIT Principles einbezogen wurden). Die UNIDROIT Principles haben zB die Gesetzgeber in China, Estland, Frankreich, Litauen, Russland und Ungarn sowie die Europäische Kommission beeinflusst (Bonell Uniform Law Review 2004, 1 ff.; Bonell Hague Lecture 2017, unter II.; Vogenauer/Michaels UNIDROIT Principles Preamble I Rn. 156–167).

322a f) **Literatur und Rechtsprechung:** Vertiefende Lektüre zu den UNIDROIT-Grundsätzen bieten **(i)** die *Official Comments* von UNIDROIT (www.unidroit.org) und **(ii)** die Kommentare von Brödermann UNIDROIT Principles of International Commercial Contracts (2. Aufl. 2023, 676 Seiten) und Vogenauer, Commentary on the UNIDROIT Principles of International Commercial Contracts, 2. Aufl. 2015 (ca. 1.750 Seiten) sowie **(iii)** zahlreiche Aufsätze, insbesondere die Publikationen von Professor Bonnell, als der Vorsitzende der Arbeitsgruppe über 35 Jahre (der „Vater der UNIDROIT Principles"). Umfangreiche internationale Literaturtipps finden sich auch unter www.unidroit.org. Rechtsvergleichend im Verhältnis zu den Principles of European Contract Law (→ Rn. 323) sowie rechtshistorisch vertiefend Jansen/Zimmermann, Commentaries on European Contract Law, 2018 (2.384 Seiten) unter anderem mit dem Hinweis, dass **deutsches Recht trotz des Ausgangspunkts verschuldensbasierter Haftung oft zum gleichen Ergebnis kommt**, zB weil nach § 280 I 2 BGB der Schuldner beweisen muss, dass er die Pflichtverletzung nicht zu vertreten hat (Zusammenfassung mwN bei Brödermann UNIDROIT Principles Commentary, Introduction to Chapter 7, Rn. 8).

2. **Soft Law zum europäischen Vertragsrecht:** Auf europäischer Ebene ist zwischen **fünf Projekten** zu unterscheiden, von deren Existenz ein internationaler Vertragsrechtler und Rechtsvergleicher wissen sollte. **323**
   a) **Principles of European Contract Law:** Zunächst sind seit Anfang der 1980er Jahre – ähnlich der Arbeit an den UNIDROIT Principles – von Wissenschaftlern gemeinsame **Grundregeln des europäischen Vertragsrechts** (Principles of European Contract Law/**PECL**) entwickelt worden. Diese wurden in drei Teilen veröffentlicht: Part I 1995, Part II 2000 und Part III 2003. Sie waren teilweise Quelle der UNIDROIT Principles, wobei es Übereinstimmungen und Abweichungen gibt, weil etwa der spezifisch europäische (bzw. bei UNIDROIT der weltweite) Kontext zu anderen Entscheidungen führte. Einzelne Wissenschaftler (zB Prof. Lando, Prof. Zimmermann) haben sowohl bei UNIDROIT als auch bei den PECL mitgewirkt. Die PECL können ähnlich wie die UNIDROIT Principles gewählt werden; in der Praxis hat das der Verfasser noch nicht erlebt. Im Gegensatz zu den UNIDROIT Principles befassen die PECL alle Verträge und damit auch Verträge mit Verbrauchern. Deswegen bieten sich die UNIDROIT Principles für den **Handelsverkehr** als spezielleres Regelwerk eher an, wobei sie ausweislich der Gesetzgebungsmaterialien **auch auf Verträge aller Art** angewendet werden können (Study L Miscellaneous 18 (1992), 6).
   b) **Resolution des EU-Parlaments:** Das Europäische Parlament hat viele Jahre auf die Entwicklung eines **europäischen Vertragsrechts** gedrängt. So heißt es in der siebten **Resolution des Parlaments** v. 7.9.2006 zu dem Thema: „Das Europäische Parlament (...) wiederholt seine **Überzeugung, dass ein einheitlicher Binnenmarkt ohne weitere Schritte hin zu einer Harmonisierung des Zivilrechtes nicht vollständig funktionsfähig ist.**" Auch erinnert es daran, dass die Initiative zum europäischen Vertragsrecht die wichtigste Initiative ist, die derzeit im zivilrechtlichen Bereich anhängig ist. In den letzten 15 Jahren ist es um solche Bestrebungen ruhiger geworden. **324**
   c) **Common Frame of Reference:** Aufbauend auf den Arbeitsergebnissen zum PECL – wenn auch offiziell unabhängig – hat in der Zeit **zwischen 2005 und 2009** eine aus dem Forschungsetat der EU-Kommission finanzierte Arbeitsgruppe unter Leitung von Professor v. Bar einen **wissenschaftlichen „Gemeinsamen Referenzrahmen"** entwickelt (v. Bar/Clive/Schulte-Nölke, Principles, Definitions and Model Rules of European Private Law – **Draft Common Frame of Reference** **325**

(**DCFR**)). Gedacht war bei dem „Referenzrahmen" zunächst an eine gemeinsame Basis, auf die der europäische Gesetzgeber (→ Rn. 54) bei der Schaffung künftiger Privatrecht gestaltender Instrumente würde zurückgreifen können. Im DCFR wurden die PECL zum Teil überarbeitet und an neuere Erkenntnisse angepasst. Zu jedem „Prinzip" werden rechtsvergleichend die Grundlagen dargestellt (ähnlich ist vor vielen Jahren in den **USA** auch die Entwicklung des **Uniform Commercial Code** vor sich gegangen). Die Wissenschaftlerinnen und Wissenschaftler haben dabei – jedenfalls teilweise – die Kommentare von ca. 170 europaweit von der EU beauftragten „Experten" („*Stakeholder*") berücksichtigt, s. Brödermann ZeuP 2007, 304 ff.

Nach den Vorstellungen des **Europäischen Parlaments** sollte der wissenschaftliche Referenzrahmen zu einem **politischen „Gemeinsamen Referenzrahmen"** (Common Frame of Reference/CFR) fortentwickelt werden, auf den Kommission und Parlament als *toolbox* (dh „Werkzeug für künftige europäische Instrumente") würden zurückgreifen können. Das Projekt liegt nun seit Jahren wegen anderer Themen (unter anderem Finanz- und Flüchtlingskrise, Brexit) auf Eis.

326 d) **Europäisches Vertragsrecht:** Parallel zum CFR sollte ein **„optionales Instrument"** entstehen, das Vertragsparteien auf freiwilliger Basis wählen können sollen. Am 1.7.2010 hat die Europäische Kommission dazu das **Grünbuch zum europäischen Vertragsrecht** für Verbraucher und Unternehmen als optionales Instrument (KOM(2010) 348 endg.) vorgelegt (s. Reich/Micklitz EWS 2011, 113; Rösler EuZW 2011, 1; Herresthal EuZW 2011, 7; O'Callaghan/Hutt IHR 2011, 137; Doralt RabelsZ 75 (2011), 260; Tonner EuZW 2010, 767). Derzeit stocken auch diese Arbeiten.

327 e) **Europäisches Kaufrecht:** Als Teil der Strategie Europa 2020 wurde am 11.10.2011 der **Vorschlag einer Verordnung** des Europäischen Parlaments und des Rates **über ein gemeinsames Europäisches Kaufrecht** (GEKR; Common European Sales Law/**CESL**; KOM(2011) 635 endg.) veröffentlicht, das **optional** gewählt werden können soll. Auch dieses Projekt ist derzeit tot. Inhaltlich unterscheidet es sich von den für die Wirtschaft gedachten UNIDROIT Principles bereits dadurch ganz wesentlich, dass das Ziel dieses Vorschlags war, die Rechte der Verbraucher zu stärken und grenzüberschreitende Verträge mit Verbrauchern zu regeln (für Einzelheiten s. nur Graf von Westphalen ZIP 2011, 1985; Mankowski RIW 2012, 97).

G. Zusammenfassung und Aufbauschema

328 Zusammenfassend lässt sich als **Ergebnis zum Allgemeinen Teil des IPR** festhalten: Wer einen privatrechtlichen Sachverhalt mit Bezug zu mehr als einem Staat zu beurteilen hat, muss vorab prüfen, ob **Einheitssachrecht** anwendbar ist: (i) kraft eigener Rechtsanwendungsnormen geltendes völkerrechtlich vereinheitlichtes Sachrecht wie das CMR oder das CISG (Achtung: gegebenenfalls mit kleinen Abweichungen auf-

grund völkerrechtlicher Vorbehalte) oder (ii) unionsrechtliches Sachrecht kraft eigenen Geltungswillens (dazu oben Teil F). Nur soweit dies nicht der Fall ist, ist eine **„klassische" IPR-Prüfung im engeren Sinne zur Bestimmung des Entscheidungsrechts** durchzuführen.

Für diese IPR-Prüfung ist dann zunächst die **richtige Rechtsquelle** auszuwählen. 329
Zunächst sind für sich zu entscheidende Rechtsfragen, die **für eine Anwendung in Betracht kommenden Rechtsquellen** zu ermitteln. Dabei ist generell zu beachten, dass für völkerrechtliche, unionsrechtliche und nationale Rechtsquellen eigene (allgemein mit der Art der Rechtsquelle verbundene) **Besonderheiten bei der Auslegung** gelten (dazu den Überblick in → Rn. 41 ff.): (i) bei der Anwendung von Staatsverträgen die Art. 31 f. WVK und die Möglichkeit von völkerrechtlichen Vorbehalten; (ii) bei unionsrechtlichen Rechtsakten das Gebot autonomer und an den Zielen der EU ausgerichteter Auslegung (*Effet-utile*-Auslegung); (iii) im nationalen Recht die Unterscheidung zwischen autonomem deutschem Recht und auf einer europäischen Richtlinie (→ Rn. 70); oder, wie im Scheckrecht, auf Völkerrecht basierendem Recht.

Für die **Hierarchie dieser Rechtsquellen** gilt: 330

(i) Grundsätzlich ist vorrangig zu prüfen, ob **staatsvertragliches IPR** anzuwenden ist. Dies gilt einschränkungslos für alle Fälle, die einen Bezug zu einem Staat außerhalb der EU haben (für EU-Verordnungen ausdrücklich geregelt, vgl. Art. 25 I und 26 Rom I-VO, Art. 28 I Rom II-VO, Art. 3 Nr. 2 EGBGB).

Ausnahme: Wurde der Staatsvertrag mit internationalprivatrechtlichen Regelungen nur zwischen zwei oder mehreren EU-Mitgliedstaaten (ohne Dänemark, str., → Rn. 66) geschlossen, wird er durch unionsrechtliche IPR-Verordnungen (zB Rom I-VO, Rom II-VO, Rom III-VO, EuUnthVO oder EuErbVO) verdrängt.

(ii) Ist staatsvertragliches IPR nicht anwendbar, greift – außer bei Bezug zu Dänemark (→ Rn. 66) – **unionsrechtliches IPR**, das (a) für das Schuldvertragsrecht (Rom I-VO), (b) für das Recht der außervertraglichen Schuldverhältnisse (Rom II-VO) und (c) das Unterhaltsrecht (EuUnthVO), (d) für das Scheidungsrecht (Rom III-VO), (e) für das Erbrecht (EuErbVO) sowie (f) für das Güterrecht (EuGüVO) in Kraft ist. Weitere seltene Beispiele werden im Besonderen Teil zum Gesellschaftsrecht angesprochen (→ Rn. 569 ff.).

(iii) Grundsätzlich nur ergänzend ist auf **nationales IPR** zurückzugreifen, das autonom oder richtlinienbasiert sein kann. **Ausnahme:** Soweit nationales IPR richtlinienbasiert ist und Schuldvertragsrecht betrifft, ist das richtlinienbasierte IPR ausnahmsweise nach Art. 23 Rom I-VO selbst dann anzuwenden, wenn es den gleichen Regelungsgegenstand wie die Rom I-VO betrifft (→ Rn. 72, → Rn. 410 ff.). Dasselbe gilt parallel im Verhältnis zu der Rom II-VO (vgl. dort Art. 27 Rom II-VO). Ergänzendes nationales IPR (eine Formvorschrift für die Rechtswahl) enthält das Anpassungsgesetz zur Rom III-VO (später → Rn. 514).

Kommen für eine aufgeworfene Rechtsfrage mehrere IPR-Normen für eine Anwen- 331
dung in Betracht, ist als erster Schritt der **„klassischen" IPR-Prüfung** zwischen ihnen durch **Qualifikation** abzugrenzen. Bei der Anwendung der ermittelten Kollisionsnorm ist dann die **Art der Verweisung** zu beachten. Die Anwendung staatsvertraglicher oder unionsrechtlicher IPR-Normen führt regelmäßig durch **Sachnormverweisung** direkt zum anwendbaren Recht (auch wenn das Recht, auf das verwiesen

wird, ein Mehrrechtsstaat ist); für Ausnahmen → Rn. 192. Im autonomen nationalen IPR (zB im Gesellschaftsrecht), sind gegebenenfalls **Rückverweisungen (renvoi) und Weiterverweisungen** sowie **interlokales Recht** der anwendbaren Rechtsordnung zu beachten. Sofern eine IPR-Norm Rechtsverhältnisse voraussetzt, sind gegebenenfalls **Vorfragen** (im Sinne von Erstfragen) zu klären, für die separat eine IPR-Prüfung durchzuführen ist.

Bei der Prüfung von **ausländischem IPR** infolge einer Gesamtverweisung (insbesondere um festzustellen, ob ein *renvoi* vorliegt) ist entsprechend der Normenhierarchie zu unterscheiden, ob als ausländisches IPR Völkerrecht, EU-Recht (oder ein anderes regionales Recht) oder nationales (ausländisches) IPR zur Anwendung kommt. Dabei können auch staatsvertragliche Übereinkommen Anwendung finden, die zunächst – bei der Prüfung des in Deutschland geltenden IPR – mangels Beitrittes der Bundesrepublik, nicht zur Anwendung gekommen sind. Es kommt bei der Prüfung des ausländischen IPR nun auf die Mitgliedschaft des ausländischen Staats an. Beispiele werden im 2. Teil für das Stellvertretungsrecht (→ Rn. 351) und für das Kaufrecht (→ Rn. 380) dargestellt.

332 Das IPR als Verweisungsrecht führt zum **Entscheidungsrecht**, dem **Statut**. Das streitentscheidende materielle Sachrecht kann *autonomes* Recht sein, es kann aber auch auf EU-Richtlinien basieren (*harmonisiertes* oder angeglichenes Sachrecht; häufig) oder es kann sich – selten – *aufgrund völkerrechtlicher Verträge um vereinheitlichtes Sachrecht* handeln (wie das kaufrechtliche Beispiel im **Fall 34**, wichtig zB bei Käufen von englischen Käufern bei deutschen Verkäufern).

Das festgestellte Statut allein reicht für die Falllösung oft noch nicht aus; es wird häufig **ergänzt:** Es kann (i) für *Vorfragen* oder *Teilfragen* durch eine andere Rechtsordnung ergänzt werden und (ii) selbst im Einzelfall **Korrekturen** durch den ordre public oder die *Angleichung* unterworfen sein. Gegebenenfalls ist (iii) **ergänzend zwingendes unionsrechtliches oder nationales, am Gerichtsort geltendes Recht** (vgl. zB Art. 9 Rom I-VO, Art. 16 Rom II-VO und → Rn. 239 ff.) anzuwenden. Ausländisches zwingendes Recht kann unter bestimmten Umständen ebenfalls anwendbar (s. vor allem Art. 9 II Rom I-VO) oder zu berücksichtigen (→ Rn. 238 ff., 265 ff.) sein.

333 Bei der Anwendung von ausländischem Entscheidungsrecht ist mit Blick auf die Normenhierarchie erneut sorgfältig zu prüfen, welches Entscheidungsrecht genau zur Anwendung kommt (Prüfung der allgemeinen – sachlichen und intertemporalen – Anwendungsvoraussetzungen im anwendbaren Entscheidungsrecht).

334 **Insgesamt** ist in Deutschland geltendes Internationales Privatrecht in den letzten ca. 15 Jahren so europäisch geworden, dass es für die meisten Bereiche des IPR EU-weit in den 27 Mitgliedstaaten **einheitliches, unionsrechtliches IPR** gibt, dessen Anwendung der Auslegungskontrolle durch den Europäischen Gerichtshof nach Art. 267 AEUV unterliegt. Bei Fällen mit Bezug zu einem Staat außerhalb der EU wird oft **staatsvertraglich vereinheitlichtes IPR vorgehen** (wobei nach der *ratio* von Art. 25 Rom I-VO, 26 Rom II-VO solch ein Bezug auch durch die Beteiligung eines Nicht-EU-Staats an einem Staatsvertrag besteht). Wieweit dies der Fall ist, bestimmt die EU zunehmend mit, da die EU mittlerweile selbst an der Entstehung des völkerrechtlichen IPR mitwirkt (→ Rn. 44). Aufgrund der Ausgestaltung des **unionsrechtlichen IPR als universell** – auch im Verhältnis zu den Nicht-EU Staaten – **geltendes Recht**

(→ Rn. 13) wird bei der Anwendung des IPR aber (außer bei Anwendung von Art. 25 II Rom I-VO, 28 II Rom II-VO und entsprechenden Normen in anderen Verordnungen, zB Art. 75 II EuErbVO) nicht detailliert danach unterschieden werden müssen, ob der Fall einen Bezug zum Recht von anderen EU-Mitgliedstaaten hat oder nicht. Soweit kein staatsvertraglich oder unionsrechtlich vereinheitlichtes IPR besteht, kommt subsidiär nationales IPR zur Anwendung. Getrübt wird dieses einheitliche Bild im zentralen Bereich des Kaufrechts durch den Vorrang eines älteren staatsvertraglichen kollisionsrechtlichen Übereinkommens (→ Rn. 60), dem wiederum das USG oft vorgeht (→ Rn. 274, 280).

Arbeitsblock zur Vertiefung

1. Die Vereinheitlichung des IPR ist ein **Teilschritt auf dem langen Wege zur Zivilrechtsvereinheitlichung** (s. Brödermann ZeuP 2007, 304). Um sich als Wirtschaftsraum in einem globalen Markt zu behaupten, ist es langfristig wichtig, einheitliche Rechtsinstrumente zu schaffen und zu nutzen. Der Weg dahin ist noch weit. Im Bereich des Schuldvertragsrechts dürfte es auf absehbare Zeit am einfachsten sein, mit dem über 50 Jahre auf weltweiter Basis entwickelten soft-law-Instrument der UNIDROIT Principles zu arbeiten (→ Rn. 313 ff., 320, 872 f.). 335
2. **Literatur:** Mankowski IPRax 2004, 282 (Auseinandersetzung mit dem von Jayme entwickelten Ansatz der **Berücksichtigung der kulturellen Identität** im IPR). 335a
3. **Kollisionshorror?:** Durch die Entwicklung von der Zweistöckigkeit (völkerrechtlich-national) zur Dreistöckigkeit (völkerrechtlich-unionsrechtlich-national) des IPR/IZVR sind neben die international-privatrechtlichen Konflikte verschiedener Rechtsquellen (unter den nationalen Rechtsordnungen auf gleicher Ebene) auch **rangkollisionsrechtliche** getreten. Dies hat das System insgesamt komplex gemacht. Umso wichtiger sind die Grundstrukturen. Zur vertiefenden Lektüre, erst nach Durcharbeitung des 2. und 3. Teils, werden die kritischen Überlegungen von Sobrino (Professor in Madrid) in der Zeitschrift für Vergleichende Rechtswissenschaft (ZVglRWiss) 2018, 24 ff. zur Frage „Welches internationale Privatrecht wollen wir im 21. Jahrhundert?" empfohlen, in dem er, aufsetzend auf Beispielen aus Art. 26 VI HGÜ (→ Rn. 680) und Art. 10 Brüssel IIa-VO (seit 1.8.2022 Brüssel IIb-VO → Rn. 682) kritisch hinterfragt, ob das Internationale Privatrecht zu komplex geworden und nur noch für Spezialisten beherrschbar sei. 336

Wir empfehlen ein Vorgehen nach dem folgenden Aufbauschema (welches – wie alle Schemata – kein Dogma sein soll). Voraussetzung ist, dass der Fall Auslandsbezug hat und nicht ausnahmsweise ohne die Anwendung von nationalem IPR zu lösen ist. 337

Hinweis: Das nachfolgende Schema gilt für die Bearbeitung eines Falles mit Auslandsbezug durch einen deutschen Richter. Hat ein **Schiedsgericht** über den Fall zu entschieden, gilt zum Teil anderes IPR (§ 1051 → Rn. 874), Ist ein **Gericht im Ausland** (zB London, Paris, New York City) zuständig, wird es das an seinem Gerichtsort geltende IPR anwenden. Für alle Gerichte, in den EU-Mitgliedstaaten ist dabei weitgehend die gleiche Struktur zu beachten.

338 ## G. Zusammenfassung und Aufbauschemata

Bestimmung des anwendbaren Rechts

Sachverhalt

⇓

Vorprüfung: Grobqualifikation

Welche Rechtsgebiete sind betroffen (zB Vertragsrecht, Stellvertretungsrecht, Gesellschaftsrecht)? Welche Kollisionsnormen kommen für eine Anwendung in Betracht (völkerrechtlichte, unionsrechtliche, nationale)?

⇓

I. Wird IPR durch einheitliches unionsrechtliches oder völkerrechtliches Sachrecht verdrängt, zB CISG, CMR? (vgl. Prüfungsschema → Rn. 306)

Anwendungsbereich eröffnet?

- sachlich
- räumlich-personell
- zeitlich

falls ja ⇒ Anwendung der Sachnorm

Prüfung, ob ungeregelte Lücken verbleiben

⇓ falls nein

⇓ soweit ja

II. Auswahl der Kollisionsnorm

(s. Prüfungsschritte bei der Qualifikation, → Rn. 97)

Internationale Übereinkommen

- Anwendungsbereich eröffnet?

⇓ Ja ⇒ Nein

- Auswahl der Kolli-sionsnorm: autonome völkerrechtliche Qualifikation (→ Rn. 97, 43, 75)

beachte: ⇔ Art 24, 25 Rom I, Art 28 Rom II (für Dänemark → Rn. 66)

Europäisches IPR (z.B Rom I, Rom II)

- Anwendungsbereich eröffnet?

⇓ Ja ⇒ Nein

- Auswahl der Kollisionsnorm: autonome unionsrechtliche Qualifikation (→ Rn. 97, 55, 61 ff.)

Nationales IPR (EGBGB)

- Auswahl der Kollisionsnorm:

a) richtlinienkonforme Qualifikation bei harmonisiertem IPR (→ Rn. 70)
b) autonome Qualifikation bei autonomem IPR (→ Rn. 69)

→ beachte zu Vorfragen (iSv Erstfragen), → Rn. 128, 132 ff.

⇓

III. Anwendung der Kollisionsnorm

- Anknüpfung an den für die Kollisionsnorm maßgeblichen Anknüpfungspunkt (zB gewöhnlicher Aufenthalt, Staatsangehörigkeit), → Rn. 33 ff.
- zur Lösung bei Mehrstaatern/Staatenlosen, → Rn. 206 ff., 216 ff.
- zur Lösung interlokalrechtlicher Fragen (Mehrrechtsstaaten), → Rn. 191 ff.

⇩

IV. Ergebnis der Anwendung der Kollisionsnorm

Verweis auf deutsches Recht

⇩

Anwendung von deutschem Sachrecht

Verweis auf ausländisches Recht

Sachnormverweisung (Übereinkommen, EU-VO)

⇩

- Anwendung des berufenen Sachrechts
- ggf. Anwendung von Einheitsrecht als Teil des berufenen Sachrechts (→ Rn. 276 ff., 302 ff.)

Gesamtnormverweisung (autonomes IPR)

⇩

- Prüfung des Renvoi (Prüfungsschritte → Rn. 120 und 125)

ggf. Berücksichtigung international zwingender Normen (Eingriffsnormen) (→ Rn. 291 ff., 296 f.)

V. ggf. Korrektur des Ergebnisses

wichtig

- ordre-public-Prüfung (→ Rn. 144 ff.)
- Angleichung (→ Rn. 162 ff.; Prüfungsschritte → Rn. 175)

sehr selten

- Gesetzesumgehung (→ Rn. 220 ff.)
- Verstoß gegen das unionsrechtliche Konformitätsgebot (→ Rn. 40)

2. Teil. Übersicht über den Besonderen Teil des IPR

339 Als „Besonderen Teil" des IPR bezeichnet man die besonderen Anknüpfungsregeln, die sich für die einzelnen Bereiche des Sachrechts (zB Familienrecht, Schuldrecht) im IPR entwickelt haben. Einige dieser Regeln wurden bereits im Rahmen der Fallbeispiele aufgezeigt. Nicht alle Anknüpfungsregeln des Besonderen Teils sind gesetzlich in internationalen Übereinkommen, unionsrechtlichen Verordnungen oder im nationalen Gesetzesrecht geregelt. Vor allem ist zB (überwiegend) das IPR juristischer Personen und Gesellschaften bis heute nicht gesetzlich geregelt. Das IPR der Stellvertretung, für das die EU sich bei Schaffung der Rom I-VO nicht auf eine einheitliche Regelung hat einigen können, ist erst 2017 in Deutschland (national-autonom) gesetzlich geregelt worden.

Der folgende Überblick **beschränkt sich** darauf, die **wichtigsten** (aktuellen) Rechtsquellen und Anknüpfungsregeln vorzustellen und dabei Schwerpunkte mit Blick auf die Anforderungen im Staatsexamen zu setzen. Die im „Allgemeinen Teil" des IPR (oben **Teil I, A.–F.**) dargestellte **„IPR-Technik"** wird hier als bekannt vorausgesetzt; dieser Teil setzt darauf auf. Die Darstellung folgt im Wesentlichen dem Aufbau des BGB.

A. Allgemeine Lehren des Privatrechts

I. Rechtsfähigkeit und Geschäftsfähigkeit natürlicher Personen

1. Rechtsquellen

340 Allgemeine **internationale Übereinkommen** zur Frage der Rechts- und Geschäftsfähigkeit sind nicht anwendbar. Ebenso sind die Rechts-, Geschäfts- und Handlungsfähigkeit vom Anwendungsbereich der **unionsrechtlichen Rom I-VO** ausgenommen (Art. 1 II lit. a Rom I-VO); ein Sonderfall ist jedoch für das internationale **Vertragsrecht** in Art. 13 Rom I-VO geregelt (→ Rn. 342). Daher bestimmt sich das Statut für die Rechts- und Geschäftsfähigkeit grundsätzlich **nach autonomem, nationalem Recht** (Art. 7, 12 EGBGB).

2. Anknüpfungsregeln

341 Die Rechts- und Geschäftsfähigkeit natürlicher Personen werden seit dem 1.1.2023 unterschiedlich angeknüpft.[1] Ursprünglich wurden sowohl die Rechts- als auch die Geschäftsfähigkeit natürlicher Personen nach Art. 7 I EGBGB aF an die Staatsangehörigkeit der Person angeknüpft. Diese Regelung gilt für alle **Vorgänge, die vor dem 1.1.2023** abgeschlossen wurden.[2]

Seit der Änderung des Art. 7 I EGBGB unterliegt die **Rechtsfähigkeit** – mithin die Fähigkeit, Träger von Rechten und Pflichten zu sein – noch immer der **Staatsange-**

1 Gesetz zur Reform des Vormundschafts- und Betreuungsrechts vom 4.5.2021 (BGBl. 2021 I 882).
2 Wagner FamRZ 2022, 405 (414).

hörigkeit (Art. 7 I 1 EGBGB). Die **Geschäftsfähigkeit** einer Person – mithin die Fähigkeit einer Person, ihre Rechte und Pflichten persönlich durch Rechtsgeschäfte zu gestalten – richtet sich nun abweichend nach ihrem **gewöhnlichen Aufenthalt** (Art. 7 II EGBGB).[3] Entscheidender **Zeitpunkt** für die Anknüpfung ist der Zeitpunkt des Erwerbs bzw. der Vornahme der Handlung.[4] **Rück- und Weiterverweisung** sind nach Art. 4 I EGBGB zu beachten.

Die Rechts- und Geschäftsfähigkeit **juristischer Personen** ist nicht in Art. 7 EGBGB geregelt. Sie unterliegt dem **Gesellschaftsstatut** (→ Rn. 567 ff.).

342 • Als sog. **Teilfragen**, werden die Rechts- und Geschäftsfähigkeit **selbstständig** (und damit unabhängig vom jeweiligen Geschäftsstatut – etwa dem Vertragsstatut) angeknüpft (→ Rn. 17). Stellt sich damit im Rahmen eines Vertragsschlusses die Frage nach der Geschäftsfähigkeit einer Partei, ist Art. 7 II EGBGB (→ Rn. 15 ff. (**Fall 3**)) heranzuziehen. Art. 7 II EGBGB regelt jedoch nicht die Frage, ob ein Rechtsgeschäft eine Geschäftsfähigkeit erfordert. Das Erfordernis unterliegt dem Geschäfts- bzw. Vertragsstatut.[5] **Spezielle „Rechtsfähigkeiten"** (zB Deliktsfähigkeit, Erbfähigkeit) sind hingegen nicht selbstständig, sondern unselbstständig **anzuknüpfen** (→ Rn. 141). Sie unterliegen damit dem jeweiligen Statut (zB Deliktsstatut, Erbstatut).[6]

Bei einem **Vertragsabschluss zwischen Personen im selben Staat** kann sich eine natürliche Person, die nach dem Recht des Handlungsortes rechts-, geschäfts- und handlungsfähig ist, im Interesse des **Verkehrsschutzes** in der Regel nur unter eingeschränkten Voraussetzungen auf ihre Rechts-, Geschäfts- und Handlungsunfähigkeit berufen **(Art. 12 S. 1 EGBGB)**. Ausgenommen sind familien- und erbrechtliche Rechtsgeschäfte sowie Verfügungen über ein in einem anderen Staat belegenes Grundstück (Art. 12 S. 2 EGBGB). Kommt Art. 12 S. 1 EGBGB gem. Art. 12 S. 2 EGBGB nicht zur Anwendung, so bleibt es bei einer Anknüpfung nach Art. 7 EGBGB.

Hinweis: Art. 13 Rom I-VO sieht eine zu Art. 12 EGBGB ähnliche Regelung vor: Bei einem zwischen Personen, die sich in demselben Staat befinden, geschlossenen Vertrag kann sich eine natürliche Person, die nach dem Recht dieses Staates rechts-, geschäfts- und handlungs**fähig** wäre, nur dann auf ihre sich nach dem Recht eines anderen Staates ergebende Rechts-, Geschäfts- und Handlungs**unfähigkeit** berufen, **wenn** die **andere Vertragspartei** bei Vertragsschluss diese Rechts-, Geschäfts- und Handlungsunfähigkeit **kannte oder infolge von Fahrlässigkeit nicht kannte**. (→ Rn. 402). Ursache ist, dass Art. 12 EGBGB auf Art. 11 EVÜ beruht, der seinerseits Ausgangspunkt für die Entwicklung von Art. 13 Rom I-VO war.

343 Nach **Art. 7 I 2 EGBGB** kann durch einen **Wechsel der Staatsangehörigkeit** kein Verlust der einmal erlangten Rechts- oder Geschäftsfähigkeit eintreten. Art. 7 II 2 EGBGB stellt klar, dass die Frage, ob die Geschäftsfähigkeit durch Heirat erlangt werden kann (**„Heirat macht mündig"**), nach Art. 7 II EGBGB und gerade nicht nach Art. 14 EGBGB (Ehewirkungen) zu beurteilen ist.

3 PWW/Mörsdorf EGBGB Art. 7 Rn. 5.
4 Grüneberg/Thorn EGBGB Art. 7 Rn. 8.
5 Junker IPR § 14 Rn. 2.
6 Kropholler § 42 I S. 317.

Arbeitsblock zur Ergänzung

1. **Allseitige Kollisionsnorm:** Die Vorschrift **des Art. 7 I 2 EGBGB** war vor dem 1.1.2023 in Art. 7 II EGBGB aF **einseitig** formuliert („Erwerb und Verlust der Rechtsstellung *als Deutscher*"). Der Zusatz „als Deutscher" wurde mit der Reform gestrichen, sodass die Norm nun **allseitig** für sämtliche Wechsel der Staatsangehörigkeiten gilt (Grüneberg/Thorn EGBGB Art. 7 Rn. 8). **344**
2. **Qualifikation der Geschlechtszugehörigkeit:** Die Geschlechtszugehörigkeit ist nach neuerer Rechtsprechung nicht mehr als rein tatsächliche Frage, sondern als Rechtsfrage zu behandeln (zB BVerfG NJW 2017, 3643; BGH NJW 2020, 1955). Dies macht eine Anknüpfung erforderlich, für die der Gesetzgeber bisher keine Regelung getroffen hat.[7] Da es sich bei der Geschlechtszugehörigkeit um eine **personenrechtliche Frage** handelt, wird nach Art. 7 I 1 EGBGB analog an die Staatsangehörigkeit angeknüpft (v. Bar/Mankowski IPR II § 6 Rn. 150; vertiefend Gössl StAZ 2013, 301). **345**
3. Eine ähnliche **Sonderregelung** wie in Art. 12 EGBGB findet sich in Art. 19 KSÜ. Die ehemaligen **Parallelnormen** im Ehe- und Lebenspartnerschaftsrecht in Art. 16 und 17b II 2 EGBGB sind mit Einführung der EuGüVO und EuPartVO in 2019 aufgehoben worden. Dort findet sich eine Verkehrsschutzregelung nun in Art. 28 EuGüVO (ebenso Art. 28 EuPartVO). **346**
4. **Mehrstaater, Staatenlose und Flüchtlinge:** S. die Darstellung der Besonderheiten der Anknüpfung in → Rn. 206 ff. **347**
5. **Zum IPR der Vormundschaft** (→ Rn. 551 ff.). **347a**
6. **Literatur** **347b**
   - **Überblick über die neue Rechtslage:** PWW/Mörsdorf EGBGB Art. 7 Rn. 1; Wagner FamRZ 2022, 405.
   - **Rechts-, Geschäfts- und Handlungsfähigkeit:** v. Bar/Mankowski IPR II § 6 Rn. 3 ff.; Kegel/Schurig IPR § 17 I S. 544 f.

II. Vollmacht (Stellvertretung)

1. Rechtsquellen

Eine gesetzliche Regelung für das IPR der Vollmacht besteht weder auf völkerrechtlicher noch auf unionsrechtlicher Ebene. Die im Kommissionsentwurf zur Rom I-VO noch enthaltene Regelung des IPR der Stellvertretung[8] (dort Art. 7) ist am Widerstand einiger Mitgliedstaaten und der starken Kritik der Literatur gescheitert (vgl. den Ausschluss der Stellvertretung in Art. 1 lit. g Rom I-VO). Der deutsche Gesetzgeber hat (Jahre später) reagiert und unter Rückgriff auf von der Rechtsprechung entwickelte Grundsätze mit Art. 8 EGBGB eine seit 17.6.2017 geltende autonome Kollisionsnorm für die gewillkürte Stellvertretung geschaffen.[9] **348**

7 Beachte aber den Regierungsentwurf zu Art. 7a EGBGB nF, hierzu ausführlich Schulz IPRax 2024, 29 ff.

8 KOM(2005) 650.

9 Art. 8 EGBGB wurde durch das Änderungsgesetz vom 11.6.2017 (BGBl. 2017 I 1607) neu eingefügt; s. Fall 20 → Rn. 189.

2. Anknüpfungsregeln

349 Die Anknüpfungsregeln des Art. 8 EGBGB umfassen allein Fragen der rechtsgeschäftlichen Vertretung (mithin der Vollmacht). In Abgrenzung dazu unterliegt die organschaftliche Vertretung dem Gesellschaftsstatut (→ Rn. 567). Die rechtsgeschäftliche Stellvertretung ist als Teilfrage selbstständig und unabhängig vom Geschäftsstatut anzuknüpfen. Dem Geschäftsstatut unterliegt vorgeschaltet die Frage, ob eine Stellvertretung zulässig ist. Das Vollmachtsstatut nach Art. 8 EGBGB entscheidet dann über die Frage, ob eine wirksame Stellvertretung vorliegt.

Art. 8 I EGBGB stellt in der ersten Linie auf die Parteiautonomie ab und lässt die **Rechtswahl** ausdrücklich zu (→ Rn. 116 (**Fall 9**)). Sie kann in zwei Formen geschlossen werden:

- Eine einseitige Rechtswahl durch den Vertretenen ist möglich, sofern die Rechtswahl dem Dritten und dem Bevollmächtigten bekannt ist (Art. 8 I 1 EGBGB).
- Eine Rechtswahl in Form einer ‚allseitigen' Vereinbarung gemeinsam durch den Bevollmächtigten, den Vertretenen und den Dritten ist jederzeit möglich (Art. 8 I 2 EGBGB).[10] Diese Rechtswahl geht dabei der einseitigen Rechtswahl vor (Art. 8 I 3 EGBGB).

350 Mangels Rechtswahl knüpft Art. 8 V EGBGB grundsätzlich an den **tatsächlichen Gebrauchsort** an. Als Gebrauchsort der Vollmacht gilt der Ort der Abgabe der Erklärung durch den Bevollmächtigten oder der Ort des Zugangs der Erklärung bei dem Bevollmächtigen (es kommt also nicht auf den Ort an, an dem die Erklärung des Bevollmächtigten dem Dritten zugeht).[11] Dies wirkt sich insbesondere auf **Distanzgeschäfte** aus.[12] Mangels **Erkennbarkeit** des tatsächlichen Gebrauchsorts bei Distanzdelikten kommt indes häufig das Recht des gewöhnlichen Aufenthaltes des Vollmachtgebers zur Anwendung (Art. 8 V 3 EGBGB).[13] Art. 8 EGBGB enthält jedoch einige **Sonderanknüpfungen**, die dem Gebrauchsort vorgehen.[14]

- Nach Art. 8 II, III EGBGB knüpft die Stellvertretung mangels Rechtswahl in erster Linie an den gewöhnlichen Aufenthalt (des unternehmerisch oder arbeitnehmerisch tätigen Bevollmächtigten) an. Für die Bestimmung des „gewöhnlichen Aufenthalts" ist der Zeitpunkt der Ausübung der Vollmacht in Betracht zu ziehen (Art. 8 VIII EGBGB).
- Nach Art. 8 IV EGBGB knüpft eine Dauervollmacht (zB wenn ein Ehegatte den anderen auf Dauer bevollmächtigt)[15] an den Ort an, an dem der Vertreter von der Vollmacht gewöhnlich Gebrauch macht.

Ist der Ort des gewöhnlichen Aufenthalts oder des gewöhnlichen Gebrauchs dem Dritten nicht bekannt, wird das Recht am gewöhnlichen Aufenthalt des Vertretenen maßgeblich (Art. 8 V EGBGB).

---

10 Rademacher IPRax 2017, 56 (58 ff.).
11 Begr. Reg-E, BT-Drs. 18/10714, 26.
12 BeckOGK/Mankowski, 1.10.2019, EGBGB Art. 8 Rn. 142.
13 MüKoBGB/Kleinschmidt EGBGB Art. 8 Rn. 126.
14 Rademacher IPRax 2017, 56 (59).
15 S. BT-Drs. 18/10714, 26.

Die Absätze des Art. 8 EGBGB verweisen auf die *Sach***vorschriften** der berufenen Rechtsordnung, sodass eine Rück- und Weiterverweisung nach **Art. 4 II EGBGB** außer Acht bleibt.

Arbeitsblock

I. Zur Ergänzung 351

1. **Völkerrechtliches IPR: Das Haager Übereinkommen über das auf die Stellvertretung anzuwendende Recht (Haager Stellvertretungsabkommen)** v. 14.3.1978 betreffend alle Fälle gewillkürter Stellvertretung ist in Deutschland zwar nicht in Kraft getreten, aber als *loi uniforme* (→ Rn. 46) ausgestaltet. Es kommt demnach in den Vertragsstaaten **Argentinien, Frankreich, Portugal** und der **Niederlande** auch in Fällen mit Bezug zu Deutschland zur Anwendung, sofern die staatlichen Gerichte dieser Staaten zuständig sind (→ Rn. 617).
2. **Begriff des gewöhnlichen Aufenthalts:** Zur Bestimmung des gewöhnlichen Aufenthalts verweist Art. 8 VIII EGBGB auf die entsprechende Anwendung des Art. 19 I, II Rom I-VO. 352
3. **Form:** Die Form der Vollmacht wird als Teilfrage gesondert angeknüpft. Nach **Art. 11 I EGBGB** kommt alternativ das Vollmachtsstatut oder das Recht am Ort der Vollmachtserteilung zur Anwendung. 353
4. **Literatur** 353a
   - Zur Frage, ob das Vollmachtsstatut durch **Rechtswahl** bestimmt werden kann: Reithmann/Martiny IntVertragsR/Hausmann Rn. 6.389 ff.
   - Zur **Reichweite des Vollmachtsstatuts/Abgrenzung vom Geschäftsstatut:** MüKoBGB/Kleinschmidt EGBGB Art. 8 Rn. 139 ff.
   - Zur **Vertretung ohne Vertretungsmacht** und **Rechtsscheinvollmacht:** Bach IPRax 2011, 116 (Anknüpfung nach Art. 12 Rom II-VO); Behnen IPRax 2011, 22; Grüneberg/Thorn EGBGB Art. 8 Rn. 6 mwN (Art. 8 EGBGB analog).
   - Zu **speziellen Vollmachten**: v. Bar/Mankowski IPR § 1 Rn. 1055 ff.

II. Literatur zur Vertiefung

Kindler RIW 2018, 473 ff. (kaufmännische Vollmacht); Rademacher IPRax 2017, 56 ff. (Gesetzesentwurf); v. Hein IPRax 2015, 578 ff. (Überlegungen zur Kodifikation früher geltenden Gewohnheitsrechts). Allgemein: Steding ZVglRWiss 86 (1987), 25; Ebenroth JZ 1983, 821; Reithmann/Martiny IntVertragsR/Hausmann Rn. 6.381 ff. 354

III. Form

1. Rechtsquellen

Völkervertragliches IPR zu Fragen der Form enthält das Haager Übereinkommen über das auf die Form letztwilliger Verfügungen (nicht: Erbverträgen) anwendbare Recht v. 5.10.1961[16] (**Haager Testamentsformübereinkommen** → Rn. 555, 561 ff.). In Fällen mit Bezug zu der Isle of Man ist Art. 9 EVÜ anwendbar (str. für **Dänemark** 355

16 BGBl. 1965 II 1145; Jayme/Hausmann Nr. 60.

→ Rn. 66). **Unionsrechtliches IPR** zu Fragen der Form enthält **Art. 11 Rom I-VO** für alle Rechtsgeschäfte über vertragliche Schuldverhältnisse, die dem sachlichen Anwendungsbereich der Rom I-VO unterfallen (Art. 1 Rom I-VO). Im Bereich des Erbrechts ist **Art. 27 EuErbVO** für die Form der **Erbverträge** anwendbar (→ Rn. 555, 561). Für alle anderen IPR-Fragen der Form gilt **nationales IPR:** Die allgemeine Kollisionsnorm für die Form von Rechtsgeschäften ist **Art. 11 EGBGB,** soweit nicht speziellere IPR-Regelungen einschlägig sind; für die Form der Eheschließung im Inland Art. 13 III EGBGB; für die Wahl des Ehewirkungsstatuts Art. 14 IV EGBGB; für die Wahl des Güterrechtsstatuts Art. 15 III EGBGB iVm Art. 14 IV EGBGB.

2. Anknüpfungsregeln

356 **Art. 11 Rom I-VO** sieht für die Form von Rechtsgeschäften mehrere **alternative Anknüpfungen** vor, um die Formwirksamkeit der Verträge zu begünstigen (sog. *favor negotii*, **allg. Günstigkeitsprinzip**):

- **Platzgeschäft:** Sind beide Parteien oder deren Vertreter im Zeitpunkt des Vertragsschlusses im selben Staat (**„Platzgeschäft“**), so genügt es nach **Art. 11 I Rom I-VO,** wenn alternativ die Formerfordernisse des Vertragsstatuts (*lex causae*) oder die des Ortsrechts (*lex loci actus*) erfüllt sind.
- **Distanzgeschäft:** Befinden sich die Parteien im Zeitpunkt des Vertragsschlusses in verschiedenen Staaten (**„Distanzgeschäft“**), so genügt es nach **Art. 11 II Rom I-VO,** wenn alternativ die Formerfordernisse des Vertragsstatuts, eines der Ortsrechte oder eines der Rechte des gewöhnlichen Aufenthalts einer der Parteien erfüllt sind.
- **Einseitige Rechtsgeschäfte:** Bei einseitigen Rechtsgeschäften kommt nach **Art. 11 III Rom I-VO** alternativ das Vertragsstatut, das Ortsrecht oder das Recht des gewöhnlichen Aufenthalts der Person, die das Geschäft vornimmt, zur Anwendung.
- **Verbraucherverträge:** Für Verbraucherverträge iSv Art. 6 Rom I-VO gilt nach **Art. 11 IV Rom I-VO** das Recht des gewöhnlichen Aufenthaltsortes des Verbrauchers.
- **Verträge über ein dingliches Recht:** Die Form von Verträgen über ein dingliches Recht an einer unbeweglichen Sache oder die Miete oder Pacht einer unbeweglichen Sache ist in **Art. 11 V Rom I-VO** gesondert geregelt. Danach unterliegt die Form grundsätzlich den Art. 11 I–IV Rom I-VO; es kommen jedoch auch zwingende Formvorschriften des Staats, in dem die unbewegliche Sache belegen ist (**„Belegenheitsstatut“**), zur Anwendung.[17]

357 Im **nationalen Recht** enthält der auf Art. 9 (des im Verhältnis zu Dänemark (→ Rn. 66) oder zB zur Isle of Man immer noch geltenden) EVÜ beruhende **Art. 11 EGBGB** ähnliche Regelungen. Sein Anwendungsbereich ist durch die vorrangig anzuwendenden Regelungen in Art. 11 Rom I-VO eingeschränkt. Die Regelung ist aber noch auf **Eheschließungen** und **Scheidungen** im Ausland, Rechtsgeschäfte auf dem Gebiet des Ehegüter- und Kindschaftsrechts, bestimmte erbrechtliche Rechtsgeschäfte und Verfügungsgeschäfte sowie für die **Vollmacht** anwendbar.[18]

---

17 Vgl. PWW/Mörsdorf-Schulte IPR-Anh. 1/Rom I-VO Art. 11 Rn. 12.
18 Grüneberg/Thorn EGBGB Art. 11 Rn. 1.

- **Grundregel:** Nach der Grundregel des Art. 11 I EGBGB muss ein Rechtsgeschäft ebenfalls **alternativ** entweder die Formerfordernisse des Rechts des Vornahmeortes (*lex loci actus*) oder des auf das Rechtsgeschäft selbst anwendbaren Rechts (*lex causae*) erfüllen. 358
- **Rechtsgeschäfte zwischen Parteien**, die sich in verschiedenen Staaten befinden, sind formwirksam, wenn die Formvorschriften eines der Ortsrechte oder des Geschäftsrechts erfüllt werden, Art. 11 II EGBGB.
- Bei **rechtsgeschäftlichen Stellvertretergeschäften** gelten die Art. 11 I, II EGBGB mit der Maßgabe, dass das Ortsrecht das Recht an dem Ort ist, an dem der Vertreter sich befindet, Art. 11 III EGBGB. 359
- **Verträge über dingliche Rechte** sind formgültig, wenn sie die Vorschriften des Geschäftsrechts erfüllen, Art. 11 IV EGBGB.

Arbeitsblock

I. Zur Ergänzung

1. **Folgen eines Formverstoßes:** Die Folgen des Formverstoßes unterliegen ebenfalls dem Günstigkeitsprinzip. Danach kommt das jeweils schwächere Recht mit der **milderen Rechtsfolge** zur Anwendung (insbesondere Vorrang der Möglichkeit der Heilung vor endgültiger Nichtigkeit) (MüKoBGB/Kleinschmidt EGBGB Art. 11 Rn. 62). 360
2. **Möglichkeit formfreien Verkaufs von deutschen Grundstücken: § 311b I BGB**, der zur **notariellen Beurkundung** eines Grundstückskaufvertrags verpflichtet, ist nach wohl hM nicht als **zwingende Vorschrift** iSv Art. 11 V Rom I-VO anzusehen (statt vieler MüKoBGB/Spellenberg Rom I-VO Art. 11 Rn. 74 mwN; ebenso bereits zu Art. 11 IV EGBGB aF BT-Drs. 10/504, 49). Damit ist der formfreie Verkauf eines in Deutschland belegenen Grundstücks nach französischem oder spanischem Recht – beide Rechtsordnungen kennen kein vergleichbares konstitutives Formgebot – möglich. 361
3. **Beurkundungspflicht für die Auflassung:** Praktisch macht die Verlagerung des Geschäfts ins Ausland zur Umgehung des § 311b I BGB meist jedoch keinen Sinn, denn die **notarielle Beurkundung** der **Auflassung nach § 925 BGB** ist anders als § 311b I BGB **zwingend**. Sie kann auch nicht durch Vornahme von einem ausländischen Notar substituiert werden (BGH NJW 2020, 1670; PWW/Mörsdorf EGBGB Art. 11 Rn. 20). Ging der Auflassung keine deutsche Beurkundung nach § 311b I BGB voraus, kostet die Beurkundung der Auflassung ähnlich viel, wie wenn auch der Grundstückskaufvertrag beurkundet worden wäre. Ferner ist auch die Abwicklung des Geschäfts (elektronisch einzureichende Anträge an das Grundbuchamt) über einen deutschen Notar einfacher. 362
4. **Literatur:** Kropholler IPR § 41 III S. 310; v. Bar/Mankowski IPR II § 1 Rn. 842 ff. 362a

II. Literatur zur Vertiefung

- **Zu Distanzgeschäften:** v. Bar/Mankowski IPR II § 1 Rn. 865; PWW/Mörsdorf Rom I-VO Art. 11 Rn. 8. 363
- Zu **Auslandsbeurkundungen** und zur Frage der Erfüllung deutscher Formerfordernisse im Wege der **Substitution:** (s. → Rn. 142 und PWW/Mörsdorf EGBGB Art. 11 Rn. 19 ff.; MüKoBGB/Kleinschmidt

EGBGB Art. 11 Rn. 72 ff.; Reithmann NJW 2003, 386 ff.; OLG Düsseldorf IPRax 2011, 395; LG Frankfurt a.M. IPRax 2011, 398 mAnm Schulze IPRax 2011, 365.

- **Gesellschaftsrecht:** Zu dem Streit über die **Anwendung des Ortsrechts** nach Art. 11 I Alt. 2 EGBGB bei **gesellschaftsrechtlichen Vorgängen** (insbesondere Übertragung eines GmbH-Geschäftsanteils): KG NJW 2018, 1828; Herrler NJW 2018, 1787; zum Ganzen Junker IPR § 14 Rn. 34 ff. sowie → Rn. 142.

IV. Namensrecht

1. Rechtsquellen

364 Für die Bestimmung des auf den Namen einer **natürlichen Person** anwendbaren Rechts bestehen **keine völkerrechtlichen Vereinbarungen** und **kein unionsrechtliches IPR.** Allein für den Bereich des Internationalen Verfahrensrechts ist das Istanbuler CIEC-Übereinkommen über die Änderung von Namen und Vornamen v. 4.9.1958[19] zu beachten. Das maßgebliche internationale Namensrecht ist damit im autonomen Kollisionsrecht in den **Art. 10** und **47, 48 EGBGB** geregelt. Das Namensrecht **juristischer Personen** (Firma) richtet sich nach dem Gesellschaftsstatut (→ Rn. 567 ff.).

2. Anknüpfungsregeln

365 Der Ehegattenname und der Kindesname richten sich gem. Art. 10 I EGBGB grundsätzlich nach dem Recht, dem die Person angehört (Heimatrecht). Für die Ehegatten sieht Art. 10 II EGBGB die Möglichkeit der Rechtswahl bei oder nach Eheschließung vor (die Regelung gilt gem. Art. 17b II EGBGB entsprechend für gleichgeschlechtliche Ehegatten). Der Kreis der wählbaren Rechte ist dabei auf das Heimatrecht einer der Ehegatten oder deutsches Recht, sofern einer der Ehegatten dort seinen gewöhnlichen Aufenthalt hat, beschränkt. Auch für den Kindesnamen ist in Art. 10 III EGBGB eine Rechtswahl vor oder nach Beurkundung der Geburt des Kindes vorgesehen. Die Wahl der Rechte ist in gleicher Weise beschränkt wie beim Art. 10 II EGBGB.

366 Das Namensstatut ist durch den Wechsel der Staatsangehörigkeit grundsätzlich wandelbar. Für den Fall eines **Statutenwechsels ins deutsche Recht** enthält **Art. 47 EGBGB** eine besondere Regelung zur **Angleichung** ausländischer Namen ans deutsche Recht (→ Rn. 371 (Arbeitsblock)). Art. 48 EGBGB regelt dabei den Fall der Wahl eines in einem anderen Mitgliedstaat der EU erworbenen Namens (→ Rn. 367 (Arbeitsblock)).

19 BGBl. 1961 II 1076; Jayme/Hausmann Nr. 21; dazu MüKoBGB/Lipp EGBGB Art. 10 Rn. 245.

Arbeitsblock

I. Ergänzung 367

1. **Freizügigkeit nach Art. 21 AEUV:** Der Art. 48 EGBGB wurde mit Anpassungsgesetz vom 23.1.2013 (BGBl. 2013 I 101) eingefügt. Ursache waren die Vorgaben des EuGH zur Freizügigkeit nach Art. 21 AEUV: Im *Grunkin-Paul*-Urteil hat der EuGH festgestellt, dass das Freizügigkeitsrecht des Namensträgers nach Art. 21 AEUV verletzt ist, wenn die Behörden des deutschen Heimatstaates – unter Anwendung deutschen Rechts nach Art. 10 I EGBGB – die Anerkennung des am dänischen gewöhnlichen Aufenthalt rechtmäßig gebildeten Nachnamens eines Kindes ablehnen (EuGH ECLI:EU:C:2008:559 = BeckRS 2008, 71059 – Grunkin-Paul; hierzu Mansel/Thorn/Wagner IPRax 2009, 2 ff.; Rieck NJW 2009, 125 ff.; EuGH ECLI:EU:C:2003:539 = BeckRS 2004, 74436 – Garcia Avello, hierzu Koritz FPR 2008, 213 ff.; Mörsdorf IPRax 2004, 315).
2. **Ausnahme Adelstitel:** Eine Ausnahme besteht bei der Nichtanerkennung von ausländischen **Adelstiteln** und frei gewählten Nachnamen (sog. **Deed Poll**) (EuGH ECLI:EU:C:2010:806 = BeckRS 2010, 91487; EuGH ECLI:EU:C:2016:401 = BeckRS 2016, 81096). Da dieser Grundsatz auf Art. 21 AEUV basiert, gilt er nicht bei einem wirksam begründeten Namen in einem Drittstaat (vertiefend Müller StAZ 2014, 366). 368
3. **Reformvorschläge:** Das Bundesministerium der Justiz hat in Anlage 3 zum Referentenentwurf zur **Reform des Namensrechts** weitgehende Reformvorschläge für das Namensrecht vorgesehen. Insbesondere wird vorgeschlagen, den Namen zukünftig an den **gewöhnlichen Aufenthalt** anzuknüpfen und gleichzeitig die Möglichkeit der Rechtswahl zu erweitern (Entwurf abrufbar unter: https://www.famrz.de/redaktionsmeldungen/vorschlag-zur-reform-des-deutschen-namenskollisionsrechts.html (zuletzt abgerufen am 24.6.2024)). Der Vorschlag basiert im Wesentlichen auf dem **Vorschlag des Deutschen Rates für Internationales Privatrecht** (Mansel IPRax 2023, 326 f.). 369
4. **Literatur:** Junker IPR § 13 Rn. 16 ff.; Kropholler IPR § 43 S. 324 ff. 369a

II. Vertiefung

1. **Anpassung:** Art. 21 AEUV ist nach der Rechtsprechung des EuGH jedoch nicht verletzt, wenn die Behörden eines Mitgliedstaats nach dort geltendem nationalem Recht Vor- und Nachnamen einer Person in Personenstandsurkunden nur nach den offiziellen Schreibregeln dieses Mitgliedstaats ausfüllen, nicht aber nach den Schreibregeln eines anderen Mitgliedstaats, es sei denn, dies hat für den Unionsbürger schwerwiegende administrative, berufliche oder private Nachteile zur Folge, die bei einer Interessenabwägung mit den Belangen, die die nationale Regelung schützen soll, überwiegen (EuGH ECLI:EU:C:2011:291 = BeckRS 2011, 80519). 370
2. **Gestaltungsrecht bei Statutenwechsel:** Wenn eine Person ihren **Namen nach ausländischem Recht erworben** hat und ein Statutenwechsel zur **Anwendbarkeit deutschen Namenrechts** führt, kann sie nach **Art. 47 EGBGB** durch eine **Erklärung gegenüber dem Standesamt** „ihre Namensführung an die inländischen Verhältnisse anpassen“ (vgl. OLG München FGPrax 2009, 169 (170)). Art. 47 EGBGB sieht fünf Fallkonstellationen vor: 371

- Der Namensträger kann in einer sog. **Sortiererklärung** (vgl. PWW/Mörsdorf EGBGB Art. 47 Rn. 9) aus dem Namen Vor- und Familiennamen bestimmen, Art. 47 I 1 **Nr. 1** EGBGB.
- Wenn der betroffenen Person ein **Vor- oder Familienname fehlt**, kann sie einen solchen wählen, Art. 47 I 1 **Nr. 2** EGBGB.
- Die betroffene Person kann auch **Namensbestandteile**, die das deutsche Recht nicht kennt, ablegen, Art. 47 I 1 **Nr. 3** EGBGB. In diesem Fall handelt es sich um Namenszusätze oder Zwischennamen, wie zB den Vatersnamen (Grüneberg/Thorn EGBGB Art. 47 Rn. 6).
- In einer sog. **Ursprungserklärung** (vgl. PWW/Mörsdorf EGBGB Art. 47 Rn. 13) kann eine Person, deren Familienname eine geschlechtsspezifische oder eine verwandtenspezifische Form hat (zB mit der Endsilbe -owa bei aus dem slawischen Raum stammenden Frauen), eine Namensänderung durch die Grundform (also in dem Beispiel durch die Streichung der Endsilbe -owa) beantragen, Art. 47 I 1 **Nr. 4** EGBGB.
- Der Namensträger kann in einer sog. **Eindeutschungserklärung** eine deutschsprachige Form des Vor- oder Familiennamens annehmen, wenn zB die der deutschen Sprache unbekannten Laute oder diakritische Zeichen gestrichen werden, Art. 47 I 1 **Nr. 5** EGBGB.

372 3. **Gestaltungsrecht bei Ehenamen:** Handelt es sich um einen **Ehenamen,** muss die vorgeschriebene Erklärung von beiden Ehegatten abgegeben werden (Art. 47 I 2 EGBGB).

373 4. **Namen der Kinder:** Im Fall der Namensänderung der Eltern nach Art. 47 I EGBGB müssen die in § 1617c BGB vorgesehenen Voraussetzungen beachtet werden. Bis zur Vollendung des fünften Lebensjahres spricht man von einer „automatischen Erstreckung der Namensänderung auf Abkömmlinge“ (vgl. Mäsch IPRax 2008, 17 (21)). Bei Abkömmlingen, die das fünfte Lebensjahr, aber noch nicht das 14. Lebensjahr vollendet haben, kann sich der Abkömmling der Namensänderung der Eltern durch Erklärung des gesetzlichen Vertreters gegenüber dem Standesamt anschließen. Kinder, die das 14. Lebensjahr vollendet haben, müssen die entsprechende Erklärung, die der zusätzlichen Zustimmung des gesetzlichen Vertreters bedarf, selbst abgeben.

373a 5. **Zuständigkeit und Frist:** Die Namenswahlerklärungen sind gegenüber dem **örtlich zuständigen Standesamt** abzugeben. In diesem Fall ist das Standesamt am Wohnsitz oder gewöhnlichen Aufenthalt des Namensträgers zuständig, hilfsweise das Standesamt Berlin I (§ 43 II PStG). Art. 47 EGBGB sieht **keine Frist** für die Abgabe einer solchen Erklärung vor (Mäsch IPRax 2008, 17 (22)).

374 6. **Form:** Nach Art. 47 IV EGBGB muss diese Erklärung öffentlich beglaubigt oder beurkundet werden, aber die Beglaubigung oder die Beurkundung kann auch von den Standesbeamten vorgenommen werden.

7. **Literatur:**

374a
- Zu Art. 10 EGBGB: Hepting StAZ 2002, 129 (134 ff.); Wall StAZ 2011, 37.
- Zu Art. 47 EGBGB: Wall StAZ 2010, 225; PWW/Mörsdorf EGBGB Art. 47 Rn. 9 ff.

B. Vertragliche Schuldverhältnisse

Hinweis: Insbesondere im Schuldvertragsrecht ist stets zuerst zu prüfen, ob nicht völkerrechtlich **vereinheitlichtes Sachrecht** vorrangig anwendbar ist (→ Rn. 276 ff., → Rn. 291 ff., → Rn. 378 (Arbeitsblock)). Nur wenn und soweit dies nicht der Fall ist, ist das anwendbare Recht mithilfe des IPR im engeren Sinne zu prüfen. 375

I. Rechtsquellen

Völkerrechtliches IPR ist aus Sicht deutscher Gerichte im Bereich der vertraglichen Schuldverhältnisse nicht einschlägig. Für **alle seit dem 17.12.2009 abgeschlossenen Verträge („Neufälle")** ist daher – innerhalb ihres Anwendungsbereichs – das **unionsrechtliche IPR** in der **Rom I-VO**[20] anzuwenden.[21] Nach Art. 25–26 Rom I-VO geht schuldvertragliches IPR aus bestehenden völkerrechtlichen Übereinkommen zwar vor, entsprechende Beispiele finden sich aber nur im Ausland (→ Rn. 379 (Arbeitsblock)). 376

Nationales IPR kommt in Neufällen grundsätzlich nur **ergänzend** zur Anwendung, soweit die Rom I-VO dies ausdrücklich gestattet (zB für **Verbraucherverträge**, Art. 46b EGBGB, → Rn. 57, → Rn. 72 sowie → Rn. 259 ff. (**Fall 30**)). Deklaratorisch betont das deutsche nationale Recht selbst den Vorrang der Rom I-VO in Art. 3 Nr. 1 lit. b EGBGB. In allen **Altfällen** (die die Anwendung und Auslegung von vor dem 17.12.2009 abgeschlossenen Verträgen betreffen) sind **Art. 27–37 EGBGB aF** anwendbar (→ Rn. 383 (Arbeitsblock))[22]. Durch Art. 1 Nr. 4 iVm Art. 3 Gesetz zur Anpassung der Vorschriften des Internationalen Privatrechts an die Verordnung (EG) Nr. 593/2008 v. 25.6.2009[23] sind diese Bestimmungen des nationalen IPR zum 17.12.2009 aufgehoben worden. 377

Arbeitsblock zur Ergänzung

1. **Vorrangiges internationales Einheitsrecht** im Bereich der vertraglichen Schuldverhältnisse tritt in verschiedenen Bereichen auf. 378
   a) **Kaufrecht:** Im Kaufrecht muss insbesondere das **UN-Kaufrecht „CISG"** berücksichtigt werden. Soweit das CISG als vereinheitlichtes Sachrecht nicht bereits kraft eigenen Rechtsanwendungswillens in Art. 1 I lit. a CISG die IPR-Prüfung im engeren Sinne überflüssig gemacht hat, kann es sich nach Art. 1 I lit. b CISG nach der IPR-Prüfung als Sachrecht eines Vertragsstaats (zB als deutsches Recht) durchsetzen (→ Rn. 304 CISG).
   b) **Transportrecht:** Im Transportrecht finden sich Übereinkommen für den Straßenverkehr (→ Rn. 277 zum CMR), für den Eisenbahnverkehr, den Luftverkehr, den Binnenschifffahrtsverkehr und das Seerecht (s. die Übersicht bei PWW/Remien IPR-Anh. 1/Rom I-VO Art. 5 Rn. 1; zur sonstigen Anknüpfung von Beförderungsverträgen → Rn. 391).

20 ABl. 2009 L 177, 65, Jayme/Hausmann Nr. 80; Art. 29 Rom I-VO iVm Art. 28 Rom I-VO in der berichtigten Fassung lautet: „ab dem 17.12."

21 Allgemeine Ausf. zur Rom I-VO s. Martiny ZEuP 2018, 218 (222 ff.); zur Entstehungsgeschichte s. ausführlich Rauscher/v. Hein, Rom I-VO Einl. Rn. 5 f.

22 Für die aktuelle Bedeutung von Art. 27–37 EGBGB PWW/Brödermann/Wegen EGBGB Art. 27–37 aF Rn. 2.

23 BGBl. 2009 I 1574.

379 2. **Zum Teil völkerrechtliches IPR des Schuldrechts auch in der EU:** In wenigen EU-Mitgliedstaaten gilt im Bereich des internationalen Schuldvertragsrechts **völkerrechtliches IPR**. Nach Art. 25 I Rom I-VO haben bestehende völkerrechtliche IPR-Übereinkommen Vorrang (s. die Liste nach Art. 26 Rom I-VO, die am 17.12.2010 im Amtsblatt veröffentlicht wurde, ABl. 2010 C 343, 3). Ob **künftige Übereinkommen** der Rom I-VO vorgehen, bestimmt die EU durch ihre Mitwirkung an deren Entstehung mit (→ Rn. 44). Voraussetzung für die Anwendung ist in jedem Fall, dass das Verfahren vor dem Gericht eines Vertragsstaates der jeweiligen Übereinkommen geführt wird. Einigen sich die Vertragsparteien beim Vertragsschluss also auf einen bestimmten Gerichtsstand innerhalb der EU, so kann diese vordergründig prozessuale Entscheidung auch bei der Bestimmung der anwendbaren IPR-Regelungen wichtig werden (→ Rn. 617).

380 a) **Kaufrecht:** Ein **kollisionsrechtliches Übereinkommen** im Bereich des Schuldrechts (iSv Art. 25–26 Rom I-VO) ist zum Beispiel das **Haager Übereinkommen betreffend das auf internationale Kaufverträge über bewegliche Sachen anzuwendende Recht** v. 15.6.1955 (Jayme/Hausmann Nr. 76), dem die Bundesrepublik allerdings nicht beigetreten ist (vgl. Kegel/Schurig IPR § 18 I 3 S. 697 f. mit Nachweisen zu ausländischen Fundstellen). Daher wird es nicht von deutschen Gerichten berücksichtigt. Trotzdem begegnen solche Übereinkommen einem in der Praxis bei Verhandlungen mit Juristen aus Mitgliedstaaten dieser Übereinkommen oder bei Zuständigkeit von Vertragsstaaten des Übereinkommens (**Dänemark, Finnland, Frankreich, Italien, Schweden, Schweiz, Norwegen**). Mangels Rechtswahl knüpft Art. 3 Haager Kaufrechtsübereinkommen – anders als Art. 4 Rom I-VO – in bestimmten Fällen an das **Recht des Käufers** an (= Praktikerfalle). Die Gerichte der Vertragsstaaten wenden das Haager Kaufrechtsübereinkommen als *loi uniforme* an (→ Rn. 46) und damit auch gegenüber deutschen Verkäufern.

381 b) **Sonderfall Wechsel- und Scheckrecht:** Für den Bereich des Wechsel- und Scheckrechts ist nationales IPR anzuwenden, das wörtlich völkerrechtliches IPR übernommen hat (→ Rn. 307)

382 3. **Regelungslücke für Gerichtsstandsvereinbarungen** Mit der Abschaffung von Art. 27–37 EGBGB aF hat der deutsche Gesetzgeber eine **Lücke** hinsichtlich seit dem 17.12.2009 abgeschlossener **Gerichtsstandsvereinbarungen** hinterlassen, für die der sachliche Anwendungsbereich der Rom I-VO nach Art. 1 II lit. e Rom I-VO ausdrücklich nicht eröffnet ist. Relevanz bekommt dieses Problem im Rahmen der materiellen Nichtigkeitsprüfung einer Gerichtsstandsvereinbarung nach Art. 25 Brüssel Ia-VO. Die Frage der materiellen Wirksamkeit richtet sich nach dem Recht des vereinbarten Gerichts einschließlich des Kollisionsrechts dieses Mitgliedstaates (vgl. Erwgr. 20 Brüssel Ia-VO). Es handelt sich also um eine Gesamtverweisung, weshalb das einschlägige IPR zu ermitteln ist.

a) Sofern das **CISG** anwendbar ist, ist keine IPR-Prüfung erforderlich. Es setzt sich zur Prüfung der Wirksamkeit einer Gerichtsstandvereinbarung durch, dazu später → Rn. 655.

b) Ist das CISG nicht anwendbar, stellt sich die Frage welcher Rechtsquelle das einschlägige Kollisionsrecht für die Wirksamkeit der Gerichtsstandsvereinbarung darstellt:

- Zum einen wird vertreten, dass nach **allgemeinen Rechtsgrundsätzen** des IPR anzuknüpfen ist (PWW/Brödermann/Wegen IPR-Anh. 1/ Rom I-VO Anh. zu Art. 4 Rn. 27; Reithmann/Martiny IntVertragsR/ Hausmann Rn. 7.50). Ist die Gerichtsstandsvereinbarung Teil eines Hauptvertrages (oder von AGB), sei bei fehlender Rechtswahl danach akzessorisch an das Recht des Hauptvertrags anzuknüpfen, da dies dem **Näheprinzip** entspreche (PWW/Brödermann/Wegen IPR-Anh. 1/ Rom I-VO Anh. zu Art. 4 Rn. 27).
- Zum anderen wird vertreten, dass **analog** auf die Regelungen der Rom I-VO zurückzugreifen ist (unter anderem Ferrari IntVertragsR/ Kieninger Rom I-VO Art. 1 Rn. 18a; MüKoBGB/Martiny Rom I-VO Art. 1 Rn. 65, wohl hM). Dafür spreche eine **teleologische Reduktion** der Bereichsausnahme des Art. 1 II lit. e Rom I-VO (Junker IZVR § 15 Rn. 10).
- Vereinzelt werden auch weitere Lösungen vertreten.

4. **Altfälle:** Das Internationale Schuldrecht für **vor dem 17.12.2009** abgeschlossene Verträge findet sich in **Art. 27–37 EGBGB aF.** Für die Anknüpfung von einigen Teil- und Vorfragen werden Art. 27 ff. EGBGB aF um weitere Bestimmungen ergänzt (Art. 11 EGBGB aF zur Form sowie Art. 7, 12 EGBGB zur Rechts- und Geschäftsfähigkeit; s. PWW/Brödermann/Wegen IPR-Anh. 4/ IntGes Rn. 10 unter III.). Diese Regelungen beruhen auf dem Römischen EWG-Übereinkommen über das auf vertragliche Schuldverhältnisse anzuwendende Recht v. 19.6.1980 **(EVÜ)** (ABl. 1980 L 266, 1; BGBl. 1986 II 810; Jayme/Hausmann Nr. 70), das der deutsche Gesetzgeber 1986 kurz vor dessen Inkrafttreten in leicht abgeänderter Form ins EGBGB inkorporiert hat (vgl. Art. 1 II des dazugehörigen ZustG; Brödermann NJW 2010, 807). Sie sind **einheitlich aus dem EVÜ selbst heraus auszulegen**. Aufgrund zweier das EVÜ ergänzender Protokolle ist **fakultativ** die letzte **Auslegungsinstanz** der **EuGH** (zusammenfassend zur Auslegungsmethode PWW/Brödermann/ Wegen EGBGB ex Art. 36 Rn. 3 ff. unter www.pww-oe.de). Das alte Recht ist dem neuen ähnlich (es spricht zB auch Sachnormverweisungen aus, Art. 35 EGBGB), es ist aber nicht gleich. So enthält es zB als allgemeine Anknüpfungsregel in Art. 28 II–IV EGBGB **gesetzliche Vermutungen**, die durch **engere Verbindungen** – nicht: offensichtlich engere Verbindungen (→ Rn. 32 zur Rechtspolitik) – mit dem Recht eines anderen Staates widerlegt werden können (Art. 28 V EGBGB). Der Prütting/Wegen/Weinreich kommentiert Art. 27 ff. EGBGB bis auf weiteres weiter, weil es in der Praxis noch immer überraschend viele Altfälle gibt (www.pww-oe.de). 383
5. **Literatur**
   - **Begriff der Zivil- und Handelssache:** Zwirlein-Forschner IPRax 2021, 221 (zur Qualifikation einer Maut). 383a
   - **Einfluss des EU-IPR:** Brödermann NJW 2010, 807.
   - **Überblick zur Rom I-VO:** Lando/Nielsen Common Market Law Review 2008, 1707 ff.

II. Anknüpfungsregeln der Rom I-VO

384 **Hinweis:** Die Rom I-VO ist dem Leser oder der Leserin aus der Darstellung im „Allgemeinen Teil" („AT", → Rn. 1 ff.) bekannt. Wer direkt an diese Stelle des Buchs gesprungen ist, um einen Fall zu lösen, dem empfehlen wir dringend, zunächst den AT durchzuarbeiten (gegebenenfalls ohne die Arbeitsblöcke). Verwiesen ist insbesondere auf:

- Vorrang von einheitlichem Sachrecht → Rn. 274 ff.
- Vorrang von europäischem Kollisionsrecht vor nationalem Recht → Rn. 56 f.
- Abgrenzung zwischen Rom I-VO und CISG → Rn. 279 ff.
- Anwendungsbereich, Art. 1 I Rom I-VO → Rn. 183 ff.
- Qualifikation → Rn. 80
- Anwendung als *loi uniforme* nach Art. 2 Rom I-VO, Grundregeln der Anknüpfung → Rn. 13
- Starre Anknüpfungsregeln, Ausweichklausel → Rn. 32
- Anknüpfung von Vorfragen → Rn. 128 f.
- Beachtung zwingenden Rechts in Form von Eingriffsnormen, Art. 9 Rom I-VO → Rn. 234 ff.
- Grundsatz der autonomen Auslegung → Rn. 55
- Sachnormverweisung unter Ausschluss des *renvoi*, Art. 20 Rom I-VO → Rn. 102 ff.
- Ordre-Public-Prüfung, Art. 21 Rom I-VO → Rn. 144 ff.
- Umgang mit Verweisung auf Mehrrechtsstaaten, Art. 22 I Rom I-VO → Rn. 191 ff.
- Verhältnis zu anderen Gemeinschaftsakten, Art. 23 Rom I-VO → Rn. 72
- Umgang mit intertemporalem Recht, Art. 28 I Rom I-VO → Rn. 185 ff.

Die Kenntnis dieser Grundlagen ist Voraussetzung für die Arbeit mit dem nachfolgenden Überblick über die Anknüpfungsregeln und die Besonderheiten im IPR des Schuldvertragsrechts.

1. Anwendungsbereich

385 Nach Art. 1, 2, 25 f. sowie 28 Rom I-VO ist der Anwendungsbereich der Verordnung gegenüber anderen Rechtsgebieten und -quellen abzugrenzen. Er lässt sich untergliedern in den sachlichen, räumlichen und zeitlichen Anwendungsbereich.

Der **sachliche Anwendungsbereich** umfasst nach Art. 1 I 1 Rom I-VO zunächst „vertragliche Schuldverhältnisse" in „Zivil- und Handelssachen", die eine „Verbindung zum Recht verschiedener Staaten" aufweisen. **Vertragliche Schuldverhältnisse** basieren dabei in Abgrenzung zu außervertraglichen Schuldverhältnissen auf freiwillig eingegangenen Verpflichtungen.[24] Der Begriff der **Zivil- und Handelssache** folgt aus einer Negativdefinition der Rechtsprechung. Danach liegt eine solche vor, wenn kein Träger hoheitlicher Rechte in Ausübung hoheitlicher Befugnisse handelt.[25] Eine **Verbindung zum Recht verschiedener Staaten** meint nach einschränkender Auslegung nur Verbindungen, für deren juristische Beurteilung IPR im engeren Sinne bzw. Internationales Schuldrecht benötigt wird.[26] Weiterhin schließt Art. 1 Rom I-VO bestimmte Rechtsgebiete (zB das Gesellschaftsrecht) aus. Aufgrund deliktsrechtlicher Qualifikation des Verschuldens bei Vertragsschluss (*c. i. c.*) im unionsrechtlichen IPR (→ Rn. 91 ff.) fällt auch die *c. i. c.* nicht in den Anwendungsbereich der Rom I-VO,

24 EuGH ECLI:EU:C:2016:40 = BeckRS 2016, 80187 Rn. 44 – ERGO Insurance et al.

25 Erstmals EuGH ECLI:EU:C:1976:137 = BeckRS 2004, 72962 Rn. 4 – LTU/Eurocontrol zum EuGVÜ (stRspr).

26 PWW/Brödermann/Wegen IPR-Anh. 1/Rom I-VO Art. 1 Rn. 8.

sondern in den der Rom II-VO. Enthält der Vertrag eine Schiedsklausel, gilt nicht die Rom I-VO, sondern § 1051 ZPO als *lex specialis* (→ Rn. 868).

Der **räumliche Anwendungsbereich** der Rom I-VO erfasst auch Sachverhalte mit Bezug zu Drittstaaten, Art. 2 Rom I-VO (universelle Anwendung (→ Rn. 13); für Fälle mit Dänemark-Bezug → Rn. 66).

Den **zeitlichen Anwendungsbereich** der Rom I-VO regelt Art. 28 iVm Art. 29. Danach ist die Verordnung auf seit dem 17.12.2009 geschlossene Verträge anwendbar.

2. Rechtswahl (subjektive Anknüpfung)

Im Internationalen Schuldvertragsrecht gilt der **Vorrang** der **Parteiautonomie**, dh die Parteien können für den gesamten Vertrag oder für einzelne Teile des Vertrags das anwendbare Recht (ausdrücklich oder – in eindeutiger Weise – stillschweigend) selbst wählen **(Art. 3 I Rom I-VO).** Die Parteiautonomie im Kollisionsrecht zeichnet sich dadurch aus, dass ganze Rechtsordnungen „abgewählt" werden können, die ohne Rechtswahl anwendbar wären. Im Unterschied dazu befähigt die aus dem nationalen materiellen Recht bekannte **Privatautonomie** nur zur Bestimmung der Parteien über alle dispositiven Regelungsfragen.[27] Die Rechtswahl nach der Rom I-VO kann auch nachträglich getroffen oder abgeändert werden, solange dabei nicht in Rechte Dritter eingegriffen wird (Art. 3 II Rom I-VO). **Für bestimmte Vertragsarten** (Personenbeförderungs- und Versicherungsverträge) wird die **Rechtswahlmöglichkeit eingeschränkt:** Es können nur bestimmte Rechtsordnungen gewählt werden.[28] 386

Die Parteien können grundsätzlich auch das Recht eines „neutralen" Staates ohne Bezug zum Sachverhalt wählen. Allerdings werden die **Wirkungen der Rechtswahl** durch die Kollisionsnormen zur Anwendung **von zwingendem Recht beschränkt:** 387

Einfach zwingendes Recht kann aus zwei Gründen zur Anwendung kommen. Zum einen bestimmen **(i) besondere Regeln** der Rom I-VO für bestimmte Rechtsgebiete (Verbraucher-, Arbeits- und Versicherungsverträge) die Anwendung einfach zwingenden Rechts. Zum anderen regelt Art. 3 Rom I-VO für **(ii) bestimmte Sachverhalte** Vorbehalte des einfach zwingenden Rechts. Darunter fallen **reine Inlandssachverhalte** (Art. 3 III Rom I-VO) und **reine Binnenmarktsachverhalte** bei Wahl eines Nicht-EU-Rechts (Art. 3 IV Rom I-VO).

Ebenso kann **international zwingendes Recht** die Wirkungen der Rechtswahl (und auch des objektiv anwendbaren Rechts) beschränken. Es kommt über völkerrechtliche Verträge (→ Rn. 226 (**Fall 27**)), die allgemeinen Regeln zu Eingriffsnormen in Art. 9 Rom I-VO (→ Rn. 233 ff.) oder die besondere Bestimmung zur Form in Art. 11 V Rom I-VO zur Anwendung.

Die Rechtswahl nach Art. 3 I Rom I-VO ist auf die Wahl staatlichen Rechts begrenzt. Bei Wahl der **UNIDROIT Principles** als eigentlich nicht wählbares *„soft law"* erfolgt eine Umdeutung in eine Inkorporation gem. Erwgr. 13 Rom I-VO (→ Rn. 313 ff. (**Fall 34**)). Die Umdeutung ist nicht erforderlich, sofern die Rechtswahl in Kombination mit einer **Schiedsklausel** erfolgt ist und Art. 3 I Rom I-VO deshalb nicht anwendbar ist.

27 Reithmann/Martiny IntVertragsR/Martiny Rn. 2.12.

28 S. zur Rechtswahl Ferrari IntVertragsR/Ferrari Rom I-VO Art. 3; Rauscher/v. Hein Rom I-VO Art. 3; Kieninger/Remien, Europäische Kollisionsrechtsvereinheitlichung, 2012, S. 117 ff.

Arbeitsblock zur Ergänzung

388 1. **Qualifikation einer Rechtswahlvereinbarung:** Die Rechtswahlklausel in einem internationalen Vertrag wird als **eigener kollisionsrechtlicher Verweisungsvertrag** behandelt (vgl. zB Reithmann/Martiny IntVertragsR/Martiny Rn. 2.15 ff.). Die überwiegende Mehrheit der Weltstaaten folgt dem Prinzip der Parteiautonomie (s. Rühl in HWB-EuP 2009, Vertragliche Schuldverhältnisse (IPR)), wobei die jeweils geltenden Einschränkungen bei Anwendung ausländischen IPRS (bei ausländischem Gerichtsstand) gegebenenfalls sorgfältig zu prüfen sind.
2. **Teilfragen:** Das **Zustandekommen** und die **Wirksamkeit** einer Rechtswahlklausel werden nach Art. 3 V Rom I-VO als **Teilfrage** selbstständig angeknüpft. Sie richten sich gem. **Art. 10 I Rom I-VO** nach dem hypothetischen Vertragsstatut (→ Rn. 401). Erfolgt die Rechtswahl im Anwendungsbereich eines völkerrechtlichen Vertrages, sind gegebenenfalls dessen Voraussetzungen für eine wirksame Rechtswahl vorrangig zu beachten (zB Prüfung der wirksamen Einbeziehung von AGB nach dem CISG).
3. **Unterschiedliche Rechtswahlklauseln in AGB** (*battle of forms*): Bei sich widersprechenden AGB enthalten nationale Rechtsordnungen unterschiedliche Lösungen (unter anderem Theorie des ersten oder letzten Wortes; Restgültigkeitstheorie: Übersicht mwN bei Brödermann, UNIDROIT Principles Commentary Art. 2.1.22 Rn. 1). Stehen sich in AGB widersprechende Rechtswahlklauseln in der **Vertragsanbahnungsphase** gegenüber (nicht: nach Vertragsabschluss durch Beifügung von AGB des Lieferanten zur Rechnung) und gilt das USG nicht über Art. 1 I lit. a (→ Rn. 280 f.), bietet es sich an, zunächst mithilfe des hypothetischen Vertragsstatuts (Art. 10 Rom I-VO) – ohne Rücksicht auf jede der beiden Rechtswahlklauseln – im Wege der objektiven Anknüpfung zu ermitteln, welches Recht auf den Vertrag anzuwenden wäre und damit implizit ob, und wenn ja welche, AGB einbezogen wurden. Führt das hypothetische Vertragsstatut zur Anwendung des CISG als nationales Recht über Art. 1 I lit. b CISG (zB bei einem Verkauf von Deutschland nach England), ist nach dem strengen autonomen Maßstab des CISG zu prüfen, ob die AGB (und damit die Rechtswahlklausel, die gegebenenfalls das CISG ausschließt) wirksam in den Vertrag einbezogen wurde (→ Rn. 288 f.). Ist dies nicht der Fall, kommt zB auch ein in den AGB enthaltener Ausschluss des CISG nicht zur Anwendung. Im Einzelnen ist vieles streitig, s. die Übersicht bei BeckOGK/Weller, 1.9.2023, Rom I-VO Art. 10 Rn. 62.
4. **Erweiterte Rechtswahlklausel (Praxistipp):** Mit Blick auf die deliktische Einordnung des Verschuldens beim Vertragsabschluss in der Rom II-VO (→ Rn. 91 ff.) ist in der Vertragsgestaltung kaufmännischer Verträge über eine erweiterte Rechtswahlklausel nachzudenken (s. MAH IntWirtschaftsR/Brödermann § 6 Rn. 397).
5. **Literatur**
   - Zu **Rechtswahlklauseln in Verbraucherverträgen:** Mankowski NJW 2016, 2705; Roth IPRax 2013, 515.
   - Zu **unterschiedlichen Rechtswahlklauseln:** Vidmar ZfRV 2015, 219 ff.
   - **Musterklausel** für eine Rechtswahl: Brödermann, UNIDROIT Principles Commentary, Introduction Rn. 9d.

3. Mangels Rechtswahl anzuwendendes Recht (objektive Anknüpfung)

Liegt keine Rechtswahl vor, ist für **bestimmte Vertragsarten** (Beförderungs-, Verbraucher-, Versicherungs- und Individualarbeitsverträge) zunächst nach **Art. 5–8 Rom I-VO** anzuknüpfen. Diese besonderen Anknüpfungen sollen dem Schutz der schwächeren Partei dienen (vgl. Erwgr. 32 Rom I-VO). Im Übrigen gelten die allgemeinen Regelungen in **Art. 4 Rom I-VO:** Für eine Reihe von Vertragsarten (**„Regelfälle"**) sieht **Art. 4 II Rom I-VO** eine starre Anknüpfung vor (zB für Kaufverträge, Dienstleistungsverträge, Verträge über dingliche Rechte an unbeweglichen Sachen, Franchiseverträge, Vertriebsverträge, → Rn. 32). Für alle anderen Verträge und für Verträge, die von mehr als einem der Buchstaben in Abs. 1 abgedeckt sind, ist nach **Abs. 2** an den gewöhnlichen Aufenthalt **(Art. 19 Rom I-VO)** der Partei anzuknüpfen, die die **charakteristische Leistung** erbringt (dies ist regelmäßig nicht die Zahlung, → Rn. 14). Bei komplexeren Verträgen mit einer Vielzahl von Leistungen und Gegenleistungen, die mehrere der Regelfälle aus Abs. 1 betreffen, ist dabei die charakteristische Leistung des Vertrags – soweit möglich – nach dessen Schwerpunkt zu bestimmen (Erwgr. 19 Rom I-VO s. **Fall 2**, Rn. 10 ff.). Bei einer **offensichtlich engeren Verbindung** mit einer anderen (als der nach Abs. 1 und 2 bestimmten) Rechtsordnung ist diese anzuwenden (Ausweichklausel, Art. 4 III Rom I-VO, → Rn. 32). Lässt sich das anwendbare Recht nicht nach Abs. 1 und 2 bestimmen, da Leistung und Gegenleistung gleichwertig sind (Beispiel: Tauschgeschäft[29]), ist nach der **Auffangklausel** in Art. 4 IV Rom I-VO das mit dem Vertrag am **engsten verbundene Recht** anzuwenden (Näheprinzip, → Rn. 32). 389

Arbeitsblock

I. **Zur Ergänzung**

1. **Weiter Dienstleistungsbegriff:** Als **Dienstleistungsvertrag** nach **Art. 4 I lit. b Rom I-VO** versteht sich ein Vertrag über die Erbringung einer Tätigkeit gegen Entgelt (vgl. EuGH ECLI:EU:C:2009:257 = BeckRS 2009, 70431 – Falco Privatstiftung, dazu dass ein Lizenzvertrag mangels Tätigkeit des Lizenzgebers kein Dienstleistungsvertrag iSd Art. 7 Nr. 1 Brüssel Ia-VO ist). Darunter fallen – wie aus **Fall 2** bekannt – **auch Werkverträge**. Dies ergibt sich aus einer autonomen Auslegung des Begriffs im Systemzusammenhang mit Art. 7 Nr. 1 lit. b Brüssel Ia-VO (zur Auslegung in Anlehnung an die Begriffsbildung in der Brüssel Ia-VO s. Erwgr. 17 Rom I-VO sowie → Rn. 240b für ein Parallelbeispiel, dazu Reithmann/Martiny IntVertragsR/Thode Rn. 2.160). Aus der Rechtsprechung zu Art. 7 Nr. 1 lit. b Brüssel Ia-VO folgt, dass der Begriff Dienstleistungsvertrag weit auszulegen ist (BGH RIW 2012, 566). Nicht umfasst sind hingegen Werklieferungsverträge, die unter die Kaufverträge nach Art. 4 I lit. a Rom I-VO fallen (EuGH ECLI:EU:C:2010:90 = BeckRS 2010, 90198 = IPRax 2010, 420 mAnm Metzger – Car Trim). 390
2. **Beförderungsverträge:** Sofern auf einen Beförderungsvertrag nicht internationales Einheitsrecht (→ Rn. 277 zum CMR) anwendbar ist, ist das anwendbare Recht nach **Art. 5 Rom I-VO** zu bestimmen: 391

---

29 PWW/Brödermann/Wegen IPR-Anh. 1/Rom I-VO Anh. zu Art. 4 Rn. 59 mwN.

a) **Güterverkehr:** Für Verträge über die Beförderung von **Gütern** können die Parteien das anwendbare Recht **frei** nach Art. 5 I Rom I-VO iVm Art. 3 Rom I-VO **wählen**. Andernfalls kommt **(i)** unter bestimmten Voraussetzungen nach Abs. 1 das Recht am **gewöhnlichen Aufenthaltsort des Beförderers** zur Anwendung (*wenn nämlich in diesem Staat auch der Übernahmeort, der Ablieferungsort oder der gewöhnliche Aufenthaltsort des Absenders liegen*), hilfsweise (wenn diese Voraussetzungen aus Art. 5 I 1 Rom I-VO nicht erfüllt sind) **(ii)** das **Recht des vereinbarten Ablieferungsortes**, sofern nicht **(iii)** eine **offensichtlich engere Verbindung** zu einem anderen Staat besteht (Abs. 3).

b) **Personenverkehr:** Bei Verträgen über die Beförderung von **Personen** ist die **Parteiautonomie eingeschränkt:** Die Parteien können nach Art. 3 Rom I-VO nur die in Art. 5 II lit. a–e Rom I-VO genannten Rechtsordnungen wählen (*Recht am gewöhnlichen Aufenthaltsort der zu befördernden Person, am gewöhnlichen Aufenthaltsort oder der Hauptverwaltung des Beförderers, des Abgangs- oder des Bestimmungsorts*). Objektiv knüpft Art. 5 II UAbs. 2 Rom I-VO **(i)** unter bestimmten Bedingungen an den **gewöhnlichen Aufenthaltsort der zu befördernden Person** (*sofern nämlich in diesem Staat auch der Abgangs- oder der Bestimmungsort liegen*), **(ii) sonst** an den gewöhnlichen Aufenthaltsort **des Beförderers** an, sofern nicht **(iii)** eine **offensichtlich engere Verbindung** zu einem anderen Staat besteht (Abs. 3).

392 3. **Verbraucherverträge: Art. 6 Rom I-VO** bestimmt das anwendbare Recht für die meisten Verbraucherverträge:

a) **Anwendungsbereich:** Zunächst ist zu klären, ob der Anwendungsbereich eröffnet ist (Art. 6 I Rom I-VO):

- **Vorrang von Art. 5 und 7 Rom I-VO:** Beförderungs- und Versicherungsverträge sind vorrangig nach Art. 5 und 7 Rom I-VO anzuknüpfen (Abs. 1).
- **Verbrauchervertrag:** Es muss sich um einen Vertrag zwischen einem Verbraucher und einem Unternehmer handeln. Dazu finden sich in Abs. 1 Legaldefinitionen der Begriffe „Verbraucher“ und „Unternehmer“. Problematisch können Fälle von „*dual use*“ bzw. gemischten Verträgen werden (dazu Ferrari IntVertragsR/Staudinger Rom I-VO Art. 6 Rn. 18).
- **Situativer Anwendungsbereich:** Eine Besonderheit des Art. 6 Rom I-VO sind die Voraussetzungen des Abs. 1 lit. a und lit. b, die den Anwendungsbereich um ein situatives Element ergänzen. Unter der **Ausübung einer beruflichen oder gewerblichen Tätigkeit** in einem Staat **(lit. a)** ist dabei die aktive Beteiligung am Wirtschaftsverkehr durch das Angebot und die Abwicklung von Leistungen zu verstehen (MüKoBGB/Martiny Rom I-VO Art. 6 Rn. 38; Mankowski IHR 2008, 133). Eine auf einen Staat **ausgerichtete Tätigkeit (lit. b)** liegt darüber hinaus vor, wenn der Unternehmer zum Ausdruck bringt, dass er zum Abschluss von Verträgen mit Verbrauchern in dem jeweiligen Land bereit ist (EuGH ECLI:EU:C:2010:740 = BeckRS 2010, 91380 – Pammer/Alpenhof). Das Merkmal des „Ausrichtens“ ist insbesondere relevant in Fallkonstellationen mit Bezug zu einer Website. Es stammt aus der Brüssel I-VO

und soll entsprechend einheitlich ausgelegt werden (vgl. Erwgr. 24 Rom I-VO). Zur ausgerichteten Tätigkeit im Zuständigkeitsrecht wurde entschieden, dass es keines Vertrags im Fernabsatz (EuGH ECLI:EU:C:2012:542 = BeckRS 2012, 81815 = EuZW 2011, 98 mAnm Clausnitzer – Mühlleitner) und auch keiner Kausalität des Ausrichtens für den Vertragsabschluss (EuGH ECLI:EU:C:2013:666 = BeckRS 2013, 81985 = NJW 2013, 3504 mAnm Staudinger/Steinrötter – Lokman Emrek) bedarf. Ob diese Rechtsprechung in das IPR übertragen werden kann, ist umstritten (dazu Ferrari IntVertragsR/Staudinger Rom I-VO Art. 6 Rn. 61 ff.).

- **Ausschlüsse:** Art. 6 Rom I-VO gilt für bestimmte Verträge nicht (zB ausschließlich im Ausland erbrachte Dienstleistungen, Beförderungsverträge, (Ferienhaus-)Vermietung). Diese Ausschlüsse gelten aber ihrerseits nicht für bestimmte **Unterausnahmen**, für die es besonderes richtlinienbasiertes Verbraucherschutzrecht gibt (zB Pauschalreiseverträge, Teilzeitnutzungsverträge über Immobilien). Für solche Verträge gilt wieder die Regel für Verbraucherverträge und damit Art. 6 I, II Rom I-VO (s. MüKoBGB/Martiny Rom I-VO Art. 6 Rn. 24 ff.).

  Ist der Anwendungsbereich nicht betroffen, gelten gem. Art. 6 III Rom I-VO die allgemeinen Anknüpfungen des Internationalen Schuldrechts in **Art. 3 und 4 Rom I-VO.**

b) **Rechtswahl mit Schranken:** Eine **Rechtswahl** nach **Art. 3 Rom I-VO** ist zulässig, wobei zum Schutz der Verbraucher als schwächere Partei das **zwingende Verbraucherschutzrecht** der nach der (objektiven) Regelanknüpfung zuständigen Rechtsordnung gleichwohl nach Art. 6 II 2 Rom I-VO zu beachten ist (**Günstigkeitsprinzip**, lat. *„favor consumatoris“*). Führt die Regelanknüpfung zum deutschen Recht, kommen als verbraucherbegünstigende Vorschriften unabhängig vom gewählten Vertragsstatut zB die AGB-Kontrolle, § 312 BGB sowie kraft Richterrecht geltende Aufklärungs-, Hinweis- und Warnpflichten zur Anwendung (vgl. PWW/Remien/Segger-Piening IPR-Anh. 1/Rom I-VO Art. 6 Rn. 23). 393

c) **Objektive Anknüpfung an den gewöhnlichen Aufenthalt des Verbrauchers:** Als (objektive) Regelanknüpfung sieht Art. 6 I Rom I-VO den gewöhnlichen Aufenthalt des Verbrauchers vor unter der Bedingung, dass der situative Anwendungsbereich nach Abs. 1 lit. a oder b erfüllt ist. Ergänzend ist nach **Art. 23 Rom I-VO** neben Art. 6 Rom I-VO das nach Art. 46b EGBGB (Verbraucherschutz für besondere Gebiete), Art. 46c EGBGB (Pauschalreisevertrag) und Art. 46d EGBGB (Pflichtversicherungsrecht) berufene Recht zu beachten (→ Rn. 411). 393a

II. Zur Vertiefung 394

1. **Versicherungsverträge:** Für das IPR der Versicherungsverträge unterscheidet **Art. 7 Rom I-VO** zwischen der jeweiligen Risikoart:

- Für **Großrisiken** (iSd Erste Richtlinie 73/239/EWG des Rates vom 24. Juli 1973 zur Koordinierung der Rechts- und Verwaltungsvorschriften betreffend die Aufnahme und Ausübung der Tätigkeit der Direktversicherung (ABl. 1973 L 228, 3)) gelten nach Art. 7 I 1 Rom I-VO die Anknüpfungsregeln in Art. 7 II Rom I-VO als *loi uniforme* unabhängig von der Belegenheit des Risikos: **Freie Rechtswahl** (Art. 7 II UAbs. 1 Rom I-VO), sonst objektiv das Recht am **gewöhnlichen Aufenthaltsort des Versicherers** (Art. 7 II UAbs. 2 Rom I-VO), wenn nicht eine **offensichtlich engere Verbindung** zu einem anderen Staat besteht (UAbs. 2 aE).

395 • Für **anderen Risiken** (also zB die in Frankreich abgeschlossene Lebensversicherung eines deutschen Unionsbürgers) gilt Art. 7 Rom I-VO nach seinem Abs. 1 nur, **wenn das andere Risiko im Gebiet der Mitgliedstaaten belegen** ist (was in dem Beispiel der Fall ist). Dann gibt es – konzeptionell wie beim Personenbeförderungsvertrag – nur eine **eingeschränkte Rechtswahlmöglichkeit** nach Art. 3 Rom I-VO, für die Art. 7 III Rom I-VO in lit. a–e Fallgruppen bereithält (zB kann das **Recht der Belegenheit des Versicherungsrisikos beim Vertragsabschluss gewählt** werden, im Beispiel der Lebensversicherung das Recht der **Staatsangehörigkeit des Versicherungsnehmers**). In einigen der Fallbeispiele spricht die Rom I-VO dabei atypisch eine Art **„Gesamtverweisung"** auf die objektiv berufenen Rechtsordnungen aus und gestattet es den Vertragsparteien, von etwaigen weitergehenden Wahlmöglichkeiten im IPR des nach Art. 7 III Rom I-VO iVm Art. 3 Rom I-VO bestimmten Rechts Gebrauch zu machen (Art. 7 III UAbs. 2 Rom I-VO). Mangels Rechtswahl gilt das **Recht der Belegenheit des Versicherungsrisikos beim Vertragsabschluss** (Art. 7 III UAbs. 3 Rom I-VO). Ist das Risiko auch außerhalb der EU belegen (zB teils in der EU, teils in Nordafrika oder China), kommt es zu einer schwierigen **Statutenspaltung** (dazu PWW/Ehling IPR-Anh. 1/Rom I-VO Art. 7 Rn. 7, 16).

396 • Für **Rückversicherungsverträge** gilt Art. 7 Rom I-VO nicht, Art. 7 I 2 Rom I-VO.

Ergänzend ist nach Art. 7 IV Rom I-VO gegebenenfalls vorrangig das **(zwingende) Recht** eines Mitgliedstaats zu beachten, das für eine Versicherung eine **Versicherungspflicht** vorschreibt (dazu PWW/Ehling IPR-Anh. 1/Rom I-VO Art. 7 Rn. 13). Art. 7 V Rom I-VO sieht für bestimmte Fälle eine **fiktive Splittung eines Versicherungsvertrags** für den Fall vor, dass er Risiken in mehreren Mitgliedstaaten betrifft. Art. 7 VI Rom I-VO enthält schließlich auf einschlägigen Richtlinien basierte Maßgaben zur **Bestimmung der Belegenheit eines Risikos** bereit. Ergänzend ermächtigt **Art. 7 IV Rom I-VO** die Mitgliedstaaten zum Erlass besonderer Bestimmungen, wovon Deutschland mit der Schaffung von **Art. 46d EGBGB** (→ Rn. 258) Gebrauch gemacht hat (wichtig zB für **Krankenversicherung**).

397 2. **Arbeitsverträge:** Das auf Arbeitsverträge anwendbare Recht können die Parteien grundsätzlich frei nach Art. 3 Rom I-VO **wählen** (Art. 8 I 1 Rom I-VO). **Ergänzend** gilt der **Arbeitnehmerschutz der mangels Rechtswahl anwendbaren Rechtsordnung** (Art. 8 I 2 Rom I-VO, **„Günstigkeitsvergleich"**). Daher ist selbst bei einer Rechtswahl – wie bei Verbraucherverträgen (→ Rn. 411) – stets auch die objektive Anknüpfung zu prüfen. Führt diese zum deutschen Recht, sind neben einem gewählten ausländischen Vertragsstatut zB §§ 1 ff. KSchG, die deutschen Kündigungsfristen, § 613a BGB, das Entgeltfortzahlungsgesetz sowie der Gleichbehandlungsgrundsatz, der Jugendarbeits- und der Mutterschutz sowie

das Allgemeine Gleichbehandlungsgesetz anzuwenden (s. PWW/Merten IPR-Anh. 1/Rom I-VO Art. 8 Rn. 8; Staudinger/Magnus, 2021, Rom I-VO Art. 8 Rn. 79). **Mangels Rechtswahl** gilt

- das Recht des Ortes, in dem oder von dem aus der Arbeitnehmer in **Erfüllung** seines Vertrages gewöhnlicherweise seine Arbeit verrichtet (s. Abs. 2 mit Details), **hilfsweise**, wenn sich dieser Ort nicht bestimmen lässt, das Recht des Ortes der den Arbeitnehmer anstellenden **Niederlassung** (Abs. 3),
- **sofern nicht** der Vertrag eine **engere Verbindung** zu einem anderen Staat hat; dann gilt dessen Recht (Ausweichklausel in Abs. 4).

3. **Literatur** 398

- **Zu Verbraucherverträgen allgemein:** PWW/Remien IPR-Anh. 1/Rom I-VO Art. 6 Rn. 1 ff.; Grüneberg/Thorn Rom I-VO Art. 6 Rn. 1 ff.; Staudinger/Magnus, 2021, Rom I-VO Art. 6 Rn. 1 ff.; Mankowski RIW 2009, 98 ff.
- **Zu Versicherungsverträgen allgemein:** PWW/Ehling IPR-Anh. 1/Rom I-VO Art. 7; Staudinger/Armbrüster, 2021, Rom I-VO Art. 7; Grüneberg/Thorn Rom I-VO Art. 7; Reithmann/Martiny IntVertragsR/Schnyder Rn. 36.1 ff.
- **Vertragscharakteristische Leistung:** s. dazu die nützliche alphabetische Auflistung nach Vertragsarten bei PWW/Brödermann/Wegen IPR-Anh. 1/Rom I-VO Anh. nach Art. 4.
- **Rechtswahl:** Maultzsch RabelsZ 75 (2011), 60 (73 f.); Brand IPRax 2013, 126.
- **Merkmal der ausgerichteten Tätigkeit:** Arnold IPRax 2016, 567; Brand IPRax 2013, 126.
- **Ausschluss nach Art. 6 IV lit. c Rom I-VO:** Deuring IPrax 2022, 599 (zu EuGH ECLI:EU:C:2022:86 = BeckRS 2022, 1480 – UE/Share-Wood).

4. Besonderheiten

Da die Rom I-VO auf kollisionsrechtlicher Ebene das Pendant zur (älteren) **Brüssel I-VO oder** EuGVVO[30] aus dem Bereich des Internationalen Verfahrensrechts darstellt, kann für die (systematische) Auslegung von in der Rom I-VO verwendeten Begriffen insbesondere auf die Brüssel I-VO zurückgegriffen werden (rechtsaktübergreifende Auslegung, → Rn. 61c).[31] Einzelne Erwägungsgründe der Rom I-VO sehen ausdrücklich vor, dass bei der **Begriffsauslegung ein Einklang zwischen den Verordnungen** geschaffen werden soll.[32] 399

30 Am 20.12.2012 wurde die Neufassung der Brüssel I-VO veröffentlicht (ABl. 2012 L 351, 1) und ist am 10.1.2015 in Kraft getreten (Brüssel Ia-VO → Rn. 638 ff., hierzu s. auch Alio NJW 2014, 2395; Pohl IPRax 2013, 109 und v. Hein RIW 2013, 97).

31 Ausf. Lüttringhaus RabelsZ 77 (2013), 32; zur Auslegung des Begriffs der „Zivil- und Handelssache“, Bittmann IPRax 2012, 216; zum Verbrauchervertragsbegriff Stadler IPRax 2015, 203.

32 Unter anderem Erwgr. 7, 17, 24 Rom I-VO; vgl. Bitter IPRax 2008, 96; Lüttringhaus RabelsZ 77 (2013), 32; beispielhaft EuGH ECLI:EU:C:2019:84 = BeckRS 2019, 634 Rn. 28 – da Silva Martins zum Begriff „Eingriffsnormen“.

400 **Art. 12 I Rom I-VO** regelt die **Reichweite des Vertragsstatuts**. Demnach bestimmt das Vertragsstatut einheitlich, wer, was, wem, wann, wie und wo leisten muss. Das umfasst auch Folgen der **Nichterfüllung, Verjährung oder Nichtigkeit**. Das mag in zweierlei Hinsicht überraschend sein:

- Nach Art. 12 I lit. d Rom I-VO wird die **Verjährung** unselbstständig angeknüpft. Damit folgt das Verjährungsstatut dem Forderungsstatut wie ein Schatten. Es erfasst dabei nicht nur die Anspruchsverjährung, sondern auch die Verwirkung durch Zeitablauf, den Verlust von Rügerechten und von Anfechtungsrechten. Einem im *common law* trainierten Juristen ist diese Anknüpfung an das Vertragsstatut und damit die materiell-rechtliche Qualifikation fremd. Im *common law* wird die Verjährung **prozessrechtlich** qualifiziert und angeknüpft. Verhandelt eine deutsche mit beispielsweise einer amerikanischen Partei, kann dieses unterschiedliche Vorverständnis zu Missverständnissen führen.
- Nach Art. 12 I lit. e Rom I-VO wird auch die **Leistungskondiktion** als Folge der Nichtigkeit unselbstständig an das Vertragsstatut angeknüpft – und verdrängt Art. 10 I Rom II-VO als *lex speciales*.[33] Der deutsche Jurist könnte sonst auf Basis des deutschen Verständnisses wohl eher eine Einschlägigkeit des Bereicherungsstatuts im Bereich der außervertraglichen Schuldverhältnisse vermuten.

Abgewichen wird von dieser Statutseinheit nur für die **Art und Weise der Erfüllung** und die vom Gläubiger im Fall mangelhafter Erfüllung zu treffenden Maßnahmen (zB **Rügepflicht**), für die das Recht des Erfüllungsortes zu berücksichtigen ist (Art. 12 II Rom I-VO).[34]

401 Für einige Rechtsfragen wie **Form, Forderungsübertragung, Gesamtschuldnerausgleich** bei mehrfacher Haftung und **Aufrechnung** sieht die Rom I-VO **Sonderanknüpfungen** vor. Diese Teilfragen (zum Begriff Teilfrage → Rn. 141) richten sich damit nicht nach dem Vertragsstatut.

Auch das Zustandekommen und die Wirksamkeit der Rechtswahl und des Vertrages werden nach **Art. 10 I Rom I-VO** theoretisch gesondert angeknüpft. Im Ergebnis knüpft Art. 10 I Rom I-VO jedoch akzessorisch an das (hypothetische) Vertragsstatut an. Der Vertrag oder die Rechtswahl, dessen Zustandekommen infrage steht, wird für die Anknüpfung mithin behandelt, als wäre er geschlossen worden. Die Anwendung von Art. 10 I Rom I-VO kann durch das USG verdrängt werden (→ Rn. 388).

402 Die Rom I-VO sieht in Art. 13 Rom I-VO eine Sonderregelung zur **Rechts-, Geschäfts- oder Handlungsunfähigkeit** für sich **beim Vertragsabschluss im selben Staat befindende** Parteien vor. Danach kann sich ein Vertragspartner nur unter engen Voraussetzungen auf seine Rechts-, Geschäfts- oder Handlungsunfähigkeit nach fremdem Recht berufen. Für alle anderen Fallkonstellationen ist für die Rechts-, Geschäfts- oder Handlungsunfähigkeit auf **autonomes IPR** zurückzugreifen (Bereichsausnahme nach Art. 1 II lit. a Rom I-VO).[35]

---

33 PWW/Brödermann/Wegen IPR-Anh. 1/Rom I-VO Art. 12 Rn. 47.

34 S. bereits → Rn. 243 sowie Ferrari IntVertragsR/Ferrari Rom I-VO Art. 12 Rn. 3; PWW/Brödermann/Wegen IPR-Anh. 1/Rom I-VO Art. 12 Rn. 26 ff.

35 Für Überlegungen, Art. 13 Rom I-VO analog auf nicht rechtsfähige KI auszuweiten s. Arnold IPRax 2022, 13.

Art. 18 Rom I-VO erstreckt die Anwendbarkeit des Vertragsstatuts auf die **Beweislast** und **gesetzliche Vermutungen**. Für die prozessrechtliche Frage der **Beweisarten** wird an die *lex fori* und das Formstatut angeknüpft. 403

Viele Verweisungen in der Rom I-VO (zB Art. 4 I lit. a, b oder II Rom I-VO) knüpfen an den **gewöhnlichen Aufenthalt** an. Dieser Begriff ist für die gesamte Verordnung **in Art. 19 Rom I-VO definiert**. Nach Art. 19 I Rom I-VO ist der gewöhnliche Aufenthalt von Gesellschaften, Vereinen und **juristischen Personen** der Ort ihrer **Hauptverwaltung**. Diese Regelung ist deutlich enger als die Definition in Art. 63 Brüssel Ia-VO, die den gewöhnlichen Aufenthalt für die Zwecke der Bestimmung der Zuständigkeit eines Gerichts bestimmt (→ Rn. 646). Dadurch wollte der europäische Gesetzgeber eine höhere Rechtssicherheit schaffen (Erwgr. 39 Rom I-VO). **Ausnahmsweise** kommt es auf den gewöhnlichen Aufenthalt einer **Zweigniederlassung, Agentur** oder sonstigen Niederlassung an, wenn der Vertrag auf deren Tätigkeit beruht (Art. 19 II Rom I-VO). Schwierig wird es, wenn mehrere Zweigniederlassungen handeln (MAH IntWirtschaftsR/Brödermann § 6 Rn. 47). Bei **natürlichen Personen**, die im Rahmen ihrer beruflichen Tätigkeit handeln, ist der gewöhnliche Aufenthaltsort der Ort ihrer Hauptniederlassung. Für natürliche Personen, die außerhalb ihrer beruflichen Tätigkeit handeln, sieht die Verordnung keine Definition des gewöhnlichen Aufenthalts vor. Hier ist auf den **tatsächlichen Daseinsmittelpunkt** abzustellen (Grüneberg/Thorn Rom I-VO Art. 19 Rn. 6). Die Anknüpfung erfolgt **unwandelbar** an den gewöhnlichen Aufenthalt im Zeitpunkt des Vertragsschlusses (Art. 19 III Rom I-VO). 404

Die im Allgemeinen Teil (→ Rn. 233 ff.) dargestellten Regelungen der Rom I-VO zum **zwingenden Recht** betreffen alle das Internationale Schuldvertragsrecht (daran erinnert Nr. 3 des Prüfungsschemas → Rn. 420). Zunächst wird das anwendbare Recht infolge einer Rechtswahl durch die Inlandssachverhaltsklausel und die Binnenmarktklausel beschränkt (→ Rn. 253 ff.). Darüber hinaus sind stets **deutsche oder ausländische Eingriffsnormen** zu prüfen. Deutsches zwingendes Recht ist gegebenenfalls anzuwenden (Art. 9 I Rom I-VO), ausländisches zwingendes Recht ist gegebenenfalls zu berücksichtigen (Art. 9 III Rom I-VO, → Rn. 238 ff.). Daneben ist – bereits kraft eigenen Geltungswillens und nach Art. 25 I Rom I-VO (→ Rn. 44), gegebenenfalls aber auch als Teil der zwingenden Normen der *lex fori* (Art. 9 II Rom I-VO) – vorrangiges **völkerrechtliches zwingendes Recht** zu beachten. Die – selten erforderliche – ergänzende Prüfung von **richtlinien-basiertem nationalen IPR** nach Art. 23 Rom I-VO kann ebenfalls zur Anwendung von zwingendem Recht führen (→ Rn. 259 f. (**Fall 30**)). 405

Arbeitsblock

I. Zur Ergänzung (Forderungsübertragung, Gesamtschuldnerausgleich und Aufrechnung) 406

Beim IPR der Forderungsübertragung, des Gesamtschuldnerausgleichs und der Aufrechnung **(Art. 14–17 Rom I-VO)** ist jeweils sorgfältig darauf zu achten, welches Rechtsverhältnis genau betroffen und/oder von der IPR-Norm gemeint ist:

1. **Rechtsgeschäftliche Forderungsübertragung:** Das „Verhältnis" zwischen dem die Forderung übertragenden Zedenten und dem die Forderung empfangenden Zessionar (vgl. dazu die Erläuterung im Erwgr. 38 Rom I-VO)

richtet sich nach dem nach Art. 3 ff. Rom I-VO zu ermittelnden Recht (Art. 14 I Rom I-VO); dies schließt nach Abs. 3 auch Forderungsübertragungen **zur Sicherheit** ein. Das Verhältnis zwischen dem Forderungsempfänger (Zessionar) und dem Hauptschuldner der abgetretenen Forderung bestimmt das Statut der übertragenen Forderung (Abs. 2). Für weitere Einzelheiten s. PWW/Müller IPR-Anh. 1/Rom I-VO Art. 14 Rn. 1ff. sowie Kieninger IPRax 2012, 289 (zur BIICL-Studie); de Barros IPRax 2020, 499 (zur gebündelten Rechtsdurchsetzung). Nicht gesetzlich geregelt ist hingegen bisher die Frage der (dinglichen) **Drittwirkung von Forderungsübertragungen** (EuGH ECLI:EU:C:2019:848 = BeckRS 2019, 23508 – BNP/TeamBank; Kieninger NJW 2019, 3353; s. auch den Vorschlag für eine Verordnung über das auf die Drittwirkung von Forderungsübertragungen anzuwendende Recht, KOM(2018) 96).

407 2. **Gesetzlicher Forderungsübergang:** Die Regelung in Art. 15 Rom I-VO betrifft (aus deutscher Sicht) zB den Forderungsübergang auf einen **Bürgen** nach § 774 BGB. Der gesetzliche Forderungsübergang richtet sich nach dem Recht, auf dem die Verpflichtung beruht (bei einer Bürgschaft also nach dem Bürgschaftsstatut; man spricht auch vom **Zessionsgrundstatut**). Für weitere Einzelheiten s. PWW/Müller IPR-Anh. 1/Rom I-VO Art. 15 Rn. 1. Der Bürgschaftsvertrag und der Schuldbeitritt richten sich hingegen nach den allgemeinen Anknüpfungen in Art. 4 II und III Rom I-VO. Die vertragscharakteristische Leistung bei Bürgschaft und Schuldbeitritt sind dabei von dem Bürgen und dem Mithaftenden zu erbringen (dazu MüKoBGB/Martiny Rom I-VO Art. 4 Rn. 179).

408 3. **Gesamtschuldnerausgleich:** Grund und Grenzen des Anspruchs auf Gesamtschuldnerausgleich bestimmt das Statut der getilgten Forderung (Art. 16 S. 1 Rom I-VO). Beim Wettstreit zwischen verschiedenen Rechtsordnungen setzt sich das Schuldstatut des zuerst leistenden Schuldners durch (dazu PWW/Brödermann/Wegen IPR-Anh. 1/Rom I-VO Art. 16 Rn. 5 mwN). Über Einwendungen des Schuldners herrscht das Vertragsstatut des Vertrags zwischen dem Hauptgläubiger und dem im Gesamtschuldnerausgleich in Anspruch genommenen Hauptschuldner (Art. 16 S. 2 Rom I-VO; s. PWW/Brödermann/Wegen IPR-Anh. 1/Rom I-VO Art. 16 Rn. 7).

409 4. **Aufrechnung:** Nach Art. 17 Rom I-VO können die Parteien das Recht, nach dem aufgerechnet werden kann **(Aufrechnungsstatut)**, frei vereinbaren. Sonst gilt „das Vertragsstatut der Hauptforderung (Passivforderung), die durch die Aufrechnung mit der Gegenforderung (Aufrechnungsforderung) erfüllt werden soll" (MAH IntWirtschaftsR/Brödermann § 6 Rn. 489; PWW/Brödermann/Wegen IPR-Anh. 1/Rom I-VO Art. 17 Rn. 2). Für eine Aufrechnung gegen eine Hauptforderung aus einem Kaufvertrag, der dem CISG unterfällt, gilt grundsätzlich das Recht des Staats, das ohne Eingreifen des CISG als Vertragsstatut der Hauptforderung zur Anwendung käme (BGH NJW 2014, 3156). Jedoch hat der BGH in einer späteren Entscheidung v. 24.9.2014 die Aufrechnung dem CISG unterstellt, wenn die aufzurechnenden Forderungen aus demselben Vertrag stammen, welche dem CISG unterliegen (BGH IPRax 2017, 287 ff.; krit. Huber IPRax 2017, 268 (272); s. auch Ferrari IntVertragsR/Kieninger Rom I-VO Art. 17 Rn. 2); zur Aufrechnung → Rn. 132 ff. (**Fall 11**)).

II. Zur Vertiefung

1. **Ergänzende Geltung von besonderen Kollisionsnormen:** Nach **Art. 23 Rom I-VO** will die Rom I-VO nicht die Anwendung von Vorschriften des Unionsrechts berühren, die **in besonderen Bereichen Kollisionsnormen** für vertragliche Schuldverhältnisse enthalten (→ Rn. 72). Dies betrifft (bisher) vor allem folgende Bereiche: 410
   a) **Art. 46b EGBGB:** Die unter anderem auf der **Klausel-RL** (vgl. Art. 46b IV Nr. 1 EGBGB) beruhende, **verbraucherschützende** Regelung in **Art. 46b EGBGB** ist danach **neben** der verbraucherschützenden Regelung in Art. 6 Rom I-VO und der Binnenmarktklausel in Art. 3 IV Rom I-VO anwendbar, wobei die Abgrenzung schwierig ist (→ Rn. 72). Es ist mit der Prüfung von Art. 6 und 3 IV Rom I-VO zu beginnen und danach zu fragen, ob zusätzlich nach Art. 46b EGBGB noch ein weiteres Recht zu berücksichtigen ist (vgl. Martiny RIW 2009, 737 (741 ff.)). In der Theorie ist sodann ein **Günstigkeitsvergleich** aus Sicht des Verbrauchers durchzuführen (vgl. PWW/Remien EGBGB Art. 46b Rn. 8). In der Praxis sind kaum Fälle denkbar, in denen es auf einen Günstigkeitsvergleich mit dem nach Art. 46b EGBGB anwendbaren Recht wirklich ankommt (vgl. Martiny RIW 2009, 737 (741 ff.)). 411
   b) **E-Commerce:** Erwgr. 40 Rom I-VO erwähnt ausdrücklich die **E-Commerce-RL**, die die Schaffung eines EU-einheitlichen rechtlichen Rahmens bezweckt, um den freien Verkehr von Diensten der Informationsgesellschaft sicherzustellen und etwaige Behinderungen abzuwehren. Der ursprüngliche Meinungsstreit um die Wirkung des Art. 3 E-Commerce-RL (dazu Fezer/Büscher/Obergfell UWG/Hausmann/Obergfell, 3. Aufl. 2016, Bd. 1 Rn. 128 ff.) hat sich durch Rechtsprechung des EuGH erledigt (EuGH ECLI:EU:C:2011:685 = BeckRS 2011, 81548 – eDate Advertising). Art. 3 E-Commerce-RL hat folglich keine kollisionsrechtliche Wirkung, sondern begrenzt nur das anwendbare Sachrecht. 412
   c) **Entsendung von Arbeitnehmern vom Ausland nach Deutschland:** Die auf der **Arbeitnehmerentsende-RL** beruhenden deutschen Bestimmungen des Arbeitnehmer-Entsendegesetzes (AEntG) (insbesondere Höchstarbeitszeiten, Mindestjahresurlaub, Mindestlohn, Mutterschutz und Gleichbehandlung) sind auf alle Arbeitsverhältnisse zwischen einem im Ausland ansässigen Arbeitgeber und dem nach Deutschland entsendeten Arbeitnehmer neben dem Vertragsstatut anzuwenden. Die Regelung in § 7 AEntG stellt insofern im Verhältnis zu Art. 9 II Rom I-VO **eine Sonderanknüpfung von Eingriffsnormen dar, die von Art. 23 Rom I-VO** (und Erwgr. 34 Rom I-VO) **gestattet wird.** Bei einer Entsendung in einen anderen Mitgliedstaat als den des angerufenen Gerichts legt Erwgr. 34 Rom I-VO nahe, dass die Eingriffsnormen des Zielstaats, die ebenfalls in Umsetzung der Entsenderichtlinie ergangen sind, zu berücksichtigen sind. Zum Ganzen Grüneberg/Thorn Rom I-VO Art. 8 Rn. 6; PWW/Lingemann IPR-Anh. 1/Rom I-VO Art. 8 Rn. 5; Reithmann/Martiny IntVertragsR/Martiny Rn. 11.1 ff. 413
   d) Bestimmte **Insolvenzsicherungs-** und Informationsverpflichtungen im Bereich des **Pauschalreiserechts**, die nach **Art. 46c EGBGB** der Sache 413a

nach zum Schutz Reisender bei Insolvenz nach § 651r BGB auf drittstaatliche Anbieter erstreckt werden (→ Rn. 258).

e) **Pflichtversicherungsverträge**, Art. 46d EGBGB (→ Rn. 258, 396).

414 3. **Geldschulden:** Das **autonome IPR** enthält eine besondere Regelung für die Ersetzungsbefugnis bei Geldschulden: § 244 BGB enthält für in Deutschland fällige Geldschulden ausländischer Währung die versteckte Kollisionsnorm, dass der Schuldner nach seiner Wahl stets auch in Euro zahlen darf (Reithmann/Martiny IntVertragsR/Martiny Rn. 3.223; MAH IntWirtschaftsR/Brödermann § 6 Rn. 494).

414a 4. **DLT und Blockchain:** Die rechtliche Einordnung und international privatrechtliche Qualifikation digitaler Vorgänge unter Nutzung der Distributed Ledger Technology (DLT) und von Blockchains ist im Fluss. Vieles ist schuldrechtlich zu qualifizieren, s. Martini IPRax 2018, 553 ff.; Zimmermann IPRax 2018, 566 ff.

415 5. **Praktischer Hinweis zum Sprachrisiko:** Mit Vertragsaushandlung und Abschluss in deutscher oder einer ausländischen **Sprache** übernehmen die Vertragspartner die Informationspflicht über den Inhalt des Vertrags und müssen diesen gegen sich gelten lassen (vgl. BGHZ 87, 112 (114 f.) = BeckRS 1983, 599 zur Wahl der deutschen Sprache). In der **Praxis** sollte man indes keine Risiken von unnötigen Streitigkeiten über die Auslegung oder gar einen angeblichen Dissens eingehen.

Beispiel: Man lässt den ausländischen, kaum Englisch sprechenden Vertragspartner eine Erklärung in seiner Heimatsprache des Inhalts unterzeichnen, dass ihm der Vertragsinhalt übersetzt wurde (am besten auf dem Vertragsdokument).

Das Sprachrisiko ist erheblich, sowohl bei englischsprachigen Verträgen mit Muttersprachlern als auch wenn zwei nicht muttersprachliche Parteien (zB aus China und Deutschland) auf Englisch kommunizieren; dann weicht das gemeinsam Gemeinte leicht von dem Inhalt ab, den ein englischer Jurist im Wege der Auslegung ermitteln würde (s. MAH IntWirtschaftsR/Brödermann Rn. 141 ff.). Generell zum **Risiko der Nutzung der englischen Sprache** s. Triebel/Vogenauer, Englisch als Vertragssprache, 2018 (mit einer hilfreichen Übersicht zur Übersetzung deutscher Rechtsbegriffe in S. 87 ff.).

416 6. **Literatur:**

- **Umfassend und grundlegend:** Rauscher/v. Hein Rom I-VO; Staudinger/Magnus, 2021, Rom I-VO; Reithmann/Martiny IntVertragsR/Martiny ab Rn. 8.1 auch detailliert zu den einzelnen Vertragstypen.
- **Anwendung fremden Schuldrechts:** Reithmann/Martiny IntVertragsR (vor der Darstellung des jeweiligen einzelnen Vertragstyps).
- **Anknüpfung der Drittwirkung von Forderungsabtretungen:** Stefer IPRax 2021, 155; Einsele IPrax 2019, 477; Mankowski IPRax 2012, 298; Leible/Müller IPRax 2012, 491.

5. Grundschema für Prüfung der Rom I-VO

Die zahlreichen, ineinandergreifenden Bestimmungen der Rom I-VO lassen sich in folgendem Prüfungsschema ordnen: **417**

Hinweis: Im Folgenden wird ein Grundschema vorgestellt, das im Normalfall für die Prüfung von nach der Rom I-VO zu beurteilenden Fragen ausreicht. Insbesondere verdeutlicht es die grundlegende Prüfungsreihenfolge der verschiedenen Kollisionsnormen. Im Einzelfall kann es erforderlich sein, einzelne Aspekte aus dem im Arbeitsblock vorgestellten Detailschema zu ergänzen. Generell gilt in der Praxis: *„Don't show all the pain you had."* Dementsprechend erwartet auch der Prüfer vom versierten Klausurschreiber die richtige Schwerpunktsetzung. Deshalb werden als „Prüfungsschema" hier nur die wichtigsten Punkte aus der Rom I-VO zusammengefasst (ein noch detailliertes Prüfungsschema, das die nachfolgend vorgestellten Punkte vertieft, wird später unter → Rn. 421 ff. vorgestellt).

I. Anwendungsbereich der Rom I-VO (Art. 1 Rom I-VO, → Rn. 385). **418**
Beachtung vorrangigen vereinheitlichten Sachrechts (→ Rn. 375)

II. Bestimmung des Vertragsstatuts nach der Rom I-VO **418a**

1. **Subjektive Anknüpfung (Rechtswahl)** (Art. 3 Rom I-VO)
   a) Wirksamkeit und Zustandekommen (Art. 3 V, 10 I Rom I-VO)
   b) Reiner Inlands- oder Binnenmarktsachverhalt? (Art. 3 III, IV Rom I-VO)
   c) Beschränkungen bei Beförderungs-, Verbraucher-, Versicherungs- und Individualarbeitsverträgen (Art. 5–8 Rom I-VO)

2. **Mangels Rechtswahl anzuwendendes Recht (objektive Anknüpfung)** (Art. 4 Rom I-VO) **419**
   Beachte: Definition des gewöhnlichen Aufenthalts, Art. 19 Rom I-VO (→ Rn. 404)
   a) **Vorrangige Sonderanknüpfung** bestimmter Vertragsarten (Art. 5–8 Rom I-VO)
   b) Ansonsten: Anwendung der **allgemeinen Bestimmung** (Art. 4 Rom I-VO)
      aa) Gelisteter Vertragstyp? (Art. 4 I lit. a–h Rom I-VO)
      bb) Ansonsten: Gewöhnlicher Aufenthalt der Partei, die die **vertragscharakteristische Leistung** erbringt (Art. 4 II Rom I-VO)
      cc) Gegebenenfalls **Ausweichklausel** zu Abs. 1 und 2 wegen offensichtlich engerer Verbindung (Art. 4 III, 5 III Rom I-VO)
      dd) Bei Unbestimmbarkeit nach Art. 4 II Rom I-VO: **Auffangklausel** zum am engsten verbundenen Recht (Art. 4 IV Rom I-VO)

3. **Einschränkung durch international zwingendes Recht?** **420**
   a) Kraft Völkerrechts (→ Rn. 226 ff. (**Fall 27**))?
   b) International zwingendes EU-Recht (→ Rn. 245 ff. und → Rn. 291 ff. (**Fall 32**))
   c) Eingriffsnormen iSv Art. 9 I Rom I-VO (→ Rn. 236)
   d) Zwingendes ausländisches Recht am Erfolgsort zur Art und Weise der Erfüllung (Art. 9 III Rom I-VO, → Rn. 238 ff.)

4. **Ordre-public-Prüfung nach Art. 21 Rom I-VO** (→ Rn. 147 ff.)
5. **Selbstständige Anknüpfung von Teilfragen**

Arbeitsblock zur Ergänzung

421 **Detailhinweise zur Rom I-VO**

Das vorgestellte Prüfungsschema ist gegebenenfalls fallbezogen an einzelnen Punkten zu vertiefen. Dazu wird hier das Prüfungsschema noch einmal mit mehr Einzelheiten dargestellt (die aber nur interessieren, wenn dies im Einzelfall geboten ist):

Vorüberlegung: Besinnung auf die Grundlagen der Anwendung von unionsrechtlichem IPR:

- Grundsatz der autonomen Auslegung am *effet utile* für die Ziele der Rom I-VO ausgerichtete Auslegung aller Begriffe (→ Rn. 55, → Rn. 61 ff.)
- Auslegungszuständigkeit des EuGH nach Art. 267 lit. a AEUV (→ Rn. 55)
- **Sachnormverweisungscharakter** der Verweisungen (Art. 20 Rom I-VO, → Rn. 105)
- Grundsatz der **unselbstständigen Anknüpfung** von Vorfragen (→ Rn. 134)

422 **I. Anwendungsbereich der Rom I-VO**

1. Vorrang von **vereinheitlichtem Sachrecht** (arg. Art. 1 Rom I-VO, → Rn. 276)
   - Kaufrecht: CISG
   - Transportrecht: zB CMR für den Straßenverkehr
2. Vorrang von **völkerrechtlichem IPR** (Art. 25 I Rom I-VO, → Rn. 44)
   - Beachte Liste nach Art. 26 Rom I-VO
   - Ausnahme: Kein Vorrang von Abkommen oder Übereinkommen, denen nur EU-Mitgliedstaaten angehören (Art. 25 II Rom I-VO)
3. **Sachlicher** Anwendungsbereich (Art. 1 Rom I-VO, → Rn. 385)
   - Vertragliches Schuldverhältnis im Sinne einer freiwillig eingegangenen Verpflichtung der Parteien
   - Zivil- oder Handelssache
   - Verbindung zum Recht verschiedener Staaten
   - Kein Ausschluss nach Art. 1 I 2, II Rom I-VO
   - Insbesondere keine Verdrängung durch *lex specialis* § 1051 I ZPO für in einer Schiedsklausel getroffene Rechtswahl (extensive Auslegung von Art. 1 II lit. e Rom I-VO → Rn. 866)
4. **Räumlicher** Anwendungsbereich
   - Rechtsstreit vor einem mitgliedstaatlichen Gericht
   - Universelle Anwendbarkeit, daher Drittstaatenbezug unerheblich (Art. 2 Rom I-VO)
   - Kein Ausschluss nach Art. 1 IV Rom I-VO (Dänemark-Fälle, → Rn. 45, → Rn. 66)
5. **Zeitlicher** Anwendungsbereich
   - Anwendung auf ab dem 17.12.2009 abgeschlossene Verträge (Art. 28 Rom I-VO, → Rn. 385)
   - Für Altfälle gelten Art. 27 ff. EGBGB aF (→ Rn. 377)

423 **II. Bestimmung des Vertragsstatuts nach der Rom I-VO**

1. **Subjektive Anknüpfung: Rechtswahl** (Art. 3 Rom I-VO)

   Ausdrückliche oder konkludente Rechtswahl

   a) **Zustandekommen und Wirksamkeit** der Rechtswahl (Art. 3 V, 10 I Rom I-VO)
      - Anknüpfung an das hypothetische Vertragsstatut

- Selbstständig anzuknüpfende Teilfrage/Rechtswahl als eigenständiger Verweisungsvertrag
- Gegebenenfalls Ausnahme nach Art. 10 II Rom I-VO: Möglichkeit für jede Partei, sich unter Umständen für das Nichtzustandekommen des (Rechtswahl-)Vertrages auf das an ihrem gewöhnlichen Aufenthalt geltende Recht zu berufen

b) Mögliche **Beschränkung der Rechtswahl** **424**

aa) **Inlandssachverhalt**, Art. 3 III Rom I-VO
Vorbehalt einfach zwingenden Rechts bei ausschließlichem Inlandssachverhalt (→ Rn. 254)

bb) **Binnenmarktsachverhalt**, Art. 3 IV Rom I-VO
Vorbehalt zwingenden Unionsrechts bei ausschließlichem Binnenmarktbezug (→ Rn. 253)

cc) Beschränkung durch **Günstigkeitsprinzip** (Beachtung zwingenden Rechts)
(1) Verbrauchervertrag, Art. 6 II 1 Rom I-VO iVm Art. 3 Rom I-VO
Beachtung zwingenden Rechts am gewöhnlichen Aufenthalt des Verbrauchers, das bei objektiver Anknüpfung berufen wäre (Günstigkeitsprinzip)
(2) Individualarbeitsverträge, Art. 8 I 2 Rom I-VO iVm Art. 3 Rom I-VO
Beachtung zwingender **Arbeitnehmerschutzbestimmungen am Arbeitsort**, hilfsweise am Sitz der einstellenden Niederlassung, die bei objektiver Anknüpfung berufen wären

dd) Beschränkung auf einen **Kreis wählbarer Rechte**
(1) **Personenbeförderung**, Art. 5 II UAbs. 2 Rom I-VO (→ Rn. 391)
(2) **Versicherungsverträge**, Art. 7 III Rom I-VO (→ Rn. 394 ff.)

2. **Objektive Anknüpfung** **425**

a) **Vorrangige Sonderkollisionsnormen** (Art. 5–8 Rom I-VO)
Vorrangig ist nach den besonderen Bestimmungen für bestimmte Vertragstypen anzuknüpfen.

aa) **Beförderungsverträge**, Art. 5 Rom I-VO (→ Rn. 391)
(1) Güterbeförderung, Art. 5 I Rom I-VO
(2) Personenbeförderung, Art. 5 II Rom I-VO
(3) Ausnahme: Offensichtlich engere Verbindung zu einer anderen Rechtsordnung, Art. 5 III Rom I-VO

bb) **Verbraucherverträge**, Art. 6 Rom I-VO (→ Rn. 392 ff.)
(1) Verbrauchersache, Art. 6 I Rom I-VO
(2) Situativer Anwendungsbereich, Art. 6 I lit. a, b Rom I-VO
Ausübung (lit. a) oder Ausrichtung (lit. b) der Tätigkeit des Unternehmers auf den gewöhnlichen Aufenthaltsort des Verbrauchers
(3) Ausnahme: Die in Art. 6 IV Rom-VO aufgezählten Verträge (insbesondere Beförderungsverträge mit Ausnahme von Pauschalreiseverträgen)

cc) **Versicherungsverträge**, Art. 7 Rom I-VO (→ Rn. 394 ff.)
(1) Verträge über Großrisiken, Art. 7 II UAbs. 2 Rom I-VO

(2) Alle Versicherungsträge, die keine Großrisiken abdecken: Art. 7 III Rom I-VO
Nicht: Rückversicherungsverträge
(3) Ausnahme: Offensichtlich engere Verbindung zu einer anderen Rechtsordnung, Art. 7 II UAbs. 2 aE Rom I-VO

dd) **Individualarbeitsverträge**, Art. 8 Rom I-VO (→ Rn. 397)
(1) Objektive Anknüpfung: Art. 8 II Rom I-VO
(2) Subsidiär: Art. 8 III Rom I-VO
(3) Ausnahme: Engere Verbindung zu einer anderen Rechtsordnung, Art. 8 IV Rom I-VO

426 b) **Allgemeine Kollisionsnorm** (Art. 4 Rom I-VO)
Sofern keine besonderen Bestimmungen anwendbar sind, ist auf die allgemeine Bestimmung zurückzugreifen.
Im Folgenden ist bei allen zitierten Normen im Rahmen der objektiven Anknüpfung gegebenenfalls die Definition des **gewöhnlichen Aufenthalts in Art. 19 Rom I-VO** zu beachten (→ Rn. 404).

aa) **Listenanknüpfung nach Vertragstypen** (Art. 4 I Rom I-VO)
- Auflistung in Art. 4 I lit. a–h Rom I-VO
- Beispiel: Kaufverträge, Dienstleistungsverträge

bb) **Subsidiär: Anknüpfung an vertragscharakteristische Leistung** (Art. 4 II Rom I-VO)
- Sofern kein Vertragstyp nach Abs. 1 einschlägig oder
- komplexer Vertrag mit Bezug zu mehr als einem Vertragstypen

cc) **Ausweichklausel** wegen offensichtlich engerer Verbindung (Art. 4 III Rom I-VO)
- Ausnahme zur Anknüpfung nach Art. 4 I und II Rom I-VO
- Ergebniskorrektur
- Insbesondere Berücksichtigung der Verbindung zu weiteren Verträgen (Erwgr. 20 Rom I-VO)

dd) **Auffangklausel** zum am engsten verbundenen Recht (Art. 4 IV Rom I-VO)
- wenn Anwendung von Art. 4 I oder II Rom I-VO nicht möglich
- Näheprinzip
- Insbesondere Berücksichtigung der Verbindung zu weiteren Verträgen (Erwgr. 21 Rom I-VO)
- Beispiel: Fälle der gleichwertigen Leistung, zB Tauschgeschäft

427 3. **Mögliche ergänzende Prüfung von Richtlinien-basiertem nationalen IPR** (Art. 23 Rom I-VO)
- zB Art. **46b–d** EGBGB (→ Rn. 72, → Rn. 258 ff., → Rn. 411)

428 4. **Anwendung von international zwingendem Recht**
a) kraft **Völkerrechts** (→ Rn. 226 ff.)
b) international zwingendes **EU-Recht** (→ Rn. 247)
c) Eingriffsnormen (Art. 9 II Rom I-VO)
- Eingriffsnormen der *lex fori* (schließt am Gerichtsort geltendes völkerrechtlich zwingendes Recht ein, → Rn. 237)
- Berücksichtigung ausländischer Eingriffsnormen am Erfüllungsort (Art. 9 III Rom I-VO, → Rn. 238 ff.)

428a 5. **Ordre-public-Prüfung nach Art. 21 Rom I-VO** (→ Rn. 147 ff.)
- Ergebniskorrektur

Parallel zu bedenken: 429

6. **Sonderanknüpfung von Teilfragen, die nicht dem Vertragsstatut unterliegen**
   (Zum Begriff Teilfrage → Rn. 141)
   a) **Zustandekommen und Wirksamkeit des Vertrags** (Art. 10 I Rom I-VO)
      - Richtet sich nach dem hypothetischen Vertragsstatut
      - Besonderheiten bei kollidierenden AGB mit Rechtswahlklauseln (→ Rn. 388)
   b) **Rechts-, Geschäfts- oder Handlungsunfähigkeit (Art. 13 Rom I-VO)**
      - Eingeschränkte Möglichkeit der Berufung auf die eigene Rechts-, Geschäfts- oder Handlungsunfähigkeit, Art. 13 Rom I-VO (→ Rn. 342)
      - Ansonsten Anknüpfung über Art. 7 EGBGB
   c) **Form** (Art. 11 Rom I-VO) → Rn. 355 ff.
      - bei nachträglicher Rechtswahl beachte Art. 3 II 2 Rom I-VO
      - Sonderregelung für die Form bei Verbraucherverträgen (Art. 11 IV Rom I-VO)
      - Sonderreglung für Verträge über dingliche Rechte, Miete oder Pacht einer unbeweglichen Sache (Art. 11 V Rom I-VO)
   d) **Rechtsgeschäftlicher oder gesetzlicher Forderungsübertragung** (Art. 14, 15 Rom I-VO)
   e) **Gesamtschuldnerausgleich** bei mehrfacher Haftung (Art. 16 Rom I-VO)
   f) **Aufrechnung** (Art. 17 Rom I-VO)

C. Außervertragliche Schuldverhältnisse

Das IPR der außervertraglichen Schuldverhältnisse wird **einschließlich seiner benachbarten Bereiche** (zB Direktklage gegen Versicherer, gesetzlicher Forderungsübergang, Innenausgleich bei Schuldnermehrheit, Form eines Schuldanerkenntnisses, Beweislastregeln) weitestgehend von der **Rom II-VO**[36] geregelt.[37] Die Rom II-VO ist Teil des im „Allgemeinen Teil" vorgestellten Systems von Kollisionsnormen, das die EU auf der Grundlage des **Haager Programms** des Europäischen Rats geschaffen hat (→ Rn. 31b, 61c). 430

Im Gegensatz zur Rom I-VO, die das Kollisionsrecht für vertragliche Schuldverhältnisse im Prinzip vollständig abdeckt, bestehen mit Blick auf außervertragliche Schuldverhältnisse in der Rom II-VO Lücken (→ Rn. 441), die im deutschen autonomen Kollisionsrecht durch Art. 38–42 EGBGB geschlossen werden. Vorrangiges völkerrechtliches IPR kommt in diesem Bereich vor deutschen Gerichten hingegen sehr selten zur Anwendung.

36 Jayme/Hausmann Nr. 80.
37 S. zur Rom II-VO ausführlich Martiny ZEuP 2018, 218 (240 ff.).

431 Das IPR der außervertraglichen Schuldverhältnisse lässt sich in das Recht der unerlaubten Handlungen, die ungerechtfertigte Bereicherung, die Geschäftsführung ohne Auftrag und – zumindest im unionsrechtlichen IPR – dem Verschulden bei Vertragsschluss gliedern.

Hinweis: Wer sich die strukturelle Beherrschung des IPR für eines dieser außervertraglichen Schuldverhältnisse erschließt, kann damit auch gut mit den anderen außervertraglichen Schuldverhältnissen umgehen.

I. Recht der unerlaubten Handlungen

1. Rechtsquellen

432 Allein für wenige Spezialbereiche besteht im Internationalen Deliktsrecht harmonisiertes Sach- und Kollisionsrecht durch **internationale Übereinkommen** (→ Rn. 433 f. (Arbeitsblock)). Im Übrigen gilt das **unionsrechtliche IPR** in der **Rom II-VO** innerhalb ihres Anwendungsbereichs für alle schadensbegründenden **Ereignisse**, die **ab dem 11.1.2009** eingetreten sind (Art. 31, 32 Rom II-VO).[38] Außerhalb des Anwendungsbereichs der Rom II-VO (zB bei deliktischen Ansprüchen aus der Verletzung der Privatsphäre und der Persönlichkeitsrechte (→ Rn. 441, 455) und für vor dem 11.1.2009 begangene Delikte) greift das nationale Kollisionsrecht in Art. 40–42 EGBGB. Deklaratorisch betont das deutsche nationale Recht selbst den Vorrang der Rom II-VO in Art. 3 Nr. 1 lit. a EGBGB (ähnlich: Art. 44 EGBGB).

Arbeitsblock zur Vertiefung

433 1. **Einheitliches Sachrecht:** Im Deliktsrecht existiert nur wenig **vereinheitlichtes Sachrecht durch internationale Übereinkommen**, durch die die kollisionsrechtliche Prüfung entfällt. Insbesondere die Rechtsvereinheitlichung im Haftungsrecht ist mit Schwierigkeiten konfrontiert, da sich die Grundstruktur der Vorschriften bereits innerhalb Europas stark unterscheidet (Jansen RabelsZ 70 (2006), 732 (733 ff.)). Trotz wissenschaftlicher Bestrebungen und der Herausarbeitung der *Principles of European Tort Law* (PETL) konnte eine Rechtsharmonisierung auf europäischer Ebene bisher nicht erfolgen. Eine Rechtsvereinheitlichung ist dennoch auf dem Gebiet der Atomhaftung durch das von Deutschland ratifizierte **Pariser Atomhaftungs-Übereinkommen**[39] erfolgt. Im Bereich der **Verletzung geistigen Eigentums** (Urheber-, Marken-, Design- und Patentrecht) sind deliktische Unterlassungsansprüche im europäischen Recht weitgehend vollharmonisiert. Darüber hinaus bestehen in diesem Bereich multinationale Übereinkommen, die minimale Anforderungen für den Schutz geistigen Eigentums in nationalen Rechtssystemen festlegen (insbesondere TRIPS).

434 2. **Völkerrechtliches IPR:** Auch durch internationale Übereinkommen **vereinheitlichtes Deliktskollisionsrecht** ist selten. Zu nennen ist insbesondere das **Haager Übereinkommen über das auf Straßenverkehrsunfälle anzuwen-**

38 Klargestellt durch EuGH ECLI:EU:C:2011:747 = BeckRS 2011, 81642 – Deo Antoine Homawoo/GMF Assurances SA.

39 Übereinkommen vom 29. Juli 1960 über die Haftung gegenüber Dritten auf dem Gebiet der Kernenergie in der Fassung des Zusatzprotokolls vom 28. Januar 1964, des Protokolls vom 16. November 1982 und des Protokolls vom 12. Februar 2004 (BGBl. 2022 II 18).

dende Recht v. 4.5.1971 (HStVÜ)[40]. Dieses Übereinkommen gilt für die Bundesrepublik bisher und wohl auch in Zukunft nicht (vgl. Wandt VersR 1990, 1301 (1301) mit Gültigkeit der Aussage auch heute noch). Es ist jedoch für einige Staaten als **loi uniforme** in Kraft getreten. Dieser Umstand hat aber keine Bedeutung für deutsche Gerichte: Art. 24 Rom II-VO sieht eine Sachnormverweisung vor und schließt damit eine Weiterverweisung auf das Recht eines HstVÜ-Vertragsstaates aus. Ein deutsches Gericht wird damit niemals das anwendbare Recht nach dem HstVÜ bestimmen müssen. Lediglich ist ein *forum-shopping* (→ Rn. 700) durch das Unfallopfer in einem solchen Fall denkbar (Junker IPR § 16 Rn. 24), wenn das Unfallopfer bewusst am ausländischen Unfallort klagt, wo das HstVÜ gilt (zB in Frankreich, den Niederlanden oder Kroatien).

2. Anknüpfungsregeln der Rom II-VO

Hinweis: Im folgenden Teil liegt der Fokus der Ausführungen auf der Anknüpfung außervertraglicher Schuldverhältnisse nach der Rom II-VO. Die Kenntnisse der Strukturen des Allgemeinen Teils, die im Rahmen der Anwendung der Rom II-VO von Bedeutung sind, werden im Folgenden vorausgesetzt. Verwiesen ist insbesondere auf: 435

- Anwendung als *loi uniforme*, Art. 3 Rom II-VO → Rn. 3
- Qualifikation → Rn. 80
- Grundsatz der autonomen Auslegung (Erwgr. 11 Rom II-VO) → Rn. 55
- Vorrang des Unionsrecht → Rn. 56 f.
- Anknüpfung von Vorfragen → Rn. 128 f.
- Beachtung zwingenden Rechts in Form von Eingriffsnormen, Art. 16 Rom II-VO → Rn. 233 ff.
- Sachnormverweisung unter Ausschluss des *renvoi*, Art. 24 Rom II-VO → Rn. 102 ff.
- Umgang mit Verweisung auf Mehrrechtsstaaten, Art. 25 Rom II-VO → Rn. 191 ff.
- Prüfung des ordre public, Art. 26 Rom II-VO → Rn. 147 ff.
- Verhältnis zu anderen Gemeinschaftsakten, Art. 27 Rom II-VO → Rn. 72
- Verhältnis der Rom II-VO zu bestehenden internationalen Übereinkommen, Art. 28 Rom II-VO → Rn. 44
- Umgang mit intertemporalem Recht, Art. 32 Rom II-VO → Rn. 185 ff.

a) Anwendungsbereich

Wie auch bei der Rom I-VO (→ Rn. 385) ist bei der Rom II-VO ebenfalls im Einzelnen zu prüfen, ob der Anwendungsbereich eröffnet ist (Art. 1–3 Rom II-VO). Bei der **Qualifikation** bestimmter Rechtsverhältnisse als „außervertragliche Schuldverhältnisse" nach Art. 1 I 1 Rom II-VO kann auf die Definitionen des Art. 2 I Rom II-VO zurückgegriffen werden. So fallen insbesondere unerlaubte Handlungen in den Anwendungsbereich, die sich in Abgrenzung zu vertraglichen Schuldverhältnissen dadurch auszeichnen, dass eine Schadenshaftung geltend gemacht wird, die nicht auf einer freiwillig eingegangenen Verpflichtung basiert.[41] Art. 1 II Rom II-VO nennt 436

40 Jayme/Hausmann Nr. 100 in Auszügen.

41 EuGH ECLI:EU:C:1988:459 = BeckRS 1988, 994 – Kalfelis/Schröder ua zum gleichlaufenden Art. 5 Nr. 3 EuGVÜ (heute Art. 7 Nr. 2 Brüssel Ia-VO) im Internationalen Zivilprozessrecht, das nach Erwgr. 7 Rom II-VO in rechtsaktübergreifender Auslegung auch Wirkung für die Rom II-VO entfaltet.

dabei besondere **Ausschlussgründe**, wie etwa außervertragliche Schuldverhältnisse aus der Verletzung der Privatsphäre oder der Persönlichkeitsrechte, einschließlich der Verleumdung nach Art. 1 II lit. g Rom II-VO (→ Rn. 441).

Dänemark beteiligt sich nicht an der Anwendung der Rom II-VO (vgl. Erwgr. 40 Rom II-VO). In Fällen mit Bezug zu Dänemark oder Drittstaaten außerhalb der EU bietet sich daher ein Hinweis zur **universellen Anwendung** nach Art. 3 Rom II-VO an.

b) Rechtswahl

437 Für alle außervertraglichen Schuldverhältnisse gilt im unionsrechtlichen IPR – mit gewissen Einschränkungen – der **Vorrang** der **Parteiautonomie**. Art. 14 I Rom II-VO stellt den Parteien frei zu bestimmen, welchem Recht das außervertragliche Schuldverhältnis unterliegen soll **(subjektive Anknüpfung)**. Die Rechtswahl kann ausdrücklich erfolgen oder sich mit hinreichender Sicherheit aus den Umständen ergeben und darf darüber hinaus keine Rechte Dritter berühren, Art. 14 I Rom II-VO aE. Als stillschweigende Rechtswahl wäre insbesondere eine Rechtswahl im Prozess denkbar.

Art. 14 I Rom II-VO unterscheidet dabei zwischen einer vorherigen und einer nachträglichen Rechtswahl: Während eine Rechtswahl vor Eintritt des schadensbegründenden Ereignisses allein Parteien im kaufmännischen Verkehr treffen können (Art. 14 I lit. b Rom II-VO), ist eine nachträgliche Rechtswahl unabhängig von der kaufmännischen Tätigkeit der Parteien zulässig (Art. 14 I lit. a Rom II-VO). Ratio der Unterscheidung ist nach Erwgr. 32 S. 1 Rom II-VO der Schutz des Schwächeren. Insbesondere Verbraucher und Arbeitnehmer sollen vor einer unüberlegten vorherigen Rechtswahl geschützt werden, während die Parteien bei einer nachträglichen Rechtswahl hinreichend gewarnt sind (s. Näheres bei BeckOGK/Rühl, 1.4.2022, Rom II-VO Art. 14 Rn. 48 ff.). Art. 14 I Rom II-VO setzt diesen Schutz damit durch eine zeitliche Differenzierung um, während dieser Schutz in der Rom I-VO grundsätzlich durch die Beschränkung der wählbaren Rechte erfolgt (→ Rn. 386). Ein grundsätzlicher Ausschluss der Rechtswahl gilt für Wettbewerbs- und Immaterialgüterrechtsdelikte (Art. 6 IV, Art. 8 III Rom II-VO).

Eine wirksame vorherige Rechtswahl nach Art. 14 I lit. b Rom II-VO verlangt insbesondere, dass diese in Form einer „frei ausgehandelten Vereinbarung“ geschlossen wird. Diskutiert wird, wie diesem Kriterium vor dem Hintergrund einer Rechtswahl in AGB begegnet werden sollte. Die hM entnimmt dem Wortlaut, dass eine Rechtswahl in AGB nach Art. 14 I lit. b Rom II-VO ausgeschlossen ist (Mankowski IPRax 2010, 389 (400) mwN). Andere halten dem entgegen, dass Art. 14 II 2 Rom II-VO eine stillschweigende Rechtswahl erlaubt, die ohnehin nicht „ausgehandelt“ wird. Zum anderen führt die Möglichkeit der akzessorischen Anknüpfung an einen Vertrag nach Art. 4 III 2 Rom II-VO, für den eine Rechtswahl in AGB wirksam getroffen werden kann, ein „echtes Aushandelnserfordernis“ ad absurdum (MüKoBGB/Junker Rom II-VO Art. 14 Rn. 35).

438 Die Rechtswahlfreiheit der Parteien – gewährleistet durch den **Grundsatz der Parteiautonomie** – wird außerdem bei Inlands- und Binnenmarktfällen eingeschränkt. Nach Art. 14 II Rom II-VO kommen trotz Wahl eines anderen staatlichen Rechts die zwingenden Bestimmungen des Rechts des Staats zur Anwendung, in dem **alle Sach-**

verhaltselemente zum Zeitpunkt des schadensbegründenden Ereignisses liegen. Parallel dazu sieht Art. 14 III Rom II-VO eine **Binnenmarktklausel** vor. Danach kann die Wahl eines drittstaatlichen Rechts nicht die Anwendung der zwingenden unionsrechtlichen Bestimmungen ausschließen, wenn alle Sachverhaltselemente im Zeitpunkt des Eintritts des schadensbegründenden Ereignisses in der EU belegen sind. Bei Richtlinien wird auf die von dem Mitgliedstaat des angerufenen Gerichts umgesetzte Form abgestellt. Damit begründet die Rechtswahl in Inlands- und Binnenmarktfällen keine echte kollisionsrechtliche Verweisung, soweit das nationale Recht durch Richtlinien harmonisiert ist, sondern allein eine **materiell-rechtliche Verweisung** auf die Vorschriften der gewählten Rechtsordnung (Beispiel: Rechtswahl in Fällen der Produkthaftung).

c) Objektive Anknüpfung

Wurde keine Rechtswahl getroffen, sehen die **Art. 5–9 Rom II-VO** zunächst vorrangige Sonderkollisionsnormen für Ansprüche aus Produkthaftung, unlauterem Wettbewerb, Umweltschädigung, Verletzungen von Immaterialgüterrechten und Schäden aus Arbeitskampfmaßnahmen vor (→ Rn. 433 f. (Arbeitsblock)). **439**

Im Übrigen ist das anwendbare Recht durch objektive Anknüpfung nach der allgemeinen Deliktskollisionsnorm gem. **Art. 4 Rom II-VO** zu bestimmen. Die Norm sieht eine **dreistufige Prüfung** vor: **440**

- Haben Ersatzpflichtiger und Geschädigter einen **gemeinsamen gewöhnlichen Aufenthaltsort** (Art. 23 Rom II-VO, → Rn. 448), kommt nach **Art. 4 II Rom II-VO** das an diesem Ort geltende Recht zur Anwendung.
- Besteht kein gemeinsamer gewöhnlicher Aufenthalt, ist nach der **Grundregel** in **Art. 4 I Rom II-VO** das Recht des Staats anzuwenden, in dem der Schaden eintritt (*lex loci damni*, Erwgr. 18 Rom II-VO). Entscheidend ist mithin das Recht am **Erfolgsort**. Der Ort des Eintritts des schadensbegründenden Ereignisses (Handlungsort) ist damit – anders als im Rahmen des Art. 7 Nr. 2 Brüssel Ia-VO auf Ebene des Internationalen Zivilprozessrechts (→ Rn. 650) – irrelevant. Gleiches gilt nach Erwgr. 17 S. 1 Rom II-VO für den Ort, an dem allein indirekte Schadensfolgen (Folgeschäden) eingetreten sind. Der indirekte Schaden ist danach nach dem Recht des Staats zu beurteilen, in dem der direkte Schaden eingetreten ist. So hat der EuGH zB bei einem Unterhalts- und Schockschaden, den ein in Rumänien lebender Vater aufgrund des Todes seiner Tochter bei einem Verkehrsunfall in Italien erlitten hat, als indirekte Schadensfolge des in Italien eingetretenen Primärschadens angesehen.[42]
- Ergibt sich aus der Gesamtheit der Umstände eine **offensichtlich engere Verbindung** zum Recht eines anderen Staats (zB aufgrund eines zwischen den Parteien bestehenden Vertragsverhältnisses), ist dieses nach der **Ausweichklausel** in Art. 4 III Rom II-VO anzuwenden.

---

42 EuGH ECLI:EU:C:2015:802 = BeckRS 2015, 81976 – Florin Lazar/Alliany SpA.

Arbeitsblock zur Rom II-VO

I. Zur Ergänzung

441 1. **Ausschluss von Persönlichkeitsrechtsverletzungen:** Nach Art. 1 II lit. g Rom II-VO sind außervertragliche Schuldverhältnisse aus der Verletzung der Privatsphäre oder der **Persönlichkeitsrechte vom Anwendungsbereich der Verordnung ausgeschlossen**. Die Schaffung einer Kollisionsnorm für diese Art der Delikte ist im Gesetzgebungsprozess der Rom II-VO gescheitert (s. Wagner FS Kropholler, 2008, 715). Art. 30 II Rom II-VO enthält zwar eine **Überprüfungsklausel** und das Parlament hat am 10.5.2012 eine Entschließung zur Änderung der Rom II-VO mit Empfehlungen an die Kommission verabschiedet (ABl. 2013 C 261; ABl. 2013 E 17). Dennoch ist bis heute keine Reform durchgeführt worden (für Einzelheiten zu Reformvorschlägen Heiderhoff EuZW 2007, 428; v. Hinden FS Kropholler, 2008, 573; Junker RIW 2010, 257).

442 2. **Erfolgsort bei Streudelikten:** Die Rom II-VO enthält keine Regelung für den Fall, dass der Erfolg in mehreren verschiedenen Staaten eintritt (sog. „Streudelikt"). Die Frage des Umgangs mit Streudelikten im Rahmen des Art. 4 I Rom II-VO hat wenig praktische Relevanz, sodass der EuGH in dieser Sache bisher nicht entschieden hat. Hintergrund ist, dass vor allem Persönlichkeitsrechtsverletzungen durch die Print- und Internetpresse als Streudelikte ausgestaltet sind, die jedoch vom Anwendungsbereich der Verordnung ausgenommen sind.
Nach dem Grundsatz der rechtsaktübergreifenden Auslegung (Erwgr. 7 Rom II-VO) können zur Schließung der Regelungslücke Erkenntnisse im Zusammenhang mit dem verfahrensrechtlichen Pendant des Art. 4 Rom II-VO, dem Art. 7 Nr. 2 Brüssel Ia-VO, herangezogen werden. Für die internationale Zuständigkeit europäischer Gerichte für Ansprüche aus unerlaubter Handlung hat der EuGH das sog. **Mosaikprinzip** entwickelt. Danach kann bei mehreren Erfolgsorten nur der am jeweiligen Erfolgsort eingetretene (Teil-)Schaden eingeklagt werden (*Shevill*-Rechtsprechung des EuGH Urt. v. 7.3.1995 – C-68/93, Slg. 1995, I-415 = NJW 1995, 1881; für vertiefte Ausführungen zur internationalen Zuständigkeit → Rn. 651). Die herrschende Lehre überträgt diesen Gedanken auch auf die Rom II-VO: So gilt bei Streudelikten nach Art. 4 I Rom II-VO jeweils das Recht des Ortes, an dem der jeweilige Teilerfolg eintritt (PWW/Schaub IPR-Anh. 2/Rom II-VO Art. 4 Rn. 6; Grüneberg/Thorn Rom II-VO Art. 4 Rn. 8; Wagner IPRax 2008, 1 (4)).

443 3. **Für bestimmte unerlaubte Handlungen enthält die Rom II-VO besondere Anknüpfungsregeln:**
   a) **Produkthaftung:** Sofern sich die Parteien nicht im Wege der Rechtswahl auf das anwendbare Recht verständigen (Art. 14 I Rom II-VO, → Rn. 437 f.), gilt für die Produkthaftung vorrangig die Anknüpfung an den **gemeinsamen gewöhnlichen Aufenthaltsort** der Parteien nach Art. 4 II Rom II-VO („unbeschadet des Artikels 4 Absatz 2", Art. 5 I Rom II-VO). Die **Grundregel** in Art. 5 I Rom II-VO sieht ergänzend eine **Anknüpfungsleiter** vor. Primär gilt das Recht *am gewöhnlichen Aufenthaltsort des Geschädigten* zum Zeitpunkt des Schadenseintritts, wenn das den Schaden verursachende Produkt in dem Staat in Verkehr

gebracht wurde (lit. a). Subsidiär gilt das Recht des Staats, in dem das *Produkt erworben* wurde, sofern das Produkt in diesem Staat in Verkehr gebracht wurde (lit. b); anderenfalls das Recht des Staats, in dem der *Schaden eingetreten* ist, wenn in diesem Staat das Produkt in Verkehr gebracht wurde (lit. c). Die Anwendung dieser Anknüpfungsleiter wird **begrenzt durch** eine **Vorhersehbarkeitsklausel:** Konnte die Person, deren Haftung geltend gemacht wird, das *Inverkehrbringen in dem Staat nicht vorhersehen*, so kommt das Recht des gewöhnlichen Aufenthalts der in Anspruch genommenen Person zur Anwendung (Art. 5 I UAbs. 2 Rom II-VO). Fragen wirft in diesem Kontext immer wieder der Begriff des Inverkehrbringens auf (s. zur Diskussion Sammeck, Die internationale Produkthaftung nach Inkrafttreten der Rom II-VO im Vergleich zu der Rechtslage in den USA, 2017, S. 32 ff.). Der EuGH definierte: Ein Produkt ist in den Verkehr gebracht, „wenn es den vom Hersteller eingerichteten Prozess der Herstellung verlassen hat und in einen Prozess der Vermarktung eingetreten ist, in dem es in ge- oder verbrauchsfertigem Zustand öffentlich angeboten wird“ (EuGH ECLI:EU:C:2006:93 = BeckRS 2006, 70110 – Declan O'Byrne/Sanofi Pasteur MSD Ltd.). Bei offensichtlich engerer Verbindung mit einem anderen Recht – etwa aufgrund eines bereits bestehenden Rechtsverhältnisses (zB Vertrag) – führt die **Ausweichklausel** in Art. 5 II Rom II-VO zur Anwendung dieses anderen Rechts.

b) **Umweltschäden:** Vorbehaltlich einer vorrangigen Einigung über die Rechtswahl (Art. 14 Rom II-VO, → Rn. 437 f.) räumt Art. 7 Rom II-VO dem Geschädigten einer Umweltschädigung ein **Wahlrecht** zwischen dem Recht des Erfolgsortes oder dem des Handlungsortes ein (eine nach Erwgr. 25 Rom II-VO beabsichtigte Begünstigung). Eine Legaldefinition der Umweltschädigung findet sich im Erwgr. 24 Rom II-VO. Die Frage, wann der Geschädigte die Wahl des anzuwendenden Rechts zu treffen hat, überlässt die Regelung nach Erwgr. 25 S. 2 Rom II-VO dem nationalen Recht. Gemäß **Art. 46a EGBGB** kann die Wahl des anwendbaren Rechts durch den Geschädigten nur im ersten Rechtszug bis zum Ende des frühen ersten Termins oder dem Ende des schriftlichen Vorverfahrens ausgeübt werden. Art. 7 Rom II-VO erlangt in jüngster Zeit Bedeutung im Rahmen von sog. **„Klimaklagen“**, in denen Geschädigte der Auswirkungen des Klimawandels gegen emittierende Unternehmen klagen. Aufgrund der Vermischung der Emissionen der Emittenten in der Luft ist potentiell jeder Ort Erfolgsort und damit jedes Recht potentiell anwendbar. Daher wird zum Teil der Versuch unternommen, Art. 7 Rom II-VO durch die Vorhersehbarkeitsregel des Art. 5 I UAbs. 2 Rom II-VO einzuschränken, um emittierende Unternehmen vor einer „rigiden Klimawandelhaftung“ zu schützen (Lehmann/Eichel RabelsZ 83 (2019), 77 (97); aA Kieninger IPRax 2022, 1 (6 f.)). **444**

4. **Eingriffsnormen:** Art. 16 Rom II-VO verweist auf die Geltung international zwingender Eingriffsnormen des angerufenen Gerichts (→ Rn. 237). Für den Begriff der Eingriffsnorm kann mangels eigener Definition auf die Vorschrift des Art. 9 Rom I-VO zurückgegriffen werden (EuGH ECLI:EU:C:2019:84 = BeckRS 2019, 634 – da Silva Martins). Für eine Regelung zur Berücksichtigung ausländischer Eingriffsnormen, wie sie in Form **445**

des Art. 9 III Rom I-VO im Bereich der vertraglichen Schuldverhältnisse Eingang gefunden hat (→ Rn. 238 ff.), konnte im Gesetzgebungsprozess kein Konsens gefunden werden. Einige Stimmen der Literatur schließen hieraus, dass entsprechend dem Wortlaut des Art. 16 Rom II-VO **keine ausländischen Eingriffsnormen** berücksichtigt werden dürfen (v. Bar/Mankowski IPR II § 2 Rn. 562; BeckOGK/Maultzsch, 1.12.2023, Rom II-VO Art. 16 Rn. 42). Andere nehmen das Vorliegen einer **Lücke** an, aus der kein grundsätzliches Verbot der Berücksichtigung ausländischer Eingriffsnormen geschlossen wird. Vielmehr soll aufgrund des Grundsatzes des **internationalen Entscheidungseinklangs** in Einzelfällen die **Berücksichtigung ausländischer Eingriffsnormen** geboten sein (Grüneberg/Thorn Rom II-VO Art. 16 Rn. 3; für Einzelfälle s. PWW/Remien IPR-Anh. 1/Rom I-VO Art. 16 Rn. 5).

446 5. **Sicherheits- und Verhaltensregeln:** In der Praxis ist auch Art. 17 Rom II-VO wichtig. Danach sind ergänzend neben dem von der Rom II-VO berufenen Statut „faktisch und soweit angemessen“ **Sicherheits- und Verhaltensregeln** am Ort und zum Zeitpunkt des haftungsbegründenden Ereignisses (mithin am Handlungsort) zu berücksichtigen. Praktisch relevant wird die Regelung damit, wenn das anwendbare Recht und das Recht am Ort des haftungsbegründenden Ereignisses auseinanderfallen (PWW/Schaub IPR-Anh. 2/Rom II-VO Art. 17 Rn. 1). Typisches Anwendungsbeispiel ist ein Verkehrsunfall in England, bei dem zwei Menschen mit gewöhnlichem Aufenthalt in Deutschland beteiligt sind. Nach Art. 4 II Rom II-VO ist deutsches Recht anwendbar, dennoch müssen nach Art. 17 Rom II-VO die englischen Verkehrsregeln, wie etwa das Linksfahrgebot, berücksichtigt werden (vgl. MüKoBGB/Junker Rom II-VO Art. 17 Rn. 13). Sicherheits- und Verhaltensregeln nach Art. 17 Rom II-VO sind faktisch zu berücksichtigen (Datumstheorie), Art. 17 Rom II-VO ist daher keine Kollisionsnorm, die ein Verkehrsregelstatut beruft.

447 6. **Benachbarte Rechtsgebiete:** Die Rom II-VO regelt ferner auch benachbarte Bereiche des Deliktsrechts wie die **Direktklage gegen Versicherer** (Art. 18 Rom II-VO), den gesetzlichen **Forderungsübergang** (Art. 19 Rom II-VO), den Innenausgleich bei **Schuldnermehrheit** (Art. 20 Rom II-VO), die **Form** einseitiger Rechtshandlungen (Art. 21 Rom II-VO; zB Schuldanerkenntnis), gesetzliche **Vermutungen** und **Beweislastregeln** (Art. 22 Rom II-VO). Ansprüche aus dem **Eigentümer-Besitzer-Verhältnis** (EBV) können ebenfalls unter die Rom II-VO (dort Art. 4 oder 10, str.) fallen, sofern sie nicht dinglich zu qualifizieren sind (str., s. Funkelmeier IPRax 2024, 206–207).

II. Zur Vertiefung

448 1. **Gewöhnlichen Aufenthalt von juristischen Personen:** Der Begriff des **gewöhnlichen Aufenthalts** wird in Art. 23 I Rom II-VO für juristische Personen, Gesellschaften und Vereine definiert. Danach kommt es für diese auf den Sitz der Hauptverwaltung an. Nur wenn der Schaden aus dem Betrieb einer Zweigniederlassung resultiert, kommt es auf den Sitz dieser Zweigniederlassung an. Bei natürlichen Personen, die in Ausübung ihrer beruflichen Tätigkeit handeln, ist nach Art. 23 II Rom II-VO der Ort ihrer Hauptniederlassung maßgeblich. Eine Regelung des gewöhnlichen Aufenthaltsortes für natürliche Personen, die nicht beruflich handeln, enthält die

Verordnung nicht. Hier kann – im Wege einer autonomen Auslegung – auf die allgemeinen Kriterien, also auf den Daseinsmittelpunkt der Person zurückgegriffen werden (PWW/Schaub Rom II-VO Art. 4 Rn. 8, Art. 23 Rn. 3).

2. **Unlauterer Wettbewerb und Kartellrecht:** In Art. 6 Rom II-VO wird die Grundregel der Anknüpfung an den Erfolgsort aus Art. 4 I Rom II-VO für den Bereich des unlauteren Wettbewerbs und für Ansprüche wegen kartellrechtswidrigen Verhalten präzisiert (vgl. Erwgr. 21 Rom II-VO). Es gilt das Recht am Ort der tatsächlichen oder wahrscheinlichen *Marktbeeinträchtigung* (für Einzelheiten s. PWW/Schaub IPR-Anh. 2/Rom II Art. 6 Rn. 4 ff.; Grüneberg/Thorn Rom II-VO Art. 6 Rn. 9 ff.). Die Rechtswahl ist grundsätzlich nach Art. 6 IV Rom II-VO ausgeschlossen. Eine Ausnahme bildet das einseitige Wahlrecht des Geschädigten nach Art. 6 III lit. b Rom II-VO. Für Einzelheiten zum auf Kartelldelikte anwendbaren Recht s. Wurmnest EuZW 2012, 933 (936 ff.); vgl. Sack GRURInt 2012, 601. 449

Hinweis: Art. 6 III Rom II-VO betrifft das auf Ansprüche aus Kartellverstößen anwendbare Recht. Dagegen setzt sich das unionsrechtliche Kartellrecht in Art. 101 f. AEUV direkt als einheitliches Sachrecht durch, wenn die Wirksamkeit eines Vertrages zu beurteilen ist (→ Rn. 293), wobei gegebenenfalls bei Wahl eines Drittstaatenrechts als Vertragsstatut ein Hinweis auf eine kollisionsrechtliche Verweisung auf eine Eingriffsnorm (zB Art. 9 II oder III Rom I-VO) nicht schadet (→ Rn. 234 ff.). Die kollisionsrechtlichen Verweisungen auf die Eingriffsnormen üben hier eine **Wächter- und Erinnerungsfunktion** zur Sicherstellung der Beachtung des aus sich heraus geltenden EU-Kartellrechts aus. 450

3. **IPR des geistigen Eigentums:** Das IPR des geistigen Eigentums (in einem autonom und weit verstandenen Sinne, s. Erwgr. 26 Rom II-VO) regelt Art. 8 Rom II-VO unter **Ausschluss einer Rechtswahl** nach Art. 8 III Rom II-VO. Art. 8 I Rom II-VO knüpft an das Recht des Staats, für den der Schutz beansprucht wird (*lex loci protectionis*; **Schutzlandprinzip**) an. Unionsweit einheitliche Rechte des geistigen Eigentums (zB Gemeinschaftsmarke) werden vorrangig durch unionsrechtliche Vorschriften geregelt. Beispielhaft dafür steht die IPR-Regelung des Art. 129 II UMV, der sich für eine Anwendung der *lex fori* ausspricht. Im Übrigen gilt das Recht des Handlungsortes (Art. 8 II Rom II-VO). 451
4. **Arbeitskampfmaßnahmen:** Auf Arbeitskampfmaßnahmen ist, mangels Rechtswahl nach Art. 14 Rom II-VO (→ Rn. 437 f.), das Recht des gemeinsamen gewöhnlichen Aufenthaltsortes von Arbeitgeber und Arbeitnehmer (Art. 4 II Rom II-VO), ansonsten das Recht des tatsächlichen oder voraussichtlichen Handlungsortes anzuwenden (Art. 9 Rom II-VO). 452

III. Literatur 453

- **Allgemein:** Lehmann/Duczek JuS 2012, 681 (Teil I) und JuS 2012, 788 (Teil II); Leible/Lehmann RIW 2007, 721; Wagner IPRax 2008, 1; Junker NJW 2007, 3675.
- **Rechtswahl:** Landbrecht RIW 2010, 783.
- Anwendbares Recht bei **Straßenverkehrsunfällen:** Staudinger NJW 2011, 650; Wagner/Berentelg MDR 2010, 1353; Anwendbares Recht bei Haftung des Kfz-Herstellers im **Abgasskandal** mit Auslandsbezug: Staudinger/Beiderwieden DAR 2021, 544; Kindler RIW 2021, 321.
- **Umwelthaftung:** Matthes GPR 2011, 146.
- Anwendbares Recht bei **unlauterem Wettbewerb** und im **Kartellrecht:**

MüKoBGB/Drexl Rom II-VO Art. 6 Rn. 2 ff.; MüKoBGB/Wurmnest Rom II-VO Art. 6 Rn. 220 ff.
- Anwendbares Recht im Bereich des **geistigen Eigentums:** MüKoBGB/Drexl Rom II-VO Art. 8 Rn. 1 ff.; Rauscher IPR Rn. 1457; Junker IPR § 16 Rn. 32 f.
- Anwendbares Recht bei **Arbeitskampfmaßnahmen:** Junker IPR § 16 Rn. 34 ff.
- Haftung für unerlaubte Handlung im **kollektiven Rechtsschutz:** Wais IPRax 2022, 141.

454 - Am 23.2.2022 präsentierte die Europäische Kommission den **Lieferketten-Richtlinienentwurf**. Der Entwurf sieht zivilrechtliche Haftung der Unternehmen entlang der Wertschöpfungskette vor. Dabei verlangt Art. 22 V RL-E, dass diese Haftung zwingend Anwendung findet und Vorrang hat in Fällen, in denen das auf entsprechende Ansprüche anzuwendende Recht nicht das Recht eines Mitgliedstaats ist: Vorschlag der Europäischen Kommission KOM(2022) 71 final, eur-lex.europa.eu/resource.html?uri=cellar:bc4dcea4-9584-11ec-b4e4-01aa75ed71a1.0007.02/DOC_1&format=PDF (zuletzt abgerufen am 27.6.2024).

3. Anknüpfungsregeln des nationalen IPR

455 Soweit nationales IPR nicht durch völkervertragliches oder unionsrechtliches IPR verdrängt wird (vor allem bei Verletzungen des Persönlichkeitsrechts), kommen Art. 38–42 EGBGB zur Anwendung. Sie enthalten für unerlaubte Handlungen das folgende **Anknüpfungssystem:**

(1) Art. 42 EGBGB gestattet (nur) die **nachträgliche Rechtswahl** für außervertragliche Schuldverhältnisse.

456 (2) Wurde keine Rechtswahl getroffen, gilt die **Regelanknüpfung** des Art. 40 EGBGB:

(a) Haben der Verletzte und der Ersatzpflichtige einen **gemeinsamen gewöhnlichen Aufenthalt**, kommt – wie bei der Rom II-VO – das Recht dieses Ortes zur Anwendung auf Ansprüche aus unerlaubter Handlung **(Art. 40 II EGBGB)**.

(b) Andernfalls gilt nach **Art. 40 I EGBGB** – anders als nach der Rom II-VO – grundsätzlich das **Recht des Tatortes** (*lex loci delicti*). Tatort ist sowohl der **Handlungsort** als auch der **Erfolgsort (Ubiquitätsregel)**. Liegen allerdings Handlungsort und Erfolgsort in verschiedenen Staaten (sog. **Distanzdelikte**), so wird die Ubiquitätsregel durch ein einseitiges Bestimmungsrecht des Verletzten **(Optionsrecht)** modifiziert:

(aa) Nach Art. 40 I 1 EGBGB richten sich deliktische Ansprüche grundsätzlich nach dem Recht des Staats, in dem der Ersatzpflichtige gehandelt hat **(Recht des Handlungsortes)**.

(bb) Der Verletzte kann jedoch nach Art. 40 I 2 EGBGB bestimmen, dass das Recht des Staats zur Anwendung gelangt, in dem der Erfolg eingetreten ist **(Recht des Erfolgsortes)**.

(c) Im Fall einer **wesentlich engeren Verbindung** des Sachverhalts mit einer anderen Rechtsordnung verdrängt diese die Anknüpfungen nach Art. 40 II oder I EGBGB (Ausweichklausel des Art. 41 EGBGB).

(d) Nach Art. 4 II EGBGB sind die Verweisungen **Gesamtverweisungen**, sodass ein *renvoi* zu prüfen ist.

Die gleiche Systematik weisen die Regelungen zur ungerechtfertigten Bereicherung und der Geschäftsführung ohne Auftrag auf.

Arbeitsblock zum autonomen Internationalen Deliktsrecht

I. Zur Ergänzung

1. **Kollisionsrechtliches Gestaltungsrecht:** Das **Optionsrecht** des Verletzten ist ein kollisionsrechtliches Gestaltungsrecht. Grundsätzlich erfasst seine Ausübung alle deliktischen **Ansprüche eines Schadensfalls**, sodass es den Verletzten auch in späteren Prozessen bindet (str., Heiderhoff IPRax 2002, 366 (367 ff.); Kropholler IPR § 53 IV 2b S. 524 ff.; aA: verfahrensrechtliche Natur des Optionsrechts, Spickhoff IPRax 2000, 1 (6)). Krit. zum Optionsrecht generell Junker RIW 2000, 241 (247). 457
   Beachte: Der Verletzte kann sein Optionsrecht nur im ersten Rechtszug bis zum Ende des frühen ersten Termins (§ 275 ZPO) oder dem Ende des schriftlichen Vorverfahrens (§ 276 ZPO) ausüben (Art. 40 I 3 EGBGB).
2. **Persönlichkeitsrechtsverletzungen durch Massenmedien:** Im Falle von Persönlichkeitsrechtsverletzungen durch Massenmedien ist Handlungsort der Ort der Niederlassung des Herausgebers. Als Erfolgsort ist hingegen jeder Verbreitungsort zu qualifizieren. Wird das Medium somit in verschiedenen Staaten vertrieben, so tritt auch die Rechtsgutsverletzung in verschiedenen Staaten ein **(Streudelikt)**. Die deutsche Rechtsprechung folgt hier – wie auch innerhalb des Art. 4 I Rom II-VO – dem **Mosaikprinzip**[43]: Danach ist die Anwendung des Rechts des Erfolgsorts auf den Schaden begrenzt, der im Geltungsgebiet dieser Rechtsordnung eingetreten ist. Der gesamte Schaden kann lediglich durch Anwendung des Rechts am Handlungsort geltend gemacht werden (weiterführend BeckOGK/Fornasier, 1.6.2022, EGBGB Art. 40 Rn. 49 ff.; PWW/Schaub EGBGB Art. 40 Rn. 10; zur Bestimmung des Erfolgsortes bei Internetdelikten s. Mankowski RabelsZ 63 (1999), 203 (269 ff.)). 458
3. **Lex specialis zum Ordre-public-Vorbehalt:** Art. 40 III EGBGB enthält eine im Vergleich zum ordre public des Art. 6 EGBGB **speziellere Vorbehaltsklausel** zur Begrenzung des Schadensersatzes, den deutsche Gerichte zuerkennen können. Erforderlich ist auch hier, wie bei Art. 6 EGBGB, eine gewisse Inlandsbeziehung. Klassischer Anwendungsfall des Art. 40 III EGBGB ist eine Meidung des sog. **Strafschadensersatz** (*punitive damages*) bei der Anwendung von US-amerikanischem Recht (MüKoBGB/Junker EGBGB Art. 40 Rn. 109). 459
4. **Handlungen im Internet:** Bei Handlungen im Internet gilt für die EU-Mitgliedstaaten im Verhältnis untereinander die **E-Commerce-RL.**[44] 460

43 BGH NJW 1996, 1128 = GRUR 1996, 923 – Caroline von Monaco; OLG Hamburg ZUM 2008, 63.
44 ABl. 2000 L 178, 1.

Stimmen der Literatur entnahmen der Richtlinie eine Kollisionsnorm, die zur ausschließlichen Anwendung des Rechts am Handlungsort bei Internetdelikten führt (Mankowski IPRax 2002, 257 ff.). Der EuGH stellte 2011 auf Vorlage durch den BGH jedoch klar, dass das in Art. 3 E-Commerce-RL verankerte Herkunftslandprinzip **keine kollisionsrechtliche Wirkung** entfalte.[45]

II. Literatur zur Vertiefung

461
- **Begriff** der unerlaubten Handlung: MüKoBGB/Junker EGBGB Art. 40 Rn. 8 ff.; Rauscher IPR Rn. 1370 ff.
- Zur **Rechtswahl** nach Art. 42 EGBGB: v. Hein RabelsZ 64 (2000), 595; Rugullis IPRax 2008, 319; Leible RIW 2008, 257.
- Zur Haftung bei **Persönlichkeitsrechtsverletzungen:** PWW/Schaub EGBGB Art. 40 Rn. 19; Grüneberg/Thorn EGBGB Art. 40 Rn. 10; zur Vermarktung von Persönlichkeitsrechten Pfister IPRax 2013, 493.

II. Ungerechtfertigte Bereicherung

1. Rechtsquellen

462 Mangels allgemeiner internationaler Übereinkommen zur Frage der ungerechtfertigten Bereicherung bestimmt sich deren Statut nach dem unionsrechtlichen IPR in der Rom II-VO und außerhalb deren Anwendungsbereichs (→ Rn. 436) nach autonomem nationalen IPR (→ Rn. 68).

2. Anknüpfungsregeln der Rom II-VO

463 Wie im Deliktsrecht ist beim Bereicherungsrecht eine vorrangige **Rechtswahl** nach Art. 14 Rom II-VO zu beachten (→ Rn. 437 f.). Liegt eine solche nicht vor, richtet sich die objektive Anknüpfung nach der **Anknüpfungsleiter** des Art. 10 Rom II-VO:

464 (1) Sofern zwischen den Parteien ein **Rechtsverhältnis** besteht (zB aus Vertrag oder aus Delikt), knüpft Art. 10 I Rom II-VO **akzessorisch** an dieses an: Dann muss zunächst das auf das bereits bestehende Rechtsverhältnis anwendbare Recht bestimmt werden (s. Rom I-VO → Rn. 384 ff.).

(2) Liegt kein bestehendes Rechtsverhältnis vor, so wird – sofern vorhanden – auf den **gemeinsamen gewöhnlichen Aufenthalt** der Parteien zu dem Zeitpunkt, in dem das Ereignis eingetreten ist, das die ungerechtfertigte Bereicherung zur Folge hat, abgestellt (Art. 10 II Rom II-VO).

(3) Andernfalls kommt die **Auffanganknüpfung** des Art. 10 III Rom II-VO zum Tragen: Danach ist das Recht des Staats anzuwenden, in dem die ungerechtfertigte Bereicherung eingetreten ist (Erfolgsort).

(4) Bei offensichtlich engerer Verbindung mit einem anderen Staat gilt dessen Recht nach der **Ausweichklausel** in Art. 10 IV Rom II-VO.

45 EuGH ECLI:EU:C:2011:685 = BeckRS 2011, 81548 – eDate Advertising; s. auch v. Hinden FS Kropholler 2008, 573 (583).

3. Anknüpfungsregeln des nationalen Kollisionsrechts

Das nationale Kollisionsrecht greift außerhalb des Anwendungsbereichs der Rom II-VO, insbesondere beim Familien- und Erbrecht sowie bei der Verletzung der Privatsphäre oder des Persönlichkeitsrechts. Beim Internationalen Bereicherungsrecht besteht wie für alle außervertraglichen Schuldverhältnisse zunächst die Möglichkeit einer nachträglichen **Rechtswahl** (Art. 42 EGBGB). Die Regelanknüpfung des Internationalen Bereicherungsrechts ist nach Art. 38 EGBGB dreigeteilt. Entsprechend der materiell-rechtlichen Unterscheidung wird zwischen der Leistungskondiktion (Art. 38 I EGBGB), der Eingriffskondiktion (Art. 38 II EGBGB) und sonstigen Fällen der Bereicherung (beispielsweise der „abgeirrten Leistung" wegen falscher Eingabe einer Bankleitzahl bei einer Überweisung, Verwendung auf fremdes Gut, Art. 38 III EGBGB) differenziert: 465

- Die **Leistungskondiktion** unterliegt nach Art. 38 I EGBGB akzessorisch dem Recht der zugrunde liegenden Leistungsbeziehung (zB Schuldvertrag, gesetzliche Unterhaltspflicht). 466
- Die **Eingriffskondiktion** knüpft nach Art. 38 II EGBGB an den Staat an, in dem der Eingriff in die „geschützten Interessen" erfolgt ist. Durch diese Anknüpfung wird ein Gleichlauf von Ansprüchen aus ungerechtfertigter Bereicherung, Deliktsrecht und Geschäftsführung ohne Auftrag gewährleistet.
- Alle **sonstigen Fälle der Bereicherung** richten sich nach dem Recht des Staats, in dem die Bereicherung eingetreten ist (Art. 38 III EGBGB).
- Zuletzt ist die Möglichkeit der Anwendung eines anderen Rechts durch die **Ausweichklausel** des Art. 41 EGBGB (Anknüpfung an die **wesentlich engere Verbindung**) zu beachten (→ Rn. 456).

Arbeitsblock zur Vertiefung

Literatur 467

- **Zur Rom II-VO:** Rauscher/Picht Rom II-VO Art. 10; Reithmann/Martiny IntVertragsR/Martiny Rn. 4.17 ff.; Sendmeyer IPRax 2010, 500.
- **Zum EGBGB:** PWW/Fehrenbacher EGBGB Art. 38 Rn. 1 ff.; v. Hoffmann/Thorn IPR § 11 Rn. 2 ff.; Kegel/Schurig IPR § 18 III S. 712 ff.; Kropholler IPR § 53 II S. 516 ff.; Busse RIW 2003, 406.

III. Geschäftsführung ohne Auftrag

1. Rechtsquellen

Das Statut der Geschäftsführung ohne Auftrag bestimmt sich innerhalb deren Anwendungsbereichs nach der vorrangigen Rom II-VO und sonst nach der autonomen nationalen IPR-Regelung des Art. 39 EGBGB. 468

2. Anknüpfungsregeln der Rom II-VO

469 Art. 14 Rom II-VO eröffnet wieder die Möglichkeit einer **Rechtswahl** (Art. 14 Rom II-VO, → Rn. 437 f.). Sonst sieht Art. 11 Rom II-VO für die objektive Anknüpfung eine **Anknüpfungsleiter** vor:

(1) Vorrangig wird an das Recht eines zwischen den Parteien bestehenden **Rechtsverhältnisses** angeknüpft (Art. 11 I Rom II-VO). Dazu gehören insbesondere bestehende Verträge.

(2) Sonst ist – soweit vorhanden – der **gemeinsame gewöhnliche Aufenthaltsort** im Zeitpunkt des Eintritts des schadensbegründenden Ereignisses maßgebend (Art. 11 II Rom II-VO).

(3) Als Auffangtatbestand ist das Recht des Staats entscheidend, in dem die Geschäftsführung erfolgt ist (Art. 11 III Rom II-VO).

(4) Bei offensichtlich engerer Verbindung mit einem anderen Staat gilt dessen Recht nach der Ausweichklausel (Art. 11 IV Rom II-VO).

3. Anknüpfungsregeln des nationalen Kollisionsrechts

470 Das nationale IPR der Geschäftsführung ohne Auftrag gilt für alle Geschäftsbesorgungen außerhalb des Anwendungsbereichs der Rom II-VO, mithin im Familien- und Erbrecht sowie im Bereich der Verletzung der Privatsphäre oder der Persönlichkeitsrechte. Wie auch bei Ansprüchen aus unerlaubter Handlung und der ungerechtfertigten Bereicherung ist eine nachträgliche **Rechtswahl** nach Art. 42 EGBGB zulässig. Im Übrigen gelten die **Regelanknüpfungen** in Art. 39 EGBGB, sofern der Sachverhalt nicht ausnahmsweise eine **engere Verbindung** zu einer anderen Rechtsordnung aufweist (Art. 41 EGBGB):

- Art. 39 II EGBGB beruft für **Ansprüche aus der Tilgung fremder Schulden** das Recht des Staats, das auf die Verbindlichkeit anzuwenden ist; mithin das Recht, dem die getilgte Schuld nach Art. 3 ff. Rom I-VO unterliegt.
- Für alle **sonstigen Fälle** der Vornahme fremder Geschäfte beruft Art. 39 I EGBGB das Recht des Staats, in dem das Geschäft vorgenommen wurde (**Vornahmeort**). Bei sukzessiven Handlungen in mehreren Rechtsgebieten – beispielsweise der Vermögensverwaltung – ist das Recht des Staats maßgebend, in dem die Hilfeleistung ganz überwiegend erbracht wurde.

Arbeitsblock zur Vertiefung

471 **Literatur**

- **Zur Rom II-VO:** Rauscher/Picht Rom II-VO Art. 11; Reithmann/Martiny IntVertragsR/Martiny Rn. 4.33 ff.; Junker IPR § 16 Rn. 41 ff.; ausführlich Rauscher IPR Rn. 1503 ff. mit Beispielfällen; ausführlich Nehne IPRax 2012, 136.
- **Zum EGBGB:** PWW/Fehrenbacher EGBGB Art. 39 Rn. 1 ff.; Kegel/Schurig IPR § 18 II S. 708 ff.; v. Hoffmann/Thorn IPR § 11 Rn. 8 ff.

IV. Verschulden bei Vertragsverhandlungen *(c. i. c.)*

1. Rechtsquellen

Das Statut des Verschuldens bei Vertragsverhandlungen (*culpa in contrahendo*, kurz: *c.i.c*) bestimmt sich innerhalb des Anwendungsbereichs der Rom II-VO nach dem unionsrechtlichen IPR in Art. 12 Rom II-VO. Aufgrund der autonomen Auslegung der Begriffe in der Rom II-VO ist es unschädlich, dass das Rechtsinstitut der *c.i.c.* im deutschen Recht eine quasivertragliche Haftung begründet. Im europäischen IPR ist die *c.i.c.* ausdrücklich vom Anwendungsbereich der Rom I-VO ausgenommen (→ Rn. 91 ff., 385). Außerhalb des Anwendungsbereichs der Verordnung existieren keine autonomen Kollisionsnormen. 472

2. Anknüpfungsregeln der Rom II-VO

Vorrangig ist auch bei der *c.i.c.* eine **Rechtswahl** nach Art. 14 Rom II-VO möglich (gegebenenfalls bereits im Vertragsentwurf, s. MAH IntWirtschaftsR/Brödermann § 6 Rn. 180). Sonst kommt die **Anknüpfungsleiter** des Art. 12 Rom II-VO[46] zum Zuge: 473

(1) Art. 12 I Rom II-VO knüpft **akzessorisch** an das **tatsächliche oder hypothetische Vertragsstatut** an.
(2) Kann das Statut so nicht bestimmt werden, kommt es – soweit vorhanden – auf das Recht des **gemeinsamen gewöhnlichen Aufenthaltsortes** der Parteien an (Art. 12 II lit. a Rom II-VO).
(3) Sonst gilt das Recht des Erfolgsortes (Art. 12 II lit. b Rom II-VO).
(4) Bei offensichtlich engerer Verbindung mit einem anderen Staat gilt dessen Recht nach der **Ausweichklausel** (Art. 12 II lit. c Rom II-VO).

Die Regelung von Art. 12 Rom II-VO erfasst nur Fälle eines Verschuldens bei Vertragsverhandlungen, die in unmittelbarem Zusammenhang mit den Verhandlungen vor Vertragsabschluss stehen. So nennt Erwgr. 30 der Rom II-VO als Beispiele für ein Verschulden bei Vertragsverhandlungen die Verletzung einer **Offenlegungspflicht** und den **Abbruch von Vertragsverhandlungen. Personenschäden** während der Vertragsanbahnung werden von der *c.i.c.* dagegen nicht erfasst. Sie unterfallen Art. 4 Rom II-VO. 474

Arbeitsblock zur Vertiefung

Literatur: PWW/Schaub IPR-Anh. 2/Rom II-VO Art. 12 Rn. 1 ff.; Rauscher/Picht Rom II-VO Art. 12; Junker IPR § 16 Rn. 44 ff.; Rauscher IPR Rn. 1342 f. 475

46 So die hM, vgl. PWW/Schaub IPR-Anh. 2/Rom II-VO Art. 12 Rn. 3 mwN.

D. Sachenrecht

I. Rechtsquellen

476 Das Internationale Sachenrecht ist in den **Art. 43–46 EGBGB** gesetzlich geregelt. Eine Kodifizierung auf europäischer Ebene ist in Zukunft auch nicht absehbar.[47] Für einige wenige Bereiche existieren daneben Spezialregelungen, denen europarechtliche bzw. völkerrechtliche Vorgaben zugrunde liegen.

Arbeitsblock

477 1. **Kulturgüter:** Die **Kulturgüter-Rückgabe-RL** enthält für den Bereich des Internationalen Sachenrechts unionsrechtliche Vorgaben. In Deutschland ist die Richtlinie durch das Kulturgüterschutzgesetz vom 31.7.2016 (KGSG) umgesetzt worden (BGBl. 2016 I 1914). Dieses enthält in **§ 72 KGSG** eine Kollisionsnorm, wonach sich das Eigentum an zurückgegebenem **deutschem Kulturgut** stets nach deutschen Sachvorschriften richtet. Nach erfolgter Rückgabe beurteilt sich das Eigentum damit nicht nach der früheren *lex rei sitae*, sondern rückwirkend nach der *lex originis* – mithin dem Exportland. So können Vorschriften zur Unveräußerlichkeit auch dann zur Anwendung kommen, wenn die Sache im Erwerbszeitpunkt in einem anderen Staat als dem Herkunftsstaat lag (Überblick zum Kulturgüterschutz im IPR bei MüKoBGB/Wendehorst EGBGB Art. 43 Rn. 184 ff.; Strobl DS 2016, 101).

478 2. **Raumfahrt-, Luftfahrt- und Eisenbahnverkehr:** Deutschland hat das **Genfer Abkommen über die internationale Anerkennung von Rechten an Luftfahrzeugen** v. 19.6.1948, das hauptsächlich vereinheitlichtes Kollisionsrecht, aber auch einheitliches Sachrecht enthält, ratifiziert (vgl. auch §§ 103–106 LuftRG; zum Ganzen Kegel/Schurig IPR § 19 VI S. 778 ff.). Dem **Übereinkommen von Kapstadt über internationales Sicherungsrechte an beweglicher Ausrüstung** v. 16.1.2001 (ABl. 2009 L 121, 8) ist die Europäische Gemeinschaft mit Bindungswirkung für ihre Mitgliedstaaten (Ausnahme: Dänemark) beigetreten. Jedoch hat Deutschland das Übereinkommen bisher nicht ratifiziert (ausführlich Assakkali EuZW 2019, 813). Es schafft zusammen mit seinen ergänzenden Protokollen in den Bereichen Eisenbahn- und Luftverkehr ein einheitliches internationales System zur Sicherung von Rechten an beweglichen Ausrüstungsgegenständen des **Raumfahrt-, Luftfahrt- und Eisenbahnverkehrs**. Auf Sicht soll das – von Deutschland ebenfalls noch nicht ratifizierte – Raumfahrt-Protokoll von Berlin (mit IPR-Regelungen) die Registrierung von dinglichen Rechten an Satelliten ermöglichen, sodass etwa eine Wetterstation mithilfe solcher Sicherungsrechte finanziert werden soll (s. https://www.unidroit.org/instruments/security-interests/space-protocol/ (zuletzt abgerufen am 27.6.2024)). Zu sonstigen sachenrechtlich relevanten **Staatsverträgen** s. im Einzelnen Kegel/Schurig IPR § 19 VI S. 780 ff.

47 Kieninger FS Coester-Waltjen, 2015, 469; Junker FS Geimer, 2017, 267.

II. Anknüpfungsregeln

Soweit Spezialregelungen nicht eingreifen, ist im Internationalen Sachenrecht nach Art. 43 I EGBGB das Recht des Belegenheitsortes der Sache (die *lex rei sitae*) maßgebend: Über einen sachenrechtlichen Vorgang entscheidet das Recht des Ortes **(räumliches Element)**, an dem sich die Sache zur Zeit des sachenrechtlich relevanten Vorgangs **(zeitliches Element)** befindet. Diese Anknüpfungsregel ist sowohl für bewegliche Sachen als auch für Grundstücke anzuwenden.[48] „Dingliche Rechte an einer Sache" umfassen dabei alle absoluten Rechte, die gegen jedermann wirken.[49] Besteht zum Recht eines anderen Staats eine wesentlich engere Verbindung, so kann nach Art. 46 EGBGB von der *lex rei sitae* abgewichen werden **(Ausweichklausel)**. 479

Im Internationalen Sachenrecht werden Rechte angeknüpft, die eine *erga omnes* Wirkung entfalten – also gegenüber jedermann wirken. Daher sind bei der Wahl der Anknüpfung insbesondere Ordnungs- und Verkehrsinteressen von Bedeutung, während Parteiinteressen eine untergeordnete Rolle einnehmen.[50] Die Anknüpfung an die *lex rei sitae* respektiert die Territorialhoheit des Belegenheitsstaates. Da diese Anknüpfung außerdem grundsätzlich in allen Staaten anerkannt ist, gewährleistet sie einen internationalen Entscheidungseinklang – dadurch entfällt auch das Bedürfnis nach einer europäischen Lösung.[51] Auch wird ein Gleichlauf mit dem ausschließlichen Gerichtsstand des Art. 24 Nr. 1 Brüssel Ia-VO geschaffen.

Insbesondere im Internationalen Sachenrecht stellt sich die Problematik des **Statutenwechsels**. Durch die Verbringung einer Sache in einen anderen Staat ändert sich ihr Lageort und damit auch das anwendbare Recht. Dabei ist zwischen einem schlichten und einem qualifizierten Statutenwechsel zu unterscheiden: 480

- Art. 43 II EGBGB regelt den Fall des sog. **schlichten Statutenwechsels**, bei dem der sachenrechtliche Vorgang nach Auffassung des alten Statuts entweder bereits vollendet oder aber endgültig fehlgeschlagen ist **(abgeschlossener Tatbestand)**. Dabei trifft Art. 43 II EGBGB zwei Aussagen: **(1)** Wird eine Sache aus dem Geltungsbereich einer Rechtsordnung in das Gebiet einer anderen Rechtsordnung verbracht, so bestehen die bereits erworbenen dinglichen Rechte (abgeschlossener Tatbestand) an der Sache fort (Grundsatz der **Anerkennung wohlerworbener Rechte**). **(2)** Vor dem Hintergrund, dass Rechte an Sachen *erga omnes* wirken, dürfen dingliche Rechte allerdings nicht im Widerspruch mit der neuen Rechtsordnung stehen.[52] Vielmehr müssen die dinglichen Rechte im Wege der sog. **Transposition** in ein Funktionsäquivalent des neuen Lageortes überführt werden (→ Rn. 483).
- Art. 43 III EGBGB regelt hingegen den Fall des **qualifizierten Statutenwechsels**, bei dem während der Geltung des alten Statuts noch nicht alle Voraussetzungen der dinglichen Rechtsänderung erfüllt worden sind **(offener Tatbestand)**. Nach Art. 43 III EGBGB ist für den gesamten Erwerbsvorgang allein das Recht des neuen Belegenheitsortes maßgebend. Die Regelung ordnet als einseitige Kolli-

48 Kegel/Schurig IPR § 19 I S. 766.
49 v. Bar/Mankowski IPR II § 3 Rn. 14.
50 BeckOGK/Prütting/A. Zimmermann, 1.10.2023, EGBGB Art. 43 Rn. 40 ff.
51 v. Bar/Mankowski IPR II § 1 Rn. 1; Kropholler § 54 I S. 519.
52 Grüneberg/Thorn EGBGB Art. 43 Rn. 5.

sionsnorm darüber hinaus an, dass bei solchen offenen – auch „gestreckt" genannten – Erwerbstatbeständen die tatsächlichen Vorgänge in einem anderen Staat wie inländische zu beurteilen sind (→ Rn. 485).[53] (Beispiel: Verbringung eines in Deutschland produzierten und unter Eigentumsvorbehalt veräußerten Werkzeugs zur Produktion von Sensoren nach Tschechien).

481 Für **Transportmittel** wie Luft-, Wasser- und Schienenfahrzeuge normiert Art. 45 I EGBGB eine ausführliche Sonderregelung: Im Interesse der Gläubiger wird an das Recht des Herkunftsstaats angeknüpft. **Gesetzliche Sicherungsrechte** an den Fahrzeugen wiederum unterliegen nach Art. 45 II EGBGB dem Forderungsstatut. Dabei bestimmt sich die Rangfolge mehrerer Sicherungsrechte nach dem Recht des Staats, in dem sich die Fahrzeuge befinden. Eine Abweichung von dieser Grundanknüpfung kann im Einzelfall (→ Rn. 479) nach Art. 46 EGBGB in Betracht kommen. Kraftfahrzeuge sind von dieser Regelung nicht umfasst. Für diese gilt die allgemeine Anknüpfungsregelung des Art. 43 I EGBGB.

Art. 43 I EGBGB stellt eine **Gesamtverweisung** dar. Eine Rück- oder Weiterverweisung durch das Kollisionsrecht der *lex rei sitae* ist daher nach Art. 4 I 1 EGBGB zu berücksichtigen. Die Anknüpfung an den Belegenheitsort ist international allerdings so weit verbreitet, dass eine Rückverweisung praktisch nicht in Betracht kommt.[54]

Arbeitsblock

I. Zur Ergänzung

482 1. **Reichweite des Sachstatuts:** Die *lex rei sitae* ist grundsätzlich für sämtliche sachenrechtlichen Vorgänge wie Begründung, Inhalt, Übertragung, Aufhebung und Verlust der Sachenrechte sowie für den Besitz maßgebend. Damit unterliegt insbesondere die Frage, **ob** Verfügungs- und Verpflichtungsgeschäft beim Eigentumserwerb voneinander zu trennen sind (Trennungsgrundsatz) oder – wie in den meisten Rechtsordnungen – als Einheit zu betrachten sind (Einheitsgrundsatz) ebenfalls dem Sachstatut (Junker IPR § 17 Rn. 34). Wichtig zu beachten ist allerdings, dass das anwendbare Recht auf schuldrechtliche Vorgänge, die in Verbindung mit dem Erwerb einer Sache stehen (wie etwa die Wirksamkeit des Verpflichtungsgeschäfts), nicht dem Sachstatut, sondern den Regelungen der Rom I-VO unterliegen. Wird mithin über eine in Deutschland belegene Sache ein Vertrag nach ausländischem Recht abgeschlossen und ist fraglich, ob das Eigentum übergehen soll, muss der Vertrag zunächst nach den von dem – gegebenenfalls ausländischen – Vertragsstatut vorgegebenen Regeln ausgelegt werden. Das deutsche Recht als *lex rei sitae* entscheidet dann darüber, ob eine danach vereinbarte Eigentumsübertragung auch den Anforderungen an eine dingliche Einigung gem. § 929 S. 1 BGB entspricht (BGH RIW 2012, 804 – Uran-Zylinder II). Wird die Sache (zB ein Werkzeug) jedoch anschließend ins Ausland (zB nach Rumänien) verbracht, gilt fortan das ausländische Recht als *lex rei sitae* für die Bestimmung der Eigentumsverhältnisse (Statutenwechsel → Rn. 480). Ferner wird für Ansprüche aus dem Eigentümer-Besitzer-Verhältnis diskutiert, ob sie nach Art. 4 oder 10 der Rom II-

53 Kropholler IPR § 54 III S. 562 ff.; vgl. zB BGH RIW 2009, 567.
54 MüKoBGB/Wendehorst EGBGB Art. 43 Rn. 113.

Verordnung anzuknüpfen und damit nicht (mehr) sachenrechtlich zu qualifizieren sind (→ Rn. 447).

2. **Abgrenzung zum Erbstatut:** Rechte an Sachen, die der **Rechtsnachfolge von Todes** wegen unterfallen, werden jedoch nicht vom Sachstatut, sondern vom Erbstatut nach Art. 23 EuErbVO geregelt (Kegel/Schurig IPR § 19 II S. 770). 482a

3. **Schlichter Statutenwechsel nach Deutschland:** Fragen wirft die Wirkung ausländischer Rechte an Sachen, die ins Inland gelangen, im Rahmen des **Art. 43 II EGBGB** auf. Grundsätzlich müssen auch nach einem Ortswechsel die zuvor begründeten subjektiven Rechte bestehen bleiben. Trotzdem kann nicht ignoriert werden, dass der Statutenwechsel zur Geltung des neuen Lagerechts führt. Daher bedarf es zum Schutz des inländischen Rechtsverkehrs einer **Überführung des ausländischen Rechtsinstituts in ein zumindest funktionsadäquates inländisches Rechtsinstitut** (BGH NJW 1991, 1415; auch OLG Karlsruhe WM 2003, 584; v. Bar/Mankowski IPR II § 3 Rn. 43). Dadurch wird der *numerus clausus* (Typenzwang) des Sachenrechtes gewahrt, der inländische Rechtsverkehr geschützt und ein Widerspruch nach Art. 43 II EGBGB vermieden. 483
Das wohl prominenteste Beispiel für die **Transposition** eines ausländischen Rechtsinstituts in das deutsche Recht ist die italienische Autohypothek. Das italienische Recht kennt – im Gegensatz zum deutschen Recht – ein besitzloses Pfandrecht an beweglichen Sachen. Nach Verbringung eines in dieser Form belasteten Autos nach Deutschland entschied der BGH, dass das deutsche Institut der Sicherungsübereignung der italienischen Autohypothek funktional entspricht und daher im Inland als solche behandelt wird (BGH NJW 1991, 1415).
Die in der Literatur vertretene **Hinnahmetheorie** unterscheidet sich von der Transpositionslehre im Wesentlichen darin, dass nicht unbedingt auf ein inländisches Rechtsinstitut zurückgegriffen werden muss, sondern im Wege der Anpassung auch Wirkungen anerkannt werden, die dem inländischen Recht nicht gänzlich fremd sind (MüKoBGB/Wendehorst EGBGB Art. 43 Rn. 158; BeckOGK/Prütting/A. Zimmermann, 1.10.2023, EGBGB Art. 43 Rn. 166).

4. **Rückkehr der Sache in das Gebiet des alten Belegenheitsstaats:** Wirksam begründete dingliche Rechte, die der Staat der zwischenzeitlichen Belegenheit wegen Unverträglichkeit mit seiner Sachenrechtsordnung nicht anerkannt hatte, leben mit ihrer Rückkehr in den alten Belegenheitsstaat wieder auf. Voraussetzung ist jedoch, dass nach der aktuellen *lex rei sitae* beachtliche Vorgänge am zwischenzeitlichen Belegenheitsort nicht zum Erlöschen des fraglichen dinglichen Rechts geführt haben (vgl. BT-Drs. 14/343, 16; v. Bar/Mankowski IPR II § 3 Rn. 44; aA Vertreter des sog. *effet de purge* Kegel/Schurig IPR § 19 III S. 773). 484

5. **Gestreckte Eigentumserwerbsvorgänge (qualifizierter Statutenwechsel):** Die Regelung in Art. 43 III EGBGB betrifft vor allem die Ersitzung und den Eigentumsvorbehalt (BT-Drs. 14/343, 16). Beim Kauf einer beweglichen Sache im Ausland unter **Eigentumsvorbehalt** nach ausländischem (zB italienischem) Recht findet der Eigentumserwerb in Deutschland unter Berücksichtigung des ausländischen Eigentumsvorbehaltes statt. Dieser wird so behandelt, als ob er nach deutschem Recht vereinbart worden 485

wäre (Art. 43 III EGBGB). So kann die in Italien erzielte formlose Einigung über einen Eigentumsvorbehalt (die dort nur inter partes-Wirkung entfaltet) bei Verbringung der Sache nach Deutschland als ein ausreichender Konsens nach deutschem Recht behandelt werden (BGH NJW 1966, 879 – italienischer Strickmaschinen-Fall). Entsprechend wird auch eine Besitzzeit der Sache im Ausland bei der Ersitzung berücksichtigt.

486 **6. Keine Rechtswahl:** Umstritten ist, ob und unter welchen Voraussetzungen im Internationalen Sachenrecht eine Rechtswahl möglich ist. So wollen einige Stimmen in der Literatur das von den Parteien gewählte Recht als das Recht mit einer offensichtlich engeren Verbindung nach Art. 46 EGBGB berücksichtigen (Stoll IPRax 2000, 259 (264); Kieninger FS Martiny, 2014, 391 ff.).

Die wohl ganz überwiegende Ansicht will jedoch die gesetzgeberische Entscheidung (vgl. BT-Drs. 14/343, 16) gegen eine Anknüpfung an die Rechtswahl respektieren (BGH NJW 1997, 461 (462); Grüneberg/Thorn EGBGB Art. 43 Rn. 2 mwN).

487 7. ***Res in transitu:*** Bei **im Transport befindlichen Gütern** (*res in transitu*) ist zwischen zwei Fällen zu unterscheiden:

(i) Sofern sich **im Durchgangsland** sachenrechtliche Vorgänge ereignen, die **lageortsbezogen** sind, findet nach Art. 43 I EGBGB das Recht des Durchgangslandes als Belegenheitsort Anwendung. Hält der **Lkw-Fahrer** beim Transport einer Sache auf dem Weg von den Niederlanden nach Polen in Deutschland an und veräußert dort die Sache, findet deutsches Recht Anwendung.

(ii) Sofern der sachenrechtliche Vorgang **keinen Bezug zum Durchgangsland** hat, findet über die Ausweichklausel des Art. 46 EGBGB das Recht des zukünftigen Bestimmungsortes Anwendung, da die sachenrechtlichen Beziehungen zum Absendeort abgebrochen wurden (s. die Begründung des Gesetzgebers, der bei der IPR-Reform keine Regelung für *res in transitu* geschaffen hat und stattdessen auf Art. 46 EGBGB verweist (BT-Drs. 14/343, 14; PWW/Brinkmann EGBGB Art. 43 Rn. 18)). Würde also der niederländische **Verkäufer** die Sache während des Transportes weiterveräußern und es stellt sich im Nachhinein heraus, dass die Ware sich zum Zeitpunkt dieser Veräußerung in Deutschland befand, findet gerade nicht deutsches, sondern polnisches Recht als Recht des Bestimmungsstaates Anwendung.

488 **8. Literatur**

- Allgemein: v. Bar/Mankowski IPR II § 3; v. Hoffmann/Thorn IPR § 12 Rn. 1 ff.
- Zur Vereinheitlichung des Internationalen Sachenrechts auf europäischer Ebene: Martiny IPRax 2012, 119.
- Zu **Mobiliarsicherheiten:** Drobnig RabelsZ 38 (1974), 468.
- Zum **Umfang des Sachstatuts:** Wendehorst FS Sonnenberger, 2004, 743 (747 ff.); BeckOK BGB/Spickhoff, 67. Ed. 1.8.2023, EGBGB Art. 43 Rn. 9, 10 (Überblick zu Immobilien und Mobilien).
- Zur **Qualifikation** einer Sache: PWW/Brinkmann EGBGB Art. 43 Rn. 10; Staudinger/Mansel, 2015, Anh. zu Art. 43 Rn. 19, 58 ff. (**Wertpapiere**); Skauradszun ZfPW 2022, 56 (71 f.) (**Kryptowährung**).

II. Zur Vertiefung

1. **Grenzüberschreitende Grundstückimmissionen:** Eine Ausnahme vom *lex rei sitae*-Grundsatz bildet Art. 44 EGBGB, der das Problem grenzüberschreitender Grundstückimmissionen regelt. Art. 44 EGBGB wurde infolge der Anpassung des EGBGB an die Rom II-VO dahingehend geändert, dass die Regelung nunmehr für Grundstücksimmissionen auf Art. 4 und 7 Rom II-VO verweist (**Gleichlauf** der berufenen Rechtsordnung, s. BT-Drs. 14/343, 16). Damit kommt das Deliktsstatut zur Anwendung (vgl. im Einzelnen PWW/Brinkmann EGBGB Art. 44 Rn. 1 ff.). 489
2. **Ausländische Enteignung:** 490
   Enteignungen durch einen fremden Staat werden zwar grundsätzlich anerkannt, doch können sie nur das im Hoheitsgebiet des fremden Staats belegene Vermögen erfassen (völkerrechtlicher **Territorialitätsgrundsatz**, vgl. KG NJW 1988, 341 (343) mwN). Da somit bei einer ausländischen Enteignung einer juristischen Person die im Inland belegenen Anteile nicht erfasst werden, kann es zu einer sog. **Spaltgesellschaft** kommen (vgl. BGH NJW 1961, 22; Wiedemann FS Beitzke, 1979, 811).
   Die sachenrechtlichen Wirkungen einer Enteignung sind nicht anzuerkennen, wenn die Enteignung dem ordre public nach Art. 6 EGBGB widerspricht. Dies ist in der Regel der Fall, wenn die Enteignung einerseits entschädigungslos und damit völkerrechtswidrig ist (zur Völkerrechtswidrigkeit von entschädigungslosen Enteignungen Doehring VölkerR § 2 Rn. 91, 93; Ipsen VölkerR/Oeter § 51 Rn. 7 f.), und wenn andererseits eine ausreichende Inlandsbeziehung besteht (vgl. OLG Bremen RIW 1959, 207 f. (indonesischer Tabakfall); LG Hamburg RIW 1973, 163 (chilenischer Kupferfall); vertiefend MüKoBGB/Wendehorst EGBGB Anh. Art. 46). 491
3. **Literatur** 492
   - Erweiterung der *lex rei sitae*-Regel bei Sachen, die sich auf See befinden **(Off-shore-Windparks):** Wurmnest RabelsZ 72 (2008), 236.
   - Fortwirkung der **Eigentumsvermutung** in § 1006 BGB bei Verbringung von Sachen ins Ausland: BGH WiB 1994, 390 mit kritischer Anmerkung v. Gierke.
   - **Grundpfandrechte:** Staudinger/Stoll, 1996, IntSachenR Rn. 243 ff.
   - **Gesetzliche Sicherungsrechte:** Klevemann, Gesetzliche Sicherungsrechte im internationalen Privat- und Konkursrecht, 1990, S. 23 ff., 41 ff.

E. Familienrecht

Das Internationale Familienrecht ist weiterhin einer der Hauptschauplätze für Rechtsentwicklungen: sowohl des Unionsrechts (zB Europäische Güterrechtsverordnungen mit EuGüVO und EuPartVO), des Völkerrechts (Haager Kindesschutzübereinkommen, Haager Erwachsenenschutzübereinkommen) als auch des autonomen deutschen Kollisionsrechts (zB Neuregelung des Adoptionsrechts in Art. 22 EGBGB). Die Regelungen sind zT sehr detailliert, sodass die Anknüpfungsregeln nur in den Grundzügen vorgestellt werden. Generell ist es wichtig, sich stets zu vergegenwärtigen, für welche familienrechtliche Rechtsfrage das anwendbare Recht zu bestimmen ist (Qualifikation (→ Rn. 80 ff.)) und damit, welche Kollisionsnorm greift. 493

493a **Arbeitsblock zur Vertiefung**

Für die Anwendung **fremden Rechts** (einschließlich ausländischem IPR) ist auf Henrich/Dutta/Ebert, Internationales Ehe- und Kindschaftsrecht, 7. Aufl. 2023 hinzuweisen. Zu aktuellen Entwicklungen des Familienrechts Duden/Wiedemann II in Duden/Wiedemann Changing Families, Changing Familiy Law in Europe, S. 339 ff.
Für die internationale Zuständigkeit in familienrechtlichen Fällen s. Brüssel IIb-VO (→ Rn. 680) und EuUnthVO (→ Rn. 681).

I. Eherecht

494 **Arbeitsblock zur Vertiefung**

Literatur: Eingehend Andrae IntFamR §§ 1–5.

1. Eheschließung

a) Rechtsquellen

495 Im Verhältnis zum **Iran** gilt Art. 8 III Deutsch-Iranisches Niederlassungsabkommen v. 17.2.1929.[55] Auch **Konsularverträge** können Einzelbestimmungen auf dem Gebiet der Eheschließung enthalten.[56] Im Übrigen ist **Art. 13 EGBGB** als Vorschrift des autonomen Rechts anwendbar.

Darüber hinaus gibt es **fremdenrechtliche Regelungen**, so insbesondere im Münchener **CIEC-Übereinkommen** über die Ausstellung von **Ehefähigkeitszeugnissen** v. 5.9.1980,[57] das die Beibringung eines Ehefähigkeitszeugnisses von ausländischen Staatsangehörigen für die Eheschließung im Inland regelt.

b) Anknüpfungsregeln

496 Nach Art. 13 I EGBGB unterliegen die sachlichen **Voraussetzungen** der Eheschließung – anders als bei den neueren EU-Verordnungen im Bereich des Familienrechts, die auf den gewöhnlichen Aufenthalt abstellen, – dem **Heimatrecht** beider Verlobten bzw. Heiratswilligen („Ein jeder nach seinem Recht."). Es handelt sich um eine Gesamtverweisung (Art. 4 I EGBGB). Fehlt danach eine Voraussetzung, so ist nach Art. 13 II Nr. 1–3 EGBGB unter bestimmten Bedingungen deutsches Recht anzuwenden. Maßgebend für die Anknüpfung ist der Zeitpunkt der Eheschließung (unwandelbares Statut). Im Falle der Stellvertretung ist zu differenzieren: Die Stellvertretung im Willen wird materiell-rechtlich qualifiziert, beurteilt sich nach Art. 13 I EGBGB und ist in Deutschland ordre-public-widrig; die Stellvertretung in der Erklä-

55 RGBl. 1930 II 1006; BGBl. 1955 II 829; Jayme/Hausmann Nr. 22.
56 Vgl. Grüneberg/Thorn EGBGB Anh. zu Art. 13 Rn. 1; MüKoBGB/Coester EGBGB Art. 13 Rn. 2, 143.
57 BGBl. 1997 II 1086; Jayme/Hausmann Nr. 32.

rung („Handschuhehe") unterfällt dem Formstatut.[58] Bei mehrfacher Staatsangehörigkeit ist Art. 5 EGBGB zu beachten.

Ehemündigkeit ist auch eine der sachlichen Voraussetzungen der Eheschließung. Im Rahmen des am 22.7.2017 in Kraft getretenen Gesetzes zur Bekämpfung von Kinderehen[59] wurde in Art. 13 ein neuer Abs. 3 eingefügt. Art. 13 III EGBGB regelt nunmehr die Wirksamkeit und/oder Aufhebbarkeit einer Ehe nach deutschem Recht in Fällen, in denen sich die Ehemündigkeit nach ausländischem Recht richtet.[60] Das BVerfG hat Art. 13 III EGBGB mit Beschluss vom 1.2.2023 jedoch für mit dem Grundgesetz unvereinbar erklärt und dem Gesetzgeber eine Frist zur Schaffung einer Neuregelung bis zum 30.6.2024 gesetzt.[61]

Die **Form** einer **im Inland** geschlossenen Ehe richtet sich gem. Art. 13 IV 1 EGBGB nach deutschem Recht (für die Eheschließung von zwei Ausländern ist eine Ausnahme möglich, vgl. Art. 13 IV 2 EGBGB). Ausländische Staatsangehörige, die vor einem Standesbeamten in Deutschland die Ehe schließen wollen, müssen nach § 1309 I BGB ein Ehefähigkeitszeugnis ihres Heimatlandes mitbringen (vorbehaltlich der Befreiungsmöglichkeit in § 1309 II BGB). Die Form einer **im Ausland** geschlossenen Ehe richtet sich dagegen nach Art. 11 EGBGB.[62] Bei Eheschließungen im Ausland ist auch § 34 PStG zu beachten. Wie der Ort der Eheschließung zu bestimmen ist, ist umstritten: In Betracht kommen der Ort der Trauungshandlung oder der Ort des Ehekonsenses.[63] 497

Arbeitsblock zur Vertiefung

I. **Verlöbnis:** Auf das **Verlöbnis** ist Art. 13 EGBGB entsprechend anzuwenden (vgl. PWW/Martiny EGBGB Art. 13 Rn. 1; Grüneberg/Thorn EGBGB Art. 13 Rn. 36; BGH NJW-RR 2005, 1089). Für eine Darstellung des IPR zum Verlöbnis s. Andrae IntFamR § 6 Rn. 15 ff. 498
II. **Zum Ort der Eheschließung bei Online-Ehen:** OLG Köln BeckRS 2022, 9613; VG Düsseldorf BeckRS 2022, 1971; Wall StAZ 2022, 33 ff.
III. **Zur Bedeutung interreligiöser Rechtsspaltung** für die Frage nach der Wirksamkeit einer Ehe Kirchhefer-Laubner IPRax 2022, 408.
IV. **Literatur:** BeckOGK/Rentsch, 1.5.2023, EGBGB Art. 13 Rn. 1 ff.; Andrae IntFamR § 1; MüKoBGB/Coester EGBGB Art. 13 Rn. 1 ff.

58 Diese Abgrenzung wird insbesondere bei der Frage nach der Wirksamkeit von Handschuhehen relevant; s. dazu ausführlich Kirchheber-Laubner IPRax 2022, 408 (412 f.); BGH NJW-RR 2022, 293 (294).

59 BGBl. 2017 I 2429.

60 S. ausführlich Hüßtege FamRZ 2017, 1374 ff.; Coester-Waltjen IPRax 2017, 429 ff.

61 BVerfG NJW 2023, 1494; Besprechung von Antomo in NJW 2023, 1474 und von Coester-Waltjen in IPRax 2023, 350.

62 Vgl. PWW/Martiny EGBGB Art. 13 Rn. 19; MüKoBGB/Coester EGBGB Art. 13 Rn. 127; Mörsdorf-Schulte NJW 2007, 1331 (1332 f.).

63 Mayer IPRax 2022, 593; zum Ort der Eheschließung bei Registrierung der Ehe im Libanon OLG Oldenburg BeckRS 2020, 41388.

2. Ehewirkungen

a) Rechtsquellen

499 Internationale Übereinkommen bestehen mit Ausnahme von Art. 8 III Niederlassungsabkommen zwischen dem Deutschen Reich und dem Kaiserreich Persien (Deutsch-Iranisches Niederlassungsabkommen) v. 17.2.1929[64] nicht. Zum Recht der allgemeinen Ehewirkungen gibt es im Unionsrecht keine Kollisionsnormen. Vorrangig sind allerdings die speziellen Ehewirkungsstatute zu prüfen (Unterhalt, Scheidung, Versorgungsausgleich etc). Art. 14 I 1 EGBGB enthält einen ausdrücklichen Vorrang der EuGüVO, durch die alle vermögensrechtlichen Ehewirkungen dem Güterrecht zugeordnet werden. Art. 14 EGBGB ist damit eine **Auffangnorm** für die allgemeinen Ehewirkungen, soweit keine speziellere Regelung greift oder wenn auf sie verwiesen wird (Art. 19 I 3 EGBGB). Auch für vor dem 29.1.2019 geschlossene Ehen, für die seither keine Rechtswahl nach der EuGüVO getroffen wurde und mithin Art. 15 EGBGB aF anwendbar bleibt, kann Art. 14 EGBGB relevant sein.[65]

b) Anknüpfungsregeln

500 Unter engen Voraussetzungen können die Ehegatten das Ehewirkungsstatut durch **Rechtswahl** selbst bestimmen (vgl. Art. 14 I EGBGB). Für alle übrigen Fälle bestimmt sich das anwendbare Recht mithilfe einer **Anknüpfungsleiter**. Angeknüpft wird nach Art. 14 II EGBGB an

- den gemeinsamen **gewöhnlichen Aufenthalt** (Art. 14 II Nr. 1 EGBGB), **sonst**
- den **letzten gemeinsamen gewöhnlichen Aufenthalt**, sofern einer der Ehegatten diesen noch hat (Art. 14 II Nr. 2 EGBGB), **sonst**
- die **gemeinsame Staatsangehörigkeit** der Ehegatten (Art. 14 II Nr. 3 EGBGB), **sonst**
- die **engste gemeinsame Verbindung** (Art. 14 II Nr. 4 EGBGB).

501 Das Ehewirkungsstatut ist **wandelbar**, da der Gesetzgeber die Anknüpfungspunkte, wie zB die Staatsangehörigkeit oder den gewöhnlichen Aufenthalt, an keinen bestimmten Zeitpunkt fixiert.[66]

Arbeitsblock zur Vertiefung

502 **I. Zur Bestimmung des Personalstatuts von Mehrstaatern und Staatenlosen** → Rn. 206 ff. (**Fall 25**)

II. Zur Reichweite des Ehewirkungsstatuts Andrae IntFamR § 4 Rn. 222 f.

III. Zur nunmehr güterrechtlichen Qualifikation der Morgengabe unter der EuGüVO sowie bei Alt-Ehen s. Budzikiewicz IPRax 2022, 40. Zur Rechtsnatur und Formbedürftigkeit einer Morgengabe unter deutschem Recht s. BGH NJW 2020, 2024.

IV. Für Betretungs-, Näherungs- und Kontaktverbote für die im Inland belegene **Ehewohnung** beruft der als einseitige Kollisionsnorm formulierte Art. 17a EGBGB die *lex rei sitae* (GewSchG), MüKoBGB/Rentsch EGBGB Art. 17a Rn. 1 ff.

64 RGBl. 1930 II 1006; BGBl. 1955 II 829; Jayme-Hausmann Nr. 22.
65 BeckOGK/Hertel, 1.3.2020, EGBGB Art. 14 Rn. 1, 58.
66 Vgl. PWW/Martiny EGBGB Art. 14 Rn. 18.

V. Gesundheitsvorsorge: Mit Art. 15 EGBGB nF existiert seit dem 1.1.2023 eine Sonderkollisionsnorm zur gegenseitigen **Vertretung von Ehegatten** in Angelegenheiten der Gesundheitsvorsorge. Die Norm ist gem. Art. 17b II EGBGB nF auch auf gleichgeschlechtliche Ehen anwendbar. S. zu der Reform Thorn/Varón Romero IPRax 2021, 15.

VI. Literatur: PWW/Martiny EGBGB Art. 14; Andrae IntFamR § 4.

3. Ehelicher Güterstand

a) Rechtsquellen

Als Rechtsquelle ist zunächst – abgesehen von Art. 8 III Deutsch-Iranisches Niederlassungsabkommen (→ Rn. 495) – die **EuGüVO**[67] zu nennen. Zur Durchführung der EuGüVO hat der Bundestag am 17.12.2018 das Gesetz zum Internationalen Güterrecht und zur Änderung von Vorschriften des Internationalen Privatrechts beschlossen **(„Durchführungsgesetz")**.[68] Das Durchführungsgesetz enthält Zuständigkeitsregelungen sowie Vorschriften zur Anerkennung und Vollstreckung von Entscheidungen im Güterrecht, insbesondere das Internationale Güterrechtsverfahrensgesetz (IntGüRVG). 503

Für vor dem 29.1.2019 geschlossene Ehen (Alt-Ehen), für die die Ehegatten später keine Rechtswahl nach der EuGüVO getroffen haben, finden weiterhin **Art. 15 und 16 EGBGB aF** Anwendung (→ Rn. 507); für Alt-Ehen von **Flüchtlingen und Vertriebenen** ist das Gesetz über den ehelichen Güterstand von Vertriebenen und Flüchtlingen v. 4.8.1969[69] zu berücksichtigen (vgl. Art. 229 § 47 EGBGB).

Arbeitsblock zur EuGüVO

1. **Reichweite des Güterrechtsstatuts:** Die EuGüVO erfasst sachlich die **ehelichen Güterstände**, also „sämtliche vermögensrechtlichen Regelungen, die im Verhältnis der Ehegatten untereinander sowie zwischen ihnen und Dritten gelten" **(Art. 1 I 1, 3 I lit. a EuGüVO)**. Dieser Begriff ist **weit** zu verstehen und erfasst alle vermögensrechtlichen Beziehungen der Ehegatten, die ihren Grund in der geschlossenen Ehe haben, die es ohne Ehe also so nicht geben würde. Die Reichweite des Güterrechtsstatuts wird in Art. 27 EuGüVO näher ausgeführt. Dazu gehören vor allem die Vermögenszuordnung und -verwaltung während der Ehe sowie die güterrechtliche Auseinandersetzung bei Scheidung oder Tod. Die EuGüVO regelt auch den Güterstand gleichgeschlechtlicher Ehen (Art. 17b IV S. 2 EGBGB).[70] Für eingetragene Lebenspartnerschaften ist die EuPartVO zu berücksichtigen. Zur Bedeutung der EuGüVO für die Qualifikation der Morgengabe → Rn. 502. Für Ansprüche auf Nutzung der Ehewohnung und von Haushaltsgegenständen greift ebenfalls die EuGüVO; Art. 17a EGBGB wurde abgeändert und auf Gewaltschutzanordnungen beschränkt. 504

67 ABl. 2016 L 183, 1; Jayme/Hausmann Nr. 33.
68 BR-Drs. 591/18 (Beschluss) v. 14.12.2018.
69 BGBl. 1969 I 1067; Jayme/Hausmann Nr. 38.
70 Vgl. Heiderhoff IPRax 2018, 1 (3); s. auch Erbarth NZFam 2018, 249 (250).

505 2. **Zeitlich** ist die EuGüVO auf Verfahren, öffentliche Urkunden und gerichtliche Vergleiche anzuwenden, die ab dem 29.1.2019 eingeleitet oder errichtet wurden oder eingegangen sind (Art. 69 I EuGüVO). Kap. III der EuGüVO (Anzuwendendes Recht) findet nur auf ab diesem Datum geschlossene Ehen oder vorher geschlossene Ehen, für die nach diesem Stichtag eine Wahl des auf den Güterstand anzuwendenden Rechts getroffen wurde (Art. 69 III EuGüVO), Anwendung.

505a 3. Die **EuGüVO** wird **nur in 18 EU-Mitgliedstaaten** angewendet: Belgien, Bulgarien, Deutschland, Finnland, Frankreich, Griechenland, Italien, Kroatien, Luxemburg, Malta, Niederlande, Österreich, Portugal, Schweden, Slowenien, Spanien, Tschechische Republik und Zypern. Nach Art. 20 EuGüVO ist sie universell anwendbar, gilt mithin bei Anwendung durch deutsche Gerichte auch gegenüber Staatsangehörigen aus anderen Mitgliedstaaten oder Drittstaaten (→ Rn. 13).

b) Anknüpfungsregeln

506 Unter der EuGüVO kann das anwendbare Güterrecht von den Ehegatten oder zukünftigen Ehegatten **gewählt** werden, und zwar vor oder – beschränkt auf die Zukunft – auch noch nach der Eheschließung. **Art. 22 I EuGüVO** beschränkt den Kreis der wählbaren Rechte auf das Recht des gemeinsamen gewöhnlichen Aufenthalts, des gewöhnlichen Aufenthalts eines der Ehegatten oder die Staatsangehörigkeit eines der Ehegatten, jeweils im Zeitpunkt der Rechtswahl. Mangels Rechtswahl soll das anwendbare Recht anhand einer **Anknüpfungsleiter** nach **Art. 26 EuGüVO** bestimmt werden: Zunächst soll an den ersten gemeinsamen gewöhnlichen Aufenthalt nach der Eheschließung, anderenfalls an die gemeinsame Staatsangehörigkeit der Ehegatten bei Eheschließung und letztlich an das Recht, zu dem die engste Verbindung besteht, angeknüpft werden. Das so bestimmte Güterrechtsstatut ist grundsätzlich **unwandelbar**, eine Änderung können die Ehegatten jedoch durch Rechtswahl vornehmen **(Art. 22 II EuGüVO)**.

507 Für Alt-Ehen, die nicht vom zeitlichen Anwendungsbereich der EuGüVO erfasst sind, behält Art. 15 EGBGB aF seine Bedeutung. Art. 15 EGBGB aF ist auf gleichgeschlechtliche Alt-Ehen nicht anwendbar; für diese gilt nach Art. 17b I EGBGB das Registerrecht.[71] Auch das Güterrechtsstatut können die Ehegatten nach Art. 15 II, III EGBGB aF unter bestimmten Voraussetzungen durch **Rechtswahl** bestimmen. Ist dies nicht geschehen, so bestimmt Art. 15 I EGBGB aF einen **Gleichlauf zwischen Güterstatut und Ehewirkungsstatut**, indem er das Recht für anwendbar erklärt, das zum **Zeitpunkt der Eheschließung** Ehewirkungsstatut war. Da auf den Zeitpunkt der Eheschließung abgestellt wird, ist das Güterrechtsstatut – im Gegensatz zum Ehewirkungsstatut – **unwandelbar:** Eine spätere Änderung der Staatsangehörigkeit, des gewöhnlichen Aufenthalts oder der engsten Beziehung bleibt unbeachtlich.[72]

71 Zu den zeitlichen Übergangsregeln BeckOGK/Heiderhoff, 67. Ed. 1.5.2023, EGBGB Art. 17b Rn. 72.

72 OLG Nürnberg BeckRS 2011, 07081.

Zu berücksichtigen ist, dass Art. 16 EGBGB aF für bestimmte Fälle einen Schutz des inländischen Rechtsverkehrs durch die Anwendung deutscher Normen (zB § 1357 BGB) trotz ausländischen Statuts vorsieht. In Fällen, in denen die EuGüVO gilt, kann sich deutsches Recht bei grundsätzlicher Geltung ausländischen Rechts gegebenenfalls nur als zwingendes Recht durchsetzen (Art. 30 EuGüVO).

Arbeitsblock zur Vertiefung

1. **Vereinheitlichtes Güterstandsrecht:** Am 1.5.2013 sind das Abkommen zwischen der Bundesrepublik Deutschland und der Französischen Republik über den Güterstand der Wahl-Zugewinngemeinschaft **(Deutsch-Französisches Abkommen über den Güterstand der Wahl-Zugewinngemeinschaft)** v. 4.2.2010[73] und die Regelungen des deutschen Umsetzungsgesetzes v. 15.3.2012[74] in Kraft getreten. Dieser Staatsvertrag bewirkt keine Harmonisierung im Bereich des Kollisionsrechts, sondern im Bereich des Sachrechts. Zum Ganzen Niethammer-Jürgens FPR 2011, 440 (442 f.); Klippstein FPR 2010, 510. 508
2. **Literatur:** Umfassend Hausmann/Odersky IPR/Hausmann § 9; Andrae IntFamR § 4 Rn. 127–195; PWW/Martiny IPR-Anh. 5/EuGüVO. 508a

4. Ehescheidung

a) Rechtsquellen

Für Scheidungen ist die **Rom III-VO**[75] zu beachten. Sie geht dem nationalen Kollisionsrecht vor und erfasst die materiell-rechtlichen Voraussetzungen der Scheidung oder Trennung ohne Auflösung des Ehebandes und deren Hauptfolge, also die Auflösung der Ehe oder Trennung. Scheidungsfolgen erfasst sie nicht, wie der Ausnahmekatalog von Art. 1 II Rom III-VO zeigt. Diese unterfallen Art. 17 I EGBGB, sofern es keine vorrangigen Sonderregelungen gibt, zB Art. 15 EuUnthVO iVm HUP 2007 für den nachehelichen Unterhalt, die EuGüVO für das Güterrecht, Art. 17 IV EGBGB für den Versorgungsausgleich oder Art. 21 EGBGB für die elterliche Sorge. 509

Als völkervertragliche Rechtsquelle ist Art. 8 III Deutsch-Iranisches Niederlassungsabkommen zu beachten (s. auch Art. 19 Rom III-VO).[76]

Arbeitsblock Rom III-VO

1. **Sachlicher Anwendungsbereich:** Der sachliche Anwendungsbereich nach Art. 1 I Rom III-VO erfasst die **Ehescheidung und Ehetrennung ohne Auflösung des Ehebandes** sowie die gerichtlich oder behördlich angeordnete Trennung von Tisch und Bett und damit jede Art der Auflösung einer zunächst wirksamen Ehe *ex nunc*. Sie greift also nicht bei Aufhebung oder Anfechtung einer Ehe wegen Mängeln, die bereits bei der Eheschließung vorlagen (wie zB bei Feststellung einer nichtigen Ehe, s. auch Art. 1 II lit. b und c 510

73 BGBl. 2012 II 178.
74 BGBl. 2012 II 178.
75 ABl. 2010 L 343, 10; Jayme/Hausmann Nr. 34.
76 Zur Unanwendbarkeit des Abkommens bei gemischt-nationalen Ehen vgl. BGH IPRax 1986, 382.

Rom III-VO). Der Begriff der Ehe ist autonom und in Übereinstimmung mit der Brüssel IIb-VO auszulegen. Für eingetragene Partnerschaften greift Art. 17b EGBGB. Nach Art. 17b IV 1 EGBGB ist die Rom III-VO auch auf gleichgeschlechtliche Ehen anwendbar (→ Rn. 531 ff.).

511 2. **Grenzen:** Zur grundsätzlichen Nicht-Anwendbarkeit der Rom III-VO auf **Privatscheidungen** EuGH ECLI:EU:C:2016:343 = BeckRS 2016, 81033 mAnm Helms FamRZ 2016, 1134 f. Das OLG hat diese Sache dem EuGH mit Beschluss v. 29.6.2016 erneut vorgelegt; der EuGH hat in seinem Urteil v. 20.12.2017 bestätigt, dass Privatscheidungen nicht von Art. I Rom III-VO erfasst sind, s. EuGH ECLI:EU:C:2017:988 = BeckRS 2017, 136150; vgl. auch teils krit. Pika/Weller IPRax 2017, 65 ff. sowie Winkler v. Mohrenfels ZVglRWiss 115 (2016), 650 (650 ff.). Zum Verhältnis von Privatscheidungen in europäischen Staaten zur Rom III-VO sowie zur Brüssel IIb-VO s. Sonnentag/Haselbeck IPRax 2022, 22. Nach Inkrafttreten des Art. 17 II EGBGB nF am 21.12.2018 ist die Rom III-VO auf Privatscheidungen entsprechend anwendbar. Umstritten ist insoweit nur noch die rückwirkende Geltung des Art. 17 II EGBGB nF.[77] Zur Vertiefung Quinzá Redondo in Duden/Wiedemann Changing Families, Changing Familiy Law in Europe, S. 23 ff.

512 3. **Details:** Da die Rom III-VO als **loi uniforme** ausgestaltet ist (Art. 4 Rom III-VO), findet sie auch Anwendung, wenn auf das Recht eines Nichtmitgliedstaats verwiesen wird (→ Rn. 13). Sie enthält **Sachnormverweisungen** (Art. 11 Rom III-VO). Begrenzt wird die Anwendung des fremden Rechts durch Art. 10 und 12 Rom III-VO.

512a 4. **Räumlicher Anwendungsbereich:** Räumlich wird die Rom III-VO lediglich in **17 EU-Mitgliedstaaten angewendet**, die sich auf den Sonderweg einer „Verstärkten Zusammenarbeit" (Art. 326 ff. AEUV, Art. 3 Nr. 1 Rom III-VO) verständigt haben. Es handelt sich um Belgien, Bulgarien, Deutschland, Estland, Frankreich, Griechenland, Italien, Lettland, Litauen, Luxemburg, Malta, Österreich, Portugal, Rumänien, Slowenien, Spanien und Ungarn.

513 5. **Vorfrage:** Die Rom III-VO setzt voraus, dass die Ehe, die geschieden werden soll, besteht. Diese **kollisionsrechtliche Vorfrage** (Erstfrage) ist nach der *lex fori* zu lösen und fällt nicht in den Anwendungsbereich der Rom III-VO (Art. 1 II lit. b Rom III-VO, vgl. auch MüKoBGB/Rentsch Rom III-VO vor Art. 1 Rn. 22).

513a 6. **Zeitlicher Anwendungsbereich:** Zeitlich findet die Rom III-VO auf Verfahren Anwendung, die **ab dem 21.6.2012** eingeleitet wurden (Art. 18 I 1 Rom III-VO).

b) Anknüpfungsregeln

aa) Rom III-VO

514 Das Kollisionsrecht für Ehescheidung und Ehetrennung ohne Auflösung des Ehebandes richtet sich nach der Rom III-VO.

---

77 Die Rückwirkung bejahend BGH NJW 2020, 3592 mAnm Antomo NJW 2020, 3599; krit. Wall FamRZ 2020, 1817; vgl. ferner für deutsch-italienische Sachverhalte Jayme/Buccianti IPRax 2022, 74 ff.; für deutsch-japanische Sachverhalte KG Berlin IPRax 2022, 186.

Zunächst eröffnet **Art. 5 Rom III-VO** eine beschränkte **Rechtswahlmöglichkeit.** Nach der durch das AnpG zur Rom III-VO geschaffenen Regelung in **Art. 46e EGBGB** ist die Rechtswahl **notariell** zu beurkunden oder nach Art. 46e II EGBGB, § 127a BGB in ein Protokoll eines gerichtlichen Vergleichs aufzunehmen. Gewählt werden kann zwischen vier Anknüpfungspunkten (→ Rn. 20 ff., 25 ff.): dem Recht des gemeinsamen gewöhnlichen Aufenthalts (lit. a),[78] dem Recht des letzten gemeinsamen gewöhnlichen Aufenthalts, sofern ein Ehegatte dort noch seinen gewöhnlichen Aufenthalt hat (lit. b), dem Recht der Staatsangehörigkeit eines der Ehegatten (lit. c) oder dem Recht des angerufenen Gerichts (lit. d). Die Anknüpfungspunkte beziehen sich jeweils auf den Zeitpunkt der Rechtswahl. Das gewählte Scheidungsstatut ist für das **Zustandekommen und die materielle Wirksamkeit** der Rechtswahl entscheidend **(Art. 6 I Rom III-VO).** Ein Ehegatte kann sich jedoch mit der Behauptung, er habe der Vereinbarung nicht zugestimmt, nach Art. 6 II Rom III-VO auf das Recht seines gewöhnlichen Aufenthalts im Zeitpunkt der Anrufung des Gerichts berufen. Die **Formwirksamkeit** der Rechtswahl richtet sich nach **Art. 7 Rom III-VO.**

Liegt **keine Rechtswahl** vor, bestimmt sich das anwendbare Recht nach der **Anknüpfungsleiter** in **Art. 8 Rom III-VO.** Maßgeblich ist jeweils der Zeitpunkt der Anrufung des Gerichts. Zunächst wird an den gemeinsamen gewöhnlichen Aufenthalt beider Ehegatten geknüpft (lit. a); in Ermangelung eines solchen an den letzten gemeinsamen gewöhnlichen Aufenthalt, sofern dieser nicht vor mehr als einem Jahr endete und einer der Ehegatten dort noch seinen gewöhnlichen Aufenthalt hat (lit. b); in Ermangelung eines solchen an die gemeinsame Staatsangehörigkeit der Ehegatten (lit. c) und zuletzt an das Recht des angerufenen Gerichts (lit. d). Der **Begriff des gewöhnlichen Aufenthalts** ist in der Verordnung nicht definiert; er ist autonom und in Übereinstimmung mit Art. 3 lit. a (i) Brüssel IIb-VO auszulegen (s. zum Begriff EuGH ECLI:EU:C:2010:829 = BeckRS 2011, 80085 (noch zur Brüssel IIa-VO)). 515

Art. 10 Rom III-VO ordnet eine bedingte Alternativanknüpfung an die *lex fori* für den Fall an, dass das nach Art. 5, 8 Rom III-VO berufene Recht eine Ehescheidung überhaupt nicht vorsieht oder den beiden Ehegatten keinen gleichberechtigten Zugang zur Ehescheidung gewährt. Die Prüfung der Nichtscheidbarkeit und der Ungleichbehandlung erfolgt abstrakt ohne Rücksicht auf den konkreten Einzelfall.[79] Art. 10 Rom III-VO ist als Ausnahmevorschrift eng auszulegen; ein Günstigkeitsvergleich findet nicht statt.[80] 516

bb) Art. 17 EGBGB

Die **vermögensrechtlichen Scheidungsfolgen** unterliegen dem nach der Rom III-VO bestimmten Scheidungsstatut, soweit sie nicht von der EuGÜVO, der EuUnthVO oder anderen Regelungen des Abschnitts des EGBGB, zu dem Art. 17 EGBGB gehört, erfasst sind (Art. 13–24 EGBGB – Familienrecht) (Art. 17 I EGBGB). So richten sich zB die güterrechtliche Abwicklung der Ehe infolge Scheidung nach der EuGüVO oder Art. 15 EGBGB aF und der nacheheliche Unterhaltsanspruch eines 517

78 OLG München NJW 2014, 1893.
79 OLG Nürnberg NJW-RR 2022, 1084 (1085 Rn. 10).
80 EuGH ECLI:EU:C:2020:570 = BeckRS 2020, 16048 mAnm Rieländer IPRax 2021, 159.

Ehegatten nach dem Haager Protokoll über das auf Unterhaltspflichten anzuwendende Recht v. 23.11.2007 (HUP 2007).[81]

Auch bei ausländischem Scheidungsstatut kann die Ehe **im Inland** nach Art. 17 III EGBGB **nur** durch ein **deutsches gerichtliches Scheidungsverfahren** geschieden werden.[82]

518 Das nach der Rom III-VO bestimmte Scheidungsstatut ist nach Art. 17 IV 1 Hs. 1 EGBGB grundsätzlich auch für den **Versorgungsausgleich** maßgebend. Durch die EuGüVO gibt es hier keine Neuerung, da der Versorgungsausgleich vom Anwendungsbereich der EuGüVO ausgenommen ist (Art. 1 II lit. f EuGüVO). Er ist nur durchzuführen, wenn Scheidungsstatut deutsches Recht ist und ihn zumindest das Recht eines der Staaten kennt, denen die Ehegatten im Zeitpunkt des Eintritts der Rechtshängigkeit des Scheidungsantrags angehören (Art. 17 IV 1 Hs. 2 EGBGB). Im Übrigen ist der Versorgungsausgleich auf Antrag eines Ehegatten nach deutschem Recht durchzuführen, wenn einer der Ehegatten in der Ehezeit ein Anrecht bei einem inländischen Versorgungsträger erworben hat, soweit die Durchführung des Versorgungsausgleichs insbesondere im Hinblick auf die beiderseitigen wirtschaftlichen Verhältnisse während der gesamten Ehezeit der Billigkeit nicht widerspricht.

Arbeitsblock zur Vertiefung

519 1. **Zur Wahl des auf die Ehescheidung anwendbaren Rechts** nach der Rom III-VO, OLG Hamm IPRax 2014, 349 mAnm Helms IPRax 2014, 334; Schall/Weber IPRax 2014, 381.
2. **Literatur:** Zur Rom III-VO Andrae IntFamR § 3; Rauscher/Helms Rom III-VO.

II. Unterhaltsrecht

1. Rechtsquellen

520 **Seit dem 1.8.2013** bestimmt sich das Unterhaltsstatut nach dem Haager Protokoll über das auf Unterhaltspflichten anzuwendende Recht **(HUP 2007).**[83]

Daneben sind im Verhältnis zur Türkei, der Schweiz, Albanien und Japan das Haager Übereinkommen über das auf Unterhaltspflichten anzuwendende Recht v. 2.10.1973 **(HUntÜ 1973)**[84] und im Verhältnis zu Liechtenstein und China-Macao das Haager Übereinkommen über das auf Unterhaltsverpflichtungen gegenüber Kindern anzuwendende Recht v. 24.10.1956 **(HUntÜ 1956)**[85] zu beachten. Ferner ist Art. 8 III Deutsch-Iranisches Niederlassungsabkommen zu berücksichtigen.

81 Jayme/Hausmann Nr. 42.
82 Vgl. Beule IPRax 1988, 150.
83 Jayme/Hausmann Nr. 42.
84 Jayme/Hausmann Nr. 41. Vgl. zum Streit, ob das HUntÜ 1973 vom HUP 2007 verdrängt wird, BeckOGK/Yassari, 1.12.2022, HUP 2007 Art. 18 Rn. 10–12.
85 Jayme/Hausmann Nr. 40.

Die **Regelungen des autonomen IPR** wurden mit Wirkung v. 18.6.2011 aufgehoben (Art. 18 EGBGB) bzw. angepasst (Art. 17b I 2 EGBGB).

Arbeitsblock zum HUP 2007

1. In **sachlicher Hinsicht** erfasst das HUP 2007 das anzuwendende Recht auf Unterhaltspflichten, die sich aus Beziehungen der Familie, Verwandtschaft, Ehe oder Schwägerschaft ergeben, einschließlich der Unterhaltspflichten gegenüber einem Kind, ungeachtet des Familienstands seiner Eltern (Art. 1 I HUP 2007). Es ist **loi uniforme** (Art. 2 HUP 2007), ist also auch dann anwendbar, wenn es zu dem Recht eines Nichtvertragsstaats führt. Der autonom auszulegende **Begriff der Unterhaltspflicht** ist im HUP 2007 nicht definiert. Er muss weit verstanden werden und betrifft Verpflichtungen bzw. Ansprüche, die sich wesentlich an der Leistungsfähigkeit des Verpflichteten und der Leistungsbedürftigkeit des Berechtigten orientieren. Sowohl einmalige als auch periodische Leistungen sind erfasst.[86] 521
2. In **räumlicher Hinsicht** gilt das HUP 2007 in **allen EU-Mitgliedstaaten außer Dänemark**. Außerdem sind inzwischen weitere Länder Mitgliedstaaten, wie Brasilien oder die Ukraine (s. den Status Table zum HUP 2007 auf der Webseite der Haager Konferenz unter www.hcch.net). 522
3. **In zeitlicher Hinsicht** bestimmt sich das auf Unterhaltspflichten anwendbare Recht **seit dem 18.6.2011** nach dem HUP 2007. Vor seinem Inkrafttreten galt es bereits durch einen Verweis in **Art. 15 EuUnthVO**[87] (die in der Literatur zT auch als **UnterhaltsVO** abgekürzt wird).[88] Da für ein Inkrafttreten des **HUP 2007** gem. Art. 25 HUP 2007 zwei Ratifikationen erforderlich waren, hatte die Europäische Gemeinschaft bei ihrem Beitritt erklärt, das Protokoll bis zu seinem Inkrafttreten vorläufig, und zwar **ab dem 18.6.2011 – dem Zeitpunkt des Beginns der Anwendung der EuUnthVO – anwenden zu wollen.** 523

2. Anknüpfungsregeln

a) HUP 2007

524 Art. 8 HUP 2007 eröffnet die Möglichkeit einer **beschränkten Rechtswahl** durch Unterhaltsberechtigten und Unterhaltspflichtigen: Danach können jederzeit das Heimatrecht einer Partei, das Recht des gewöhnlichen Aufenthalts einer Partei, das Recht, das für den Güterstand gewählt oder tatsächlich auf den Güterstand angewandt wurde, oder das Recht, das für die Scheidung bzw. Trennung ohne Auflösung des Ehebandes gewählt oder tatsächlich auf die Ehescheidung bzw. Trennung ohne Auflösung des Ehebandes angewandt wurde, gewählt werden. Eine Rechtswahl nach Art. 8 EuUnthVO ist jedoch in den in Abs. 3–5 genannten Fällen, insbesondere ge-

86 Zur Abgrenzung gegenüber anderen Ansprüchen BeckOK BGB/Heiderhoff, 67. Ed. 1.5.2023, HUP 2007, Rn. 30–38.
87 VO (EG) 4/2009 des Rates vom 18. Dezember 2008 über die Zuständigkeit, das anwendbare Recht, die Anerkennung und Vollstreckung von Entscheidungen und die Zusammenarbeit in Unterhaltssachen (ABl. 2009 L 7, 1); Jayme/Hausmann Nr. 161.
88 Wagner NJW 2023, 1779 (1784).

genüber unter 18-Jährigen, ausgeschlossen. Außerdem kann nach Art. 7 HUP 2007 für einen konkreten Prozess die *lex fori* gewählt werden.

525 Liegt keine (wirksame) Rechtswahl vor, so sieht Art. 3 HUP 2007 als Grundanknüpfung eine Anknüpfung an den gewöhnlichen Aufenthalt des Unterhaltsberechtigten vor, sofern in Art. 4–6 HUP 2007 nichts anderes bestimmt ist (s. bereits **Fall 13**, → Rn. 145 ff.).[89] Die Anknüpfung ist wandelbar: Maßgeblich ist der gewöhnliche Aufenthalt zum Zeitpunkt, für den Unterhalt verlangt wird (Art. 3 II HUP 2007). Der Begriff des gewöhnlichen Aufenthalts ist im HUP 2007 nicht definiert; er ist autonom zu bestimmen und sollte sich an dem für die EuUnthVO genutzten Begriff ausrichten (Daseinsmittelpunkt).

526 Eine **Sonderregelung** enthält das HUP 2007 für die Unterhaltspflicht der Eltern gegenüber dem Kind: Hier kommt es zunächst auf das Recht am gewöhnlichen Aufenthalt des Unterhaltsberechtigten an (Art. 3 I HUP 2007). Hat jedoch das Kind eine Behörde oder ein Gericht am gewöhnlichen Aufenthalt des Unterhaltspflichtigen angerufen, wird die *lex fori* angewendet (Art. 4 III 1 HUP 2007). Art. 4 HUP 2007 sieht ferner eine **Kaskadenanknüpfung zugunsten des unterhaltsberechtigten Kindes** vor: Wenn das primär berufene Recht keinen Unterhalt gewährt, kommt die *lex fori* oder – wenn diese bereits wegen Anrufung der Behörde oder des Gerichts durch das Kind nach Art. 4 III 1 HUP 2007 anwendbar ist – das Recht am gewöhnlichen Aufenthalt des Kindes zur Anwendung. Wird auch danach kein Unterhalt gewährt, findet das Recht der gemeinsamen Staatsangehörigkeit Anwendung.

527 Bei Ehegatten kann auch das Recht des letzten gemeinsamen gewöhnlichen Aufenthalts zur Anwendung kommen (vgl. Art. 5 HUP 2007).[90]

b) HUntÜ 1973

528 Das HUntÜ 1973 knüpft grundsätzlich an den **gewöhnlichen Aufenthalt** des **Unterhaltsberechtigten** an (Art. 4 I HUntÜ 1973).

529 Es enthält ferner Schutzvorschriften zugunsten des **Unterhaltsberechtigten** für den Fall, dass dieser nach seinem Aufenthaltsrecht keinen Unterhalt erlangen kann: Subsidiär ist an das **gemeinsame Heimatrecht** von Unterhaltsverpflichtetem und Unterhaltsgläubiger anzuknüpfen (Art. 5 HUntÜ 1973), hilfsweise ist die *lex fori* der angerufenen Behörde anzuwenden (Art. 6 HUntÜ 1973).

Den Interessen des **Unterhaltsverpflichteten** trägt Art. 7 HUntÜ 1973 Rechnung. Danach kann sich der Unterhaltsverpflichtete in bestimmten Fällen darauf berufen, dass er nach dem gemeinsamen Heimatrecht oder hilfsweise nach dem gemeinsamen Aufenthaltsrecht nicht zur Unterhaltsleistung verpflichtet sei.

89 Zur Bestimmung des gewöhnlichen Aufenthalts bei Säuglingen und Kleinkindern EuGH ECLI:EU:C:2018:513 = BeckRS 2018, 13329; s. auch Gruber IPRax 2019, 217 ff.; s. auch Mayer IPRax 2023, 264 (265 ff.); zur Frage der Anwendbarkeit von Art. 4 II HUP 2007 nach einem Aufenthaltswechsel EuGH ECLI:EU:C:2018:408 = BeckRS 2018, 10469; Lipp IPRax 2019, 400 ff.

90 Zur Bestimmung des letzten gemeinsamen gewöhnlichen Aufenthalts bei Art. 5 HUP 2007 BGH NJW 2022, 2403 Rn. 20.

Arbeitsblock zur Vertiefung

Literatur: PWW/Martiny IPR-Anh. 8/HaagUntProt; Grüneberg/Thorn EGBGB Anh. zu Art. 18 – HUntProt; Andrae GPR 2010, 196. Eingehend zur EuUnthVO und zum HUP 2007 NK-BGB/Gruber, Bd. 6, 3. Aufl. 2019, HUP; Henrich FamRZ 2015, 1791; Hau ZVglRWiss 115 (2016), 672; Andrae NJW 2011, 2545. Zum HUP 2007 außerdem lesenswert Arnold IPRax 2012, 311. Zum Unterhaltsregress öffentlicher Einrichtungen nach EuUnthVO, dem **Haager Übereinkommen über die internationale Geltendmachung der Unterhaltsansprüche von Kindern und anderen Familienangehörigen** (v. 23.11.2007, in Kraft seit 1.1.2013) und dem HUP 2007 Andrae FPR 2013, 38. Zum Erlass von Formvorschriften im Rahmen des Haager Unterhaltsprotokolls durch die Mitgliedstaaten der EU Eßer IPRax 2013, 399. Zu einem Fall von nachehelichem Unterhalt nach dem HUP 2007 Andrae IPRax 2014, 326 (lesenswert!). 530

III. Eingetragene Lebenspartnerschaft und gleichgeschlechtliche Ehe

1. Rechtsquellen

Seit dem 29.1.2019 gilt in 18 Mitgliedstaaten die **EuPartVO**. Die EuPartVO erfasst **„eingetragene Partnerschaften“**, also die Lebensgemeinschaft zweier Personen, die gesetzlich vorgesehen ist und von einer Behörde eingetragen wurde (Art. 3 lit. a EuPartVO). Dazu gehören auch verschiedengeschlechtliche Partnerschaften wie zB der pacte de solidarité civil (PACS) des französischen Rechts oder die österreichische eingetragene Partnerschaft. Nicht umfasst sind Ehen. Sachlich regelt die Verordnung die „vermögensrechtlichen Aspekte“ solcher Partnerschaften (Art. 1 I EuPartVO, Art. 3 lit. b EuPartVO). 531

Kollisionsrechtlich ist die eingetragene Lebenspartnerschaft in **Art. 17b EGBGB** geregelt, wobei solche Partnerschaften ausgenommen sind, die in den Anwendungsbereich der EuPartVO fallen. Seit der Neufassung des Art. 17b IV EGBGB am 1.10.2017 gelten die Bestimmungen dieser Vorschrift auch für **gleichgeschlechtliche Ehen.**[91]

In der Bundesrepublik Deutschland war am 1.8.2001 das Gesetz über die eingetragene Lebenspartnerschaft (LPartG) in Kraft getreten, das gleichgeschlechtlichen Paaren die Möglichkeit eröffnete, ihren Lebensumständen ein rechtliches Gepräge zu geben. Das Gesetz zur Einführung des Rechts auf **Eheschließung für Personen gleichen Geschlechts** (EheRÄndG)[92] vom 28.7.2017 hat die Möglichkeit einer eingetragenen Partnerschaft nach dem LPartG in Deutschland abgeschafft (Art. 3 III EheRÄndG). Daher ist die EuPartVO aus deutscher Sicht nur für solche Fälle relevant, in denen die Lebenspartnerschaft vor dem Inkrafttreten des EheRÄndG in 2017 eingetragen wurde. In zahlreichen anderen europäischen Rechtsordnungen steht homosexuellen 532

91 Vgl. ausführlich dazu Mankowski IPRax 2017, 541 ff.
92 BGBl. 2017 I 2787.

(zT auch heterosexuellen) Paaren mit der sog. **registrierten Partnerschaft**[93] und/oder gleichgeschlechtlichen Ehe eine familienrechtliche Institution zur Verfügung.

Durch die Neufassung des § 1353 BGB sind gleichgeschlechtliche Ehen von dem „Ehe"-Begriff umfasst. Gemäß § 20a LPartG kann eine Lebenspartnerschaft in eine Ehe umgewandelt werden.

2. Anknüpfungsregeln, Auflösung und allgemeine Wirkungen

533 Für die Begründung einer **gleichgeschlechtlichen Ehe** ist nach Art. 17b IV 1 EGBGB iVm Art. 17b I 1 EGBGB das Sachrecht des registerführenden Staats maßgebend. Im Vergleich mit Art. 13 EGBGB bleibt die Staatsangehörigkeit des jeweiligen Partners unbeachtet. Die Ehewirkungen (→ Rn. 499 ff.) folgen den allgemeinen Grundsätzen des Art. 14 EGBGB. Die güterrechtlichen Wirkungen richten sich gem. Art. 17b IV 2 EGBGB nach der EuGüVO (→ Rn. 503 ff.). Die Ehescheidung und die Trennung ohne Auflösung des Ehebandes richtet sich nach der Rom III-VO (→ Rn. 509 ff.). Für das Unterhaltsrecht findet gem. Art. 15 EuUnthVO das **HUP 2007** Anwendung (→ Rn. 520 ff.). Für das Namensrecht (→ Rn. 364 ff.) verweist Art. 17b II 1 EGBGB auf Art. 10 II EGBGB.

Arbeitsblock zur Ergänzung

534 1. **Sachlicher Anwendungsbereich von Art. 17b EGBGB:** Art. 17b EGBGB erfasst die homosexuelle, registrierte, nichteheliche Lebensgemeinschaft sowie gleichgeschlechtliche Ehen. In anderen Ländern als Deutschland gibt es auch registrierte Lebenspartnerschaften für verschiedengeschlechtliche Paare als Alternative zur Ehe. Ebenso kennen auch andere Länder Ehen zwischen gleichgeschlechtlichen Partnern. In beiden Fällen ist Art. 17b EGBGB anwendbar.

535 2. **Fakultatives Anerkennungsverfahren:** Im Rahmen eines fakultativen Anerkennungsverfahrens können Lebenspartnerschaften als ausländische Entscheidungen anerkannt werden (§ 108 II FamFG). Erfasst von § 108 FamFG sind nur ausländische Entscheidungen, die keine Ehesachen iSd § 111 Nr. 1 FamFG sind und die dem Geltungsbereich des FamFG unterfallen. Nach dem Wortlaut von § 108 III FamFG ist das Gericht örtlich zuständig, in dessen Bezirk der Antragsgegner im Zeitpunkt der Antragstellung seinen gewöhnlichen Aufenthalt hat (Nr. 1), hilfsweise in dessen Bezirk das Interesse an der Feststellung bekannt wird (Nr. 2).

536 3. **Altfälle (vor dem 28.7.2017 eingetragene Lebenspartnerschaften):** Das anwendbare Recht auf eingetragene Lebenspartnerschaften kann durch die Partner mittels Rechtswahl bestimmt werden (Art. 22 EuPartVO). Mangels Rechtswahl sieht die EuPartVO in Art. 26 I EuPartVO eine objektive Anknüpfung an den Registrierungsort vor. Auf Antrag eines Partners kann das Gericht ausnahmsweise entscheiden, dass das Recht eines anderen Staates als des Staates, dessen Recht nach Art. 22 I EuPartVO anzuwenden ist, für die güterrechtlichen Wirkungen der eingetragenen Partnerschaft gilt, sofern das Recht dieses anderen Staates güterrechtliche Wirkungen an das Institut der eingetragenen Partnerschaft knüpft. Zudem muss der Antragsteller nachwei-

93 Dazu ausführlich Basedow/Hopt/Kötz/Dopffel, Die Rechtsstellung gleichgeschlechtlicher Lebensgemeinschaften, 2000.

sen, dass die Partner ihren letzten gemeinsamen gewöhnlichen Aufenthalt über einen erheblich langen Zeitraum in diesem Staat hatten und beide Partner auf das Recht dieses anderen Staates bei der Regelung oder Planung ihrer güterrechtlichen Beziehungen vertraut hatten. Aus Sicht des deutschen Rechts bleibt diese Anknüpfung aber gegenstandslos, da es in Deutschland keine eingetragenen Partnerschaften mehr gibt (→ Rn. 532). Das bedeutet, dass im deutschen IPR Begründungs- und Güterrechtsstatut zusammenfallen (Art. 17b I EGBGB).

4. **Literatur:** Heiderhoff IPRax 2018, 1; PWW/Martiny IPR-Anh. 6/EuPartVO; BeckOK BGB/Heiderhoff, 69. Ed. 1.5.2023, Art. 17b EGBGB; Andrae IntFamR § 1 Rn. 185 ff.; Lorenzo Villaverde in Duden/Wiedemann Changing Families, Changing Family Law in Europe, S. 157 ff. **536a**

IV. Kindschaftsrecht

Im Internationalen Kindschaftsrecht ist zwischen statusbegründenden und statusändernden Rechtsvorgängen zu unterscheiden. **537**

1. Statusbegründende Rechtsvorgänge

a) Rechtsquellen

Für die Frage der **Abstammung** von der Mutter ist das **Brüsseler CIEC-Übereinkommen** über die Feststellung der mütterlichen Abstammung nichtehelicher Kinder v. 12.9.1962[94] zu beachten. Es gilt im Verhältnis zu Griechenland, Luxemburg, Niederlande, Schweiz, Spanien und Türkei. Es ist umstritten, ob das Übereinkommen nur anwendbar ist, wenn durch IPR das Recht eines Vertragsstaats berufen wird oder ob es sich um einheitliches Sachrecht mit eigenen Rechtsanwendungsregeln handelt, sodass die Anwendung von IPR überflüssig ist.[95] Das autonome Kollisionsrecht ist in **Art. 19 I EGBGB** geregelt. Art. 23 EGBGB ergänzt Art. 19 EGBGB, soweit es für die Abstammung auf die Zustimmung des Kindes oder einer Person, zu der das Kind in einem familienrechtlichen Verhältnis steht, ankommt. **538**

Für das **Rechtsverhältnis zwischen Eltern und ihrem Kind findet Art. 21 EGBGB** Anwendung, der jedoch weitgehend vom Haager Übereinkommen über die Zuständigkeit, das anzuwendende Recht, die Anerkennung, Vollstreckung und Zusammenarbeit auf dem Gebiet der elterlichen Verantwortung und der Maßnahmen zum Schutz von Kindern **(KSÜ)**[96] verdrängt wird (s. zu den Mitgliedstaaten den Status Table unter www.hcch.net). Daneben ist das **Haager Übereinkommen über die Zuständigkeit der Behörden und das anzuwendende Recht auf dem Gebiet des Schutzes von Minderjährigen (MSA)**[97] zu berücksichtigen. Das MSA bleibt nach **539**

94 BGBl. 1965 II 23; Jayme/Hausmann Nr. 51 mit Hinweis auf die Vertragsstaaten – zB die Schweiz – in Fn. 1.
95 Übersicht über den Meinungsstand bei Staudinger/Henrich, 2022, EGBGB Vorb. zu Art. 19 Rn. 19 ff.
96 Jayme/Hausmann Nr. 53.
97 Jayme/Hausmann Nr. 52.

Art. 51 KSÜ noch im Verhältnis zu China-Macao anwendbar, das dem KSÜ nicht beigetreten ist.[98]

Ferner ist wiederum Art. 8 III Deutsch-Iranisches Niederlassungsabkommen (→ Rn. 495) zu beachten.

b) Anknüpfungsregeln

540 Die **Abstammung** des Kindes von seinen leiblichen Eltern unterliegt nach Art. 19 I 1 EGBGB grundsätzlich dem Recht des **gewöhnlichen Aufenthalts des Kindes.** Das Abstammungsstatut ist also insoweit wandelbar. Zusätzlich kann die Abstammung im Verhältnis zu jedem Elternteil auch nach dessen Heimatrecht (Art. 19 I 2 EGBGB; wandelbares Statut), alternativ gem. Art. 19 I 3 EGBGB nach dem gesetzlichen Ehewirkungsstatut der Mutter festgestellt werden. Das Abstammungsstatut nach dem gesetzlichen Ehewirkungsstatut der Mutter ist unwandelbar: Entscheidend ist der Zeitpunkt der Geburt des Kindes (s. **Fall 12,** → Rn. 135 ff.) oder – wenn die Ehe zuvor durch den Tod eines Ehegatten aufgelöst wurde – der Zeitpunkt der Auflösung. Für das Verhältnis der Anknüpfungspunkte zueinander gilt das **Günstigkeitsprinzip:** Die Elternschaft besteht, wenn sie nach dem einen oder anderen Anknüpfungspunkt gegeben ist.[99] Wegen des Günstigkeitsprinzips ist insbesondere ein *renvoi* nicht zu beachten, der zu einem Recht führen würde, nach dem keine Abstammung gegeben sein würde.

Zusätzlich ist auf **Art. 23 EGBGB** hinzuweisen. Danach richtet sich die Erforderlichkeit und die Erteilung der **Zustimmung des Kindes** (oder einer Person, zu dem das Kind in einem familienrechtlichen Verhältnis steht) zu einer Abstammungserklärung zusätzlich **(kumulativ)** zum Hauptstatut nach dem **Heimatrecht** des Kindes (Art. 23 S. 1 EGBGB).[100] Ausnahmsweise ist zum Wohl des Kindes deutsches Recht anzuwenden (Art. 23 S. 2 EGBGB).

541 Für das **Rechtsverhältnis zwischen Eltern und Kindern** ist zunächst das KSÜ anzuwenden. Nach dessen Art. 15 gilt für das auf behördliche Maßnahmen anzuwendende Recht (Entscheidung zum Sorgerecht, Umgangsrecht, zur Herausgabe des Kindes) das **Gleichlaufprinzip** Das bedeutet, dass die für die Entscheidung nach dem KSÜ zuständige Stelle auch ihr eigenes Recht anwendet (Art. 15 I KSÜ). Ausnahmsweise kann ein anderes Recht angewandt oder berücksichtigt werden, zu dem eine enge Verbindung besteht (Art. 15 II KSÜ). Dagegen unterliegt die Zuweisung und das Erlöschen der elterlichen Sorge kraft Gesetzes (Art. 16 KSÜ) dem Recht des gewöhnlichen Aufenthalts des Kindes, auch wenn es sich um das Recht eines Nichtvertragsstaats handelt (Art. 16 I KSÜ; *loi uniforme*).[101] Für Fragen der Ausübung der elterlichen Verantwortung ist nach Art. 17 KSÜ das Recht des gewöhnlichen Aufent-

98 Vgl. den jeweiligen *Status Table* der Übereinkommen unter www.hcch.net; s. auch Thorn/Varón Romero IPRax 2021, 15 (18).

99 Zur Problematik der Vaterschaftskonkurrenz durch unterschiedliche Zuweisungen im Rahmen von Art. 19 EGBGB s. BGH BeckRS 2022, 3089; OLG Brandenburg BeckRS 2022, 3169; Mayer IPRax 2023, 264–268; Rieländer IPRax 2021, 249–257.

100 Art. 23 EGBGB wurde mit Wirkung zum 31.3.2020 dahingehend geändert, dass die Adoption aus dem Anwendungsbereich ausgenommen wurde. S. dazu ausführlich Magnus IPRax 2022, 552.

101 Die elterliche Sorge umfasst die gesetzliche Vertretung des Kindes; insoweit geht das KSÜ dem Personalstatut vor, s. Garber/Rudolf IPRax 2023, 461.

halts des Kindes (auch soweit es zum Recht eines Nichtvertragsstaats führt) maßgebend.[102]

Im Verhältnis zu Nicht-Vertragsstaaten des KSÜ kann das MSA zur Anwendung kommen (Art. 51 KSÜ, nur noch China-Macao). Nach Art. 2 MSA ist bei Schutzmaßnahmen grundsätzlich das Recht des **gewöhnlichen Aufenthaltsortes** des Minderjährigen anzuwenden. Grundsätzlich gilt daher das **Gleichlaufprinzip**; danach wendet das nach dem Übereinkommen zuständige Gericht auch sein eigenes Recht selbstständig an. Im autonomen Recht bestimmt Art. 21 EGBGB, wie das MSA, dass auf das Eltern-Kind-Verhältnis das Recht am **gewöhnlichen Aufenthaltsort des Kindes** anzuwenden ist. 542

c) Besonderheiten

Für Verpflichtungen des Vaters gegenüber der Mutter aufgrund der Schwangerschaft s. Art. 19 II EGBGB.[103] Für Unterhaltsansprüche geht jedoch das HUP 2007 (→ Rn. 520 ff.) vor. 543

Art. 20 EGBGB erfasst die **Anfechtung der Abstammung**. Nach Art. 20 S. 1 EGBGB kann die Abstammung nach jedem Recht angefochten werden, aus dem sich ihre Voraussetzungen ergeben **(strenge Akzessorietät der Anknüpfung)**. Zusätzlich kann die Anfechtung nach dem Recht des gewöhnlichen Aufenthalts des Kindes erfolgen, Art. 20 S. 2 EGBGB.

Arbeitsblock

I. **Zur Ergänzung** 544
   1. **Einheitlicher Kindschaftsbegriff:** Seit dem 1998 in Kraft getretenen Kindschaftsrechtsreformgesetz (KindRG) wird im autonomen deutschen Kollisionsrecht nicht mehr zwischen ehelicher und nichtehelicher Kindschaft unterschieden.
   2. **Rangfolge der Anknüpfungsalternativen:** Umstritten ist die Rangfolge der in Art. 19 I EGBGB aufgeführten Anknüpfungsalternativen. S. zum Streitstand BeckOK BGB/Heiderhoff, 67. Ed. 1.8.2023, EGBGB Art. 19 Rn. 22–36.
   3. **Vorfrage nach der Ehe:** Bei der nach Art. 19 EGBGB ermittelten Rechtsordnung kann sich die Vorfrage stellen, ob das Kind ehelich geboren ist. Umstritten ist, ob diese Vorfrage selbstständig oder aber unselbstständig anzuknüpfen ist (vgl. zum Streitstand Helms IPRax 2023, 46–48; v. Hoffmann/Thorn IPR § 127 ff.; für die selbstständige Anknüpfung s. BGH FamRZ 2023, 1032). Stellt sich innerhalb der Vorfrage nach einer wirksamen Zweitehe die Frage nach der wirksamen Scheidung einer Erstehe, so ist diese „Vorfrage in der Vorfrage" wiederum unselbstständig anzuknüpfen, s. ebenfalls BGH FamRZ 2023, 1032 (mAnm Wurmnest/Kottke).
   4. **Kindesentführung:** Zum **Haager Übereinkommen über die zivilrechtlichen Aspekte internationaler Kindesentführungen (HKÜ)** v. 25.10.1980

102 Die Erforderlichkeit einer familiengerichtlichen Genehmigung für Vertretungshandlungen der Eltern richtet sich nach dem gem. Art. 17 KSÜ anwendbaren Recht, Garber/Rudolf IPRax 2023, 461 (Anmerkung zu OLG Köln IPRax 2023, 490).

103 S. Grüneberg/Thorn EGBGB Art. 19 Rn. 9.

(BGBl. 1990 II 206), Jayme/Hausmann Nr. 222, das die schnellstmögliche Rückführung von Kindern ermöglichen soll, die widerrechtlich in einen anderen Vertragsstaat verbracht wurden oder dort festgehalten werden, sowie zur Brüssel IIb-VO eingehend Andrae IntFamR § 9 Rn. 265 ff. Die **Brüssel IIb-VO** gilt seit dem 25.6.2019. Sie enthält Änderungen für das Verfahren in grenzüberschreitenden Kindesentführungsfällen, um die Effizienz der Verfahren zu steigern und das Kindeswohl zu fördern (vgl. Erwgr. 2 Brüssel IIb-VO).

544a **II. Zur Vertiefung**

1. **Zum gewöhnlichen Aufenthalt von Säuglingen** s. Heiderhoff IPRax 2012, 523.
2. **Leihmutterschaft:** Zur Staatsangehörigkeit eines im Wege der Leihmutterschaft geborenen Kindes VG Köln NJW 2013, 2617.
3. **Unterbringung in geschlossener Therapie- und Erziehungseinrichtung:** Zur Unterbringung eines Kindes in einer geschlossenen Therapie- und Erziehungseinrichtung in einem anderen Mitgliedstaat (noch) nach der Brüssel IIa-VO: EuGH ECLI:EU:C:2012:255 = BeckRS 2012, 81164.
4. **Mehrstaater, Staatenlose, Flüchtlinge und Asylberechtigte:** Zur Anknüpfung bei Mehrstaatern, Staatenlosen, Flüchtlingen und Asylberechtigten → Rn. 206 ff. (**Fall 25**) und Art. 5 EGBGB.
5. **Verfahrensfragen:** Nur Verfahrensfragen regelt das **Römische CIEC-Übereinkommen** über die Erweiterung der Zuständigkeit der Behörden, vor denen **nichteheliche Kinder** anerkannt werden können v. 14.9.1961 (BGBl. 1965 II 19); Jayme/Hausmann Nr. 50; vgl. dazu Staudinger/Henrich, 2022, EGBGB Vorb. Zu Art. 19 Rn. 2 ff.
6. **Vaterschaftsfeststellung von konservierten Embryonen:** Zum IPR in solchen Fällen s. BGH IPRax 2019, 72 mAnm Gössl IPRax 2019, 41.
7. **Co-Elternschaft und Elternschaftssachen:** Zur Anerkennung einer **Co-Elternschaft** s. EuGH ECLI:EU:C:2021:1008 = BeckRS 2021, 38456 mAnm Kohler IPRax 2022, 226. S. auch Helms IPRax 2023, 232. Die Europäische Kommission hat am 7.12.2022 einen **Vorschlag für eine Verordnung** über die Zuständigkeit, das anzuwendende Recht, die Anerkennung von Entscheidungen und die Annahme öffentlicher Urkunden in **Elternschaftssachen** sowie zur Einführung eines **europäischen Elternschaftszertifikats** vorgelegt. S. dazu Budzikiewicz/Duden/Dutta/Helms/Mayer IPRax 2023, 425 sowie Mansel/Thorn/Wagner IPRax 2023, 109 (121 ff.).
8. **Literatur:** Andrae IntFamR § 7–9; umfassend die Kommentierung in Staudinger, Bd. „Haager Unterhaltsprotokoll (Internationales Unterhalts- und Unterhaltsverfahrensrecht), Vorb. A + B zu Art. 19 (Internationale Abkommen und EU-Verordnungen zum Kindschaftsrecht)“, 2017; sowie Bd. „Art. 19–24“, 2020. S. auch zum KSÜ: Rauscher NJW 2011, 2332; Schulz FamRZ 2011, 156 und Wagner/Janzen FPR 2011, 110.

2. Statusverändernde Rechtsvorgänge

Für die statusverändernden Rechtsvorgänge ist vorab auf **Art. 23 EGBGB** hinzuweisen (vgl. bereits oben zur Abstammung zu Art. 19 EGBGB). Außer für die Abstammungserklärung ist Art. 23 EGBGB für die **Namenserteilung** relevant. Für die Adoption gilt Art. 23 EGBGB seit Änderung von Art. 22 I EGBGB mit Wirkung zum 31.3.2020 nicht mehr. Art. 23 EGBGB ist daher zusätzlich zu Art. 10 EGBGB (Name) und Art. 19 EGBGB (Abstammung) zu beachten. Im Rahmen seines Anwendungsbereichs geht Art. 8 III Deutsch-Iranisches Niederlassungsabkommen der Anknüpfung nach Art. 23 EGBGB vor. 545

Zunächst ist für alle statusverändernden Vorgänge das **Hauptstatut** zu bestimmen.

a) Legitimation

Im deutschen Kollisions- und Sachrecht ist das Rechtsinstitut der Legitimation im Zuge des Kindschaftsrechtsreformgesetzes (→ Rn. 544) im Jahre 1997 abgeschafft worden. Dennoch kann die Legitimation als Vorfrage weiterhin von Bedeutung sein, beispielsweise, wenn nach ausländisch berufenem Recht ein Unterhaltsanspruch des Kindes von seiner ehelichen Abstammung abhängt. Das Legitimationsstatut wird dann durch unselbstständige Anknüpfung ermittelt.[104] 546

Arbeitsblock zur Vertiefung

Literatur: BeckOK BGB/Heiderhoff, 67. Ed. 1.8.2023, EGBGB Art. 19 Rn. 42–43. 547

b) Adoption

aa) Rechtsquellen

Völkerrechtliche Quellen sind meist nicht zu beachten (Ausnahme: Niederlassungsabkommen zwischen dem Deutschen Reich und dem Kaiserreich Persien (Deutsch-Iranisches Niederlassungsabkommen) v. 17.2.1929[105]). 548

Im Übrigen ist **Art. 22 EGBGB** als autonome Kollisionsnorm anzuwenden. Die Norm wurde durch Gesetz vom 19.3.2020 mit Wirkung zum 31.3.2020 umfassend geändert.[106] Die Vorfrage, ob ein Kind minderjährig ist, ist nach Art. 7 EGBGB selbstständig anzuknüpfen.

bb) Anknüpfungsregeln

Die Differenzierung zwischen Adoptionen durch Ehegatten und Lebenspartnern in Art. 22 I EGBGB aF wurde aufgegeben. Art. 22 I EGBGB nF sieht nun eine vom Status der Eltern unabhängige, einheitliche Anknüpfung für die Adoption vor. **Inländische Adoptionen** unterliegen gem. Art. 22 I 1 EGBGB dem deutschen Recht. Wird die **Adoption im Ausland** durchgeführt, gilt nach Art. 22 I 2 EGBGB in Ab- 549

104 Henrich IPRax 1999, 114 f.
105 RGBl. 1930 II 1006, BGBl. 1955 II 829 iVm dem Schlussprotokoll RGBl. 1930 II 1012; Jayme/Hausmann Nr. 22.
106 S. ausführlich zu den Änderungen Magnus IPRax 2022, 552.

kehr von der alten Anknüpfung nicht mehr das Heimatrecht des Annehmenden im Zeitpunkt der Annahme, sondern das Recht des Staates, in dem das Kind zum Zeitpunkt der Annahme seinen **gewöhnlichen Aufenthalt** hat.[107] Dabei ist zu berücksichtigen, dass für ausländische Adoptionen, die auf einer behördlichen oder gerichtlichen Entscheidung beruhen, nicht mehr das anwendbare Recht zu prüfen ist, sondern nur noch die **Anerkennung der ausländischen Entscheidung im Inland** nach Art. 23, 24 Haager Adoptionsübereinkommen oder § 1 II AdWirkG nF bzw. bei Erwachsenenadoption § 108 FamFG. Art. 22 I 2 EGBGB betrifft daher im Ausland vorgenommene Vertragsadoptionen, die im Inland anerkannt werden sollen.[108]

Das Adoptionsstatut ist in jedem Fall ab Vornahme der Adoption **unwandelbar**.[109]

Arbeitsblock zur Ergänzung

550 1. Um **vereinheitlichtes Sachrecht** ohne eigene Rechtsanwendungsregeln (→ Rn. 307) handelt es sich bei dem **Europäischen Übereinkommen über die Adoption von Kindern** v. 27.11.2008, das am 1.7.2015 für Deutschland in Kraft getreten ist (BGBl. 2015 II 1673) und Standards für die Annahme von Kindern festlegt. Das deutsche Adoptionsrecht entspricht dem Übereinkommen (vgl. BeckOGK/Markwardt, 1.9.2023, EGBGB Art. 22 Rn. 8). Einheitliches Sachrecht und Verfahrensregeln enthält auch das **Haager Übereinkommen über den Schutz von Kindern und die Zusammenarbeit auf dem Gebiet der internationalen Adoption (HAdoptÜ)** v. 29.5.1993 (BGBl. 1993 II 1035), das mit Wirkung zum 1.3.2002 für Deutschland in Kraft getreten ist (Jayme/Hausmann Nr. 223). Es hat (Stand: Juni 2024) 106 Mitgliedstaaten. Deutschland hat gegen die Beitritte einzelner Staaten, zB Ruanda, Einspruch erhoben, sodass es im Verhältnis zu diesen Staaten nicht gilt; eingehend hierzu BeckOGK/Markwardt, 1.9.2023, HAdoptÜ.

550a 2. **Literatur:** Staudinger/Henrich, 2022, EGBGB Vorb. zu Art. 22 sowie Art. 22 und BeckOGK/Markwardt, 1.9.2023, EGBGB Art. 22.

V. Vormundschaft, Pflegschaft und Betreuung

1. Rechtsquellen

551 Im IPR der Vormundschaft, Pflegschaft und Betreuung wird das autonome Recht **weitgehend durch völkerrechtliche Verträge**[110] verdrängt. Zu beachten sind:

- das **Haager Übereinkommen über die Zuständigkeit, das anzuwendende Recht, die Anerkennung, Vollstreckung und Zusammenarbeit auf dem Gebiet der elterlichen Verantwortung und der Maßnahmen zum Schutz von Kindern (KSÜ)** v. 19.10.1996;[111]

107 Zur Bestimmung des gewöhnlichen Aufenthalts bei Säuglingen EuGH ECLI:EU:C:2010:829 = BeckRS 2011, 80085 Rn. 44 ff. – Mercredi.

108 Magnus IPRax 2022, 552 (556).

109 Ferid IPR Rn. 8–370.

110 Ein Überblick zum Anwendungsbereich dieser völkervertraglichen Rechtsquellen findet sich bei MüKoBGB/Lipp EGBGB Art. 24 Rn. 8, 11 ff. sowie bei Andrae IntFamR § 9 Rn. 1 ff.

111 Jayme/Hausmann Nr. 53 mit Vertragsstaaten in Fn. 1.

- das Niederlassungsabkommen zwischen dem Deutschen Reich und dem Kaiserreich Persien **(Deutsch-Iranisches Niederlassungsabkommen)** v. 17.2.1929;[112] es geht dem MSA, dem KSÜ und dem ESÜ vor (s. Art. 18 II MSA, Art. 52 I KSÜ und Art. 49 I ESÜ).
- das **Haager Übereinkommen über den internationalen Schutz von Erwachsenen (ESÜ)** v. 13.1.2000, das zum 1.1.2009 für die Bundesrepublik Deutschland in Kraft getreten ist.[113] Es ist bei internationalen Sachverhalten auf den Schutz Erwachsener anzuwenden, die aufgrund einer Beeinträchtigung oder Unzulänglichkeit ihrer persönlichen Fähigkeiten nicht in der Lage sind, ihre Interessen zu schützen (Art. 1 I ESÜ).

Praktisch nur noch von geringer Bedeutung ist das **Haager Übereinkommen über die Zuständigkeit der Behörden und das anzuwendende Recht auf dem Gebiet des Schutzes von Minderjährigen (MSA)** v. 5.10.1961,[114] dessen sachlicher Anwendungsbereich dem des KSÜ entspricht und das, seitdem die Türkei Mitgliedstaat des KSÜ ist, nur noch im Verhältnis zur chinesischen Sonderverwaltungszone Macao greift.[115]

Soweit Staatsverträge nicht anzuwenden sind, zB weil ihr räumlicher Anwendungsbereich nicht eröffnet ist, ist die seit dem 1.1.2023 anzuwendende Neufassung von **Art. 24 EGBGB** als Kollisionsnorm des autonomen Rechts heranzuziehen.[116] Die erbrechtlichen Pflegschaften sind seit dem 17.8.2015 von der EuErbVO erfasst.[117] **552**

2. Anknüpfungsregeln

- Zum Kindesschutzübereinkommen und zum Minderjährigenschutzübereinkommen → Rn. 539, → Rn. 541 f. **553**
- Im autonomen IPR richten sich sowohl die **gesetzliche** als auch die **angeordnete** Vormundschaft, Betreuung und Pflegschaft gem. Art. 24 I EGBGB nunmehr in vollem Umfang (also hinsichtlich **Entstehung, Ausübung, Änderung und Ende**) nach dem **Recht des gewöhnlichen Aufenthalts** des Fürsorgebedürftigen.

Schutzmaßnahmen, die im Inland angeordnet werden, unterliegen gem. Art. 24 II 1 EGBGB dem deutschen Recht. Bei Maßnahmen, die eine wesentlich engere Verbindung zum Recht eines anderen Staates aufweisen, gilt gem. Art. 24 II 2 EGBGB das Recht jenes Staates. **554**

- Nach dem **ESÜ** wendet die für eine Erwachsenenschutzmaßnahme zuständige Stelle ihr eigenes Recht an (**Gleichlaufprinzip**; Art. 13 I ESÜ). Bei engerer Verbindung zum Recht eines Staats kann dieses gem. Art. 13 II ESÜ angewendet werden.

---

112 RGBl. 1930 II 1006, BGBl. 1955 II 829 mit Schlussprotokoll, RGBl. 1930 II 1012; Jayme/Hausmann Nr. 22.

113 BGBl. 2007 I 323; Jayme/Hausmann Nr. 20; vgl. zu den Mitgliedstaaten den *Status Table* des Übereinkommens unter www.hcch.net (Stand: Juni 2024). Eine sehr eingehende Darstellung des ErwSÜ findet sich bei Ludwig DNotZ 2009, 251.

114 Jayme/Hausmann Nr. 52 mit Vertragsstaaten in Fn. 1.

115 BeckOK BGB/Heiderhoff, 67. Ed. 1.8.2023, EGBGB Art. 24 Rn. 4.

116 Zu verbleibenden Fallgestaltungen, die unter Art. 24 EGBGB fallen können, BeckOK BGB/Heiderhoff, 67. Ed. 1.8.2023, EGBGB Art. 24 Rn. 1-2.2.

117 Staudinger/v. Hein, 2022, EGBGB Art. 24 Rn. 31; MüKoBGB/Lipp EGBGB Art. 24 Rn. 10.

Arbeitsblock zur Vertiefung

554a **Literatur:** BeckOK BGB/Heiderhoff, 67. Ed. 1.8.2023, EGBGB Art. 24. Ausführlich zum Verhältnis von KSÜ, MSA und ESÜ zu Art. 24 EGBGB aF sowie zu den Reformen im Recht der Fürsorgeverhältnisse s. Thorn/Varón Romero IPRax 2021, 15–28.

F. Erbrecht

I. Rechtsquellen

555 Für alle Erbfälle seit dem 17.8.2015 gilt die **EuErbVO**[118] in allen EU-Mitgliedstaaten mit Ausnahme Dänemarks und Irlands.[119] Sie enthält sowohl Regelungen zum IPR als auch zum IZVR. Die EuErbVO wird durch das Gesetz zur Ausführung der EuErbVO und zur Änderung der Vorschriften zum deutschen Erbschein ergänzt.[120]

Das **Erbstatut** ist damit grundsätzlich nach der **EuErbVO** zu bestimmen; einige gem. Art. 75 EuErbVO vorrangige völkerrechtliche Verträge regeln zumeist nur Teilbereiche (→ Rn. 562).

Für Verfügungen von Todes wegen ist Art. 24 EuErbVO zu beachten. Dabei richtet sich die spezielle Frage nach dem auf die **Form** von Verfügungen von Todes wegen anwendbaren Recht gem. Art. 75 I 2 EuErbVO nach dem **Haager Übereinkommen über das auf die Form letztwilliger Verfügungen anzuwendende Recht (HTestformÜ)**, das jedoch Erbverträge nicht erfasst. Das Übereinkommen ist nach seinem Art. 6 eine *loi uniforme*. Daher bleibt für die Anwendung von Art. 27 EuErbVO auf Formfragen nur insoweit Raum, als er Erbverträge (Art. 3 I lit. b EuErbVO) betrifft.[121]

II. Anknüpfungsregeln nach der EuErbVO[122]

1. Sachlicher Anwendungsbereich

556 Sachlich findet die EuErbVO auf die **Rechtsnachfolge von Todes wegen** Anwendung, wobei ein Negativkatalog bestimmte Rechtsfragen, insbesondere Steuer- und Zollsachen, Personenstand sowie Familienverhältnisse und Rechts-, Geschäfts- und Handlungsfähigkeit, Fragen des ehelichen Güterrechts, Unterhaltspflichten außer

118 Jayme/Hausmann Nr. 61; Leitfaden der Europäischen Kommission zur EuErbVO, abrufbar unter: https://publications.europa.eu/de/publication-detail/-/publication/61afb4c0-a71b-11e7-837e-01aa75ed71a1 (zuletzt abgerufen am 19.6.2024).

119 Zur Frage, wann ein Erbfall mit grenzüberschreitendem Bezug vorliegt EuGH ECLI:EU:C:2020:569 = BeckRS 2020, 16032.

120 Gesetz zum Internationalen Erbrecht und zur Änderung von Vorschriften zum Erbschein sowie zur Änderung sonstiger Vorschriften (BGBl. 2015 I 1042); s. für einen Überblick Dutta ZEV 2015, 493 ff.

121 MüKoBGB/Dutta EuErbVO Art. 75 Rn. 3.

122 Für Fälle nach dem EGBGB → Rn. 538 der 8. Aufl.

denjenigen, die mit dem Tod entstehen, Fragen des Gesellschaftsrechts und nach der Publizität von dinglichen Rechten,[123] ausnimmt (Art. 1 I 2, II EuErbVO).

2. Anknüpfungsregeln

Anders als die frühere Fassung des Art. 25 I EGBGB, nach der das Heimatrecht des Erblassers zum Todeszeitpunkt maßgeblich war, wird die Rechtsnachfolge von Todes wegen nach Art. 21 I EuErbVO grundsätzlich an das **Recht des gewöhnlichen Aufenthaltsortes** des Erblassers im Todeszeitpunkt geknüpft. Der **Begriff des gewöhnlichen Aufenthalts** ist in der EuErbVO nicht definiert.[124] Er ist unionsautonom und unter Berücksichtigung der Ziele der EuErbVO auszulegen (Erwgr. 23 EuErbVO). Unter Gesamtbeurteilung der Lebensumstände des Erblassers in den Jahren vor seinem Tod und im Zeitpunkt seines Todes kommt es auf eine besonders enge und feste Bindung zu dem betreffenden Staat an. Ein Umzug im hohen Alter ins Ausland (zB nach Spanien oder in ein günstigeres Pflegeheim) kann zu einem Statutenwechsel führen. Anstelle des Rechts des gewöhnlichen Aufenthalts ist ausnahmsweise, bei einer sich aus der Gesamtheit der Umstände ergebenden offensichtlich engeren Verbindung zu einem anderen Staat, das Recht dieses Staates anzuwenden (Art. 21 II EuErbVO). Es besteht auch die Möglichkeit, das Erbstatut durch Rechtswahl zu bestimmen, nämlich das **Heimatrecht** zu **wählen** (Art. 22 EuErbVO). Die Rechtswahl kann auch konkludent erfolgen.[125] Zu berücksichtigen sind allerdings gegebenenfalls bilaterale Abkommen zwischen Drittstaaten (zuletzt EuGH ECLI:EU:C:2023:766 = BeckRS 2023, 27352). 557

Zu den Begriffsbestimmungen s. Art. 3 EuErbVO. Die Reichweite des Erbstatuts ergibt sich aus Art. 23 EuErbVO. Die Neufassung von Art. 25 EGBGB erklärt darüber hinaus die Regelungen von Kap. III EuErbVO für entsprechend anwendbar, wenn das deutsche Kollisionsrecht eine Fragestellung der Rechtsnachfolge von Todes wegen zuordnet, die die EuErbVO aber eigentlich nicht erfasst. Diese „Staubsaugernorm"[126] soll eine Nachlassspaltung verhindern. Vom Grundsatz der Nachlasseinheit wird unter anderem bei Eingriffsnormen des **Belegenheitsrechts** (Art. 30 EuErbVO) abgewichen. 558

In der Regel handelt es sich bei Verweisungen um **Sachnormverweisungen**, außer in den in Art. 34 EuErbVO genannten Fällen. Wird durch Rechtswahl das Recht eines Drittstaats gewählt, handelt es sich zwingend um eine Sachnormverweisung (Art. 34 II EuErbVO),[127] wobei die Anwendung des gewählten Erbrechts weiterhin dem ordre public iSd Art. 35 EuErbVO unterliegt.[128] 559

123 Zum Spannungsfeld zwischen Erbstatut und Sachenrecht in der EuErbVO Lechner IPRax 2013, 497.

124 Zur Bestimmung des Orts des gewöhnlichen Aufenthalts s. Mankowski IPRax 2015, 39 (42 ff.); Heiderhoff IPRax 2019, 506 (508 ff.); s. auch EuGH ECLI:EU:C:2010:829 = BeckRS 2011, 80085 Rn. 44 ff. – Mercredi; EuGH ECLI:EU:C:2020:569 = BeckRS 2020, 16032; vgl. ferner OLG Frankfurt a.M. BeckRS 2020, 27072; OGH Österreich BeckRS 2018, 44267; Cass. Civ. 1ère, Urt. v. 29.5.2019 – Nr. 18-13.383; s. auch für sog. „Mallorca-Rentner" Steinmetz ZEV 2018, 317 ff.; Kurth IPRax 2019, 123 ff.

125 Zur konkludenten Rechtswahl s. Looschelders IPRax 2022, 167 ff.; Magnus IPRax 2019, 8 ff.

126 MüKoBGB/Dutta Art. 25 EGBGB Rn. 1.

127 Hausmann/Odersky IPR/Odersky § 15 Rn. 100.

128 So verstößt beispielsweise die Anwendung ausländischen Erbrechts jedenfalls dann gegen den ordre public, wenn kein bedarfsunabhängiger Pflichtteilsanspruch eines Kindes besteht, vgl. BGH IPRax 2023, 316–321 mAnm Scholz IPRax 2023, 273.

560 Die Zulässigkeit und die materielle Wirksamkeit einer **Verfügung von Todes wegen** mit Ausnahme eines Erbvertrags unterliegen dem Recht, das nach der EuErbVO auf die Rechtsnachfolge von Todes wegen anzuwenden wäre, wäre die Person, die die Verfügung errichtet hat, zu diesem Zeitpunkt verstorben (**hypothetisches Erbstatut,** Art. 24 I EuErbVO).

Der **Erbvertrag** wird in Art. 25 EuErbVO geregelt: Ein Erbvertrag über den Nachlass **einer Person** unterliegt dem hypothetischen Erbstatut, das im Zeitpunkt der Errichtung für diese Person gegolten hätte (Art. 25 I EuErbVO). Die Zulässigkeit eines Erbvertrages **mehrerer Personen** richtet sich nach dem hypothetischen Erbstatut der beteiligten Personen (Art. 25 II UAbs. 1 EuErbVO). Für seine materielle Wirksamkeit und Bindungswirkung kommt es dagegen auf dasjenige hypothetische Erbstatut an, zu dem die engste Verbindung besteht (Art. 25 II UAbs. 2 EuErbVO).

561 Die **Form** von Verfügungen von Todes wegen wird durch Art. 27 EuErbVO geregelt. Für Mitgliedstaaten, die auch Vertragsstaaten des TestformÜ (→ Rn. 555) sind, ist das Übereinkommen in seinem Anwendungsbereich vorrangig anwendbar, Art. 75 I 2 EuErbVO. Art. 27 EuErbVO knüpft die Formwirksamkeit entweder an das Recht des Staats, in dem das Testament errichtet wurde (Abs. 1 lit. a), dem wenigstens einer der Verfügenden angehörte (Abs. 1 lit. b), oder in dem der Erblasser seinen Wohnsitz (Abs. 1 lit. c) oder gewöhnlichen Aufenthalt hatte (Abs. 1 lit. d). Für unbewegliches Vermögen genügen die Formerfordernisse des Belegenheitsortes (Abs. 1 lit. e).

Die Form von Erklärungen über die **Ausschlagung einer Erbschaft** unterliegt alternativ dem allgemeinen Erbstatut oder dem Recht am gewöhnlichen Aufenthalt des Ausschlagenden, Art. 28 EuErbVO. Kann nach der *lex fori* des gewöhnlichen Aufenthalts des Entgegennehmenden einer Ausschlagungserklärung diese Erklärung vor Gericht abgegeben werden, sieht Art. 13 EuErbVO an diesem Ort einen zusätzlichen Gerichtsstand vor.[129] Es gelten die dortigen Formvorschriften.

Arbeitsblock

562 **I. Zur Ergänzung**

1. **Vorrang von staatsvertraglichem IPR:** Einige gem. Art. 75 EuErbVO vorrangige **völkerrechtliche Verträge** (zB Abkommen mit der Türkei und dem Iran, vgl. zur Türkei Süß ErbR Europa/Süß § 1 Rn. 44; Dutta/Weber/Bauer EuErbVO Art. 75 Anh. 2 und zum Iran Wurmnest IPRax 2016, 447 ff. (Entscheidungsrezension zum AG Hamburg-St.Georg IPRax 2016, 472 ff.)) regeln zumeist nur einzelne Aspekte des Internationalen Erbrechts wie zB die **Testierfähigkeit**; vgl. dazu die Übersicht bei Staudinger/Kropholler, 2007, EGBGB Vorb. zu Art. 25f. Rn. 21 ff.

563 2. **Abgrenzung des Erbstatuts:** Teilweise ist die Abgrenzung des Erbstatuts zu anderen Statuten schwierig, zB zum Gesellschaftsstatut oder zum Vertragsstatut zB bei Schenkungen von Todes wegen, hierzu eingehend PWW/Freitag, EGBGB ex-Art. 25 Rn. 27 ff. (abrufbar unter www.pww-oe.de). Für die Abgrenzung des Erbstatuts zum Vertragsstatut ist zu beachten, dass das Schuldstatut von der Rom I-VO geregelt wird und die Auslegungskompetenz daher beim EuGH liegt. Dies hat in der Abgrenzung der beiden Statu-

129 EuGH ECLI:EU:C:2022:426 = BeckRS 2022, 12116; hierzu auch Mansel IPRax 2023, 109 (141); Looschelders IPRax 2024, 293 (296).

te zur Folge, dass eine Entscheidung des EuGH, eine bestimmte Frage nicht dem Vertragsstatut zuzuordnen, die zwingende Einordnung unter das Erbstatut bewirkt (vgl. PWW/Freitag EGBGB ex-Art. 25 Rn. 28).

3. Für die **Todeserklärung** wird nach Art. 9 S. 1 EGBGB im Regelfall an die Staatsangehörigkeit des Verschollenen angeknüpft (vgl. Lüderitz IPR Rn. 231). **563a**

4. **Gleichzeitiger Todesfall:** Bei Kommorienten wird gem. Art. 21 I 1 EuErbVO die Rechtsnachfolge von Todes wegen an den gewöhnlichen Aufenthalt angeknüpft. Bei sich widersprechenden Kommorientenvermutungen hat keine der verstorbenen Personen einen Anspruch auf den Nachlass der anderen, Art. 32 EuErbVO. **563b**

5. **Konsulartestamente:** Die im Ausland von Konsularbeamten beurkundeten Testamente **(Konsulartestamente)** und Erbverträge stehen den von einem inländischen Notar aufgenommenen Urkunden gleich (§ 10 II Konsulargesetz, vgl. Grüneberg/Weidlich BGB § 2231 Rn. 3). **564**

6. **Zu Erbverträgen und gemeinschaftlichen Testamenten in der EuErbVO:** s. Müller-Lukoschek EuErbVO Rn. 182 ff.; Hilbig-Lugani IPRax 2014, 480; Lechner NJW 2013, 26 sowie Nordmeier ZEV 2013, 117. **565**

7. **Das Europäische Nachlasszeugnis:**[130] Durch die Einführung des Europäischen Nachlasszeugnisses (ENZ) wird ein einheitlicher unionsübergreifender Erbnachweis begründet (dazu Traut ZVglRWiss 115 (2016), 358 (368 ff.); Müller-Lukoschek EuErbVO Rn. 318 ff.). Art. 62 ff. EuErbVO sehen die Einführung eines **ENZ** vor, das neben den nationalen Zeugnissen (Erbschein) stehen und gemeinschaftsweit als Nachweis der Stellung als Erbe, Vermächtnisnehmer und der Befugnisse des Testamentsvollstreckers oder Fremdverwalters gelten soll. Nach Art. 69 II EuErbVO wird die inhaltliche Richtigkeit des Zeugnisses vermutet, sodass zB mit befreiender Wirkung an die im Zeugnis als berechtigt angegebene Person geleistet werden kann, es sei denn der Leistende kannte die inhaltliche Unrichtigkeit des Zeugnisses. S. Kleinschmidt RabelsZ 77 (2013), 723; Lange DNotZ 2012, 168. **565a**

8. **Zum ordre public** Ayazi NJOZ 2018, 1041 sowie Stürner GPR 2014, 317. **565b**

9. **Literatur:** Zum Verhältnis zwischen der EuGüVO und der EuErbVO Andrae IPRax 2018, 221 (224 ff.); Mankowski ZEV 2016, 479; Müller-Lukoschek EuErbVO Rn. 182 ff. und 318 ff. **565c**

II. Zur Vertiefung **566**

1. **Nachlassplanung:** Bei größeren Vermögen erfolgen oft Schenkungen zu Lebzeiten. Ein Wandel des Erbstatuts infolge eines Wechsels des gewöhnlichen Aufenthalts kann dazu führen, dass eine Schenkung, die auf der Grundlage des irrigerweise als anwendbar vorausgesetzten Erbstatuts erfolgte, nach dem schlussendlich anwendbaren Erbstatut zurückzugeben ist (*claw-back*).

2. **Literatur**

   a) **Zum Erbrecht anderer Staaten:** Hausmann, Internationales Erbrecht (Nachlieferung: März 2024).

   b) **Zur EuErbVO:** Müller-Lukoschek EuErbVO; Süß ErbR Europa/Süß § 1 und § 2; Rauscher/Hertel EuErbVO.

130 Zum Europäischen Nachlasszeugnis auch → Rn. 732 ff., Rn. 737.

G. Gesellschaftsrecht

567 Das Internationale Gesellschaftsrecht bestimmt das anwendbare Recht für die Rechtsverhältnisse von Kapitalgesellschaften oder Personengesellschaften, die mit eigener Organisationsstruktur nach außen hervortreten (zB KG, OHG, zT auch BGB-Gesellschaft (GbR)). Das mithilfe des Internationalen Gesellschaftsrechts ermittelte **Gesellschaftsstatut** betrifft alle gesellschaftsrechtlichen Fragen vom Beginn bis zum Ende einer Gesellschaft: zB Rechtsfähigkeit, Firmierung, Befugnisse der Organe („Einheitslehre").[131] Es gilt danach die **Einheit des Gesellschaftsstatuts**. Nur wenige Einzelfragen (zB die Vorfrage nach der Geschäftsfähigkeit der Gesellschaftsgründer) sind gesondert anzuknüpfen.

Arbeitsblock zur Vertiefung

Für eine tabellarische Übersicht über die **Reichweite des Gesellschaftsstatuts:** PWW/Brödermann/Wegen IPR-Anh. 4/IntGesR Rn. 9 f. (jeweils mit Übersicht über die Anknüpfung der gesellschaftsrechtlichen Einzelfragen mwN).

I. Rechtsquellen

568 Im Internationalen Gesellschaftsrecht ist streng danach zu unterscheiden, ob die zu lösende gesellschaftsrechtliche Frage einen EU-Bezug oder Bezug zu einem Drittstaat hat. Für den Binnenmarkt gelten andere Anknüpfungsregeln.

1. Innerhalb der EU und des EWR

569 Innerhalb der EU ist für (noch seltene) unionsrechtliche Gesellschaftsformen unionsrechtliches IPR anzuwenden (→ Rn. 579 f.). Ansonsten existiert kein kodifiziertes IPR auf europäischer Ebene. Daher ist für Fälle mit Bezug zu verschiedenen Mitgliedstaaten der EU auf von der **Rechtsprechung des EuGH**[132] im Grundsatz entwickelte Kriterien zurückzugreifen, die vom **BGH**[133] in das Internationale Gesellschaftsrecht übertragen und vom EuGH fortentwickelt wurden.[134] Die Regelungen ergeben sich im Wesentlichen aus der **Niederlassungs- und Dienstleistungsfreiheit** (Art. 54, 62 AEUV)[135] sowie aus der **Warenverkehrsfreiheit** (Art. 34 AEUV). Im **EWR** – und damit im Verhältnis zu **Island, Liechtenstein** und **Norwegen** – gelten diese Grundsätze entsprechend, da das EWR-Übereinkommen entsprechende Bestimmungen zu den Grundfreiheiten enthält.[136]

131 BGHZ 25, 134 (144); BGH IPRax 2000, 423 (424).
132 EuGH ECLI:EU:C:1999:126 = BeckRS 1999, 55083 – Centros; EuGH ECLI:EU:C:2002:632 = BeckRS 2004, 74969 – Überseering.
133 BGH RIW 2011, 800 ff. (mit einer Zusammenfassung zum IPR des Gesellschaftsrechts ab Rn. 14).
134 EuGH ECLI:EU:C:2003:512 = BeckRS 2004, 74612 – Inspire Art.
135 PWW/Brödermann/Wegen IPR-Anh. 4/IntGesR Rn. 11.
136 PWW/Brödermann/Wegen IPR-Anh. 4/IntGesR Rn. 15.

2. Außerhalb der EU und des EWR (Drittstaatenbezug)

Für gesellschaftsrechtliche Fragen mit Bezug zu einem Drittstaat (außerhalb der EU und des EWR) ist jeweils eingehend zu prüfen, ob ein bilateraler Staatsvertrag einschlägig ist. Unionsrechtliches IPR besteht insoweit nicht. 570

a) Im Anwendungsbereich eines bilateralen Staatsvertrages

Im Verhältnis zu den über 50 Einzelstaaten der **USA** ist – innerhalb seines sachlichen Anwendungsbereiches[137] – der **Freundschafts-, Handels- und Schifffahrtsvertrag** zwischen der Bundesrepublik Deutschland und den Vereinigten Staaten von Amerika v. 29.10.1954[138] zu beachten (→ Rn. 588). Völkerrechtliches Internationales Gesellschaftsrecht ist auch oft versteckt in bilateralen **Investitionsschutzabkommen** enthalten. Im Verhältnis zu ca. 40 weiteren **asiatischen, afrikanischen und lateinamerikanischen Staaten** – unter anderem China, Hongkong, Malaysia, Singapur – sind nach Art. 3 Nr. 2 EGBGB vorrangig anwendbare **Staatsverträge mit internationalprivatrechtlich konstitutiver Bedeutung** (→ Rn. 589) heranzuziehen, wenn und soweit die geltend gemachten Ansprüche in den Anwendungsbereich der Staatsverträge fallen (das ist jeweils sorgsam zu prüfen).[139] Häufig enthalten bilaterale Investitionsschutzabkommen einen sehr weit gefassten Anwendungsbereich, der gegebenenfalls auch Beteiligungen an Gesellschaften, Ansprüche auf Geld und vertragliche Leistungen, die einen wirtschaftlichen Wert haben, sowie geistiges Eigentum als „Investition" umfasst. Ergänzend sind bilaterale **Staatsverträge „mit deklaratorischer Bedeutung"** (→ Rn. 591) zu beachten, etwa im Verhältnis zu Ägypten oder Thailand.[140] 571

Arbeitsblock zur Vertiefung

Literatur

1. **Nachweise** bei PWW/Brödermann/Wegen IPR-Anh. 4/IntGesR Rn. 33 ff.
2. **Speziell zur Auffindung einschlägiger bilateraler Staatsverträge:** Spahlinger/Wegen/Spahlinger Rn. 259 f. (mit nützlicher Übersicht für 41 Staaten in Rn. 260); MüKoBGB/Kindler IntGesR Rn. 331 f.

b) Nationale Rechtsprechung

Im Verhältnis zu (ca. 130) weiteren Staaten kommt autonomes deutsches Internationales Gesellschaftsrecht zur Anwendung. Mangels Kodifikation ist auf die von der deutschen Rechtsprechung entwickelten Grundsätze zurückzugreifen.[141] Das gilt seit dem 1.1.2021 auch für alle **nach englischem Recht gegründeten Gesellschaften**, die ihren effektiven Sitz in Deutschland haben. Der deutsche Gesetzgeber hat keine Sonderregelung geschaffen, sodass sich die Unternehmen nicht mehr auf die Grundfreiheiten im Zeitpunkt der Errichtung der Gesellschaften berufen können.[142] 572

137 Näheres BSozG BeckRS 2011, 71880 Rn. 25 ff.
138 BGBl. 1956 II 487 (500).
139 BGH ZIP 2009 2385.
140 Zum Ganzen PWW/Brödermann/Wegen IPR-Anh. 4/IntGesR Rn. 33 ff.
141 PWW/Brödermann/Wegen IPR-Anh. 4/IntGesR Rn. 41.
142 OLG München RIW 2021, 839 (840); PWW/Brödermann/Wegen IPR-Anh. 4/IntGesR Rn. 42.

Hinweis: Ein Anfang Januar 2008 vorgelegter Referentenentwurf für ein Gesetz zum Internationalen Privatrecht der Gesellschaften, Vereine und juristischen Personen,[143] der an das Registerrecht, hilfsweise das Gründungsrecht anknüpfen wollte (Entwurf von Art. 10 I EGBGB), hat sich nicht durchgesetzt.

II. Anknüpfungsregeln

573 Die Bestimmung des Gesellschaftsstatuts kann über zwei Anknüpfungspunkte erfolgen: Nach der sog. **Sitztheorie** untersteht eine Gesellschaft dem Recht des Staates, in dem sie ihren **effektiven Sitz** hat. Abgestellt wird dabei auf den tatsächlichen Verwaltungssitz, an dem das Leitungsorgan einer Gesellschaft die Geschäfte führt. Die sog. **Gründungstheorie** will die Gesellschaft dem Recht des Staates unterstellen, in dem sie nach dem dort geltenden Recht wirksam gegründet wurde. Dort befindet sich mithin der Satzungssitz (vgl. auch § 5 AktG).[144]

1. Innerhalb der EU und des EWR

574 Im Geltungsbereich des Vertrages über die Arbeitsweise der Europäischen Union und des Vertrags über den europäischen Wirtschaftsraum (→ Rn. 309) bestimmt sich das Gesellschaftsstatut nach der Rechtsprechung des EuGH und des BGH nach der **Gründungstheorie**.

Historisch haben die Mitgliedstaaten der EU für die Bestimmung des Gesellschaftsstatuts autonom unterschiedlich angeknüpft: zum Teil an das Gründungsrecht, zum Teil an den Hauptverwaltungssitz der Gesellschaft. Diese Diskrepanz im nationalen IPR der Mitgliedstaaten bewirkte faktisch, dass dieselbe Gesellschaft unter bestimmten Umständen (zB Gründung in den Niederlanden und Verwaltungssitz in Düsseldorf) in einem Teil der EU handeln konnte und in einem anderen Teil nicht existierte.[145] So formulierte der EuGH passend: „*They exist only by virtue of the varying legislation which determines their incorporation and functioning*".[146]

575 Vor dem Hintergrund des sich zunehmend entwickelnden Binnenmarktes und Unionsrechts war dieser Zustand schließlich nicht mehr hinzunehmen. Er beschränkte die den Unionsbürgern nach Art. 54, 62 AEUV gleichgestellten Gesellschaften in ihrer Niederlassungs- und Dienstleistungsfreiheit (Art. 49, 56 ff. AEUV). Im Anschluss an zwei Grundsatzentscheidungen des EuGH[147] entschied der BGH in seiner **Überseering-Folgeentscheidung** v. 13.3.2003, die die Verlegung des Verwaltungssitzes einer Gesellschaft von den Niederlanden nach Düsseldorf betraf, dass die Rechtsfähigkeit nach der **Gründungstheorie** zu bestimmen sei.[148] Mittlerweile hat der EuGH

143 Literatur zu dem Gesetzesentwurf Wagner/Timm IPRax 2008, 81 ff.; Bollacher RIW 2008, 200 ff.

144 Junker IPR § 13 Rn. 38 ff.

145 EuGH ECLI:EU:C:1988:461 = BeckRS 2004, 73085 – Daily Mail; auch EuGH ECLI:EU:C:2008:723 = BeckRS 2008, 71325 – Cartesio (Zusammenfassung nach PWW/Brödermann/Wegen IPR-Anh. 4/IntGesR Rn. 14).

146 EuGH ECLI:EU:C:1988:461 = BeckRS 2004, 73085 – Daily Mail; die unglückliche deutsche Fassung lautet: „*Jenseits der jeweiligen nationalen Rechtsordnung, die ihre Gründung und Existenz regelt, haben sie keine Realität*".

147 EuGH ECLI:EU:C:1999:126 = BeckRS 1999, 55083 – Centros; EuGH ECLI:EU:C:2002:632 = BeckRS 2004, 74969 – Überseering.

148 BGH NJW 2003, 1461.

in seiner **Inspire Art-Entscheidung** entschieden, dass das Gründungsstatut einer aus einem anderen Mitgliedstaat zugezogenen ausländischen Gesellschaft **alle gesellschaftsrechtlichen Rechtsfragen** umfasse.[149] Durch die Anknüpfung an die Gründung wird auch beim Auseinanderfallen von Verwaltungssitz und Gründungsrecht bereits auf kollisionsrechtlicher Ebene sichergestellt, dass jede nach dem Recht irgendeines Mitgliedstaats gegründete Gesellschaft, die ihren Sitz innerhalb der EU hat, ihre Grundfreiheiten entfalten kann.

Arbeitsblock

I. Zur Ergänzung 576

1. **Ausschluss des renvoi:** Wird das Gesellschaftsstatut für eine Gesellschaft im Anwendungsbereich des EU-Vertrages oder des EWR-Übereinkommens bestimmt, ist ein *renvoi* ausgeschlossen. Bei der Frage, ob Sachnorm- oder Gesamtverweisungen vorliegen, müssen die Rechtsquelle und ihre Ziele berücksichtigt werden (s. die Überlegungen zum kodifizierten unionsrechtlichen IPR → Rn. 117 ff.). Diese Überlegungen müssen für die Anwendung des auf den Bestimmungen der Niederlassungs- und Dienstleistungsfreiheit fußenden unionsrechtlichen Richterrechts entsprechend gelten: Auch hier gebietet die Suche nach dem *effet utile* das Verständnis als Sachnormverweisung (str.; im Ergebnis wie hier auch PWW/Brödermann/Wegen IPR-Anh. 4/IntGesR Rn. 19; aA MüKoBGB/Kindler IntGesR Rn. 509 f.)
2. **Sitzverlegung/Umwandlung:** Innerhalb der EU ist es mit Blick auf die 577 Gründungstheorie (bzw. die zugrunde liegenden Grundfreiheiten) ohne weiteres möglich, den Sitz einer nach dem Recht eines Mitgliedstaats gegründeten Gesellschaft zu verlegen. Nach der EuGH-Rechtsprechung besteht sogar das Recht, im Zuzugsstaat angebotenen Umwandlungsmöglichkeiten zu nutzen; die Sitzverlegung ist im Wegzugstaat einzutragen und nicht etwa als Löschung zu behandeln (EuGH ECLI:EU:C:2017:804 = BeckRS 2017, 128964 – Polbud).
3. **Hinweis zum deutschen Gesellschaftsrecht:** Das deutsche Gesellschafts- 578 recht ermöglicht deutschen Gesellschaften auch auf sachrechtlicher Ebene zunehmend Freizügigkeit. Verlegt eine Gesellschaft ihren effektiven Verwaltungssitz ins Ausland, führt dies jedenfalls in den Gesellschaftsformen, für die diese Frage im Gesellschaftsrecht geregelt ist, nicht zum Verlust der Rechtsfähigkeit, solange die Gesellschaft ihren Satzungssitz im Inland behält (s. § 4a GmbHG, § 5 AktG sowie seit dem 1.1.2024 die Regelung in § 706 BGB für die eingetragene GbR, der entsprechend für weitere Personengesellschaftsformen gilt, wie die OGH (§ 105 III HGB), die KG (§ 161 II HGB), die Partnergesellschaft (§ 1 IV PartGG), sowie erst recht die GmbH & Co KG, PWW/Brödermann/Wegen IPR-Anh. 4/IntGesellR Rn. 20). Bei der Sitzverlegung muss nach § 707 II Nr. 1 lit. c BGB gegebenenfalls als Zustelladresse eine Anschrift innerhalb der EU beibehalten werden (MüKoBGB/Schäfer BGB § 706 Rn. 10).
4. **Literatur** 578a
   - Zu **grenzüberschreitenden Umwandlungen und Verschmelzungen** s. allgemein Klett DStR 2012, 2442; unter Beteiligung von Kapitalgesell-

149 EuGH ECLI:EU:C:2003:512 = BeckRS 2004, 74612 – Inspire Art.

schaften aus Drittstaaten Günes IStR 2013, 213; aus steuerrechtlicher Sicht etwa Schulze zur Wiesche BB 2013, 2463.
- Zur Niederlassungsfreiheit von Schweizer Gesellschaften im EWR Jung EuZW 2012, 863.

579 **II. Zur Vertiefung**

1. Unionsrechtliches IPR für unionsrechtliche Gesellschaftsformen: Unionsrechtliche Verordnungen über europäische Gesellschaftsrechtsformen enthalten neben Regelungen zum unionsrechtlichen Sachrecht auch unionsrechtliches IPR: So
- die VO (EWG) Nr. 2137/85 des Rates vom 25. Juli 1985 über die Schaffung einer **Europäischen wirtschaftlichen Interessenvereinigung** (EWIV) **(EWiV-VO)** (ABl. 1985 L 199, 1) und
- die VO (EG) Nr. 2157/2001 des Rates vom 8. Oktober 2001 über das Statut der Europäischen Gesellschaft **(Societas Europae) (sE-VO)** (ABl. 2001 L 294, 1).

580 Soweit unionsrechtliches einheitliches Gesellschaftsrecht zur Anwendung kommt, bleibt kein Raum für eine IPR-Prüfung (→ Rn. 291). Das einheitliche Sachrecht regelt aber meist nicht alle für die Falllösung wichtigen Fragen, sodass dann eine IPR-Prüfung erforderlich wird. Für viele Fragen enthalten diese Verordnungen dazu einschlägige Verweisungen. So bestimmt Art. 19 Abs. 1 UAbs. 2 EWIV-VO, dass Geschäftsführer einer EWIV nicht Personen sein können, *„die*
- *nach dem auf sie anwendbaren Recht oder*
- *nach dem innerstaatlichen Recht des Staats des Sitzes der Vereinigung oder*
- *aufgrund einer in einem Mitgliedstaat ergangenen oder anerkannten gerichtlichen Entscheidung oder Verwaltungsentscheidung*

dem Verwaltungs- oder Leitungsorgan von Gesellschaften nicht angehören dürfen, Unternehmen nicht leiten dürfen oder nicht als Geschäftsführer einer Europäischen Wirtschaftlichen Interessenvereinigung handeln dürfen". Nach dieser Bestimmung hängen die an EWIV-Geschäftsführer zu stellenden Anforderungen vom Ergebnis mehrerer kumulativ durchzuführender Prüfungen ab. Unter anderem ist nach der im zweiten Spiegelstrich enthaltenen Bestimmung eine Prüfung nach dem innerstaatlichen Recht des Sitz-Staats vorzunehmen: Die Norm verknüpft den Anknüpfungsgegenstand der „an einen Geschäftsführer zu stellenden persönlichen Voraussetzungen" im **zweiten** Spiegelstrich mit dem Anknüpfungspunkt „Sitz der Vereinigung". S. vertiefend Meyer-Landrut, Die Europäische Wirtschaftliche Interessenvereinigung, 1988, S. 15 ff.; Brödermann/Iversen/Brödermann Europ. GemeinschaftsR und IPR Rn. 310 ff., 399 ff.

581 **2. Entwicklung der europäischen Rechtsprechung**

a) In seiner Entscheidung **Cartesio** (ECLI:EU:C:2008:723 = BeckRS 2008, 71325) hat der EuGH 2008 in Anlehnung an seine Entscheidung Daily Mail festgestellt, dass ein Mitgliedstaat **(i)** sowohl die Anknüpfung bestimmen kann, die eine Gesellschaft aufweisen muss, um nach seinem innerstaatlichen Recht als gegründet angesehen zu werden und damit in den Genuss der Niederlassungsfreiheit zu kommen als auch **(ii)** die Anknüpfung, die für den Erhalt dieser Eigenschaft verlangt wird. Diese Befugnis umfasst das Recht, es einer Gesellschaft seines nationalen

Rechts nicht zu gestatten, diese Eigenschaft zu behalten, wenn sie sich durch die Verlegung ihres Sitzes in einen anderen Mitgliedstaat dort neu organisieren möchte und damit die Anknüpfung löst, die das nationale Recht des Gründungsstaats vorsieht. Der Gründungsstaat kann damit über das Weiterleben der nach seinem Recht gegründeten Gesellschaft entscheiden. Eine **Ausnahme** bildet der Fall, in dem die im Gründungsstaat gegründete Gesellschaft sich in eine Gesellschaft nach dem Recht eines anderen Mitgliedstaats **umwandeln** will. Dies ist möglich, wenn der Zuzugsstaat diese Umwandlung nach seinem Recht ausdrücklich ohne vorherige Aufhebung oder Liquidation zulässt, EuGH ECLI:EU:C:2008:723 = BeckRS 2008, 71325 Rn. 112 – Cartesio; vgl. Bollacher RIW 2009, 150 ff.; Haar GPR 2010, 187 f.

b) Die **National Grid Indus**-Entscheidung des EuGH aus dem Jahr 2011 (ECLI:EU:C:2011:785 = BeckRS 2011, 81704 Rn. 26) bestätigt ebenfalls die EuGH-Entscheidung Daily Mail. Da die Verlegung des tatsächlichen Verwaltungssitzes von den Niederlanden in das Vereinigte Königreich (vor dem Brexit) die zuerkannte Rechtspersönlichkeit wegen Anknüpfung an die Gründung der Gesellschaft nicht berührt, schützt die Niederlassungsfreiheit diesen Umzug vor diese Freiheit beschränkenden nachteiligen Wegzugsbehinderungen (zB Schlussrechnungssteuer) (PWW/Brödermann/Wegen IPR-Anh. 4/IntGesR Rn. 21; Beutel IStR 2012, 94; Momen RIW 2012, 302; Mörsdorf EuZW 2012, 296). Der EuGH hat in einer Entscheidung von 2017 seine liberale Auslegung der Niederlassungsfreiheit wesentlich erweitert. Die nach dem Recht eines Mitgliedstaats gegründeten Gesellschaften, die die Anforderungen des Zuzugsstaats erfüllen, haben – auch ohne Verlegung des tatsächlichen Verwaltungssitzes – einen Anspruch auf Umwandlung in eine Gesellschaft des Zuzugsstaats, soweit sie die für die Gründung einer Gesellschaft geltenden Voraussetzungen erfüllen (EuGH ECLI:EU:C:2017:804 = BeckRS 2017, 128964 – **Polbud**, s. auch dazu Kieninger NJW 2017, 3624). 582

c) In seiner Entscheidung **Vale Épìtési** (EuGH ECLI:EU:C:2012:440 = BeckRS 2012, 81448) entschied der EuGH 2012, dass die **grenzüberschreitende Umwandlung** einer Gesellschaft wie eine **inländische Umwandlung** zu behandeln ist. Ist im Zuzugsstaat für inländische Gesellschaften die Möglichkeit einer Umwandlung vorgesehen, muss diese Möglichkeit auch einer in einem anderen Mitgliedstaat gegründeten Gesellschaft eingeräumt werden. Eine unterschiedliche Behandlung verstößt gegen den Grundsatz der **Niederlassungsfreiheit** (Art. 49, 54 AEUV) (PWW/Brödermann/Wegen IPR-Anh. 4/IntGesR Rn. 14; Böttcher/Kraft NJW 2012, 2701; zur deutschen Folgeentscheidung s. OLG Nürnberg ZIP 2014, 128). Ähnlich wie den Hereinformwechsel hat das OLG Frankfurt a.M. den Herausformwechsel von Deutschland nach Italien unter der Niederlassungsfreiheit als zulässig angesehen (s. OLG Frankfurt a.M. IPRax 2018, 91 Rn. 37 ff.; vgl. auch v. Hein IPRax 2018, 46). 583

d) **Folgerungen für das Verhältnis zwischen Europarecht und IPR:** Während das Europarecht in den Mitgliedstaaten der EU in vielen Bereichen des IPR mittlerweile durch die unionsrechtlichen IPR-Verordnungen (insbesondere die Rom I-VO und Rom II-VO) als **Rechts-** 584

quelle des IPR wirkt, wirkt es im Internationalen Gesellschaftsrecht vor allem (und jedenfalls) über Art. 49, 54 AEUV als **Rechtsschranke:** Es setzt dem nationalen richterlichen IPR, das jahrzehntelang durch die Sitztheorie geprägt war, Grenzen (wenn man Art. 54 AEUV nicht als eigene Kollisionsnorm und damit sogar als Rechtsquelle begreift; str.; so Brödermann/Iversen/Brödermann Europ. GemeinschaftsR und IPR Rn. 96 ff., 271 (seinerzeit – 1994 – zum gleich lautenden Art. 58 EGV-Maastricht, der später Art. 48 EGV-Nizza wurde); eingehend zB Habersack/Casper/Löbbe/Behrens/Hoffmann Einl. B 5 ff.). Innerhalb des Anwendungsbereichs des EUV und des AEUV darf das nationale Recht, einschließlich des IPR, nach den Rechtsvorschriften eines Mitgliedstaats gegründeten Gesellschaften (insoweit ist Art. 54 AEUV aus Sicht des Verfassers als eine alternative Sachnormverweisung zu verstehen, s. Brödermann/Iversen/Brödermann Europ. GemeinschaftsR und IPR Rn. 96 ff., 271), die ihren satzungsmäßigen Sitz, ihre Hauptverwaltung oder ihre Hauptniederlassung innerhalb der Union haben (insoweit stellt Art. 54 AEUV eine weitere sachrechtliche Tatbestandsvoraussetzung, Brödermann/Iversen/Brödermann Europ. GemeinschaftsR und IPR Rn. 154 ff., Rn. 169) nicht in ihrer Niederlassungs- oder Dienstleistungsfreiheit beeinträchtigen (so zuletzt bestätigt durch EuGH ECLI:EU:C:2024:348 = BeckRS 2024, 8421: Nichtanwendung einer nationalen IPR-Vorschrift, die den Vorrang von italienischem Gesellschaftsrecht für alle Fälle vorsieht, in denen der Hauptzweck der Gesellschaft in Italien ausgeübt wird). Die Beurteilung von **außerhalb der EU gegründeten Gesellschaften** unterliegt diesen Schranken nicht. Deshalb ist die deutsche Rechtsprechung insoweit frei, auf Gesellschaften aus anderen Staaten weiter die **Sitztheorie** anzuwenden. Darüber hinaus wirkt das Europarecht als **Rechtsquelle** von im Einzelfall vorrangig anwendbarem gesellschaftsrechtlichem Sachrecht (etwa bei der Societas Europae, → Rn. 579 f.; Rn. 586) oder von nach der IPR-Prüfung anzuwendendem nationalem Gesellschaftsrecht von Mitgliedstaaten der EU.

585 2. **Rechtsangleichung in der EU**

- Zum Stand der **europäischen Rechtsangleichung** im Gesellschaftsrecht: PWW/Brödermann/Wegen IPR-Anh. 4/IntGesR Rn. 23 ff.; Dauses/Ludwigs/Kalss/Klampfl, Handbuch des EU-Wirtschaftsrecht, 23. EL 2023, E.III.3.
- Zum **unionsrechtlichen IPR** in gesellschaftsrechtlichen EU-Verordnungen und Verordnungsentwürfen: Brödermann/Iversen/Brödermann Europ. GemeinschaftsR und IPR Rn. 304 ff.

586 3. **Literatur zur unionsrechtlichen Vereinheitlichung**

- Zu den Entwicklungen im **Europäischen Unternehmensrecht:** Bayer/Schmidt BB 2013, 3; Weller ZEuP 2012, 681; Verse EuZW 2013, 336.
- Zur **Societas Europae** (SE): Zur deutschen Rechtsprechung Bungert/Gotsche ZIP 2013, 649; zur Hautversammlung Knapp DStR 2012, 2392; Roesener NZG 2013, 241; zu Konsequenzen der Beendigung einer SE-Beteiligungsvereinbarung Forst EuZW 2011, 333.
- Für die Europäische Genossenschaft (**Societas Cooperativa Europaea** – SCE) gilt die VO (EG) Nr. 1435/2003 des Rates vom 22. Juli 2003

über das Statut der Europäischen Genossenschaft (SCE) (ABl. 2003 L 207, 1; 2007 L 59, 35), und die SCE-Ergänzungs-RL, dazu Philipp EuZW 2012, 285.

- Für eine Europäische Stiftung (**Fundatio Europaea** – FE) hatte die Kommission 2012 einen Vorschlag für eine Verordnung vorgelegt, KOM(2012) 35 (dazu Philipp EuZW 2013, 564). Der Vorschlag wurde 2015 zurückgezogen (Offical Journal 2015, C 80, 21).
- Zum Grünbuch **„Europäischer Corporate Governance-Rahmen“** (KOM(2011) 164/3), das am 5.4.2011 von der Europäischen Kommission vorgelegt wurde s. Jung BB 2011, 1987; Hopt EuZW 2011, 609. Am 12.12.2012 hat die EU-Kommission den Aktionsplan „Europäisches Gesellschaftsrecht und Corporate Governance“ angenommen, KOM(2012) 740 (Pressemitteilung der EU-Kommission EuZW 2013, 3; dazu Hopt EuZW 2013, 481; Hupka GWR 2013, 59; Bremer NZG 2013, 20).
- Ausführliche Darstellung **ausländischer Rechtsordnungen** (zum GmbH-Recht, aber einschließlich des für alle Gesellschaftsformen geltenden ausländischen Internationalen Gesellschaftsrechts): Wegen/Spahlinger/Barth, Gesellschaftsrecht des Auslands, 2023, zu mehr als 45 Rechtsordnungen.

2. Außerhalb der EU und des EWR (Drittstaatenbezug)

Bei Fällen mit Drittstaatenbezug gelten unterschiedliche Regeln, je nachdem, ob ein bilateraler Staatsvertrag anwendbar ist oder nicht (→ Rn. 570–572). 587

a) Im Anwendungsbereich eines bilateralen Staatsvertrages

Die Gründungstheorie gilt kraft bilateralen **Staatsvertrages** im Verhältnis zu den über 50 Einzelstaaten der **USA**. Nach Art. XXV Abs. 5 **Deutsch-Amerikanischer Freundschafts-, Handels- und Schifffahrtsvertrag** (→ Rn. 571) ist das **Gründungsrecht** anzuwenden.[150] 588

Im Verhältnis zu **ca. 40 weiteren Staaten** wie **China, Hongkong, Indien, Israel, Malaysien, Singapur** (→ Rn. 571) gilt ebenfalls das Gründungsrecht in dem vom bilateralen Abkommen vorgegebenen sachlichen Rahmen. Bilaterale Investitionsschutzabkommen mit kollisionsrechtlich konstitutiver Bedeutung[151] räumen Gesellschaften **aus dem jeweiligen Vertragsstaat** Rechte ein, wenn sie **nach den dort geltenden Gesetzen gegründet und errichtet und/oder eventuell auch eingetragen** worden sind (und die Rechtsfrage, um die es geht, vom Anwendungsbereich des Abkommens erfasst wird): Insoweit ist das **Gründungsrecht** maßgeblich;[152] für die deutschen Gesellschaften schreiben diese Abkommen hingegen die Anknüpfung an die Sitztheorie vor (→ Rn. 572; → Rn. 85 ff. (**Fall 5**)). 589

---

150 Vgl. dazu Ebenroth/Bippus NJW 1988, 2137; BGH IPRax 2003, 265 f.

151 Arg. BGHZ 153, 353 (355) = BeckRS 2003, 02726; MüKoBGB/Kindler IntGesR Rn. 329; PWW/Brödermann/Wegen IPR-Anh. 4/IntGesR Rn. 35 f.

152 S. meist Art. 1 Nr. 4b dieser Abkommen; PWW/Brödermann/Wegen IPR-Anh. 4/IntGesR Rn. 38.

590 Die staatsvertraglichen Verweisungen sind als **Sachnormverweisungen** zu verstehen (→ Rn. 103 f.).[153]

591 **Hinweis:** Im Gegensatz zu den soeben dargestellten bilateralen Investitionsschutzabkommen mit kollisionsrechtlich konstitutiver Bedeutung enthalten andere Investitionsschutzabkommen so weite Formulierungen zum Gesellschaftsrecht, dass sich daraus keine konstitutiven Vorgaben für die internationalprivatrechtliche Anknüpfung des Gesellschaftsstatuts ergeben **(Staatsverträge mit deklaratorischer Bedeutung**, so etwa die Abkommen mit Ägypten und Thailand (PWW/Brödermann/Wegen IPR-Anh. 4/IntGesR Rn. 39 mit beispielhaftem Zitat)). Hier muss man im Einzelfall genau recherchieren.

b) Nationale Rechtsprechung

592 Das Gesellschaftsstatut bzw. Personalstatut von Gesellschaften, die aus Ländern **außerhalb (i)** des Geltungsbereiches des **EU-Vertrags** und des **EWR-Vertrags** oder **(ii)** des Anwendungsbereichs eines einschlägigen Investitionsschutzabkommens **(Staatsvertrag mit internationalprivatrechtlich konstitutiver Bedeutung)** stammen, wird nach der deutschen Rechtsprechung und hM durch den **Sitz der Hauptverwaltung** bestimmt. Entscheidend ist das Recht am Ort des **effektiven Verwaltungssitzes** (sog. modifizierte **Sitztheorie**).[154] Dabei wird auf den Ort, „wo die grundlegenden Entscheidungen der Unternehmensleitung effektiv in laufende Geschäftsführungsakte umgesetzt werden" (so die **Trabrennbahn**-Entscheidung des BGH)[155] abgestellt. Liegt der effektive Verwaltungssitz außerhalb des Staats, nach dessen Recht eine Gesellschaft gegründet wurde, so kommt es auf das Recht am effektiven Verwaltungssitz an.

593 **Beispiel:** Liegt der tatsächliche Hauptverwaltungssitz einer deutschen GmbH außerhalb der EU oder des EWR und greift kein bilaterales Abkommen, ist das Recht des Sitzstaats anzuwenden, wenn der Sitzstaat in seinem Kollisionsrecht der Sitztheorie folgt; dabei ist **gegebenenfalls ein renvoi** des Internationalen Gesellschaftsrechts des Sitzstaats auf das deutsche Gründungsrecht **zu beachten**. Verweist das Recht am Hauptverwaltungssitz außerhalb der EU auf deutsches Gründungsrecht zurück, ist die Verweisung an dieser Stelle abzubrechen. Die Rückverweisung wird vom deutschen Recht akzeptiert (→ Rn. 110 f.). Nach deutschem Gründungs(gesellschafts)recht besteht die deutsche Gesellschaft trotz der Verlegung ihres Sitzes ins Ausland fort. Denn: Die Neufassung des § 4a GmbHG durch das MoMiG erlaubt die Verlegung des tatsächlichen Verwaltungssitzes ins Ausland, so lange im Inland eine Geschäftsanschrift als Zustellungsadresse vorhanden ist (Baumbach/Hueck/Servatius GmbHG, 22. Aufl. 2019, § 4a Rn. 10 f.; Michalski/Heidinger/Leible/Schmidt/Schmidt GmbHG, 4. Aufl. 2023, § 4a Rn. 14).

594 Unter dem Einfluss der Rechtsprechung des EuGH (→ Rn. 581 ff.) wird in der Literatur ein genereller Übergang zur **Gründungstheorie** vertreten.[156] Dies würde – wie auch der gescheiterte Referentenentwurf (→ Rn. 572) – die aktuelle Unterscheidung im Gesellschaftsrecht je nach einschlägiger Rechtsquelle überwinden (→ Rn. 601).

595 **Besonderheiten:**

- Das Gesellschaftsstatut bestimmt mit der Entscheidung über die Rechtsfähigkeit insbesondere auch über die Frage der **Parteifähigkeit** einer Gesellschaft (vgl. § 50

153 PWW/Brödermann/Wegen IPR-Anh. 4/IntGesR Rn. 40.

154 Vgl. BGHZ 178, 192 ff. = BeckRS 2008, 25561; BGHZ 97, 269 (271) = BeckRS 1986, 4072; OLG Hamburg NJW 1986, 2199.

155 BGHZ 97, 269 (271) = BeckRS 1986, 4072.

156 So beispielsweise Behrens IPRax 2003, 193; Eidenmüller ZIP 2002, 2231 (2244); Leible/Hoffmann ZIP 2003, 923 (930).

ZPO). Besitzt eine Gesellschaft nach ihrem vom IPR berufenen ausländischen Gesellschaftsstatut Rechtsfähigkeit, so ist sie im Inland rechtsfähig, ohne dass es eines förmlichen Anerkennungsaktes bedürfte.

- Die **Verlegung des Sitzes** bewirkt bei Anwendung der **Sitztheorie** auf Gesellschaften aus Drittstaaten einen **Statutenwechsel.**[157] Bei einer Sitzverlegung in die Bundesrepublik ist daher in der Regel eine **Neugründung** erforderlich, um die Erfordernisse des deutschen Rechts (zB Eintragung einer GmbH) zu erfüllen.[158]
- Hat eine Gesellschaft ihren satzungsmäßigen Sitz in einem Drittstaat (zB der **Schweiz oder Großbritanien**), den tatsächlichen Verwaltungssitz jedoch im Inland, so ist die Gesellschaft aus Sicht des deutschen Richters als rechtsfähige Personengesellschaft des deutschen Rechts anzuerkennen (vgl. BGH NZG 2009, 68). Bei einer GmbH greift dann jedoch zB nicht das haftungsrechtliche Schutzschild von § 13 II GmbHG.

Arbeitsblock

I. Zur Ergänzung

1. **Rechtsvergleichung:** Zahlreiche europäische Staaten (zB Belgien, Frankreich, Griechenland, Italien, Luxemburg, Portugal, Spanien) folgen in ihrem autonomen IPR der Sache nach ebenfalls der **Sitztheorie** (dazu vertiefend Brödermann/Iversen/Brödermann Europ. GemeinschaftsR und IPR Rn. 149, Fn. 289). In anderen Staaten (insbesondere im anglo-amerikanischen Rechtskreis und in Dänemark, Irland und den Niederlanden) folgt man für die Bestimmung des Gesellschaftsstatuts bereits seit langem der **Gründungstheorie** (Staudinger/Großfeld, 2002, IntGesR Rn. 31 ff.; Großfeld, Internationales und europäisches Unternehmensrecht, 2. Aufl. 1995, S. 28 ff.; vgl. zum amerikanischen Recht Ebenroth/Einsele ZVglRWiss 87 (1988), 217; für die genannten europäischen Staaten: Brödermann/Iversen/Brödermann Europ. GemeinschaftsR und IPR Rn. 148 mwN). **596**
2. **Renvoi:** Verweist das autonome deutsche richterliche Internationale Gesellschaftsrecht auf ein fremdes Recht, so ist gegebenenfalls die **Rück- oder Weiterverweisung** zu beachten (Art. 4 I EGBGB; vgl. Grüneberg/Thorn EGBGB Anh. zu Art. 12 Rn. 12); → Rn. 107 ff. (**Fall 7**) und → Rn. 113 ff. (**Fall 8**). **597**
3. Zur **Anerkennung** der Rechtsfähigkeit ausländischer Gesellschaften bedarf es in einigen Staaten teilweise eines besonderen Anerkennungsaktes (vgl. zB für Frankreich Brödermann/Iversen/Brödermann Europ. GemeinschaftsR und IPR Rn. 133 ff.; Batiffol/Lagarde, Droit International Privé, Bd. 1, 8. Aufl. 1993, Rn. 201). Nach deutschem Verständnis stellt sich die Frage der Anerkennung nicht: Wurde die Gesellschaft nach dem mithilfe des IPR berufenen Rechts wirksam errichtet, ist sie grundsätzlich existent und bedarf keiner besonderen Anerkennung. Daher wurde eine Reihe von **völkerrechtlichen Verträgen** geschlossen, die das Problem der Anerkennung regeln (→ Rn. 571, → Rn. 588 ff.). **598**
4. **Zum deutschen Theorienstreit:** Die unterschiedlichen Positionen zur Anknüpfung des Gesellschaftsstatuts (→ Rn. 592 ff.) haben in Deutschland **599**

157 OLG München NJW 1986, 2197; Ebenroth JZ 1988, 18 (25).
158 BGHZ 97, 269 (271 f.) = BeckRS 1986, 4072; Kegel/Schurig IPR § 17 II 2 S. 518 f.

zu einem Theorienstreit geführt, der aber in der Praxis durch die **Trabrennbahn**-Entscheidung des BGH (BGHZ 97, 269 = BeckRS 1986, 4072) zunächst zugunsten der Sitztheorie entschieden ist:

- Wesentliches Ziel der Anwendung der **Sitztheorie** ist es sicherzustellen, dass die **Gläubiger** der Gesellschaft möglichst stets eine **hinreichende Haftungsmasse** erhalten und im Zweifel beim Auseinanderfallen von Verwaltungssitz und Gründungsrecht die persönliche Haftung der Gesellschafter greift.
- 600 Die **Gründungstheorie** hat zur Folge, dass die **Gesellschafter** bei der Gründung einer Gesellschaft frei entscheiden können, welches Recht die Gesellschaft beherrschen soll. Außerdem geht mit der grenzüberschreitenden Sitzverletzung kein Wechsel des Gesellschaftsstatuts einher. In der deutschen Literatur wird die Gründungstheorie zT in eingeschränkter Form vertreten:
  - Habersack/Casper/Löbbe/Behrens/Hoffmann Einl. B Rn. 63 ff.; Behrens IPRax 2003, 193 (206) (Anwendung zwingender Schutzvorschriften des Sitzstaats nicht grundsätzlich, sondern nur nach einer Bedarfsprüfung im Einzelfall)
  - Sandrock ZVglRWiss 102 (2003), 447 (der im Ergebnis die Möglichkeiten des Ordre-public-Vorbehalts in besonderem Maße im Internationalen Gesellschaftsrecht nutzen möchte).
  - Behrens IPRax 2003, 193 (206); Zimmer, Internationales Gesellschaftsrecht, 1996 (grundsätzlich Gründungsrecht, aber bei rein „pseudo-ausländischen“ Gesellschaften Inlandsrecht).
  - Vgl. im Übrigen den Überblick zu Modifikationen der Gründungstheorie bei MüKoBGB/Kindler IntGesR Rn. 390 ff.

601 5. **Zur Überwindung der gespaltenen Anknüpfung** im Internationalen Gesellschaftsrecht: Vor dem Hintergrund, dass sowohl für alle in einem anderen Mitgliedstaat der EU oder des EWR (→ Rn. 309) gegründeten Gesellschaften als auch für alle in den USA und zahlreichen weiteren Staaten gegründeten Gesellschaften die Gründungstheorie anzuwenden ist (→ Rn. 574 f., Rn. 588 ff.), sollte sich die Rechtsprechung der **allgemeinen Anwendung der Gründungstheorie** gegenüber **allen** ausländischen Gesellschaften öffnen (in diesem Sinne Behrens IPRax 2003, 193 (205 f.). Dies entspricht dem Grundgedanken der WTO, die für einen globalen Wettbewerb steht. Hierfür streiten auch praktische Gründe des einheitlichen Umgangs mit ausländischen Gesellschaften. Missbrauch, der Gläubiger gefährdet, kann zB auf der gesellschaftsrechtlichen Ebene begegnet werden (*fraus omnia corrumpit*).

602 6. Für **Tochtergesellschaften** als selbstständige Rechtssubjekte ist auf den Sitz der Tochtergesellschaft abzustellen (Ebenroth JZ 1988, 18 (23) (unter c, dd)). Zum **Konzernkollisionsrecht** vgl. Ebenroth JZ 1988, 75; Staudinger/Großfeld, 2002, IntGesR Rn. 556ff.

603 7. **Rechtsvergleichender Hinweis zum US-Recht:** In den US-amerikanischen Rechtsordnungen, insbesondere dem Recht von Delaware, gilt im Gesellschaftsrecht in wesentlich weiterem Rahmen der Grundsatz der Parteiautonomie. Je nach vertraglicher Gestaltung kann zB ein „Director“ unterschiedliche Befugnisse haben. Oft werden Gesellschaften wegen des dort liberalen Gesellschaftsrechts in Delaware gegründet, haben aber ihren Hauptverwaltungssitz in einem anderen Bundesstaat. Bei Anwendung der

Sitztheorie würde das Auseinanderfallen vom Verwaltungssitz und Gründungsrecht in Deutschland zu Problemen führen (zB bei der Eintragung im deutschen Handelsregister von Gesellschafterbeschlüssen deutscher Gesellschaften, an denen eine solche US-Gesellschaft beteiligt ist, zB zur Bestellung eines Prokuristen). Deshalb spielt die Pflicht zur Anerkennung US-amerikanischer Gesellschaften aus Art. XXV Abs. 5 S. 2 aus dem deutsch-amerikanischen Freundschaftsvertrag bei Handeln der Gesellschaften in Deutschland in der Praxis eine große, wenn auch meist übersehene Rolle.

8. **Literatur** 604

a) **Allgemein:** Kindler IPRax 2009, 189; Behrens IPRax 2003, 193; Kindler NJW 2003, 1073; Zimmer BB 2003, 1; PWW/Brödermann/Wegen IPR-Anh. 4/IntGesR Rn. 9 f. (mit einer ausführlichen tabellarischen Zusammenfassung für die jeweiligen gesellschaftsrechtlichen Einzelfragen); Staudinger/Großfeld, 2002, IntGesR; Habersack/Casper/Löbbe/Behrens/Hoffmann, Einl. B.

b) **Speziell zur Anwendung der bilateralen Staatsverträge:** Spahlinger/Wegen/Spahlinger Rn. 259 f. (mit nützlicher Übersicht für 41 Staaten in Rn. 260); MüKoBGB/Kindler IntGesR Rn. 329 ff.; PWW/Brödermann/Wegen IPR-Anh. 4/IntGesR Rn. 33 ff.

c) Zur Entstehung der **Restgesellschaften** infolge der Löschung einer Gesellschaft ausländischen Rechts im Register des Heimatsstaats und zu dem auf die Restgesellschaften anwendbaren Recht: BGH NZG 2017, 347 Rn. 12 ff. mAnm Frohner; vgl. auch Hübner IPRax 2017, 575.

d) Zur Bestimmung des anwendbaren Sachrechts bei **Rechtsscheinhaftung** einer Gesellschaft: BGH RIW 2012, 807.

H. Insolvenzrecht

I. Rechtsquellen

Zwischen den Mitgliedstaaten der EU (Ausnahme: Dänemark) gilt seit dem 26.6.2017 die **EuInsVO.**[159] Die EuInsVO findet jedoch nur Anwendung für Verfahren, bei denen der **Mittelpunkt der hauptsächlichen Interessen des Schuldners** (COMI – *Centre of Main Interest*) in der Union liegt (Erwgr. 23 EuInsVO).[160] Vermögen, das in Drittstaaten belegen ist, wird von der EuInsVO nicht erfasst. 605

Für alle sonstigen Insolvenzverfahren mit Auslandsbezug ist in Ermangelung internationaler Übereinkommen auf das autonome Internationale Insolvenzrecht in den §§ 335–359 InsO zurückzugreifen. 606

Ausnahme: Die 1826 und 1834 von Württemberg und Bayern mit mehreren Schweizer Kantonen abgeschlossenen Konkursverträge, wobei allerdings das Schweizer Bundesrecht – Art. 166 ff. schweizerisches IPRG – Vorrang genießt.

---

159 ABl. 2015 L 141, 19; Jayme/Hausmann Nr. 260.

160 Der Begriff ist unter Bezugnahme auf das Unionsrecht auszulegen, vgl. EuGH ECLI:EU:C:2011:671 = BeckRS 2011, 81518.

II. Anknüpfungsregeln

607 Das Insolvenzverfahren wird nach Art. 7 EuInsVO – im autonomen Kollisionsrecht nach § 335 InsO – dem Recht des Mitgliedstaats unterstellt, in dem das Verfahren eröffnet wird (*lex fori concursus*). Die *lex fori concursus* gilt im Wesentlichen für alle materiellen Insolvenzrechtsfragen. Für einige Bereiche bestehen Sonderanknüpfungen, zB für dingliche Rechte Dritter oder unter Eigentumsvorbehalt stehende bewegliche Sachen, die sich im Zeitpunkt der Eröffnung des Insolvenzverfahrens in einem anderen Mitgliedstaat befinden, für Verträge über unbewegliche Gegenstände, für Arbeitsverträge oder für die Aufrechnung eines Insolvenzgläubigers (Art. 8–18 EuInsVO; §§ 336–340 InsO).[161]

Arbeitsblock

I. Zur Ergänzung

608 **1. Insolvenzrechtliche Anfechtung:**

a) Grundsätzliche Anknüpfung und Zuständigkeit: Die Frage nach der Zulässigkeit der Anfechtung einer vom (Gemein-)Schuldner vorgenommenen Handlung richtet sich nach **Art. 7 II 2 lit. m EuInsVO** ebenfalls **grundsätzlich** nach der *lex fori concursus*. Hierfür spricht auch der Gedanke der Einheit des Insolvenzstatuts (ebenso die hM im autonomen deutschen Internationalen Insolvenzrecht, vgl. Schack IntZivilVerfahrensR § 25 V Rn. 1204 ff.; aA Henkel FS Nagel, 1987, 93 (106)). Auch der BGH hat die Insolvenzanfechtung bisher dann der *lex fori concursus* unterstellt, „wenn der Bezug zum Recht des Konkurseröffnungsstaats ganz überwiegt und Interessen aus einer anderen Rechtsordnung nicht berührt werden“ (so die überzeugende Lesart von Hanisch IPRax 1993, 69 (72 f.) zu BGH IPRax 1993, 87 (92): Der BGH hatte die „zusätzliche Heranziehung ausländischen Konkursanfechtungsrechts“ für einen Fall abgelehnt, in dem der Inlandsbezug überwiegt und ausländische Interessen nicht berührt werden; vgl. auch PWW/Brinkmann EGBGB Art. 43 Rn. 14). Die internationale **Zuständigkeit für Insolvenzanfechtungsklagen** liegt nach Art. 3 I EuInsVO bei den Gerichten des Mitgliedstaats, in dessen Gebiet das Insolvenzverfahren eröffnet wurde, unabhängig davon, ob der Anfechtungsgegner seinen Sitz in einem EU-Mitgliedstaat (vgl. EuGH ECLI:EU:C:2009:83 = BeckRS 2009, 70146, dazu Mankowski/Willemer RIW 2009, 669) oder in einem Drittstaat (vgl. EuGH ECLI:EU:C:2014:6 = BeckRS 2014, 80037, dazu Kindler RIW 2014, 137) hat.

608a **b) Grenzen:** Nach **Art. 16 EuInsVO** kann die begünstigte Person die Anfechtung jedoch vermeiden, wenn die angegriffene Handlung (zB Vertragsabschluss) nach dem anwendbaren Handlungs- (bzw. Vertrags-) statut eines anderen Mitgliedstaats nicht angreifbar ist. Der Sache nach führt das zur Doppelanknüpfung an zwei Rechtsordnungen.

609 **2. Verfahrensrechtliche Aspekte:** Da die *lex fori concursus* vom **Insolvenzverfahren** abhängt, macht es Sinn, bereits an dieser Stelle auf einige wesentliche verfahrensrechtliche Aspekte hinzuweisen:

161 Dazu Kronke/Melis/Kuhn IntWirtschaftsR-HdB Hess/Kotsoukou, Teil O Rn. 55 ff.

a) Die EuInsVO regelt außer dem anwendbaren Recht auch die **internationale Entscheidungszuständigkeit** der Gerichte oder anderer zuständiger Stellen (vgl. Art. 2 Nr. 6 Ziff. ii EuInsVO) für die Eröffnung des Insolvenzverfahrens (Art. 3 EuInsVO). Die örtliche Zuständigkeit wird jedoch nicht von der EuInsVO bestimmt; hier gilt das Recht des entsprechenden Mitgliedstaats (vgl. bei deutscher internationaler Zuständigkeit § 3 InsO). 609a

b) Die **Anerkennung** eines in einem anderen Mitgliedstaat eröffneten Insolvenzverfahrens richtet sich nach Art. 19 f. EuInsVO. Ausgehend von dem Prinzip, dass ein Insolvenzverfahren grundsätzlich alle im In- und Ausland belegenen Vermögensgegenstände des Schuldners erfassen soll **(Universalitätsprinzip)**, wird ein ausländisches Insolvenzverfahren grundsätzlich auch im Anwendungsbereich der Insolvenzordnung anerkannt. Die Anerkennung erfolgt **kraft Gesetzes** und bedarf keines förmlichen Anerkennungsakts. Es erfolgt auch keine Überprüfung der internationalen Zuständigkeit des eröffnenden Gerichts. Dies ergibt sich aus Erwgr. 22 EuInsVO; der Wortlaut von Art. 3 EuInsVO ist insoweit missverständlich. Anerkennungshindernisse ergeben sich nur aus Art. 20, 33 EuInsVO. 610

   Außerhalb des Anwendungsbereichs der EuInsVO richtet sich die Anerkennung nach § 343 InsO **(autonomes Recht)**. Auch hier bedarf es keines förmlichen Anerkennungsakts; zwei Anerkennungshindernisse sind jedoch die mangelnde internationale Zuständigkeit des eröffnenden Gerichts nach deutschem Recht und der Verstoß gegen den ordre public (§ 343 I InsO).

c) Für die **Vollstreckung** einer im Insolvenzverfahren ergangenen Entscheidung eines Gerichts sowie von Sicherungsmaßnahmen, die nach Eröffnung eines Insolvenzverfahrens getroffen werden, verweist Art. 32 I 2 EuInsVO auf die Regelungen zur Anerkennung und Vollstreckung in der **Brüssel Ia-VO** (vgl. Art. 68 II Brüssel I-VO). Nach § 353 I 1, II InsO kann hingegen außerhalb des Anwendungsbereichs der EuInsVO aus ausländischen gerichtlichen Entscheidungen und Sicherungsmaßnahmen nur vollstreckt werden, wenn ihre Zulässigkeit durch Vollstreckungsurteil ausgesprochen ist. 611

d) Trotz der Anerkennung eines ausländischen Insolvenzverfahrens besteht die Möglichkeit zur Eröffnung eines **gegenständlich** auf das im Inland befindliche Vermögen des Schuldners **beschränkten Insolvenzverfahrens** (Art. 3 II, 34 ff. EuInsVO; §§ 354–358 InsO). Wird ein gegenständlich beschränktes Insolvenzverfahren eröffnet, ist deutsches Recht als *lex fori concursus* anwendbar. 612

3. **Reichweite des Insolvenzstatuts:** Ist ausländisches Insolvenzrecht anwendbar, bestimmt auch das ausländische Recht, ob der ausländische Insolvenzverwalter zur **Verfügung, Verwaltung oder Prozessführung** befugt ist. Er ist berechtigt, in Deutschland belegenes Vermögen zur ausländischen Masse zu ziehen und Forderungen des Schuldners im eigenen Namen geltend zu machen. Das anwendbare ausländische Recht bestimmt dann auch, ob sich ein in Deutschland in Anspruch genommener (Dritt-)Schuldner durch **Aufrechnung** befreien kann (BGH NJW 1985, 2897 (2900 unter III.); Reithmann/Martiny IntVertragsR/Hausmann Rn. 6.719). 613

613a 4. **Literatur** zur EuInsVO: Rauscher/Mäsch/Fehrenbach EG-InsVO (ausführliche Kommentierung); Kronke/Melis/Kuhn IntWirtschaftsR-HdB/Hess/Kotsoukou Teil O Rn. 7 ff.; Kindler/Sakka EuZW 2015, 460; Riewe NZI 2009, 549; Mansel/Thorn IPRax 2010, 21 ff.; Wenner ZOP 2017, 1137 (kritisch).

II. Zur Vertiefung

614 1. **Rechtshistorischer Hinweis:** Die VO (EG) Nr. 1346/2000 des Rates vom 29. Mai 2000 über Insolvenzverfahren **(EuInsVO 2000)** (ABl. 2000 L 160, 1) ersetzte das aus politischen Gründen – Verärgerung des Vereinigten Königreichs über die Fortdauer des Importverbots der EU für britisches Rindfleisch – nicht in Kraft getretene, im Wesentlichen wortlautidentische europäische Insolvenzübereinkommen von 1995 (vgl. hierzu Rn. 431 der 2. Aufl.).

615 2. **Konzerninsolvenz:** Die EuInsVO enthält keine Regelung zur Konzerninsolvenz, vgl. hierzu Rauscher/Mäsch Einl. EG-InsVO Rn. 6ff.

615a 3. **Anfechtung außerhalb eines Insolvenzverfahrens:** Für die Anfechtung von Rechtshandlungen des Schuldners außerhalb eines Insolvenzverfahrens enthält § 19 Anfechtungsgesetz **nationales IPR** (Rom I und die Rom II-VO sind nicht anwendbar). Es gilt das Statut der „Wirkung der Rechtshandlung“, bei einem ausländischem Recht unterliegenden Vertrag mithin das ausländische Vertragsstatut.

616 4. **Beachte: Kein Staatsvertrag** ist das 1997 beschlossene UNCITRAL Model Law on Cross-Border Insolvency (hierzu Wimmer ZIP 1997, 2220). Dieses Modellgesetz dient Staaten bei der Vorbereitung von Insolvenzgesetzen und trägt damit zur Rechtsvereinheitlichung bei. Auf der Webseite der UNCITRAL findet sich auch ein „UNCITRAL Practice Guide on Cross-Border Insolvency Cooperation“ aus dem Jahre 2009, der praktische Hinweise bei grenzüberschreitenden Insolvenzfällen enthält.

616a 5. **Zur grenzüberschreitenden Forderungsanmeldung** Mankowski NZI 2011, 887.

616b 6. **Zahlung durch einen Dritten:** Eine Zahlung, die im Auftrag des Schuldners, über dessen Vermögen ein Insolvenzverfahren eröffnet worden ist, an einen Gläubiger dieses Schuldners erfolgt ist, wird nicht vom Anwendungsbereich der EuInsVO erfasst, EuGH ECLI:EU:C:2013:566 = BeckRS 2013, 81821.

616c 7. **Zu Sekundärinsolvenzverfahren nach der Europäischen Insolvenzverordnung** Ringe IPRax 2013, 330; EuGH ECLI:EU:C:2012:739 = BeckRS 2012, 82462 mAnm Schulz EuZW 2013, 141.

616d 8. Im Detail gibt es schwierige Abgrenzungsfragen bei der Qualifikation, zB zwischen Insolvenz-, Gesellschafts- und Deliktsrecht bei der Haftung von Organen einer insolventen Gesellschaft gegenüber Dritten, dazu BGH IPRax 2024, 239 mit kritischer Anmerkung Mäsch IPRax 2024, 208–212.

616e 9. **Literatur:** Kronke/Melis/Kuhn IntWirtschaftsR-HdB/Hess/Kotsoukou Teil O Rn. 5–109.

3. Teil. Die Anwendung des Internationalen Privatrechts in der Praxis

Die Anwendung des IPR stellt nur einen kleinen Teil der Lösung eines Falles mit Auslandsbezug dar. Von der Frage nach der gerichtlichen Zuständigkeit bis hin zur Frage nach der Vollstreckbarkeit von Urteilen sind in der Praxis eine Vielzahl von Problemen zu lösen. Bereits bei der Vorbereitung und Verhandlung eines Vertrages ist es wichtig, für den Ernstfall eines Streites über den Vertrag die prozessualen Möglichkeiten und Grenzen genau zu prüfen und gegebenenfalls (insbesondere durch eine zur Rechtswahlklausel passende Gerichtsstands- oder Schiedsgerichtsklausel) zu gestalten. In der Praxis ist die **Gerichtsstands- oder Schiedsklausel** sogar noch **wichtiger als die Rechtswahl**. Denn jedes Gericht- oder Schiedsgericht wendet das am Gerichts- oder Schiedsort geltende IPR an, sodass die Entscheidung über das zuständige Gericht oder Schiedsgericht mittelbar das anwendbare Recht bestimmt. 617

Grundsätzlich zu unterscheiden sind Verfahren vor staatlichen Gerichten (A) und vor Schiedsgerichten (B).

A. Kollisionsfälle vor staatlichen Gerichten

I. Internationales Zivilverfahrensrecht I (Prozessvoraussetzungen)

Hat ein Gericht einen Fall mit Auslandsbezug zu beurteilen, muss es zunächst klären, ob es als deutsches Gericht überhaupt **entscheiden darf** und – wenn dies der Fall ist – **welches Prozessrecht** zur Anwendung kommt. Dieses sind Fragen des **Internationalen Zivilverfahrensrechts (IZVR)**. Das IZVR umfasst das Recht der streitigen Gerichtsbarkeit (**Internationales Zivilprozessrecht**, im Folgenden 1.–3.) und das **Recht der freiwilligen Gerichtsbarkeit** (4.). 618

Bei der Anwendung des IZVR ist – wie bei der IPR-Prüfung – in der Regel der **Vorrang von internationalen Übereinkommen bzw. EU-Verordnungen** vor autonomem Recht zu beachten: Für die nach Art. 288 II AEUV unmittelbar gegenüber Unionsbürgern iSv Art. 20 I AEUV und ihnen nach Art. 54, 62 AEUV gleichgestellten Gesellschaften anwendbaren Verordnungen folgt dies aus dem allgemeinen Vorrangprinzip des Unionsrechts gegenüber nationalem Recht (→ Rn. 59). Für internationale Übereinkommen ist der Vorrang in der Regel mithilfe der Regeln *lex specialis derogat legi generali* und *lex posterior derogat legi priori* zu begründen;[1] die ohnehin nur deklaratorische Regelung in Art. 3 EGBGB gilt nicht für das IZVR. Der Grundsatz des Vorrangs völkervertraglichen Rechts ist im Bereich der Anerkennung und Vollstreckung vom sog. **Günstigkeitsprinzip** durchbrochen (→ Rn. 760). 619

1 Kropholler IntEinheitsR S. 94; Schack IntZivilVerfR Rn. 68 f.

1. Deutsche Gerichtsbarkeit

620 **Gerichtsbarkeit** bedeutet die Befugnis eines jeden Staates, überhaupt Gerichtsgewalt innerhalb seines Hoheitsgebietes auszuüben *(facultas iurisdictionis)*. Sie ist von der internationalen Zuständigkeit zu unterscheiden und noch vor dieser als selbstständige Prozessvoraussetzung in jeder Lage des Verfahrens von Amts wegen zu prüfen. Die Gerichtsbarkeit entspringt der Gebietshoheit (bzw. der Souveränität) eines Staates und gründet sich damit auf das **Völkerrecht**.[2] Hiernach wäre innerhalb der Grenzen der Bundesrepublik Deutschland jedermann der bundesdeutschen Gerichtsbarkeit unterworfen. Von diesem Grundsatz gibt es jedoch Ausnahmen.

a) Immunität staatlicher Repräsentanten

621 **Fall 35:** Nebel in Berlin. Der nicht berufstätige dänische Ehemann der dänischen Botschafterin fährt mit seinem Auto auf der Heimfahrt in die eheliche Wohnung in Zehlendorf einen Berliner Studenten auf seinem Fahrrad an. Der Student erhebt Klage auf Zahlung von Schadensersatz beim AG Berlin-Schöneberg. Darf ein deutsches Gericht überhaupt über die Klage entscheiden?

Bestimmte staatliche Repräsentanten genießen **Immunität** und sind daher von der Gerichtsbarkeit befreit. Hierzu gehören in unterschiedlichem Umfang fremde Staatsoberhäupter, Mitglieder diplomatischer Missionen und Mitglieder konsularischer Vertretungen. Die **Immunität fremder Staatsoberhäupter** ergibt sich meist bereits aus Art. 25 GG in Verbindung mit den allgemeinen Regeln des Völkerrechts.[3] Für die **Mitglieder diplomatischer Missionen** und **konsularischer Vertretungen** ist die Reichweite der Immunität hingegen in völkervertraglichen Übereinkommen festgelegt: dem **Wiener UN-Übereinkommen über diplomatische Beziehungen** (WDÜ) v. 18.4.1961[4] und dem **Wiener UN-Übereinkommen über konsularische Beziehungen** (WKÜ) v. 24.4.1963.[5] Fast alle Staaten haben diese Übereinkommen ratifiziert. Nach §§ 18 und 19 I GVG sind die Wiener Übereinkommen jedoch unabhängig davon anwendbar, ob der Entsendestaat Vertragsstaat ist.

622 In **Fall 35** kommt das Wiener Übereinkommen über **diplomatische** Beziehungen zur Anwendung. Nach Art. 37 I WDÜ iVm Art. 29–36 WDÜ genießt der Ehemann der Diplomatin grundsätzlich ebenso Immunität wie seine Ehefrau, da er fremder Nationalität ist und im Haushalt seiner Frau wohnt. Nach Art. 37 I, 31 I 2 WDÜ ist der Ehemann der Botschafterin deshalb vor zivilrechtlichen Klagen immun, wenn diese nicht privates unbewegliches Vermögen, private Nachlasssachen oder eine freiberufliche oder gewerbliche Tätigkeit betreffen.

Das deliktsbegründende Verhalten des Ehemanns fällt unter keine dieser Ausnahmen, sodass die Klage als unzulässig abzuweisen ist. Der Student geht leer aus.

623 Anders bei Mitgliedern **konsularischer** Vertretungen: Ihre Immunität ist nicht nur nach Art. 43 I WKÜ auf dienstliche Handlungen beschränkt, sondern selbst im Fall

2 Geimer IntZivilProzR Rn. 371 ff.

3 Vgl. auch § 20 GVG; BVerfG NJW 1998, 50 (53); Geimer IntZivilProzR Rn. 757 ff.; Doehring VölkerR § 12 Rn. 670; Ipsen VölkerR/Epping § 7 Rn. 286; Verdross/Simma VölkerR § 1177.

4 BGBl. 1964 II 958; Jayme/Hausmann Nr. 140.

5 BGBl. 1969 II 1585; Jayme/Hausmann Nr. 141.

dienstlicher Handlungen bei zivilrechtlichen Klagen aus Verkehrsunfällen nicht gegeben (Art. 43 II lit. b WKÜ; vgl. jedoch § 19 II GVG).[6]

Arbeitsblock

I. Zur Ergänzung 624

1. Die Gerichtsbarkeit bzw. Immunität ist **von Amts wegen** zu prüfen (vgl. OLG Köln NJW 1992, 320 (321); BVerfGE 46, 342 (359) = BeckRS 1977, 108417 für das Vollstreckungsverfahren). Ergeht trotz fehlender Gerichtsbarkeit ein Urteil, so ist es nach hM nichtig (OLG Frankfurt a.M. NJW-RR 1996, 1200; vgl. aber Geimer IntZivilProzR Rn. 528 ff.). Zur **Aufhebung** der Immunität vgl. Geimer IntZivilProzR Rn. 791 ff., 810.
2. Zur **Reichweite** der Immunität nach dem Wiener Übereinkommen vgl. die 625 Kommentierung zu §§ 18, 19 GVG bei Anders/Gehle/Hunke. Für „sonstige Exterritoriale" vgl. § 20 GVG und die Kommentierung zu § 20 GVG bei Anders/Gehle/Hunke. Zur Immunität von **Regierungsmitgliedern** s. Ipsen VölkerR/Epping § 7 Rn. 287 (unter Hinweis auf das Urteil des IGH v. 14.2.2002 im Haftbefehl-Fall).
3. **Literatur:** Schack IntZivilVerfR Rn. 189 ff.

II. Literatur zur Vertiefung 626

Geimer IntZivilProzR Rn. 471 ff., 757 ff.

b) Staatenimmunität

Fall 36: (angelehnt an AG Bonn IPRax 1988, 351; bestätigt durch LG Bonn NJW 1989, 1225): Nach 627 einem Reaktorunglück in Tschernobyl (Ukraine) gelangt radioaktive Luft in die Bundesrepublik Deutschland und vernichtet Großteile der Obsternte. Ein rheinländischer Obstbauer klagt vor dem LG Bonn auf Schadensersatz gegen die Ukraine als Betreiber des Kernkraftwerkes. Besteht die deutsche Gerichtsbarkeit?

Fall 37: (angelehnt an BGH IPRax 2017, 370, fortgeführt durch BGH NJW 2018, 854): Im Jahre 2010 628 erwarb der Kläger griechische Staatsanleihen im Wert von 100.000 EUR über ein deutsches Kreditinstitut auf dem Sekundärmarkt. In den Anleihebedingungen fand sich zu diesem Zeitpunkt keine Umschuldungsklausel (sog. „*Collective Action Clause*"), wonach die Anleihegläubigermehrheit die Minderheit überstimmen und damit allgemeinverbindliche Regelungen treffen kann. Aufgrund der sich verschärfenden griechischen Staatsschuldenkrise in den Jahren 2011 und 2012 wurde der Staatshaushalt wesentlich restrukturiert. Im Zuge dessen verabschiedete das griechische Parlament ein Gesetz, nach welchen eine nachträgliche Änderung von Anleihebedingungen durch die Gläubigermehrheit zulässig ist und durch Ministerratserlaubnis für allgemeinverbindlich erklärt werden kann. Die anschließend mehrheitlich beschlossene Änderung der Anleihebedingungen führte zu einem Umtausch der ursprünglichen Staatsanleihen gegen solche mit einem um ca. 50% verringerten Nennwert. Der überstimmte Kläger begehrt Schadensersatz in Höhe des Wertverlustes vor einem deutschen Gericht. Ist der deutsche Gerichtsstand gegeben?

Die Bundesrepublik Deutschland ist Vertragsstaat des **Europäischen Übereinkom-** 629 **mens über Staatenimmunität** (EuStImmÜ) v. 16.5.1972.[7] Das Übereinkommen re-

6 Zum Begriff der dienstlichen Handlung vgl. einerseits LG Hamburg NJW 1986, 3034 – Wirtschaftsförderung und andererseits OLG Hamburg NJW 1988, 2191 – Reeperbahnbummel.

gelt die Fälle der Immunität ausländischer Staaten allerdings **nur im Verhältnis zu Vertragsstaaten**, ist also keine *loi uniforme*. Da die Ukraine nicht Vertragsstaat ist, kommt das Übereinkommen im **Fall 36** nicht zur Anwendung.[8]

630 Im Übrigen ist die Bundesrepublik Deutschland zur Gewährung von Immunität gegenüber **fremden Staaten** bisher nicht durch internationale Übereinkommen verpflichtet.[9] Jedoch ergibt sich aus Art. 25 GG sowie – auf einfachgesetzlicher Ebene – aus § 20 II GVG, dass sich die deutsche Gerichtsbarkeit nicht auf jene Personen erstreckt, die nach den **allgemeinen Regeln des Völkerrechts** von ihr befreit sind. Für die Immunität von Staaten gilt nach deutschem Völkerrechtsverständnis die Doktrin der **restriktiven Immunität** (im Gegensatz zur früher vertretenen absoluten Immunität) als allgemeine Regel des Völkerrechts: Bei hoheitlichen Handlungen **(acta jure imperii)** sind die Staaten von der Gerichtsbarkeit befreit, bei Handlungen privatwirtschaftlicher Tätigkeit **(acta jure gestionis)** unterfallen sie jedoch der Gerichtsbarkeit.[10] Hiernach kommt es für die Lösung von **Fall 36** darauf an, ob sich der Reaktorunfall bei hoheitlicher oder privatwirtschaftlicher Tätigkeit der Ukraine ereignete.

631 Die **Abgrenzung** zwischen *acta jure imperii* und *acta jure gestionis* ist nach der ***lex fori*** zu treffen.[11] Entscheidend ist nach hM[12] die „Natur" des staatlichen Handelns.[13] Wurde der Staat in Ausübung von typischer Hoheitsgewalt tätig – und konnte er diese Handlungen auch nicht als Privater durchführen –, so liegen *acta jure imperii* vor.

Das Betreiben des Reaktors von Tschernobyl dürfte nach der Lehre von der restriktiven Immunität als *actum jure gestionis* eingeordnet werden, da das Betreiben eines der Stromversorgung dienenden Kraftwerks ohne Ausübung hoheitlicher Gewalt möglich ist.[14] Hiernach kann sich die Ukraine im **Fall 36** nicht auf staatliche Immunität berufen. Die Ukraine ist daher nicht von der deutschen Gerichtsbarkeit befreit (anders wäre es, wenn der Reaktor militärischen Zwecken diente).

In **Fall 37** stellt sich die Frage, ob das zweifellos privatrechtliche Grundverhältnis in Form der Schuldverschreibung[15] (*actus jure gestionis*) durch das gesetzgeberische Tätigwerden der hellenischen Republik „überholt" und zu hoheitlichem Handeln (*actus jure imperii*) wird. Der BGH vertrat hier die Auffassung, dass sich die Parteien ausschließlich über das staatliche Handeln streiten, da das haftungsbegründende Verhalten

7 BGBl. 1990 II 35; Jayme/Hausmann Nr. 142.
8 Ausf. Erläuterung des Übereinkommens bei Geimer IntZivilProzR Rn. 667 ff.
9 Insbesondere ist das Übereinkommen der Vereinten Nationen v. 2.12.2004 über die gerichtliche Immunität der Staaten und ihres Eigentums (ILM 44 (2005), 801) bisher noch nicht in Kraft getreten.
10 Vgl. BVerfGE 16, 27 (62) = BeckRS 1963, 105439; BVerfG NJW 2020, 3647; Doehring VölkerR § 12 Rn. 670 ff.; Ipsen VölkerR/Epping § 7 Rn. 265 ff., 288.
11 BVerfGE 16, 27 (62) = BeckRS 1963, 105439; AG Bonn IPRax 1988, 351 (352 re. Sp.) zu einem Tschernobyl-Prozess; vgl. Ipsen VölkerR/Epping § 7 Rn. 266.
12 BVerfGE 16, 27 (62) = BeckRS 1963, 105439; NJW 1963, 1732.
13 Vorgelagert kann sich die Frage stellen, ob das in Rede stehende Handeln dem Staat überhaupt zurechenbar ist, vgl. hierzu BGHZ 209, 290 ff. = BeckRS 2016, 08453.
14 AG Bonn IPRax 1988, 351 (352 re. Sp.); Rest VersR 1986, 933 (939 f.).
15 BVerfGE 117, 141 (153) = NJW 2007, 2605.

aus den gesetzgeberischen Maßnahmen resultiere.[16] Insoweit unterliege Griechenland der Staatenimmunität, mit der Folge, dass der deutsche Gerichtsstand nicht gegeben sei.

Arbeitsblock

I. Zur Ergänzung 632

Immunität internationaler Organisationen: Auch internationale Organisationen können Immunität genießen, zB aufgrund des **UN-Sonderorganisations-Übereinkommens** (BGBl. 1954 II 639), das auch für die im Leumund unter dem Begriff „Weltbank" bekannten Organisationen Internationale Bank für Wiederaufbau und Entwicklung (IBDR) und Internationale Finanz-Corporation (IFC) gilt. Voraussetzung im Verhältnis zu ihren Mitarbeitern ist es nach der Rechtsprechung des EGMR (Waite u Kennedy/Deutschland, Große Kammer, Urt. v. 18.2.1999 – Beschwerde Nr. 26083-94), dass sie ihren Mitarbeitern anderweitig Rechtsschutz gewähren, was bei der „Weltbank" über eine eigene Schiedsgerichtsbarkeit der Fall ist. (Art. I Statut des *World Bank Administrative Tribunal Statute* von 1980, zuletzt geändert 2009, https://webapps.worldbank.org/sites/wbat/Pages/Statute.aspx).

II. Zur Vertiefung

1. **Staatsunternehmen:** Umstritten ist, ob auch Staatsunternehmen staatliche Immunität genießen (vgl. Nachweise bei Geimer IntZivilProzR Rn. 621 ff.). Die wohl **hM** geht davon aus, dass Staatsunternehmen mit eigener Rechtspersönlichkeit **keine Staatenimmunität** in Anspruch nehmen können (BGHZ 18, 1 (9 f.) = WM 1955, 1223; auch die Berichterstattung im öffentlich-rechtlichen Auftrag stellt kein hoheitliches Handeln *(actus jure imperii)* dar, vgl. BGHZ 212, 318 = BeckRS 2016, 21000). Die **Gegenansicht** nimmt an, dass sich Staatsunternehmen ebenfalls auf Immunität berufen können, wenn sie hoheitlich handeln (OLG Frankfurt a.M. IPRax 1983, 68 (69f.)), sodass es nach dieser Ansicht auch hier auf die Unterscheidung zwischen *acta jure imperii* und *acta jure gestionis* ankommt (vgl. Busl JuS 1988, 542 (543)); vertiefend, auch zur Frage des Haftungsdurchgriffs auf den Staat F. A. Mann RIW 1987, 186 ff.; v. Hoffmann Ber.DGVR 25 (1984), 35 ff. (insbesondere 47 ff.); zur Vollstreckungsimmunität BVerfG IPRax 2011, 389 (392); Bungenberg IPRax 2011, 356 ff.; BGH DGVZ 2013, 238; rechtsvergleichend Esser RIW 1984, 577 ff. 633
2. **Literatur** 634
   a) **Zum Europäischen Übereinkommen über die Staatenimmunität:** Kronke IPRax 1991, 141 ff.
   b) **Zur Immunität internationaler Organisationen:** Geimer IntZivilProzR Rn. 825 ff.; Wenckstern NJW 1987, 1113 (1116 f.); Ipsen VölkerR/Epping § 8 Rn. 77 ff. und grundlegend IZVR-HdB/Wenckstern § 1 Rn. 50, § 2 Rn. 205 (Anl. B 4.2).
   c) **Zur Immunität von Staaten im Übrigen:** EuGH ECLI:EU:C:2001:296 = BeckRS 2001, 70327 – Pfändung bei der EG-Kommission; BVerfGE 16, 27 ff. = BeckRS 1963, 105439 (insbesondere 61 ff., aber im Ganzen lesenswert); zur Reichweite des § 20 II GVG: BAG

16 BGH IPRax 2017, 370 (372); krit. hierzu Geimer IPRax 2017, 344; Weller/Fischer IWRZ 2016, 170.

NZA 2013, 468 f.; BGH RIW 2010, 72 ff.; Geiger NJW 1987, 1124 mwN; Verdross/Simma Universelles VölkerR §§ 1168–1177 (unbedingt lesen!); Doehring VölkerR § 12 Rn. 658 ff.; Geimer IntZivilProzR Rn. 576 ff.; Schack IntZivilVerfR Rn. 193 ff.; aktuell hierzu auch Kindler BKR 2022, 407; zum Verhältnis der Staatenimmunität zur Brüssel Ia-VO Stürner IPRax 2008, 197 ff.

2. Internationale Zuständigkeit

635 **Fall 38: Fall zum Erfüllungsort** (angelehnt an BGH NJW 1991, 3095): Ein in Paris wohnhafter belgischer Staatsbürger begeht bei seinem Urlaub in Deutschland eine Straftat und wird vor dem LG Düsseldorf angeklagt. Mit der Strafverteidigung beauftragt er einen Anwalt aus Düsseldorf. In dem Strafverfahren wird der Belgier zu einer Geldstrafe verurteilt. Aus Ärger über dieses Ergebnis verweigert er seinem Anwalt das Honorar. Der Anwalt verklagt seinen Mandanten am 30.3.2023 vor dem LG Düsseldorf auf Zahlung von 6.000 EUR. Ist das LG Düsseldorf zuständig?

636 Unterliegen die Parteien der deutschen Gerichtsbarkeit, so ist noch nicht entschieden, ob ein deutsches Gericht über den Fall entscheiden darf. Es muss auch **international zuständig** sein. Die Regeln über die internationale Zuständigkeit bestimmen, ob das Gericht eines Staates gegenüber den Gerichten eines anderen Staates zur Entscheidung berufen ist oder die Entscheidung den fremden Gerichten zu überlassen ist.[17] Aus **internationalprivatrechtlicher Sicht** ist die Bestimmung des zuständigen Gerichts von grundlegender Bedeutung: Das Gericht wendet **das am Gerichtsstand** (*forum*) **geltende IPR** an. Da sich das IPR in den verschiedenen Staaten unterscheidet, kann – je nach Gerichtsstand – unterschiedliches Sachrecht zur Anwendung kommen.

Bei der Prüfung der internationalen Zuständigkeit ist erneut zunächst zu prüfen, ob ein **internationales Übereinkommen** oder eine auch diesem gegenüber noch vorrangige EU-Verordnung anwendbar ist.

a) EU-Recht und völkerrechtliche Verträge

637 Bei der Prüfung der internationalen Zuständigkeit deutscher Gerichte (oder der Gerichte anderer Mitgliedstaaten der EU) ist für die Prüfung unionsrechtlicher und völkerrechtlicher Regelungen mit Blick auf die praktische Relevanz zu unterscheiden zwischen

- den allgemeinen unionsrechtlichen Regeln (lit. aa),
- besonderen Regeln in Fällen mit Bezug zu den EFTA-Staaten Norwegen, Schweiz, Island (lit. bb),
- besonderen völkerrechtlichen Regeln für Gerichtsstandsvereinbarungen zwischen Unternehmen (lit. cc),
- besonderen Regeln für familienrechtliche Fälle (lit. dd).

aa) Das Grundregime der Brüssel Ia-VO

638 Die wichtigste Verordnung aus europäischer Sicht ist die **Brüssel Ia-VO**,[18] die oft auch als **EuGVVO** (für Europäische Gerichtsstands- und Vollstreckungsverordnung)

17 HdB-IZVR/Kropholler Kap. III Rn. 3.
18 ABl. 2012 L 351, 1.

bezeichnet wird.[19] Die reformierte Brüssel Ia-VO gilt seit 10.1.2015 und ersetzt die bis dahin geltende Fassung v. 22.12.2000[20] (nachfolgend **Brüssel I-VO**, die wiederum das EuGVÜ v. 27.9.1968 weitgehend ersetzt hat).[21] Die Brüssel Ia-VO gilt auch im Verhältnis zu Dänemark (→ Rn. 659 im Arbeitsblock zur Vertiefung). Seit dem Brexit gilt sie nicht mehr im Verhältnis zum Vereinigten Königreich (→ Rn. 693 f.). Zuständig für die **einheitliche Auslegung der Brüssel Ia-VO** ist der EuGH auf der Grundlage von **Vorabentscheidungsverfahren** nach Art. 267 AEUV (→ Rn. 658).

Die Anwendbarkeit der Brüssel Ia-VO ist **stets** zu prüfen, wenn der Fall Bezug auch **nur zu einem Mitgliedstaat** hat. Dabei stellt sich zunächst die Frage nach dem **Anwendungsbereich** der Brüssel Ia-VO. Ist dieser eröffnet, so ist die weitere Frage zu klären, ob auch eine **Zuständigkeit** nach der Brüssel Ia-VO besteht. Für die Prüfung dieser Fragen wird ein Vorgehen nach dem in dem nachfolgenden Arbeitsblock aufgeführten Schema empfohlen. **639**

Hinweis: Das nachfolgende Schema sollte bereits an dieser Stelle durch Lektüre der genannten Vorschriften nachvollzogen werden, um einen ersten Überblick zu erlangen.

Arbeitsblock zur Ergänzung

Prüfungschema der internationalen Zuständigkeit nach der Brüssel Ia-VO **640**

Vorfrage: Gegebenenfalls ist der **Vorrang anderer Übereinkommen** für besondere Rechtsgebiete, zB internationaler Luftverkehr, internationaler Straßengüterverkehr (CMR) (Art. 71 I Brüssel Ia-VO; vgl. Auflistung bei Kropholler/v. Hein EurZivilProzR Brüssel Ia-VO Art. 71 Rn. 3 und bei MüKoZPO/Gottwald Brüssel Ia-VO Art. 71 Rn. 2) zu beachten.

1. **Anwendungsbereich Brüssel Ia-VO**
   a) **Sachlicher** Anwendungsbereich (Art. 1 Brüssel Ia-VO) **641**
   - Zivil- oder Handelssache (autonomer Begriff),[22]
   - kein Ausschluss nach Art. 1 II Brüssel Ia-VO
     Literatur: zu lit. b/Abgrenzung zur EuInsVO vgl.: EuGH ECLI:EU:C:2012:215 = BeckRS 2012, 80740; Lüttringhaus/Weber RIW 2010, 45 ff.; Brinkmann IPRax 2010, 324 ff.; K. Schmidt/Brinkmann, Insolvenzordnung, 20. Aufl. 2023, EuInsVO Art. 1 Rn. 9 f.

   b) **Zeitlicher** Anwendungsbereich vgl. Art. 66 Brüssel Ia-VO

   c) **Persönlicher** Anwendungsbereich
   - Grundsatz: Wohnsitz des Beklagten in einem Mitgliedstaat (Art. 4, 6 Brüssel Ia-VO) (der Wohnsitz bestimmt sich nach Art. 62, 63 Brüssel Ia-VO)
   - Ausnahmen: Art. 24–26 Brüssel Ia-VO (die jeweils ihren persönlichen Anwendungsbereich selbst bestimmen)

19 So zB Wagner, NJW 2023, 177 (1782).

20 Vgl. zu den bis 10.1.2015 geltenden entsprechenden Bestimmungen die jeweiligen Hinweise in Klammern in unserer 7. Auflage.

21 ABl. 2001 L 12, 1. Bei dem von der Brüssel I-VO ersetzten EuGVÜ (BGBl. 1972 II 733) handelte es sich um einen seinerzeit auf der Grundlage von Art. 220 EWGV gestützten völkerrechtliches Vertrag. Der EuGH stellte in ECLI:EU:C:2016:881 = BeckRS 2016, 82684 klar, dass die Auslegung der Brüssel I-VO auch für die Brüssel Ia-VO gilt, sofern die in Rede stehende Bestimmung als gleichwertig anzusehen ist.

22 Vgl. EuGH ECLI:EU:C:2016:607 = BeckRS 2016, 81740.

642 d) **Ungeschriebene Anwendungsgrenzen**

- **Kein reiner Inlandsfall** (Stichwort „internationaler Sachverhalt", **Literatur:** vgl. Kropholler/v. Hein EurZivilProzR EuGVVO vor Art. 2 Rn. 6 ff. und MüKoZPO/Gottwald Brüssel Ia-VO Vorbem. zu Art. 1 Rn. 32 f.).
- **Kein reiner Drittstaatensachverhalt?:** Mit Einführung der Brüssel Ia-VO zum 10.1.2015 entfiel für den Fall der Gerichtsstandsvereinbarung und der rügelosen Einlassung das generelle Wohnsitzerfordernis mindestens einer Partei in einem Mitgliedstaat (vgl. Art. 25, 26 Brüssel Ia-VO); das prorogierte Gericht muss jedoch in einem Mitgliedstaat belegen sein (v. Hein RIW 2013, 97, 101 (104)). Außerdem können jetzt nach Art. 18 I Brüssel Ia-VO **drittstaatliche Unternehmer am Wohnsitz eines Verbrauchers** in einem Mitgliedstaat verklagt werden. Schon seit EuGH (ECLI:EU:C:2000:399 = BeckRS 2004, 77116) genügt es auch bei Auslandsberührung nur zu einem Drittstaat grundsätzlich, dass der Beklagte seinen Wohnsitz in einem Mitgliedstaat hat. Etwas anderes gilt auch dann, wenn die Brüssel Ia-VO die Anwendung einer besonderen Zuständigkeit ausdrücklich vom Wohnsitz des Klägers in einem Mitgliedstaat abhängig macht (zB Art. 11 I lit. b Brüssel Ia-VO), **Literatur:** Kropholler/v. Hein EurZivilProzR Brüssel Ia-VO vor Art. 2 Rn. 6 ff.; Staudinger IPRax 2000, 483 ff.).

643 2. **Zuständigkeiten nach Brüssel Ia-VO**

a) **Ausschließliche** Zuständigkeit (Art. 24 Brüssel Ia-VO).
b) **Vereinbarte (ausschließliche)** Zuständigkeit (Art. 25 Brüssel Ia-VO).
c) **Rügelose Einlassung** (Art. 26 Brüssel Ia-VO), soweit kein ausschließlicher Gerichtsstand besteht.
d) **Spezielle Zuständigkeit** für Versicherungssachen (Art. 10–16 Brüssel Ia-VO), Verbrauchersachen (Art. 17–19 Brüssel Ia-VO) sowie Arbeitssachen (Art. 20–23 Brüssel Ia-VO).
e) **Besondere Zuständigkeiten** nach Art. 7–9 Brüssel Ia-VO (wie zB Zuständigkeit des Erfüllungsorts nach Art. 7 I Brüssel Ia-VO oder Zuständigkeit der unerlaubten Handlung nach Art. 7 II Brüssel Ia-VO); **oder wahlweise:**
f) **allgemeiner Gerichtsstand** am Wohnsitz bzw. Sitz des Beklagten (Art. 4–6, 62, 63 Brüssel Ia-VO).

644 3. **Keine Unzuständigkeit**

a) **Keine Unzuständigkeit** nach Art. 29–32 Brüssel Ia-VO (Einrede der Rechtshängigkeit oder im Zusammenhang stehender Verfahren, BGH MDR 1997, 387; Beispiel: Anhängigkeit einer **negativen Feststellungsklage** in einem anderen Mitgliedstaat der EU). Ob die Erhebung einer negativen Feststellungsklage, die alleine das Ziel verfolgt, die Sperrwirkung des Art. 27 Brüssel I-VO herbeizuführen, mit dem Sinn und Zweck der Zuständigkeitsvorschriften der Brüssel Ia-VO zu vereinbaren ist, hat bisher insbesondere im Bereich des gewerblichen Rechtsschutzes für Diskussion gesorgt. In der Entscheidung Turner (EuGH ECLI:EU:C:2004:228 = BeckRS 2004, 74539), bestätigt durch EuGH ECLI:EU:C:2009:69 = BeckRS 2009, 70144 – **West Tankers**, hat der EuGH klargestellt, dass zumindest der Erlass eines grenzüberschreitenden Prozessführungsverbots (**Anti-Suit-Injunction**) kein zulässiges Mittel ist, um die rechtsmissbräuchliche Ausnutzung der Sperrwirkung zu verhindern, vgl. dazu Krause RIW 2004, 533 (539); Illmer IPRax 2009, 312 ff. Zur Auswirkung der Brüssel Ia-VO auf die Problematik → Rn. 671.

b) **Keine Unzuständigkeit** nach Art. 33, 34 Brüssel Ia-VO (Aussetzungsmöglichkeit bei Anhängigkeit in Drittstaaten).

Hinweis für Studierende zu dem vorstehenden Schema: Für eine klausurmäßige Falllösung – ebenso wie später bei Ausarbeitungen für die Praxis – sollte das **vorstehende Schema** (→ Rn. 640–644) zwar gedanklich durchgeprüft werden, doch sind bei der schriftlichen Bearbeitung **nur die fallrelevanten Prüfungspunkte** zu erwähnen. Das bedeutet zB, dass es keinen Sinn macht, lange Ausführungen über die Wirksamkeit einer zweifelhaften Gerichtsstandsvereinbarung über die ausschließliche Zuständigkeit Dresdner Gerichte zu machen, wenn der Beklagte seinen Wohnsitz in Dresden hat, sodass die Zuständigkeit Dresdner Gerichte ohnehin gegeben wäre (am allgemeinen Gerichtsstand). Wichtig ist die richtige **Schwerpunktsetzung**. 645

Anwendungsbereich: In **Fall 38** ist der **sachliche** Anwendungsbereich der Brüssel Ia-VO eröffnet, da es sich um eine Zivil- bzw. Handelssache (Art. 1 I 1 Brüssel Ia-VO)[23] handelt und für die Hauptsache ein Ausschluss nach Art. 1 II nicht eingreift. Auch der **zeitliche** Anwendungsbereich der Brüssel Ia-VO liegt vor, denn diese gilt für Klagen, die nach dem 10.1.2015 erhoben worden sind (Art. 66 Brüssel Ia-VO iVm Art. 81 Brüssel Ia-VO; zum Zeitpunkt der Klageerhebung als relevanter Bezugspunkt ausdrücklich EuGH ECLI:EU:C:2019:473 = BeckRS 2019, 10517). Ein vorrangig anwendbares Abkommen greift nicht ein.[24] Weiterhin muss der **persönliche** Anwendungsbereich der Brüssel Ia-VO eröffnet sein. Dies ist grundsätzlich der Fall nach Art. 4–6 Brüssel Ia-VO, wenn der **Beklagte** seinen **Wohnsitz** in einem Mitgliedstaat hat (wichtige Ausnahmen: Art. 24, 25 Brüssel Ia-VO). Es kommt also weder auf die Staatsangehörigkeit des Beklagten noch die des Klägers an. Der Begriff des Wohnsitzes ist in Art. 62 Brüssel Ia-VO für natürliche Personen bestimmt (für juristische Personen und Gesellschaften greift Art. 63 Brüssel Ia-VO). In **Fall 38** hat der beklagte Belgier seinen Wohnsitz in Frankreich als Mitgliedstaat, sodass auch der **persönliche** Anwendungsbereich der Brüssel Ia-VO vorliegt. Damit ist der Anwendungsbereich der Brüssel Ia-VO eröffnet. Sie schließt die Anwendung der autonomen Regeln über die internationale Zuständigkeit aus (Art. 5 Brüssel Ia-VO iVm Anh. I Brüssel Ia-VO).[25] 646

Zuständigkeit: Eine ausschließliche Zuständigkeit nach Art. 24 Brüssel Ia-VO ist nicht gegeben. Auch liegt weder eine Gerichtsstandsvereinbarung nach Art. 25 Brüssel Ia-VO vor, noch ist es zu einer rügelosen Einlassung nach Art. 26 Brüssel Ia-VO gekommen. Besondere Zuständigkeiten nach Art. 10–23 Brüssel Ia-VO sind ebenfalls nicht gegeben, da es sich weder um Versicherungs- noch um Verbraucher- oder indi- 647

23 Zum Vorliegen von Zivilsachen vgl. EuGH ECLI:EU:C:1993:144 = BeckRS 2004, 74666.

24 Art. 71 Brüssel Ia-VO und Kropholler/v. Hein EurZivilProzR EuGVVO Art. 71 Rn. 2 unter Hinweis auf die gemeinsame Erklärung des Rates und der Kommission zu Übereinkünften mit Drittstaaten, abgedruckt in IPRax 2001, 259 (261).

25 Geimer IntZivilProzR Rn. 1277.

viduelle Arbeitsvertragssachen handelt. In Art. 4 I Brüssel Ia-VO ist der **Grundsatz** *actor sequitor forum rei* niedergelegt, wonach der Beklagte an seinem Wohnsitz (vgl. Art. 62 Brüssel Ia-VO) zu verklagen ist, wenn die Brüssel Ia-VO nichts anderes bestimmt. In **Fall 38** kommt daher aufgrund des französischen Wohnsitzes des Beklagten eine internationale Zuständigkeit der französischen Gerichte in Betracht. Der Beklagte kann jedoch (nach Wahl des Klägers) auch in einem anderen Mitgliedstaat verklagt werden, wenn eine besondere Zuständigkeit nach Art. 7–9 Brüssel Ia-VO gegeben ist.

648 Hier kommt der Gerichtsstand des **Erfüllungsortes** der maßgeblichen Verpflichtung nach Art. 7 Nr. 1 Brüssel Ia-VO in Betracht, da der Kläger Ansprüche aus einem Vertrag geltend macht. Der Begriff der vertraglichen Streitigkeit ist autonom und weit auszulegen.[26] Die Bestimmung des Erfüllungsortes des Vertrags bzw. iSv **Art. 7 Nr. 1 lit. a Brüssel Ia-VO** richtet sich grundsätzlich nach dem Vertragsstatut *(lex causae)*, das nach dem Kollisionsrecht des Gerichtsstaates zu ermitteln ist.[27] Der Erfüllungsort **für Dienstleistungs- und Kaufverträge** wird jedoch nicht nach dem Vertragsstatut, sondern **verordnungsautonom** durch **Art. 7 Nr. 1 lit. b Brüssel Ia-VO** bestimmt.[28] Danach ist der Erfüllungsort der Verpflichtung für die Erbringung von Dienstleistungen der Ort in einem Mitgliedstaat, an dem diese nach dem Vertrag erbracht worden sind (zum Begriff der Dienstleistung, vgl. Art. 57 AEUV). Da die Erbringung der anwaltlichen Tätigkeit eine Dienstleistung iSd Art. 7 Nr. 1 lit. b Brüssel Ia-VO darstellt und im vorliegenden Fall ausschließlich in Düsseldorf (Ort der Kanzlei) erbracht wurde,[29] ist Düsseldorf für die Zwecke der Zuständigkeitsprüfung nach der Brüssel Ia-VO **einheitlicher Erfüllungsort** des Vertrags und damit auch für die maßgebliche Zahlungspflicht des belgischen Schuldners (→ Rn. 665) Anderes kann bei Verbraucherverträgen gelten, wenn der Anwalt seine Tätigkeit auf den anderen Mitgliedstaat „ausrichtet“ (Art. 17 I lit. c Brüssel Ia-VO), wofür eine passive Webseite allein in der Regel nicht ausreicht.[30] Nach Auffassung des EuGH kann ein Ausrichten der Tätigkeit auch dann vorliegen, wenn die Internetseite nicht kausal für den Vertragsschluss mit dem Verbraucher war.[31] Da ein Ausschluss der internationalen Zuständigkeit nach Art. 29–31 Brüssel Ia-VO nicht ersichtlich ist, ist das LG Düsseldorf nach Art. 7 Nr. 1 lit. b Brüssel Ia-VO international zuständig.

Hinweis: Bei der Anwendung von Art. 7 Brüssel Ia-VO **folgt aus der internationalen Zuständigkeit auch die örtliche Zuständigkeit** („Gericht des Ortes“; anders etwa bei Art. 24 Brüssel Ia-VO und Art. 4–6 Brüssel Ia-VO, „Gerichte dieses Mitgliedstaates“).[32] Hingegen sind die Zulässigkeit des Rechtsweges sowie die sachliche und funktionelle Zuständigkeit nicht Gegenstand der internationalen Zuständigkeit, sondern werden davon unabhängig innerstaatlich geregelt.[33]

---

26 Hierfür reicht bereits eine „langjährige Geschäftsbeziehung“ aus, vgl. EuGH ECLI:EU:C:2016:559 = BeckRS 2016, 81510.

27 EuGH ECLI:EU:C:1976:133 = BeckRS 2004, 71363.

28 Kropholler/v. Hein EurZivilProzR EuGVVO Art. 5 Rn. 38; auch → Rn. 665.

29 Vgl. BGH WM 1981, 411; NJW 1991, 3095 (3096); Hau IPRax 2000, 354 (359).

30 EuGH ECLI:EU:C:2010:740 = BeckRS 2010, 91380 Rn. 69 ff.; Mansel/Thorn/Wagner IPRax 2011, 1 (15).

31 EuGH ECLI:EU:C:2013:666 = BeckRS 2013, 81985; ECLI:EU:C:2012:542 = BeckRS 2012, 81815.

32 Kropholler/v. Hein EurZivilProzR EuGVVO vor Art. 2 Rn. 3.

33 Vgl. Geimer IntZivilProzR Rn. 845.

Fall 39: Fall zum Deliktsrecht (angelehnt an EuGH ECLI:EU:C:2011:685 = BeckRS 2011, 81548 – e-Date Advertising): Der in Deutschland wohnhafte X wurde im Jahr 2008 zusammen mit seinem Bruder von einem deutschen Gericht wegen Mordes zu einer lebenslangen Freiheitsstrafe verurteilt und im Januar 2023 auf Bewährung entlassen. Die in Innsbruck, Österreich, niedergelassene Y-Advertising betreibt ein Internetportal, in dessen Rubrik „Info-News" im März 2024 noch immer eine Altmeldung abrufbereit ist, die unter vollständiger Namensnennung des X die Tat beschreibt und von einer angeblichen Neuauflage des Verfahrens berichtet. Wo kann X wegen unerlaubter Handlung auf Unterlassung bzw. auf Zahlung von Schadensersatz klagen? 649

Die Brüssel Ia-VO ist anwendbar. Neben dem sachlichen Anwendungsbereich des Übereinkommens sind auch der persönliche und zeitliche Anwendungsbereich gegeben, da der **Sitz des beklagten Unternehmens** in einem Mitgliedstaat liegt und dem Wohnsitz gleichgestellt ist (Art. 4–6, 63 I lit. a Brüssel Ia-VO) und das Verfahren nach dem 15.1.2015 eingeleitet wird (Art. 66 Brüssel Ia-VO). Ein spezielleres Übereinkommen ist nicht anwendbar. 650

Zuständigkeiten nach Art. 24, 25, 26, 10–19 Brüssel Ia-VO liegen nicht vor. Die allgemeine Wohnsitzzuständigkeit richtet sich nach dem Sitz des Unternehmens (Art. 4–6, 63 I lit. a Brüssel Ia-VO). Damit ist das Gericht in Innsbruck (bzw. das nach österreichischem Prozessrecht für Innsbruck örtlich zuständige Gericht) international zuständig. Alternativ kommt – da eine unerlaubte Handlung vorliegt – die besondere Deliktszuständigkeit nach Art. 7 Nr. 2 Brüssel Ia-VO in Betracht, nach der der Geschädigte auch am **„Ort des schädigenden Ereignisses"** klagen kann. Der Begriff der unerlaubten Handlung ist autonom auszulegen und betrifft alle Klagen, mit denen eine Schadenshaftung des Beklagten geltend gemacht wird, die nicht an einen Vertrag iSd Art. 7 Nr. 1 Brüssel Ia-VO angeknüpft wird. Dabei ist zu beachten, dass nach der Rechtsprechung des EuGH auch Ansprüche, die nach nationalem Recht deliktischer Natur sind, an dem Gerichtsstand nach Art. 7 Nr. 1 lit. a Brüssel Ia-VO eingeklagt werden können, wenn das vorgeworfene Verhalten als Verstoß gegen die vertraglichen Verpflichtungen angesehen werden kann.

Unter Ort des schädigenden Ereignisses wird sowohl der Ort der schadensverursachenden Handlung als auch der Ort des Schadenserfolgs verstanden. Liegen diese in verschiedenen Staaten **(Distanzdelikt)**, so gibt Art. 7 Nr. 2 Brüssel Ia-VO dem Kläger ein **Wahlrecht**.[34] Im Fall der Herstellerhaftung für ein fehlerhaftes Produkt ist der schadensverursachende Ort derjenige, an dem das Produkt hergestellt wird.[35] Der Gerichtsstand nach Art. 7 Nr. 2 Brüssel Ia-VO findet nach Auffassung des EuGH auch bei negativen Feststellungsklagen, dass keine Haftung aus unerlaubter Handlung vorliege, Anwendung.[36]

Der EuGH legt den Gerichtsstand nach Art. 7 Nr. 2 Brüssel Ia-VO bei **Persönlichkeitsverletzungen im Internet** in besonderer Weise aus. Der potenziell Geschädigte kann seine Verletzung bei den Gerichten des Mitgliedstaates, (1) in dem der Urheber der Inhalte niedergelassen ist (Niederlassungsort = Handlungsort), (2) in dem sich der Interessenmittelpunkt des Opfers befindet (Interessenmittelpunkt = Erfolgsort) oder (3) in dessen Hoheitsgebiet der Inhalt zugänglich ist (Abrufungsort = Erfolgsort) geltend machen. X hat somit ein Wahlrecht, ob er seine Ansprüche in Deutsch- 651

34 EuGH ECLI:EU:C:1976:166 = BeckRS 2004, 72306 – Mines de Potasse.
35 EuGH ECLI:EU:C:2014:7 = BeckRS 2014, 80042.
36 EuGH ECLI:EU:C:2012:664 = BeckRS 2012, 82201.

land als seinem Interessenmittelpunkt oder in Österreich aufgrund der Niederlassung der Y-Advertising geltend macht oder ob er Klage erhebt in jedem Mitgliedstaat, in dem der veröffentliche Inhalt zugänglich ist. In den Alternativen (1) und (2) kann die geschädigte Person nicht nur den *dort* (dh in dem Mitgliedstaat) eingetretenen Schaden, sondern Ersatz des gesamten entstandenen Schadens geltend machen. Für **Offline-Persönlichkeitsverletzungen** bleibt es hingegen bei dem Wahlrecht zwischen Verlags- und Verbreitungsorten. An Letzterem kann ausschließlich der dort entstandene, nicht aber der Gesamtschaden geltend gemacht werden. Aufgrund der unterschiedlichen Handhabung von On- und Offline-Verletzungen ist die e-Date-Entscheidung des EuGH vielfach kritisiert worden (v. Hein RIW 2013, 97 (102)).[37]

652 **Hinweis:** Konkurrierende Ansprüche, etwa aus Vertrag oder ungerechtfertigter Bereicherung, fallen nicht unter die Deliktszuständigkeit nach Art. 7 Nr. 2 Brüssel Ia-VO.[38] Eine Haftung aus § 311 II BGB iVm § 241 II BGB (früher cic) ist jedoch von Art. 7 Nr. 2 Brüssel Ia-VO erfasst.[39] Ein nur nach Art. 7 Nr. 2 Brüssel Ia-VO zuständiges Gericht kann daher ausschließlich über deliktische Ansprüche entscheiden.

Achtung: Im Gegensatz dazu besteht wegen § 17 II GVG auf nationaler Ebene eine umfassende Kognitionsbefugnis des nach § 32 ZPO örtlich zuständigen Gerichts, wenn bei der Darlegung eines Anspruchs aus unerlaubter Handlung ein einheitlicher prozessualer Anspruch geltend gemacht wird.[40]

653 **Fall 40: Fall zur Gerichtsstandsvereinbarung:** Ein indisches Unternehmen verkauft Textilien an einen US-amerikanischen Importeur mit Sitz in Delaware. Auf Wunsch der Käuferin werden die Textilien direkt an den Endkunden in Nürnberg geliefert. In dem von beiden Parteien unterschriebenen (und als Scan per E-Mail übermittelten) Vertrag vereinbaren die Parteien aus Neutralitätsgründen die Anwendung deutschen Rechts sowie die ausschließliche Zuständigkeit der Gerichte in Nürnberg. Die im Februar 2023 gelieferte Frühjahrsware kommt in mangelhaftem Zustand an und kann nur mit einem Preisnachlass von 9.000 EUR an den Endkunden verkauft werden. Der US-Importeur erhebt am 18.7.2023 Klage gegen das indische Unternehmen auf Zahlung von Schadensersatz vor dem LG Nürnberg. Ist dieses international zuständig?

654 Die internationale Zuständigkeit des LG Nürnberg könnte sich aus der Brüssel Ia-VO ergeben. Das Haager Übereinkommen über Gerichtsstandsvereinbarungen v. 30.6.2005[41] ist hier nicht vorrangig anwendbar, da weder die USA noch Indien Unterzeichnerstaaten des Übereinkommens sind.

Der sachliche und der zeitliche Anwendungsbereich liegen vor. Da die Beklagte keinen Sitz in einem Mitgliedstaat der EU hat (vgl. Art. 6 I, 63 I Brüssel Ia-VO), ist es fraglich, ob auch der persönliche Anwendungsbereich des Übereinkommens eröffnet ist. Auf den Sitz der Beklagten in einem Mitgliedstaat kommt es jedoch nicht an,

37 Zur Reichweite des Gerichtsstandes und der Kognitionsbefugnis bei Urhebervermögensrechten vgl. EuGH ECLI:EU:C:2013:635 = BeckRS 2013, 81903 sowie EuGH ECLI:EU:C:2016:286 = BeckRS 2016, 80676; bei einem selektiven Vertriebsrecht vgl. EuGH ECLI:EU:C:2016:976 = BeckRS 2016, 83111. Zur Frage des Erfolgsorts bei unerlaubten Handlungen, die Zahlungen von einem in einem anderen Mitgliedstaat geführten Bankkontos zur Folge haben, vgl. EuGH ECLI:EU:C:2016:449 = BeckRS 2016, 81291, abweichend für Prospekthaftungsfälle EuGH ECLI:EU:C:2015:37 = BeckRS 2015, 80163. Zur Frage des Deliktsgerichtsstands im sog. Dieselskandal EuGH ECLI:EU:C:2020:534 = BeckRS 2020, 15180.

38 EuGH ECLI:EU:C:1998:509 = BeckRS 2004, 77522 Rn. 49 – Réunion européenne.

39 EuGH ECLI:EU:C:2002:499 = BeckRS 2004, 76509.

40 BGH NJW 2003, 828; s. auch Spietzhoff IPRax 2009, 128 ff.

41 ABl. 2009 L 133, 3; zu den Einzelheiten → Rn. 678.

wenn das LG Nürnberg nach Art. 24, 25 oder 26 Brüssel Ia-VO zuständig ist. Dabei gehen die ausschließlichen Zuständigkeiten nach Art. 24 Brüssel Ia-VO den besonderen Zuständigkeiten nach Art. 25 und 26 Brüssel Ia-VO vor.[42] In **Fall 40** liegt keine der in Art. 24 Brüssel Ia-VO genannten Zuständigkeiten vor. In Betracht kommt hingegen wegen der von den Parteien getroffenen **Gerichtsstandsvereinbarung** die Zuständigkeit des LG Nürnberg nach **Art. 25 I** Brüssel Ia-VO. Diese Vorschrift ist anwendbar, wenn

- die Parteien die Zuständigkeit des Gerichts oder der Gerichte eines Vertragsstaates vereinbart haben[43] und
- die Gerichtsstandsvereinbarung einer der in Art. 25 I 3 oder II Brüssel Ia-VO enthaltenen Formvorschriften (zB Schriftform, E-Mail) genügt.
- Es ist für die Anwendung des Art. 25 Brüssel Ia-VO unbeachtlich, ob eine der Parteien ihren Wohnsitz bzw. Sitz (Art. 63 Brüssel Ia-VO) in einem Vertragsstaat hat.[44] Damit ist die Brüssel Ia-VO auch dann anwendbar, wenn Parteien aus einem Drittstaat ein mitgliedstaatliches Gericht prorogieren, dh die Zuständigkeit eines mitgliedstaatlichen Gerichts im Wege der Gerichtsstandsvereinbarung begründen. Die internationale Zuständigkeit mitgliedstaatlicher Gerichte aufgrund einer Gerichtsstandsvereinbarung ergibt sich damit ausschließlich aus der Brüssel Ia-VO.[45] Sofern sich die Vereinbarung hingegen auf das Gericht eines Drittstaates bezieht, ist dieser Sachverhalt weiterhin nach dem autonomen Recht des betreffenden Gerichts zu beurteilen.

Art. 25 Brüssel Ia-VO ist nur anwendbar, wenn die Gerichtsstandsvereinbarung wirksam ist. Die **materielle Wirksamkeit** der Vereinbarung richtet sich nun nach der *lex fori* des Mitgliedstaates, dessen Gericht in der Vereinbarung gewählt wurde, und zwar unter Einbezug des anwendbaren Kollisionsrechts (Erwgr. 20 Brüssel Ia-VO). Die Prorogation ist dabei unabhängig von der Wirksamkeit der übrigen Vertragsbestimmungen zu beurteilen.[46] Die Gerichtsstandsklausel in einem längeren Vertrag ist damit ein eigener **Vertrag im Vertrag** (englisch: Grundsatz der *severability*).

Hinweis: An dieser Stelle kann es hakelig werden. Hier greifen IZVR, IPR und Einheitsrecht oft ineinander. Das IZVR (Art. 25 Brüssel Ia-VO iVm Erwgr. 20 Brüssel Ia-VO) verweist auf das am Gerichtsort anwendbare IPR. Die Regelungen in Art. 3 ff. Rom I-VO greifen nicht ein, weil Art. 1 I lit. d Rom I-VO Gerichtsstandsklauseln ausdrücklich vom Anwendungsbereich der Rom I-VO ausschließt. Durch die komplette Aufhebung des bis zum Inkrafttreten der Rom I-VO geltenden internationalen Schuldrechts im EGBGB (→ Rn. 376 f.) ist eine **Lücke** entstanden, die auf unterschiedliche Weise geschlossen werden kann (dazu bereits → Rn. 369 ff.). Hierauf kommt es indes nicht an, wenn **Einheitsrecht** das **IPR im engeren Sinn verdrängt** (→ Rn. 274 ff.). Liegen die Voraussetzungen zur Anwendung des CISG vor (zB weil beide betroffenen Staaten Mitgliedstaaten des CISG sind, → Rn. 280 f.), ist am 655

42 Kropholler/v. Hein EurZivilProzR EuGVVO Art. 22 Rn. 3.
43 Der „inhaltlichen Genauigkeit" genügt auch die Klausel „die Gerichte der Stadt Paris", vgl. EuGH ECLI:EU:C:2016:525 = BeckRS 2016, 81449; unter welchen Voraussetzungen bei sog. Kettenverträgen (zB Emittent – Finanzmittler – Investor), bei denen nur im ersten Vertragsverhältnis (Emittent – Finanzmittler) eine Gerichtsstandsvereinbarung getroffen wurde, die Wirksamkeit der Prorogation auch im nachrangigen Verhältnis (Finanzmittler – Investor) ohne entsprechende explizite Vereinbarung angenommen werden kann, vgl. EuGH ECLI:EU:C:2016:282 = BeckRS 2016, 80666.
44 Zum früheren Streitstand s. Weller GPR 2012, 34 (38 f.); Cadet EuZW 2013, 218 (219).
45 Weller GPR 2012, 34 (38 f.); Cadet EuZW 2013, 218 (219).
46 Pohl IPRax 2013, 109 (111).

Maßstab der CISG zu entscheiden, ob sich die Parteien wirksam auf die Gerichtsstandsvereinbarung iSv Art. 25 Brüssel Ia-VO geeinigt haben. Ist die Gerichtsstandsvereinbarung in Allgemeinen Geschäftsbedingungen (AGB) enthalten, entscheidet der autonome (rechtstreue) Maßstab des CISG (→ Rn. 280 f.) über die wirksame Einigung auf die Gerichtsstandsklausel. Das materielle Einheitsrecht (CISG) wird damit für eine zentrale IZVR-Frage (Wirksamkeit einer Gerichtsstandsklausel) wesentlich. Zugleich bestimmt diese Prüfung der Wirksamkeit der Gerichtsstandsklausel am Maßstab des Einheitsrechts (CISG) über die Frage, ob AGB wirksam einbezogen und die Gerichtsstandsklausel damit wirksam zustande gekommen ist, welches (je nach Gerichtsort gegebenenfalls unterschiedliche) IPR anzuwenden ist (→ Rn. 384). **Über das IZVR prägt das Einheitsrecht (CISG) die Auswahl des IPR**. Denn das Zustandekommen von Gerichtsstands- (und auch Schieds-)vereinbarungen ist Gegenstand des Art. 14–24 CISG (Schlechtriem/Schwenzer/Schroeter CISG Vor Art. 14–24 Rn. 50 mwN).

Literatur: MAH Int.WirtschaftsR/Brödermann § 6 Rn. 204 ff.

656 In **Fall 40** haben weder die Klägerin noch die Beklagte ihren Sitz in einem Mitgliedstaat. Da es nach Art. 25 I Brüssel Ia-VO jedoch nicht mehr darauf ankommt, dass eine der Parteien ihren Sitz in einem Mitgliedstaat hat, sofern das Gericht eines Mitgliedstaates prorogiert wurde, kommt Art. 25 I Brüssel Ia-VO hier zur Anwendung. Die **Formvoraussetzungen** werden **unionsrechtlich autonom** festgelegt.[47] Das Schriftformerfordernis des Art. 25 I 3 lit. a Brüssel Ia-VO ist hier erfüllt.[48] Zweifel an der Wirksamkeit im Übrigen sind nicht ersichtlich.

657 Deshalb ist das LG Nürnberg in **Fall 40** nach Art. 25 I Brüssel Ia-VO zuständig.

Arbeitsblock zur Brüssel Ia-VO

I. Zur Vertiefung

658 **1. Auslegungszuständigkeit des EuGH**

Dem Ziel der **einheitlichen Auslegung der Brüssel Ia-VO** dient das in Art. 267 AEUV vorgesehene **Vorabentscheidungsverfahren**, das eine Auslegungsbefugnis des EuGH statuiert. Danach sind alle Gerichte, deren Urteil im konkreten Verfahren nicht mehr mit Rechtsmitteln des innerstaatlichen Rechts angefochten werden kann, verpflichtet, eine Auslegungsfrage zur Vorabentscheidung vorzulegen, wenn die Vorlagevoraussetzungen erfüllt sind (Art. 267 III AEUV). Diese sind:

- Es handelt sich um eine „Frage der **Auslegung** der Verordnung“.
- Die Auslegungsfrage stellt sich in einem **schwebenden Verfahren**.
- Die Auslegungsfrage stellt sich bei einem **letztinstanzlichen Gericht**.

Daneben sind auch Instanzgerichte zur Vorlage **berechtigt**, wenn die Beantwortung der Vorlagefrage nach ihrer Ansicht zum Erlass des Urteils erforderlich, dh entscheidungserheblich, ist (Art. 267 II AEUV). Das Ziel der einheitlichen Auslegung wird insbesondere dadurch erreicht, dass der EuGH die **Rechtsbegriffe der Brüssel Ia-VO** weitgehend vertragsautonom auslegt (vgl. für den Begriff der „Zivilrechtssache“ iSv Art. 1 I EuGVÜ zuletzt EuGH ECLI:EU:C:1993:144 = BeckRS 2004, 74666; allgemein zur unionsrechtlich autonomen Auslegung vgl. Kropholler/v. Hein EurZivilProzR Einl. Rn. 54 ff.). Für das revidierte **LugÜ** besteht ebenfalls

47 Kropholler/v. Hein EurZivilProzR EuGVVO Art. 23 Rn. 30.

48 Zu Einzelheiten Rauscher/Mankowski Brüssel Ia-VO Art. 25 Rn. 123 ff.; vgl. auch Art. 25 II Brüssel Ia-VO.

eine Auslegungsbefugnis des EuGH, weil es sich aus Sicht der EU um einen Bestandteil des Unionsrechts handelt (vgl. Gutachten 1/03 des EuGH (Plenum) v. 7.2.2006, Slg. 2006 I-1145; Geimer/Schütze EurZivilVerfR/ Geimer Einl. A.1 Rn. 230 f.). Vertragsstaaten des LugÜ, die nicht zugleich EU-Mitglied sind, können Vorlageverfahren beim EuGH allerdings nicht initiieren, sondern sich lediglich an laufenden Verfahren durch schriftliche Stellungnahmen beteiligen.

Bei der **Auslegung der Brüssel Ia-VO** kann aufgrund der weitgehenden inhaltlichen Übereinstimmung im Einzelfall auf die Rechtsprechung des EuGH zur Brüssel I VO und zum EuGVÜ zurückgegriffen werden.

2. **Dänemark** 659

Notwendigkeit eines separaten Abkommens: Nach Erwrg. 41 Brüssel Ia-VO gilt die Verordnung aufgrund der dort näher erläuterten Gründe (unter anderem Protokoll Nr. 22 zum AEUV) zunächst nicht für Dänemark. Zur Erweiterung des Anwendungsbereichs der Brüssel Ia-VO auf Dänemark haben Dänemark und die EU ein völkerrechtliches Abkommen geschlossen (ABl. 2005 L 299, 62; s. Wagner EuZW 2006, 424 (426); Nielsen IPRax 2007, 506). Auf dieser Grundlage hat Dänemark mit einem Schreiben vom 12.12.2012 (ABl. 2013 L 79, 4) seine Zustimmung zur Anwendung der Brüssel Ia-VO erklärt. **Unterschied zum IPR:** Ein solches Parallelabkommen zur Ausdehnung des Anwendungsbereichs der einschlägigen EU-Verordnung hat die EU nicht mit Dänemark für die Rom I-VO abgeschlossen. Deshalb gilt die Rom I-VO in Dänemark nicht; und deshalb ist die Rom I-VO auch nicht (str.) im Verhältnis zu Dänemark anwendbar (→ Rn. 66).

3. **Vertiefung zu ausschließlichen Gerichtsständen (Art. 24 Brüssel Ia-VO)** 660

a) **Dinglicher Gerichtsstand:** Abweichend von der Grundregel aus Art. 4–6 Brüssel Ia-VO kommt es (wie bei Art. 25 Brüssel Ia-VO) bei der **Anwendung von Art. 24** Brüssel Ia-VO **nicht darauf an, ob der Beklagte seinen Wohnsitz bzw. Sitz im Hoheitsgebiet eines Mitgliedstaates** hat. **Art. 24** Brüssel Ia-VO (lesen!) bestimmt seinen persönlichen Anwendungsbereich selbst. Es kommt nicht darauf an, ob **auch nur eine Partei** ihren Wohnsitz bzw. Sitz in einem Mitgliedstaat hat (vgl. Art. 6 I Brüssel Ia-VO).

Beispiel: Bei Klagen, die **dingliche Rechte an unbeweglichen Sachen** sowie die Miete oder Pacht von unbeweglichen Sachen zum Gegenstand haben, sind nach Art. 24 Nr. 1 Brüssel Ia-VO die **Gerichte des Mitgliedstaates, in dem die unbewegliche Sache belegen ist**, ausschließlich zuständig (vgl. dazu zuletzt EuGH ECLI:EU:C:2016:881 = BeckRS 2016, 82684; ECLI:EU:C:2000:45 = BeckRS 2004, 77806 sowie die Ferienhausentscheidungen des EuGH ECLI:EU:C:1992:92 = BeckRS 2004, 75952; vgl. aber auch die Entscheidung zu Teilzeitnutzungsrechten im Rahmen von Club-Mitgliedschaften EuGH ECLI: EU:C:2005:607 = BeckRS 2005, 70791, dazu Anm. Mankowski ZZPInt 10 (2005), 309). Der Begriff der unbeweglichen Sache bestimmt sich dabei nach dem Recht des Belegenheitsortes *(lex rei sitae)*. Dagegen sind die Begriffe Miete oder Pacht autonom zu bestimmen und erfassen alle Miet- und Pachtverhältnisse über unbewegliche Sachen unabhängig von ihren besonderen Merkmalen. Jedoch sind bei **Mietverträgen zum**

vorübergehenden privaten Gebrauch von höchstens sechs Monaten auch die Gerichte am Wohnsitz des Beklagten zuständig (Art. 24 Nr. 1 S. 2 Brüssel Ia-VO).

661 b) **Nichtigkeit oder Auflösung von Gesellschaften:** Art. 24 Nr. 2 Brüssel Ia-VO regelt die ausschließliche Zuständigkeit für Klagen, welche die Gültigkeit, die Nichtigkeit oder die Auflösung einer **Gesellschaft** oder juristischen Person oder die Gültigkeit der Beschlüsse ihrer Organe zum Gegenstand haben (vgl. zur Reichweite: EuGH ECLI:EU:C:2011:300 = BeckRS 2011, 80516; Thole IPRax 2011, 541 ff.; Weller ZGR 2012, 606 ff.). Die internationale Zuständigkeit besteht dabei in demjenigen Mitgliedstaat, in welchem die betreffende Gesellschaft oder juristische Person ihren Sitz hat. Für die Bestimmung des Sitzes stellt die Vorschrift nicht auf den Sitzbegriff des Art. 63 Brüssel Ia-VO ab, sondern erklärt das **nationale Kollisionsrecht** für anwendbar. Obwohl das Internationale Privatrecht einzelner Rechtsordnungen grundsätzlich auf den tatsächlichen Verwaltungssitz abstellen würde (sog. „Sitztheorie"; so weiterhin der BGH in Drittstaatenkonstellationen → Rn. 570), ist wegen der EuGH-Rechtsprechung zur Niederlassungsfreiheit (Art. 49, 54 AEUV → Rn. 575, 581) im Rahmen des Art. 24 Nr. 2 Brüssel Ia-VO der sog. **„Gründungstheorie"** zu folgen. Demnach ist der Satzungssitz im Herkunftsstaat maßgeblich.

c) **Unzuständigkeit anderer Gerichte:** Besteht für einen Rechtsstreit eine ausschließliche Zuständigkeit nach Art. 24 Brüssel Ia-VO, so hat sich jedes andere angerufene und nach Art. 24 Brüssel Ia-VO nicht zuständige Gericht nach Art. 27 **von Amts wegen** für unzuständig zu erklären.

662 **4. Gerichtsstands der rügelosen Einlassung (Art. 26 Brüssel Ia-VO)**

In Anlehnung an Art. 25 Brüssel Ia-VO ist auch die rügelose Einlassung nach Art. 26 Brüssel Ia-VO vor dem Gericht eines Mitgliedstaates durch Parteien aus einem Drittstaat zulässig (EuGH ECLI:EU:C:2016:176 = BeckRS 2016, 80494; v. Hein RIW 2013, 97 (101); Nagel/Gottwald IntZivilProzR Rn. 3.293). Art. 24 Brüssel Ia-VO gilt auch für den Fall, dass sich der **Kläger** rügelos auf eine Aufrechnungsforderung einlässt, die einem Rechtsverhältnis entstammt, für das eine Gerichtsstandsvereinbarung bestand (vgl. OLG Koblenz RIW 1987, 629 (630) auf Vorabentscheidung durch EuGH ECLI:EU:C:1985:105 = BeckRS 2004, 73181 – Spitzley/Sommer).

663 **Geltung der rügelosen Einlassung auch für Verbraucher, Arbeitnehmer und Versicherungsnehmer:** Fraglich ist außerdem das **Verhältnis der Zuständigkeit kraft rügeloser Einlassung zu den Schutzbestimmungen** der Brüssel Ia-VO für Verbraucher, Arbeitnehmer und Versicherungsnehmer. Zumindest im Hinblick auf die Zuständigkeitsregeln für Versicherungssachen (Art. 10–16 Brüssel Ia-VO) hat der EuGH sich für die Anwendbarkeit des Art. 26 Brüssel Ia-VO ausgesprochen (EuGH ECLI:EU:C:2010:290 = BeckRS 2010, 90599). Obwohl die Zuständigkeitsvorschriften der Art. 10–16 Brüssel Ia-VO den Schutz der schwächeren Partei – dh des Versicherungsnehmers – bezweckten (vgl. Erwgr. 18 Brüssel Ia-VO),[49]

49 Hierzu EuGH ECLI:EU:C:2016:41 = BeckRS 2016, 80155.

sei deren bewusste Einlassung als eine (nachträgliche) stillschweigende Zuständigkeitsvereinbarung anzusehen und führe zur internationalen Zuständigkeit des angerufenen Gerichts nach Art. 26 Brüssel Ia-VO (EuGH ECLI:EU:C:2010:290 = BeckRS 2010, 90599; Mansel/Thorn/Wagner IPRax 2011, 1 (16 f.); krit. Mankowski RIW 2010, 667 ff.). Diese Rechtsprechung wurde in der Brüssel Ia-VO dadurch bestätigt, dass das angerufene Gericht zum Schutz des Beklagten nunmehr nach Art. 26 II Brüssel Ia-VO sicherzustellen hat, dass der Beklagte über die Folgen seiner Einlassung belehrt wurde.

Abgrenzung zum Einspruch gegen den Europäischen Zahlungsbefehl: Solch ein Einspruch (nach der EuMVVO (→ Rn. 673 f.)), in dem der Mangel der Zuständigkeit des Gerichts des Ursprungsstaates nicht geltend gemacht wird, ist dagegen **nicht** als Einlassung iSd Art. 22 Brüssel Ia-VO anzusehen (EuGH ECLI:EU:C:2013:393 = BeckRS 2013, 81208).

5. **Verbrauchergerichtsstand** 664

Für Verbraucherverträge iSd Art. 17 I Brüssel Ia-VO begründet Art. 18 Brüssel Ia-VO einen **speziellen Gerichtsstand** am **Wohnsitz des Verbrauchers**. Bei der Neufassung der Brüssel Ia-VO wurde nun der Verbrauchergerichtsstand auch auf Klagen des Verbrauchers gegen Vertragspartner mit Sitz in einem Drittstaat erweitert, vgl. Art. 18 I Brüssel Ia-VO (Bach ZRP 2011, 97 (100)). Art. 17 II Brüssel Ia-VO bildet (genau wie Art. 11 Brüssel Ia-VO und Art. 20 Brüssel Ia-VO für Versicherungs- und Arbeitssachen) eine Besonderheit beim **räumlichen Anwendungsbereich** der Verordnung bei **Verbrauchersachen**. Danach wird die in einem Mitgliedstaat bestehende **Zweigniederlassung**, Agentur oder sonstige Niederlassung für Streitigkeiten aus dem Betrieb einem Wohnsitz gleichgestellt, wenn der Vertragspartner des Verbrauchers ansonsten über keinen Wohnsitz in einem Mitgliedstaat verfügt. Umgekehrt ist bei vertraglichen Ansprüchen gegen einen Verbraucher mit nunmehr unbekanntem Wohnsitz das Gericht desjenigen Mitgliedstaates zuständig, in dem sich der **letzte bekannte Wohnsitz** des Verbrauchers befindet, vgl. Art. 18 II Brüssel Ia-VO (EuGH ECLI:EU:C:2011:745 = BeckRS 2011, 81641).

6. **Gerichtsstand des Erfüllungsortes** 665

Für die Masse der Verträge enthält Art. 7 Nr. 1 Brüssel Ia-VO eine **verordnungsautonome** Bestimmung des (oft einheitlichen) Erfüllungsortes.

a) **Geregelte Fälle für Dienstleistungs- oder Kaufverträge:** Art. 7 Nr. 1 lit. b Brüssel Ia-VO enthält **für alle** aus einem **Kauf- oder Dienstvertrag** resultierenden **Ansprüche** ein **grundsätzlich einheitlicher Erfüllungsgerichtsstand** geschaffen, der nicht nur für die charakteristische Vertragsleistung, sondern insbesondere **auch für die finanzielle Gegenleistung oder Schadensersatzforderungen** gilt (EuGH ECLI:EU:C:2007:262 = BeckRS 2007, 70281 – Color Drack; Kropholler/v. Hein EurZivilProzR EuGVVO Art. 5 Rn. 45; Schlosser/Hess, EU-Zivilprozessrecht, 5. Aufl. 2021, EuGVVO Art. 7 Rn. 1a; vgl. zur Abgrenzung zwischen Vertrags- und Deliktsgerichtsstand bei Abbruch langjähriger Geschäftsbeziehungen EuGH ECLI:EU:C:2016:559 = BeckRS 2016, 81510). Der Gerichtsstand nach Art. 7 Nr. 1 Brüssel Ia-VO findet damit auch bei **Darlehensgewährung** einer Bank Anwendung, weil dieser Vorgang eine Dienstleistung im Sinne der Vorschrift darstellt

(BGH NJW 2012, 1817). Danach gilt bei Kauf- und Dienstleistungsverträgen ein (einheitlicher) Erfüllungsort für die Zwecke der Bestimmung der internationalen Zuständigkeit. Dies ist derjenige Ort in einem Mitgliedstaat, an dem die Sachen nach dem Kaufvertrag geliefert worden sind oder hätten **geliefert** werden müssen (bzw. der Ort, an dem die Dienstleistungen vertragsgemäß erbracht worden sind oder hätten erbracht werden müssen).

666 b) **Grenzfälle:** Schwierigkeiten bereiten Kauf- und Dienstleistungsverträge, nach denen **Leistungen an verschiedenen Orten** zu erbringen sind. Der EuGH hält Art. 7 Nr. 1 lit. b Brüssel Ia-VO auch in diesen Fällen für anwendbar (vgl. für Kaufverträge: EuGH ECLI:EU:C:2007:262 = BeckRS 2007, 70281 – Color Drack; für Dienstleistungsverträge: EuGH ECLI:EU:C:2010:137 = BeckRS 2010, 90309 Rn. 29 – Wood Floor). Er versteht als maßgeblichen Erfüllungsort den Ort, an dem die **engste Verknüpfung** zwischen dem Vertrag und dem zuständigen Gericht besteht, wobei dies im Allgemeinen der Ort der hauptsächlichen Leistungserbringung sei (EuGH ECLI:EU:C:2010:137 = BeckRS 2010, 90309 Rn. 32 f. – Wood Floor; LG Aachen BeckRS 2012, 16209). Sofern sich die hauptsächliche Leistung ausgehend von wirtschaftlichen Kriterien **nicht ermitteln** lässt, gesteht der EuGH dem Kläger zumindest bei Kaufverträgen **ein Wahlrecht** zur Klage an jedem Erfüllungsort zu (EuGH ECLI:EU:C:2007:262 = BeckRS 2007, 70281 – Color Drack), wohingegen er bei einem **Handelsvertretervertrag** primär auf die Vertragsbestimmungen und den Ort der tatsächlichen Erfüllung abstellt und im Zweifel den Erfüllungsort mit dem Wohnsitz des Dienstleisters identifiziert (EuGH ECLI:EU:C:2010:137 = BeckRS 2010, 90309 Rn. 42 – Wood Floor). Zum Erfüllungsort beim **Versendungskauf** vgl. EuGH ECLI:EU:C:2011:375 = BeckRS 2011, 80957.

667 c) **Vertragsstatut für sonstige Verträge:** Soweit es **nicht** um Dienstleistungs- oder Kaufverträge geht, ist der Erfüllungsort nach dem Vertragsstatut *(lex causae)* zu bestimmen → Rn. 239 f., → Rn. 648; im Übrigen besteht insoweit auch **kein einheitlicher Erfüllungsgerichtsstand** (vgl. EuGH ECLI:EU:C:1976:133 = BeckRS 2004, 71363 – Tessili; EuGH ECLI:EU:C:1976:134 = BeckRS 2004, 71612 – de Bloos, vertiefend Magnus/Mankowski/Mankowski, Brussels Ibis Regulation, 2. überarb. Aufl. 2023, Art. 7 (in englischer Sprache)). Ist die Bestimmung des Erfüllungsortes nach dem Vertrag nicht möglich, so ist als Erfüllungsort derjenige anzusehen, an dem die **Übergabe der tatsächlichen Verfügungsgewalt** an den Käufer ergeht (EuGH ECLI:EU:C:2010:90 = BeckRS 2010, 90198 – Car Trim).

668 d) **Vereinbarung des Erfüllungsorts:** Die internationale Zuständigkeit eines Gerichts kann sich auch aus einer Erfüllungsortvereinbarung ergeben (Art. 7 Nr. 1 lit. b Brüssel Ia-VO: „… sofern nichts anderes vereinbart worden ist …“), wobei unklar ist, ob die zuständigkeitsbegründende Wirkung der Vereinbarung von der Einhaltung der Formvorschriften für Gerichtsstandsvereinbarungen nach Art. 25 Brüssel Ia-VO abhängt oder sich nach der *lex causae* richtet. Der EuGH hatte in seiner Rechtsprechung zur Vorgängerregelung im EuGVÜ die Anwendung der Formanforderungen des Art. 17 EuGVÜ (jetzt Art. 25 Brüs-

sel Ia-VO) zunächst verneint,[50] die Wirksamkeit einer abstrakten Erfüllungsortvereinbarung später jedoch an den Anforderungen des Art. 17 EuGVÜ (jetzt Art. 25 Brüssel Ia-VO) gemessen.[51]

7. Drittstaaten-Gerichtsstandsvereinbarungen 669

Trotz großer Praxisrelevanz ist die Problematik von ausschließlichen Drittstaaten-Gerichtsstandsvereinbarungen (Beispiel seit dem Brexit: London) nicht geregelt. Nach hM ist in diesem Fall weiterhin nationales Recht anzuwenden, nach aA erfolgt eine analoge Anwendung des Art. 25 Brüssel Ia-VO (Art. 23 Brüssel I-VO) (vgl. Schaper/Eberlein RIW 2012, 43 ff.).

8. Gerichtsstand für Streitgenossen

Erwähnenswert, weil dem autonomen Recht weitgehend unbekannt, ist Art. 8 Nr. 1 Brüssel Ia-VO, der einen besonderen Gerichtsstand für Streitgenossen (auf der Beklagtenseite) schafft (vgl. dazu EuGH ECLI:EU:C:2007:595 = BeckRS 2007, 70802 mAnm Althammer IPRax 2008, 228 ff.; EuGH ECLI:EU:C:2012:445 = BeckRS 2012, 81454). Die Regelung findet auch dann Anwendung, wenn die Klage gegen mehrere Beklagte auf unterschiedlichen nationalen Rechtsgrundlagen basiert, sofern diese in ihren Grundzügen identisch sind (EuGH ECLI:EU:C:2011:798 = BeckRS 2011, 81765). Die Vorschrift ist aber dann nicht anwendbar, wenn die Beklagten ihren Wohnsitz nicht in einem Mitgliedstaat haben (EuGH ECLI:EU:C:2013:228 = BeckRS 2013, 80748).

9. Gerichtsstand der Widerklage 670

Art. 8 Nr. 3 Brüssel Ia-VO begründet einen Gerichtsstand der Widerklage, der allerdings nicht zugleich die Zulässigkeitsvoraussetzungen der Prozessaufrechnung mitregelt (nach anderen Rechtsordnungen ist die Aufrechnung nicht zu erklären (§ 388 BGB), sondern gerichtlich geltend zu machen). Diese untersteht vielmehr weiterhin den nationalen Rechtsordnungen (vgl. EuGH ECLI:EU:C:1995:239 = BeckRS 2004, 76575). Ausführlich Slonina IPRax 2009, 399 ff. S. zum Gerichtsstand der Widerklage EuGH ECLI:EU:C:2016:763 = BeckRS 2016, 82501.

10. Rechtshängigkeit mehrerer Klagen in unterschiedlichen Mitgliedstaaten 671

Sind mehrere Gerichte international zuständig, kann der Kläger zwischen den Gerichtsständen frei wählen. Art. 29–32 Brüssel Ia-VO regeln die Rechtshängigkeit mehrerer Klagen in unterschiedlichen Mitgliedstaaten nach der Zeitfolge ihrer Erhebung. Bis zur Entscheidung des zuerst angerufenen Gerichts über seine Zuständigkeit hat das danach angerufene Gericht seine Entscheidung grundsätzlich auszusetzen. Entscheidend ist demnach nur der Zeitpunkt der Anrufung des Gerichts, nicht aber eine positive Zulässigkeitsprognose. Die Zuständigkeit des zuerst angerufenen Gerichts iSd Art. 29 III Brüssel Ia-VO steht bereits dann fest, wenn sich dieses Gericht nicht von Amts wegen für unzuständig erklärt und keine der Parteien die Unzuständigkeit im ersten Parteivorbringen rügt (EuGH

---

50 EuGH ECLI:EU:C:1980:15 = BeckRS 2004, 73339 – Spellenberg.

51 EuGH ECLI:EU:C:1986:423 = BeckRS 2004, 70737; dagegen geht die Kommentarliteratur davon aus, dass die Form des Art. 25 Brüssel Ia-VO nicht eingehalten werden braucht (so etwa MüKoZPO/Gottwald Brüssel Ia-VO Art. 7 Rn. 43 mwN; Geimer/Schütze IntRechtsverkehr/Paulus Art. 7 Brüssel Ia-VO Rn. 79.

ECLI:EU:C:2014:109 = BeckRS 2014, 80451). Diskutiert wurde in diesem Zusammenhang die Problematik sog. **„Torpedo-Klagen“:** Bedingt durch ein weites Verständnis des europäischen Streitgegenstandsbegriffs konnte ein Verfahren durch **Erhebung einer negativen Feststellungsklage in einem anderen Mitgliedstaat**, dessen Gerichtsverfahren sehr lange dauern (zB Italien, sog. „italienischer Torpedo“, vgl. v. Hase/Krolovitsch RIW 2009, 836 (839); Heckel GPR 2012, 272 (276 ff.)), erheblich verzögert werden; s. dazu ArbG Mannheim IPRax 2008, 37; Stumpe IPRax 2008, 22 ff. Diese Möglichkeit soll sich durch Lockerung des strikten Prioritätsprinzips gem. Art. 31 II, III Brüssel Ia-VO nicht mehr bieten. So hat das im Wege einer **Gerichtsstandsklausel** (Art. 25 Brüssel Ia-VO) vereinbarte Gericht einen **Entscheidungsvorrang**, unabhängig davon, ob es zuerst angerufen wurde (zum Ganzen Pohl IPRax 2013, 109 ff.; Weller GPR 2012, 34 ff.; Cadet EuZW 2013, 218 (219 f.); v. Hein RIW 2013, 97 (104 f.); zum Verhältnis von negativer Feststellungsklage und der **„Torpedo-Klage“** auch Geimer/Schütze IntRechtsverkehr/Peiffer/Peiffer Art. 29 Brüssel Ia-VO Rn. 33 f.).

11. Anhängigkeit in Drittstaaten

Ist wegen desselben Anspruchs ein Verfahren in einem **Drittstaat anhängig** (Art. 33 Brüssel Ia-VO) oder ist vor dem Gericht eines Drittstaates ein Verfahren anhängig, das mit dem Verfahren vor dem Mitgliedstaat in Zusammenhang steht (Art. 34 Brüssel Ia-VO), so kann das Gericht eines Mitgliedstaates nach seinem Ermessen ein Verfahren aussetzen (zum Ganzen: Heckel GPR 2012, 272 ff.).

672 **12. Einstweiliger Rechtsschutz**

Nach Art. 35 Brüssel Ia-VO kann für den einstweiligen Rechtsschutz anstelle eines nach der Brüssel Ia-VO zuständigen Gerichts auch ein nach dem autonomen Recht zuständiges Gericht angerufen werden. Davon werden auch Sicherheitsmaßnahmen erfasst (vgl. Erwgr. 25 Brüssel Ia-VO und v. Hein RIW 2013, 97 (108)).

673 **13. Internationale Mahnverfahren**

Die Zuständigkeitsordnung der Brüssel Ia-VO gilt auch im internationalen Mahnverfahren, vgl. dazu Kropholler/v. Hein EurZivilProzR vor Art. 2 EuGVO Rn. 17; Schack IntZivilVerfR Rn. 413; Wagner RIW 1995, 89. Für das Europäische Mahnverfahren schreibt dies die **EuMVVO** ausdrücklich vor (Art. 6 I EuMVVO), trifft für Verbrauchersachen jedoch eine abweichende Regelung (Art. 6 II EuMVVO). Eine Einführung in die EuMVVO findet sich bei Hess/Bittmann IPRax 2008, 305 ff.; Einhaus IPRax 2008, 323ff. sowie Ulrici RIW 2018, 718 ff. (mit hilfreicher Analyse zu den Wahl- und Kombinationsmöglichkeiten im europäischen Zivilprozessrecht). Zum Verhältnis der EuMVVO zum nationalen Recht vgl. EuGH ECLI:EU:C:2012:794 = BeckRS 2012, 82642. Für **die Vollstreckung** von im Mahnverfahren erwirkten Vollstreckungstiteln innerhalb Europas (außer Dänemark) gelten hingegen besondere Regeln, dazu → Rn. 751. Zur Frage, ob das nach einem Einspruch gegen einen Europäischen Zahlungsbefehl erkennende Gericht seine internationale Zuständigkeit nach der Brüssel Ia-VO von Amts wegen zu überprüfen hat, vgl. EuGH ECLI:EU:C:2016:148 = BeckRS 2016, 80468. Zur Frage, ob im Rahmen des Europäischen Mahnverfahrens bei Forderungen gegen Verbraucher vom

Gläubiger weitere Angaben zu den Vertragsklauseln, die zur Begründung der fraglichen Forderung geltend gemacht werden, verlangt werden können, um von Amts wegen die etwaige Missbräuchlichkeit dieser Klauseln zu prüfen, vgl. EuGH ECLI:EU:C:2019:1118 = BeckRS 2019, 32178.

14. **Ausschluss der Schiedsgerichtsbarkeit** 674

Der Kommissionsvorschlag zur Einbeziehung der Schiedsgerichtsbarkeit in den Anwendungsbereich der Brüssel Ia-VO hat sich nicht durchgesetzt.[52] Nach Art. 1 II lit. d Brüssel Ia-VO und dem ausführlichen Erwgr. 12 Brüssel Ia-VO ist die **Schiedsgerichtsbarkeit weiterhin nicht** von der Verordnung **erfasst**. Zu Kollisionsfällen vor Schiedsgerichten → Rn. 784 ff.

15. **Dänemark**

Notwendigkeit eines separaten Abkommens

Nach Erwgr. 41 Brüssel Ia-VO gilt die Verordnung aufgrund der dort näher erläuterten Gründe (unter anderem Protokoll Nr. 22 zum AEUV) zunächst nicht für Dänemark. Zur Erweiterung des Anwendungsbereichs der Brüssel Ia-VO auf Dänemark haben Dänemark und die EU ein völkerrechtliches Abkommen geschlossen (ABl. 2005 L 299, 62; s. Wagner EuZW 2006, 424 (426); Nielsen IPRax 2007, 506). Auf dieser Grundlage hat Dänemark mit einem Schreiben vom 12.12.2012 (ABl. 2013 L 79, 4) seine Zustimmung zur Anwendung der Brüssel Ia-VO erklärt. **Unterschied zum IPR:** Ein solches Parallelabkommen zur Ausdehnung des Anwendungsbereichs der einschlägigen EU-Verordnung hat die EU hingegen nicht mit Dänemark für die Rom I-VO abgeschlossen. Deshalb gilt die Rom I-VO in Dänemark nicht; und deshalb ist die Rom I-VO auch nicht (str.) im Verhältnis zu Dänemark anwendbar (→ Rn. 66).

II. **Literatur** 675

- Übersicht zur Rechtsprechung zur Brüssel Ia-VO bei Schnichels/Lenzing/Stein EuZW 2017, 835 ff.; Mansel/Thorn/Wagner IPRax 2011, 1 (13 ff.); aktuelle Rechtsprechung bei Stein/Stichels/Lenzing EuZW 2022, 1094 ff.; Zur Entstehung und Bedeutung der Brüssel Ia-VO: Kropholler/v. Hein EurZivilProzR Einl. Rn. 13 ff.
- **Kommentare:** Anders/Gehle/Schmidt Schlussanhang V C 2; Zöller/Geimer EuGVVO; MüKoZPO/Gottwald, Bd. 3, Internationales und Europäisches Zivilverfahrensrecht; Nagel/Gottwald IntZivilProzR § 3; Rauscher/Staudinger/Leible/Mankowski Brüssel Ia-VO
- Zur **internationalen Zuständigkeit für Klagen aus grenzüberschreitenden Vertriebsverträgen** Dostal EuZW 2018, 944 (983 ff.) (mit Hinweis in Fn. 16 auf die Folgen, die das aus dem Haager Kaufrechtsübereinkommen folgende IPR in den jeweiligen Vertragsstaaten des Übereinkommens haben kann)

52 Vgl. Art. 29 IV des Kommissionsvorschlags v. 14.12.2010, KOM(2010) 748; dazu v. Hein RIW 2013, 97 (98 f.).

bb) Völkerrechtliche Regelungen für Fälle mit Bezug zu EFTA-Staaten

676 Ähnliche Bedeutung wie der Brüssel Ia-VO (→ Rn. 638 ff.) kommt dem revidierten Luganer Übereinkommen über die gerichtliche Zuständigkeit und die Vollstreckung gerichtlicher Entscheidungen in Zivil- und Handelssachen v. 30.10.2007 (**LugÜ**)[53] zu. Das LugÜ ist immer dann zu berücksichtigen, wenn der Sachverhalt sowohl einen Mitgliedstaat der EU als auch einen EFTA-Staat (mit Ausnahme Liechtensteins, mithin **Norwegen, Schweiz, Island**) betrifft.

677 Das LugÜ stimmt inhaltlich in Art. 1–62 LugÜ nahezu **wortgleich** mit der Brüssel I-VO überein. Das LugÜ übernimmt im Gegensatz zum Luganer Übereinkommen aus dem Jahr 1988 auch vollständig die Zuständigkeitsnormen der Brüssel I-VO, insbesondere auch die modernisierte Vorschrift über den Verbrauchergerichtsstand. In der revidierten Fassung finden sich nun auch einige vertragsautonome Begriffsbestimmungen (zB für den Erfüllungsort, Art. 5 I lit. b LugÜ).[54] In Anlehnung an die Brüssel I-VO beinhaltet das LugÜ noch das Vollstreckbarerklärungsverfahren (Art. 38 ff. LugÜ). Problematisch ist, dass das LugÜ weitgehend der Brüssel I-VO nachgebildet ist, die durch die Brüssel Ia-VO reformiert wurde. Es bleibt abzuwarten, ob und inwieweit sich die geänderte Fassung auf das LugÜ auswirken wird. Zur Auslegungszuständigkeit des EuGH → Rn. 658.

Arbeitsblock

Prüfungsschema: Die Prüfung der internationalen Zuständigkeit nach dem **LugÜ** vollzieht sich **nach demselben Schema** wie die Zuständigkeitsprüfung nach der **Brüssel Ia-VO** (→ Rn. 640 ff.), wobei die Artikel des LugÜ mit denen der Brüssel I-VO (nicht: Brüssel Ia-VO) übereinstimmen.

cc) Haager Übereinkommen über Gerichtsstandsvereinbarungen (HGÜ) v. 30.6.2005

678 Für Fälle von **ausschließlichen** Gerichtsstandsvereinbarungen **zwischen Unternehmen** in Zivil- oder Handelssachen ist das seit dem 1.10.2015 in Kraft getretene Haager Übereinkommen über Gerichtsstandsvereinbarungen v. 30.6.2005 (HGÜ) zu beachten (Art. 1 HGÜ),[55] das um ein Durchführungsgesetz ergänzt wird.[56] Ausgenommen vom Anwendungsbereich sind nach Art. 2 HGÜ insbesondere Verbraucher- und Arbeitsverträge. Das Übereinkommen ist in Kraft zwischen der **EU** (mit Ausnahme Dänemarks), **Dänemark, Mexiko, Singapur, Montenegro**, der **Ukraine** sowie dem **Vereinigten Königreich** (zu allgemeinen Frage der internationalen Zuständigkeit im Verhältnis zum Vereinigten Königreich nach dem Brexit, außerhalb des Anwendungsbereichs des HGÜ → Rn. 693 f.). China hat unterzeichnet, aber nicht ratifiziert.[57]

53 ABl. 2009 L 147, 5; Jayme/Hausmann Nr. 152.
54 Vgl. ausführlich zum LugÜ: Wagner/Janzen IPRax 2010, 298 ff.
55 ABl. 2009 L 133, 1; Jayme/Hausmann Nr. 151.
56 BGBl. 2014 I 2082.
57 Eine Übersicht über den aktuellen Status der Ratifizierung findet sich unter https://www.hcch.net/en/instruments/conventions/status-table/?cid=98.

Das Verhältnis des Übereinkommens zur Brüssel Ia-VO richtet sich nach **Art. 26 VI HGÜ**. Danach hat die **Brüssel Ia-VO Vorrang**, wenn **beide Parteien** ihren Aufenthalt in einem Mitgliedstaat der EU haben. Hat hingegen nur eine Partei ihren Aufenthalt in einem EU-Mitgliedstaat, gilt das HGÜ. 679

dd) Besondere Regelungen für familienrechtliche Fälle

In Fragen **der Ehescheidung, Trennung und Ungültigerklärung** der Ehe als auch für Verfahren, die die **elterliche Verantwortung für Kinder** betreffen, gilt seit dem 1.8.2022 die **Brüssel IIb-VO**.[58] Die Brüssel IIb-VO löst die bisherige VO (EG) Nr. 2201/2003 des Rates über die Zuständigkeit und die Anerkennung und Vollstreckung von Entscheidungen in Ehesachen und in Verfahren betreffend die elterliche Verantwortung und zur Aufhebung der Verordnung (EG) Nr. 1347/2000 **(Brüssel IIa-VO)** v. 27.11.2003[59] ab. Trotz ihres im Vergleich zur Brüssel IIa-VO deutlich größeren Regelungsumfangs regelt die Brüssel IIb-VO – wie bereits ihre Vorgängerregelung – Fragen der elterlichen Verantwortung und Ehesachen, nicht dagegen andere Rechtsfragen wie die Unterhaltspflicht oder Fragen im Zusammenhang mit Trennung und Scheidung (vgl. Art. 1 III Brüssel IIb-VO, vgl. hierzu ebenso Musielak/Borth/Frank/Frank, FamFG, 7. Aufl. 2022, Art. 1 Brüssel IIb-VO Rn. 1 ff.; Flindt NZFam 2022, 669 (669 f.); Garber/Lugani NJW 2022, 2225 (2225 f.)). Die Brüssel IIb-VO gilt ferner nicht im Verhältnis zu Dänemark (Erwgr. 96 Brüssel IIb-VO). 680

Die noch im ursprünglichen Kommissionsvorschlag[60] zur am 18.6.2011 in Kraft getretenen Rom III-VO (→ Rn. 510) vorgesehenen Änderungen der Zuständigkeitsregelungen für Ehesachen in der Brüssel IIa-VO konnten im Rahmen des Verfahrens der Verstärkten Zusammenarbeit nach Art. 326 ff. AEUV keine Berücksichtigung finden. Die für sämtliche Mitgliedstaaten geltende Brüssel IIa-VO konnte nämlich nicht von einzelnen (hier: 14) Mitgliedstaaten im Wege der Verstärkten Zusammenarbeit geändert werden. Vor diesem Hintergrund wurde erwartet, dass die Überlegungen zur Änderung der Zuständigkeitsregeln für Ehesachen in einen künftigen Reformprozess der Brüssel IIa-VO einfließen würden.[61] Auch die Brüssel IIb-VO setzt die für nötig befundenen Änderungen jedoch nicht durch; die Regelung der internationalen Zuständigkeit in Ehesachen entspricht vielmehr inhaltlich derjenigen der Brüssel IIa-VO.[62]

Für das **Unterhaltsrecht** wurden durch die **EuUnthVO** (→ Rn. 523) mit Wirkung v. 18.6.2011 unter anderem selbstständige Regelungen zur internationalen Zuständigkeit geschaffen. Sie haben bereits die unterhaltsrechtlichen Bestimmungen der seinerzeit noch geltenden Brüssel I-VO ersetzt (vgl. Art. 68 I EuUnthVO). Ausgehend vom gesetzgeberischen Ziel, die Stellung des Unterhaltsgläubigers zu verbessern,[63] wurden erhebliche Änderungen gegenüber den Vorschriften der Brüssel I-VO vorgenommen.[64] Nach der Generalnorm des Art. 3 EuUnthVO sind international und örtlich die mitgliedstaatlichen Gerichte des Ortes zuständig, an dem der Beklagte (lit. a) oder 681

58 ABl. L 178, 1 v. 2.7.2019, Jayme/Hausmann Nr. 162.
59 ABl. 2003 L 338, 1.
60 KOM(2006) 399 endg.
61 Mansel/Thorn/Wagner IPRax 2011, 1 (10) Fn. 99.
62 Garber/Lugani NJW 2022, 2225 (2226).
63 Erwgr. 9, 10, 15 EuUnthVO.
64 Ausf. hierzu Gruber IPRax 2010, 128 (129 ff.); Rauscher/Andrae EuUnthVO Einl. Rn. 1 ff.

die unterhaltsberechtigte Person (lit. b) ihren gewöhnlichen Aufenthalt haben. Daneben besteht unter bestimmten Voraussetzungen eine Zuständigkeit für Unterhaltssachen als Nebenverfahren zu Verfahren in Bezug auf den Personenstand (lit. c) oder auf die elterliche Verantwortung, dh insbesondere Sorgerechtsverfahren (lit. d). Durch die Schaffung einer **Auffang- und Notzuständigkeit** in den Art. 6 bzw. 7 EuUnthVO wird außerdem auch in Fällen mit überwiegendem Drittstaatenbezug ein Forum in der EU eröffnet. Die Möglichkeit einer Gerichtsstandsvereinbarung ist im Vergleich zur früheren Brüssel I-VO restriktiver ausgestaltet (Art. 4 EuUnthVO).

Arbeitsblock

682 Die seit **1.8.2022** geltende **Brüssel IIb-VO** (→ Rn. 680) enthält Zuständigkeitsregelungen für Verfahren in Ehesachen und Verfahren, die die Ehescheidung, die Trennung ohne Auflösung des Ehebandes und die Ungültigerklärung oder die elterliche Verantwortung – **auch für Kinder nicht miteinander verheirateter oder geschiedener Eltern** – zum Gegenstand haben (vgl. Erwgr. 2, 7 und 8 Brüssel IIb-VO sowie die allein auf die „elterliche Verantwortung" abstellende weite Formulierung in Art. 7 I Brüssel IIb-VO, die die Einschränkung auf gemeinsame Kinder miteinander verheirateter Eltern in Art. 3 I Brüssel II-VO nicht mehr enthält). Ihr Anwendungsbereich entspricht damit grundsätzlich demjenigen der Brüssel IIa-VO, geht jedoch weiter als derjenige **Brüssel II VO.**[65] Die Brüssel II-VO enthielt lediglich Zuständigkeitsregelungen für Verfahren in Ehesachen und Verfahren, die die elterliche Sorge für gemeinsame Kinder von Ehegatten betreffen. Die Brüssel IIb-VO genießt gegenüber deutschem Internationalen Verfahrensrecht grundsätzlich Vorrang (vgl. Art. 6 Brüssel IIb-VO). Zeitgleich mit Geltungsbeginn der Brüssel IIb-VO ist am 1.8.2022 das **Gesetz zur Durchführung der Verordnung (EU) 2019/1111 über die Zuständigkeit, die Anerkennung und Vollstreckung von Entscheidungen in Ehesachen und in Verfahren betreffend die elterliche Verantwortung und über internationale Kindesentführungen sowie zur Änderung sonstiger Vorschriften** (IntFamRVG) vom 10. August 2021 (BGBl. 2021 I 3424) in Kraft getreten, das nach § 1 Nr. 1 IntFamRVG auch der Durchführung der Brüssel IIb-VO dient. Eine ausführliche Kommentierung der Brüssel IIb-VO findet sich bei Rauscher (Bd. IV/1, 5. Aufl. 2023) und Musielak/Borth/Frank, FamFG, 7. Aufl. 2022.

b) Nationales Recht

683 Sind für die Bestimmung der internationalen Zuständigkeit weder internationale Übereinkommen noch EU-Verordnungen anwendbar, so ist das autonome (nationale) Recht zu prüfen. Bei der Prüfung der internationalen Zuständigkeit nach autonomem IZVR ist zu unterscheiden:

Lediglich für einige **Einzelfragen** hat der deutsche Gesetzgeber die Frage der internationalen Zuständigkeit **ausdrücklich geregelt**. Eine umfassende Kodifikation für den Bereich Familiensachen und Angelegenheiten der freiwilligen Gerichtsbarkeit ist erstmals durch die am 1.9.2009 in Kraft getretenen **§§ 98–106 des Gesetzes über das**

65 ABl. 2000 L 160, 19.

Verfahren in Familiensachen und in den Angelegenheiten der freiwilligen Gerichtsbarkeit (FamFG) vorgesehen. Für Familiensachen ist die internationale Zuständigkeit jeweils ausdrücklich geregelt (§§ 98–104 FamFG). Für Angelegenheiten der freiwilligen Gerichtsbarkeit (zB Registersachen, unternehmensrechtliche Verfahren, Nachlasssachen) bestimmt **§ 105 FamFG**, dass sich die **internationale stets nach der örtlichen Zuständigkeit richtet**.[66]

In allen **übrigen Fällen** gilt – ähnlich § 105 FamFG – die **Faustregel, dass die örtliche Zuständigkeit die internationale Zuständigkeit indiziert** (sog. **„Doppelfunktionalität der örtlichen Zuständigkeitsvorschriften"**).[67] Die örtliche Zuständigkeit ist in §§ 12 ff. ZPO geregelt. 684

Auch im autonomen Recht gibt es **ausschließliche Zuständigkeiten** (zB §§ 24, 29a ZPO), **vereinbarte Zuständigkeiten** (§§ 38–40 ZPO), **besondere Zuständigkeiten** (zB §§ 29 und 32 ZPO) sowie den **allgemeinen Gerichtsstand** am Wohn- bzw. Geschäftssitz (§§ 12, 13, 17 ZPO). 685

Die Zuständigkeitsprüfung nach autonomem IZVR lässt sich nach dem in dem nachfolgenden Arbeitsblock aufgeführten Schema durchführen:

Arbeitsblock

Prüfungsschema der internationalen Zuständigkeit nach autonomem Recht 686

1. **Nichtanwendbarkeit der Brüssel Ia-VO/brüssel IIb-VO/EuUnthVO bzw. völkerrechtlicher Verträge** (vgl. Geimer IntZivilProzR Rn. 1887 ff.; zur Freiwilligen Gerichtsbarkeit → Rn. 726 ff.).
2. **Ausdrückliche Regelungen** der internationalen Zuständigkeit
   - zB §§ 15, 16, 23, 27 II, 38 II (iVm § 40), 38 III Nr. 2 (iVm § 40), 689 II 2, 703d ZPO; §§ 98 ff. FamFG (insbesondere § 105 FamFG); § 14 II 3 aE UWG.
   - zu Angelegenheiten der freiwilligen Gerichtsbarkeit → Rn. 726 ff.
3. **Faustregel:** Örtliche Zuständigkeit indiziert internationale Zuständigkeit 687
   a) **Spezialgesetze** zur örtlichen Zuständigkeit:
      - zB §§ 246 III, 249 I, 275 IV AktG; §§ 61 III, 75 II GmbHG; § 51 III 3 GenG; § 82 ArbGG; § 26 FernUSG; § 14 II UWG; § 56 II LuftVG.

   b) **ZPO** (§§ 12 ff.)
      (1) Ausschließliche Zuständigkeit (zB §§ 24, 29a ZPO).
      (2) Vereinbarte Zuständigkeit (§§ 38, 40 ZPO, Ausschließlichkeit hängt von der Parteivereinbarung ab: vgl. Zöller/Schultzky ZPO § 38 Rn. 48).
      (3) Rügelose Einlassung (§§ 39, 40 II 2 ZPO).
      (4) Besondere Zuständigkeit (zB §§ 21, 22, 29, 32 ZPO).
      Oder wahlweise (§ 35 ZPO) allgemeiner Gerichtsstand am Wohnsitz bzw. Sitz des Beklagten (§§ 12, 13, 17 ZPO).

66 Vgl. MüKoBGB/Grziwotz BGB § 2353 Rn. 60; weitere Beispiele bei Geimer IntZivilProzR Rn. 947; Rauscher IPR Rn. 2185.

67 BGH NJW 1989, 1356; RIW 2007, 873 (875); Geimer IntZivilProzR Rn. 946; MüKoZPO/Patzina ZPO § 12 Rn. 90.

688 Im Hinblick auf Gerichtsstandsvereinbarungen zwischen Parteien aus unterschiedlichen Staaten ist seit Inkrafttreten der neuen Fassung der Brüssel Ia-VO (→ Rn. 638 ff.) zu beachten, dass die Brüssel Ia-VO auch bei Prorogation eines deutschen Gerichts durch Parteien aus Drittstaaten zur Anwendung kommt, sodass der Anwendungsbereich von §§ 38 II, 39, 40 ZPO im internationalen Kontext erheblich reduziert wird.

689 **Fall 41:** Eine Gesellschaft aus Magdeburg verkauft einem Unternehmen aus Seoul in einem dem deutschen Recht unterstellten Vertrag Metallschrauben. Erfüllungsort ist Seoul. Vergeblich fordert die Verkäuferin das südkoreanische Unternehmen auf, den Restkaufpreis von 25.000 EUR zu zahlen. Ermittlungen ergeben, dass das südkoreanische Unternehmen seinerseits noch ausstehende Forderungen aus Uhrenverkäufen gegen eine andere deutsche Firma in München hat. Die Magdeburger Gesellschaft verklagt das südkoreanische Unternehmen daraufhin in München auf Zahlung von 25.000 EUR nebst Zinsen. Ist das für die Stadt München zuständige LG München I international zuständig?

690 Die **Brüssel Ia-VO** ist nicht anwendbar. Weder hat das beklagte Unternehmen seinen Sitz in einem Mitgliedstaat der EU (vgl. Art. 6 I, 63 I Brüssel Ia-VO) noch ist das LG München I nach Art. 24 oder 25 Brüssel Ia-VO zuständig. Auch für eine Zuständigkeit nach Art. 26 Brüssel Ia-VO (rügelose Einlassung) fehlt jeglicher Anhaltspunkt. Völkerrechtliche Verträge sind ebenfalls nicht anwendbar.

691 Die internationale Zuständigkeit ist daher nach autonomem Recht zu beurteilen. Eine ausschließliche Zuständigkeit liegt nicht vor. In **Fall 41** kommt eine besonders geregelte internationale Zuständigkeit in Betracht (→ Rn. 686 (dort Ziff. 2)). Nach **§ 23 S. 1, Alt. 1 ZPO** ist für vermögensrechtliche Klagen jedweder Art das Gericht international zuständig, in dessen Bezirk sich (selbst wenig) **Vermögen** von Personen befindet, die keinen Wohnsitz im Inland haben. Nach § 23 S. 2 Alt. 1 ZPO ist Vermögen des Beklagten ohne Wohnsitz im Inland, das aus Forderungen gegen Drittschuldner besteht, grundsätzlich **am Wohnsitz des Drittschuldners** belegen (es sei denn, eine Sache haftet für die Forderung als Sicherheit, § 23 S. 2 Alt. 2 ZPO). In **Fall 41** hat das beklagte südkoreanische Unternehmen keinen Wohnsitz im Inland, wohl aber eine in München am Geschäftssitz eines Drittschuldners belegene Forderung. Der Geschäftssitz ist auch in diesem Zusammenhang einem Wohnsitz gleichzusetzen.[68] Deshalb sind die Voraussetzungen von § 23 ZPO erfüllt, sodass das LG München I international zuständig ist. Alternative Zuständigkeiten anderer deutscher Gerichte bestehen nicht. Insbesondere kann sich eine internationale Zuständigkeit nicht aus § 29 ZPO ergeben, da der Erfüllungsort der Geldschuld (§§ 270 IV, 269 I BGB) Seoul ist.

692 Im Zusammenhang mit der internationalen Zuständigkeit nach **§ 23 ZPO** sind folgende Aspekte zu bedenken: Zum einen hat der BGH entschieden,[69] dass die internationale Zuständigkeit trotz der Vermögensbelegenheit im Inland nur dann gegeben ist, wenn der Sachverhalt darüber hinaus einen **hinreichenden Inlandsbezug** aufweist.[70] Zum anderen ist stets vor einer auf § 23 ZPO als Zuständigkeitsnorm gestützten Klage zu prüfen, ob ein Urteil in dem Heimatstaat des Beklagten vollstreckt werden muss (wenn etwa das im Inland belegene Vermögen nicht ausreicht, um die Klagforderung zu befriedigen), und ob dieser fremde Staat die Anerkennung und

68 Vgl. BAG NJW 1985, 2910 (2911).
69 BGH NJW 1991, 3092; vgl. auch BGH NZG 2013, 348 (348 ff.).
70 Inzwischen hM, MüKoZPO/Patzina ZPO § 23 Rn. 15 (mwN); mit Recht krit. hierzu allerdings Geimer NJW 1991, 3072.

Vollstreckung des deutschen Urteils möglicherweise versagt, wenn die Zuständigkeit nur nach § 23 ZPO begründet wird.

Fall 42: Ein englischer Tourist verursacht in Berlin einen Verkehrsunfall. Kann die Geschädigte ihren Schaden von 4.000 EUR in Berlin einklagen? 693

Das im Zusammenhang mit dem **Austritt des Vereinigten Königreichs aus der EU (Brexit)** abgeschlossene Handels- und Kooperationsabkommen zwischen dem Vereinigten Königreich und der EU vom 30.12.2020[71], das nach Ende der Übergangsfrist (31.12.2020) zum 1.1.2021 in Kraft getreten ist, enthält keine Regelungen zum IZVR. **Das Vereinigte Königreich ist somit Drittstaat** für diejenigen deutschen Gerichtsverfahren mit Bezug zum Vereinigten Königreich, die nach dem 1.1.2021 eingeleitet wurden und werden. Die Brüssel Ia-VO ist daher für die Prüfung der internationalen Zuständigkeit bei Sachverhalten mit Bezug zum Vereinigten Königreich grundsätzlich nicht mehr heranzuziehen (Art. 6 I Brüssel Ia-VO), es sei denn, es geht um Zuständigkeitsnormen, die bestimmte „Drittstaaten-Sachverhalte" miterfassen, wie zB Art. 18 I Brüssel Ia-VO (Verbrauchergerichtsstand) oder etwa Normen zu ausschließlichen Gerichtsständen (etwa Art. 24 Brüssel Ia-VO).

Es wird kontrovers diskutiert, welche Rechtsgrundlage **nach Ende der Übergangsfrist** (seit 1.1.2021) bei **Sachverhalten mit Bezug zum Vereinigten Königreich** für die Bestimmung der internationalen Zuständigkeit anzuwenden ist (Überblick etwa bei Steinbrück/Lieberknecht, EuZW 2021, 517, sowie → Rn. 694). Da nach wohl hM das EuGVÜ (dh die Vor-Vorgängerregelung zur Brüssel Ia-VO) im Verhältnis zum Vereinigten Königreich nicht wieder auflebt (→ Rn. 694), das HGÜ lediglich bei ausschließlichen Gerichtsstandsvereinbarungen zwischen Unternehmen in Betracht kommt (→ Rn. 678) und das deutsch-britische Anerkennungs- und Vollstreckungsübereinkommen von 1960 keine Regelungen zur internationalen Zuständigkeit enthält, kommt in diesen Fällen **autonomes Recht** zum Zuge. In **Fall 42** ist die Zuständigkeit des LG Berlin damit nach deutschem autonomem Recht zu bestimmen. Spezialregelungen des autonomen Rechts zur internationalen Zuständigkeit sind hier nicht anwendbar. Die **internationale Zuständigkeit** könnte sich jedoch entsprechend der genannten **Faustregel** (→ Rn. 684) **aus der örtlichen Zuständigkeit** ergeben. Nach § 32 ZPO ist bei Klagen aus unerlaubten Handlungen das Gericht des Tatorts (hier Berlin) örtlich zuständig. Daher ist das AG Berlin auch international zuständig. Weitere Zuständigkeiten bestehen in Deutschland nicht.

Arbeitsblock

I. Zur Ergänzung

1. **„Neufälle" nach Brexit:** Im Mittelpunkt der Diskussion um das anwendbare IZVR bei „Neufällen" mit Bezug zum Vereinigten Königreich (Klagerhebung nach der Übergangsfrist, also ab dem 1.1.2021) steht die Frage, ob das EuGVÜ als Vorgängerregelung zur Brüssel I-VO und damit als Vor-Vorgängerregelung zur Brüssel Ia-VO wieder auflebt (guter Überblick bei Steinbrück/Lieberknecht, EuZW 2021, 517, und Ungerer NJW 2021, 1270 (1271). Einige gehen davon aus, dass es nie zu einer formellen Aufhebung des EuGVÜ gekommen ist und im Übrigen ein Wiederaufleben des 694

71 ABl. 2021 L 149/10.

EuGVÜ zum "relativ erreichbaren Optimum" (Mankowski EuZW-Sonderausgabe 1/2020, 3) bei der Förderung des internationalen Rechtsverkehrs im Verhältnis zum Vereinigten Königreich führen würde. Die wohl vorherrschende Gegenansicht (vgl. Steinbrück/Lieberknecht, EuZW 2021, 517, mwN) geht davon aus, dass es insoweit nicht zu einem Wiederaufleben des EuGVÜ kommt. Zum Teil wird dies mit einer einvernehmlichen Vertragsbeendigung (nach Art. 54 lit. b WVRK) begründet, zT mit Hinweis auf Art. 50 III EUV (keine Anwendung der „Verträge" nach Austritt eines Mitgliedstaats). Auch praktische Erwägungen werden insoweit herangezogen, da etwa das EuGVÜ schlicht nicht mehr den heutigen Stand der innerhalb der EU geltenden Zuständigkeitsordnung widerspiegelt und die britische Regierung das EuGVÜ ohnehin zu negieren scheint (Mankowski EuZW-Sonderausgabe 1/2020, 3 (10) mwN). Das Vereinigte Königreich verfolgt stattdessen den Beitritt zum LugÜ (→ Rn. 676), obwohl es eine EFTA-Mitgliedschaft ablehnt; die EU-Kommission hat sich jedoch gegen diesen Weg über das LugÜ positioniert (dazu Steinbrück/Lieberknecht EuZW 2021, 517 (520), und Ungerer NJW 2021, 1270 (1271).

695 2. **„Altfälle" nach Brexit:** Für Sachverhalte mit Bezug zum Vereinigten Königreich, bei denen das Verfahren vor Ende der Übergangsfrist (31.12.2020) eingeleitet wurde, wird die internationale Zuständigkeit weiter nach der Brüssel Ia-VO bestimmt (dazu Ungerer NJW 2021, 1270 und Wagner EuZW 2022, 550, auch zu Fragen der Sicherheitsleistung).

II. Zur Vertiefung

696 1. Zustandekommen der Gerichtsstandsvereinbarungen

Im Unterschied zu Art. 25 Brüssel Ia-VO richtet sich im autonomen Recht das **Zustandekommen der Gerichtsstandsvereinbarung** (anders als die **Zulässigkeit** ihres Abschlusses, insoweit gilt die *lex fori*) nach der **lex causae**. Da die Gerichtsstandsvereinbarung fast immer als Bestandteil des Hauptvertrags geschlossen wird, unterliegt sie meist dem Statut des Hauptvertrags (vgl. BGHZ 59, 23 (26 f.) = NJW 1972, 1622, 1623; IZVR-HdB/Kropholler Kap. III Rn. 482 ff.). Der Weg zur Begründung ist allerdings wegen der Abschaffung von Art. 27–37 EGBGB aF bei Inkrafttreten der Rom I-VO komplex (→ Rn. 382; Beispiel in → Rn. 377, „Hinweis" in → Rn. 655). Auch hier ist ferner zu beachten, dass die **Formvorschriften** sich bereits aus § 38 ZPO (also der *lex fori*) ergeben und damit insoweit für eine Anwendung der *lex causae* kein Raum ist (BGHZ 59, 23 (29) = NJW 1972, 1622, 1623; Schack IntZivilVerfR Rn. 550). Die Vereinbarung über die ausschließliche Zuständigkeit eines ausländischen Forums kann **unwirksam** sein, **wenn** dadurch die **Anwendung international zwingenden Rechts**, zB Art. 17, 18 EG-Handelsvertreter-Richtlinie (RL 86/653/EWG des Rates vom 18. Dezember 1986 zur Koordinierung der Rechtsvorschriften der Mitgliedstaaten betreffend selbstständige Handelsvertreter (ABl. 1986 L 382, 17); dazu EuGH ECLI:EU:C:2000:605 = BeckRS 2004, 76900 – Ingmar), umgangen wird; dazu Rühl IPRax 2007, 294 ff. Dies gebietet die **unionsrechtskonforme Anwendung von § 38 ZPO** (→ Rn. 706 zum unionsrechtlichen Konformitätsgebot).

697 2. Familien- und Ehesachen

Das autonome Recht der internationalen Zuständigkeit in Familien- und Ehesachen ist durch die Brüssel IIb-VO weitgehend verdrängt worden.

Nur wenig Raum bleibt für die in Art. 6 I, 14 Brüssel IIb-VO vorbehaltenen nationalen Restzuständigkeiten (zu den Restzuständigkeiten Musielak/Borth/Frank FamFG, 7. Aufl. 2022, Art. 6 Rn. 1 ff., Art. 14 Rn. 1).

3. **Einstweiliger Rechtsschutz** 698
Für die internationale Zuständigkeit im einstweiligen Rechtsschutz bestehen kaum Besonderheiten (vgl. Schack IntZivilVerfR Rn. 517 ff.).

4. **Justizgewähranspruch** 699
Ist die internationale Zuständigkeit deutscher Gerichte gegeben, so ist die Bundesrepublik zur Justizgewährung verpflichtet. Eine Unzuständigkeit nach der (US-amerikanischen) Lehre vom *forum non conveniens* kommt nicht in Betracht (Geimer IntZivilProzR Rn. 1073 ff. mwN auch auf die Rechtsprechung; Zust. Schack IntZivilVerfR Rn. 609 ff.; vgl. noch zur EuGVVO Kropholler/v. Hein EurZivilProzR vor Art. 2 Rn. 20). Eine Regelung, die der *Forum-non-conveniens*-Lehre ähnliche Erwägungen enthält, ist **Art. 12, 13 Brüssel IIb-VO**.

5. **Forum shopping** 700
Bei der Einleitung von grenzüberschreitenden Verfahren ist stets vorab zu überlegen, **aus der Sicht welchen Gerichts (welchen Staats)** mit der Zuständigkeitsprüfung und der IPR-Prüfung begonnen werden sollte: Kann der Kläger nämlich **zwischen verschiedenen Gerichtsständen in verschiedenen Staaten wählen**, so kann er damit auch das auf den Fall anwendbare Prozessrecht (die jeweilige *lex fori*, → Rn. 704), das anwendbare IPR und das letztlich anwendbare materielle Recht bestimmen (→ Rn. 636). Er kann dadurch uU beeinflussen, dass ein Recht zur Anwendung kommt, das – wie zB das US-Recht – außerordentlich hohe Schadensersatzsummen kennt oder das, wie das französische Recht, Schadensersatz bei Beendigung des Vertriebshändlervertrags – anders als das deutsche Recht – deliktsrechtlich qualifiziert, vgl. Dostal EuZW 2018, 944 ff. Diese Möglichkeit des **forum shopping** ist aus deutscher Sicht legitim, wird aber zT kritisiert (Überblick bei Geimer IntZivilProzR Rn. 1095 ff.; Schütze, Rechtsverfolgung im Ausland: Prozessführung vor ausländischen Gerichten und Schiedsgerichten, 4. Aufl. 2009, S. 62 ff. und Schack RabelsZ 58 (1994), 40 ff., jeweils auch zu den Abwehrstrategien des Beklagten). Beim *forum shopping* ist auch auf die Vollstreckbarkeit zu achten (vgl. zB später **Fall 45** → Rn. 765 ff. zu Schwierigkeiten bei der Vollstreckung exorbitanter Schadensersatzansprüche). Diese Fragen werden in der Praxis vor der Einleitung internationaler Zivilverfahren oder bei der Vereinbarung von Gerichtsstandklauseln erstaunlich oft übersehen.

6. **Zur Einrede der Rechtshängigkeit**, gestützt auf eine bereits im Ausland erhobene Klage: vgl. die Nachweise → Rn. 775. 701

7. **Literatur**
Nagel/Gottwald IntZivilProzR Rn. 3.500 ff.; Geimer/Schütze EurZivilVerfR/Schütze E. 1 Rn. 1 ff.

3. Sonstige Prozessvoraussetzungen und Verfahrensfragen

702 Die Brüssel Ia-VO enthält **unionsrechtliches Prozessrecht**, das wie unionsrechtliches Sachrecht unmittelbar gilt (→ Rn. 291 f. sowie → Rn. 59 zum Vorrang des Unionsrechts) und nationales Prozessrecht verdrängt. Zusammen mit insbesondere den vergleichbaren Regelungen im LugÜ und den Regelungen in der Brüssel IIa-VO (II) (→ Rn. 676 und → Rn. 680) kann man vom **Europäischen (Internationalen) Prozessrecht** sprechen (IZVR unionsrechtlichen Ursprungs; **EuIZvR**).

Innerhalb der EU gilt darüber hinaus auch im Internationalen Prozessrecht (und im für Ausländer geschaffenen Prozessrecht) das **Gebot der Unionsrechtskonformität** (dazu → Rn. 706). Damit ist auch im Prozessrecht – wie im IPR (→ Rn. 6 ff.) – zwischen **drei Fallkategorien** zu unterscheiden: **nationalen** Fällen, **europäischen** Fällen sowie **internationalen Fällen, die Drittstaaten** außerhalb der EU betreffen (für die Schweiz und Norwegen als Mitgliedstaaten des LugÜ – (dazu → Rn. 676) – besteht aus zivilprozessualer Sicht eine der Rechtslage in der EU weitgehend identische Stellung).

Da die Brüssel Ia-VO nicht alle Fragen des Internationalen Prozessrechts regelt, ist ergänzend auch für die Bearbeitung von europäischen Fällen auf prozessrechtliche Regelungen in Übereinkommen und im autonomen Recht (einschließlich von Ausführungsgesetzen zu internationalen Übereinkommen) zurückzugreifen.

Deutsche Gerichte verfahren grundsätzlich nach der *lex fori*, also nach deutschem Verfahrensrecht (*forum regit processorum*). Auf ausländische Vorschriften nimmt das autonome IZVR nur selten Bezug, so aber in § 55 ZPO (Prozessfähigkeit) und § 110 II Nr. 1 ZPO (Entbehrlichkeit der Ausländersicherheit). Völkerrechtliche Verträge regeln hauptsächlich Verfahrensfragen, für deren Lösung die Hilfe fremder Staaten erforderlich ist **(internationale Rechtshilfe)**, so vor allem für die Zustellung oder Beweisaufnahme im Ausland.

Arbeitsblock

I. Zur Ergänzung

703 **1. Örtliche Zuständigkeit**

Bei der Bestimmung der örtlichen Zuständigkeit ist zu beachten, dass bestimmte Vorschriften der Brüssel Ia-VO, die die internationale Zuständigkeit regeln, gleichzeitig auch die örtliche bestimmen, so zB Art. 7 Brüssel Ia-VO.

704 **2. Grundsatz der *lex fori* und Rechtsvergleichung**

Nach der hM gilt der **Grundsatz der *lex fori*** nahezu uneingeschränkt (vgl. zB BGH NJW 1992, 438 (439); vertiefend Leipold, *Lex fori*, Souveränität, Discovery, Grundfragen des internationalen Zivilprozessrechts, 1989, S. 25 ff. und Geimer IntZivilProzR Rn. 20, 319 ff. mit Hinweis auf eine ausgesprochen abgelegene Ausnahme in Eheprozessen in → Rn. 328). Besondere Bedeutung hat dabei oft die Entscheidung zwischen der prozessrechtlichen oder materiell-rechtlichen **Qualifikation** eines Rechtsinstituts.

Beispiel: Im englischen Recht kann aus einem Vertrag in bestimmten Fällen – anders als im deutschen Recht – in der Regel **nicht auf Erfüllung** geklagt werden. Klagt ein Gläubiger in diesen Fällen vor einem deutschen Gericht bei englischem Vertragsstatut auf Erfüllung, so hängt der Erfolg davon ab, ob die Frage der Klagbarkeit von Erfüllungsansprüchen materiell-rechtlich (dann englisches Recht) oder prozessrechtlich (dann deutsches Recht als *lex fori*) qualifiziert wird (vgl. Geimer IntZivilProzR Rn. 347 ff. mwN; insgesamt zur Qualifikation: Geimer IntZivilProzR Rn. 312 ff.). Unter Hinweis auch auf solche Abgrenzungsschwierigkeiten zwischen materiellem Recht und Verfahrensrecht hat ein Teil der Literatur den Grundsatz der *lex fori* insgesamt infrage gestellt (vgl. Coester-Waltjen, Internationales Beweisrecht: Das auf den Beweis anwendbare Recht in Rechtsstreitigkeiten mit Auslandsbezug, 1983, S. 82 (144); krit. dazu zB v. Bar/Mankowski IPR I § 5 Rn. 77 ff.; differenzierend nach einzelnen Bereichen des IZVR: Geimer IntZivilProzR Rn. 333 ff.). Klassisch ist das Problem der **Verjährung:** Im deutschen Recht ist sie im BGB geregelt und Teil des Sachrechts (§§ 194 ff. BGB); in den US-amerikanischen Rechtsordnungen wird die Verjährung hingegen prozessrechtlich qualifiziert (vgl. dazu Hay IPRax 1989, 197). Zu den aus diesem Unterschied folgenden Qualifikationsproblemen vgl. die Darstellung des vom Reichsgericht entschiedenen **„Tennessee-Wechsel“**-Falles (→ Rn. 101) bei Kegel/Schurig IPR § 2 II 3b S. 141 f.

Ein anderes Beispiel ist die **Beweislast**, die zB in der EU materiell-rechtlich und in China prozessrechtlich qualifiziert wird (Art. 64 S. 1 chin. Zivilprozessrecht).

Ausnahmen zum Grundsatz der *lex fori* ergeben sich teilweise aus **völkerrechtlichen Verträgen**. Zum Beispiel richtet sich die Prozessfähigkeit einer New Yorker Gesellschaft nach Art. XXV Abs. 5 S. 2 Deutsch-amerikanischen Freundschafts-, Handels- und Schifffahrtsvertrags v. 29.10.1954 (BGBl. 1956 II 488), nach New Yorker Recht (OLG Zweibrücken NJW 1987, 2168). Ebenso ergibt sich die **Unklagbarkeit von Ansprüchen aus Devisenkontrakten**, die gegen das Devisenrecht eines Vertragsstaates des Bretton Woods-Übereinkommens über den Internationalen Währungsfonds verstoßen, aus Art. VIII Abschn. 2 lit. b des Übereinkommens (vgl. BGHZ 55, 334 = WM 1971, 411 und → Rn. 228). 705

3. Unionsrechtliches Konformitätsgebot 706

Wie im IPR (→ Rn. 40), gilt auch im IZVR das unionsrechtliche Konformitätsgebot: Dies bedeutet, dass bei der Schaffung und Anwendung von IZVR das Unionsrecht zu beachten ist (vertiefend Brödermann MDR 1992, 89 (93 ff.)). So hat zB eine Entscheidung des EuGH im Jahr 1993 (EuGH ECLI:EU:C:1993:280 = BeckRS 2004, 74913 – Hubbard/Homburger; hierzu Streinz/Leible IPRax 1998, 162 ff.), die die Frage der Auferlegung einer **Prozesskostensicherheit** gegenüber einem englischen Testamentsvollstrecker betraf, zur Abänderung von § 110 I ZPO geführt: Das Verlangen einer Prozesskostensicherheit von einem in Ausübung seines Berufs handelnden Unionsbürger mit Wohnsitz in einem anderen Vertragsstaat (England war seinerzeit EU-Mitglied) allein aus dem Grund, dass er Angehöriger eines anderen Mitgliedstaates ist, beschränkte ihn in seiner Dienstleistungsfreiheit (Art. 56, 57 AEUV) und es verstieß gegen das allgemeine Diskriminierungsverbot (Art. 18 AEUV). Deshalb müssen Unionsbürger und ihnen nach Art. 54, 62 AEUV gleichgestellte Gesellschaften heute in keinem Mitgliedstaat mehr Prozesskostensicherheit zahlen (gleiches gilt für Kläger aus Vertragsstaaten des EWR; vgl. zur Prozesskostensicherheit bei Gesellschaften BGH NJW-RR 2017, 1320; bei Klagen von englischen Klägern in Deutschland gilt seit dem **Brexit** hingegen wieder § 110 ZPO[72]). Ebenso haben vom EuGH angemahnte unionsrechtliche Schranken die Regelungen zum **Arrest** in § 917 II ZPO beeinflusst (vgl. Brödermann/Iversen Europ. GemeinschaftsR und IPR Rn. 30). Nach der abermaligen Neufassung von § 917 II ZPO (in Kraft seit 1.1.2004) ist der europäische Einfluss nun nicht mehr ohne weiteres erkennbar.

707 **II. Zur Vertiefung**

1. Internationale Zustellung

Die **Zustellung im Ausland ist im autonomen IZVR in §§ 183, 184 ZPO und in der Rechtshilfeordnung für Zivilsachen (ZRHO)** v. 19.10.1956 (abgedruckt bei Geimer/Schütze IntRechtsverkehr, unter G.I.) geregelt (zur Auslandszustellung außerhalb von Prozessen vgl. § 132 II BGB). Nach § 184 I ZPO kann das Gericht zB die Benennung eines **Zustellungsbevollmächtigten** anordnen (dieser kann auch bereits privatrechtlich in einem internationalen Vertrag bestimmt werden). Die ZRHO enthält allgemeine, von den Justizministerien des Bundes und der Länder beschlossene Richtlinien für den Rechtshilfeverkehr (vgl. Schack IntZivilVerfR Rn. 728 und 734).

708 Diese autonomen Bestimmungen werden **weitgehend** durch unionsrechtliche und völkerrechtliche Regelungen **verdrängt**; die wichtigsten sind:

- in der EU **die EuZVO** (Jayme/Hausmann Nr. 224), die die ursprüngliche Verordnung aus dem Jahr 2007 zum 1.7.2022 abgelöst hat und in der Literatur zT auch als **ZustellungsVO** bezeichnet wird. Diese Reform betraf insbesondere die Einführung einer elektronischen Zustellung, die Neuregelung der unmittelbaren Zustellung, Fragen der Übersetzung und des Annahmeverweigerungsrechts sowie die Digitalisierung der Kommunikation zwischen Behörden (vertiefend zur EuZVO Fabig/Windau NJW 2022, 1977; Kommentierung bei Schlosser/Hess, EU-Zivilprozessrecht, 5. Aufl. 2021). Nach Art. 29 I EuZVO geht die Verordnung staatsvertraglichen Regelungen und nach § 183 I ZPO der Zustellung nach §§ 183 II–VI ZPO vor. Zur Frage der Zulässigkeit **fiktiver Zustellungen** im Anwendungsbereich der EuZVO s. Geimer/Schütze IntRechtsverkehr/Okonska EuZVO Art. 1 Rn. 30 ff. Die überarbeitete EuZVO gilt auch im Verhältnis zu Dänemark (vgl. ABl. 2021 L 19/1).
- Art. 1–7 **Haager Übereinkommen über den Zivilprozess (HZPÜ)** v. 1.3.1954 (BGBl. 1958 II 576; Jayme/Hausmann Nr. 210), in Deutschland ergänzt durch ein **Gesetz zur Ausführung des Haager Übereinkommens v. 1.3.1954 über den Zivilprozess** v. 18.12.1958 (BGBl. 1958 I 939; Jayme/Hausmann Nr. 210a) und
- 709 das **Haager Übereinkommen über die Zustellung gerichtlicher und außergerichtlicher Schriftstücke im Ausland in Zivil- oder Handelssachen (HZÜ)** v. 15.11.1965 (BGBl. 1977 II 1453; Jayme/Hausmann Nr. 211), das nach Art. 22 HZÜ für Vertragsstaaten die Art. 1–7 HZPÜ verdrängt. Es wird durch ein Gesetz zur Ausführung des Haager Übereinkommens v. 15.11.1965 über die Zustellung gerichtlicher und außer-

72 BGH GRUR-RS 2021, 4858 Rn. 5 ff., dazu Wagner EuZW 2022, 550 (551 f.).

gerichtlicher Schriftstücke im Ausland in Zivil- und Handelssachen und des Haager Übereinkommens v. 18.3.1970 über die Beweisaufnahme im Ausland in Zivil- oder Handelssachen v. 22.12.1977 (BGBl. 1977 I 3105; Jayme/Hausmann Nr. 212a), und die **Bekanntmachung über das Inkrafttreten des Haager Zustellungsübereinkommens** v. 21.6.1979 (BGBl. 1979 II 779), ergänzt.

- Im Verhältnis zu einigen Staaten (zB **Dänemark, Schweden, Österreich, Schweiz, Niederlande, Frankreich**) werden die multilateralen Übereinkommen **durch bilaterale Abkommen ergänzt**, die die **Zustellung** in den betroffenen Staaten in der Regel noch weitergehender als die Übereinkommen vereinfachen (vgl. dazu auch Art. 11 HZÜ) Pfennig, Die Internationale Zustellung in Zivil- und Handelssachen, 1988, S. 42 ff. und 58 f.; vgl. insgesamt den tabellarischen Überblick bei Schütze IntZivilProzR/EuropZivilProzR Rn. 578 ff.; ein Überblick über von Deutschland geschlossene bilaterale Übereinkommen zur weiteren Vereinfachung der grenzüberschreitenden Zustellung findet sich ebenfalls bei Geimer/Schütze IntRechtsverkehr/Okonska EuZVO Art. 20 Rn. 9 ff.). Im Verhältnis zum **Vereinigten Königreich** lebt nach dem **Brexit** das Deutsch-Britische Abkommen über den Rechtsverkehr vom 20.3.1928 wieder auf, s. etwa Ungerer NJW 2021, 1270; Steinbrück/Lieberknecht EuZW 2021, 517 (521); Mankowski EuZW-Sonderausgabe 1/2020, 3. 710

In der Praxis stellt das **HZÜ** die **wichtigste Rechtsquelle** der Zustellung im außereuropäischen Ausland dar. Nach Art. 2 HZÜ bestimmt jeder Vertragsstaat eine **„Zentrale Behörde“**, die Anträge auf Zustellung von Schriftstücken aus anderen Vertragsstaaten entgegennimmt und die Zustellung nach Art. 5 HZÜ im eigenen Staat bewirkt oder veranlasst. Diese Zustellung durch die Zentrale Behörde eines Vertragsstaats hat die zeitraubende Zustellung auf diplomatischem oder konsularischem Wege, die Art. 8 HZÜ grundsätzlich zulässt, weitgehend verdrängt (die Bundesrepublik Deutschland hat für Zustellungen in ihrem Hoheitsgebiet ohnehin **Widerspruch gegen die diplomatische oder konsularische Zustellung nach Art. 8 HZÜ** sowie gegen andere Formen der Zustellung nach Art. 10 HZÜ erklärt, vgl. § 6 Ausführungsgesetz v. 22.12.1977 (BGBl. 1977 I 3105); eine **Übersicht über Erklärungen und Vorbehalte** der Vertragsstaaten findet sich bei MüKoZPO/Rauscher HZÜ Rn. 10). **Soweit völkerrechtliche Regelungen nicht bestehen**, muss die Zustellung im Ausland regelmäßig in einer formlosen Art und Weise durchgeführt werden. Dies geschieht – häufig unter Zuhilfenahme der deutschen Konsulate im Ausland – durch die **einfache Übergabe** des zuzustellenden Schriftstücks an den Adressaten, sofern dieser zur Annahme bereit ist (vgl. dazu Pfennig, Die Internationale Zustellung in Zivil- und Handelssachen, 1988, S. 22 ff. und 68 f.). 711

2. **Beweisaufnahmen** 712
   a) **Allgemeine Regel:** Die Beweisaufnahme **im Ausland** ist in **§ 363 ZPO** geregelt: überwiegend durch Verweisungen auf EU-Recht und Völkerrecht.
   b) **Beweisaufnahme innerhalb der EU:** Für die Beweisaufnahme gilt **in der EU** seit dem 1.7.2022 die **EuBVO**; Jayme/Hausmann Nr. 225). Die Verordnung hat die bis dahin geltende **VO (EG) Nr. 1206/2001 des**

Rates vom 28. Mai 2001 (EGBVO) abgelöst. Zweck der neuen Verordnung ist insbesondere die Verbesserung des Einsatzes moderner Technologien bei grenzüberschreitenden Beweisaufnahmen, etwa indem die Vorteile der Digitalisierung besser genutzt werden (Rauscher/v. Hein EU-BewVO Einl. Rn. 7 f.). Beispielsweise führt die EuBVO die **Videobeweisaufnahme** ein (vgl. Art. 20 EuBVO). Ebenso können Ersuchen und sonstige Mitteilungen in elektronischer Form übermittelt werden (vgl. Art. 7 EuBVO). Die für die Durchführung der EGBVO durch das **Gesetz zur Durchführung gemeinschaftsrechtlicher Vorschriften über die grenzüberschreitende Beweisaufnahme in Zivil- oder Handelssachen in den Mitgliedstaaten** (EG-Beweisaufnahmedurchführungsgesetz v. 4.11.2003 (BGBl. 2003 I 2166) geschaffenen Durchführungsvorschriften in **§§ 1072–1075 ZPO** bedurften infolge der Revision der Verordnung einer Anpassung. Diese erfolgte durch das Gesetz zur Durchführung der EU-Verordnungen über grenzüberschreitende Zustellungen und grenzüberschreitende Beweisaufnahmen in Zivil- oder Handelssachen, zur Änderung der Zivilrechtshilfe, des Vormundschafts- und Betreuungsrechts, zur Anpassung von Rechtsvorschriften zum Verbraucherschutz und zur Verbraucherrechtsdurchsetzung sowie zur Änderung sonstiger Vorschriften vom 24. Juni 2022 (BGBl. 2022 I 959). Für die Auslegung der neuen EuBVO ist die bisherige zur EGBVO etablierte Rechtspraxis zu beachten (Rauscher/v. Hein EU-BewVO Einl. Rn. 2).

Die EuBVO **regelt nur das „Wie" der Beweisaufnahme, überlässt das „Ob" dagegen den innerstaatlichen Rechtsvorschriften** (vgl. Rauscher/v. Hein EU-BewVO Art. 1 Rn. 13). Allgemein zum Verhältnis der EuBVO zum innerstaatlichen Recht s. Rauscher/v. Hein EU-BewVO Art. 1 Rn. 13 ff.; EuGH ECLI:EU:C:2012:540 = BeckRS 2012, 81870; instruktiv zur EuBVO darüber hinaus Knöfel RIW 2021, 247; Anders/Gehle/Schmidt Vorbem. zu § 1072 Rn. 1 ff.)

713 c) **Völkerrechtliche Regelungen (Beweisaufnahme außerhalb der EU)**

Im Verhältnis zur EuBVO nachrangige (vgl. Art. 29 EuBVO) völkerrechtliche Regelungen enthalten insbesondere Art. 8–16 HZPÜ (→ Rn. 708) und das **Haager Übereinkommen über die Beweisaufnahme im Ausland in Zivil- oder Handelssachen (HBÜ)** v. 18.3.1970 (BGBl. 1977 II 1472; Jayme/Hausmann Nr. 212), das das HZPÜ zwischen den Vertragsstaaten insoweit verdrängt. Ergänzend sind das **Ausführungsgesetz** v. 22.12.1977 und die **Bekanntmachung** v. 21.6.1979 heranzuziehen (sämtliche Texte (auszugsweise) abgedruckt bei Anders/Gehle/Göertz ZPO Anh. nach § 363). Das Übereinkommen regelt sowohl die Beweisaufnahme aufgrund eines Rechtshilfeersuchens als auch die Beweisaufnahme durch diplomatische oder konsularische Vertreter und durch Beauftragte (ausführlich Junker, Discovery im deutsch-amerikanischen Rechtsverkehr, 1987, S. 212 ff., insbesondere 225 ff.; zur Beweiserhebung im Ausland insgesamt: Schütze, Rechtsverfolgung im Ausland: Prozessführung vor ausländischen Gerichten und Schiedsgerichten, 4. Aufl. 2009, S. 135 ff.; Schack IntZivilVerfR Rn. 842 ff.). Bedeutung entfaltet das Übereinkommen etwa im Verhältnis zu **Dänemark**, da die EuBVO hier nicht gilt (vgl. Erwgr. 38 EuBVO;

Anders/Gehle/Schmidt Vorbem. zu § 1072 Rn. 2). Im Verhältnis zum **Vereinigten Königreich** sind seit dem **Brexit** das HBÜ und Art. 8 ff. des Deutsch-Britischen Abkommens über den Rechtsverkehr vom 20.3.1928 anwendbar (Steinbrück/Lieberknecht EuZW 2021, 517 (522)).

d) Discovery und Pre-trial discovery **714**

Unter dem Recht der *Discovery* versteht man im angelsächsischen Rechtsraum das Recht, vom Gegner nach Klageeinreichung, aber vor der ersten mündlichen Verhandlung zur Hauptsache die Vorlage von Unterlagen zu verlangen. Diesem Recht stehen sog. *Privileges* als Verteidigungsmittel gegenüber (zB das *Attorney-client privilege*), durch die Anträge auf *Discovery* abgewehrt werden können. Rechtsordnungen, die wie die deutsche keine *Discovery* kennen, halten keine Verteidigungsmittel in Form von *Privileges* vor. Umgekehrt ist US-amerikanischen Juristen das kontinentaleuropäische „Anwaltsgeheimnis" als strafbewehrte Verpflichtung des Anwalts als Organ der Rechtspflege (§ 1 BRAO) unbekannt (vgl. die rechtsvergleichende Darstellung von Meyer-Hauser/Sieber, Attorney Secrecy v Attorney-Client Privilege in International Commercial Arbitration (2007), 73 Arbitration 148 ff.). Begehrt ein Kläger im amerikanischen Verfahren von einem deutschen Beklagten die Vorlage von Unterlagen, sind Konflikte vorprogrammiert. Zu einem echten **Justizkonflikt** haben amerikanische Beweisanordnungen nach autonomem US-Bundesrecht geführt: Nach Rule 26 Federal Rules of Civil Procedure haben die Parteien zur Vorbereitung der Hauptverhandlung *(trial)* unter anderem die Möglichkeit, die Unterlagen des Gegners **auszuforschen** (zu entdecken: *Pre-trial Discovery*, vgl. Trittmann/Leitzen IPRax 2003, 7 ff.; Roggenbuck IPRax 1997, 76 ff.; Schütze, Prozessführung und -risiken im deutsch-amerikanischen Rechtsverkehr, 2004, S. 139 ff.). Dabei treffen den Gegner Mitwirkungspflichten (zB nach Rule 26 Federal Rules of Civil Procedure die Pflicht zur anfänglichen Offenlegung solcher Beweismittel, die für die eigene Klage oder Einwendungen in Betracht kommen), deren Nichtbeachtung zu scharfen Sanktionen (zB Präklusion oder Fiktion von Zugeständnissen nach Rule 37b 2 A Federal Rules of Civil Procedure) führt (vgl. Junker, Discovery im deutsch-amerikanischen Rechtsverkehr, 1987, S. 36, 145 ff.). Die Bundesrepublik hat solch ein Ausforschungsverfahren, das dem deutschen Recht fremd ist, in Deutschland zunächst vermieden. Hierzu hatte sie bei der Hinterlegung der Ratifikationsurkunde zum HBÜ gem. Art. 23 HBÜ erklärt, dass in ihrem Hoheitsgebiet Rechtshilfeersuchen um *Pre-trial discovery* nicht erledigt würden (Bekanntmachung zum HBÜ, B 5, abgedruckt bei Anders/Gehle/Göertz Anh. III nach § 363 ZPO). In diesem Sinne bestimmte § 14 Ausführungsgesetz zum HBÜ aF, dass Rechtshilfeersuchen, die ein Verfahren nach Art. 23 HBÜ zum Gegenstand haben, nicht erledigt werden. Der Deutsche Bundestag hatte sich am 23.3.2017 zudem zunächst gegen eine Einschränkung dieses Totalvorbehalts entschieden.[73]

73 Vgl. Reg-E, BT-Drs. 18/10714; s. dazu Zekoll/Haas, Veröffentlichung auf zpoblog.de v. 14.5.2017 (http://www.zpoblog.de/pre-trial-discovery-document-rechtshilfe-beweisaufnahmeersuchen-haager-beweisuebereinkommen-hbue/).

Amerikanische Gerichte haben dennoch *Pre-trial discovery* von in Deutschland belegenen Unterlagen angeordnet und dabei unter Berufung auf autonomes amerikanisches Recht die Anwendung des auch von den USA ratifizierten HBÜ vermieden (vgl. zum Ganzen: Junker, Discovery im deutsch-amerikanischen Rechtsverkehr, 1987, S. 362 ff.; Junker BB 1987, 1752 ff.; für die Reaktion eines deutschen Gerichts vgl. LG Kiel IPRax 1984, 146 und die Darstellung bei Kegel/Schurig IPR § 23 VI S. 1137 ff. mwN).

715 Mit Erlass des **Gesetzes zur Durchführung der EU-Verordnungen** über grenzüberschreitende Zustellungen und grenzüberschreitende Beweisaufnahmen in Zivil- oder Handelssachen, zur Änderung der Zivilrechtshilfe, des Vormundschafts- und Betreuungsrechts, zur Anpassung von Rechtsvorschriften zum Verbraucherschutz und zur Verbraucherrechtsdurchsetzung sowie zur Änderung sonstiger Vorschriften **vom 24. Juni 2022** (BGBl. 2022 I 959) hat die Bundesrepublik schließlich § 14 Ausführungsgesetz zum HBÜ neu gefasst und den **Totalvorbehalt aufgegeben**. Auf eine *Pre-trial discovery* gerichtete Rechtshilfeersuchen werden nunmehr erledigt, wenn (1.) die vorzulegenden Dokumente im Einzelnen genau bezeichnet sind, (2.) die vorzulegenden Dokumente für das jeweilige Verfahren und dessen Ausgang von unmittelbarer und eindeutig zu erkennender Bedeutung sind, (3.) die vorzulegenden Dokumente sich im Besitz einer an dem Verfahren beteiligten Partei befinden, (4.) das Herausgabeverlangen nicht gegen wesentliche Grundsätze des deutschen Rechts verstößt und, (5.) soweit personenbezogene Daten in den vorzulegenden Dokumenten enthalten sind, die Voraussetzungen der Datenschutzgrundverordnung erfüllt sind. Zusätzlich sanktioniert das deutsche Recht in bestimmten Fällen die **Verweigerung von Beweisaufnahmen im Ausland**, vgl. BGH IPRax 1987, 176 mAnm Schlosser IPRax 1987, 153. Die Tatsache, dass ein US-amerikanisches Urteil, dem ein Pre-trial-discovery-Verfahren vorausgegangen ist, in Deutschland vollstreckt werden soll, ist an sich kein Vollstreckungshindernis, vgl. BGH NJW 1992, 3096 (3099).

716 3. **Beweis durch Urkunden**

a) **Innerhalb der EU:** Seit dem 16.2.2019 gilt die **EuUrkVO; Jayme/Hausmann Nr. 253.**[74] Diese sieht unter anderem vor, dass gem. Art. 4 EuUrkVO öffentliche Urkunden, die die Behörde eines Mitgliedstaats ausgestellt hat und die einen Sachverhalt iSd Art. 2 I, II EuUrkVO betreffen, „von jeder Art der Legalisation und ähnlicher Förmlichkeit befreit" sind. Erfasst sind hiervon unter anderem Urkunden betreffend den Wohnsitz, die Staatsangehörigkeit oder die Vorstrafenfreiheit. Gemäß Art. 19 I, II EuUrkVO bleiben internationale Übereinkünfte unberührt. Die Verordnung hat jedoch **zwischen den Mitgliedstaaten Vorrang** gegenüber übrigen bi- oder multilateralen Vereinbarungen (hierzu Nagel/Gottwald IntZivilProzR Rn. 10.133; Kohler/Pintens FamRZ 2019, 1477 (1480 ff.)). Dies betrifft folglich etwa das im Verhältnis zu **Frankreich** bereits vor Inkrafttreten der Verordnung bestehende bilaterale Abkommen vom 13.9.1971 (BGBl. 1974 II 1075;

74 ABl. 2016 L 200, 1.

Jayme/Hausmann Nr. 254). Entsprechende Abkommen bestehen ebenso mit Belgien, Dänemark, Griechenland, Italien, Österreich, Schweiz (abgedruckt bei Geimer/Schütze IntRechtsverkehr/Schmidt unter D.III.)).

b) **Völkerrecht (Apostille):** Soweit die EuUrkVO nicht zur Anwendung kommt, ist gegebenenfalls das Haager Übereinkommen zur **Befreiung ausländischer öffentlicher Urkunden von der Legalisation** v. 5.10.1961 (BGBl. 1965 II 876; Jayme/Hausmann Nr. 250) zu beachten (zB für den deutsch-amerikanischen Rechtsverkehr). Es sieht für ausländische öffentliche Urkunden, die im Inland (insbesondere als Beweismittel) vorzulegen sind, das gegenüber der Legalisation vereinfachte Verfahren zur Erteilung der sog. **Apostille** vor (vgl. dazu Anders/Gehle/Gehle § 438 Rn. 12 ff. auch zu weiteren Rechtsquellen; sehr lesenswert Nagel/Gottwald IntZivilProzR Rn. 10.135f. insbesondere zum Geltungsbereich, Rn. 11.52): Aufgrund eines standardisierten vereinfachten Verfahrens kann die Echtheit ausländischer Unterschriften nachgewiesen werden. 717

4. **Ermittlung fremden Rechts** 718

a) **Grundsatz: Von Amts wegen.** Anders als zB französische Gerichte sind deutsche Gerichte verpflichtet **von Amts wegen** anwendbares ausländisches Recht zu ermitteln (*iura novit curia*, vgl. § 293 S. 2 ZPO; s. auch BGH MDR 2002, 899 f. und Kegel/Schurig IPR § 15 II und III S. 498 ff.). Das pflichtgemäße Ermessen des Tatrichters erfordert es, auch „die konkrete Ausgestaltung des Rechts in der ausländischen Rechtspraxis" zu berücksichtigen (so eindringlich jüngst BGH EuZW 2018, 732 (Rn. 12) unter Hinweis auf BGH NJW 2014, 1244 Rn. 15). Eine Hilfestellung für Gerichte bei der Ermittlung des anwendbaren Rechts bieten die **Hamburger Leitlinien zur Ermittlung und Anwendung ausländischen Rechts in deutschen Verfahren** (2023), abrufbar unter www.hhleitlinien.de (abgerufen am 5.2.2024).

b) **Rechtshilfeersuchen:** Zur Ermittlung fremden Rechts können deutsche Gerichte internationale **Rechtshilfeersuchen** stellen. Eine völkerrechtliche Grundlage enthält vor allem das **Europäische Übereinkommen betreffend Auskünfte über ausländisches Recht** v. 7.6.1968 (BGBl. 1974 II 937). In der Praxis spielt dieses Übereinkommen jedoch eine eher untergeordnete Rolle. Weit häufiger werden im förmlichen Beweisverfahren (§§ 402 ff. ZPO) **Sachverständigengutachten** eingeholt. Hierfür bieten sich insbesondere das Max-Planck-Institut für ausländisches und internationales Privatrecht in Hamburg („MPI") sowie die entsprechenden Lehrstühle an den Universitäten an. Zu dieser Gutachten-Praxis vgl. das zweifelhafte Urteil BGH NJW 1991, 1418, dazu zu Recht krit. Samtleben NJW 1992, 3057. Weiter vertiefend, auch zur Frage des **Ersatzrechts** bei Nichtfeststellbarkeit des fremden Rechts, vgl. Schütze IntZivilProzR/EuropZivilProzR Rn. 2598 ff. mwN; MüKoBGB/v. Hein IPR Einl. Rn. 329 ff. Zum Nachweis deutschen Rechts im ausländischen Prozess vgl. Schütze, Rechtsverfolgung im Ausland: Prozessführung vor ausländischen Gerichten und Schiedsgerichten, 4. Aufl. 2009, S. 148 ff. Zur Frage der **(Ir-)Revisibilität ausländischen** 719

Rechts nach Neufassung der §§ 545 I ZPO, 72 I FamFG vgl. Geimer IntZivilProzR Rn. 2610 ff. (Revisibilität bejahend). In der Praxis besteht hier das Problem, dass die ausländische Rechtsfrage in der Regel nicht der Fortbildung des Rechts oder der Sicherung einer einheitlichen Rechtsprechung dienen und deshalb die Revision über eine falsch entschiedene Frage ausländischen Rechts nicht zugelassen wird (§ 543 II ZPO).

720 c) **Beibringungsgrundsatz:** Der Grundsatz *iura novit curia* entbindet den Rechtsanwalt nicht davon, zum ausländischen Recht vorzutragen **(Beibringungsgrundsatz).** Unterlässt es eine Partei, ihr in zumutbarer Weise zugängliche Erkenntnisquellen beizubringen, kann das Gericht **zu ihrem Nachteil von weiteren Ermittlungen absehen** und davon ausgehen, dass durchgreifend neue Erkenntnisse nicht zu gewinnen sind (BGH NJW 1976, 1581 (1583); Geimer IntZivilProzR Rn. 2590).

721 **5. Stellung des Ausländers im deutschen Prozess**

a) **Justizgewährungsanspruch:** Ausländer haben grundsätzlich freien Zugang zu deutschen Gerichten (Justizgewährungsanspruch, vgl. Geimer IntZivilProzR Rn. 336 ff.; Schütze IntZivilProzR/EuropZivilProzR Rn. 183 ff.). Privatpersonen haben dabei ebenso wie deutsche Gesellschaften Anspruch auf **Prozesskostenhilfe** (vgl. Anders/Gehle/Dunkhase ZPO § 114 Rn. 12 und Art. 20–24 HZPÜ iVm §§ 9–10 Ausführungsgesetz (Jayme/Hausmann Nr. 210, 210a): wichtig für ausländische juristische Personen).

722 b) **Prozesskostenhilfe innerhalb der EU: Zur Verbesserung der Zugangsmöglichkeiten zur Justiz für Unionsbürger** und ihnen nach Art. 54, 62 AEUV gleichgestellte Gesellschaften sieht die **Prozesskostenhilfe-RL** die Schaffung gemeinsamer Mindestvorschriften vor, um innerhalb der EU eine angemessene Prozesskostenhilfe in Streitsachen mit grenzüberschreitendem Bezug zu gewährleisten. Insbesondere soll das Verfahren der Beantragung von Prozesskostenhilfe im Ausland durch die Entwicklung von Standardformularen und die Festlegung von Übermittlungs- und Empfangsstellen für Unionsbürger erleichtert werden. Die Richtlinie wurde in Deutschland durch das **EG-Prozesskostenhilfegesetz** fristgerecht zum 30.11.2004 umgesetzt (BGBl. 2006 I 3392). Danach können Antragsteller beim AG an ihrem Wohnsitz oder gewöhnlichen Aufenthaltsort den Antrag auf Übermittlung ihres Prozesskostenhilfegesuchs an das zuständige Gericht in einem anderen Mitgliedstaat stellen. Das Wohnsitzgericht prüft, ob der Antrag keine offensichtlichen Fehler enthält und vollständig ist, es wirkt auf die Beifügung der richtigen Anlagen hin und fertigt von Amts wegen Übersetzungen der Eintragungen in die vorgesehenen Standardformulare (vgl. **§§ 1077 f. ZPO**).

c) **Prozesskostensicherheit:** Kläger, die ihren gewöhnlichen Aufenthalt nicht in einem Mitgliedstaat der EU oder einem Vertragsstaat des EWR haben, müssen nach **§ 110 ZPO** Prozesskostensicherheit für die Gerichtskosten und die Anwaltskosten des Prozessgegners **leisten**, es sei denn, zwischen der Bundesrepublik und dem betreffenden ausländischen Staat, dem der Kläger angehört, ist die **Gegenseitigkeit verbürgt**

bzw. der Befreiungstatbestand des Art. 17 HZPÜ erfüllt (dazu Schütze IntZivilProzR/EuropZivilProzR Rn. 242 ff. und Anders/Gehle/Bünnigmann Anh. Nach § 110 ZPO). Seit dem **Brexit** gilt **§ 110 ZPO** auch wieder im Verhältnis zu Klägern aus dem Vereinigten Königreich (→ Rn. 706).

d) **Parteifähigkeit ausländischer Gesellschafter:** Ob eine nach ausländischem Recht errichtete Gesellschaft in Deutschland parteifähig ist (§ 50 ZPO), hängt von ihrer Rechtsfähigkeit ab. Hier verlangt das Prozessrecht eine Prüfung nach dem am Gerichtsort geltenden internationalen Gesellschaftsrecht (→ Rn. 567 ff.). 723

e) **Englische Sprache in deutschen Gerichtsverfahren:** Bei einigen deutschen Gerichten (unter anderem in Hamburg, Frankfurt a.M. und Köln) sind Spezialzivil- und -handelskammern eingerichtet worden, bei denen die mündliche Verhandlung in englischer Sprache durchgeführt werden kann. Andere Gerichte haben sich zusätzlich hierzu auf internationale Wirtschaftsstreitigkeiten spezialisiert (LG Stuttgart, Mannheim, Berlin und Hamburg). Im Bundestag wird derzeit ein Gesetzgebungsverfahren zur Einführung von **commercial courts** und der Gerichtssprache Englisch in der Zivilgerichtsbarkeit in Deutschland durchgeführt (Referentenentwurfs von April 2023 für **Justizstandort-Stärkungsgesetz**; der aktuelle Gesetzgebungsstand, einschließlich der Gesetzgebungsmaterialien, lässt sich einsehen unter www.bmj.de/SharedDocs/DownLoads/DE/Gesetzgebung/RefE/RefE_Justizstandort_Staerkung.pfd?_b) (zuletzt abgerufen am 9. Juli 2024).

6. **EuGFVO** 724

Für **geringfügige Forderungen** gibt es nach der EuGFVO ein seit 2009 geltendes **vereinfachtes Verfahren für grenzüberschreitende Rechtssachen** (s. Art. 3 EuGFVO). Die Verordnung gilt nach Art. 2 EuGFVO für Zivil- und Handelssachen unabhängig von der Art der Gerichtsbarkeit, wenn der Streitwert der Klage ohne Zinsen, Kosten und Auslagen zum Zeitpunkt der Einleitung des Verfahrens 2.000 EUR nicht überschreitet. Die Verfahrensvereinfachung wird insbesondere herbeigeführt durch entsprechende Antragsformulare (Art. 4 I EuGFVO, Anh. I EuGFVO) sowie eine vereinfachte Beweisregelung (Art. 8 EuGFVO). Eine Einführung findet sich bei Hess/Bittmann IPRax 2008, 305 (311 ff.).

III. **Literatur zu weiteren Verfahrensfragen** 725

a) **Zum einstweiligen Rechtsschutz:** Schütze IntZivilProzR/EuropZivilProzR Rn. 418 ff. mwN.

b) **Zum internationalen und Europäischen Mahnverfahren:** → Rn. 673.

4. Exkurs: Freiwillige Gerichtsbarkeit

Das IZVR der freiwilligen Gerichtsbarkeit bringt einige Besonderheiten: In zentralen Bereichen der freiwilligen Gerichtsbarkeit, den Vormundschafts- und Nachlasssachen, sind die **Brüssel Ia-VO und das LugÜ** nach ihrem jeweiligen Art. 1 II Nr. 1 726

nicht anwendbar.[75] Insbesondere gelten sie nicht im Bereich des Minderjährigenschutzes.[76]

Als besonders wichtige Bereiche werden für die Zwecke dieses Kurzlehrbuchs zwei Bereiche herausgegriffen: der Minderjährigenschutz und das Nachlassverfahren.

a) Minderjährigenschutz

727 Wie im gesamten IZVR ist zwischen Fällen mit Bezug zu Drittstaaten außerhalb der EU und europäischen Fällen zu unterscheiden.

728 Als wesentliche **europäische Rechtsquelle** ist die Brüssel IIb-VO zu nennen. Ihrem sachlichen Anwendungsbereich nach (Art. 1 I lit. b Brüssel IIb-VO) gilt sie für Fragen der Zuweisung, Ausübung, Übertragung oder teilweisen Entziehung der elterlichen Verantwortung unabhängig davon, ob eine Verbindung zu einem Verfahren in Ehesachen besteht. Der Begriff der elterlichen Verantwortung ist in Art. 2 II Nr. 7 Brüssel IIb-VO festgelegt. Die Zuständigkeit richtet sich nach dem gewöhnlichen Aufenthalt des Kindes zum Zeitpunkt der Antragstellung (Art. 7 I Brüssel IIb-VO). Daneben sehen die Art. 8–10 Brüssel IIb-VO spezielle Zuständigkeiten vor. Zur Zuständigkeitsvereinbarung vgl. Art. 10 Brüssel IIb-VO. Die Brüssel IIb-VO verdrängt in ihrem sachlichen Anwendungsbereich das MSA (→ Rn. 729) (Art. 95 Brüssel IIb-VO).

729 Die **wichtigsten völkerrechtlichen Übereinkommen** sind:

- **MSA: Haager Übereinkommen über die Zuständigkeit der Behörden und das anzuwendende Recht auf dem Gebiet des Schutzes von Minderjährigen (MSA) v. 5.10.1961;**[77]
- **HKÜ: Haager Übereinkommen über die zivilrechtlichen Aspekte internationaler Kindesentführung (HKÜ) v. 25.10.1980.**[78] Das HKÜ ist für die Bundesrepublik am 1.12.1990 in Kraft getreten.[79]
- **KSÜ: Haager Übereinkommen über die Zuständigkeit, das anzuwendende Recht, die Anerkennung, Vollstreckung und Zusammenarbeit auf dem Gebiet der elterlichen Verantwortung und der Maßnahmen zum Schutz von Kindern (KSÜ) v. 19.10.1996.**[80] Das KSÜ ist für die Bundesrepublik am 1.1.2011 in Kraft getreten.[81] Vorausgegangen war der Versuch einer gemeinsamen Ratifikation durch alle EG-Mitgliedstaaten – und zwar auch im Namen der Gemeinschaft.[82] Dieses Vorgehen wurde wegen der teilweisen Überschneidung des Regelungsbe-

75 Kropholler/v. Hein EurZivilProzR EuGVVO Art. 1 Rn. 21 ff.
76 BGHZ 88, 113 (120) = BeckRS 1983, 955.
77 BGBl. 1971 II 217; Jayme/Hausmann Nr. 52.
78 BGBl. 1990 II 206; Jayme/Hausmann Nr. 222; hierzu Pirrung IPRax 1997, 182 f.
79 BGBl. 1991 II 329; s. auch www.hcch.net (Stand: Juli 2023).
80 BGBl. 2009 II 603; Jayme/Hausmann Nr. 53.
81 BGBl. 2010 II 1527; s. auch www.hcch.net (Stand: Oktober 2018).
82 Kraft Ermächtigung durch die Entscheidung des Rates vom 5. Juni 2008 zur Ermächtigung einiger Mitgliedstaaten, das Haager Übereinkommen von 1996 über die Zuständigkeit, das anzuwendende Recht, die Anerkennung, Vollstreckung und Zusammenarbeit auf dem Gebiet der elterlichen Verantwortung und der Maßnahmen zum Schutz von Kindern im Interesse der Europäischen Gemeinschaft zu ratifizieren oder ihm beizutreten, und zur Ermächtigung einiger Mitgliedstaaten, eine Erklärung über die Anwendung der einschlägigen internen Vorschriften des Gemeinschaftsrechts abzugeben (ABl. 2008 L 151, 36).

reichs des KSÜ mit der Brüssel IIa-VO und der damit einhergehenden ausschließlichen Ratifizierungskompetenz der EG gewählt. Nachdem nicht alle Mitgliedstaaten in der Lage waren, die Ratifikationsurkunde rechtzeitig zu hinterlegen, tolerierte die Europäische Kommission die separate Ratifikation durch einzelne Mitgliedstaaten.[83]

Wie das MSA umfasst das KSÜ den **gesamten Kindesschutz:** Neben verfahrensrechtlichen Bestimmungen enthält es auch einheitliche Regeln über das von den zuständigen Behörden anzuwendende Recht. Das HKÜ hat hingegen einen engeren Anwendungsbereich und regelt vor allem die Zuständigkeit staatlicher Stellen für die Entscheidung über die Herausgabe eines Kindes. 730

Nach Art. 51 KSÜ verdrängt das Übereinkommen im Verhältnis zwischen seinen Vertragsstaaten das MSA (→ Rn. 539) sowie das **Haager Abkommen zur Regelung der Vormundschaft über Minderjährige** v. 12.6.1902.[84] Vorrang gegenüber dem KSÜ genießt hingegen gem. Art. 50 KSÜ das HKÜ, wobei eine Berufung auf Vorschriften des KSÜ zu dem Zweck, die **Rückkehr eines entführten Kindes** zu erwirken oder das Umgangsrecht durchzuführen, möglich sein soll. Soweit das KSÜ von einzelnen Vertragsstaaten des MSA noch nicht ratifiziert wurde, wird das dort grundsätzlich noch geltende MSA im Verhältnis zum HKÜ nach Art. 34 HKÜ verdrängt, soweit sich Überschneidungen ergeben.

Im Verhältnis zu der Brüssel IIb-VO gilt, dass diese das HKÜ ebenfalls nicht verdrängt. Vielmehr wird es durch bestimmte Vorschriften der Verordnung, namentlich Art. 22–29 Brüssel IIb-VO ergänzt, mit dem Ziel, das Abkommen in seiner innergemeinschaftlichen Wirkung zu stärken (vgl. Art. 96; Erwgr. 2 Brüssel IIb-VO). 731

b) Nachlassverfahren

Fall 43: Ein in Halle lebender Italiener verstirbt im Dezember 2023 und hinterlässt sowohl in der Toscana belegenes Vermögen als auch ein Grundstück in Halle. Die Tochter will einen Erbschein (§ 2353 BGB) beantragen. Ist das Nachlassgericht in Halle zuständig? Was ist ihr zu raten? 732

Für alle Erbfälle seit dem 17.8.2015 gilt die EuErbVO. Nach Art. 4 EuErbVO sind für Entscheidungen in Erbsachen für den gesamten Nachlass die Gerichte des Mitgliedstaats zuständig, in dessen Hoheitsgebiet der Erblasser im Zeitpunkt seines Todes seinen gewöhnlichen Aufenthalt hatte. Die EuErbVO enthält keine Definition des Begriffs des **gewöhnlichen Aufenthalts**. Der unbestimmte Rechtsbegriff muss daher autonom ausgelegt werden.[85] Mit der EuErbVO wurde zur Vereinfachung der Nachlassabwicklung im Ausland das sog. **Europäische Nachlasszeugnis** in Art. 62 ff. EuErbVO eingeführt. Die Verordnung gilt in allen Mitgliedstaaten mit Ausnahme von Irland und Dänemark (Erwgr. 82 und 83 EuErbVO). In Deutschland ist damit neben den Erbschein ein weiterer Erbnachweis getreten. 733

Da der Italiener in Halle gelebt und damit dort seinen gewöhnlichen Aufenthalt hatte, ist das Nachlassgericht in Halle zuständig für die Erteilung eines Erbscheins. Aus Effizienzgesichtspunkten wird die Beantragung eines Europäischen Nachlasszeugnis- 734

83 Vgl. allg. Wagner/Janzen FPR 2011, 110 ff.
84 RGBl. 1904, 240.
85 Vgl. MüKoBGB/Dutta EuErbVO Art. 4 Rn. 3 mwN.

ses sinnvoll sein, mit dem auch der Nachweis für das in Italien belegene Vermögen geführt werden kann. Möglich ist auch die Erteilung eines **(gegenständlich) beschränkten Erbscheins** auf im Inland befindliche Gegenstände (§ 352c FamFG). Damit kann der Erbe über den inländischen Nachlass verfügen, ohne die oft zeitaufwändige Ermittlung der Erbfolge bezüglich der ausländischen Nachlassgegenstände abwarten zu müssen.[86] Dies ist allerdings nicht die kostengünstigste Variante, da die Tochter für den Nachweis der Erbenstellung in Italien auf das (allein) in Halle auszustellende Europäische Nachlasszeugnis angewiesen ist.[87]

Arbeitsblock

735 **I. Zur Einführung**

Im **autonomen Recht** sind insbesondere zu berücksichtigen:

- Für den Bereich **Vormundschafts-, Familien-, Betreuungs- und Unterbringungssachen: §§ 97–106 FamFG**, die nur heranzuziehen sind, wenn nicht (bei Vormundschaft über Minderjährige) ein internationales Übereinkommen Anwendung findet. Auf bilateraler Ebene ist das Deutsch-Iranische Niederlassungsabkommen v. 17.2.1929 (RGBl. 1930 II 1006; Jayme/Hausmann Nr. 22) zu beachten, das durch das KSÜ unberührt bleibt (vgl. Art. 52 I KSÜ).
- 736 Für die **Annahme als Kind (Adoption):** §§ 101, 187 FamFG.
- Für **Grundbuchsachen** gilt der Grundsatz der *lex rei sitae*. Im Übrigen wird man auch im Bereich der Grundbuchsachen die Faustregel anzuwenden haben, nach der die örtliche Zuständigkeit die internationale Zuständigkeit indiziert (→ Rn. 684).

II. Zur Vertiefung

737 1. Zum **Haager Entführungsabkommen (HKÜ):** Staudinger IPRax 2000, 194 ff.; OLG Hamm RabelsZ 60 (1996), 475; KG Berlin IPRax 2023, 557 ff.; OGH IPRax 2023, 560 ff.; zu Rückführungen in die Ukraine OLG Stuttgart NJW 2022, 3653 Rn. 26; OLG Jena NJW 2023, 2583 Rn. 34.
2. Zu den **kindschaftsrechtlichen Übereinkommen** vgl. Grüneberg/Thorn EGBGB Anh. zu Art. 24; zu Feststellungsentscheidungen im Eltern-Kind-Verhältnis vgl. Hohloch IPRax 2010, 567 ff.
3. **Zum Nachlassverfahrensrecht** vgl. §§ 345 ff. FamFG, Art. 62 ff. EuErbVO; im Einzelnen zum Europäischen Nachlasszeugnis Omlor GPR 2014, 216 ff.; Schmidt ZEV 2014, 389 ff.

---

86 Vgl. BeckOK FamFG/Schlögel, 47. Ed. 1.8.2023, FamFG § 352c Rn. 1 f.

87 Für den „umgekehrten“ Fall (die Ehefrau eines Erblassers mit gewöhnlichem Aufenthalt in Frankreich wollte für in Deutschland belegenes Vermögen in Deutschland einen gegenständlich beschränkten Erbschein beantragen) s. EuGH ECLI:EU:C:2018:485 = BeckRS 2018, 12057 (Fall Oberle) und Wagner NJW 2018, 3284.

II. Internationales Zivilverfahrensrecht II (Anerkennung und Vollstreckung)

Gerichtsurteile sind **staatliche Hoheitsakte**. Deshalb **wirken** sie grundsätzlich nur dort, wo der Staat, in dem sie ergehen, Hoheitsgewalt ausüben kann, dh **innerhalb der Staatsgrenzen**. So hat ein deutsches Urteil nur innerhalb der Bundesrepublik materielle Rechtskraft iSv § 322 I ZPO. 738

Im **Inland** entfalten **ausländische Gerichtsurteile** deshalb grundsätzlich **keine Wirkung**, es sei denn, sie werden im Inland **anerkannt**. Anerkennung bedeutet die **Erstreckung der Wirkungen des ausländischen Urteils auf das Inland**. Sie ist vor allem Voraussetzung für die **Vollstreckung**.

Die Anerkennung bedarf in der Regel **keines separaten Anerkennungsverfahrens** (so aber zB in Ehesachen: § 107 FamFG, dazu → Rn. 776 sowie Zöller/Geimer ZPO § 328 Rn. 288), sondern wird inzident in anderem Zusammenhang mitgeprüft. In der europäischen Rechtspraxis stellte sich die Frage der Anerkennung bis zur Neufassung durch die Brüssel Ia-VO vor allem im Zusammenhang mit Verfahren zur Vollstreckung ausländischer Urteile (sog. Exequaturverfahren; *exequatur* = lat. „er vollstrecke" Art. 38 ff. Brüssel I-VO; klarstellend jetzt Art. 39 Brüssel Ia-VO). Als Rechtsquellen für die Prüfung der Anerkennungs- und Vollstreckungsvoraussetzungen kommen erneut europäische Verordnungen und multilaterale Übereinkommen/bilaterale Abkommen (dazu unter 1.) sowie autonomes Recht (2.) in Betracht (→ Rn. 619). Bei der Vollstreckung von Urteilen aus anderen EU-Mitgliedstaaten greift die Brüssel Ia-VO, im Übrigen überwiegt derzeit noch autonomes Recht. 739

1. Brüssel Ia-VO und Völkerrechtliche Verträge

Fall 44: (in Abwandlung von OLG Saarbrücken NJW 1988, 3100): Ein französischer Gläubiger nimmt eine deutsche Schuldnerin mit Wohnsitz in München aus einer Bürgschaft in Anspruch und erlangt im Februar 2015 vor dem Handelsgericht Paris ein obsiegendes Urteil. Das Handelsgericht Paris ist lediglich mit Laienrichtern besetzt. Als der französische Gläubiger das Urteil in Deutschland vollstrecken will, stellt die Schuldnerin vor dem Landgericht Stuttgart einen Antrag auf Versagung der Vollstreckung. Hat ihr Antrag Aussicht auf Erfolg? 740

Rechtsquellen: Auch im Bereich der Anerkennung und Vollstreckung stellen aus deutscher Sicht die **Brüssel Ia-VO** sowie **das LugÜ** (→ Rn. 676 und für das Insolvenzrecht → Rn. 609 ff.) die in der Praxis wichtigsten unionsrechtlichen bzw. völkervertraglichen Rechtsquellen auf dem Gebiet der Zivil- und Handelssachen dar (vgl. jeweils Art. 1 I Brüssel Ia-VO/LugÜ). Dabei stimmen die Artikel des LugÜ weitgehend mit denen der Brüssel I-VO (der Vorgänger-Verordnung der innerhalb der EU geltenden Brüssel Ia-VO) überein. Für bestimmte **Entscheidungen in Ehescheidungs- und -trennungssachen** (einschließlich Entscheidungen zur Ungültigerklärung der Ehe, Umgangsentscheidungen und Entscheidungen über die Rückgabe eines Kindes) gilt für die Mitgliedstaaten der EU (außer im Verhältnis zu Dänemark) die **Brüssel IIb-VO**, die auch **Sorgerechtsstreitigkeiten über Kinder nicht miteinander verheirateter oder geschiedener Eltern** einbezieht, → Rn. 680. Für **europäische Vollstreckungstitel aus unbestrittenen Forderungen** gelten Sonderregelungen einer für diese Fälle speziell geschaffenen Verordnung, dazu → Rn. 751. 741

Die Durchsetzung der **in einem Mitgliedstaat der EU bzw. Vertragsstaat** ergangenen Entscheidung in einem anderen Mitglied- bzw. Vertragsstaat (vgl. Art. 39 Brüssel Ia-VO) ist gegenüber dem autonomen Recht **stark** – in den Spezialbereichen Ehescheidung/Sorgerecht und Europäischer Vollstreckungstitel sogar besonders stark (→ Rn. 750 f.) – **vereinfacht**:

Die ausländischen Entscheidungen (Art. 2 lit. a Brüssel Ia-VO) sowie öffentlichen Urkunden und Vergleiche (Art. 58–60 Brüssel Ia-VO), bedürfen – von den genannten Spezialbereichen abgesehen – seit der Reform der Brüssel Ia-VO im Jahr 2012 **nicht einmal mehr der Erteilung einer Vollstreckbarkeitserklärung**; der staatliche **Hoheitsakt wirkt innerhalb der EU über die Grenze**. Der **Gläubiger** hat lediglich gem. Art. 42 I Brüssel Ia-VO bei der zuständigen Vollstreckungsbehörde eine **Ausfertigung** der zu vollstreckenden Entscheidung und eine **Bescheinigung des Ausgangsgerichts** nach Art. 53 Brüssel Ia-VO vorzulegen. Der Gläubiger wendet sich nach Abschaffung des Exequaturverfahrens demnach direkt an das Vollstreckungsorgan des Mitgliedstaats, in dem die Vollstreckung erfolgen soll (in Deutschland zB der Gerichtsvollzieher) und nicht mehr an die für die bisher erforderliche Vollstreckungserklärung zuständige Stelle (in der Regel Gerichte)[88]. Für die **Vollstreckung selbst** gilt weiterhin das **nationale Recht** des jeweiligen Vollstreckungsstaates (Art. 41 Brüssel Ia-VO).

Die Vollstreckung wird nur versagt, wenn **Anerkennungsversagungsgründe** (Art. 45 Brüssel Ia-VO) vorliegen. Diese können nur geprüft werden, wenn der **Schuldner** ein Verfahren nach Art. 46–51 Brüssel Ia-VO anstrengt, also einen **Antrag auf Versagung der Vollstreckung** wegen der in Art. 45 Brüssel Ia-VO aufgeführten Gründe stellt. Seit Inkrafttreten der Brüssel Ia-VO kann der Schuldner nur noch einen Verstoß gegen den verfahrensrechtlichen, nicht den materiell-rechtlichen ordre public des Vollstreckungsstaates geltend machen.[89] Grundsätzlich sind die Anforderungen an einen Ordre-public-Verstoß sehr hoch.[90]

742 **In Fall 44** geht es um die Vollstreckung der **in einem Mitgliedstaat** ergangenen Entscheidung in einer **Zivilsache**, sodass für die Vollstreckung die **Brüssel Ia-VO** anwendbar ist (Art. 1 I Brüssel Ia-VO).

Zulässiges Rechtsmittel gegen die Vollstreckung des französischen Urteils ist daher der **Antrag der deutschen Schuldnerin** nach Art. 46 Brüssel Ia-VO **gegen die Vollstreckung** wegen Vorliegens von Anerkennungsversagungsgründen nach Art. 45 Brüssel Ia-VO. Der Antrag ist gem. Art. 47 I Brüssel Ia-VO an das Gericht zu stellen, das der Kommission von dem betreffenden Mitgliedstaat nach Art. 75 lit. a Brüssel Ia-VO mitgeteilt wurde. Dies ist für Deutschland das örtlich zuständige

88 Dieser Zuständigkeitenwechsel wird mit der Begründung kritisiert, dass die Vollstreckungsorgane in der Regel keine praktische Erfahrung mit europarechtlichen Vollstreckungstiteln haben, vgl. Wagner/Beckmann RIW 2011, 44 (45).

89 Auch in diesem Punkt ist die Reform der Verordnung daher vielfach auf Kritik gestoßen (vgl. Mansel/Thorn/Wagner IPRax 2012, 1 (6); Wagner/Beckmann RIW 2011, 44 (49)).

90 Vgl. EuGH ECLI:EU:C:2016:349 = BeckRS 2016, 81041; ECLI:EU:C:2015:471 = BeckRS 2015, 80928.

Landgericht, **§ 1115 ZPO.**[91] Somit hat die in München ansässige Schuldnerin in **Fall 44** nach § 1115 ZPO ihren Antrag bei dem zuständigen Landgericht München zu stellen.

Die Brüssel Ia-VO kennt folgende **Anerkennungsversagungsgründe:** 743

- Art. 45 I lit. a Brüssel Ia-VO: „offensichtliche" Unvereinbarkeit mit dem ordre public des Anerkennungsstaates;
- Art. 45 I lit. b Brüssel Ia-VO: Verstoß gegen den Grundsatz der Gewährung **rechtlichen Gehörs** (→ Rn. 747);
- Art. 45 I lit. c Brüssel Ia-VO: Unvereinbarkeit mit einer **im Anerkennungsstaat** zwischen den Parteien ergangenen, **rechtskräftigen Entscheidung;**
- Art. 45 lit. d Brüssel Ia-VO: Unvereinbarkeit mit einer früheren anerkennungsfähigen Entscheidung aus einem Nichtvertragsstaat;
- Art. 45 lit. e Brüssel Ia-VO: Verstoß gegen die **Zuständigkeitsregeln der Brüssel Ia-VO** in Art. 24 Brüssel Ia-VO (ausschließliche Zuständigkeit), Art. 10–16 Brüssel Ia-VO (Versicherungssachen) oder Art. 17–19 Brüssel Ia-VO (Verbrauchersachen) oder Art. 20–23 Brüssel Ia-VO (Arbeitnehmersachen).

Stellt der Schuldner nach Art. 46 ff. Brüssel Ia-VO einen Antrag auf Versagung der Vollstreckung, **kann das Gericht** des Vollstreckungsstaates das Verfahren auf Sicherheitsmaßnahmen beschränken und gegebenenfalls ganz oder teilweise aussetzen. Sachliche Einwendungen können nicht unmittelbar gegen die Vollstreckung geltend gemacht werden. Der Schuldner muss hier nach den nationalen Regelungen (zB **Vollstreckungsabwehrklage**) vorgehen.[92] 744

Eine Überprüfung der Entscheidung des Gerichts eines anderen Mitgliedstaates der EU (außer Dänemark, → Rn. 741) auf ihre Gesetzmäßigkeit findet nach Art. 52 Brüssel Ia-VO nicht statt **(Verbot der révision au fond).**[93]

In Fall 44 kommt lediglich ein „offensichtlicher" Verstoß gegen den inländischen ordre public in Betracht, weil das Handelsgericht Paris ausschließlich mit **Laienrichtern** besetzt war. Voraussetzung ist, dass durch die Anerkennung bzw. Vollstreckung grundlegende Werte der zweitstaatlichen (hier: deutschen) Rechtsordnung oder elementare staatspolitische Zielsetzungen des Zweitstaates infrage gestellt würden.[94] Diese Grenzen der Anerkennungsfähigkeit sind jedoch in **Fall 44** nicht überschritten: Bei der Erwähnung der „Handelssachen" in Art. 1 Brüssel Ia-VO war dem europäischen Gesetzgeber bewusst, dass in einigen Staaten handelsrechtliche Streitigkeiten Gerichten zugewiesen sind, die ausschließlich mit Laienrichtern besetzt sind. Schon daraus wird deutlich, dass die Vertragsstaaten in diesen gerichtsverfassungsrechtlichen Besonderheiten gerade keinen Verstoß gegen elementare Werte der Rechtsordnungen der anderen Vertragsstaaten erblickten.[95] 745

91 Die Vorschrift des § 1115 ZPO wurde durch Art. 1 Gesetz zur Durchführung der Verordnung (EU) 1215/2012 v. 8.7.2014 (BGBl. 2014 I 890), in Kraft getreten am 10.1.2015 (Art. 15 des Gesetzes), eingeführt.

92 Nagel/Gottwald IntZivilProzR Rn. 14.18 ff.

93 Zum Umfang vgl. OLG Stuttgart BeckRS 2013, 21135.

94 Vgl. OLG Saarbrücken NJW 1988, 3100, re. Sp. zum EuGVÜ.

95 Vgl. OLG Saarbrücken NJW 1988, 3100.

Die Beschwerde der deutschen Schuldnerin hat daher keine Aussicht auf Erfolg. Die deutsche Schuldnerin hätte sich gegebenenfalls durch Berufung in Paris wehren können (Berufungsgerichte sind auch in Frankreich mit Berufsrichtern besetzt).

Arbeitsblock

I. Zur Ergänzung

746 **Brexit:** Seit dem Brexit können deutsche oder englische Urteile aus Verfahren, die nach dem Ende der Übergangsfrist (31.12.2020, → Rn. 693 f.) eingeleitet wurden, nicht mehr nach der **Brüssel Ia-VO** im jeweils anderen Staat vollstreckt werden. Für vor dem Ende der Übergangsfrist (31.12.2020) bleibt die Brüssel Ia-VO hingegen nach Art. 67 I des Abkommens über den Austritt des Vereinigten Königreichs aus der Europäischen Union (ABl. 2019 C 384 I/01) anwendbar, auch wenn das Verfahren erst in einigen Jahren rechtskräftig entschieden wird. Dazu Ungerer NJW 2021, 1270 (1272).

II. Zur Vertiefung

747 **Vorbemerkung:** Entsprechend der bereits in → Rn. 702 dargestellten Unterscheidung zwischen

- **europäischen und nicht europäischen Fällen** einerseits sowie
- der **ergänzenden Anwendbarkeit von Übereinkommen und nationalem Recht auch auf europäische Fälle** andererseits

ist auch im Folgenden zwischen den Regelungen in der Brüssel Ia-VO sowie in weiteren europäischen Verordnungen, in anderen Übereinkommen und in autonomem Recht zu unterscheiden.

1. Unionsrechtliche Regelungen

a) Brüssel Ia-VO

aa) Zustellungsfragen. In der Praxis ergeben sich die meisten Probleme im Zusammenhang mit **Art. 45 I lit. b Brüssel Ia-VO.** Nach dieser Vorschrift ist eine Anerkennung zu versagen, wenn eine **Zustellung** des prozesseinleitenden Schriftstückes **nicht so rechtzeitig** und in einer Weise erfolgte, dass der Beklagte sich verteidigen konnte, **es sei denn**, er hat gegen die Entscheidung **keinen Rechtsbehelf** eingelegt, **obwohl er die Möglichkeit dazu hatte** (BGH EuZW 2018, 732 ff.; instruktiv Kropholler/v. Hein EurZivilProzR Brüssel Ia-VO Art. 34 Rn. 33 ff. zur Rechtzeitigkeit der Zustellung und Rn. 42–44 zur Versäumnis von Rechtsbehelfen im Urteilsstaat, s. auch OLG Düsseldorf IPRax 2014, 67; zum Prüfungsumfang des mit dem Rechtsbehelf befassten Gerichts im Vollstreckungsmitgliedstaat EuGH ECLI:EU:C:2012:531 = BeckRS 2012, 81840 und wiederum BGH EuZW 2018, 732 Rn. 12; zur angemessenen Frist zur Einlegung des Rechtsmittels BGH WM 2020, 1036; zum Wiedereinsetzungsantrag als „Rechtsbehelf" im Sinne der Norm vgl. EuGH ECLI:EU:C:2016:524 = BeckRS 2016, 81454). Hierbei kommt es im Gegensatz zum früheren Art. 27 Nr. 2 EuGVÜ nicht mehr formal darauf an, ob die Zustellung **ordnungsgemäß** war. Bei einer ordnungsgemäßen Zustellung nach einschlägigen Vorschriften, insbesondere der **EuZVO** (→ Rn. 708), ist jedoch die Möglichkeit der Verteidigung indiziert (vgl. Geimer/Schütze IntRechtsverkehr/Peiffer/Peiffer Brüssel Ia-VO Art. 45 Rn. 86; Kropholler/

v. Hein EurZivilProzR Art. 34 Rn. 39; instruktiv zum unionsrechtlichen Anspruch auf einen fairen Prozess: EuGH ECLI:EU:C:2000:164 = BeckRS 2004, 77718). Im Gegensatz dazu indizieren schwerwiegende Zustellungsmängel, dass dem Schuldner kein ausreichendes rechtliches Gehör gewährt wurde (BGH IPRax 2008, 530 mAnm Roth IPRax 2008, 501 ff.).

bb) **Versäumnisurteil.** Schwierigkeiten bereitet den Gerichten immer wieder der Fall, dass der Beklagte sich im Urteilsstaat nicht auf das Verfahren einlässt, sodass es zu einem **Versäumnisurteil** kommt, bei dessen Vollstreckung im Zweitstaat der Beklagte einwendet, die Klageschrift sei ihm – insbesondere **mangels Übersetzung** – nicht ordnungsgemäß zugestellt worden (vgl. zum EuGVÜ: EuGH ECLI:EU:C:1990:275 = BeckRS 2004, 73101 mAnm Rauscher IPRax 1991, 155; OLG Bamberg RIW 1987, 541 mAnm Gerth; zum deutsch-französischen Rechtsverkehr OLG Hamm RIW 1988, 131 mAnm Mezger RIW 1988, 477 f.; ausführlich Linke RIW 1986, 409, und Stürner FS Nagel, 1987, 446 ff.). Das unionsrechtliche Ziel, die größtmögliche Freizügigkeit von Urteilen aus einem Mitgliedstaat der EU im gesamten Gemeinsamen Markt sicherzustellen, gebietet es, Art. 45 I lit. b Brüssel Ia-VO im Sinne des *effet utile* (→ Rn. 63) dahingehend auszulegen, dass es für die Zulässigkeit des Einwands der Unmöglichkeit der rechtzeitigen Verteidigung nur darauf ankommt, ob der Zustellungsempfänger die im Verfahren einleitenden Schriftstück verwendete **Sprache tatsächlich** nicht fließend **beherrscht**, und er sich tatsächlich auch keine **Übersetzung beschafft** hat (das ist eine Beweisfrage, zu der der Zustellungsempfänger auch befragt werden kann). Bei juristischen Personen, die im nationalen Markt, aus dem das Schriftstück kommt, tätig sind, streitet eine aus der allgemeinen Lebenserfahrung folgende Vermutung dafür, dass ihre Organe die Sprache verstehen bzw. sich Kenntnis vom Inhalt des Schriftstücks verschafft haben. Zur Möglichkeit der Anerkennung trotz fehlender Übersetzung: Geimer/Schütze EurZivilVerfR/Geimer A.1 Brüssel Ia-VO Art. 45 Rn. 167, 185. 748

cc) **Einstweiliger Rechtsschutz.** Zur Frage, inwieweit die Regeln der Brüssel Ia-VO über die Anerkennung und Vollstreckung – und dabei insbesondere Art. 45 I lit. b Brüssel Ia-VO – auf Entscheidungen im **einstweiligen Rechtsschutz** anwendbar sind, vgl. Kropholler/v. Hein EurZivilProzR Brüssel Ia-VO Art. 31 Rn. 20 ff. und Art. 34 Rn. 25 (Tendenz: im Kern verneinend); Geimer/Schütze EurZivilVerfR/Geimer A.1 Art. 45 Brüssel Ia-VO Rn. 138; MüKoZPO/Gottwald Art. 45 Brüssel Ia-VO Rn. 23 (bejahend unter Verweis auf den Wortlaut des Art. 2 UAbs. 2 Brüssel Ia-VO). 749

dd) **Feststellungsklage.** Unter bestimmten Voraussetzungen kann die Frage, ob eine Entscheidung anerkennungsfähig ist, auch im Wege der positiven **Feststellungsklage** geklärt werden (Art. 33 II Brüssel Ia-VO iVm §§ 25, 26 AVAG; vgl. Kropholler/v. Hein EurZivilProzR Brüssel Ia-VO Art. 33 Rn. 2 ff.).

b) **Brüssel IIb-VO:** Jede durch einen Mitgliedstaat ausgesprochene **Ehescheidung** ist nach Art. 30 I Brüssel IIb-VO automatisch **anzuerkennen,** 750

ohne dass es hierfür eines besonderen Verfahrens bedarf. Gleiches gilt für Entscheidungen über die Trennung von Tisch und Bett, über die elterliche Sorge sowie für Eheungültigkeitserklärungen (Nichtigkeit, Aufhebung). Ergänzend gilt § 107 FamFG (→ Rn. 776). Das Verfahren für die Versagung der Anerkennung richtet sich gem. Art. 40 I Brüssel IIb-VO nach dem Verfahren für die Vollstreckungsversagung.

Entscheidungen über die **elterliche Verantwortung** werden von den anderen Mitgliedstaaten nicht nur anerkannt, sondern können dort auch direkt, ohne zusätzliche Vollstreckbarkeitserklärung vollstreckt werden (Art. 34 I Brüssel IIb-VO). Näher zum Vollstreckungsverfahren nach der Brüssel IIb-VO Flindt NZFam 2022, 669.

751 c) **EuVTVO:** Die **EuVTVO** (Jayme/Hausmann Nr. 185; Rauscher/Pabst EuVTVO Einl.) betrifft bestimmte Titel über unbestrittene Geldforderungen in Zivil- und Handelssachen (**Vollstreckungsbescheide, Anerkenntnis- und Versäumnisurteile, Prozessvergleiche** und **öffentliche Urkunden**, zB notarielle Urkunden und vollstreckbare Titel des Jugendamtes nach §§ 59, 60 SGB VIII). Für die von der Verordnung betroffenen Titel entfällt unter bestimmten Voraussetzungen das **Vollstreckbarerklärungsverfahren**, Art. 5 EuVTVO (dazu Rauscher/Pabst EuVTVO Art. 5 Rn. 1 ff.). Der Titel muss lediglich durch das zuständige Gericht des Titelerlassstaates unter Verwendung eines der **Formblätter** im Anhang der Verordnung als **Europäischer Vollstreckungstitel bestätigt werden. Hiermit kann sich der Gläubiger im Vollstreckungsmitgliedstaat unmittelbar** an die zuständigen Vollstreckungsorgane wenden. Das Unionsrecht ist jedoch dahingehend auszulegen, dass ein **Versäumnisurteil** gegen einen Beklagten mit unbekanntem Wohnsitz nicht als europäischer Vollstreckungstitel im Sinne der EuVTVO anzusehen ist (EuGH ECLI:EU:C:2012:142 = BeckRS 2012, 80592; EuGH ECLI:EU:C:2019:546 = BeckRS 2019, 12400). Eingehend zur EuVTVO: Gebauer FPR 2006, 252 ff.

In Deutschland stellt ein ergänzendes **EG-Vollstreckungstitel-Durchführungsgesetz** im Wege der Abänderung der Zivilprozessordnung (**§§ 215, 276 II, 338, 499, 1079–1088 ZPO, § 245 FamFG**) den von der EuVTVO vorausgesetzten europäischen Mindeststandard im gerichtlichen Erkenntnisverfahren sicher (Einführung von **Belehrungspflichten** gegenüber den Schuldnern) und regelt bestimmte besondere Fallkonstellationen (zB die **Ausstellung, Berichtigung** und der **Widerruf von Bestätigungen zu inländischen Titeln**, die in anderen Mitgliedstaaten der EU als europäische Vollstreckungstitel bestätigt worden sind und im Inland vollstreckt werden sollen).

752 d) **EuUnthVO:** Für Entscheidungen in Unterhaltssachen ist nach Art. 17 I, II **EuUnthVO** eine erleichterte Vollstreckung ohne Durchführung eines Exequaturverfahrens in anderen Mitgliedstaaten vorgesehen, soweit der Staat, aus dem die Entscheidung stammt, durch das HUP 2007 gebunden ist (im Übrigen gelten die Art. 23 ff. EuUnthVO, welche die hergebrachten Versagungsgründe (→ Rn. 743). und das Vollstreckbarerklärungsverfahren der Brüssel Ia-VO übernehmen).

753 e) **EuKtPfVO:** Seit dem 18.1.2017 ist eine EU-Verordnung zu einem EU-weiten Verfahren der vorläufigen Kontopfändung (EuKtPfVO) an-

wendbar.[96] Diese EU-Verordnung vereinfacht das Verfahren für vorläufige Kontopfändung in allen Mitgliedstaaten mit Ausnahme Dänemarks. Die Gläubiger einer Geldforderung können danach **in allen Mitgliedstaaten vollstreckbare Beschlüsse für die vorläufige Kontopfändung** erwirken und dadurch die künftige Vollstreckung der Forderungen sichern; ein eigenes Verfahren in dem jeweiligen Mitgliedstaat ist nicht mehr erforderlich. Die Beschlüsse werden in allen Mitgliedstaaten unter einheitlichen Bedingungen erlassen. Für das Verfahren ist vorgesehen, dass der Schuldner vorher nicht informiert wird (Art. 11 EuKtPfVO). In der Praxis wird die EuKtPfVO bisher wenig genutzt, sodass deutsche Gerichte bisher wenig Erfahrungen damit haben und etwa noch 2023 bei der vorläufigen Kontopfändung zur Durchsetzung eines deutschen Titels iHv ca. 10 Mio. EUR den Schuldner vorher informiert haben. Gemäß Art. 2 EuKtPfVO ist die Verordnung **nicht anwendbar** auf Geldforderungen aus ehelichem Güterrecht und Erbrecht sowie auf die Bereiche Insolvenzrecht, soziale Sicherheit und Schiedsgerichtsbarkeit. S. im Einzelnen Wiedemann/Harbeck RIW 2018, 777 ff.

Zeitgleich mit Anwendbarkeit der EuKtPfVO trat das EuKtPfVO-Durchführungsgesetz in Kraft.[97] Dieses führte unter anderem Neuregelungen für die bis dahin unbesetzten **§§ 946–959 ZPO** ein und regelt etwa in § 946 ZPO die Zuständigkeit. Näher hierzu MüKoZPO/Lugani EuKtPfVO Vorb. zu Art. 1 Rn. 9 f.

f) **EuGFVO:** Für Urteile, die im europäischen Verfahren für geringfügige Forderungen ergangen sind, sieht normiert Art. 20 I EuGFVO den Grundsatz, dass diese in anderen Mitgliedstaaten anerkannt und vollstreckt werden, ohne dass es eines weiteren Zwischenverfahrens bedarf. Gemäß Art. 20 II EuGFVO fertigt das Ausgangsgericht auf Antrag einer Partei vielmehr eine Bestätigung aus. Die Durchführung der Bestätigung hat der deutsche Gesetzgeber in § 1106 ZPO geregelt. 754

2. Weitere völkerrechtliche Verträge

a) Übereinkommen

aa) **Haager Übereinkommen über die Anerkennung und Vollstreckung ausländischer Entscheidungen in Zivil- und Handelssachen v. 2.7.2019 (HAVÜ):** Nach langjähriger Verhandlung wurde auf der Haager Konferenz für IPR ein neues Übereinkommen abgeschlossen, das die Anerkennung und Vollstreckung von in einem Vertragsstaat ergangenen Urteilen in Zivil- und Handelssachen in einem anderen Vertragsstaat regelt. Es erfasst mit einigen Ausnahmen Zivil- und Handelssachen und regelt die Anerkennung und Vollstreckung von gerichtlichen Entscheidungen und gerichtlichen Vergleichen zwischen Vertragsstaaten. Am 29.8.2022 hat die **EU** ihre Beitrittsurkunde – diese gilt nicht für Dänemark – zum HAVÜ 755

[96] VO (EU) Nr. 655/2014 des Europäischen Parlaments und des Rates vom 15. Mai 2014 zur Einführung eines Verfahrens für einen Europäischen Beschluss zur vorläufigen Kontenpfändung im Hinblick auf die Erleichterung der grenzüberschreitenden Eintreibung von Forderungen in Zivil- und Handelssachen (ABl. 2014 L 189, 59).

[97] BGBl. 2016 I 2591.

hinterlegt, am selben Tag hat auch die **Ukraine** das Übereinkommen ratifiziert. In diesen Staaten ist das Übereinkommen am **1.9.2023** in Kraft getreten. Weitere Staaten, darunter die USA, das Vereinigte Königreich, Israel und Russland, haben das Übereinkommen unterzeichnet, jedoch (noch) nicht ratifiziert (aktueller Status der Vertragsstaaten abrufbar unter https://www.hcch.net/de/instruments/conventions/status-table/?cid=137; zuletzt abgerufen am 1. Juli 2024).

Das **Vereinigte Königreich**, das mit dem **Brexit ein Drittstaat** im Verhältnis zur EU wurde und daher Handlungsbedarf hatte, um wieder eine Grundlage für die vereinfachte Anerkennung und Vollstreckung von Urteilen im Verhältnis zu den EU-Mitgliedstaaten zu schaffen, hat das HAVÜ am **12.1.2024** unterzeichnet und zeitnahes Inkrafttreten angekündigt (bis dahin gilt seit dem Ende der Übergangszeit am 1.1.2021 autonomes IZVR für die Anerkennung und Vollstreckung im deutsch-britischen Rechtsverkehr), soweit nicht der Anwendungsbereich des HGÜ (dazu sogleich lit. bb) betroffen ist. Näher hierzu Wagner NJW 2023, 1779 (1781); ausführlich zum Regelungsgehalt des Übereinkommens Fuchs GWR 2019, 395 sowie Steinbrück/Lieberknecht EuZW 2021, 517 (522). Zur Bedeutung des deutsch-britischen Vollstreckungsabkommens von 1960 → Rn. 759.

756 bb) **HGÜ v. 30.6.2005:** Das HGÜ (→ Rn. 678) hat auch Relevanz für die Anerkennung und Vollstreckung von Gerichtsentscheidungen, da die Entscheidung des in einer (nach dem HGÜ wirksam zustande gekommenen) Gerichtsstandsvereinbarung als ausschließlich zuständig erklärten Gerichts nach Art. 8 HGÜ in den anderen Vertragsstaaten anzuerkennen und zu vollstrecken ist. Zur praktischen Relevanz und zum Verhältnis zur Brüssel Ia-VO → Rn. 678 f.

757 cc) **Unterhaltsentscheidungen:** Wichtig sind

- das **Haager Übereinkommen über die internationale Geltendmachung der Unterhaltsansprüche von Kindern und anderen Familienangehörigen (HUntVÜbk 2007) vom 23.11.2007** (ABl. 2011 L 192, 51; Jayme/Hausmann Nr. 183),
- das **Haager Übereinkommen über die Anerkennung und Vollstreckung von Unterhaltsentscheidungen (HUntVÜ 1973) v. 2.10.1973** (BGBl. 1986 II 826, Jayme/Hausmann Nr. 182) – nicht zu verwechseln mit dem Haager Unterhaltsübereinkommen vom gleichen Datum (→ Rn. 9) – und
- das **Haager Übereinkommen über die Anerkennung und Vollstreckung von Entscheidungen auf dem Gebiet der Unterhaltspflicht gegenüber Kindern (HUntVÜ 1958) v. 15.4.1958** (BGBl. 1961 II 1006; Jayme/Hausmann Nr. 181), wobei die jüngeren Übereinkommen jeweils die späteren Übereinkommen ersetzen, soweit die Vertragsstaaten der späteren Übereinkommen den jüngeren Übereinkommen beigetreten sind. Das Übereinkommen von 2007 ersetzt folglich das Übereinkommen von 1973, soweit die Vertragsstaaten des Übereinkommens von 1973 dem Übereinkommen von 2007 beigetreten sind (Vertragsstaaten: vgl.

www.hcch.net/de/instruments/conventions/status-table/?cid=38 (Stand: 9. Juli 2024); sowie zum Verhältnis der Übereinkommen BeckOK BGB/Heiderhoff, 66. Ed. 1.5.2023, HUP 2007 Art. 1 Rn. 77 ff.).

Für die Erleichterung der Durchsetzung von Unterhaltsansprüchen im Ausland – insbesondere **in anderen Staaten**, die nicht Vertragsstaaten der Unterhaltsübereinkommen sind – ist das **UN-Übereinkommen über die Geltendmachung von Unterhaltsansprüchen im Ausland** v. 20.6.1956 (BGBl. 1959 II 150) zu beachten. Im Verhältnis zu Kanada, das nicht Vertragsstaat des Übereinkommens ist, ist das **Auslandsunterhaltsgesetz (AUG)** zu berücksichtigen. Zur **Abänderung ausländischer Unterhaltstitel** vgl. KG IPRax 1994, 455 mAnm Baumann IPRax 1994, 435.

cc) **Andere Rechtsgebiete:** Weiterhin sind Übereinkommen zu beachten, die nicht ausschließlich zur Regelung der Anerkennung und Vollstreckung geschaffen wurden, sondern lediglich einige Bestimmungen darüber enthalten: So zB das Haager Übereinkommen über den Zivilprozess **(HZPÜ)**, für die Anerkennung und Vollstreckung von **Kostenentscheidungen** (Art. 18 f. HZPÜ) sowie (nur zur Anerkennung) das Übereinkommen über den Beförderungsvertrag im internationalen **Straßengüterverkehr (CMR)** v. 19.5.1956 (BGBl. 1961 II 1120), dazu IZVR-HdB/Martiny Bd. III/2 Kap. II Rn. 430 ff.; weitere Übereinkommen bei Geimer IntZivilProzR Rn. 2758 ff.; die wichtigsten Übereinkommen werden ausführlich abgehandelt bei IZVR-HdB/Martiny Bd. III/2 Kap. II Rn. 11 ff. (nur Anerkennung) und IZVR-HdB/Wolff Bd. III/2 Kap. IV Rn. 409 ff. (nur Vollstreckbarerklärung). 758

Hinweis: Bei den Übereinkommen zur Anerkennung und Vollstreckung handelt es sich nie um *lois uniformes* (v. Bar/Mankowski IPR I § 5 I 7b Rn. 58).

b) **Bilaterale Abkommen** 759

Bilaterale Abkommen zur Anerkennung und Vollstreckung bestehen zurzeit

- mit **Tunesien, Israel** und dem **Vereinigten Königreich** (Abkommen zwischen der Bundesrepublik Deutschland und dem Vereinigten Königreich Großbritannien und Nordirland über die gegenseitige Anerkennung und Vollstreckung von gerichtlichen Entscheidungen in Zivil- und Handelssachen vom 14.7.1960, dessen Wiederanwendung nach dem **Brexit** umstritten ist, Steinbrück/Lieberknecht EuZW 2021, 517 (523), Ungerer NJW 201, 1270 (1272)) sowie
- mit **folgenden Mitgliedstaaten der EU:** Belgien, Griechenland, Italien, Österreich, den Niederlanden und Spanien (nach Art. 69 Brüssel Ia-VO werden diese Verträge durch die Brüssel Ia-VO ersetzt, soweit diese Anwendung findet).

Weitere bilaterale Abkommen bestehen mit Mitgliedstaaten des LugÜ. Dies sind: Norwegen und Schweiz (nach Art. 65 LugÜ werden diese Verträge im Anwendungsbereich des LugÜ durch dieses verdrängt). Die Abkommen sind zT abgedruckt bei Jayme/Hausmann Nr. 190, 191 und – mit Erläuterungen – bei Anders/Gehle Schlussanhang V B 1–11. Ausführliche Abhandlungen der Abkommen (außer des deutsch-spanischen) finden sich bei IZVR-HdB/Waehler Bd. III/2 Kap. III (nur Anerkennung) und IZVR-HdB/Wolff Bd. III/2 Kap. IV Rn. 526 ff. (nur Vollstreckbarerklärung); zum deutsch-spanischen Abkommen: Böhmer IPRax 1988, 334. Nähere Bestimmungen enthalten die jeweiligen **Ausführungsgesetze** zu den Abkommen: dazu → Rn. 761.

760 c) **Günstigkeitsprinzip**

Das Verhältnis der völkervertraglichen Rechtsquellen untereinander sowie zum autonomen Recht wird im Bereich der Anerkennung und Vollstreckung vom sog. **Günstigkeitsprinzip** beherrscht, soweit (i) dies in Bezug auf die Brüssel Ia-VO und die Brüssel IIb-VO nicht der Rechtsquellenhierarchie zwischen dem Europäischen Unionsrecht und nationalem Recht (→ Rn. 54 ff. und Art. 69 Brüssel Ia-VO Art. 94–99 Brüssel IIb-VO) widerspricht und soweit (ii) die Verträge keine abweichenden Regelungen enthalten (wie zB Art. 64 ff. LugÜ, Art. 29 HUntVÜ 1973). Nach dem Günstigkeitsprinzip kann sich der Antragsteller auf die anerkennungsfreundlichste Bestimmung berufen. Grund dafür ist, dass die Staaten durch die völkerrechtlichen Verträge in der Regel nur festlegen, **unter welchen Voraussetzungen eine Anerkennung zwingend zu erfolgen hat**; sie wollen (und können) dem anderen Staat jedoch nicht die Möglichkeit nehmen, eine Anerkennung und Vollstreckung auch in anderen Fällen zuzulassen. Zum Teil ist das Günstigkeitsprinzip in den völkerrechtlichen Verträgen selbst normiert, so zB in Art. 23 des Haager Unterhaltsvollstreckungsübereinkommens v. 2.10.1973. Allgemein zum Günstigkeitsprinzip: Zöller/Geimer ZPO § 328 Rn. 5; Schack IntZivilVerfR Rn. 957 ff.; Geimer IntZivilProzR Rn. 2766 ff.; BGH IPRax 1989, 104 (106) mAnm Siehr IPRax 1989, 93 (96).

761 3. **Ergänzendes autonomes Recht (Anerkennungs- und Vollstreckungsausführungsgesetz – AVAG)**

Das Gesetz zur Ausführung zwischenstaatlicher Anerkennungs- und Vollstreckungsanträge in Zivil- und Handelssachen (Anerkennungs- und Vollstreckungsausführungsgesetz – **AVAG**; Jayme/Hausmann Nr. 152a, Nr. 191a) hat die Ausführungsbestimmungen für eine Reihe von bestehenden Verträgen in einem Gesetz zusammengefasst. Es gilt auch für alle künftigen Staatsverträge. Das AVAG gilt heute nach § 1 I AVAG auch für die Ausführung des LugÜ, des HUntVÜ 1973 und der bilateralen Abkommen mit Norwegen, Israel und Spanien, vgl. im Einzelnen: Geimer NJW 1988, 2157; Böhmer IPRax 1988, 334. Daneben soll das Gesetz zukünftig auch der Durchführung des HAVÜ dienen (vgl. das Durchführungsgesetz hierzu im BGBl. 2022 I 1982). Die Ausführungsbestimmungen zur EuVTVO wurden hingegen in die ZPO aufgenommen (→ Rn. 751).

762 4. Zur Anerkennung und Vollstreckung **deutscher Urteile im Ausland** vgl. §§ 1067 ff. ZPO. Für die Vollstreckung von **deutschen Versäumnisurteilen und Vollstreckungsbescheiden** – die nicht Europäische Vollstreckungstitel sind (→ Rn. 751) – sowie von **Arrestbefehlen und einstweiligen Verfügungen** vgl. §§ 30 ff. AVAG (zB kann es hier notwendig sein, auf eine besondere Ausfertigung – gegebenenfalls mit nachträglicher Angabe von Tatbestand und Entscheidungsgründen – hinzuwirken).

Bei der Prüfung der Anerkennungs- und Vollstreckungsfähigkeit deutscher Urteile im Ausland können **weitere** von Deutschland zwar gezeichnete, aber nicht transformierte und ratifizierte **Übereinkommen** von Bedeutung sein: so das **Luxemburger CIEC-Übereinkommen über die Anerkennung von Entscheidungen in Ehesachen** v. 8.9.1967 und das **Haager Übereinkommen über die Anerkennung von Ehescheidungen und Ehetrennungen** v. 1.6.1970 (beide aufzufinden über Vorauflagen (12. Aufl.) von Jayme/Hausmann), denn sie können im Ausland gelten. 763

II. Literatur

Ausführliche Abhandlungen zur Anerkennung und Vollstreckung nach völkerrechtlichen Verträgen bei IZVR-HdB/Martiny/Waehler/Wolff Bd. III/2. 764

2. Autonomes Recht

Das autonome Recht kommt immer dann zum Zuge, wenn unionsrechtliche Regelungen und völkerrechtliche Anerkennungs- und Vollstreckungsverträge nicht anwendbar sind oder (selten) die Berufung auf autonomes Recht dem Gläubiger günstiger erscheint und das Unionsrecht der Anwendung des Günstigkeitsprinzips nicht entgegensteht (vgl. dazu im vorstehenden Arbeitsblock → Rn. 760). 765

Fall 45: (in Anlehnung an eine Entscheidung des Supreme Court of Alaska: Sturm, Ruger & Co. v. Day, 594 P2nd 38 (Alaska)): Ein deutscher Hersteller von Revolvern vertreibt seine Produkte auf dem amerikanischen Markt. Ein US-Bürger aus Anchorage, Alaska, erwirbt im Jahr 2019 einen Revolver. Beim Entladen des Revolvers fällt dieser zu Boden. Da das Produkt fehlerhaft ist, löst sich ein Schuss, der den Eigentümer erheblich verletzt. Der Supreme Court von Alaska spricht ihm 140.000 US-Dollar für seinen deliktischen Schadensersatzanspruch aus *product liability* (Produkthaftpflicht) und 250.000 US-Dollar als *punitive damage* zu. Das Gericht sieht diese Verurteilung unter anderem als *punishment* (Bestrafung) dafür an, dass der beklagte Hersteller trotz Kenntnis des Produktmangels eine Rückrufaktion unterlassen hatte. Als der Amerikaner in Deutschland die Vollstreckung dieser Entscheidung begehrt, wendet der deutsche Hersteller ein, das Urteil könne in Deutschland nicht vollstreckt werden, da die Gegenseitigkeit nicht verbürgt sei und die Zuerkennung von *punitive damages* gegen den ordre public verstoße.

Zwischen den USA und der Bundesrepublik gilt kein völkerrechtlicher Vertrag, der die Anerkennung und Vollstreckung von Gerichtsentscheiden regelt; weder das HAVÜ (→ Rn. 755) noch das HGÜ (das nur für Entscheidungen aufgrund ausschließlicher Gerichtsstandsvereinbarungen zwischen Unternehmen gilt → Rn. 678 und → Rn. 756) sind bisher von den USA ratifiziert worden. Daher ist auf autonomes Recht zurückzugreifen. 766

Die Anerkennung und Vollstreckung nach dem autonomen Recht ist für den Gläubiger schwieriger als das Verfahren nach der Brüssel Ia-VO (sowie nach den meisten völkerrechtlichen Verträgen). Nach **§§ 722, 723 ZPO** muss der Gläubiger **Klage auf Vollstreckbarerklärung** erheben, über die durch **Urteil** entschieden wird. Zwar findet auch in diesem Verfahren **keine révision au fond** statt (§ 723 I ZPO und → Rn. 744). Doch muss das fremde Urteil **zum einen** im Urteilsstaat **rechtskräftig** sein. **Zum anderen** muss es **anerkennungsfähig** sein, wofür **§ 328 ZPO** (iVm § 723 II ZPO) **strengere Anforderungen** stellt als zB Art. 45 Brüssel Ia-VO (Art. 34, 767

35 Brüssel I-VO). Nach § 328 I ZPO ist in folgenden Fällen die Anerkennung ausgeschlossen:

- Fehlen der **internationalen Zuständigkeit** der Gerichte des Staates, dem das ausländische Gericht angehört (in spiegelbildlicher Anwendung der deutschen Regeln über die internationale Zuständigkeit (§ 328 I Nr. 1 ZPO); anders Art. 45 III Brüssel Ia-VO,
- keine Gewährung des **rechtlichen Gehörs** (§ 328 I Nr. 2 ZPO),
- Unvereinbarkeit mit einem zwischen den Parteien ergangenen, **rechtskräftigen Urteil** (§ 328 I Nr. 3 ZPO),
- „offensichtliche" Unvereinbarkeit mit dem ordre public (§ 328 I Nr. 4 ZPO),
- keine **Verbürgung der Gegenseitigkeit** (§ 328 I Nr. 5 ZPO); Ausnahmen bestehen nach § 328 II ZPO für nichtvermögensrechtliche Ansprüche, für die ein inländischer Gerichtsstand nicht gegeben war.

768 In **Fall 45** müssten die Gerichte von Alaska nach § 328 I Nr. 1 ZPO zunächst in **entsprechender Anwendung des deutschen Zuständigkeitsrechts** international zuständig gewesen sein (es reicht aus, dass irgendein Gericht des Urteilsstaates zuständig gewesen wäre).[98] Man spricht dabei von der Prüfung der **internationalen Anerkennungszuständigkeit** (oder indirekten Zuständigkeit) der Gerichte des Erststaates;[99] den Gegensatz dazu stellt die internationale **Entscheidungszuständigkeit** (oder direkte Zuständigkeit) dar (→ Rn. 636).

Da der Tatort (jedenfalls der Erfolgsort) in Anchorage, Alaska, lag, war der Supreme Court von Alaska in entsprechender Anwendung von § 32 ZPO örtlich und waren damit die Gerichte von Alaska international (vgl. Faustregel → Rn. 684) zuständig.

769 Weiterhin ist das Kriterium der **Verbürgung der Gegenseitigkeit** iSv § 328 I Nr. 5 ZPO zu prüfen. Fraglich ist, ob ein entsprechendes deutsches Urteil in dem Urteilsstaat ohne wesentlich größere Schwierigkeiten ebenso vollstreckbar wäre; bei Mehrrechtsstaaten wie den USA ist dies für den betroffenen Einzelstaat zu prüfen. Im Rechtsverkehr mit Alaska treten bei der Vollstreckung deutscher Urteile keine besonderen Probleme auf; die Gegenseitigkeit ist verbürgt.[100]

770 Fraglich ist jedoch, ob der Vollstreckbarerklärung der **Ordre-public-Vorbehalt** nach § 328 I Nr. 4 ZPO entgegensteht. *Punitive damages* haben nach US-amerikanischem Recht Bestrafungs- und Abschreckungsfunktion sowie (vereinzelt) Ausgleichs- und (zunehmend) Rechtsdurchsetzungsfunktion.[101] Aufgrund des im Vordergrund stehenden Bestrafungs- und Abschreckungscharakters werden *punitive damages* häufig mit Strafschadensersatz übersetzt.[102] Voraussetzung für die Zubilligung von *punitive damages* sind ein bestehender Schadensersatzanspruch des Geschädigten und ein besonders verwerfliches – nicht notwendig vorsätzliches – Verhalten des Schädigers.[103]

98 Zöller/Geimer ZPO § 328 Rn. 106.
99 Eine sehr anschauliche Prüfung findet sich bei LG München I RIW 1988, 738; noch immer aktuell.
100 Schütze JR 1988, 7 (9) mwN; vgl. im Übrigen den Überblick über die Verbürgung zur Gegenseitigkeit bei Anders/Gehle/Schmidt Anh. nach § 328 ZPO.
101 Dazu im Einzelnen Rosengarten, Punitive Damages und ihre Anerkennung und Vollstreckung in der Bundesrepublik Deutschland, 1994, S. 47 ff.
102 Thümmel RIW 1988, 613.
103 Vgl. Rosengarten, Punitive Damages und ihre Anerkennung und Vollstreckung in der Bundesrepublik Deutschland, 1994, S. 43 ff., 47.

In einem viel beachteten und sehr lesenswerten Urteil hat der BGH im Jahre 1992 erklärt, *punitive damages* könnten wegen Verstoßes gegen den ordre public in Deutschland für grundsätzlich nicht vollstreckbar erklärt werden, da die Bestrafungs- und Abschreckungsfunktion dem durch den Kompensationsgedanken beherrschten deutschen Zivilrecht widerspreche.[104] Für die Bestrafung ist in Deutschland hingegen der Staat zuständig. In einer Nebenbemerkung hat der BGH angedeutet, dass eine Ausnahme von diesem Grundsatz möglich sein könnte, soweit mit der Verhängung von *punitive damages* „restliche, nicht besonders abgegoltene oder schlecht nachweisbare wirtschaftliche Nachteile pauschal ausgeglichen oder vom Schädiger durch die unerlaubte Handlung erzielte Gewinne abgeschöpft werden sollen". Die Bedeutung dieser Ausnahme ist begrenzt.

Hinweis: Die **Zustellung** von US-amerikanischen **Klagen** in der Bundesrepublik verstößt grundsätzlich nicht schon deshalb gegen den ordre public, weil der Kläger auch *punitive damages* verlangt.[105] Soweit ein amerikanisches Urteil neben *punitive damages* auch „normalen" Schadensersatz ausurteilt, ist es anerkennungs- und vollstreckungsfähig. 771

Da der Supreme Court von Alaska die *punitive damages* jedoch ausdrücklich als *punishment* für den Beklagten ansah, scheitert nach der Rechtsprechung des BGH eine Anerkennung insoweit (für die begehrten 250.000 US-Dollar *punitive damages*) an § 328 I Nr. 4 ZPO, eine Vollstreckbarerklärung ist wegen § 723 II ZPO nicht möglich. Die Klage des Amerikaners in **Fall 45** ist insoweit unbegründet. In der Praxis hilft man sich mit Anträgen auf Teilanerkennung. Zur Vollstreckung des Teilurteils ist sodann die Zustellung an den Schuldner erforderlich, und zwar zweimal: Erst ist die Klage auf (Teil-)Anerkennung und später ist das deutsche Anerkennungsurteil zuzustellen (→ Rn. 707 für Schuldner im Ausland). 772

Arbeitsblock

I. Zur Vertiefung

1. Anerkennungsfähige Urteilswirkungen 773

Gegenstand der Anerkennung sind diejenigen Wirkungen des ausländischen Urteils, die dieses nach dem ausländischen Recht hat (ausführlich MüKoZPO/Gottwald ZPO § 328 Rn. 164 ff.). Dabei können jedoch nach hM nur solche Wirkungen anerkannt werden, die dem deutschen Recht bekannt sind (Zöller/Geimer ZPO § 328 Rn. 20 ff.). Dazu gehören alle prozessrechtlichen Urteilswirkungen: **Feststellungswirkung bzw. materielle Rechtskraft** (Zöller/Geimer ZPO § 328 Rn. 35 ff.), **Präklusionswirkung** (Geimer/Schütze, Internationale Urteilsanerkennung Bd. I, 1983 (1. Halbbd.), § 134 und Bd. I, 1984 (2. Halbbd.), ZPO § 225), **Gestaltungswirkung** (Zöller/Geimer ZPO § 328 Rn. 52 ff.), **Streitverkündungs- und Interventionswirkung** (Geimer/Schütze, Internationale Urteilsanerkennung Bd. I, 1983 (1. Halbbd.), § 136 und Bd. I, 1984 (2. Halbbd.), ZPO §§ 227, 228; Zöller/Geimer ZPO § 328 Rn. 59 ff.).

104 BGH NJW 1992, 3096; aA wohl OLG Düsseldorf IPRax 2009, 250; zu einer Entscheidung des BGH kam es in diesem Verfahren nicht, da die Beteiligten den Rechtsstreit für erledigt erklärten, vgl. Rogler IPRax 2009, 223 ff.; ausführlich Rosengarten, Punitive Damages und ihre Anerkennung und Vollstreckung in der Bundesrepublik Deutschland, 1994, S. 174 ff. mwN.

105 Vgl. BVerfG ZIP 1995, 70.

774 Bei der **Rechtskraftwirkung (Res-judicata-Wirkung)** ausländischer Urteile ist umstritten, ob eine erneute Klage im Inland als unzulässig abzuweisen ist (so zT die Lehre, vgl. Zöller/Geimer ZPO § 328 Rn. 35 mwN) oder ob ein zweites – mit dem Ersturteil inhaltlich übereinstimmendes – Sachurteil möglich ist (so die Rechtsprechung, vgl. BGH NJW 1987, 1146 mwN).

775 Zu beachten ist, dass die Anerkennungsfähigkeit des späteren ausländischen Urteils auch Voraussetzung dafür ist, dass die Rechtshängigkeit **einer Sache im Ausland** die **Einrede** des § 261 III Nr. 1 ZPO begründet (dazu BGH IPRax 1989, 104 mAnm Siehr IPRax 1989, 93 ff.; vgl. auch Schütze IntZivilProzR/EuropZivilProzR Rn. 383 ff.) und dass eine **im Ausland erhobene Klage** die **Verjährung** unterbricht (dazu Schack IntZivilVerfR Rn. 928 ff. und Schütze IntZivilProzR/EuropZivilProzR Rn. 412 ff.).

2. Ehesachen

776 Sofern der Anwendungsbereich der Brüssel IIb-VO nicht eröffnet ist, bedarf es in Ehesachen nach § 107 FamFG (vgl. im Einzelnen Musielak/Borth/Frank FamFG § 107 Rn. 1 ff.) ausnahmsweise eines **förmlichen Anerkennungsverfahrens** bei der zuständigen Landesjustizverwaltung. Die Anerkennungsvoraussetzungen richten sich nach § 109 FamFG mit der Maßgabe, dass es auf die Verbürgung der **Gegenseitigkeit nicht** ankommt.

3. Wirkung einer Schiedsvereinbarung

777 Im deutschen Anerkennungs- und Vollstreckungsverfahren kann uU auch die im Ausland vergeblich erhobene Einrede der Schiedsgerichtsbarkeit (→ Rn. 845) die Anerkennung eines ausländischen Urteils nach § 328 I Nr. 1 ZPO verhindern: vgl. das illustrative Beispiel bei OLG Hamm IPRax 1988, 166 mAnm Schröder IPRax 1988, 144; hierzu auch Zöller/Geimer ZPO § 328 Rn. 133.

4. Immunitäten

778 Die Durchführung der Vollstreckung einer (für vollstreckbar erklärten) ausländischen Entscheidung richtet sich nach den für deutsche Urteile geltenden Regeln. Dabei ist zu bedenken, dass **auch im Vollstreckungsverfahren Immunitäten** zu beachten sind (vgl. zum Erkenntnisverfahren → Rn. 620 ff.). Nach BVerfGE 46, 342 (406) = BeckRS 1977, 108417kann die Zwangsvollstreckung gegen fremde Staaten nicht in solche Vermögensgegenstände erfolgen, die **hoheitlichen Zwecken** dienen (dazu im Einzelnen Geimer IntZivilProzR Rn. 589 ff. mwN; BVerfG NJW 1983, 2766 ff. (Konto einer iranischen Ölgesellschaft); sowie BGH WM 2013, 1469 (Währungsreserven auf Konten bei der Deutschen Bundesbank)). Teilweise sind die Grenzen (noch) zulässiger Vollstreckung **völkerrechtlichen Verträgen** zu entnehmen, so zB

- Art. XVIII Abs. 2 des **Deutsch-amerikanischen Freundschafts-, Handels- und Schifffahrtsvertrages** v. 29.10.1954 (BGBl. 1956 II 487), oder
- dem **Internationalen Abkommen zur einheitlichen Feststellung von Regeln über die Immunitäten der Staatsschiffe** v. 10.4.1926 (RGBl. 1927 II 483); weitere Nachweise bei Geimer IntZivilProzR Rn. 589 ff.

779 II. Literatur

Zur Anerkennung nach autonomem Recht bei IZVR-HdB/Martiny Bd. III/1 und zur Vollstreckbarerklärung bei IZVR-HdB/Wolff Bd. III/2 Kap. IV; zur

Anerkennung und Vollstreckung nach autonomem Recht Geimer/Schütze, Internationale Urteilsanerkennung Bd. I, 1983 (1. Halbbd.), ZPO §§ 221–237.

3. Exkurs: Freiwillige Gerichtsbarkeit

Die Anerkennung und Vollstreckung von Entscheidungen auf dem Gebiet der Freiwilligen Gerichtsbarkeit richtet sich (noch) **teilweise** nach dem **autonomen Recht:** Brüssel Ia-VO und LugÜ schließen den Kernbereich der freiwilligen Gerichtsbarkeit (Unterhalts- und Nachlasssachen) nach Art. 1 II lit. e und f Brüssel Ia-VO sowie Art. 1 II lit. a LugÜ ausdrücklich aus. Die bilateralen Abkommen regeln ganz überwiegend nur echte Streitsachen.[106] Jedoch regelt die seit dem 1.8.2022 geltende **Brüssel IIb-VO** (→ Rn. 750) in ihrem vierten Kapitel auch Fragen der Anerkennung und Vollstreckung von Entscheidungen aus dem Kernbereich der freiwilligen Gerichtsbarkeit und genießt gem. Art. 95 Brüssel IIb-VO im Verhältnis der Mitgliedstaaten Vorrang gegenüber den dort aufgezählten multilateralen Übereinkommen (→ Rn. 750 aE). 780

Das **Haager Minderjährigenschutzübereinkommen** v. 5.10.1961 (MSA)[107] enthält zwar Bestimmungen zur Anerkennung (Art. 7 S. 1 MSA), verweist für die Vollstreckung vollstreckungsbedürftiger Entscheidungen jedoch auf das autonome Recht des Anerkennungsstaates (Art. 7 S. 2 MSA). Gleiches gilt für das **Europäische Übereinkommen über die Anerkennung und Vollstreckung von Entscheidungen über das Sorgerecht für Kinder und die Wiederherstellung des Sorgerechts** (EuSorgeRÜ) v. 20.5.1980.[108] Es gilt zB noch im Verhältnis zur Türkei und Island. Das **Haager Übereinkommen über den Schutz von Kindern und die Zusammenarbeit auf dem Gebiet der internationalen Adoption** (HAdoptÜ) v. 29.5.1993 (→ Rn. 550) regelt die Anerkennung einer nach seinen Vorschriften bescheinigten Adoption, sofern die Adoption nicht offensichtlich der öffentlichen Ordnung widerspricht (vgl. Art. 23, 24 HAdoptÜ); eines besonderen Anerkennungsverfahrens bedarf es nicht. 781

Das **autonome Recht** hat die Anerkennung ausländischer Entscheidungen für den Bereich der freiwilligen Gerichtsbarkeit mittlerweile zentral in **§§ 107 ff. FamFG** geregelt. Auf die Verbürgung der Gegenseitigkeit kommt es ausweislich des § 109 FamFG – anders als bei § 328 I Nr. 5 ZPO – nicht an.[109] 782

Arbeitsblock zur Vertiefung

Kommentierung bei Zöller/Geimer FamFG §§ 108, 109. 783
Andrae, Internationales Familienrecht, 5. Aufl. 2024
Klinck FamRZ 2009, 741–749

106 Vgl. Roth IPRax 1988, 75 (76) mwN in Fn. 8.
107 Jayme/Hausmann Nr. 52.
108 BGBl. 1990 II 220, in Deutschland in Kraft seit dem 1.2.1991 (BGBl. 1991 II 392); Jayme/Hausmann Nr. 184.
109 Althammer IPRax 2009, 381 (386 ff.).

B. Kollisionsfälle vor Schiedsgerichten

784 Wenn die Streitschlichtung im Verhandlungswege scheitert, bieten **private Schiedsgerichtsverfahren** eine viel genutzte Alternative zur Auseinandersetzung vor staatlichen Gerichten. Im internationalen Wirtschaftsverkehr vereinbaren Handelspartner weit häufiger als in rein nationalen Fällen (vgl. §§ 1025–1059 ZPO) die Zuständigkeit von Schiedsgerichten. In vielen Konstellationen lassen sich Ansprüche ohne Schiedsgerichtsvereinbarung gar nicht durchsetzen. Deshalb ist die Beschäftigung mit dem Internationalen Schiedsverfahrensrecht für den international tätigen Juristen wichtig.[110] Der folgende Abschnitt enthält eine **Auswahl** der für den Einstieg in das Schiedsverfahrensrecht wichtigsten Probleme. Sie lassen sich im Wesentlichen mit den bereits vorgestellten Arbeitsmethoden lösen. Da es sich für die meisten Leser um eine ungewohnte Materie handeln wird, empfehlen wir dringend, zunächst nur den Text (ohne Arbeitsblock) zu lesen, um sich einen Überblick zu verschaffen.

785 **Hinweis:** Seit über 20 Jahren führt die internationale *Willem C. Vis Moot Court Competition* universitäre Studententeams aus aller Welt zusammen (auf YouTube finden Sie unter „Vis Moot Finals 2013" einen der Co-Autoren als *„Presiding Arbitrator"* im Finale *City University of Hong Kong v. Mushen ...*). Die Teilnahme an einem solchen Wettbewerb bietet einen guten Einstieg in eine Tätigkeit im Bereich der internationalen Streitbeilegung.

I. Grundzüge

786 Mit dem Abschluss einer **Schiedsvereinbarung** (eines **Schiedsvertrages**) einigen sich die Parteien in der Regel darauf, dass **ausschließlich ein Schiedsgericht** für die Entscheidung über bestehende oder künftige Streitigkeiten zuständig sein soll (so auch die Legaldefinition in § 1029 I ZPO). Davon versprechen sie sich eine Reihe von Vorteilen (die allerdings in der Praxis selten alle zugleich erreicht werden):

- fachlich besonders **kompetente und international erfahrene Schiedsrichter** (die meist selbst ausgewählt werden können: Zum Beispiel steht es nach der üblichen Gestaltung von Schiedsklauseln in Kontinentaleuropa jeder Partei frei, einen Schiedsrichter aus einem geeignet erscheinenden Land – zB dem eigenen – zu wählen; diese einigen sich dann auf einen Obmann, der wiederum aus einem anderen, zB neutralen Staat kommen kann);
- **selbstständige Bestimmung der Verfahrenssprache** (zB der Muttersprachen der Parteien, von Englisch als gemeinsamer Sprache oder von einer Verhandlungssprache sowie gegebenenfalls einer zweiten Sprache,[111] in der Dokumente auch beigebracht werden können);
- **freie Wahl des Ortes** der Auseinandersetzung (**Schiedsort;** insbesondere ist es möglich, einen neutralen Ort in einem neutralen Land zu bestimmen und gleichwohl Schiedsrichter zu wählen, die in der gewünschten Sprache und kompetent nach dem gewählten Recht verhandeln; die Ortswahl kann Folgen für das anwendbare Verfahrensrecht haben → Rn. 848);

110 Vgl. zB Brödermann RIW 2004, 721 ff. mit Beispielen aus der Praxis.
111 Zum Risiko von Englisch als Vertragssprache s. Triebel FS Elsing, 2015, 1047 ff. und Triebel/Vogenauer, Englisch als Vertragssprache, 2018.

- **vertrauliches Verfahren** (das Verfahren muss – anders als das gerichtliche Verfahren – nicht öffentlich sein; vgl. dagegen für das deutsche Gerichtsverfahren § 169 S. 1 GVG);
- **kurze Verfahrensdauer** (Begrenzung des Verfahrens auf eine Instanz; Verkürzung des Verfahrens durch zeitliche Vorgaben in der Schiedsvereinbarung; durch Begrenzung der Zahl der auszutauschenden Schriftsätze oder Wahl der Schiedsordnung einer Schiedsinstitution, die für kurze Verfahrensdauern bekannt ist);[112]
- **kostengünstige Verfahren** (Kosten für nur eine Instanz; zT Vermeidung von Sachverständigen- und/oder Übersetzungskosten; gegebenenfalls Reduktion der Kosten zur Feststellung fremden Rechts durch die Auswahl von Schiedsrichtern mit entsprechenden Kompetenzen; gegebenenfalls Vermeidung der Leistung einer Prozesskostensicherheit für Anwaltskosten des Gegners, dagegen → Rn. 722);
- **größerer Freiraum bei der Bestimmung des anwendbaren materiellen Rechts** (einschließlich der Möglichkeit, ein neutrales Recht oder neutrale Rechtsregeln wie die UNIDROIT Principles zu wählen und damit zB die Anwendung deutschen AGB-Rechts in Handelsverträgen (englisch: „Business to Business" – kurz „B2B"-Verträgen) zu vermeiden – dazu → Rn. 865 – oder das Schiedsgericht zu einer Entscheidung nach Billigkeit zu ermächtigen);
- **selbstständige Bestimmung des Verfahrensrechts** (Vermeidung diverser Förmlichkeiten eines Gerichtsprozesses; Möglichkeit der Vereinbarung von Modalitäten der Beweiserbringung);
- **mehr Flexibilität bei der Durchführung des Verfahrens** (zB bessere Terminkoordinationsmöglichkeiten; mehr Freiheit bei der Schaffung von Gelegenheiten zum Abschluss eines Vergleichs);
- insgesamt mehr **Flexibilität beim Umgang mit (rechts-)kulturellen Unterschieden;**
- **oft entscheidend: bessere Möglichkeiten der Anerkennung und Vollstreckung** des Schiedsspruches im Vergleich zu staatlichen Urteilen (wegen weitreichender Anerkennungsverpflichtungen in völkerrechtlichen Verträgen sind handelsrechtliche Schiedssprüche in den meisten Staaten vollstreckbar).

Hinweis: Inwieweit die Verabschiedung des vom Bundesrat im März 2022 erneut eingebrachten Gesetzentwurfs zur „Einführung von Kammern für internationale Handelssachen" den deutschen Gerichtsstandort gegenüber anderen Gerichtsstandorten oder gegenüber Schiedsgerichten zu stärken vermag, bleibt abzuwarten.[113] Wie bereits in den vorangegangenen Gesetzesentwürfen[114] geht es den Initiatoren unter anderem darum, eine auf internationale handelsrechtliche Streitigkeiten spezialisierte Kammer bei den Landgerichten zu ermöglichen, die das gesamte Verfahren in **englischer Sprache** führt.[115] Hierfür bedarf es unter anderem der Änderung von § 184 GVG („Gerichtssprache ist deutsch"). Entsprechende Gesetzesentwürfe erreichten den Bundestag bereits in den Jahren 2010, 2014 und 2018, wurden dann aber nicht innerhalb der jeweiligen Legislaturperiode verabschiedet und unterfielen damit der Diskontinuität.[116] 787

112 ZB Art. 37 DIS-Schiedsregeln 2018; Art. 31a ASEAC-Schiedsregeln.
113 BR-Drs. 79/22; der aktuelle Stand des Gesetzgebungsverfahrens kann unter https://dip.bundestag.de/vorgang/gesetz-zur-st%C3%A4rkung-der-gerichte-in-wirtschaftsstreitigkeiten/284647?term=he:br%20AND%20dr:79/22&f.typ=Vorgang&rows=25&pos=1 (zuletzt abgerufen am 28.6.2024) eingesehen werden. Zu den möglichen Auswirkungen dieser sog. Commercial Courts auf die Schiedsgerichtsbarkeit Raeschke-Kessler SchiedsVZ 2023, 158.
114 S. hierzu etwa Riehm/Thomas NJW 2022, 1725; vgl. BR-Drs. 53/18, 1 f., 5 ff.
115 BR-Drs. 79/22, 13, 16 ff.
116 Vgl. BR-Drs. 53/18, BR-Drs. 93/14 und BR-Drs. 42/10.

Arbeitsblock zur Ergänzung

788 1. Zur **Entscheidung zwischen der staatlichen Gerichtsbarkeit und der Schiedsgerichtsbarkeit** vgl. allgemein Lionnet/Lionnet, Handbuch der internationalen und der nationalen Schiedsgerichtsbarkeit, 3. Aufl. 2005, Kap. 3.V. In der Praxis sind bei der Abwägung meist **länderspezifische Einzelheiten** zu berücksichtigen. Extreme und kuriose Folgen einer Schiedsgerichtsvereinbarung schildert Glossner, The Rt Hon Lord Justice Kerr, Schiedsverfahren oder Zivilprozeßverfahren – Der Macao Sardine Case (Glosse), Jahrbuch 1 (1987), 251 ff.

789 2. Als **Faustregel** lässt sich aus der Praxis heraus beobachten:

a) **Innerhalb Europas** – im Anwendungsbereich der Brüssel Ia-VO, des EuGVÜ und des LugÜ (→ Rn. 638, → Rn. 676) – macht die Vereinbarung eines (staatlichen) Gerichtsstandes (vorbehaltlich der Einzelfallberücksichtigung anderer in → Rn. 786 genannter Vorteile) oft Sinn, weil die Titel grundsätzlich mithilfe von gut zugänglichen Rechtsinstrumenten vollstreckbar sind. Im **interkontinentalen Rechtsverkehr** bietet das **UN-Übereinkommen über die Anerkennung und Vollstreckung ausländischer Schiedssprüche (UNÜ)** v. 10.6.1958[117] hingegen überwiegend wesentlich bessere Anerkennungs- und Vollstreckungsalternativen für Schiedsurteile als sie für gerichtliche Urteile bestehen; im interkontinentalen Rechtsverkehr **zB** mit **China, Indien** und **USA** lassen sich Ansprüche ohne Schiedsgerichtsvereinbarung oft gar nicht oder nur sehr schwer durchsetzen. Allein dieses Argument zwingt häufig zu einer Schiedsvereinbarung. Hinzu treten die in → Rn. 786 genannten Vorteile: insbesondere die Möglichkeit, Vertraulichkeit zu bewahren, ein kompetentes internationales Schiedsgericht mit Schiedsrichtern aus verschiedenen betroffenen und/oder neutralen Staaten zusammenzustellen und/oder die UNIDROIT Principles als neutrale Rechtsregeln (→ Rn. 312) zu wählen.

790 b) Für **alle** internationalen Auseinandersetzungen – auch innerhalb Europas – bietet die Vereinbarung eines Schiedsgerichts häufig eine gute Lösung, wenn die Vereinbarung des eigentlich gewollten (zB deutschen) Gerichtsstandes nicht durchsetzbar ist. Die Einigung kann zu **vertrautem Recht an neutralem (Schieds-)Ort in bekannter Sprache** führen. Ferner lassen sich befürchtete **Nachteile vermeiden**, die mit einem Verfahren vor dem nationalen Gericht verbunden sind, das ohne vertragliche Einigung über die Gerichts-/Schiedsgerichtsfrage nach dem IZVR zuständig wäre: zT überlange **Verfahrensdauer** (zB v. Hase/Krolovitsch RIW 2009, 836 (837 f.) zu Italien), hohe **Kosten** für die Übersetzung in die Gerichtssprache oder für die Darlegung oder den Beweis fremden Rechts (→ Rn. 718), Meidung von lediglich national (nicht: international) zwingendem Recht wie deutschem AGB-Recht in den §§ 305 ff. BGB (→ Rn. 254); erhöhte Anwaltskosten durch zusätzliche Beauftragung lokaler – je nach Gerichtsort auch unterschiedlich teurer – Rechtsanwälte. An einem Schiedsort im Ausland kann eine Partei „ihr" Anwaltsteam oft auch ohne lokale Unterstützung kämpfen lassen. Grenzen ergeben sich häufig aus nationalem Berufsrecht. So dürfen zB ausländische Rechtsanwälte in China nicht zum chinesischen Recht beraten; selbst bei Einigung auf deutsches Vertragsrecht stellen sich

117 BGBl. 1961 II 122.

bei einem Schiedsverfahren in China auch chinesisch-rechtliche Fragen (zB zum chinesischen Schiedsrecht).

c) Bei möglichen Auseinandersetzungen zwischen **verschiedenen Parteien auf mehreren Ebenen** (Lieferantenketten, Import durch Großhändler, Subunternehmer) ist zu bedenken, dass **nur gerichtliche Verfahren** die Möglichkeit der Streitverkündung oder der Interventionsklage (Art. 8 Brüssel Ia-VO) bieten (Von dieser Frage zu unterscheiden sind Mehrparteienschiedsverfahren, bei denen sich mehrere Parteien auf gleicher Ebene gegenüberstehen, dazu → Rn. 859). 791

3. Schiedsgerichtsbarkeit ist **abzugrenzen** von **Mediation** und **Streitschlichtungsverfahren** *(Ombudsmannverfahren)* bzw. obligatorischen Streitschlichtungsverfahren wie nach § 15a EGZPO. Wenngleich durch die **Mediations-RL**, eine europaweite Vereinheitlichung gewisser Bereiche der Mediation beabsichtigt ist, bleibt dieses Gebiet grundsätzlich durch das nationale Recht bestimmt. Das deutsche Umsetzungsgesetz erfasst auch reine Binnenfälle und stellt eine weitreichende gesetzliche Grundlage für unter anderem außergerichtliche Mediation und gerichtsinterne Güteversuche dar.[118] Vgl. auch das **UNCITRAL Model Law on International Commercial Conciliation**, das von der UNCITRAL von 2002 beschlossen wurde und das im Bereich der gütlichen Streitbeilegung als zweites Regelungswerk der UNCITRAL neben die **UNCITRAL Conciliation Rules** vom Juli 1980 tritt und wie das UNCITRAL Modellgesetz zur Schiedsgerichtsbarkeit ein Modellgesetz für eine gütliche Streitbeilegung enthält, eingehend hierzu F. Friedrich SchiedsVZ 2004, 297 ff.; Text und Status unter www.uncitral.org. Im Jahr 2018 hat die UNCITRAL ferner das UNCITRAL Model Law on International Commercial Mediation and International Settlement Agreements Resulting from Mediation verabschiedet (sog. **Singapur-Übereinkommen**), mit dem das UNCITRAL Model Law aus dem Jahr 2002 überarbeitet wurde; ausführlich hierzu Heetkamp ZKM 2020, 168; 2023, 49 (der Vertragstext und aktuelle Status kann unter https://uncitral.un.org/en/texts/mediation/modellaw/commercial_conciliation abgerufen werden; zuletzt abgerufen am 28.6.2024). Für einen europäischen Rechtsvergleich zum **Ombudsmannverfahren in Bankangelegenheiten** s. Derleder/Knops/Bamberger Bank-/KapMarktR-HdB/Brödermann, 3. Aufl. 2017, § 66. 792

II. Rechtsquellen

Die Bearbeitung internationaler Schiedsfälle bringt eine Reihe kollisionsrechtlicher Fragen mit sich. 793

Beispiel: Welches Schiedsverfahrensrecht ist anwendbar?

Für die Beantwortung dieser Fragen sind im Internationalen Schiedsrecht besonders häufig völkerrechtliche Verträge anzuwenden. Hingegen sind keine unionsrechtlichen

118 Gesetz zur Förderung der Mediation und anderer Verfahren der außergerichtlichen Konfliktbeteiligung v. 21.7.2012 (BGBl. 2012 I 1577); Goltermann/Hagel/Klowait/Levien SchiedsVZ 2012, 299.

Instrumente zum Schiedsrecht in Kraft. Ebenso wie im Bereich des IPR (→ Rn. 7) und des IZVR (→ Rn. 619) gehen auch im Bereich der internationalen Schiedsgerichtsbarkeit völkervertragliche Regelungen den Bestimmungen des autonomen Rechts vor. Da die Falllösung von der **Auswahl der richtigen Rechtsquelle** abhängt und Fehler sich im späteren Verfahren folgenreich auswirken können (Beispiel: Nichtanerkennung eines Schiedsspruchs) ist die Bestimmung der anwendbaren Übereinkommen besonders wichtig.

Hinweis: Wer die Lektüre des Buchs mit dem Kapitel zum Schiedsrecht beginnt, dem sei vorab die Lektüre von → Rn. 41 ff., 73 ff. empfohlen (Grundzüge der Rechtsquellenlehre).

794 Das **wichtigste internationale Übereinkommen** ist das **UN-Übereinkommen (UNÜ)** über die **Anerkennung und Vollstreckung ausländischer Schiedssprüche** v. 10.6.1958 (es wurde in New York abgeschlossen und ist international als New York Convention bekannt).[119] Entgegen seinem Namen regelt das Übereinkommen auch schiedsrechtliche Fragen von allgemeiner Bedeutung, zB die Wirksamkeit von Schiedsvereinbarungen.[120] Dem Übereinkommen gehören insgesamt **172 Staaten** (Stand: Juni 2024, www.uncitral.org) an.

795 In einigen Fallkonstellationen können darüber hinaus folgende Übereinkommen relevant sein:

- **Europäisches (Genfer) Übereinkommen über die internationale Handelsschiedsgerichtsbarkeit (EuÜ)** v. 21.4.1961.[121] Das EuÜ wurde von etwa **30 Staaten** ratifiziert, einschließlich mehrerer osteuropäischer Staaten (zB Russische Föderation, Ukraine). Es ist vor allem im **Ost-West-Handel** von Bedeutung.[122] Sämtliche Mitgliedstaaten des EuÜ gehören heute auch dem UNÜ an. Das EuÜ kommt **neben dem UNÜ** zur Anwendung (Art. X Abs. 7 EuÜ). Nach dem **Grundsatz der Meistbegünstigung,** der in Art. X Abs. 7 EuÜ ausdrücklich verankert ist, dürfen sich die Parteien auf das ihnen im Einzelfall günstigere Übereinkommen berufen.[123]
- **Pariser (Zusatz-)Vereinbarung über die Anwendung des Europäischen Übereinkommens über die internationale Handelsschiedsgerichtsbarkeit (EÜZ)** v. 17.12.1962.[124] Das EÜZ, das nur für Mitgliedstaaten des Europarates zur Unterzeichnung aufliegt (Art. 2 I EÜZ), ist zwischen **acht Staaten** (einschließlich der Bundesrepublik) in Kraft. Sinn des Übereinkommens ist es, das teilweise komplizierte, auf den Ost-West-Handel zugeschnittene System des EuÜ im Verhältnis zu den Vertragsstaaten des EÜZ zu vereinfachen.[125] Das **EÜZ geht** daher teilweise **dem EuÜ vor** (vgl. Art. 1 EÜZ).
- **Genfer Protokoll über die Schiedsklauseln (GP)** v. 24.9.1923[126] sowie

119 BGBl. 1961 II 122; Jayme/Hausmann Nr. 240.
120 Vgl. Reithmann/Martiny IntVertragsR/Hausmann Rn. 7.227.
121 BGBl. 1964 II 426; Jayme/Hausmann Nr. 241.
122 Stein/Jonas/Schlosser ZPO Anh. § 1061 Rn. 386 ff.
123 Sandrock Vertragsgestaltung-HdB/Kornmeier/Sandrock Abschn. F Rn. 33; Reithmann/Martiny IntVertragsR/Hausmann Rn. 7.255 ff.
124 BGBl. 1964 II 449; Jayme/Hausmann Nr. 242.
125 Stein/Jonas/Schlosser ZPO Anh. § 1061 Rn. 446c; Vertragsstaaten sind: Deutschland, Österreich, Frankreich, Italien, Belgien, Dänemark, Luxemburg, Republik Moldau.
126 RGBl. 1925 II 47.

- **Genfer Abkommen zur Vollstreckung ausländischer Schiedssprüche (GA)** v. 26.9.1927.[127]

GP und GA werden vom UNÜ (nicht aber vom EuÜ) verdrängt.[128] Sie haben daher im Verhältnis zur Bundesrepublik praktisch keine Bedeutung mehr.

Auch die völkerrechtlichen Verträge zum Internationalen Schiedsverfahrensrecht können **einheitliches Sachrecht** (mit eigenen Rechtsanwendungsregeln) und **einheitliches Kollisionsrecht** enthalten.[129] Umgekehrt enthalten wichtige völkerrechtliche Übereinkommen zum einheitlichen Sachrecht für bestimmte Branchen (Beispiel: **Transport**) Regelungen zum Schiedsrecht: Art. 33 CMR (→ Rn. 277, Straßentransport); Art. 28–32 COTIF (→ Rn. 278, Eisenbahn); Art. 34 Montrealer Übereinkommen[130] und Art. 32 Warschauer Abkommen[131] (Luftfahrt) sowie zB Art. 22 Hamburg Rules (Seetransport).[132] **796**

Aufgrund von bei der Ratifikation erklärten **Vorbehalten** sind die Übereinkommen nicht in allen Vertragsstaaten im gleichen Maße anwendbar. Insbesondere haben viele Staaten bei der Ratifikation des UNÜ erklärt, dass sie das UNÜ nur auf in handelsrechtlichen Streitigkeiten erlassene Schiedssprüche anwenden werden (sog. **Handelssachenvorbehalt** nach Art. I Abs. 3 S. 2 UNÜ)[133] **und/oder** nur auf solche Schiedssprüche, die im Hoheitsgebiet eines Vertragsstaates des UNÜ gefällt wurden (sog. **Territorialvorbehalt** nach Art. I Abs. 3 S. 1 UNÜ).[134] **797**

Zusätzlich zu den genannten Staatsverträgen sind gegebenenfalls **multilaterale Spezialübereinkommen** (vor allem im Verkehrsrecht) und **bilaterale Abkommen** heranzuziehen.[135] Die Brüssel Ia-VO und das LugÜ kommen hingegen für eine Anwendung im Bereich der Schiedsgerichtsbarkeit nicht in Betracht.[136] **798**

Bei der Fülle der völkervertraglichen Rechtsquellen im Internationalen Schiedsrecht ist die **Auswahl** der richtigen Rechtsquelle besonders **schwierig**. Vielfach bestimmen die Übereinkommen ihr Verhältnis zu anderen Staatsverträgen selbst. ZT schließen sie die Anwendbarkeit anderer Übereinkommen aus (zB verdrängt das UNÜ – Art. VII Abs. 2 – das GP und das GA), zT ergänzen die Staatsverträge einander (so ergänzt beispielsweise das EuÜ das UNÜ).[137] Im Übrigen gelten – soweit sich der sachliche Anwendungsbereich der Verträge überschneidet – die allgemeinen Regeln **799**

127 RGBl. 1930 II 1068.
128 Vgl. Sandrock Vertragsgestaltung-HdB/Kornmeier/Sandrock Abschn. F Rn. 28 ff.; Reithmann/Martiny IntVertragsR/Hausmann Rn. 7.227f.
129 Vgl. Reithmann/Martiny IntVertragsR/Hausmann Rn. 7.263 ff.; Rn. 7.292 ff. zum UNÜ sowie Rn. 7.269, 7.303 zum EuÜ.
130 Übk. zur Vereinheitlichung bestimmter Vorschriften über die Beförderung im internationalen Luftverkehr v. 28.5.1999 (Montrealer Übereinkommen) (BGBl. 2004 II 458).
131 Abkommen zur Vereinheitlichung von Regeln über die Beförderung im internationalen Luftverkehr v. 12.10.1929 (RGBl. 1933 II 1039).
132 S. http://www.uncitral.org/uncitral/en/uncitral_texts/transport_goods/Hamburg_rules.html; https://uncitral.un.org/files/media-documents/uncitral/en/hamburg_rules_e.pdf; Deutschland ist nicht Vertragsstaat.
133 Vgl. Reithmann/Martiny IntVertragsR/Hausmann Rn. 7.240.
134 Vgl. Reithmann/Martiny IntVertragsR/Hausmann Rn. 7.239.
135 Vgl. insbesondere Stein/Jonas/Schlosser ZPO Anh. § 1061 Rn. 450 ff.; Schwab/Walter Rn. 478 ff.
136 Vgl. Art. 1 II Nr. 4 Brüssel Ia-VO/LugÜ und Kropholler/v. Hein EurZivilProzR EuGVVO Art. 1 Rn. 41 ff. mwN.
137 Vgl. Reithmann/Martiny IntVertragsR/Hausmann Rn. 7.227 f.

(*lex specialis derogat legi generali; lex posterior derogat legi priori*) sowie der bereits erwähnte Grundsatz der **Meistbegünstigung** (→ Rn. 795).[138]

800 Soweit die völkerrechtlichen Verträge keine Regelungen enthalten, ist auch im Internationalen Schiedsrecht auf **autonomes Schiedsverfahrensrecht** zurückzugreifen (das, wie in Deutschland, oft auch eine IPR-Norm enthält; → Rn. 862). Das in Deutschland seit dem 1.1.1998 geltende autonome Schiedsverfahrensrecht **beruht** ebenso wie zahlreiche ausländische Schiedsverfahrensrechte – die Website der UNCITRAL nennt per Juli 2023 87 Staaten[139] – **auf dem** von **UNCITRAL** erarbeiteten **Modellgesetz**[140] und ist damit **international wettbewerbsfähig.** In diesem Zusammenhang ist mit § 1025 ZPO das **Territorialitätsprinzip** für Deutschland verankert worden. Danach gilt das autonome Schiedsverfahrensrecht (in Deutschland das 10. Buch der ZPO) am Ort des schiedsrichterlichen Verfahrens. ZT gilt der Grundsatz der **Meistbegünstigung** auch im Verhältnis zwischen völkerrechtlichen und autonomen Regelungen.[141] Ergänzend kann auch für Schiedsverfahren relevantes **zwingendes Recht** (zB Strafrecht, Berufsrecht) zu berücksichtigen sein. Schließlich haben verschiedene internationale Organisationen mit Blick auf die bestehenden rechtskulturellen Unterschiede Richtlinien und Regeln zu verfahrensrechtlichen Einzelfragen entwickelt (sog. *„soft law"*), die im Einzelfall aufgrund vertraglicher Einigung – oft erst während des Schiedsverfahrens – ebenfalls zu berücksichtigen sind (→ Rn. 806, 843).

800a Derzeit gibt es (auch aufgrund der Aktualisierung des UNCITRAL Modellgesetzes in 2006) Bestrebungen für eine Reform des im 10. Buch der ZPO enthaltenen deutschen Schiedsrechts.

Ziel der Reform ist, das deutsche Schiedsrecht international noch wettbewerbs- und leistungsfähiger zu machen (s. auch → Rn. 828, Fn. 163).[142]

801 Die Auswahl der richtigen Rechtsquelle ist im Internationalen Schiedsrecht insbesondere für die Beantwortung folgender Fragen notwendig:

1. Welche Art Schiedsgericht soll zuständig sein?
2. Ist die Schiedsvereinbarung wirksam?
3. Wie wird das Schiedsgericht besetzt?
4. Welches Verfahrensrecht ist anwendbar?
5. Welches Recht oder welche Rechtsregeln sind in der Hauptsache anwendbar?
6. Nach welchem Recht richten sich die Anerkennung und Vollstreckung des Schiedsspruches?

Diesen Fragen soll sogleich unter III. nachgegangen werden.

---

138 Sandrock Vertragsgestaltung-HdB/Hornmeier/Sandrock Abschn. F Rn. 33; Reithmann/Martiny IntVertragsR/Hausmann Rn. 7.255 ff.

139 https://uncitral.un.org/en/texts/arbitration/modellaw/commercial_arbitration/status (zuletzt abgerufen am 28.6.2024).

140 Kegel/Schurig IPR § 8 III 2 S. 363.

141 Reithmann/Martiny IntVertragsR/Hausmann Rn. 7.260.

142 Das Bundesjustizministerium hatte am 18.4.2023 ein Eckpunktepapier zur Modernisierung des deutschen Schiedsverfahrensrechts vorgelegt. Am 1.2.2024 wurde ein entsprechender Referentenentwurf veröffentlicht. Der Regierungsentwurf folgte am 26.6.2024. Die Gesetzgebungsmaterialien sowie der aktuelle Gesetzgebungsstand sind einsehbar unter bmj.de/SharedDocs/Gesetzgebungsverfahren/DE/2023_Modernisierung_Schiedsverfahrensrecht.html?nn=110518 (zuletzt abgerufen am 2.7.2024).

Arbeitsblock zur Ergänzung

I. Grundfragen des Schiedsrechts: 802

1. **Territorialprinzip:** Nach dem im **autonomen Recht** geltenden Territorialitätsprinzip (§ 1025 ZPO) ist entscheidend, ob der Ort des Schiedsverfahrens iSv § 1043 I ZPO in Deutschland liegt. Ist dies der Fall, gilt deutsches Verfahrensrecht (das jedoch – soweit nicht zwingendes Recht entgegensteht – **große Freiheiten bei der Gestaltung** des Schiedsverfahrens einräumt, vgl. **§ 1042 III ZPO**). Die Anwendung des Territorialitätsprinzips hat zB zur Folge, dass im Ausland (im Rahmen der Anerkennung und Vollstreckung) nach deutschem Verfahrensrecht ergangene Schiedssprüche als ausländische Schiedssprüche behandelt werden. (Rechts-)kulturelle Prägungen können zu Unterschieden bei der Anwendung der Normen führen.
   Mit Fragen der Schiedsgerichtsbarkeit beschäftigen sich in Deutschland insbesondere die **ICC Germany** (als deutscher Zweig der internationalen Handelskammer), die **Deutsche Institution für Schiedsgerichtsbarkeit** (**DIS**, www.disarb.org, unter anderem mit zahlreichen schiedsgerichtlichen Dokumenten), die Handelskammern, zahlreiche branchen- oder marktspezifische Schiedsgerichtsinstitutionen wie die German Maritime Arbitration Association (GMAA) und das **Asian European Arbitration Centre** (**ASEAC**, www.aseac-arbitration.com; (zuletzt abgerufen am 28.6.2024)). Diese Organisationen bieten auch „Nachwuchsorganisationen" **(DIS 40; Young ASEAC;** Young ICCA). S. auch www.dispute-resolution-arbitration.com/de/ (zuletzt abgerufen am 28.6.2024).
2. **Rechtsgeschichte und Rechtsvergleichung:** 803
   a) **Rechtsgeschichte:** Schiedsverfahren gibt es als Streitbeilegungsmethode seit dem Altertum. In **England** stammt der erste *Arbitration Act* von 1697. Nach diversen *New Arbitration Acts* ab 1889 ergibt sich das aktuelle englische Schiedsverfahrensrecht aus dem *English Arbitration Act* von 1996. Nach der **französischen Revolution** wurde das Recht des Bürgers auf eine Entscheidung durch frei gewählte Schiedsrichter in den Verfassungen vom 3.9.**1791** (Art. 5) und vom 5. Fructidor Jahr III (1795) verankert (Art. 210: „*Il ne peut être porté atteinte au droit de faire prononcer sur les différends par des arbitres au choix des parties.*"; auf Deutsch (sinngemäß): „Das Recht der Parteien, ihren Streit durch von ihnen gewählte Schiedsrichter beilegen zu lassen, ist geschützt."). Das heutige französische Schiedsverfahrensrecht ist in Art. 1442–1507 *Nouveau Code de Procédure Civile* geregelt. Das englische und französische Schiedsverfahrensrecht entsprechen beide **nicht** dem in → Rn. 802 genannten **UNCITRAL Modellgesetz**, das das Schiedsrecht von mittlerweile knapp 87 Staaten[143] prägt. Damit unterscheidet sich das Schiedsrecht an den großen Schiedszentren London und Paris von dem Schiedsrecht in vielen anderen Staaten. Entsprechendes gilt für die Schweiz und Schweden (Stockholm), die ebenfalls eine wichtige Rolle in der Schiedsgerichtsbarkeit in Europa spielen, s. Kronke/Melis/

143 Eine Liste der Staaten, die das UNCITRAL Modellgesetz umgesetzt haben, findet sich bei https://uncitral.un.org/en/texts/arbitration/modellaw/commercial_arbitration/status (zuletzt abgerufen am 28.6.2024).

Kuhn IntWirtschaftsR-HdB/Karrer Teil P Rn. 1552 ff. sowie Kronke/Melis/Kuhn IntWirtschaftsR-HdB/Söderlund Teil P Rn. 1689 ff. Gleichwohl finden sich zentrale Kernaussagen (wie der Anspruch auf rechtliches Gehör, *due process*) in allen Rechtsordnungen.

804 b) **Rechtsvergleichung:**

aa) In **England** gilt der englische Arbitration Act von 1996. Obwohl auch er in vielen Punkten vom UNCITRAL Modellgesetz inspiriert ist, hat der englische Gesetzgeber mit Blick auf die schiedsrechtliche Tradition in London an einigen abweichenden Punkten festgehalten, zB dem **Leitbild des Einzelschiedsrichters**, das bei fehlender anderer Parteibestimmung zum Zuge kommt (in der Praxis ergänzt für die maritime Schiedsgerichtsbarkeit um ein Leitbild von zwei Schiedsrichtern, während das UNCITRAL Modellgesetz vom **Leitbild des Dreier-Schiedsgerichts** ausgeht, Art. 10 II), kombiniert mit einem Recht auf „*appeal on points of law*" (sec. 69 Arbitration Act sofern nicht ausdrücklich abbedungen, was insbesondere nach den Regeln des London Court of International Arbitration (LCIA) der Fall ist). In Deutschland sieht das Leitbild drei Schiedsrichter (§ 1034 I 2 ZPO) und dafür die Endgültigkeit des Schiedsspruchs (§ 1055 ZPO) ohne Berufungsmöglichkeit zu Rechtsfragen vor. Hinzu treten zB im common law-Raum (etwa England) übliche andere Formen der Beweiserhebung (→ Rn. 712). Damit gehen im angelsächsischen und im kontinentaleuropäischen Raum ausgebildete Juristen von **unterschiedlichen Leitbildern der Schiedsgerichtsbarkeit** aus, wenn sie von „*arbitration*" sprechen.

805 bb) In **Frankreich** wird den Parteien in besonders großem Maße Parteiautonomie zugestanden, sodass das Schiedsverfahren weitgehend als „entnationalisiert" betrachtet wird. Die Parteien haben insbesondere das Recht, ein anderes als am Schiedsort geltendes Schiedsverfahrensrecht als *lex arbitri* zu wählen (s. nur Audit/d'Avout, Droit International Privé, 9. Aufl. 2022, Rn. 1341).

806 cc) In **China** gilt ein anderes Verständnis von Nationalität eines Schiedsspruchs. Es wird an den Sitz der Schiedsinstitution angeknüpft und nicht an den Sitz des Schiedsgerichts. Die Schiedsinstitution ist in China generell prägend. Art. 16 des chinesischen Schiedsgesetzes v. 31.8.1994[144] gebietet die Nennung der Schiedsinstitution in der Schiedsklausel, weshalb *Ad-hoc*-Schiedsgerichtsbarkeit (→ Rn. 812) zwar nicht verboten ist, in der Praxis aber kaum anerkannt wird. Die zum 1.1.2024 in Kraft getretene neue Fassung der CIETAC-Schiedsregeln, dh die Schiedsregeln der China International Economic and Trade Arbitration Commission, setzen die Möglichkeit von *ad hoc*-Schiedsverfahren voraus, indem CIETAC auch für solche Verfahren Dienstleistungen anbietet

144 Schiedsverfahrensgesetz der VR China verabschiedet vom ständigen Ausschuss des Nationalen Volkskongress am 31.8.1994. Das chinesische Schiedsverfahrensgesetz soll umfassend überarbeitet werden; hierzu hat die chinesische Regierung am 30.7.2021 Überarbeitungsvorschläge zur öffentlichen Konsultation freigegeben (näher hierzu Martinek SchiedsVZ 2022, 326; sowie Wilske/Markert/Ebert SchiedsVZ 2022, 111 (121)), die aber noch andauern.

(Art. 2 Abs. 7 CIETAC-Rules).[145] China geht auch mit Völkerrecht (wie dem UNÜ) anders um: Es wird auf gleichlautende nationale Vorschriften zurückgegriffen und auf völkerrechtliche Übereinkommen nur und erst dann, wenn sie vom nationalen Recht abweichen.[146] S. generell zur Einführung in das chinesische Recht der Schiedsgerichtsbarkeit Brödermann (Chapter 1: Introduction – Importance of the CIETAC Arbitration) und Etgen (Chapter 3: Recognition and Enforcement of Arbitral Awards in the People's Republic of China) in Brödermann/Etgen, CIETAC Arbitration Rules.

dd) Ergänzend bedeutsames **zwingendes Recht** kann ebenfalls unterschiedlich sein (anders als in Deutschland war in Hong Kong und Singapur bis zu jüngsten Gesetzesreformen die Finanzierung eines Schiedsverfahrens durch Dritte *(Third Party Funding)* verboten. Auch solche Aspekte sind bereits bei der Verhandlung der Schiedsvereinbarungen zu bedenken (es ist in der Praxis bitter, wenn ein Schiedsverfahren wegen fehlender Geldquellen – und gar wegen des Verbots, diese zu organisieren – nicht durchgeführt werden kann und ein Gläubiger auf diese Weise von einem säumigen Schuldner zur Aufgabe gezwungen wird). 807

ee) Schließlich prägt unterschiedliche **Rechtspraxis** das Schiedsverfahren (zB bei der Vorbereitung von Zeugen, die etwa in den USA üblich ist und bei ordnungsgemäßer Ausübung des Anwaltsberufs erwartet wird, während einem deutschen Anwalt bereits aus berufsrechtlichen Gründen solche Zeugenbeeinflussung verwehrt ist). 808

3. **Schiedsverfahrensrechtliches Soft Law:** 809
Internationale Organisationen (wie die ICC), internationale Anwaltsvereinigungen (wie die International Bar Association IBA oder die Inter-Pacific Bar Association IPBA) und Fachorganisationen (namentlich der International Council for Commercial Arbitration ICCA oder das englische Chartered Institute of Arbitrators, CIArb) arbeiten seit Jahren an der Entwicklung von **Soft Law** (→ Rn. 312) zur Überwindung rechtskultureller und rechtlicher Unterschiede zwischen nationalen Schiedsrechten (etwa im Beweisrecht → Rn. 852) oder zur Entwicklung von „*Best Practices*". Durch Vereinbarung, etwa in der Schiedsklausel, kann solches Soft Law zur Grundlage von Schiedsverfahren werden.
Beispiele:
- **IBA Rules on the Taking of Evidence in International Arbitration** (2020);
- **IPBA Guidelines on Privilege and Attorney Secrecy** (Tokyo 2019), durch die bei entsprechender Einbeziehung in die Schiedsklausel ein Ausgleich geschaffen wird zwischen Parteien aus common law Rechtssystemen, die *discovery* kennen (und damit auch *privileges* als Verteidigungsmittel der Parteien zum Schutz vertraulicher Informationen) und

145 Der Entwurf für ein neues Schiedsrecht sah die Zulassung von *ad hoc*-Schiedsverfahren in China vor, hat sich aber nicht durchsetzen können.

146 S. Brödermann in Brödermann/Etgen, CIETAC Arbitration Rules Chapter 1 (Introduction) Rn. 8 (mwN).

civil law Rechtssystemen, in denen der Schutz vertraulicher Informationen strukturell anders durch die Verpflichtung der tätigen Anwälte auf das Anwaltsgeheimnis sichergestellt wird.

II. Literatur

810 In seinem Internationalen Teil ab S. 345 druckt Schwab/Walter (Schiedsgerichtsbarkeit) zu jeder dargestellten Einzelfrage (zB anwendbares Recht, Schiedsfähigkeit) die einschlägigen Auszüge aus den Schiedsgerichtsübereinkommen ab. Eine ausführliche Quellensammlung mit Erläuterungen enthält Bd. IV der von Bülow/Böckstiegel begründeten, nunmehr seit Jahrzehnten von Geimer/Schütze betreuten Loseblattsammlung „Internationaler Rechtsverkehr in Zivil- und Handelssachen" (unter anderem sechs multilaterale und auszugsweise elf bilaterale Staatsverträge). Eines der international bekanntesten Grundwerke ist: „International Commercial Arbitration" von Gary Born (Bd. I–III, 3. Aufl. 2021, ca. 4.250 Seiten). Eine gute Kommentierung des UNÜ bietet: Wolff, New York Convention, 2019; s. ferner Schütze (Hrsg.), Institutionelle Schiedsgerichtsbarkeit, 3. Aufl. 2018 (mit Kommentierung der Schiedsregeln zahlreicher großer Schiedsinstitutionen, einschließlich der seit März 2018 geltenden neuen Fassung der DIS-Schiedsregeln). Aktuelle Entwicklungen in der internationalen Schiedsgerichtsbarkeit, darunter nationale Gerichtsentscheidungen zur Schiedsgerichtsbarkeit und regulatorische Entwicklungen, stellen Wilske/Markert/Ebert in Aufsätzen in der SchiedsVZ ausführlich dar, so jüngst SchiedsVZ 2019, 101 (für das Jahr 2018), SchiedsVZ 2020, 97 (für das Jahr 2019), SchiedsVZ 2021, 106 (für das Jahr 2020), SchiedsVZ 2022, 111 (für das Jahr 2021), SchiedsVZ 2023, 121 (für das Jahr 2022) und SchiedsVZ 2024, 121 (für das Jahr 2023).

III. Einzelheiten

811 Die Lösung von Detailfragen setzt jeweils einige spezielle schiedsrechtliche Kenntnisse voraus, deren Grundzüge im Folgenden vor allem anhand der praktisch wichtigsten Übereinkommen – dem UNÜ und dem EuÜ – und der Regelungen im autonomen Recht dargestellt werden. Sowohl das UNÜ als auch das EuÜ enthalten zT einheitliches Sachrecht, sodass es im Anwendungsbereich der Übereinkommen insoweit nicht zu einer IPR-Prüfung kommt; sie ist nur für die nicht im einheitlichen Sachrecht geregelten Fragen durchzuführen.

1. Schiedsgerichtsarten

812 Nach dem EuÜ und dem UNÜ steht es den Parteien grundsätzlich frei, zwischen einem *Ad-hoc*-Schiedsgericht und einem **institutionellen Schiedsgericht** zu wählen (Art. IV Abs. 1 EuÜ; Art. I Abs. 2 UNÜ):

a) Für das Verfahren vor einem **Ad-hoc-Schiedsgericht** können die Parteien die **Verfahrensordnung selbst bestimmen**, wobei sich aus den völkerrechtlichen Übereinkommen und dem autonomen Schiedsverfahrensrecht am Sitz des schiedsrichterlichen Verfahrens gewisse Gestaltungshilfen und Grenzen ergeben. Damit das Schiedsverfahren zu einem vollstreckbaren Titel führt, müssen die Parteien zB darauf achten, dass die Verfahrensordnung hinreichend rechtliches Gehör für die Verfahrensbeteiligten vorsieht (Art. V Abs. 1b UNÜ; als Beispiel für Gestaltungshilfen vgl. Art. IV Abs. 2–4 EuÜ; § 1042 I ZPO).[147] Die Parteien können dabei auch auf sog. **Musterverfahrensordnungen** zurückgreifen, zB die Schiedsordnungen der United Nations Economic Commission for Europe (**ECE**-Schiedsordnung)[148] und – in der Praxis wesentlich bekannter – der United Nations Commission on International Trade (**UNCITRAL**-Schiedsordnung).[149] Diese Musterverfahrensordnungen enthalten Regelungen zu den meisten Verfahrensfragen des *Ad-hoc*-Schiedsverfahrens. *Ad-hoc*-Schiedsgerichtsbarkeit wird in einigen (wenigen) Staaten der Welt nicht anerkannt und kann daher in Einzelfällen zu Vollstreckungsproblemen führen (→ Rn. 807 unter cc) für China). In einigen Branchen ist *Ad-hoc*-Schiedsgerichtsbarkeit weit verbreitet (zB nach den Regeln der *London Maritime Association*).

b) Bei den **institutionellen Schiedsgerichten** handelt es sich um eine „Zwischenform" zwischen den staatlichen Gerichten und den *Ad-hoc*-Schiedsgerichten:[150] Sekretariat, Verwaltung und eine allgemein gültige Verfahrensordnung bestehen schon bei Abschluss des Schiedsvertrages. Die oder der Schiedsrichter werden jedoch erst bei Einleitung des Schiedsverfahrens für die Entscheidung des konkreten Falles gestellt bzw. benannt. Bekannte Beispiele sind die ständigen Schiedsgerichte von örtlichen Handelskammern (zB in Hamburg, Düsseldorf, Stockholm), das Schiedsgericht der **Internationalen Handelskammer** (*International Chamber of Commerce in Paris*, **ICC**)[151] oder der **London Court of International Arbitration (LCIA)**.[152] In **Deutschland** bietet die **Deutsche Institution für Schiedsgerichtsbarkeit (DIS)** eine gut funktionierende, auch international aktive Schiedsgerichtsinstitution, in der ca. 1.550 Schiedsrichter als Verein organisiert sind.[153] Die Schiedsorganisation mit der wohl größten Fallzahl an internationalen Fällen ist das *International Centre for Dispute Resolution (ICDR) der American Arbitration Association* (AAA) mit mehr als 1.000 Fällen pro Jahr und Sitz in New York City. In der Schweiz – einem Staat mit vielen beliebten Schiedsorten – haben sich die Handels- und Industriekammern in sechs Städten (Basel, Bern, Genf, Tessin, Waadt und Zürich; nicht: zB Lausanne) im Juli 2004 auf eine gemeinsame **„Schweizerische Schiedsordnung"**[154] verständigt und dabei die UNCITRAL-Schiedsordnung (→ Rn. 812) an die Bedürfnisse eines institutionellen Schiedsverfahrens angepasst. In Asien ist die größte Schiedsorganisation die **China International Economic and Trade Arbitration Commission (CIETAC)**, mit ca. 1.500 Verfahren pro Jahr (von denen aber nur ein Teil international ist), die 813

147 Zu den Anforderungen an die Gewährung rechtlichen Gehörs instruktiv BGH NJW-RR 2016, 1464 Rn. 22 ff.

148 Abgedruckt unter anderem bei Aden S. 259.

149 Zu finden ist die UNCITRAL-Schiedsordnung in ihrer aktuellsten Fassung unter anderem unter https://uncitral.un.org/sites/uncitral.un.org/files/media-documents/uncitral/en/21-07996_expedited-arbitration-e-ebook.pdf (zuletzt abgerufen am 28.6.2024); diese enthält auch die erst im Jahr 2021 in Kraft getretenen, die Schiedsordnung ergänzenden Regelungen für das beschleunigte Verfahren.

150 Franke FS Glossner, 1994, 119 ff.

151 https://iccwbo.org/dispute-resolution/dispute-resolution-services/arbitration/ (zuletzt abgerufen am 28.6.2024); zur ICC → Rn. 819.

152 www.lcia.org (zuletzt abgerufen am 28.6.2024).

153 www.disarb.org (zuletzt abgerufen am 28.6.2024).

154 In ihrer aktuellen, 2021 überarbeiteten Fassung, zu finden unter https://www.swissarbitration.org/wp-content/uploads/2022/07/Swiss-Rules-2021-DE.pdf (zuletzt abgerufen am 28.6.2024).

ihre Schiedsregeln zuletzt 2023 mit Wirkung ab 1.1.2024 geändert hat.[155] Große Bedeutung haben zB auch die institutionellen Schiedsgerichte in **Hong Kong, Singapur, Kuala Lumpur**. Insgesamt gibt es weltweit über 1.000 institutionelle Schiedsgerichte (allein ca. 600 in China). Bei der Auswahl sind rechtsvergleichende Überlegungen wichtig (→ Rn. 807).

814 Im Jahr 2008 wurde in Hamburg ein speziell für den Asienhandel, hierbei im Besonderen mit China, konzipiertes internationales Asian European Arbitration Centre (ASEAC, vormalig Chinese European Arbitration Centre, CEAC) errichtet.[156] Es wurde mit Unterstützung der Freien und Hansestadt Hamburg von der Hanseatischen Rechtsanwaltskammer, der Handelskammer Hamburg und einigen namhaften großen internationalen Rechtsanwaltskanzleien errichtet (Schirmherr des Projekts war wiederholt der/die Hamburger Justizsenator/in). Seit 2018 war die *Chinese European Arbitration Association* (CEAA), nunmehr die Asian European Arbitration Association e.V. (ASEAA) formeller Träger. Auch die ASEAC Hamburg Arbitration Rules basieren auf der UNCITRAL-Schiedsordnung[157] (→ Rn. 812). Das ASEAC hat Schiedsverfahren mit Parteien nicht nur aus Asien, sondern auch aus diversen anderen Staaten (zB Kanada, Israel) administriert.

815 Daneben gibt es auch zahlreiche **branchenspezifische** Schiedsgerichte und Schiedsregeln (zB in **Hamburg** – einer deutschen Hochburg für Schiedsverfahren – über 15, so zB: Logistik-Schiedsgericht, Deutsches Seeschiedsgericht, German Maritime Arbitration Association (GMAA), institutionelle Schiedsgerichte von Verbänden wie dem Deutschen Verband des Großhandels mit Ölen, Fetten und Ölrohstoffen e.V., dem Deutschen Kaffeeverband e.V., dem Verein der Getreidehändler der Hamburger Börse e.V., dem Warenverein der Hamburger Börse e.V., und andere mehr). S. www.dispute-resolution-hamburg.com (zuletzt abgerufen am 28.6.2024) mit Hinweis auf das Hamburg International Arbitration Centre.

816 **Fall 46:** (angelehnt an Schiedsgericht der Hamburger Freundschaftlichen Arbitrage, Schiedsspruch v. 11.11.1975, auszugsweise abgedruckt bei Straatmann/Ulmer/Timmermann, Handelsrechtliche Schiedsgerichts-Praxis, Bd. II, 1982, D 3a Nr. 6): Eine Hamburger Im- und Exportfirma verkauft 2024 einer italienischen Handelsfirma 200 t raffiniertes Soja-Öl. Erfüllungsort ist Hamburg. Der Kaufvertrag enthält folgende Bestimmung: *„Arbitration, if any, amicably in Hamburg"*. Welches Schiedsgericht soll nach dieser Vereinbarung zuständig sein? Ist die Vereinbarung zulässig?

817 Die Praxis ist seit vielen Jahren davon ausgegangen, dass ein Verfahren nach den Regeln der **Hamburger Freundschaftliche Arbitrage** schon dann als vereinbart angenommen wird, wenn ohne weitere Spezifizierung auf ein Hamburger Schiedsverfahren verwiesen wird.[158] Die Vertragsauslegung ergibt daher auch hier, dass die Parteien eventuelle zukünftige Streitigkeiten durch ein Verfahren nach der Hamburger Freundschaftlichen Arbitrage durchführen wollen. Diese ist in § 20 der sog. Platzusancen für den hamburgischen Warenhandel geregelt.[159] Es war lange zweifelhaft, ob

---

155 Für eine Kommentierung aus europäischer Sicht s. Brödermann/Etgen, CIETAC Arbitration Rules.

156 www.aseac-arbitration.com (zuletzt abgerufen am 28.6.2024).

157 S. Brödermann J. Int. Arb. 2013, 303 ff.

158 Vgl. Schütze/Tscherning/Wais Schiedsverfahren-HdB/Tscherning Rn. 795.

159 Fassung v. 4.9.1958, Hbg. Amtl. Anz. Nr. 237 v. 13.10.1958; abgedruckt bei Schwab/Walter Anh. B.5 Rn. 624 f., bei Schütze/Tscherning/Wais Schiedsverfahren-HdB/Wais Ausgewählte Texte 4. Teil C I 3.

die Hamburger Freundschaftliche Arbitrage als institutionelles oder *Ad-hoc*-Schiedsgericht anzusehen ist. Nach heutiger Auffassung kann sie nicht mehr als institutionelles Schiedsgericht angesehen werden.[160] Die Beantwortung der Frage kann letztlich dahingestellt bleiben, wenn die anwendbaren Rechtsquellen beide Verfahrensarten zulassen. Auf die Prüfung der Fallfrage sind das EuÜ und das UNÜ anwendbar: Italien und Deutschland sind Vertragsstaaten beider Übereinkommen (damit sind auch die Voraussetzungen des von der Bundesrepublik nach Art. I Abs. 3 S. 1 UNÜ erklärten Territorialvorbehalts – BGBl. 1962 II 102 – erfüllt); andere völkerrechtliche Verträge kommen an dieser Stelle nicht zur Anwendung. Da UNÜ wie auch EuÜ sowohl das Verfahren vor *Ad-hoc*-Schiedsgerichten als auch vor institutionellen Schiedsgerichten zulassen, ist die Vereinbarung der Hamburger Freundschaftlichen Arbitrage in **Fall 46** auf jeden Fall zulässig.

Arbeitsblock

I. Zur Ergänzung

1. Abwägungsfaktoren 818

Bei der Entscheidung zwischen einer *Ad-hoc*-Schiedsklausel und einem institutionellen Schiedsgericht – und gegebenenfalls bei der Auswahl der Schiedsinstitution – ist im Einzelfall eine Abwägung vorzunehmen, bei der unter anderem folgende Fragen zu berücksichtigen sind:

- Besteht nach den Umständen des Falles die **freie Wahl** zwischen *Ad-hoc*-und institutioneller Schiedsgerichtsbarkeit? (In einigen Staaten – zB China – sind Schiedssprüche von *Ad-hoc*-Schiedsgerichten (jedenfalls derzeit noch)[161] nicht (oder nur sehr schwierig) **anerkennungsfähig**; → Rn. 807 unter 3. b) cc) sowie Kun Fan, Arbitration in China, 2013, S. 42 ff.; Brödermann in Brödermann/Etgen, CIETAC Arbitration Rules Chapter 1 (Introduction) Rn. 33 f.).
- Wie regeln die in Betracht kommenden institutionellen Schiedsgerichtsordnungen wichtige **Verfahrensfragen** (zB Umgang mit Verzögerungen durch die Gegenseite, Beweismittelfragen: Hier gibt es traditionell große Unterschiede zwischen angelsächsischen und kontinentaleuropäischen Methoden, → Rn. 714 und im deutschen autonomen Recht jedoch § 142 ZPO; vgl. Kaufmann-Kohler/Bärtsch SchiedsVZ 2004, 13 ff.)?
- Welche Regelungen enthalten die in Betracht kommenden Schiedsverfahrensordnungen für die Bestimmung des **anwendbaren Rechts** (→ Rn. 863) oder zur Möglichkeit der Wahl von Rechtsregeln wie den UNIDROIT Principles (→ Rn. 313)? Wie wird die Rechtswahlklausel am gewählten Schiedsort ausgelegt (→ Rn. 807)?
- Unter welchen Umständen kann die Einigung auf ein institutionelles Schiedsgericht die **Freiheit bei der Auswahl** des (neutralen, aber selbst ausgewählten) „eigenen" Partei ernannten Schiedsrichters beschränken (vgl. zB § 20.3 DIS-Schiedsgerichtordnung 2018, dazu sogleich → Rn. 821)?

160 Vgl. Schütze/Tscherning/Wais Schiedsverfahren-HdB/Tscherning Rn. 792, unter anderem mit Verweis darauf, dass kein eigenes Sekretariat besteht und keine Schiedsrichterlisten vorgehalten werden.

161 S. zur geplanten Novellierung des chinesischen Schiedsverfahrensrecht, die auch die Ad-hoc-Schiedsgerichtsbarkeit betreffen soll, Martinek SchiedsVZ 2022, 326; Brödermann in Brödermann/Etgen, CIETAC Arbitration Rules Intro Rn. 33 f.

- Erspart die Wahl eines institutionellen Schiedsgerichts wertvolle **Verhandlungszeit** für die Aushandlung eines detaillierten Schiedsvertrags?
- Welches **Verfahrensrecht** gilt gegebenenfalls ergänzend bei Nutzung der von der Schiedsinstitution gegebenenfalls zur Verfügung gestellten Freiräume? Insbesondere: Welche Regeln für die **Beweisaufnahme** hält es bereit (→ Rn. 714 zur *Discovery*)?
- Welches *soft law* könnte oder sollte (ganz oder auszugsweise) ergänzend vereinbart werden, wie zB *IBA Guidelines on Conflicts of Interest in International Arbitration oder die IPBA Guidelines on Privilege and Attorney Secrecy* (→ Rn. 806) bei Verfahren, in denen Parteien teils vom common law und teils vom kontinentaleuropäischen Zivilrecht geprägt sind?
- Mit welchem **Schiedsort** lassen sich die gewählten Schiedsregeln verbinden? Bedingt die Wahl die Beachtung von Besonderheiten (zB Auslegungsmethoden → Rn. 806, 807; Verfahrensrecht/Beweisrecht → Rn. 848; unterschiedliche Leitbilder der Schiedsgerichtsbarkeit → Rn. 807, 806; zwingendes Recht → Rn. 808, dd))?
- Was **kostet** die Dienstleistung des institutionellen Schiedsgerichts im Vergleich zu einem *Ad-hoc*-Schiedsgericht?

819 **2. Internationale Schiedsorganisationen**

a) Die **ICC** hat ihre Schiedsordnung zuletzt mit Wirkung zum 1.1.2021 neu gefasst. Bereits 2012 wurden unter anderem neue Regelungen zu Verfahren mit **mehreren Parteien** (Einbeziehung zusätzlicher Parteien, Ansprüche zwischen mehreren Parteien bzw. aus mehreren Verträgen, Verbindung von Schiedsverfahren) und zum **einstweiligen Rechtsschutz** durch die Möglichkeit der Ernennung eines **Eilschiedsrichters** getroffen. Außerdem wurden – mit Ausnahme der deutschen – alle Sprachfassungen der ICC-Regeln geschlechtsneutral gefasst. 2017 wurde die Möglichkeit eines beschleunigten und verkürzten Verfahrens (ohne Schiedsantrag, engl. *Terms of Reference*, → Rn. 853) mit einer Dauer von sechs Monaten bis zu einem Wert von 2 Mio. US-Dollar eingefügt. Zudem besteht seit der Änderung in 2017 die Möglichkeit der Ernennung eines Einzelschiedsrichters durch den Gerichtshof trotz Dreierschiedsgerichtsabrede. Die Änderung zum 1.1.2021 betraf unter anderem die nunmehr vereinfachte Einbeziehung Dritter in das Schiedsverfahren sowie die Einführung einer Pflicht zur Offenlegung der Prozessfinanzierung (einen Überblick über die Reform der ICC-Schiedsordnung in 2021 liefern Pörnbacher/Kurtenbach BB 2021, 458).

820 b) Das **ASEAC-Schiedsgericht** (→ Rn. 814) unterscheidet sich von anderen Schiedsgerichtsinstitutionen durch sein Konzept der **Machtteilung**, das sicherstellt, dass Vertreter aus einer Region der Welt nicht Vertreter aus anderen Regionen der Welt dominieren: In den Gremien von ASEAC, insbesondere in der **Appointing Authority** (die bei Nichteinigung der Parteien den Schiedsrichter bestimmt), arbeiten Chinesen, Europäer sowie Anwälte, Professoren und Unternehmensjuristen aus der ganzen Welt zusammen (s. www.aseac-arbitration.com/about/aseac/). Dies führt zu einem erhöhten Empfinden für Neutralität (**„gefühlte Neutralität“**); vertiefend Beneyto/Brödermann/Meyer/Zhao RIW 2011, 12 (14 ff.).

3. **Deutsche Schiedsorganisationen** 821
Die **DIS** (→ Rn. 805) bietet eine aus deutscher Sicht attraktive Alternative. Die DIS wird von international erfahrenen, aber mit dem deutschen Rechtsverständnis vertrauten Juristen betrieben. Dies erleichtert die Arbeit bei Problemfällen (zB Umgang mit schwierigen Zustellungsfragen, Befangenheitsanträgen etc). Instruktiv: KG Berlin BeckRS 1999, zur Zuständigkeit der DIS bei Verweis auf die nicht bestehende Institution *„German Central Chamber of Commerce"*. Mit der Reform der DIS-Schiedsregeln in 2018 wurde das DIS-Schiedsverfahren in vielen Punkten an die Standards der ICC angelehnt. Für eine Übersicht über die DIS-Schiedsregeln s. Mazza/Menz SchiedsVZ-Beilage 2018, 39 ff. und *Theune* in Schütze (Hrsg.), Institutionelle Schiedsgerichtsbarkeit, 3. Aufl. 2018, S. 243 ff.
4. **Gestaltung von Schiedsklauseln:** Im Hinblick auf die Vielzahl von Gestaltungsmöglichkeiten und die Wichtigkeit der Beachtung rechtsvergleichender Überlegungen (→ Rn. 714, 805, 813) sollten Schiedsklauseln mit Bedacht verhandelt werden. Zu den Gründen, warum dies in der Praxis oft nicht klappt (und damit gar **pathologische Schiedsklauseln** mit mehrdeutigen oder unwirksamen Formulierungen entstehen), s. Brödermann FS Dieter Martiny, 2014, 1045 (1059 ff.) mit rechtssoziologischen Beobachtungen aus der Praxis. 822

II. **Zur Vertiefung**

1. **Hamburger Freundschaftliche Arbitrage:** Näheres zur Hamburger Freundschaftlichen Arbitrage (→ Rn. 817) und zur Schiedsgerichtsbarkeit in **Hamburg** im Allgemeinen bei Schröder FS Glossner, 1994, 317 ff.; Korte SchiedsVZ 2004, 240; vgl. auch den im YB. Comm. Arbitr. XIX (1994), 44 abgedruckt Fall („Hamburger Privat-Arbitrage im Kaffee-Einfuhrhandel"). 823
2. **Bedeutung der UNCITRAL-Schiedsordnung als Rechtsquelle:** Mittlerweile **beruhen** die internationalen Schiedsverfahrensordnungen zahlreicher institutioneller Schiedsgerichte – wie zB die Internationale Schweizerische Schiedsordnung (zuletzt 2021 überarbeitet, abrufbar unter https://www.swissarbitration.org/wp-content/uploads/2022/07/Swiss-Rules-2021-DE.pdf (zuletzt abgerufen am 28.6.2024)) oder die ASEAC Hamburg Arbitration Rules – **auf** der **UNCITRAL-Schiedsordnung** (die zu unterscheiden ist vom UNCITRAL-Modellgesetz, → Rn. 802). Dadurch wird die Einschätzung der wahrscheinlichen Qualität einer fremden institutionellen Schiedsgerichtsbarkeit erleichtert. Überarbeitet wurde die UNCITRAL-Schiedsordnung 2013 und 2021. 824
3. **Völkerrechtlich geschaffene Schiedsgerichte:** Es kann vorkommen, dass **privatrechtliche** Streitigkeiten aufgrund **völkerrechtlicher** Vereinbarungen vor einem Schiedsgericht ausgetragen werden. 825
Beispiele:
   - Nach der iranischen Revolution (1979) wurde die Krise um die US-amerikanische Botschaft in Teheran durch die Vereinbarungen von Algier beigelegt, in denen die USA und der Iran die Einrichtung des **Iran-US Claims Tribunal** in Den Haag vereinbarten, das eine Vielzahl privatrechtlicher Streitigkeiten unter Anwendung der **UNCITRAL**-Schiedsordnung (in leicht abgeänderter Form) entschieden hat (vgl. statt aller Baker/Davies, Establishment of an Arbitral Tribunal Under

the UNCITRAL Rules: The Experience of the Iran-United States Claims Tribunal, in: The International Lawyer 23 (1989), 81–135; vgl. ferner die Bibliographie zu Entscheidungen des Iran-US Claims Tribunal bei: van den Berg, Yearbook Key 1987 accompanying YB. Com. Arb. XII (1987), 15 ff.). Die Entscheidungen sind eine Fundgrube für den Umgang mit Verfahrensfragen in UNCITRAL-Verfahren, www.iusct.com (zuletzt abgerufen am 28.6.2024). Das Iran-US Claims Tribunal ist noch heute (Juli 2024) aktiv.

- Zum **Iraq Claims Tribunal**, einer vergleichbaren Einrichtung, die im Zusammenhang mit den Folgen des 1. Golfkrieges eingerichtet wurde: Huth, International Business Lawyer 1995, S. 430.
- Von 1997–2012 war ein **Claims Resolution Tribunal** für Ansprüche von **Holocaust-Opfern** und ihrer Erben gegen Schweizer Banken zuständig (ähnlich von 1998–2006 die Einrichtung einer **International Commission on Holocaust Era Insurance Claims** für Ansprüche von Holocaust-Opfern und ihrer Erben aus Versicherungspolicen, die aus der Zeit vor oder während des Holocaust stammen (https://icheic.ushmm.org/ (zuletzt abgerufen am 28.6.2024)).

Von solch einem Schiedsgericht zu unterscheiden sind völkerrechtliche Schiedsverfahren, die insbesondere Streitigkeiten **zwischen Staaten** entscheiden (vgl. Art. 24 III GG und Doehring VölkerR § 22 Rn. 1063 ff.). Solche zwischenstaatlichen Streitigkeiten werden oft durch den Ständigen Schiedshof in Den Haag verwaltet (www.pca-cpa.org (zuletzt abgerufen am 28.6.2024)).

826 **4. Investitionsschiedsverfahren**

Zur Beilegung von Streitigkeiten infolge von Investitionen in ausländischen Staaten schließen Staaten bilaterale Investitionsschutzabkommen (*Bilateral Investment Treaties* – **BITs**) und multilaterale Investitionsschutzabkommen *(Multilateral Investment Treaties)* ab. Dadurch werden ihre Bürger und Unternehmen bei Investitionen im anderen Vertragsstaat vor übermäßigem (unfairen) Handeln des anderen Staates geschützt (Recht auf „fair and equitable treatment"). Bekannt ist insbesondere das *Energy Charter Treaty* (1994), in Kraft seit 1998. Mittlerweile gibt es weltweit knapp 3.000 BITs (s. UNCTAD, World Investment Report 2023, abrufbar unter www.unctad.org, S. 71 (zuletzt abgerufen am 28.6.2024)). **Deutschland** hat mehr als 140 BITs abgeschlossen (Stand: Juni 2024, eine vollständige Liste der in Kraft getretenen, außer Kraft getretenen sowie der unterzeichneten, aber noch nicht in Kraft getretenen Verträge ist abrufbar unter https://www.bmwk.de/Navigation/DE/Service/Investitionsschutzvertraege/investitionsschutzvertraege.html?gtp=%2526d7280d78-bd06-4632-ac99-da003239bbb7_list%253D2 (zuletzt abgerufen am 28.6.2024)) und ist damit hinsichtlich der Zahl der BITs führend (BITs abrufbar unter unctad.org (zuletzt abgerufen am 28.6.2024)). Kernstück dieser Abkommen ist, dass entschädigungslose Beeinträchtigungen privater deutscher Investitionen in den Vertragsstaaten durch eine Schiedsklage angegriffen werden können; dabei wird der Begriff der **„Investition"** in den modernen BITs sehr **weit gefasst.** Jede Geldforderung kann Investition sein (→ Rn. 571 zur Bedeutung dieses weiten Anwendungsbereichs für das Internationale Gesellschaftsrecht). Diese Streitigkeiten zwischen privaten ausländischen

Investoren und Staaten werden hauptsächlich von dem **ICSID** (International Centre for the Settlement of Investment Disputes) in Washington, D.C. und dem Ständigen Schiedshof in Den Haag verwaltet. ICSID stellt spezielle Schiedsverfahrensregelungen nach dem **ICSID**-Übereinkommen v. 18.3.1965, das in 158 Staaten (Stand: Juni 2024) in Kraft ist, bereit. Je nach Ausgestaltung des BIT können die Verfahren auch in Stockholm (nach den Schiedsregeln des *Arbitration Institute of the Stockholm Chamber of Commerce*) oder nach der UNCITRAL-Schiedsordnung angestrebt werden, auch in Deutschland. Die am 1.4.2014 in Kraft getretenen **UNCITRAL-Transparenzregeln für Investitionsschiedsverfahren** und die am 19.9.2021 in Kraft getretenen Regeln der UNCITRAL für beschleunigte Schiedsverfahren ergänzen die UNCITRAL-Schiedsordnung in Investitionsschiedsverfahren (www.uncitral.org, Stand: Juni 2024). Die Transparenzregeln durchbrechen für solche Verfahren den Grundsatz der Vertraulichkeit (→ Rn. 786). Das **erste Verfahren gegen Deutschland** hatte Vattenfall (Schweden) aufgrund von nachträglichen ökologischen Auflagen zur Betreibung des Kraftwerks Moorburg (Hamburg) angestrengt, welches durch Vergleich vom 11.3.2011 beendet wurde. Am 31.5.2012 hat Vattenfall wegen des deutschen Atomausstiegs eine zweite Schiedsklage gegen Deutschland beim ICSID eingereicht; das Verfahren wurde am 11.3.2021 zunächst ruhend gestellt, am 1.11.2021 einvernehmlich durch die Parteien für beendet erklärt.

5. Keine Investitionsschiedsgerichtsbarkeit zwischen EU-Mitgliedstaaten 827

In einem aufsehenerregenden **Urteil** v. 6.3.2018 entschied der **EuGH**, dass Schiedsklauseln in **BIT** zwischen Mitgliedstaaten der EU mit dem Primärrecht, namentlich mit Art. 18, 267 und 344 AEUV, unvereinbar seien (EuGH ECLI:EU:C:2018:158 = BeckRS 2018, 2315 – **Achmea**). Ausgangspunkt war das BIT zwischen dem Königreich Niederlande und der Slowakischen Republik (als Rechtsnachfolgerin der Tschechoslowakei) aus dem Jahre 1991, das in Art. 8 BIT eine Schiedsklausel vorsah. Der EuGH begründete seine ablehnende Haltung im Wesentlichen mit einer Beeinträchtigung der Autonomie des Unionsrechts. Das Schiedsgericht wende mitgliedstaatliches Recht an, dessen Bestandteil auch das Unionsrecht ist. Damit könne es auch zur unionsrechtskonformen Auslegung nationaler Rechtsnormen und unmittelbaren Anwendung des Unionsrechts verpflichtet sein (→ Rn. 54 ff.). Es sei als Schiedsgericht jedoch nicht Teil des Gerichtssystems der Vertragsparteien der BIT (die Mitgliedstaaten), sodass ein seinerseits angestrengtes Vorabentscheidungsersuchen gem. Art. 267 AEUV nicht in Betracht komme (→ Rn. 70). Zusammenfassend sieht der EuGH die **Einheitlichkeit und Kohärenz der Rechtsordnung gefährdet**, da das Schiedsgericht zwar zur Auslegung und Anwendung des Unionsrechts verpflichtet sei, der EuGH jedoch keine Möglichkeit habe, die Unionsrechtskonformität sicherzustellen. Das **Urteil hat erhebliche Folgen** für die seinerzeit innerhalb der EU bestehenden 196 BITs, von denen die Bundesrepublik Deutschland in zehn Fällen Vertragspartei ist. Ausgehend vom unionsrechtlichen Effektivitätsgrundsatz (Art. 4 III EUV) ist es den Mitgliedstaaten fortan untersagt, entsprechende Schiedsklauseln anzuwenden bzw. Schiedssprüche anzuerkennen und zu vollstrecken (hierzu vgl. die Anm. v. Scholtka EuZW 2018, 239 (243 f.); Klages EuZW 2018, 217 f.

sowie – sehr strukturiert und lesenswert – Behrens RIW 2018, 701 ff.). Expressis verbis nimmt der EuGH **private Handelsschiedsverfahren** aus seinen Überlegungen aus (→ Rn. 54 f.). Im Gegensatz zu von staatlichen Akteuren abgeschlossenen Schiedsklauseln sind sie Ausfluss der **Privatautonomie**. Ausgehend von der Achmea-Rechtsprechung des EuGH haben 23 EU-Mitgliedstaaten – darunter Deutschland – am 5.5.2020 beschlossen, alle zwischen ihnen existierenden intra-EU BITs zu beendigen und zu diesem Zwecke das **Übereinkommen zur Beendigung bilateraler Investitionsschutzverträge zwischen den Mitgliedstaaten der Europäischen Union vom 5. Mai 2020** (ABl. 2020 L 169, 1) abgeschlossen (hierzu näher Wilske/Markert/Ebert SchiedsVZ 2021, 106 (120 f.); Berger EuZW 2021, 342). In Fortsetzung seiner Achmea-Rechtsprechung hat der EuGH mit Urteil vom 26.10.2021 auch eine direkt zwischen einem EU-Investor und einem Mitgliedstaat geschlossene Ad-hoc-Schiedsvereinbarung für unvereinbar mit Art. 267 AEUV und Art. 344 AEUV erklärt, wenn diese die Fortsetzung eines Schiedsverfahrens ermöglicht, das auf der Grundlage einer Schiedsklausel eingeleitet wurde, die inhaltsgleich mit der Schiedsvereinbarung, in einem zwischen diesen beiden Mitgliedstaaten geschlossenen internationalen Abkommen enthalten und wegen ihrer Unvereinbarkeit mit diesen Artikeln ungültig ist (EuGH ECLI:EU:C:2021:875 = BeckRS 2021, 31827 = EuZW 2021, 1097 mAnm Scheu/Nikolov).

2. Wirksamkeit der Schiedsvereinbarung

828 Die Wirksamkeit der Schiedsvereinbarung ist grundsätzlich separat von der Wirksamkeit des Hauptvertrages zu prüfen (eine unwirksame Schiedsvereinbarung lässt die Wirksamkeit des Hauptvertrages unberührt, ebenso wie im umgekehrten Fall die Unwirksamkeit des Hauptvertrages nicht automatisch zur Unwirksamkeit der Schiedsvereinbarung führt, „*separability doctrine*“[162]). UNÜ und EuÜ nennen beide sachrechtliche Wirksamkeitsvoraussetzungen für Schiedsvereinbarungen. Sind beide Übereinkommen anwendbar, reicht es jedoch nach dem Grundsatz der Meistbegünstigung aus, wenn eine Schiedsvereinbarung den Anforderungen von einem der Übereinkommen gerecht wird. Wirksamkeitsvoraussetzungen sind zB:

- die **Schiedsfähigkeit** des Streitgegenstandes (vgl. Art. II Abs. 1 UNÜ, Art. V Abs. 2a UNÜ, ebenso § 1030 I ZPO);
- die Bezugnahme auf ein **bestimmtes Rechtsverhältnis** (Art. II Abs. 1 UNÜ);
- die **Schriftform** (Art. I Abs. 2a EuÜ, Art. II Abs. 1–2 UNÜ, ebenso noch[163] § 1031 ZPO).

829 Teil der Prüfung, ob ein „bestimmtes Rechtsverhältnis“ von der Schiedsvereinbarung erfasst wird, ist die selbstständig angeknüpfte **Vorfrage** (→ Rn. 127 ff.) nach den **„Parteien“**, die durch sie verpflichtet sind und ihrer **„Fähigkeit“**, eine Schiedsvereinbarung abzuschließen (vgl. hierzu den analog heranzuziehenden Verweis von Art. V

162 Born Int. Commercial Arbitration Bd. I § 3 3.03.
163 Gemäß § 1031 ZPO-E soll es künftig möglich sein, Schiedsvereinbarungen formfrei zu schließen. Lediglich für Vereinbarungen mit Verbrauchern sollen Formerfordernisse bestehen bleiben (s. zu der geplanten Reform bereits → Rn. 800a).

Abs. 1 lit. a UNÜ auf das Gesellschaftsstatut).[164] Für die Bestimmung des Gesellschaftsstatuts lässt sich diskutieren, ob Art. V Abs. 1 lit. a UNÜ bereits selbst eine IPR-Norm enthält[165] (wobei bei autonomer Auslegung des UNÜ nach dem Meistbegünstigungsgrundsatz die Auslegung heranzuziehen wäre, die zu einer Wirksamkeit der Schiedsvereinbarung führt[166]) oder ob das Gesellschaftsstatut nach der *lex fori*[167] zu bestimmen ist.

Für die Lösung von Wirksamkeitsfragen, die nicht durch einheitliches Sachrecht im UNÜ oder EuÜ geregelt sind, ist das **Schiedsvertragsstatut (Arbitragestatut)** zu bestimmen. Zu diesem Zweck enthalten das UNÜ und das EuÜ völkerrechtliches Kollisionsrecht (Art. V Abs. 1a UNÜ, Art. VI Abs. 2 EuÜ): Es gilt **das gewählte Schiedsvertrags- oder Schiedsvereinbarungsstatut**, hilfsweise das **Recht des Schiedsortes.**[168] 830

Das deutsche Recht enthält zwar keine ausdrückliche allgemeine Kollisionsnorm für die Anknüpfung des Schiedsvertragsstatuts (die sonst das IPR des Internationalen Schuldrechts regelnde unionsrechtliche Rom I-VO ist nach Art. 1 II lit. e Rom I-VO ausdrücklich nicht auf Schiedsvereinbarungen anwendbar). Im Ergebnis entspricht das autonome Recht jedoch der Regelung des Art. V Abs. 1a UNÜ: Zur Bestimmung des Schiedsvertragsstatuts bei Verfahren zur Vollstreckung ausländischer Schiedssprüche verweist § 1061 ZPO in vollem Umfang auf die Vorschriften des UNÜ (und damit auch auf Art. V Abs. 1a UNÜ), für alle sonstigen Verfahren gilt § 1059 II Nr. 1 lit. a ZPO, der ebenso wie Art. V Abs. 1a UNÜ das gewählte Statut, hilfsweise das Recht des Schiedsortes für maßgeblich erklärt. 831

Fall 46a: (Abwandlung von **Fall 46**): Eine italienische und eine deutsche Firma vereinbaren am 20.12.2023 in einem Kaufvertrag über 200 t Soja-Öl, dass zukünftige Streitigkeiten im Verfahren der Hamburger Freundschaftlichen Arbitrage beizulegen sind. Der Kaufvertrag wird durch den Austausch von E-Mails geschlossen, denen jeweils eingescannte unterschriebene Vertragsexemplare (PDFs) beigefügt sind. Ist die Schiedsvereinbarung wirksam zustande gekommen? 832

Zweifelhaft ist in **Fall 46a** zunächst die Frage, ob die Schiedsvereinbarung mit dem Hauptvertrag **in einer Urkunde** enthalten sein durfte. Art. I Abs. 2a EuÜ und Art. II Abs. 2 UNÜ lassen sowohl getrennte **Schiedsabreden** (frz.: *compromis*) zu, in denen die Parteien allein die Zuständigkeit eines Schiedsgerichts vereinbaren, als auch **Schiedsklauseln** (frz.: *clause compromissoire*), in denen die Parteien schon im Hauptvertrag die Beilegung künftiger Streitigkeiten vereinbaren. Daher konnten die Parteien in Fall 46a die Hamburger Freundschaftliche Arbitrage in der Urkunde des Hauptvertrages durch eine Schiedsklausel bestimmen. 833

Darüber hinaus ist fraglich, ob die Parteien **durch den Austausch von E-Mails** mit beigefügten PDF-Dokumenten etwaigen Formerfordernissen gerecht geworden sind. Die Antwort ergibt sich weder aus dem Wortlaut des Art. I Abs. 2a EuÜ noch aus dem des Art. II Abs. 2 UNÜ. Nach ihrem jeweiligen Wortlaut erfassen beide Regelungen lediglich Verträge oder Schiedsabreden, die von den Parteien unterzeichnet 834

164 Wolff/Wilske/Fox UNÜ Art. V Rn. 91.
165 So Born Int. Commercial Arbitration Bd. I § 4.07 S. 666 f.
166 Wolff/Liebscher UNÜ Prelims Rn. 76.
167 So van den Berg New York Convention S. 276 f.; Wolff/Wilske/Fox UNÜ Art. V Rn. 106.
168 Vgl. Reithmann/Martiny IntVertragsR/Hausmann Rn. 7.262 ff.

sind oder in Briefen oder Telegrammen (nach dem EuÜ auch noch Fernschreiben), die sie gewechselt haben, enthalten sind. Dem Wortlaut der Formvorschriften von EuÜ und UNÜ genügt der Austausch eingescannter PDF-Dokumente per E-Mail nicht. Zu Art. II Abs. 2 UNÜ wird jedoch überzeugend vertreten, dass angesichts der inzwischen eingetretenen Entwicklung in der Nachrichtenübermittlungstechnik die im Wortlaut des UNÜ vorgesehene **Gleichstellung von Telegrammen** und Briefen auch **auf elektronische Kommunikationsformen** wie E-Mail, Telekopierer und Computerverbund **zu übertragen ist**, sofern sie zu einer automatisierten schriftlichen Niederlegung des übermittelten Textes führen.[169] Diese Auslegung entspricht dem Ziel des UNÜ, die Schiedsgerichtsbarkeit zu fördern (*favor arbitri*).[170] Bei den wechselseitig ausgetauschten PDF-Scans ist dies der Fall, sodass die Formerfordernisse von Art. II Abs. 2 UNÜ erfüllt sind.

835 Nach dem Prinzip der Meistbegünstigung reicht die Übereinstimmung der Schiedsabrede mit dem Formerfordernis des Art. II Abs. 2 UNÜ bereits aus. Eine zusätzliche Auslegung von Art. I Abs. 2a EuÜ ist also nicht erforderlich (auch wenn dort ähnliche Erwägungen gelten sollten). Damit haben die Parteien wirksam vereinbart, dass ein Schiedsgericht nach der Hamburger Freundschaftlichen Arbitrage zuständig sein soll. Weitere Zweifel an der Wirksamkeit der Schiedsvereinbarung stellen sich in Fall 46a nicht; das Arbitragestatut muss deshalb zur Feststellung des wirksamen Zustandekommens der Schiedsklausel nicht mehr ermittelt werden.

Arbeitsblock

I. Zur Ergänzung

836 **1. Schiedsfähigkeit**

a) Zur Schiedsfähigkeit **im Allgemeinen** vgl. Nagel/Gottwald IntZivilProzR Rn. 18.40 ff. (mit rechtsvergleichenden Hinweisen Lachmann); Lachmann Schiedsgerichtspraxis-HdB Rn. 278 ff.; Schwab/Walter Kap. 44. I Rn. 385 ff.; Kronke RIW 1998, 257 (258 f.). Aus der Wahl eines deutschen Schiedsortes folgt, dass die Schiedsfähigkeit nach § 1030 I ZPO (nur) nach deutschem Recht geprüft wird (OLG München BeckRS 2014, 17245 zur Einbeziehung möglicher deliktsrechtlicher Ansprüche wegen plötzlichen Vertragsabbruchs in den Gegenstand einer Schiedsklausel).

837 b) Umstritten war lange, ob **gesellschaftsrechtliche Beschlussstreitigkeiten** einen schiedsfähigen Streitgegenstand darstellen. Ursprünglich hatte der BGH die Auffassung vertreten, dass die gem. §§ 248, 249 AktG (analog) vorgesehene Rechtskrafterstreckung *inter omnes* einem privaten Schiedsspruch nur kraft gesetzlicher Anordnung – woran es bis heute fehlt – zukommen könne (BGHZ 132, 278 = BeckRS 1996, 3057). Mit Urteil v. 6.4.2009 (BGHZ 180, 221 = BeckRS 2009, 11942) hat der BGH in dieser Frage eine Kehrtwende vollzogen. In seiner Entscheidung stellte der BGH klar, dass künftig auch Beschlussstreitigkeiten einer Klärung durch ein privates Schiedsgericht unterstellt werden können, knüpfte die Wirksamkeit der Schiedsabrede aber an bestimmte

169 Vgl. Stein/Jonas/Schlosser ZPO Anh. § 1061 Rn. 101; Lachmann Schiedsgerichtspraxis-HdB Rn. 2562.

170 Born, International Commercial Arbitration, 3. Aufl. 2021, Vol. 1, S. 679 ff.

Mindestanforderungen. Danach muss eine wirksame Schiedsabrede mit Zustimmung sämtlicher Gesellschafter in der Satzung verankert sein. Alternativ reicht eine außerhalb der Satzung unter Mitwirkung sämtlicher Gesellschafter und der Gesellschaft getroffene Abrede aus. Außerdem müssen bestimmte Verfahrensgarantien gewährleistet sein. Beim Entwurf einer Schiedsklausel ist darauf zu achten, dass jeder Gesellschafter über die Einleitung und den Verlauf des Schiedsverfahrens informiert wird und eine Beteiligung am Verfahren zumindest als Nebenintervenient möglich ist. Außerdem muss jeder Gesellschafter in gleicher Weise an der Auswahl und Bestellung der Schiedsrichter mitwirken können, sofern nicht die Auswahl durch eine neutrale Stelle erfolgt. Ferner muss die Schiedsklausel gewährleisten, dass alle denselben Streitgegenstand betreffenden Beschlussmängelstreitigkeiten bei einem Schiedsgericht konzentriert werden. Andernfalls sei die Schiedsabrede wegen Verstoßes gegen § 138 I BGB nichtig. Ausführlich dazu Hilbig SchiedsVZ 2009, 247 ff. S. dazu die ergänzenden Regeln für gesellschaftsrechtliche Streitigkeiten der DIS (DIS-ERGeS), www.disarb.org. Mit Beschluss vom 6.4.2017 hat der BGH die entwickelten Mindestanforderungen für die Wirksamkeit von Schiedsvereinbarungen auch auf Kommanditgesellschaften (BGH NZG 2017, 657), mit Beschluss vom 23.9.2021 zudem auf Personengesellschaften für anwendbar erklärt, bei denen der Gesellschaftsvertrag vorsieht, dass Beschlussmängelstreitigkeiten nicht unter den Gesellschaftern, sondern mit der Gesellschaft auszutragen sind (BGH NJW-RR 2022, 261). Zu den Auswirkungen des MoPeG auf die Schiedsfähigkeit von Beschlussmängelklagen Schmidt ZHR 187 (2023), 107 (120 f.).

2. **Form** 838

Nach deutschem Schiedsverfahrensrecht (§ 1031 ZPO) ist die Vereinbarung der Kompetenz eines Schiedsgerichts nur unter Kaufleuten durch Aufnahme einer **Schiedsgerichtsklausel in den Hauptvertrag** wirksam. Gegenüber **Verbrauchern** wirkt eine solche Schiedsklausel nicht. Vielmehr ist es notwendig, die Schiedsvereinbarung in einem separaten Dokument vorzubereiten (§ 1031 V ZPO, zwingend: BGH NJW 2011, 2976). Da **Gesellschafter**, die einem Vertrag beitreten, häufig keine Kaufleute sind, besteht die Gefahr ihrer Qualifikation als Verbraucher und damit der Unwirksamkeit der Klausel. Deshalb wird in der anwaltlichen Praxis häufig die Schiedsvereinbarung in einem separaten Dokument verhandelt (zB bei Vorbereitung eines internationalen Joint-Venture-Vertrags). Bedarf der Hauptvertrag notarieller Form (zB nach § 311b I BGB, § 15 IV 1 GmbHG), ist die Schiedsklausel nicht nach § 125 S. 1 BGB nichtig, weil die Schiedsgerichtsordnung, auf die sie Bezug nimmt, nicht mit beurkundet wurde (BGH NJW 2014, 3652 zu einer DIS-Schiedsklausel). Im **kaufmännischen Geschäftsverkehr** können Schiedsklauseln auch im Rahmen von **AGB** geregelt werden (zuletzt KG BeckRS 2016, 126421).

3. **Kompetenz-Kompetenz** 839

- Im Schiedsverfahren hat das Schiedsgericht selbst über seine Zuständigkeit zu entscheiden (Kompetenz-Kompetenz), doch können staatliche Gerichte diese Entscheidung später (im Verfahren der Vollstreckbarerklärung) nachprüfen: vgl. zB Art. VI Abs. 3 EuÜ und die ausdrücklichen Regelungen in Art. 6 III Schiedsgerichtsordnung der Internationalen Handelskammer Paris (ICC-Regeln, abrufbar unter https://iccwbo.org/dispute-resolution/dispute-resolution-services/arbitration/rules-procedure/2021-arbitration-rules/#block-accordion-6) und in Art. 23 I UNCITRAL-Schiedsordnung (→ Rn. 823) sowie im autonomen Recht § 1040 I 1 ZPO. In Fall 46a haben die Parteien mit der Vereinbarung der Hamburger Freundschaftlichen Arbitrage dem Schiedsgericht konkludent die Kompetenz-Kompetenz übertragen (vgl. BGHZ 68, 356 (365 f.) = NJW 1977, 1397); zur Kompetenz-Kompetenz s. auch Heiermann FS Glossner, 1994, 129 ff.; Lachmann Schiedsgerichtspraxis-HdB Rn. 687 ff.; Kronke RIW 1998, 257 (260).

Hinweis: Die Kompetenz-Kompetenz gehört zu den zentralen Grundbegriffen des Schiedswesens, wird aber nicht überall gleich verstanden (s. das Beispiel aus **Indien** → Rn. 846). In **Frankreich** wird die Schiedsklausel „nach materiellem Schiedsrecht" als unabhängig vom Hauptvertrag behandelt, ihre Wirksamkeit könne „ohne Bezug auf eine staatliche Rechtsordnung" festgestellt werden (Cour de Cassation, 1ère chambre civile, 20.12.1993, JDI 94, 432 mAnm Gaillard; Audit/d'Avout, Droit International Privé, 9. Aufl. 2022, Rn. 1388 ff.).

840 **4. Einrede der Schiedsgerichtsbarkeit**

Klagt der Hamburger Verkäufer in Fall 46a in Italien (Art. 2–4 Brüssel Ia-VO) oder Hamburg (Art. 7 Nr. 1 Brüssel Ia-VO) vor einem staatlichen Gericht, so könnte die italienische Partei die **Einrede der Schiedsgerichtsbarkeit** erheben. Das staatliche Gericht hat die Parteien dann auf das schiedsrichterliche Verfahren zu verweisen (vgl. Art. II Abs. 3 UNÜ und Art. VI Abs. 1, 3 EuÜ; im autonomen Recht § 1032 I ZPO); vgl. Reithmann/Martiny IntVertragsR/Hausmann Rn. 7.4132ff. (UNÜ), 7.420 (EuÜ). Das Gericht prüft zuvor gegebenenfalls die Vereinbarkeit der Schiedsklausel mit dem ordre public (vgl. hierzu den Fall der Eisschnellläuferin „Pechstein", BGHZ 210, 292 = BeckRS 2016, 10974, die in Deutschland zu einer generellen Diskussion über die Grenzen von Schiedsabreden durch Fremdbestimmung in AGB geführt hat: s. zB Wilhelmi SchiedsVZ 2024, 1–16). Zur Reichweite einer „weiten" Schiedsklausel auf Kartellschadenersatzansprüche vgl. LG Dortmund NZKart 2017, 604.

841 **5. Rechtswahl**

Üblicherweise enthalten Verträge nur eine Rechtswahlklausel. Ist die Schiedsklausel im Hauptvertrag enthalten, ist durch **Auslegung** zu ermitteln, **ob die Rechtswahl auch den Schiedsvertrag erfasst**. Nach deutschem Recht lässt sich in der Regel der wirkliche Wille der Parteien nach §§ 133, 157 BGB dahingehend bestimmen (Zöller/Geimer ZPO § 1029 Rn. 107), dass die Parteien mit der Rechtswahl alle Rechtswahlfragen und damit auch das Schiedsvertragsstatut bestimmen wollten (jedenfalls bei Kombination der Wahl des deutschen Rechts mit deutschem Schiedsort: OLG München BeckRS 2014, 17245). Im Common Law ist die **Auslegungsmethode** anders und setzt allein am objektiven Wortlaut an (nur in Extremfällen kann es zur *Rectification* kommen). Aus Common Law Sicht enthält eine Rechtswahlklausel im Hauptvertrag aufgrund einiger (relativ) jüngerer englischer Entscheidungen nicht immer die Aussage, dass damit auch das Schiedsvertragsstatut (→ Rn. 828) gewählt sei (English Court of Appeals, *Sulamerica CIA Nacional de Seguros SA et al v. Enesa Engenharia SA*, 16 May 2012, (2012) EWCA 638 Rn. 31 abrufbar bei https://bailii.org/ew/cases/EWCA/Civ/2012/638.html; Singapore High Court, *First Link Investments Corp. Ltd* v GT Payment Pte Ltd, 19 June 2014 (2014) SGHCR 12). Das Hong Kong international Arbitration Center HKIAC empfiehlt seit 2014 eine gesonderte Rechtswahl für die Schiedsklausel zu treffen (s. HKIAC-Regeln – *Suggested Rules* –). Bei Verträgen mit einem Schiedsort in angelsächsischem Rechtsraum ist dies zu berücksichtigen.

6. **Literatur:** Kronke RIW 1998, 257 ff. (guter Überblicksaufsatz); Schwab/Walter Kap. 57 I Rn. 458 f. 842

II. Literatur zur Vertiefung

K. Schmidt FS Nagel, 1987, 373 ff.; zur Vereinbarung von Schiedsklauseln mittels AGB vgl. Hanefeld/Wittinghofer SchiedsVZ 2005, 217 ff. sowie Friedrich SchiedsVZ 2007, 31 ff. International grundlegend: Born Int. Commercial Arbitration Bd. I Chapter 5. 843

3. Besetzung des Schiedsgerichts

Im Schiedsvertrag können die Parteien grundsätzlich die Schiedsrichter (oder einen Schiedsrichter) **frei wählen** und auch namentlich nennen. In der Regel werden sie jedoch nur die Art und Weise der Schiedsrichterbestimmung und die Schiedsrichterzahl regeln, und zwar direkt oder durch Bezugnahme auf eine Verfahrensordnung und Festlegung des Schiedsortes (→ Rn. 807 zu **unterschiedlichen rechtlichen Leitbildern** hinsichtlich der Zahl der Schiedsrichter im kontinentaleuropäischen und angelsächsischen Rechtsraum). Die Benennung der Schiedsrichter erfolgt dann typischerweise nach Entstehen der Streitigkeit. 844

Mit dem Schiedsgericht schließen die Parteien **gemeinsam** einen **Schiedsrichtervertrag.** Der Schiedsrichtervertrag ist nach der Rechtsprechung des BGH ein **Vertrag** *sui generis*.[171] Daneben kann es bei institutionellen Schiedsgerichten zu einem Administrierungsvertrag zwischen den Parteien und der Institution (zB ICC) kommen.[172] 845

Das **Schiedsrichtervertragsstatut** ist mangels Regelung in internationalen Übereinkommen mithilfe des anwendbaren Kollisionsrechts in Deutschland (Art. 3, 4 Rom I-VO) zu ermitteln (wenn deutsches IPR anwendbar ist). 846

Fall 46b: (Abwandlung von Fall 46): Eine italienische und eine deutsche Partei vereinbaren die Beilegung von Streitigkeiten nach der Hamburger Freundschaftlichen Arbitrage. Nach welchem Verfahren wird im Streitfall das Schiedsgericht zu besetzen sein? Welches Recht ist Schiedsrichtervertragsstatut? 847

Aus der Entscheidung der Parteien für die Hamburger Freundschaftliche Arbitrage folgt die Anwendung von § 20 der Platzusancen für den Hamburgischen Warenhan- 848

171 Vgl. Schütze/Tscherning/Wais Schiedsverfahren-HdB/Wais Rn. 172.

172 Lachmann Schiedsgerichtspraxis-HdB Rn. 3243; s. ferner zB für China Kun Fan, Arbitration in China, 2013, S. 178 (Chart 4).

del (→ Rn. 817). Die Regelung in § 20 Nr. 2 bestimmt, dass jede Partei einen Schiedsrichter „benennt". Nur wenn sich die Schiedsrichter nicht einigen können, sollen sie ihrerseits einen Obmann ernennen (§ 20 Nr. 4 S. 1). Zur Einleitung des Verfahrens muss die Klägerin unter Angabe des von ihr gewählten Schiedsrichters (in Verfahren nach der Hamburger Freundschaftlichen Arbitrage ist dies meist ein Kaufmann) die Gegenseite schriftlich auffordern, binnen einer angemessenen Frist ihrerseits einen Schiedsrichter zu ernennen (§ 20 Nr. 2 S. 1). Der Schiedsrichter kann jede Nationalität haben, muss aber seinen Wohnsitz und seinen Aufenthaltsort in der Bundesrepublik haben (§ 20 Nr. 2 S. 8).

849 Aufgrund dieser Wohnsitzregelung wird das Schiedsverfahren typischerweise in der Bundesrepublik durchgeführt werden, sodass das **Schiedsrichtervertragsstatut** mangels Rechtswahl deutsches Recht sein wird (Ort des gewöhnlichen Aufenthalts des Dienstleisters iSv Art. 4 I lit. a Rom I-VO).[173]

850 **Fall 46c:** (Abwandlung von Fall 46 in Anlehnung an ein vor einem Schweizer Schiedsgericht erlebtes Beispiel): Ein Staatsunternehmen aus einem Staat X mit einer Pseudo-Demokratie und eine deutsche Gesellschaft einigen sich auf die Beilegung von Streitigkeiten nach der Hamburger Freundschaftlichen Arbitrage. Das Staatsunternehmen benennt seinen (ehemaligen) Justiziar, der auch die Schiedsklage entworfen hat, als Schiedsrichter.

851 Die **Beachtung ethischer Mindeststandards** in internationalen Schiedsverfahren ist ein sog. *„hot topic"* in der internationalen Diskussion. Die International Bar Association (IBA) hat sowohl die **IBA Rules of Ethics for International Arbitrators** (1987)[174] als auch 2004 die **IBA Guidelines on Conflicts of Interest in International Arbitration** (*IBA Conflict Guidelines*) als *soft Law* erarbeitet, deren Geltung einzelfallbezogen vereinbart werden kann. Sie fassen Grundregeln und Leitlinien zusammen, die für viele Teilnehmer am internationalen Wirtschaftsverkehr selbstverständlich sind, für andere aufgrund völlig anderen kulturellen Hintergrunds und wirtschaftlicher Zwänge nicht. In Fall 46c verstieße die Annahme des Schiedsrichteramtes durch den Justiziar gegen die sog. **„Red List"** der *IBA Conflict Guidelines* (im Gegensatz zur *Green List* und zur *Orange List*), deren Geltung aber nicht vereinbart ist. Stattdessen ist im Fall 46c auf § 20 III Hamburger Platzusancen[175] zurückzugreifen, die auf dieselben Gründe und Voraussetzungen verweisen, die zur Ablehnung eines Richters berechtigen, §§ 41 f. ZPO. Offenbleiben kann, ob der ehemalige Justiziar zu der ihn benennenden Partei aufgrund seiner Tätigkeit in einem „Regressverhältnis" steht (§ 42 I ZPO iVm § 41 Nr. 1 ZPO). Es besteht jedenfalls Besorgnis zur Befangenheit iSv § 42 II ZPO.

Hinweis: In dem dem gebildeten Sachverhalt zugrunde liegenden Fall wurde die Befangenheit spät entdeckt und dann im Hinblick auf die Kompetenz und Erfahrung des Vorsitzenden bewusst nicht gerügt: Der ehemalige Justiziar agierte so offensichtlich parteiisch, dass dies nichts nutzte und das Verfahren im Wesentlichen von den anderen beiden Schiedsrichtern gestaltet wurde. Nur ein(e) unparteiische Schiedsrichter(in) kann der sie benennenden Partei dienen: durch Sicherstellung eines beidseitig fairen Verfahrens, durch das Einbringen von Argumenten, die im Gremium der Schiedsrichter Gehör finden, durch Vermeidung zusätzlicher Kosten – etwa für Zwischenverfahren über die Befangenheit – und gegebenenfalls Erwirkung eines vollstreckbaren Titels.

173 S. PWW/Brödermann/Wegen IPR-Anh. 1/Rom I-VO Anh. zu Art. 4 Rom I-VO Rn. 55.
174 Abgedruckt bei Schwab/Walter Anh. D. Rn. 673 f.
175 → Rn. 754; s. zB Schwab/Walter Rn. 624.

Arbeitsblock zur Ergänzung

1. Bei der **Besetzung des Schiedsgerichts** sind zahlreiche Umstände zu berücksichtigen: Ausbildung des Schiedsrichters, internationale, rechtsvergleichende und interkulturelle Erfahrung, Sprachkenntnisse, Erfahrung in bestimmten Rechtsgebieten, Branchenkenntnis, gegebenenfalls technisches Verständnis. Ein angelsächsisch ausgebildeter und ein im kontinentaleuropäischen Recht ausgebildeter Jurist haben zum Beispiel in der Regel ein unterschiedliches Training in der Auslegung von Verträgen erfahren. Der Grundsatz von Treu und Glauben – ein durch Rechtsvergleichung zu ermittelndes internationales Rechtsprinzip (vgl. Art. 1.7 der in → Rn. 313 erörterten UNIDROIT Principles) – wird zum Beispiel je nach Ausbildung und Rechtsordnung anders gehandhabt (im englischen Recht kann die Geltung unter anderem als „implied term of contract" vereinbart werden; sonst gilt nur der Wortlaut). In England wurde zB einst intensiv diskutiert, ob eine Schiedsvereinbarung auch die **Zugehörigkeit des Schiedsrichters zu einer ethnischen Gruppe** vorsehen kann (schlussendlich bejahend Supreme Court in Jivraj v. Hashwani (2011) UKSC 40). 852
2. **Ernennende Stelle** 853
   a) Häufig regeln die Parteien im Schiedsvertrag mit einer **Ad-hoc-Schiedsgerichtsvereinbarung**, welche Stelle (zB der Präsident einer Handelskammer) einen Schiedsrichter ernennen soll, falls eine Partei der vertraglich festgelegten Schiedsrichterernennungspflicht nicht nachkommt (vgl. zu Fall 46c: § 20 II 6 der Platzusancen für den Hamburgischen Warenhandel; allgemein zur **Schiedsrichterbenennung durch Dritte**, auch durch ein Gericht, Schütze/Tscherning/Wais Schiedsverfahren-HdB/Schütze Rn. 570 f.). Haben die Parteien ein *Ad-hoc*-Schiedsgericht nach der UNCITRAL-Schiedsordnung vereinbart (→ Rn. 812), müssen die Parteien sich auf eine ernennende Stelle einigen oder es ist im Zweifel der „Generalsekretär des Ständigen Schiedshofs" in Den Haag für die Bestimmung der ernennenden Stelle zuständig (Art. 6 II UNCITRAL-Schiedsordnung).

   b) Bei **institutionellen Schiedsgerichten** stellt die Schiedsgerichtsinstitution die benennende Stelle (bei der DIS ist dies zB die DIS-Geschäftsführung; bei ASEAC ist dies die international besetzte **„Appointing Authority"**; → Rn. 820).

Hinweis: Der *Supreme Court of India* hat 2005 in einem auch in Indien umstrittenen Urteil die Benennungspflicht des Gerichts für den Fall der Nichteinigung der Parteien auf einen Schiedsrichter als eine richterliche Aufgabe (*judicial power* im Gegensatz zur *administrative power*) verstanden und den entsprechenden Antrag auf Benennung eines Schiedsrichters dazu genutzt, inzident als Vorfrage die Frage der Kompetenz des Schiedsgerichts zu prüfen (*The Patel Engineering Judgment,* s. Kachwaha, The Indian Arbitration Law: Towards a New Jurisprudence, Int. A. L. R. 2007, 13 (15 ff.)). Dadurch wird die Kompetenz-Kompetenz des Schiedsgerichts (→ Rn. 835) unterlaufen und das Verfahren erheblich verzögert (Praktiker berichten von ca. 12 Mio. rechtshängigen Fällen allein in Neu Delhi, die aber derzeit durch ein rigides Management des Gerichtspräsidenten abgebaut werden sollen. Die praktische Umsetzung bleibt schwer, auch mit Blick auf die steigende Bevölkerungszahl und das damit einhergehende Potential für Streitigkeiten). 854

855 **3. Literatur zum Schiedsrichtervertrag**
Geimer IntZivilProzR Rn. 3851 ff.; Lachmann Schiedsgerichtspraxis-HdB Rn. 4106 ff.; Schütze/Tscherning/Wais Schiedsverfahren-HdB/Schütze Rn. 572 ff. (mit Muster); Basedow Jahrbuch 1 (1987), 19 ff.

4. Anwendbares Verfahrensrecht

856 Anders als im IZVR der staatlichen Gerichtsbarkeit ist im Schiedsrecht nicht die *lex fori* das grundsätzlich anwendbare Verfahrensrecht. Die Parteien haben vielmehr die Möglichkeit, das anwendbare Verfahrensrecht zu **wählen** (vgl. Art. IV Abs. 1 EuÜ, Art. V Abs. 1d UNÜ, im autonomen Recht § 1042 III ZPO). Die **Rechtswahl** kann konkludent **in der Bestimmung des Schiedsortes** oder **in der Wahl des Schiedsvertragsstatuts** liegen.[176] Die Parteien können im Schiedsverfahrensrecht darüber hinaus – im Rahmen der Grenzen zwingenden Rechts (zB § 1033 ZPO, arg. § 1025 II ZPO) – praktisch jede einzelne Frage selbst regeln, die in einem gerichtlichen Verfahren den nationalen Zivilprozessgesetzen entnommen wird. Abhängig von der Fallkonstellation (zB → Rn. 807 unter 3b zu unterschiedlichen Leitbildern der Schiedsgerichtsbarkeit) sollten Vertragsparteien ihre Parteiautonomie zur Regelung der Fragen, zu denen unterschiedliches Grundverständnis besteht, möglichst nutzen. Anderenfalls wird die Regelung dem Schiedsgericht überantwortet.

857 **Fall 46d:** (Abwandlung von Fall 46): Eine italienische und eine deutsche Partei vereinbaren die Beilegung von Streitigkeiten durch ein Verfahren nach der Hamburger Freundschaftlichen Arbitrage. Welches Recht ist anwendbares Verfahrensrecht?

858 Da EuÜ und UNÜ die Rechtswahl gestatten, sind die in § 20 der Platzusancen für den Hamburgischen Warenhandel (→ Rn. 817) enthaltenen Verfahrensregeln für das Verfahren nach der Hamburger Freundschaftlichen Arbitrage zu beachten (vgl. zB das Schriftformerfordernis für den Schiedsspruch in § 20 Nr. 4 S. 5 der Platzusancen für den Hamburgischen Warenhandel). Ergänzend ist die Verfahrensordnung der ZPO (10. Buch der ZPO, §§ 1025 ff. ZPO) anzuwenden, da aus der Bestimmung des Schiedsortes Hamburg die Geltung deutschen Verfahrensrechts folgt (§ 1025 I ZPO). Mangels ausdrücklicher Wahl eines anderen Verfahrensrechts **ist das am Schiedsort geltende Verfahrensrecht anwendbar**.

Arbeitsblock

859 **I. Zur Ergänzung**
1. Vereinbarung von Verfahrensregeln
a) **Grundsatz der Parteiautonomie:** Der den Parteien vom anwendbaren Verfahrensrecht in der Regel eingeräumte Grundsatz der Parteiautonomie gibt den Parteien die Möglichkeit, den Ablauf des Schiedsverfahrens umfassend (im Schiedsvertrag) zu regeln. Soweit die Parteien nicht institutionelle Schiedsgerichte anrufen oder auf Musterverfahrensordnungen zurückgreifen (und gegebenenfalls abändern oder ergänzen),

176 Vgl. Schütze/Tscherning/Wais Schiedsverfahren-HdB/Schütze Rn. 581 und Basedow Jahrbuch 1 (1987), 15 bei Fn. 50.

kann der Schiedsvertrag eine Vielzahl von Einzelpunkten regeln (vgl. das Muster für einen internationalen Schiedsvertrag bei Lachmann Schiedsgerichtspraxis-HdB Rn. 4734); soweit keine Regelung getroffen wird, gilt das anwendbare Verfahrensrecht (in Deutschland §§ 1025 ff. ZPO).

Sinnvoll ist vor allem eine Regelung der Punkte, in denen Verfahrensstreitigkeiten andernfalls vorprogrammiert sind (zB wegen grundverschiedener Rechtsvorstellungen von Parteien, die durch ihre Erziehung in unterschiedlichen Rechtssystemen geprägt sind). Hierzu gehören insbesondere Regelungen von:

- **Kosten(vorschuss)pflichten** und gegebenenfalls Bestellung von **Sicherheiten** für Prozesskosten;
- **Zustellungsfragen**, zB Zustelladressen und Zustellungsbevollmächtigte; vgl. Schütze/Tscherning/Wais Schiedsverfahren-HdB/Schütze Rn. 594 ff.; zu den Problemen der Zustellung des Schiedsspruches an die Parteien und der Niederlegung beim zuständigen Gericht vgl. Sandrock, Das Gesetz zur Neuregelung des Internationalen Privatrechts und die internationale Schiedsgerichtsbarkeit, Beilage 2 zur RIW 1987, 7;
- **Beweisfragen** (zB die sinnvolle Kompromisslösung im Umgang mit Anträgen auf Beibringung von Dokumenten in **§ 142 ZPO**; → Rn. 807; uU kommt insbesondere in einem Rechtsstreit mit Parteien aus unterschiedlichen Rechtskreisen (common law/kontinentaleuropäisches Recht) eine Einigung auf die **IBA Rules on the Taking of Evidence in International Arbitration** in Betracht (www.ibanet.org, Stand: Juni 2024), die in Art. 3 iVm Art. 9 eine aus deutscher Sicht weitgehende, aber international – insbesondere im Verhältnis zur USA – gesehen **begrenzte Pflicht zur Produktion** von Dokumenten vorsehen (Dass hier unterschiedliche Konzepte in den USA und Europa bestehen, sollte aus der Darstellung des Justizkonflikts, → Rn. 714, bekannt sein.). Eine ähnliche Regelung enthält auch Art. 24 Nr. 4 ICDR-Schiedsregeln/Art. 23 lit. b AAA-Schiedsregeln (Begrenzung der Anordnungsmöglichkeit zur Dokumentenproduktion auf solche, die *„relevant and material“* sind). Ergänzend können die **IPBA Guidelines on Privilege and Attorney Secrecy** gleiche Ausgangsvoraussetzungen (ein sogenanntes *level playing field*) zu Fragen der Vertraulichkeit (privilege, Anwaltsgeheimnis) bei der Produktion von Dokumenten schaffen (→ Rn. 809).

  Vgl. auch zu den **Ermessensgrenzen** eines Schiedsgerichts bei der Bestimmung der Beweisregeln Schütze SchiedsVZ 2006, 1; Elsing SchiedsVZ 2011, 114 ff. (guter Überblick zum Vergleich kontinentaler und angelsächsischer Herangehensweise an Schiedsverfahren); vgl. zur US-discovery vor Schiedsgerichten Schley/Lange, RIW 2020, 342;
- Verfahren bei **Säumnis**, beim Fortfall eines Schiedsrichters etc (vgl. die „Checklisten“ bei Maier Schiedsgerichtsbarkeit-HdB, 1986, S. 559 ff. und Sandrock IntVertragsgestaltung-HdB/Kornmeier/Sandrock Abschn. F Rn. 201). Wegen seiner das Verfahren prägenden Bedeutung sollte in jedem Fall der **Schiedsort** mit Bedacht ge-

wählt werden (Beispiel aus der Praxis: koreanischer Verkäufer eines französischen Unternehmens, US-amerikanischer Käufer, Schiedsort: Frankfurt a.M. oder London?).

Die DIS-Schiedsregeln 2018 enthalten in Anlage 3 **„Maßnahmen zur Steigerung der Verfahrenseffiziens"**, die als Checkliste dienen können.

Mit der Wahl eines **institutionellen Schiedsgerichts** bestimmen die Parteien inzident zahlreiche Verfahrensregeln. Beispiel **ICC-Regeln:** Das Schiedsgericht ist nach Art. 23 (www.iccwbo.org, Stand: Juni 2024) dazu verpflichtet, *„aufgrund der Aktenlage oder in Gegenwart der Parteien unter Berücksichtigung ihres aktuellen Vorbringens"* einen **Schiedsauftrag** *(Terms of Reference)* zu formulieren, und zwar in der Regel binnen 30 Tagen (Abs. 2, Verlängerungen gewährt der Gerichtshof nur auf begründeten – und deshalb ungern gestellten – Antrag des Schiedsgerichts). Das zwingt zur Konzentration des Verfahrens, Einigung auf den Streitgegenstand und gegebenenfalls erheblichen Aufwand für alle Beteiligten. Nach den ICC-Schiedsregeln 2021 wird von den *Terms of Reference* nunmehr bei Verfahren mit einem Streitwert bis 3 Mio. US-Dollar abgesehen (→ Rn. 819).

860 b) **Gerichtliche Überprüfung:** Das Schiedsgericht hat die von den Parteien im Rahmen der **Parteiautonomie** getroffenen Regelungen zu beachten. Staatliche Gerichte werden sie im Vollstreckungsverfahren **überprüfen** (da die Parteien bei Abschluss des Schiedsvertrags nicht mit letzter Sicherheit bestimmen können, welche Gerichte mit dem Fall beschäftigt werden und welches Recht diese Gerichte anwenden werden, sollte der Schiedsvertrag nach allen für eine Anwendung in Betracht kommenden Rechtsordnungen „hieb- und stichfest" sein, vgl. Sandrock IntVertragsgestaltung-HdB/Kornmeier/Sandrock Abschn. F Rn. 5 f.).

861 c) **Regelung von Verfahrensfragen:** Verfahrensfragen, für die die Parteien keine Regelungen getroffen haben, werden in der Regel vom Schiedsgericht möglichst frühzeitig angesprochen, häufig in einer vorbereitenden **Telefon- oder Videokonferenz** und/oder der ersten das Verfahren leitenden Anordnung/Procedural Order No. 1. Je nach interkultureller Zusammensetzung der Beteiligten werden dort neben einem **Zeitplan** gegebenenfalls **Beweisaufnahmefragen**, Art und Weise der **Protokollführung**, zum Teil auch kostenbegrenzende Nebenpunkte geregelt (zB Seitenbegrenzungen, um Missbrauch durch überlange Schriftsätze und Dokumente zu vermeiden). Zu diesem Zeitpunkt kann gegebenenfalls auch bisher nicht vereinbartes schiedsverfahrensrechtliches *„soft law"* (→ Rn. 809, 843) einbezogen und vereinbart werden.

862 d) **Folge-Schiedsverfahren:** Für den Fall der **Aufhebung des Schiedsspruchs** können die Parteien bereits im Schiedsvertrag bestimmen, dass dann erneut ein Schiedsverfahren durchgeführt werden soll. Auch salvatorische Klauseln, die die Folgen von (teil-)unwirksamen Bestimmungen oder Lücken im Vertrag regeln, sind im Schiedsvertrag zulässig (vgl. Schütze/Tscherning/Wais Schiedsverfahren-HdB/Wais Rn. 125).

863 **2. Einstweiliger Rechtsschutz**

Grundsätzlich können Schiedsgerichte auch Maßnahmen des vorläufigen Rechtsschutzes erlassen. Entsprechende Ermächtigungen enthalten zB Art. 26 **UNCITRAL-Schiedsordnung** und Art. 27 **ECE-Schiedsordnung** (abgedruckt bei Schütze/Tscherning/Wais Schiedsverfahren-HdB/Wais Rn. 589 bzw. 569) und Art. 28 ICC-Schiedsregeln sowie im autonomen deutschen Schiedsverfahrensrecht **§ 1041 I ZPO**. Allerdings besteht selbst bei Vorliegen der Voraussetzungen dieser Normen keine Pflicht zum Erlass einer einstweiligen Verfügung. Die Vollziehung der einstweiligen Maßnahme des Schiedsgerichts kann nur durch das staatliche Gericht angeordnet werden, § 1041 I, III ZPO iVm §§ 1062 I Nr. 3, 1063 ZPO.

3. Literatur 864

- Zur Bestimmung des anwendbaren Verfahrensrechts: Schütze/Tscherning/Wais Schiedsverfahren-HdB/Schütze Rn. 580 ff.; Reithmann/Martiny IntVertragsR/Hausmann Rn. 7.209;
- zum deutschen autonomen Verfahrensrecht: Schütze/Tscherning/Wais Schiedsverfahren-HdB/Schütze Rn. 588 ff.; Kronke RIW 1998, 256 ff. und die Kommentierungen zu §§ 1025 ff. ZPO.

II. Zur Vertiefung

1. Mehrparteienschiedsverfahren: Ein in der Praxis wichtiges Thema sind Mehrparteienschiedsverfahren, in denen auf einer Seite (oder jeweils auf einer Seite) mehrere Parteien gemeinsam streiten (zB Fälle der Gesamtschuld und der Gläubigermehrheit). S. hierzu beispielhaft die Lösung in Art. 20 DIS-Regeln, Art. 10 ASEAC Hamburg Arbitration Rules und Art. 8 ICC-Schiedsordnung, Art. 7 Schweizerische Schiedsordnung (→ Rn. 813) sowie v. Hoffmann FS Nagel, 1987, 112 ff.; Urteil der französischen *Cour de Cassation* in Beilage 15, 27, BB 1992, Heft 28; van den Berg FS Glossner, 1994, 19 ff.; Nicklisch FS Glossner, 1994, 221 ff. Die Einigung auf eine Mehrparteienschiedsgerichtsbarkeit kann danach zum Verlust des Rechts auf Auswahl eines Schiedsrichters führen (sofern der Vertrag nicht anders gestaltet wird). Zu Mehrparteienschiedsverfahren und der DIS-Schiedsordnung s. etwa Gharibian/Pieper BB 2018, 387. 865

2. Literatur zum Schiedsverfahrensrecht im Allgemeinen 866

- Grundlegend: die seit 2003 erscheinende Zeitschrift für Schiedsverfahren **(SchiedsVZ)**. Über neueste Entwicklungen im nationalen und internationalen Schiedsrecht wird auch in einer regelmäßig erscheinenden Beilage zum Betriebsberater **(BB)** berichtet; international: **ICCA Yearbook Commercial Arbitration**; www.jusmundi.com (mit veröffentlichten Schiedssprüchen);
- umfassend Lachmann Schiedsgerichtspraxis-HdB (mit Abdruck vieler Muster) Schwab/Walter (→ Rn. 810); Schütze, Institutionelle Schiedsgerichtsbarkeit, Kommentar, 3. Aufl. 2018 (mit Einzelkommentierung der Artikel von 15 Verfahrensordnungen); es fehlen die AAA/ICDR und ASEAC; zum internationalen Schiedsverfahrensrecht: Trittmann/Mekat, § 5 Internationales Schiedsverfahrensrecht, in Piltz, Münchner Anwaltshandbuch Internationales Wirtschaftsrecht, S. 241 ff.; Born Int. Commercial Arbitration Part. II Chapter 15;
- ausführliche **Quellensammlung** mit Erläuterungen bei Geimer/Schütze IntRechtsverkehr (→ Rn. 810);
- eingehende Behandlung vom **UNÜ und EuÜ** bei Reithmann/Martiny IntVertragsR/Hausmann Rn. 7.226 ff. sowie bei Stein/Jonas/Schlosser ZPO Anh. § 1061;

- zur **Kommentierung** diverser, internationaler **Verfahrensordnungen** (einschließlich der der ICC, der UNCITRAL und der ECE), vgl. Aden S. 85 ff.;
- ausführliche **Berichte über ausländische Schiedsverfahrensrechte, Entscheidungen, Schiedsordnungen** etc enthalten das jährlich seit 1976 erscheinende Yearbook Commercial Arbitration (hrsg. von Schill in Rotterdam/Den Haag) und das International Handbook on Commercial Arbitration (Loseblatt, Stand: Juli 2023), hrsg. vom International Council for Commercial Arbitration (General Editor: Bosman);
- für eine eingehende Auseinandersetzung mit der **Bedeutung des Verfahrensortes**: Ostrove/Salomon/Shifmann, Choice of venue in International Arbitration, 2014.

5. Hauptvertragsstatut („hard law" oder „soft law")

867 Zum Statut des Hauptvertrages enthält das UNÜ keine Regelung. Anders Art. VII EuÜ: Grundsätzlich können **die Parteien** das anwendbare Recht wählen; im Zweifel hat **das Schiedsgericht** *„das Recht anzuwenden, auf das die Kollisionsnormen hinweisen, von denen auszugehen das Schiedsgericht jeweils für richtig erachtet."* Mit anderen Worten: Das Schiedsgericht kann das anwendbare Recht weitgehend selbst bestimmen, wenn die Parteien keine Rechtswahl getroffen haben. Dabei sind in jedem Fall **Handelsbräuche** zu berücksichtigen (vgl. für das autonome Recht § 1051 IV ZPO). Unter bestimmten Voraussetzungen kann das Schiedsgericht eine **Entscheidung nach Billigkeit (ex aequo et bono)** treffen.

868 Im **autonomen Schiedsverfahrensrecht** hat der Gesetzgeber mit **§ 1051 ZPO** (in Anlehnung an Art. 28 des UNCITRAL Model Law of Arbitration) eine Sonderkollisionsnorm für in Deutschland durchgeführte internationale Schiedsverfahren geschaffen. Schiedsgerichte mit Sitz iSv § 1043 I ZPO in der Bundesrepublik haben nach § 1025 I ZPO die Kollisionsregel des § 1051 I und II ZPO anzuwenden, sofern keine völkerrechtlichen Verträge Anwendung finden.[177] Nach **§ 1051 I ZPO**, der der allgemeinen Regelung des Art. 28 UNCITRAL-Modellgesetz entspricht, gilt der **Vorrang der Parteiautonomie**. Sie geht weiter als die Regelung im vor nationalen Gerichten geltenden IPR in Art. 3 I Rom I-VO (→ Rn. 387, 313). Ohne die Beschränkungen in Art. 3 III, IV Rom I-VO und Art. 5–8 Rom I-VO können die Parteien wahlweise nationales Recht (dh klassisches, vom Gesetzgeber gesetztes *„hard law"*) oder „Rechtsregeln" (*soft law*) wie die **UNIDROIT Principles of International Commercial Contracts** (→ Rn. 313) wählen. Mangels Rechtswahl ist das Recht des Staates anzuwenden, mit dem der Gegenstand des Verfahrens die engsten Verbindungen aufweist (§ 1051 II ZPO). Auch eine Entscheidung nach Billigkeit ist nach § 1051 III ZPO zulässig, jedoch nur aufgrund ausdrücklicher Ermächtigung durch die Parteien.[178]

869 Oft ergibt sich das Hauptvertragsstatut **mittelbar aus der Wahl einer Verfahrensordnung**, die ihrerseits eine Regelung zur (gegebenenfalls freien) Bestimmung des anwendbaren Rechts oder der anwendbaren Rechtsregeln enthält. So gebietet zB

177 Vgl. nur Anders/Gehle/Anders § 1025 Rn. 6 f.
178 OLG München SchiedsVZ 2005, 308 (309 f.).

Art. 35 UNCITRAL-Schiedsordnung mangels Rechtswahl die Anwendung des Rechts, das dem Schiedsgericht als angemessen erscheint.[179]

Hinweis: Damit wird die Frage der Bestimmung des in der Hauptsache anwendbaren Rechts im Schiedsrecht als Teil der Frage der „Schieds- und Gerichtsstandsvereinbarung" verstanden, die nach Art. 1 II lit. e Rom I-VO außerhalb des Anwendungsbereichs der Rom I-VO liegt (s. Arbeitsblock → Rn. 866).

Fall 47 (in Anlehnung an einen Fall aus der Praxis): Ein rumänisch-deutscher IT-Entwicklungsvertrag über die Erstellung einer komplexen IT-Anlage in Rumänien enthält eine Schiedsgerichtsklausel zugunsten der DIS sowie – an unterschiedlichen Stellen des dicken Vertrages – sowohl eine Klausel zugunsten des französischen Rechts als auch eine Klausel zugunsten des englischen Rechts. Im März 2018 wird ein Schiedsverfahren eingeleitet. 870

Solche widersprüchlichen Klauseln kommen immer wieder vor. Die Rechtswahl geht ins Leere. Deshalb hat das Schiedsgericht nach § 24.2 DIS-Regeln die Rechtsregeln anzuwenden, die das Schiedsgericht für geeignet hält, im vorliegenden Fall zB das rumänische Recht. Alternativ besteht die Möglichkeit der nachträglichen Rechtswahl oder der nachträglichen Wahl von Rechtsregeln **(soft law)**, wie den UNIDROIT Principles (→ Rn. 313) während des Schiedsverfahrens (Erfahrung aus der Praxis). 871

Fall 48: (aus der Praxis, Abwandlung von **Fall 34**, → Rn. 313): Die UNIDROIT Principles werden in den weltweit (inkl. Asien) eingesetzten Allgemeinen Einkaufsbedingungen (AGB) eines zu einem amerikanischen Konzern gehörenden deutschen Autoteileherstellers in Verbindung mit einer ICC-Schiedsklausel gewählt (Schiedsort: Hamburg; Vertrags- und Verfahrenssprache: englisch). Wird das (international besetzte) Schiedsgericht bei der Auslegung der in den AGB enthaltenen Haftungsbegrenzungsklauseln deutsches ABG-Recht anzuwenden haben? 872
Art. 21 der gewählten ICC-Schiedsordnung gestattet (ebenso wie § 1051 I ZPO und zB § 24.1 DIS-Schiedsgerichtsordnung in ihrer seit März 2018 geltenden Fassung) die Wahl von Rechtsvorschriften (*soft law*). Das Schiedsgericht wird die gewählten UNIDROIT Principles (→ Rn. 313) anwenden. Dabei bewegt es sich in dem vom deutschen Verfahrensrecht im 10. Buch der ZPO (§ 1051 ZPO → Rn. 862) geschaffenen Rahmen. Die UNIDROIT Principles enthalten in Art. 2.1.19–2.1.21 ein Regime für AGB. Ergänzend gelten die allgemeinen Regeln der UNIDROIT Principles, nach denen Verträge insbesondere dem Grundsatz von *„good faith and fair dealing"* entsprechen müssen (Art. 1.7 UNIDROIT Principles). Lediglich exzessive Haftungsbegrenzungsregelungen iSv Art. 7.1.6 UNIDROIT Principles wären nicht durchsetzbar. Im Ergebnis ist damit das Vertragswerk am Maßstab der UNIDROIT Principles und nicht am Maßstab der §§ 305 ff. BGB zu messen, die in dieser Fallkonstellation eben nicht zum Zuge kommen. Denn das deutsche AGB-Recht ist nach allgemeiner Meinung zwar national zwingend, nicht aber international zwingendes Recht.[180] Nur international zwingendes Recht käme in dieser Fallkonstellation unabhängig vom gewählten Vertragsstatut zur Anwendung (vgl. Art. 1.4 UNIDROIT Principles[181]).

Der Vergleich der Falllösungen von **Fall 34** (in dem das deutsche AGB-Recht als Teil des Vertragsstatuts ohne Weiteres zur Anwendung käme) und **Fall 48** demonstriert, welche Bedeutung dem **IPR als Instrument des Risikomanagements** zukommt. Im 873

179 Vgl. Schütze/Tscherning/Wais Schiedsverfahren-HdB/Tscherning Rn. 583 ff.; s. auch zB Art. 21 I ICC-Schiedsregeln.

180 S. Schlechtriem FS Lorenz, 2001, 571; Staudinger/Magnus, 2021, Rom I-VO Art. 9 Rn. 151; Ulmer/Brandner/Hensen/Schmidt AGB-Recht, 11. Aufl. 2011, BGB Anh. § 305 Rn. 2c; PWW/K.-P. Berger BGB Vorb. §§ 305 ff. Rn. 6; wohl auch MüKoBGB/Martiny Rom I-VO Art. 9 Rn. 89; dazu schon MAH IntWirtschaftsR/Brödermann § 6 Rn. 394.

181 S. insbesondere UNIDROIT, Official Comments (2016) Art. 1.4 Rn. 4.

Gegensatz zu einem staatlichen Gericht kann ein Schiedsgericht die UNIDROIT Principles ohne Auslegungsaufwand oft direkt anwenden. Dies hängt vom anwendbaren Verfahrensrecht bzw. der gewählten Schiedsordnung ab: Sie bietet den Schiedsrichtern einen großen Freiraum, soweit sie die Anwendung von „Rechtsvorschriften" (*rules of law*) – in Abgrenzung von „Recht" – gestatten, so zB Art. 21 ICC-Schiedsverfahrensordnung, Art. 16.4 LCIA-Schiedsordnung (→ Rn. 813), Art. 35 I ASEAC Arbitration Rules § 24.1 DIS-Schiedsgerichtsordnung. S. seit 1.1.2024 auch Art. 52 I CIETAC-Schiedsregeln (*„principles of law"*) und dazu Brödermann in Brödermann/Etgen, CIETAC Arbitration Rules Art. 52 Rn. 5–14.

Arbeitsblock zur Ergänzung

874 1. **Schiedsverfahren in der EU:** Nach hM wendet das Schiedsgericht die (in vielen Rechten auf dem UNCITRAL-Modellgesetz basierende) nationale Spezialnorm zur Bestimmung des anwendbaren Sachrechts im Schiedsverfahren an (in Deutschland § 1051 ZPO, sofern die gewählten Schiedsregeln nicht eine speziellere Regelung bereithalten wie Art. 35 UNCITRAL-Schiedsregeln). Die Rom I-VO ist nach hM insoweit nicht anwendbar (vgl. Art. 1 II lit. e Rom I-VO).[182] Schiedsrichtern steht es jedoch frei, sich – etwa bei der Begründung der Anwendung von zwingendem Recht (vgl. Art. 9 I, III Rom I-VO) – von der Rom I-VO inspirieren zu lassen. Art. 1 II lit. e Rom I-VO bezieht sich zwar formal nur auf „Schiedsvereinbarungen" und nicht auf die Bestimmung des Hauptvertragsstatuts im Schiedsverfahren. Er erfasst damit aber bei Schiedsvereinbarungen zugunsten institutioneller Schiedsgerichtsbarkeit auch die in den gewählten Schiedsregeln enthaltenen Regelungen zur Bestimmung des Hauptvertragsstatuts, zB Art. 21 ICC-Schiedsregeln, Art. 35 UNCITRAL-Schiedsregeln, Art. 35 ASEAC Hamburg Arbitration Rules, Art. 24 DIS-Schiedsgerichtsordnung. Nur bei einer weiten Auslegung von Art. 1 II lit. e Rom I-VO wird zB eine Diskrepanz zwischen der institutionellen und *Ad-hoc*-Schiedsgerichtsbarkeit bei der Bestimmung des Hauptvertragsstatuts vermieden, s. Brödermann Uniform Law Review 2011, 589 (598–604); PWW/Brödermann/Wegen IPR-Anh. 1/Rom I-VO Art. 1 Rn. 21; Grimm SchiedsVZ 2012, 189; König SchiedsVZ 2012, 129.

875 2. **Zur Auslegung als Sachnormverweisung:** Haben die Parteien das Recht bzw. die Rechtsordnung eines bestimmten Staates bezeichnet, ohne zu bestimmen, ob auf dessen Sachvorschriften oder aber auf dessen Kollisionsrecht Bezug genommen wird, so liegt – im **autonomen deutschen Internationalen Schiedsverfahrensrecht** – wenn dies zur Anwendung kommt (→ Rn. 848 ff.) – nach der Auslegungshilfe des § 1051 I 2 EGBGB eine unmittelbare Verweisung auf die Sachvorschriften vor; dies entspricht Art. 4 II EGBGB (→ Rn. 106).

876 3. **Zwingendes Recht**

Abweichend vom Vertragsstatut kann auch im Internationalen Schiedsrecht die Berücksichtigung zwingenden Rechts geboten sein (vgl. auch Art. V Abs. 2 lit. b UNÜ), schon um die Anerkennungs- und Vollstreckungschancen des

182 Überblick bei MüKoZPO/Münch ZPO § 1051 Rn. 10; Brödermann UNIDROIT Principles Commentary, Art. 1.4 Rn. 2 Fn. 11; Brödermann Uniform Law Review 2011, 589 (598 ff.); aA Mankowski RIW 2011, 30 ff.

Schiedsspruchs zu erhöhen. Vgl. zB zur zwingenden Geltung **europäischen Kartellrechts** im Schiedsverfahren EuGH ECLI:EU:C:1999:269 = BeckRS 2004, 74270 – Eco Swiss China Time Ltd./.Benetton International NV; Blessing, Arbitrating Antitrust and Merger Control, Swiss Commercial Law Series, Nr. 14, 2003. Ferner allgemein: Geimer IntZivilProzR Rn. 3909 ff.; Raeschke-Kessler EuZW 1990, 145; Zöller/Geimer ZPO § 1061 Rn. 28 ff.; eine gute Zusammenfassung der Rechtsprechung findet sich bei Horn SchiedsVZ 2008, 209 ff. S. ferner UNIDROIT, Official Comments (2016) Art. 1.4 Rn. 4.

4. Ermittlung ausländischen Rechts 877

Grundsätzlich trifft Schiedsgerichte – wenn sie deutsches Verfahrensrecht anwenden – die Pflicht, den Inhalt des anwendbaren nationalen Rechts zu ermitteln (vgl. dazu Schütze/Tscherning/Wais Schiedsverfahren-HdB/Schütze Rn. 603 ff.) und die **Rechtslage** zu entscheiden (*iura novit curia* → Rn. 718). Praktisch werden sie den Parteien auferlegen, ausführlich dazu vorzutragen und die zitierten Quellen in Kopie einzureichen. Nach **angelsächsischem Rechtsverständnis** ist die Feststellung des ausländischen Rechts hingegen **Tatsachenfrage**. Dann entscheidet das Schiedsgericht in der Regel auf der Grundlage von Parteigutachten und gegebenenfalls Befragung der parteibenannten Experten. Den Experten kann auch aufgegeben werden, ein gemeinsames Gutachten vorzulegen und lediglich Abweichungen zu begründen. Je nach Rechtskultur ist es unterschiedlich, ob die Schiedsrichter überhaupt frei auf Rechtsprechung und Literatur zurückgreifen dürfen (so aber zB die Freiheit nach Art. 31 § 1 lit. a COTIF-Übereinkommen 1999). Ein gutes Beispiel für die Klärung des Inhalts deutschen (Gesellschafts-)Rechts mittels Sachverständigen durch ein englisches Gericht bietet (2010) EWHC 2566 (Comm) Rn. 45 ff. abrufbar unter www.bailii.org).

5. UNIDROIT Principles, „internationales Recht“, allgemeine Rechtsprinzipien, lex mercatoria 878

Häufig wählen die Parteien in ihren Verträgen nicht eine staatliche Rechtsordnung, sondern internationale Rechtsregeln oder -prinzipien (nachfolgend dargestellt in abnehmendem Grad rechtlicher Verbindlichkeit):

- teils werden ausdrücklich die **UNIDROIT Principles** gewählt (→ Rn. 313, 864);
- teils wird (mit oder ohne Bewusstsein über die einhergehenden Auslegungsrisiken) **„Internationales Recht“** gewählt (Beispiel: „*This contract is governed by International Commercial Law*“): Solche Klauseln lassen sich im Einzelfall etwa als eine Einbeziehung des **CISG** (so zB ICC Schiedssprüche Nr. 7331, 8502, 9474, 12111, s. www.unilex.info (Stand: Juni 2024)) und/oder der **UNIDROIT Principles** (→ Rn. 313 ff.) verstehen (zB ICC Schiedsspruch Nr. 8502);
- teils werden **allgemeine Rechtsprinzipien** gewählt (Beispiel: „*This contract is governed by the general principles of international contract law*“): Die UNIDROIT Principles lassen sich für das internationale Vertragsrecht als Ausdruck solch internationaler Prinzipien verstehen, s. Ad hoc, Nurhima Kiram Fornan et al. v. Malaysia, Preliminary Award on Jurisdiction and Applica-ble Substantive Law of 25 May 2020 (abrufbar auf www.jusmundi.com); Brödermann RIW 2004, 721 ff. und Brödermann Unif. L. Rev. 2006, 749 (770); Vogenauer/Michaels UNIDROIT Principles Preamble I Rn. 78–81.

- teils wird **außerstaatliches Internationales Handelsrecht** gewählt: die **lex mercatoria**. Es ist umstritten, ob Schiedsgerichte Entscheidungen allein auf die *lex mercatoria* stützen können, ohne auf nationales Recht zurückzugreifen (vgl. die Darstellung des Falles „Pabalk“ bei v. Hoffmann IPRax 1984, 106 und bei W. Lorenz FS Neumayer, 1985, 407). Zur *lex mercatoria* sollen insbesondere international gebräuchliche Handelsklauseln gehören, zB die International Commercial Terms (**INCOTERMS**; abgedruckt bei Hopt, HGB, 42. Aufl. 2023, Nebengesetze (6); vgl. auch Reithmann/Martiny IntVertragsR/Martiny Rn. 25.97f. Seit dem 1.1.2020 gelten die neuen INCOTERMS 2020). ZT ziehen Schiedsgerichte die UNIDROIT **Principles** (→ Rn. 313) auch als Ausdruck der *lex mercatoria* heran (so zB ICAC Schiedsspruch Nr. 11/2002, zu finden über www.unilex.info (Stand: Juni 2024) und die weiteren zahlreichen Schiedssprüche in Brödermann UNIDROIT Principles Commentary, Annex to Preamble Rn. 24 ff.; Bonell, An International Restatement of Contract Law, 3. Aufl. 2005, Rn. 283 ff.; Brödermann RIW 2004, 721 ff. unter II.2.a).
- Sofern die Anwendung der *lex mercatoria*, allgemeiner Rechtsgrundsätze oder der UNIDROIT Principles auf einer – auch konkludenten – Rechtswahl der Parteien beruht, wird der auf dieser Grundlage ergangene Schiedsspruch grundsätzlich von der ordentlichen Gerichtsbarkeit anerkannt und vollstreckt werden (Reithmann/Martiny IntVertragsR/Hausmann Rn. 7.473 mwN, vgl. auch § 1051 III, IV ZPO). Ein **allein** auf die *lex mercatoria* gestützter Schiedsspruch ist bedenklich, wenn das Schiedsgericht nicht zur **Entscheidung nach Billigkeit** (vgl. Art. VII Abs. 2 EuÜ) ermächtigt war (ablehnend zB OLG Frankfurt a.M. RIW 1984, 400 (401); vgl. zum Ganzen noch: Reithmann/Martiny IntVertragsR/Hausmann Rn. 7.466 ff.). Entscheidend ist wieviel **Freiraum** der Schiedsvertrag und die gegebenenfalls anwendbare Schiedsverfahrensordnung den Schiedsrichtern einräumen.

879 **6. ASEAC-Rechtswahlklausel**

Das *Asian European Arbitration Centre* (ASEAC) hat die Frage der Rechtswahl in der Hauptsache mit der Entscheidung über das zuständige Schiedsgericht kombiniert. ASEAC bietet eine Muster-**Rechtswahlklausel** mit Optionen an, die sowohl die Wahl des Rechtes eines bestimmten Landes, des CISG ohne Berücksichtigung etwaiger nationaler Vorbehalte und ergänzt durch die UNIDROIT Principles oder die Wahl der UNIDROIT Principles als neutrales Rechtsregime zulässt (Art. 35 I ASEAC Hamburg Arbitration Rules). Die Wahl des CISG ohne Berücksichtigung nationaler Vorbehalte macht die Wahl des CISG zu einer Wahl von Rechtsprinzipien, mithin „soft law“ (weil staatsvertragliches Recht nur bei Berücksichtigung von Vorbehalten als „Rechtsordnung“ gewählt werden kann; zu Staatsverträgen und Vorbehalten generell: → Rn. 49).

880 **7. Qualifikation**

Auch im Schiedsverfahrensrecht ist die Qualifikation (→ Rn. 80 ff.) zu beachten. Die Rechtswahl im Hauptvertrag bestimmt in der Regel nur das Vertragsstatut. Das Gesellschaftsstatut entscheidet bei Unternehmen zB darüber, ob eine juristische Person existiert, die wirksam eine Schiedsvereinbarung treffen konnte (vgl. Art. V 1 lit. a UNÜ). Anders zu qualifizierende Rechtsfragen können im Schiedsverfahren ebenfalls wichtig werden.

8. Literatur zur Ermittlung des Vertragsstatuts 881

Eine Auflistung der wichtigsten internationalen Handelsbräuche enthält Sandrock RIW 2000, 321 (325).

6. Anerkennung und Vollstreckung

Ausländische Schiedssprüche müssen – ebenso wie Urteile von staatlichen Gerichten, 882 die nicht unter Art. 39 Brüssel Ia-VO fallen – im Vollstreckungsland für **vollstreckbar erklärt werden**, bevor der Gläubiger sie dort vollstrecken kann. Voraussetzung ist auch hier, dass der Schiedsspruch im Vollstreckungsland anerkennungsfähig ist.

Der für die Anerkennung und Vollstreckung bei weitem wichtigste völkerrechtliche 883 Vertrag ist das **UNÜ** (→ Rn. 794), das zum einen Anerkennungsvoraussetzungen nennt, die von Amts wegen zu prüfen sind, und zum anderen solche, die nur auf Antrag einer Partei geprüft werden. In der Praxis werden Anerkennungs- und Vollstreckungsverfahren gelegentlich dadurch verzögert, dass sich der Beklagte auf das Fehlen sämtlicher Anerkennungsvoraussetzungen einredeweise beruft. Nach dem UNÜ kommt es zu keiner Nachprüfung in der Sache selbst **(Verbot der révision au fond)**.

Einzelne völkerrechtliche Übereinkommen können für die Anerkennung eines 884 Schiedsspruchs günstigere Regelungen enthalten, die nach dem **Grundsatz der Meistbegünstigung** (Art. VII Abs. 1 UNÜ) Vorrang haben, so zB Art. 32 § 2 für die Anerkennung eines auf dem **COTIF-Übereinkommen** (zum Eisenbahntransport) beruhenden Schiedsspruchs.

Von Amts wegen sind nach dem UNÜ vom Vollstreckungsgericht insbesondere zu 885 überprüfen:

- Vorliegen eines **ausländischen Schiedsspruches** (Art. I Abs. 1, 2 UNÜ);
- **gültige Schiedsvereinbarung** (Art. II Abs. 1, 2 UNÜ);
- **beglaubigte Urschrift bzw. Kopie** des Schiedsspruches und der Schiedsvereinbarung nebst Übersetzungen (Art. IV UNÜ);
- **Schiedsfähigkeit** des Streitgegenstandes nach dem Recht des Staates, in dem der Schiedsspruch anerkannt und vollstreckt werden soll (Art. V Abs. 2a UNÜ);
- kein (offensichtlicher) Verstoß gegen den ordre public des Staates, in dem der Schiedsspruch anerkannt und vollstreckt werden soll (Art. V Abs. 2b UNÜ). Zum Erfordernis eines offensichtlichen Verstoßes: BGH NJW 2014, 1597; s. die Parallelentwicklung zu einem restriktiven Ordre-Public-Begriff im IPR → Rn. 146, 148 sowie → Rn. 743 zu Art. 45 I lit. a Brüssel Ia-VO.

Darüber hinaus prüft das Gericht **auf Antrag** Einreden des Schuldners, für die dieser 886 die Beweispflicht hat. So zB:

- Einrede mangelnder **Geschäftsfähigkeit** bei Abschluss des Schiedsvertrages, die nach dem *„Recht, das für sie persönlich maßgebend ist“* zu prüfen ist. (Art. V Abs. 1a UNÜ → Rn. 828);
- Einrede mangelnden **rechtlichen Gehörs** (Art. V Abs. 1b UNÜ);
- Einrede der **Überschreitung der Kompetenz** des Schiedsgerichts (Art. V Abs. 1c UNÜ).

Im autonomen Recht verweist § 1061 ZPO für die Anerkennung und Vollstreckung ausländischer Schiedssprüche generell auf das UNÜ.

887 **Fall 49:** (weitere Abwandlung von Fall 46, → Rn. 816): Ein deutscher Exporteur hat im Verfahren nach der Hamburger Freundschaftlichen Arbitrage gegen seinen italienischen Kontrahenten obsiegt. Wie kann er den Schiedsspruch in Italien vollstrecken lassen?

888 Als Rechtsquellen kommen für die Durchführung eines Anerkennungs- und Vollstreckungsverfahrens in Italien in Betracht:

- das UNÜ (das EuÜ enthält insoweit kaum Regelungen);
- das Deutsch-italienische Abkommen über die Anerkennung und Vollstreckung gerichtlicher Entscheidungen in Zivil- und Handelssachen v. 9.3.1936;[183]
- autonomes italienisches Recht.[184]

889 Nach dem **Grundsatz der Meistbegünstigung** (Art. VII Abs. 1 UNÜ) kann der deutsche Exporteur wählen, auf welche Rechtsquelle er sein Verfahren stützen will.

890 Die **Zulassung zur Vollstreckung** erfolgt nach italienischen Verfahrensvorschriften.[185]

Arbeitsblock

891 **I. Zur Ergänzung**
Lachmann Schiedsgerichtspraxis-HdB Rn. 2502 ff.

II. Zur Vertiefung

892 **1. Anerkennung und Vollstreckung ausländischer Schiedssprüche in Deutschland**
Voraussetzung für die Anwendung des § 1061 ZPO (→ Rn. 876) ist das Vorliegen eines **„ausländischen Schiedsspruchs"**. Dies ist bei konsequenter Anwendung des in § 1025 ZPO verankerten Territorialitätsprinzips stets dann der Fall, wenn der Ort des dem Schiedsspruch zugrunde liegenden schiedsgerichtlichen Verfahrens außerhalb der Bundesrepublik liegt. Einzelheiten bei Lachmann Schiedsgerichtspraxis-HdB Rn. 2525 ff. Anders das chinesische Recht: → Rn. 807 unter cc).
Ist die Vollstreckbarerklärung abzulehnen (vgl. die in Betracht kommenden Versagungsgründe → Rn. 875 f.), so stellt das Gericht fest, dass der Schiedsspruch im Inland nicht anzuerkennen ist, § 1061 II ZPO.

893 **2. Doppelexequatur**
Anstelle der Anerkennung und Vollstreckung des ausländischen **Schiedsspruches** im Inland könnte man überlegen, ob man den Schiedsspruch im Ausland (bei einem Gericht am Schiedsort) für vollstreckbar erklären lässt, um sodann die **Anerkennung und Vollstreckung des ausländischen Exequaturурteils** nach §§ 722, 723 ZPO zu erwirken. Der BGH hat diesen Weg der **Doppelexequatur** in 2009 für unzulässig erklärt, vgl. BGH SchiedsVZ 2009, 285. Die zuvor (BGH NJW 1984, 2763; 2765) für möglich

183 BGBl. 1952 II 986; zu dem in diesem Abkommen enthaltenen Verweis auf das UNÜ (Einzelheiten str.) vgl. Schütze/Tscherning/Wais Schiedsverfahren-HdB/Schütze Rn. 625.
184 Vgl. dazu Bernini Italy (Länderbericht Italien), YB. Com. Arbitr. VI (1981), 24 (57); Walter RIW 1982, 693 (695 unter II).
185 Art. III S. 1 UNÜ.

gehaltene Ausnahme im Fall der besonderen Exequaturwirkungen des New Yorker Zivilprozessrechts *(doctrine of merger)* ist damit ausdrücklich aufgegeben worden, vgl. auch MüKoZPO/Münch § 1061 Rn. 34 ff.; Kegel FS Müller-Freienfels, 1986, 377 (384 ff.); Schwab/Walter Kap. 30 Rn. 15. Ausführlich zum Exequaturverfahren Lachmann Schiedsgerichtspraxis-HdB Rn. 2517 ff.

3. Schiedsvergleich 894

Soweit die Parteien das Schiedsverfahren durch einen Schiedsvergleich (im autonomen Schiedsverfahrensrecht seit dem 1.1.1998 ersetzt durch den Begriff **„Schiedsspruch mit vereinbartem Wortlaut"**, § 1053 ZPO) beenden (vgl. dazu Schütze/Tscherning/Wais Schiedsverfahren-HdB/Wais Rn. 498 ff.; PWW/Brödermann BGB § 779 Rn. 49 ff.), kommt wie beim Schiedsspruch ein **Anerkennungs- und Vollstreckungsverfahren** aufgrund internationaler Übereinkommen oder nach autonomem Recht in Betracht (vgl. Stein/Jonas/Schlosser ZPO § 1053 Rn. 1 ff.; Schütze/Tscherning/Wais Schiedsverfahren-HdB/Schütze Rn. 756 ff.). In **Fall 49** wäre für einen Verfahrensabschluss durch einen Schiedsvergleich die Durchführung des Anerkennungs- und Vollstreckungsverfahrens in Italien unter Anwendung von Art. 8 III Deutsch-italienische Anerkennungs- und Vollstreckungsabkommen möglich (vgl. Schütze/Tscherning/Wais Schiedsverfahren-HdB/Schütze Rn. 759).

4. Zur Problematik der Vollstreckung aus einem Schiedsspruch in das Ver- 895 mögen eines **ausländischen Staates** beispielhaft OLG Köln SchiedsVZ 2004, 99 bzw. zur Vollstreckbarerklärung eines ausländischen Schiedsspruches gegen einen Staat: KG SchiedsVZ 2004, 109.

5. Rechtsvergleichender Hinweis 896

a) In **Frankreich** führt die „Entnationalisierung" internationaler Schiedsverfahren dazu, dass dort auch Schiedssprüche anerkannt werden können, die am Sitz des Schiedsgerichts annulliert wurden (Cour de Cassation, 1ère chambre civile, 29.6.2007, JDI 2007, 1236 mAnm *Clag*).

b) **Indien:** Das indische Schiedsrecht in dem am 1.1.1996 in Kraft getrete- 897 nen *Arbitration and Conciliation Act* beruht auf dem UNCITRAL Modellgesetz (→ Rn. 802). Damit ist die Verhinderung der Vollstreckung aus einem Schiedsspruch auch in Indien nur begrenzt möglich (s. Art. 34 des Modellgesetzes). 2005 hatte der *Supreme Court of India* zunächst in einer (national und international) umstrittenen Entscheidung indes entschieden, eine wegen Verstoßes gegen das anwendbare Recht falsche – *patently illegal* – Entscheidung verstoße gegen den **ordre public** und sei deshalb nicht vollstreckbar (*The Saw Pipes Case*, s. Kachwaha Int. A.L.R. 2007, 13 (14 f.)). Der Sache nach führte das zu einer *révision au fond* und hat damit den Begriff des ordre public stark erweitert. Im Jahre 2013 hat der *Supreme Court of India* diese Rechtsprechung jedoch korrigiert und ist für ab September 2012 abgeschlossene internationale Schiedsvereinbarungen zu einem **engen Ordre-public-Begriff** zurückgekehrt *(Shri Lai Mahal Ltd. v. Progetto Grano Spa)*, während es für nationale Angelegenheiten (dh gegebenenfalls auch denen einer indischen Tochtergesellschaft eines deutschen Unternehmens) vorerst beim **weiten Ordre-public-Begriff** bleibt. Einer nach einem (zB deutschen) Rechtsverständnis klaren Regelung kommt in einem anderen rechtskulturellen Umfeld eine ganz andere Bedeutung zu. Erschwerend kann in Indien die lange Verfahrensdauer wirken. Ein ICSID-Schiedsgericht (→ Rn. 826) hat Indien im Jahre 2011 auf der Grundlage des indisch-australischen BIT zum Schadensersatz wegen zu langer (neunjähriger) Verfahrensdauer eines Anerkennungs- und Vollstreckungsverfahrens nach dem New Yorker Übereinkommen verurteilt (*White Industries Australia Ltd. v. Republic of India*, Schiedsurteil v. 30.11.2011).

898 6. **Literatur:** Raeschke-Kessler/Berger, Recht und Praxis des Schiedsverfahrens, 3. Aufl. 1999, Rn. 1016 ff.; Stein/Jonas/Schlosser ZPO §§ 1060 ff.; zur Anerkennung von Schiedssprüchen in Indien: Sharma/Pfaff RIW 2011, 817 ff. International grundlegend: Born Int. Commercial Arbitration Part. III Chapter 26.

Anhang: Aufbauschema und praktische Tipps

A. Prüfungsschritte bei der Bearbeitung eines Falles mit Auslandsbezug vor deutschen Gerichten

I. Prozessvoraussetzungen
1. Deutsche Gerichtsbarkeit 899
   - Immunitäten (→ Rn. 621 ff.)
2. Internationale Zuständigkeit
   a) EU-Verordnungen, insbesondere Brüssel Ia-VO (→ Rn. 640 ff. (Prüfungsschema))
   b) Völkerrechtliche Verträge (→ Rn. 676 f.)
   c) Autonomes Recht (→ Rn. 686 f. (Prüfungsschema))
3. Sonstige Prozessvoraussetzungen (→ Rn. 702 ff.), auch
   - Einrede der Schiedsgerichtsbarkeit (→ Rn. 836)

II. Anwendbares Recht
1 Einheitliches Sachrecht mit eigenen Rechtsanwendungsnormen
   a) Unionsrechtliches Sachrecht (→ Rn. 276 ff.)
   b) Sonstiges Einheitliches Sachrecht (→ Rn. 291 ff.)
2. Internationales Privatrecht (→ Rn. 306 (Prüfungsschema))
   a) Völkerrechtliche Verträge (→ Rn. 4 ff.)
   b) Unionsrechtliches IPR (→ Rn. 10 ff., 54 ff. sowie → Rn. 417 ff. (Prüfungsschema zur Rom I-VO))
   c) Autonomes Recht (dazu → Rn. 15 ff.)
3. Anwendung des Statuts (Falllösung),
   gegebenenfalls unter Einbeziehung von vereinheitlichtem Sachrecht (→ Rn. 302 ff.) und einheitlicher Rechtsregeln *(soft law)* (→ Rn. 312 ff., 868).

III. Anerkennung und Vollstreckung einer ausländischen Entscheidung
- Völkerrechtliche Verträge (→ Rn. 755 ff.)
- EU-Verordnungen, insbesondere Brüssel Ia-VO (→ Rn. 740 ff.)
- autonomes Recht (→ Rn. 765 ff.)

B. Praktische Tipps

Neben den juristischen Problemen der IPR-Fallbearbeitung sind auch **praktische Schwierigkeiten** bei der **Suche nach den Rechtsquellen** zu meistern. In der Regel führen die Recherchen im Internet sowie in den nachfolgend genannten Werken weiter. 900

Achtung: Nicht immer geben diese Informationsquellen den neuesten Stand wieder. Dies gilt – so die Erfahrung aus der Praxis – auch für ins Internet eingestellte Gesetze fremder Staaten. Generell ersetzt die Recherche im Internet nicht die Auseinandersetzung mit der einschlägigen Literatur. Das Internet bietet ein sehr nützliches, aber nur ergänzendes Hilfsmittel. Zitiert werden sollten offizielle Quellen. Bei Zitaten zu Websites ist anzugeben, wann die Seite aufgesucht wurde.

I. Völkerrechtliche Verträge

1. Allgemeine Hinweise

901
- Bei der Recherche von Völkerrecht hilft häufig das **Internet**. Beispielhaft ist folgende Internetadresse mit einer Übersicht über die **Haager Übereinkommen** und dem Stand der Ratifikationen: www.hcch.net (Stand: Juni 2024, aber nicht immer aktuell!).
- Ein **offizielles Verzeichnis** stellt der jährlich neu erscheinende **Fundstellennachweis B** zum BGBl. II dar. Es befindet sich digital auf www.bgbl.de. Mithilfe dieses Fundstellennachweises sind die Fundstellen im BGBl. II sowie die Vertragsstaaten völkerrechtlicher Verträge leicht festzustellen, soweit die Bundesrepublik Vertragsstaat ist.
- Ist die Bundesrepublik nicht Vertragsstaat, so finden sich völkerrechtliche Verträge häufig abgedruckt in **RabelsZ** sowie den von der *American Society of International Law* herausgegebenen **International Legal Materials** (in englischer Sprache).
- Die wichtigsten völkerrechtlichen Verträge sind abgedruckt bei Jayme/Hausmann (jeweils mit Hinweisen auf die **Vertragsstaaten** in den Fußnoten).

Achtung: Die Durchnummerierung ändert sich in diesem alle zwei Jahre erscheinenden Werk mit jeder Ausgabe.

- Die **neuesten Entwicklungen** (neue Vertragsstaaten, Kündigungen, neue Verträge) können in der Regel der **IPRax** (jeweils unter dem Abschnitt „Internationale Abkommen zum internationalen Privat- und Verfahrensrecht“) sowie den neuesten Ausgaben des **BGBl. II** entnommen werden.

Arbeitsblock

902 **Hinweis:** Bei der Auswahl der **völkerrechtlichen Verträge** ist stets sorgfältig zu prüfen, in welchem Verhältnis mehrere, für eine Anwendung in Betracht kommende Verträge zueinander stehen.

- Geht ein Vertrag einem anderen vor?
  Meist ergibt sich die Antwort aus dem Text der Verträge. Im Übrigen ist auf die allgemeinen Abgrenzungsgrundsätze zurückzugreifen: Vorrang des jüngeren Vertrags *(lex posterior derogat legi priori),* Vorrang des spezielleren Vertrags *(lex specialis derogat legi generali),* gegebenenfalls Meistbegünstigungsgrundsatz (Schiedsrecht) bzw. Günstigkeitsprinzip (Anerkennung und Vollstreckung von Urteilen).
- Sind bei der Ratifikation gemachte Vorbehalte zu beachten?
  Der Inhalt von Vorbehalten ist im BGBl. II in der Fundstelle zur Bekanntmachung der Ratifikation des jeweiligen Vertrages zu finden.
- Gilt ein Vertrag als *loi uniforme,* sodass es nicht darauf ankommt, ob auch andere vom Fall betroffene Staaten Vertragsstaaten sind? Die Antwort ergibt sich immer aus dem Vertragstextin Verbindung mit der Bekanntmachung der Ratifikation (erklärter Vorbehalt?).

2. Völkervertragliches Sachrecht

→ Rn. 313, insbesondere www.unilex.info zum CISG sowie https://iicl.law.pace.edu/cisg/cisg. 903

3. Völkervertragliches Kollisionsrecht

- Häufig sind Verträge zum einheitlichen Kollisionsrecht in den **Kommentaren** bei den Kommentierungen zu thematisch entsprechenden Normen des autonomen Rechts **abgedruckt,** so bei: 904
  - Grüneberg
  - Prütting/Wegen/Weinreich (PWW), IPR-Anhänge und
  - Staudinger.
- Umfangreiche **Hinweise** geben außer den genannten Kommentaren zB auch MüKoBGB/v. Hein EGBGB Art. 3 Rn. 45 ff.
- **Materialien** zu den **Haager Übereinkommen** finden sich in: Conférence de la Haye du droit international privé, Actes et documents (erscheinen – mit gewisser Verspätung – nach jeder Haager Konferenz zweisprachig in englischer und französischer Sprache).

II. Unionsrecht

Unionsrecht lässt sich meist über das Portal zum Recht der EU (EUR-Lex) unter der Internetadresse www.eur-lex.europa.eu/de/index.htm finden. Mithilfe dieser offiziellen Suchmaschine der EU lassen sich Amtsblätter der Union, Verträge, Kommissionsentscheidungen, Urteile des EuGH und des Gerichtes 1. Instanz, parlamentarische Anfragen und Dokumente über in Entstehung begriffenes Unionsrecht auffinden. Ergänzend sollte mit den traditionellen unionsrechtlichen Informationsquellen (zB Amtsblatt, Sammlung des Gerichtshofs) gearbeitet werden, die sich über europarechtliche Lehrbücher erschließen lassen. Für Literatur zu Rom I-VO → Rn. 416. 905

III. Autonomes Recht

1. Deutsches IPR

Beachte zusätzlich zu den bekannten Kommentaren und Lehrbüchern: 906

- **Materialien zum EGBGB** bei Pirrung, Internationales Privat- und Verfahrensrecht, 1987, S. 29; außerdem die BT-Drs. zu den jeweiligen Gesetzesänderungen.
- **Autonomes IPR außerhalb des EGBGB** bei Jayme/Hausmann Inhaltsverzeichnis, S. IX–XXIII, jeweils unter „Innerstaatliches Recht“; MüKoBGB/v. Hein Einl. IPR Rn. 1 ff.
- **Rechtsprechung:** IPRax, IPRspr., RIW, EuZW, NJW, WM.

2. Fremdes Recht

a) Allgemeine Hinweise (zum Kollisions- und Sachrecht)

- Häufig enthalten die **Websites der ausländischen Staaten** Links zu ihren Gesetzen. 907

- **Darstellungen** fremden Rechts finden sich in der International Encyclopedia of Comparative Law, Vol. I, National Reports (in engl. Sprache); zT auch in der IPRax und der RIW.
- **Ausführliche Literaturhinweise** bei Soergel, jeweils am Beginn der Kommentierung der einzelnen Artikel; außerdem bei Staudinger/Looschelders Einl. zum IPR Rn. 769 ff. (jeweils nach Rechtskreisen und Staaten geordnet).
  - zum **Internationalen vertraglichen Schuldrecht** Reithmann/Martiny IntVertragsR (vor der Darstellung der jeweiligen einzelnen Vertragstypen)
  - zum **Internationalen Sachenrecht** Staudinger/Mansel, Neubearbeitung 2015, IntSachenR,
  - zum **Internationalen Ehe- und Kindschaftsrecht** Henrich/Dutta/Ebert,
  - zum **Internationalen Erbrecht** Hausmann (ehemals Ferid/Firsching),
  - zum **Internationalen Gesellschaftsrecht** Spahlinger/Wegen IntGesR Rn. 1104 ff. (für zehn Staaten jeweils im Abschnitt Kollisionsregel).

b) Nachweise speziell zum fremden Kollisionsrecht

908 • Kegel/Schurig § 5 II–V S. 272 ff. (soweit nicht durch EU-Recht überholt).

c) Nachweise speziell zum fremden Sachrecht

909 • zum **ausländischen Erbrecht** Hausmann (ehemals Ferid/Firsching),
- zum **ausländischen Ehe- und Kindschaftsrecht** Henrich/Dutta/Ebert,
- zum **ausländischen Schuldrecht** vgl. jeweils die Anmerkungen zu einzelnen Ländern in den Veröffentlichungen der Principles of European Law der *Study Group on a European Civil Code*,
- zum **ausländischen Gesellschaftsrecht** Wegen/Spahlinger/Barth, Gesellschaftsrecht des Auslands in Einzeldarstellungen (ca. 50 Staaten; abrufbar unter beck-online.de, Werksstand 7. Aufl. 2023),
- zum englischen Handels- und Wirtschaftsrecht Vogenauer, Englisches Handels- und Wirtschaftsrecht,
- zum chinesischen Zivil- und Wirtschaftsrecht Binding/Pißler/Xu, Chinesisches Zivil- und Wirtschaftsrecht.

IV. Soft Law

910 In internationalen Fällen hat die Gestaltungsfreiheit dazu geführt, dass zahlreiche Organisationen (wie zB UNIDROIT, die IBA) und Industrieverbände Regelwerke geschaffen haben, die vertraglich eingebunden werden können (zB → Rn. 809, 865). S. zu den UNIDROIT Grundregeln für internationale Handelsverträge zB Brödermann UNIDROIT Principles Commentary (2. Aufl. 2023). Grundlegend ist das historisch und rechtsvergleichend breit aufgestellte Werk von Jansen/Zimmermann, Commentaries on European Contract Law, Oxford 2019 (2218 Seiten).

Stichwortverzeichnis

Hinweis: Um den praktischen Nutzen zu erhöhen und jedenfalls den Einstieg zu einer IPR- oder IZVR-Frage sicherzustellen, wurden auch solche Stichworte aufgenommen, die nur zu einem Literaturhinweis führen. Die Zahlen verweisen auf die Randnummern.

Abgasskandal 453
Abkommen
– Begriff 7
– Verhältnis zum innerstaatlichen Recht 7
Abstammung
– eheliche 540
– nichteheliche 544
Abstammungserklärung 545
Abstammungsstatut 540
Abtretung 406
acta jure gestionis 630 f.
s. auch Immunität, Staatenimmunität
acta jure imperii 630 f.
s. auch Immunität, Staatenimmunität
actor sequitor forum rei 647
acquis communautaire 309
Adoption 545, 548 ff.
– deutsch-iranisches Niederlassungsabkommen 548
– internationale Zuständigkeit 736, 781
AEUV (Vertrag über die Arbeitsweise der Europäischen Union) 8
Allgemeine Reisebedingungen 259
Allgemeiner Teil des BGB 340 ff.
allseitige Kollisionsregeln 46
amiable compositeur 867
Anerkennung
– ausländischer Insolvenzverfahren 610
– ausländischer Privatscheidungen 511
– ausländischer Urteile 738 ff., 740 ff., 765 ff., 780 ff.
– der Rechtsfähigkeit ausländischer Gesellschaften 142
– deutscher Urteile im Ausland 762
– gerichtlicher Entscheidungen innerhalb der EU 61c
– von Entscheidungen der Freiwilligen Gerichtsbarkeit 780
– von Entscheidungen in Ehesachen 741, 750
– von Schiedssprüchen 882
– von Unterhaltsentscheidungen 681
Anerkennungsfähigkeit
– von Urteilen (autonomes Recht) 767
– von Urteilen (Europa) 742 ff.
– von Urteilswirkungen 773 ff.
Anerkennungs- und Vollstreckungsausführungsgesetz
s. AVAG
Anerkennungszuständigkeit, internationale 768
Anfechtung
– außerhalb von Insolvenzverfahren 615a
– der Abstammung 543
– durch den Insolvenzverwalter 608 f.
angeglichenes IPR
s. harmonisiertes IPR
Angleichung 162 ff., 174 ff.
– Abgrenzung zum Handeln unter falschem Recht 181
– Abgrenzung zum ordre public 179
– Abgrenzung zur Qualifikation 180
– auf kollisionsrechtlicher Ebene 171, 180
– auf sachrechtlicher Ebene 171 f.
– Prüfungsschritte 175
Anknüpfung 19 ff.
– alternative 35
– Grundsatz der Gerechtigkeit 32
– kumulative 36
– selbstständige 129, 137, 139 f.
– subsidiäre 37
– unselbstständige 129, 134, 138 ff.
– Vorrang des europäischen Unionsrechts 40
Anknüpfungsgegenstand 21 ff., 141
Anknüpfungsleiter 37, 443, 463 ff.
Anknüpfungsmoment
s. Anknüpfungspunkt
Anknüpfungspunkt 20 ff., 31, 33 ff., 162, 196, 220 ff., 294
Anpassung 162, 168, 177
Anpassungsgesetz zur Rom III-VO 514
Anti-Boykott-VO 252
Anti-Suit-Injunctions 644
Apostille 717
Arbeitskampfmaßnahmen 452
Arbeitnehmerschutzrecht/Zwingendes Recht 255
Arbeitsverträge 389, 397
Arbitragestatut 830, 835
ASEAC (ehemals CEAC) 802, 814, 820, 879
Asylanten 218, 544a
Aufbauschema/Generalschema 338
Aufenthalt, gewöhnlicher
s. gewöhnlicher Aufenthalt
Aufenthaltsrecht
s. gewöhnlicher Aufenthalt
Aufrechnung 132 ff., 313a, 409
– im Prozess 670
– in der Insolvenz 607, 613
Ausbürgerung 218
Ausfuhrverbot 226

Auslandsbeurkundung 363
Auslandsbezug 5 f., 18, 140, 274
Auslandsunterhaltsgesetz 757
Auslandszustellung
s. Zustellung
Auslegung
– Auslegungsmethoden 43, 55, 61 ff., 69 ff.
– bei Gesetzesumgehung 221
– der Anwendungsgebote von zwingendem Recht 239 ff.
– im englischen Recht 704
– nach Treu und Glauben 43, 97
– Schuldvertragsrecht 377, 390, 399, 421
– von harmonisiertem IPR 70
– von Übereinkommen 103
– von unionsrechtlichem IPR (Europarecht) 55, 61 ff.
Auswirkungsprinzip 294
Autonomes Kollisionsrecht 6
AVAG 761 f.
– Arrestbefehle 762
– einstweilige Verfügungen 762
– Versäumnisurteile 762
– Vollstreckungsbescheide 762

Bagatellbekanntmachung (Kartellrecht) 295
Bagatellforderungen 724
Bartholo-Fall 101
Beibringungsgrundsatz 720
Beitritt der ehemaligen DDR
s. DDR
Belegenheitsort, Recht des 33, 246, 479
Belegenheitsstaat 479, 484
Berufen (Begriff) 6
Besitz 482
Betreuung/Unterbringung
– anwendbares Recht 551 ff.
– internationale Zuständigkeit 735
Besonderer Teil 339
Beurkundung im Ausland 142, 361 f.
Beweis
– Beweisaufnahme (im Ausland) 702, 712 ff.
– Beweis im Schiedsverfahren 786, 859
– Beweislast (IPR) 403, 704
Bigamie 146
Bilateral Investment Treaty 87 ff., 571, 589, 826,
Billigkeitsentscheidung im Schiedsrecht 786, 867 f., 878
Blockchain 414a
Blocking-VO 252
Borax-Fall 268
Bretton Woods Übereinkommen 228 ff., 705
BREXIT 67, 582, 638, 669, 678, 693 ff., 706, 710, 713, 722, 746, 755, 759
Brüssel IIb-VO (Europäische Verordnung über die Zuständigkeit, die Anerkennung und Vollstreckung von Entscheidungen in Ehesachen und in Verfahren betreffend die elterliche Verantwortung und über internationale Kindesentführungen) 680, 682, 697, 699, 728

Cartesio 574, 581
Centros 569, 575
CFR
s. Gemeinsamer Referenzrahmen
Charakteristische Leistung 14, 389
Chilenischer Kupferfall 491
CIEC-Übereinkommen (betreffend) 310
– Anerkenntnis nichtehelicher Kinder 544a
– Änderung von Namen 210, 364
– Eheschließung 495
– Feststellung der Abstammung 538
CIETAC 806, 818, 873
CISG 279 ff., 304 f., 328
– Aufrechnung 409
– Auslegung 283 ff.
– Einbeziehung von AGB 288a, 388
– ergänzendes Vertragsstatut 289
– Haftungsrisiko bei Unkenntnis 288
– Literatur 290, 903
– Quelle des deutschen Schuldrechts 287
– Vergleich zum autonomen deutschen Kaufrecht 287
– Vertragsstaaten 280
– Vorbehalt 48, 286
– Vorrang vor IPR 280 ff., 378
– Wirksamkeit von Gerichtsstandsvereinbarungen 382, 655
Claims Resolution Tribunal 825
CMR 277, 289, 328, 378, 422, 640, 758, 796
Comité Maritime Internationale 310
Culpa in contrahendo 92, 472 ff.

Daily Mail-Entscheidung 574, 581
Datenschutzgrundverordnung
s. DSGVO
Datumslehre 270
DDR
– Beitritt zur Bundesrepublik 190, 203
– Hypothekenrecht 190
– interlokales Recht 203
– intertemporale Folgen 190
Deutsch-Amerikanischer Freundschafts-, Handels- und Schifffahrtsvertrag 588, 705, 778
Deliktsfähigkeit 141, 342
Deliktsrecht 243a, 267, 432 ff.
– Anknüpfungsregeln der Rom II-VO 435 ff.
– Anwendungsbereich des Deliktsstatuts 432, 436
Dépeçage 141
Deutsche Sprache (Unkenntnis)
s. Sprache

Deutsche Gerichtsbarkeit 620 ff.
Deutsche Institution für Schiedsgerichtsbarkeit (DIS) 802, 813, 821
Deutsch-Iranisches Niederlassungsabkommen 151, 495, 499, 503, 509, 520, 539, 545, 548, 551, 735
Devisenausfuhrverbot 226
Devisenkontrakt 228 f.
Devisenrecht, internationales 226 ff.
Dienstleistungsfreiheit
- Auswirkung auf Art. 5 I Satz 2 EGBGB 212
- im internationalen Gesellschaftsrecht 569 ff.
- Prozesskostensicherheit 706
Dingliche Rechte 14, 246, 359, 389, 479 ff., 607, 660
Dingliche Verträge 356
DIS (Schiedsgerichtsbarkeit)
  s. Deutsche Institution für Schiedsgerichtsbarkeit
Distanzdelikte 442, 650
Distanzgeschäft 350, 356, 363
Distributed Ledger Technology 414a
DLT
  s. Distributed Ledger Technology
Doppelstaater
  s. Mehrstaater
Draft Common Frame of Reference (DCFR) 63a, 325
Drittstaatensachverhalt (EuGVVO) 642
DSGVO 251

EBV 447, 482
ECE
- Schiedsordnung 812, 863
- Einheitsrecht 310
E-commerce-Richtlinie 72, 412, 460
effektive Staatsangehörigkeit 207, 211, 214
effektiver Verwaltungssitz 573 ff.
effet utile (als Auslegungsmethode) 55, 63, 97, 106, 238a, 240b, 329, 421, 576, 748
EG-Gerichtsstands- und Vollstreckungsübereinkommen
  s. EuGVÜ
EG Schuldrechtsübereinkommen (= EVÜ)
  s. Europäisches Schuldrechtsübereinkommen
EG-Insolvenzübereinkommen 614
EG-Prozesskostenhilferichtlinie 722
EG-Prozesskostenhilfegesetz 722
EG-Verordnung über das auf vertragliche Schulverhältnisse anzuwendende Recht
  s. Rom I VO
EG-Verordnung über das auf außervertragliche Schuldverhältnisse anzuwendende Recht
  s. Rom II VO
EG-Verordnung über die Zusammenarbeit zwischen den Gerichten der Mitgliedstaaten auf dem Gebiet der Beweisaufnahme in Zivil- oder Handelssachen
  s. EuBVO
EG-Verordnung über die Zuständigkeit und das anwendbare Recht in Unterhaltssachen, die Anerkennung und Vollstreckung von Unterhaltsentscheidungen und die Zusammenarbeit im Bereich der Unterhaltspflichten
  s. EuUnthVO
EG-Verordnung über die Zuständigkeit und die Anerkennung und Vollstreckung von Entscheidungen in Ehesachen und in Verfahren betreffend die elterliche Verantwortung
  s. EuEheVO II
EG-Verordnung zur Einführung eines europäischen Verfahrens für geringfügige Forderungen
  s. EuBagatellVO
EG-Verordnung zur Einführung eines Europäischen Vollstreckungstitels für unbestrittene Forderungen
  s. EuVTVO
EG-Vollstreckungstitel-Durchführungsgesetz 751
Ehe 135 ff., 494 ff.
- Einehe 170 f.
  s. auch Polygamie
ehelicher Güterstand 486 ff.
eheliches Güterrecht 164, 486 ff.
Ehegattenunterhalt (nach Scheidung) 127, 509, 517, 530
Eherecht 494 ff.
  s. auch internationale Zuständigkeit
Ehescheidung 509 ff.
Eheschließung 495 ff.
- Formwirksamkeit 497
Ehewirkungen 499 ff.
Ehewirkungsstatut
- Anknüpfung 500 ff.
- Form der Wahl 349 ff.
- Rechtsquellen 499
Ehewohnung 257, 502, 504
Eindeutschungserklärung 371
Eigentumsvermutung 492
Eigentumsvorbehalt 480, 485, 607
eingetragene Lebenspartnerschaft 531 ff.
Eingriffskondiktion 465 f.
Eingriffsnormen
- ausländische/fremde 265 ff.
- Definition in Rom I-VO 236 ff.
- des angerufenen Gerichts 237
- Unionsrecht als Eingriffsnorm 298
- Zweck 225
Einheitliche Auslegung (Schuldvertragsrecht)

s. Auslegung
Einheitliches Kaufrecht 282 ff.
s. auch Wiener Kaufrechtsübereinkommen
Einheitliches Sachrecht
– Abstammung nichtehelicher Kinder 538
– Adoption 550
– Beförderungsvertrag 277
– erarbeitende Organisationen 310
– EU-Sachrecht 291 ff.
– mit eigenen Rechtsanwendungsnormen 276 ff.
– nach Anwendung von IPR 303 ff.
– ohne eigene Rechtsanwendungsnormen 307
– staatsvertraglich vereinheitlichtes Sachrecht 276 ff.
– Vorrang vor IPR 277 ff.
– zur Kernenergie 433
Einheitsprivatrecht 274 ff.
s. auch einheitliches Sachrecht
Einheitsrecht
– Auslegung 283 ff.
s. auch. einheitliches Sachrecht
Einrede
– der Rechtshängigkeit 644, 701, 775
– der Schiedsgerichtsbarkeit 777, 840
– im Anerkenntnis- und Vollstreckungsverfahren 819, 883
Einstweiliger Rechtsschutz 672, 698, 725, 749, 762
– im Schiedsverfahren 819, 863
Eisenbahnverkehr 278, 378, 478
engste Verbindung
– als Grundprinzip 32
– bei Mehrstaatern 207
– im Erbrecht 560
– im interlokalen Privatrecht 196
Enteignung 490 f.
Entscheidungseinklang
– internationaler
s. dort
– interner 139
Entscheidungsrecht 274
E-Privacy-VO 442
Erbausgleich, vorzeitiger 566
Erbfähigkeit 342
Erbrecht
– Angleichung 164 ff.
– Anknüpfungsregeln 556 ff.
– Rechtsquellen 555
Erbschein 732 ff.
– Europäisches Nachlasszeugnis (ENZ) 565a
– Vergleich zum schwedischen Recht 177
Erbstatut
– Begriff 23
– Kollision mit Güterrechtsstatut 164 ff.
s. Erbrecht
Erbvertrag 560, 565
– Beurkundung im Ausland 564
– Form 355, 555
Erfolgsort 440, 442, 444, 449, 456 ff., 651
Erfüllung
– Art und Weise (Art. 12 II Rom I-VO) 243, 400
– Erfüllungsanspruch (Klagbarkeit) 704
– Erfüllungsort (Auslegung) 239 ff.
– Erfüllungsort (Gerichtsstand) 635, 648, 665 ff.
Ermittlung fremden Rechts 718 ff.
- Beibringungsgrundsatz 720
– Praktische Tipps 907
- von Amts wegen 718
Ersatzrecht 156, 161, 212
Erstattungsansprüche öffentlicher Einrichtungen 530
Erstfrage 128 ff., 513
EuGFVO (EG-Verordnung zur Einführung eines europäischen Verfahrens für geringfügige Forderungen) 724
EuBVO (EG-Verordnung über die Zusammenarbeit zwischen den Gerichten der Mitgliedstaaten auf dem Gebiet der Beweisaufnahme in Zivil- oder Handelssachen) 712
EuKtPfVO (Europäische Verordnung zur Einführung eines Verfahrens für einen Europäischen Beschluss zur vorläufigen Kontenpfändung im Hinblick auf die Erleichterung der grenzüberschreitenden Eintreibung von Forderungen in Zivil- und Handelssachen) 753
EuMVVO (Europäische Verordnung zur Einführung eines Europäischen Mahnverfahrens) 673
Europäischer Gesetzgeber 8, 12, 54
EuUnthVO (EG-Verordnung über die Zuständigkeit und das anwendbare Recht in Unterhaltssachen, die Anerkennung und Vollstreckung von Unterhaltsentscheidungen und die Zusammenarbeit im Bereich der Unterhaltspflichten) 530, 681, 752
EuVTVO (EG-Verordnung zur Einführung eines Europäischen Vollstreckungstitels für unbestrittene Forderungen) 751
EuGH, Auslegungszuständigkeit 658
EuGVVO (= Verordnung) 638
EuGVÜ (= Übereinkommen) 638
Europäische Insolvenzverordnung 605 ff.
Europäisches Nachlasszeugnis
s. ENZ
Europäischer Wirtschaftsraum
s. EWR-Vertrag
Europäisches Unionsrecht
– Abgrenzung zum ausländischen Recht von Drittstaaten 301

– Grundsatz der Unionstreue 40, 61
– Grenzen des Vorrangs 299 f.
– Kartellrecht 292 ff.
– Vorrang des unionsrechtlichen IPR 56 f., 298
– des unionsrechtlichen IZVR 619
s. auch Konformitätsgebot
Europäisches Schuldvertragsrechtsübereinkommen (EVÜ)
– als IPR unionsrechtlichen Ursprungs 383
– Auslegung 61b, 383
– Brexit 67
– Dänemark 66, 355
– Nichtanwendung 45
– Umsetzung in deutsches Recht 383
Europäisches Übereinkommen/Adoption 550
Europäische wirtschaftliche Interessenvereinigung
s. EWIV-Verordnung
Europarecht
– Auslegung 55
– IPR 28, 584
– Vorrang 56 f.
s. auch EU-Vertrag, Europäisches Unionsrecht, harmonisiertes IPR, IPR unionsrechtlichen Ursprungs, unionsrechtliches IPR, Grundfreiheiten
Europäisches Vertragsrecht 326
EU-Recht
s. EU-Vertrag, Europäisches Unionsrecht, harmonisiertes IPR, IPR unionsrechtlichen Ursprungs, unionsrechtliches IPR, Grundfreiheiten
EU-Sachrecht 291 ff.
EuUnthVO
s. Verordnung über die Zuständigkeit und das anwendbare Recht in Unterhaltssachen, die Anerkennung und Vollstreckung von Unterhaltsentscheidungen und die Zusammenarbeit im Bereich der Unterhaltspflichten
EU-Verordnungen, Anwendbarkeit der 306
EU-Vertrag 8
– Grundfreiheiten 291
– Vorrang vor Verordnungsrecht 298
EVÜ
s. Europäisches Schuldvertragsrechtsübereinkommen
EWIV-Verordnung 64, 204, 579 f.
EWR-Vertrag 309, 569 ff.
– acquis communautaire 309
– Gesellschaftsrecht 569 ff.
Exequaturverfahren
– für Schiedssprüche 893
– für staatliche Urteile 739

Familienrecht 493 ff.
– intertemporales 185
favor negotii 356
Feststellungsklage (über Anerkennungsfähigkeit) 749
Flüchtlinge
– ehelicher Güterstand 503
– Rechtsstellung 218, 347, 544a
Forderungen
– EuGFVO 724, 754
– Forderungsstatut 400, 481
Forderungsübergang, gesetzlicher 407, 430, 447
Foreign Court Theory 122
Form 355 ff.
– Auslandsbeurkundungen 361 f.
– Distanzgeschäfte 356
– Eheschließung 355, 497
– Grundstückskauf 361 f.
– Rechtsgeschäfte 356 f.
– Testamente 355, 555, 561
– Verbraucherverträge 356
forum non conveniens 699
Forum shopping 700
fraus legis 220
Frachtvertrag
s. CMR
Freiwillige Gerichtsbarkeit 726 ff., 780 ff.
– Anerkennung und Vollstreckung 780 ff.
– Zuständigkeit 726 ff.
Fremdes Recht
– Ermittlungspflicht 718 ff., 877
– ordre public 179
– praktische Tipps zur Ermittlung 907 ff.
– Revisibilität 719
s. auch zwingendes Recht

Gebot der Unionsrechtskonformität
s. Konformitätsgebot
Gebrauchsort, Recht des 350
Gegenseitigkeit, Prinzip der 44 ff.
gegenständlich beschränktes Insolvenzverfahren 612
Geldschulden 414
Gesamtschuldnerausgleich 401, 408
Gemeinsamer Markt 293 f.
Gemeinsamer Referenzrahmen 63a, 325
s. auch Draft Common Frame of Reference (DCFR)
gemeinschaftliches Testament 565
Genfer Abkommen/Übereinkommen
– Handelsschiedsgerichtsbarkeit 795
– Luftfahrzeuge 478
– Rechtsstellung von Flüchtlingen 20
– Scheckrecht 307
– Wechselrecht 307
Gerechtigkeit
– Grundsatz im IPR 32
– Vorstellungen 144
Gerichtsbarkeit, deutsche 620 ff.

Gerichtssprache 723
Gerichtsstände
– autonomes Recht 683 ff.
– EuGVVO/Luganer Übereinkommen 638 ff.
Gerichtsstandsklausel
_ Bedeutung 617
Gerichtsstandsvereinbarung 280, 288a, 382, 642, 645, 653 ff., 696
Gesamtverweisung 102 ff.
– Ausnahmen 116, 118
– Begriff 102, 108
– Folge für Qualifikation 123 ff.
– Grundsatz 108 ff.
Gesamtvollstreckungsrecht
s. Insolvenzrecht
Geschäftsfähigkeit 15 ff., 78, 141, 189, 340 ff.
– Auswirkungen des unionsrechtlichen Konformitätsgebots 212
Geschäftsführung ohne Auftrag 468 ff.
Geschäftsführung, Ort der Vornahme 470
Geschäftsgrundlage 270
Geschäftsstatut 342, 349, 353a
Geschichte des IPR 78
Gesellschaftsrecht 567 ff.
– Anerkennung von ausländischen Gesellschaften 598
– Bedeutung des EU-Rechts 569, 574 ff.
– Bedeutung des EWR-Vertrags 569, 574 ff.
– Bedeutung von Staatsverträgen 570 f., 587 ff.
– Einheitslehre 567
– Rechtsfähigkeit 341, 567, 595, 598, 723
– renvoi 576, 593, 597
Gesellschaftsstatut
– Bestimmung 567 ff.
– Namensrecht 364
– Organschaftliche Stellvertretung 349
– Rechtsfähigkeit 341
Gesetz zum internationalen Familienrecht (IntFamRVG) 682
Gesetzesumgehung 220 ff.
gesetzliche Schuldverhältnisse 430 ff.
gesetzliche Sicherungsrechte 481, 492
gesetzliche Vermutungen
– im IPR (Deliktsrecht) 447
– im IPR (Schuldrecht) 383, 403
gesetzliche Vormundschaft/Pflegschaft 551 ff.
gesetzlicher Forderungsübergang 407, 430, 447
gesonderte Anknüpfung 260
Gewährleistung
s. Mängelrüge
gewöhnlicher Aufenthalt
– Bedeutung als Anknüpfungspunkt im Unionsrecht 25, 33, 38
– Ehewirkungen (Rechtswahl) 500
– Form von Rechtsgeschäften 356
– Geschäftsfähigkeit 17, 189, 341
– Gesetzesumgehung 220
– Güterrecht 84, 506
– in der EuErbVO 187, 557 ff.
– in der Rom I-VO 14, 313b, 389 ff., 404
– in der Rom II-VO 440 ff.
– Kindschaftsrecht 540 ff.
– Literatur 40a
– Mehrrechtsstaaten 191 ff.
– Mehrstaater 207 ff.
– Namensrecht 365 ff.
– Staatenlose 216 f.
– Unterhaltsrecht 9, 20, 103, 127, 524 ff.
– Scheidung 514 f.
– Vollmachtsstatut 350 f.
– Vormundschaft 553
– Zuständigkeit 728, 733 f.
– Zwingendes Verbraucherrecht 255, 260
Gleichgeschlechtliche Ehe 531 ff.
Gleichlauf
– der berufenen Rechtsordnungen 489
– im ESÜ 554
– im KSÜ 541
– im MSA 542
– zwischen Güter- und Ehewirkungsstatut 507
Gran Canaria-Fälle 299
Green List (Schiedsverfahrensrecht) 851
Grundbuchsachen (Zuständigkeit) 736
Grundfreiheiten
– Gesellschaftsrecht 569, 572, 575 ff.
– im EWR-Vertrag 309, 569
– im Vertrag über die Arbeitsweise der Europäische Union (AEUV) 40, 291
– Konformitätsgebot 40, 212
– ordre public 161
Grundgesetz 496
– Auswirkung seiner Werteordnung 39
s. auch Grundrechte
Grundpfandrechte 492
Grundrechte/ordre public 39, 144, 161
Grundsatz der engsten Verbindung 198, 201
Grundregeln des europäischen Vertragsrechts 323
Grundsatz der Gerechtigkeit im IPR 32
Grundsatz der Unionstreue und IPR 40, 61
Grundsatz der Gesamtverweisung
s. Gesamtverweisung
Grundsatz wohlerworbener Rechte 218, 480
Grundstückimmissionen 489
Gründungsrecht 573 ff.
Gründungstheorie 573 ff.
– eingeschränkte 600
Günstigkeitsprinzip
– Abstammung 540
– bei Anerkennung und Vollstreckung von Urteilen 619, 760
– bei Formwirksamkeit der Verträge 356, 360

– Im Verbraucherrecht 393
– zum Schiedsrecht
s. Meistbegünstigung
Günstigkeitsvergleich (Verbraucher- und Arbeitnehmerschutz) 397, 411
Güterrechtsstatut
– Bestimmung 503 ff.
– Kollision mit Erbstatut 164 ff.
– Qualifikation 164 ff.
– Rechtswahl 355, 506
– Vertriebene 503
– von Flüchtlingen 503
Güterstand, ehelicher 503 ff.
Güterstatut
s. Güterrechtsstatut
Güterverkehrsübereinkommen (CMR)
s. CMR

Haager Abkommen/Übereinkommen 311, 901, 904
– Adoption (HAdoptÜ) 549 f., 781
– Anerkennung und Vollstreckung (HAVÜ) 755, 766
– Angleichung 169 ff.
– Beweisaufnahme im Ausland (HBÜ) 713 f.
– Erwachsenenschutz (ESÜ) 551, 554 f.
– Kindesentführung (HKÜ) 191 ff., 544, 729 ff., 737
– Gerichtsstandsvereinbarungen (HGÜ) 336, 654, 678 f., 693, 756, 766
– Form letztwilliger Verfügungen (HTestformÜ) 33, 35, 355, 555
– internationale Kaufverträge über bewegliche Sachen (1955) 60, 380, 675
– Kindesschutz (KSÜ) 346, 539 ff., 551, 729 f., 735
– Legalisation 717
– loi uniforme 46
– Minderjährigenschutz (MSA) 539, 542, 551, 554a, 727 ff., 781
– ordre public 146
– Stellvertretung 183c, 351
– Straßenverkehrsunfälle (HStVÜ) 434
– Unterhaltsübereinkommen (HUntÜ 1956) 185, 520, 757
– Unterhaltsübereinkommen (HUntÜ 1973) 185, 520, 528 f., 757, 760
– Zivilprozess (HZPÜ) 708, 713, 722, 758
– Zustellung (HZÜ) 709 ff.
Haager interlokalrechtliche Formel 192, 194
Haager Konferenzen 311, 755, 904
– Beitritt der EU 311
– Kollisionsrechtsvereinheitlichung 311
Haager Programm 31b, 61c, 63a, 240b, 430
Haager Protokoll über das auf Unterhaltspflichten anzuwendende Recht (HUP 2007) 9, 47, 82, 127 ff., 145 f., 170 ff., 185, 202, 509, 517, 520 ff., 533, 543, 752, 757
Hamburger Freundschaftliche Arbitrage 816 f., 823, 833, 848
Handeln unter falschem Recht 181, 222
Handelsbräuche 867, 881
s. auch INCOTERMS
Handelssachenvorbehalt (im UNÜ) 797
Handlungsort 440, 446, 456, 458, 460, 651
Handlungsstatut 24
Harmonisiertes IPR 60, 70 ff., 97, 117, 253, 258
Hauptfrage 128 ff.
Hauptvertragsstatut (im Schiedsrecht) 867 ff.
Hauptverwaltung 14, 25, 89, 391, 404, 448, 574, 584, 592 f., 603
Heimatrecht
– bei Eheschließung 36, 496
– im Erbrecht 557
– im Unterhaltsrecht 524
– für die Rechts- und Geschäftsfähigkeit 341
Herkunftslandprinzip 460
Hinnahmetheorie 483
Holocaust (Schiedsgericht) 825
Hypotheken 87, 190, 203, 483
– innerdeutsches Kollisionsrecht 190, 203

IBA Guidelines on Conflicts of Interest in International Arbitration 818, 851
IBA Rules of Ethics for International Arbitration 851
IBA Rules of Taking Evidence in International Commercial Arbitration 809, 859
ICC-Verfahren 802, 813, 819, 839, 859, 863, 865
– Kompetenz-Kompetenz 839
– Mehrparteienschiedsverfahren 865
ICSID 826, 897
Immaterialgüterrechte 437, 439
Immunitäten
– im Erkenntnisverfahren 620 ff.
– im Vollstreckungsverfahren 778
– Staatenimmunität 627 ff.
– staatlicher Repräsentanten 621 ff.
– von internationalen Organisationen 632
– von Staatsunternehmen 633
Implied terms of contract 852
INCOTERMS 314, 878
Indonesischer Tabakfall 491
Inlandsfall 642
Innerdeutsches Kollisionsrecht 190, 203
– Hypothekenrecht 190, 203
– Insolvenzrecht 606
Insolvenzrecht 605 ff.
Insolvenzverfahren, gegenständlich beschränktes 612
Insolvenzverordnung (Europäische) 605 ff.
Insolvenzverwalter 613
Inspire Art 569, 575
Institut de Droit International 310

Inter-American Convention on the Law applicable to International Contracts 311
Interlokales Kollisionsrecht
s. interlokales Recht
Interlokales Privatrecht
s. interlokales Recht
Interlokales Recht 191 ff.
s. auch innerdeutsches Kollisionsrecht
IntFamRVG
s. Gesetz zum internationalen Familienrecht
International Commission on Holocaust Era Insurance Claims 825
Internationales Datenprivatrecht 251
Internationale Handelskammer 310, 314, 802, 813, 839
s. auch ICC-Verfahren
Internationale Zuständigkeit 635 ff.
– Adoptionsverfahren 736
– autonomes Recht 683 ff.
– Betreuungssachen 735
– Ehesachen 680
– Familiensachen 680
– Faustregel 684
– Grundbuchsachen 736
– Insolvenzverfahren 609a
– Minderjährigenschutz 727 ff.
– Nachlasssachen 732 ff.
– Unterhaltssachen 681
– Vormundschaftssachen 735
Internationaler Entscheidungseinklang
– Auswirkung auf Verweisung 117 f., 121
– Auswirkung auf Vorfragenanknüpfung 129 ff.
– Im völkerrechtlichen IPR 103
– und einheitliches Kollisionsrecht 7
Internationales Privatrecht
– Aufbauschema 338, 899
– Begriff 6, 29
– Funktion 28
– Geschichte 78
– und Zivilrechtsvereinheitlichung 323 ff.
– Verhältnis zum einheitlichen Sachrecht 274 ff.
– Verhältnis zum Europarecht 291 ff.
– Verhältnis zum Völkerrecht 52
Internationales Zivilverfahrensrecht 617 ff.
Internet
– Deliktsrecht 442, 458, 460, 651
– Kauf im 255, 648
Interpersonales Recht 202
Intertemporales Recht 185 ff.
– autonomes Recht 189
s. auch innerdeutsches Kollisionsrecht
Interventionsklage 791
Investitionsschutzabkommen 87 ff., 571, 589 ff., 826
IPR, ausländisches 107 ff., 331, 908
s. auch Gesamtverweisung
IPR unionsrechtlichen Ursprungs 70 ff.
– Auslegung 383
– Qualifikation 96
s. auch harmonisiertes IPR
IPR, unionsrechtliches
s. unionsrechtliches IPR
IPR, staatsvertragliches
s. völkervertragliches IPR
IPR, völkervertragliches
s. völkervertragliches IPR
Iran-US Claims Tribunal 825
Iraq-Claims Tribunal 825
Irrevisibilität ausländischen Rechts 719
Istanbuler CIEC-Übereinkommen/ Änderung von Namen 210, 364
Iura novit curia 718, 720, 877

Juristische Personen
s. Gesellschaftsrecht, Gesellschaftsstatut
Justizgewährungsanspruch 721
Justizkonflikt 714

Kapitalanlegerschutz 85 ff.
Kartellrecht
– europäisches 241, 292 ff., 449 f., 453,
– im Schiedsverfahren 840, 876
Kaufrecht, Internationales
s. CISG, Schuldvertragsrecht
Kernenergie 433, 826
Kindesannahme 549 f., 736
Kindesentführung 191 ff., 544, 682, 729, 737
Kindesschutz 539, 542, 727 ff.
Kindesunterhalt 520 ff.
Kindschaft, eheliche 537 ff.
Kindschaft, nichteheliche
s. nichteheliche Kinder
Kindschaftsrecht 357, 537 ff.
Kollisionsnormen
– allseitige 13
– Begriff 6
– einseitige 480, 502
Kollisionsrecht
– autonomes (Begriff) 6
– einheitliches 7, 307
– innerdeutsches
s. dort
– öffentliches 271
– vereinheitlichtes 276
– völkervertragliches
s. dort
Kollisionsrechtlicher Verweisungsvertrag (im Schuldvertragsrecht) 388
Kollisionsrechtsvereinheitlichung 311
Kompetenz-Kompetenz 839
Konformitätsgebot (unionsrechtliches)
– Ableitung 40

– Anknüpfung 40
– Geschäftsfähigkeit 212
– IZVR 696, 702, 706
– Prozesskostensicherheit 706
Konkursrecht
s. Insolvenzrecht
Konsulartestamente 564
Konsularverträge 495
Kontenpfändung 753
Konzernkollisionsrecht 602
Krankenversicherung
– zwingendes Recht 396
Kulturgüterrückgabegesetz 477

Legalisation 716 f.
Legitimation 546 f.
Leistungskondiktion 465 f.
lex causae
– Begriff 99
– Qualifikation 99
– Vorfrage 129, 131, 140
lex causae-Anknüpfung 129, 131, 140
lex causae-Theorie 99
lex fori
– Begriff 77
– Eingriffsnorm 235 f., 405
– Familienrecht 513, 516, 524, 526, 529, 561
– Grundsatz (im IZVR) 702, 704 f., 856
– Qualifikation 82 f., 95, 97
– Vorfrage 129, 137, 140
– Wirksamkeit von Gerichtsstandsklauseln 654, 696
lex fori-Anknüpfung 129, 137, 140
lex fori concursus 607 ff.
lex fori-Theorie 99
lex loci actus 356, 358
lex loci damni 440
lex loci delicti 456
lex loci protectionis 451
lex mercatoria 313a, 878
lex rei sitae
– Begriff 24, 479
– Sachenrecht 222, 476 ff.
– Teilrechtsordnung 201
– Verträge über dingliche Rechte 246
loi uniforme
– Begriff 13, 46, 53
– Haager Unterhaltsübereinkommen (1973) 47, 521
– New Yorker Übereinkommen (Staatenlose) 216
– Rom I, II 46, 66 f., 119
– Straßenverkehrsunfälle (Übereinkommen) 434
Luftfahrzeuge 478
Luganer Übereinkommen 676 f.

Mängelgewährleistung 279
Mängelrüge (im UN-Kaufrecht) 305
Mahnverfahren, internationales 673
Marktaufteilungsklausel 297
Mediation 792
Mehrfachanknüpfung 34 ff.
Mehrparteienschiedsverfahren 865
Mehrrechtsstaaten 191 ff.
Mehrstaater 206 ff.
Meistbegünstigung
– bei der Anerkennung und Vollstreckung von Urteilen
s. Günstigkeitsprinzip
– im Schiedsrecht 795, 799 f., 828, 884, 889
Mieterschutz/Zwingendes Recht 235, 237
Mobiliarsicherheiten 488
MoMiG 593
Morgengabe 81 ff., 502, 504
Mosaikprinzip 442, 458

nachehelicher Unterhalt 127, 509, 517, 530
Nachlassspaltung 558
Nachlassverfahren, internationales 732 ff., 737
Näheprinzip 32
– im Schuldrecht 389
Namenserteilung 545
Namensrecht 364 ff.
Neugründung (bei Sitzverlegung) 595
New Yorker Übereinkommen/Staatenlose (1954) 216 f.
nichteheliche Kinder 544 f.
– Abstammung 538
– Legitimation 546
nichteheliche Lebensgemeinschaft 534
Niederlassungsfreiheit 578a, 581 ff., 661
Normenhäufung 165, 171
Normenmangel 165, 176
s. auch Angleichung, Normenwiderspruch
Normenwiderspruch 162, 165, 174 ff.
– durch Normendiskrepanz 177
– durch Normenhäufung 165
– durch Normenmangel 165
Notarielle Beurkundung
– Ehescheidung 514
– fremdes Recht 189
– Grundstücksgeschäfte 361 f.
– Namensrecht 365, 374
– Substitution 142
Nottebohm-Fall 214

Off-shore Windparks 492
Öffentliches Kollisionsrecht 271
optionales Instrument (GRR/CFR) 326
Orange List (Schiedsverfahrensrecht) 851
ordre public 144 ff.
– Abgrenzung zur Angleichung 179
– Begriff 144
– bei der Anerkennung und Vollstreckung 741 ff., 767 ff.

– bei der Anerkennung von Enteignungen 491
– Eheschließung 496
– Gesetzesumgehung 221
– Grundfreiheiten 161
– Grundrechte 161
– im autonomen IPR 150 ff.
– im völkervertraglichen IPR 145 f.
– im unionsrechtlichen IPR 147 ff.
– Relativität 144
– Schiedssprüche 840, 885, 897
organschaftliche Stellvertretung 349
Ort der Belegenheit
s. Belegenheitsort

Parteiautonomie
s. Rechtswahl
Patentrechte 433
Pauschalreiseverträge 258, 392, 393a, 413a
PECL 323, 325
Personalstatut
– Begriff 22
– Staatenloser 216 ff.
– von Doppel- und Mehrstaatern 206 ff.
– von Gesellschaften 592
Personengesellschaften 567 ff.
Persönlichkeitsverletzung 432, 436, 441 f., 455 ff., 465, 470
Pflegschaft 551 ff.
Pflichtversicherungsverträge 258, 393a, 413a
Pflichtteil 160, 186 ff., 559
Platzgeschäfte 356
Polygamie 144 f.
– Angleichung 170 ff.
– ordre public 144
Pre-trial discovery 714
Principles of European Contract Law
s. PECL
Principles of International Commercial Contracts
s. Unidroit Principles
Prinzip der engsten Verbindung 32
Prinzip der Gegenseitigkeit 46
Produkthaftung 308, 439, 443
– Anknüpfungsleiter 443
– Ausweichklausel 443
– Produkthaftungsgesetz 308
– Vorsehbarkeitsklausel 443
Prospekthaftung 651
Prozesskostenhilfe (für Ausländer) 721 f.
Prozesskostensicherheit 706, 722
– und unionsrechtliches Konformitätsgebot 706
Prozessvoraussetzungen 618 ff.
Prüfungsschemata
– Angleichung 175
– anwendbares IPR 306
– für die Bearbeitung eines Falles mit Auslandsbezug 899
– für die Prüfung der Rom I-VO 417 ff., 421 ff.
– internationale Zuständigkeit nach autonomem Recht 686 f.
– internationale Zuständigkeit nach Brüssel Ia-VO/LugÜ 640 ff., 677
– IPR (großes Schema) 338
– Qualifikation 97, 125
– renvoi 120
– Teilrechtsordnungsbestimmung 201
Punitive Damages 147 ff., 459, 765 ff.

Qualifikation 80 ff.
– Abgrenzung zur Angleichung 180
– Begriff 80
– der Morgengabe 81 ff.
– fremder Rechtsinstitute 81 ff.
– Geschichte 100
– im autonomen IPR 95
– im völkervertraglichen IPR 85 ff.
– Klagbarkeit von Erfüllungsansprüchen 704 f.
– nach der lex causae 99
– nach der lex fori 83, 95, 97
– prozessrechtliche 704 f.
– Prüfungsschema 97
– rechtsvergleichende 99
– renvoi 97, 123 ff.
– Verjährung 400, 704 f.
Qualifikations(rück)verweisung 124

Ratifikation 49, 276, 797, 902
Realstatut 24
Rechtsangleichung (Gesellschaftsrecht) 585
Rechtsanwendungsnormen 274, 276 ff., 306
Rechtsfähigkeit
– juristischer Personen 341, 567 ff.
– natürlicher Personen 340 ff.
Rechtsgeschichte
– IPR 78
– Schiedsrecht 803
Rechtshängigkeit, Einrede der 644, 701, 775
Rechtshilfe, internationale 702, 707 ff., 719
Rechtskraftwirkung (ausländischer Urteile) 773 f.
Rechtsvergleichung 50, 63a, 596, 704, 804, 852
– Auslegung von unionsrechtlichem IPR 65
– Fundstellen zum fremden Recht 907
– Qualifikation 99
– renvoi 122
Rechtswahl
– Grenzen durch zwingendes Recht 226 ff.
– im Deliktsrecht 437 f., 455
– im Eherecht 500, 506 f., 514
– im Einheitskaufrecht 281, 288
– im Erbrecht 557
– im Namensrecht 365

– im Sachenrecht 486
– im Schuldvertragsrecht 386 ff.
– im Vollmachtsrecht 349
– kollisionsrechtlicher Verweisungsvertrag 388
– renvoi 116, 118
– Sachnormverweisung 116, 118
– stillschweigende 386, 437
– von allgemeinen Rechtsprinzipien 878
– von internationalem Recht 878
– Wahl der lex mercatoria 878
– Wahl des Hauptvertragsstatuts 841, 867 ff.
– Wahl des Verfahrensrechts 856 ff.
s. auch Unidroit Principles
Red List (Schiedsverfahrensrecht) 851
Registrierte Partnerschaft 532, 534
Reiseverträge
s. Pauschalreisen
renvoi 102 ff.
– Ausschluss im Gesellschaftsrecht 576
– Ausschluss im Vollmachtsrecht 350
– Begriff 115
– kraft anderer Qualifikation 123 ff.
– Prüfungsschritte 120
– Unbeachtlichkeit 110 f.
s. auch Rückverweisung
res in transitu 487
Revisibilität
s. Irreversibilität ausländischen Rechts
révision au fond 744, 767, 883, 897
Richtlinien (EU)
– e-commerce 72, 412, 460
– Produkthaftung 308
– Verbraucherverträge 255
– Versicherungsrecht 394
Richtlinienkonform 70, 96, 262
Rom I-VO (EG-Verordnung über das auf vertragliche Schulverhältnisse anzuwendende Recht) 12
– als loi uniforme 46
– Anwendungsbereich 385
– Auslegung 61 ff.
– Dänemark 66
– Eingriffsnorm 234 ff.
– Erfüllungsort 239 ff.
– Stellvertretung 348
– Wahl internationaler Grundsätze 312 ff.
s. auch Schuldvertragsrecht
Rom II-VO (EG-Verordnung über das auf außervertragliche Schuldverhältnisse anzuwendende Recht) 430 ff.
– Eingriffsnorm 234 ff.
Römisches CIEC-Übereinkommen (Behördenzuständigkeit) 544a
Rückverweisung 107 ff.
– hypothetische 122
– versteckte 122
s. auch renvoi

Sachenrecht, Internationales 476 ff.
Sachnormverweisung 102 ff.
– aufgrund des Verweisungssinns 118
– ausdrückliche 350
– Begriff 102
– im auf Völkerrecht basierenden nationalen IPR 117
– im Schuldvertragsrecht 421
– im unionsrechtlichen IPR 105 f.
– Versorgungsausgleich 118
Sachrecht
– anwendbares 7
– Begriff 6
– einheitliches 274 ff.
– EU-Sachrecht 291 ff.
– staatsvertragliches mit eigenen Rechtsanwendungsnormen 276 ff.
– staatsvertragliches ohne eigene Rechtsanwendungsnormen 307
Sachrechtsübereinkommen 307
Scheckrecht 307, 381
Scheidungsstatut 23, 509 ff.
– Anaknüpfung 514 ff.
– Mßgeblichkeit für Unterhaltsstatut 524
– Versorgungsausgleich 518
Schiedsabrede 786 ff., 828 ff.
Schiedsfähigkeit 836 f., 885
– Wirkung in Anerkennungs- und Vollstreckungsverfahren 885
Schiedsgericht 784 ff.
– Arten (ad hoc/institutionell) 812 ff.
– Besetzung 844 ff.
– bestimmter Branchen 815
– Zuständigkeit
s. Schiedsvereinbarung
Schiedsgerichtsbarkeit 784 ff.
– Einrede der 777, 840
– Geschichte 803
– in China 806
– in England 804
– in Frankreich 805
– in Hamburg 814 ff.
– in Indien 789, 839, 854, 897 f.
– ad hoc 806, 812, 817 f., 853, 874
– Bedeutung 617
Schiedsordnungen 812 ff., 819 ff.
Schiedsort 786, 790, 818, 841, 858 f.
Schiedsspruch
– Anerkennung und Vollstreckung 878, 882 ff.
– Aufhebung 862
Schiedsrichter 844 ff.
Schiedsrichtervertragsstatut 846 ff.
Schiedsvereinbarung 786 ff., 828 ff.
Schiedsverfahrensrecht, internationales 856 ff.
Schiedsvergleich 894
Schiedsvertrag
s. Schiedsvereinbarung

Schiedsvertragsstatut 830 f., 841
Schifffahrtsvertrag
s. Deutsch-Amerikanischer Freundschafts-, Handels- und Schifffahrtsvertrag
Schiffsverkehr 378
schlichter Statutenwechsel 480
Schuldvertragsrecht 375 ff.
– Altfälle 383
– Anwendungsbereich 385
– Arbeitsverträge 397
– Aufrechnung 409
– Auslegung 399
– Beweislast 403
– Gesamtschuldnerausgleich 408
– gesetzlicher Forderungsübergang 407
– gesetzliche Vermutungen 403
– Grundschema Rom I-VO 417 ff.
– intertemporales Recht 188
– keine Rechtswahl (objektive Anknüpfung) 389
– Näheprinzip 32, 389
– rechtsgeschäftliche Forderungsübertragung 406
– Rechtswahl (subjektive Anknüpfung) 386 f.
– Sprache 415
– stillschweigende Rechtswahl 386
– Verbraucherverträge 392 ff.
– Versicherungsverträge 394 ff.
– Werkverträge 390
– zwingendes Recht 233 ff.
s. auch Rom I-VO
Schwangerschaft 543,
selbstständige Anknüpfung 137 ff.
– Abgrenzung zur unselbstständigen Anknüpfung 129
– Begriff 129
– Vollmacht 349
Sicherungsrechte (gesetzliche) 481, 492
Sitztheorie (im Gesellschaftsrecht) 573, 584, 592 ff., 661
Sitzverlegung 577 f.
Societas Europae 579, 584, 586
Sonderanknüpfung 141
– ausländischen zwingenden Rechts 257 ff., 271 f., 413
– Begriff 141
– im Devisenrecht 229
– von Teilfragen 141
s. auch zwingendes Recht
Spaltgesellschaft 490
Spanier-Beschluss 39, 161
Sprachrisiko
– bei Nichtübersetzung der Klagschrift 748
– bei Vertragsabschluss 415
„Sprung ins Dunkle" 144
Staatenlose 216 ff.
Staatsangehörigkeit
– effektive 207, 211, 214
– Literatur 40a
– Mehrrechtsstaaten 191 ff.
– Mehrstaater 206 ff.
– Rechts- und Geschäftsfähigkeit 341
Staatsunternehmen 633
staatsvertragliches IPR
s. völkervertragliches IPR
Staatsverträge 4 ff.
– Anwendbarkeit auf Nichtvertragsstaaten 46
– praktische Tipps 901 ff.
– Prüfungsschema 889
s. auch Genfer Abkommen, Haager Abkommen/Übereinkommen, loi uniforme, Übereinkommen, völkervertragliches IPR
statusbegründende Rechtsvorgänge 538 ff.
statusverändernde Rechtsvorgänge 545 ff.
Statut 22 ff.
– Begriff 22
– durch Anknüpfung zum Statut 25 ff.
Statutenwechsel 31, 220, 480
– Gesetzesumgehung 220
– im Erbrecht 557
– im Gesellschaftsrecht 595
– im Namensrecht 366, 371
– im Sachenrecht 480, 482
– qualifizierter 480
– schlichter 480, 483
Stellvertretergeschäfte (Form) 359
Stellvertretung (Vollmacht) 348 ff.
– bei Eheschließung 496
– organschaftliche 349
stillschweigende Rechtswahl 386, 437
Straßengüterrecht
s. CMR
Straßenverkehrsunfälle 434, 453
Streitverkündung, internationale 773, 791
Streudelikt 442, 458
Substitution 142, 363

Talaq Scheidung 161
Tatbestand (Erwerb dinglicher Rechte)
– abgeschlossener 480
– offener 480
Tatort, Recht des 456
Teilfrage 141
Teilrechtsordnungen 191 ff.
– Bestimmung 191 ff.
– Haager Interlokalrechtliche Formel 192
– im autonomen IPR 195 ff.
– im unionsrechtlichen IPR 194
– im völkerrechtlichen IPR 191 ff.
– in Mehrrechtsstaaten 191 ff.
Teilzeitwohnrechteverträge 262
Tennessee-Wechsel-Fall 101, 704
Terms of Reference (Schiedsrecht) 819, 859
Territorialitätsgrundsatz 271, 490

Territorialvorbehalt (UNÜ) 797, 817
Testament
- Form 355, 555, 561
- gemeinschaftliches 565
- Konsulartestament 564
Testierfähigkeit 562
Tochtergesellschaften 602
Todeserklärung 563a
Torpedo-Klage 671
Trabrennbahn-Entscheidung 592, 599
Transformationsgesetz 49
Transportmittel 481
Transpositionslehre 480, 483
Treu und Glauben 43, 97, 285, 313a, 317 ff., 852
Tschernobyl 627 ff.

Übereinkommen
- Anerkennung von Gesellschaften und juristischen Personen 598
- Begriff (Abgrenzung zu Abkommen) 7
- Bretton Woods Übereinkommen 228 ff., 705
- Deliktsrecht 433 f.
- Europäisches Übereinkommen über die Adoption von Kindern 550
- Europäisches Übereinkommen über die Staatenimmunität 629
- EÜZ 795
- Luganer Übereinkommen 676 f.
- Römisches CIEC-Übereinkommen 544a
- Umsetzung in nationales Recht 49
- UNÜ 789, 794 ff.
- Wiener Übereinkommen über diplomatische/konsularische Beziehungen 621 ff.
  s. auch Staatsverträge, Haager Abkommen/Übereinkommen, völkervertragliches IPR, Wiener Vertragsrechtsübereinkommen (WVK)
Überseering 569, 575
Ubiquitätsregel 456
Umsetzung von Richtlinien
- Erfordernis der Umsetzung 70
- überschießendes Umsetzungsrecht 242
Umwelthaftung 453
Umweltschäden 444
UNCITRAL
- Begriff 280
- CISG 280
- Erarbeitung von Sachrecht 310
- Modellgesetz 800
- Muster-Schieds(gerichts)ordnung 812 ff., 824
- Transparenzregeln 826
- zum Insolvenzrecht 616
- zum Schiedsverfahrensrecht 800
- zur Mediation 792
UNESCO-Kulturgüterübereinkommen 230
ungerechtfertigte Bereicherung 462 ff.
Unidroit Grundregeln für internationale Handelsverträge
  s. Unidroit Principles of International Commercial Contracts
Unidroit Principles of International Commercial Contracts
- als general principles 311, 316, 878
- als lex mercatoria 878
- als rules of law 873
- bei deutschem Vertragsstatut 313b
- Einfluss auf Gesetzgeber 322
- im Gerichtsverfahren 312 ff., 320
- im Schiedsverfahren 315, 320, 868, 872 f.
- Literatur 910
- Rechtswahl 312 ff., 868, 872 f.
- Treu und Glauben 313a, 317
- Vertragsgestaltung 320
- Wahl der Unidroit Principles 312 ff.
- zur Auslegung des CISG 285
Unionsrecht, Vorrang des 40, 56 ff., 619
unionsrechtskonforme Auslegung 61 f.
unionsrechtliches IPR 10 ff., 54 ff., 73 f., 233 ff.
- Auslegung 55
- in der EWIV-Verordnung 64, 204
- Subsidiarität 57
- Vorrang 56 f.
- zu Mehrrechtsstaatenfragen 194
Unionsrechtliches Sachrecht 291 ff.
Unionstreue, Grundsatz der 40, 61
Universalitätsprinzip (im Insolvenzrecht) 610
UN-Kaufrecht
  s. CISG
unlauterer Wettbewerb 449, 443
unselbstständige Anknüpfung
- Abgrenzung zur selbstständigen Anknüpfung 129
- Begriff 129
- Verjährung 400
Unterbrechung der Verjährung durch Klage im Ausland 775
Unterhaltsanspruch der Zweitfrau 145 ff., 170 ff.
Unterhaltspflicht (Begriff) 521
Unterhaltsrecht 420 ff.
Unterhaltsübereinkommen
  s. Haager Abkommen/Übereinkommen (Unterhaltsübereinkommen)
Unwandelbarkeit
- des Abstammungsstatuts 540
- des Adoptionsstatuts 549
- des Güterrechtsstatuts 84, 506
- des Scheidungsstatuts 514
- Eheschließung 496
- in der Rom I-VO 404
Urheberrechte 433
Urkunden
  s. Legalisation

Ursprungserklärung 371

Vater
- Ordre-public-Verstoß bei Vaterschaftsanerkennung 160
- Vaterschaftsfeststellung von konservierten Embryonen 544a
- Verpflichtungen gegenüber der Mutter aufgrund Schwangerschaft 543

Verbraucherschutz 255
Verbrauchervertrag
- allgemeine Anknüpfung 392 ff.
- Form 356
- Pauschalreisevertrag 259 ff.
- zwingendes Recht 255

vereinheitlichtes Sachrecht
  s. einheitliches Sachrecht
Vereinheitlichung von IPR 7 f., 12
  s. auch Kollisionsrechtsvereinheitlichung, unionsrechtliches IPR, völkervertragliches IPR
Verfassung
  s. Grundgesetz
Vergleich
  s. Schiedsvergleich
Verjährung 400
- CMR 289
- Qualifikation 704
- Wiener Kaufrechtsübereinkommen 289

Verjährungsstatut 400
Verjährungsunterbrechung
  s. Unterbrechung
Verkehrsunfälle 446
  s. auch Straßenverkehrsunfälle
Verlöbnis 498
Vermutungen (IPR)
  s. gesetzliche Vermutungen
Verordnung über die Zuständigkeit und das anwendbare Recht in Unterhaltssachen, die Anerkennung und Vollstreckung von Unterhaltsentscheidungen und die Zusammenarbeit im Bereich der Unterhaltspflichten 523, 525, 530, 681, 752
Verordnungsrecht (EU)
- EWIV-Verordnung 64, 579 f.
- unmittelbare Wirkung 8, 291 ff.

Versäumnisurteil (Anerkennung) 748
Verschleppte 218
Verschulden bei Vertragsverhandlungen 472 ff.
Versicherungsrecht 394 ff.
Versorgungsausgleich 518
Vertrag von Nizza 299
vertragliche Schuldverhältnisse
  s. Schuldvertragsrecht
vertragscharakteristische Leistung 14, 239 ff., 398
Vertragserfüllung
  s. Erfüllung
Vertragsrechtsübereinkommen, Wiener
  s. Wiener Vertragsrechtsübereinkommen (WVK)
Vertragsstatut
- Auswirkungen auf Leistungskondiktion 466
  s. auch Schuldvertragsrecht

Vertriebene 218, 503
Verweisung 102 ff.
- Begriff 6
  s. auch Gesamtverweisung, renvoi, Rückverweisung, Sachnormverweisung, Weiterverweisung

Verweisungsnormen 6
Verweisungsrecht 274, 332
Verweisungsvertrag 388
Vielehe
  s. Unterhaltsanspruch der Zweitfrau
Völkerrechtliche Verträge
  s. Staatsverträge
Völkervertragliches IPR 42 ff.
- Angleichung 169 ff.
- Begriff 7
- einheitliches Sachrecht 276 ff.
- Erstfrage 128 ff.
- interlokales Recht 191 ff.
- internationaler Entscheidungseinklang 7
- intertemporales Recht 185
- Mehrstaater 210 ff.
- ordre public 145 ff.
- praktische Tipps zum Suchen 901 ff.
- Qualifikation 81 ff.
- Sachnormverweisung 103 f.
- Staatenlose 216 ff.
- Vorfrage 127 ff.
- Vorrang vor autonomem IPR 7
- zwingendes Recht 226 ff.
  s. auch Haager Abkommen/Übereinkommen, Übereinkommen

Vollmacht 348 ff.
Vollmachtsstatut 348 ff.
Vollstreckbarerklärung
- von Schiedssprüchen 882 ff.
- von Urteilen (autonomes Recht) 765 ff.
- Vollstreckbarkeitserklärung (Brüssel Ia-VO) 740 ff.

Vollstreckung (ausländischer Urteile) 738 ff., 882 ff.
- aus Entscheidungen der freiwilligen Gerichtsbarkeit 780 ff.
- deutscher Urteile im Ausland 762
- EG-Vollstreckungstiteldurchführungsgesetz 751
- Europäischer Vollstreckungstitel 751
- gegen ausländischen Staat 778
- in Indien (Schiedsspruch) 897
- von Schiedssprüchen 882 ff.

Vorabentscheidungsverfahren 55, 66, 70, 334, 638, 658
Vorbehaltsklauseln 144 ff.
- im EGBGB 146, 150
- spezielle 158
Vorfrage 127 ff.
- Abgrenzung zur Substitution 142
- Abgrenzung zur Teilfrage 141
- im autonomen IPR 135 ff.
- selbstständige Anknüpfung 129
- unselbstständige Anknüpfung 129
- Vorfrage als Erstfrage 128
  s. auch selbstständige Anknüpfung, unselbstständige Anknüpfung
Vorlage an den EuGH
  s. Vorabentscheidungsverfahren
Vormundschaft 551 ff.
- internationale Zuständigkeit 735
Vornahmeort 470
Vorrangprinzip (Unionsrecht) 298 f., 619
- Auswirkungen auf Konformitätsgebot 40
Vorsehbarkeitsklausel 443
Vorzeitiger Erbausgleich 566

Warenkauf, Internationaler
  s. CISG
Warenverkehrsfreiheit 309, 569
Wechselrecht 307
Weiterverweisung 114
  s. auch renvoi
Werteordnung der Verfassung 39
Wertpapierrecht 117, 488
Wiener (Kaufrechts-)Übereinkommen
  s. CISG
Wiener Vertragsrechtsübereinkommen (WVK) 43, 131, 285, 329
Wirtschaftskollisionsrecht 251
wohlerworbene Rechte
- im Sachenrecht 480
- von Staatenlosen 218
Wohnsitz
- als Anknüpfungspunkt 20
- Anknüpfung bei Staatenlosen 216
- domicile 197
- gemäß Brüssel Ia-VO 646
- Literatur 40a

Zeitlicher Anwendungsbereich (von IPR-Normen) 185 ff.
Zessionsgrundstatut 407
Zivilverfahrensrecht, Internationales 617 ff.
Zugewinngemeinschaft 164, 508
  s. auch ehelicher Güterstand
Zuständigkeit
- für Klagen aus Vertriebsverträgen 675
Zustellung
- im Ausland 707 ff.
- Inlandszustellung 771
- von Schiedssprüchen 859
Zustimmungsgesetz 49
Zwingendes Recht
- Anknüpfung im Gesellschaftsrecht 600
- Arbeitnehmerschutz 255
- Berücksichtigung nach deutschem Sachrecht 265 ff.
- Eingriffsnorm oder schlichte Beachtung 224 ff.
- im europäischen Unionsrecht 233 ff.
- kollisionsrechtliches Anwendungsgebot 257 ff.
- Rechtswahl 260
- überschießendes Umsetzungsrecht 242
- Verbraucherverträge 255
- völkerrechtliches 226 ff.